새 물리교육학 총론 II

New General Introduction of **Physics Education**

박종원 · 김영민 · 임성민 · 하상우 · 강남화
김지나 · 이현주 · 지영래 · 김희경 · 조광희 지음

북스힐

머리말

새 물리교육학 총론Ⅰ에 이어 새 물리교육학 총론Ⅱ가 발간되게 되어 매우 기쁩니다. 새 물리교육학 총론Ⅰ에서는 물리를 왜 학습하는지에 대한 논의를 시작으로, 이론적 상황뿐 아니라, 실제상황이나 융합적 상황 등 다양한 상황에서 물리 개념과 물리 탐구를 지도하는 내용을 다루었습니다.

새 물리교육학 총론Ⅱ에서는 물리를 물리답게 지도하기 위해 물리학을 포함한 과학의 본성을 Part 1에서 먼저 다루고, 물리 교육과정을 통해 어떤 물리 개념과 탐구활동을 어떤 학교급에서 어떠한 수준으로 도입되어야 하는지, 그리고 과거와 현재 강조하고 있는 물리 학습의 방향이 어떠한지에 대해 Part 2에서 다루었습니다.

과학의 본성과 물리 교육과정을 기반으로 나머지 Part들에서는 물리 학습지도에 필요한 이론과 실제에 대해서 다루었으며, 그 내용은 다음과 같습니다.

Part 3에서는 물리 학습이론으로 인지발달 이론, 유의미 학습이론, 상황 학습이론, 구성주의 이론과 문화역사 이론에 기반한 물리 학습지도 방법에 대해서 다루었습니다.

Part 4에서는 구체적으로 물리 학습지도에서 활용될 수 있는 물리 수업모형을 다루었습니다. 즉 순환학습 모형, STS 수업모형, 개념변화 학습 모형, POE 수업모형, 발견학습 모형, 그리고 가설검증 수업모형을 실제 물리 학습지도와 연관지어 다루었습니다.

나아가 Part 5에서는 보다 구체적으로 실제 물리 학습지도에서 활용될 수 있는 다양한 물리 학습지도 전략에 대해서 다루었습니다. 즉, 협동학습 전략, 메타인지 전략, 과학적 설명지도 전략, 플립러닝 수업 전략, 토의·토론 수업 전략, 하브르타 전략, 질문활용 전략, 비유와 은유 활용 전략, 그리고 물리 시범 활용 전략을 다루었습니다.

이러한 학습이론과 학습 모형, 그리고 학습지도 전략을 기반으로, Part 6에서는 물리 수업의 설계 원리를 다룬 후에, 실제로 물리 수업 시연을 하고 KTOP을 이용하여 물리 수업을 분석하여 어떻게 물리 수업이 개선될 필요가 있는지에 대해서 다루었습니다.

새 물리교육학 총론Ⅱ의 각 Part와 장은 기본적인 이론 내용, 이론 내용을 실제 물리 수업 지도에 적용한 사례, 그리고 예비 교사들이 수업 중 할 수 있는 활동으로 구성되어 있습니다. 즉, 기본적인 이론 내용을 소개한 후에는 그러한 이론적인 내용이 실제 물리 수업 지도에 어떻게 활용될 수 있는지에 대한 예시를 가능하면 많이 제시하려고 노력하였습니다. 그리고 본 교재가 대학에서의 예비 물리 교사 교육을 위해 활용될 것으로 보고, 예비 교사들이 수업 중 할 수 있는 활동 내용도 함께 제시하였습니다.

요약하면, 새 물리교육학 총론Ⅱ에서는 과학의 본성과 물리 교육과정을 기반으로 시작하여, 물리 학습지도를 위한 학습이론과 학습 모형, 학습지도 전략과 수업 시연 및 수업 분석의 내용으로 구성하였습니다. 그리고 물리 학습지도의 이론적인 측면이 교실과 실험실에서의 물리 학습지도의 실제와 연결될 수 있도록 구성하였습니다.

이렇듯 새 물리교육학 총론Ⅱ의 내용이 매우 포괄적이고 심층적으로 많은 내용을 다루고 있기 때문에 대학에서의 제한된 교육과정에서는 충분히 다루지 못할 수 있다고 예상됩니다. 따라서 현직 교사를 대상으로 하는 연수와 같은 물리 교사 재 교육과정에서도 새 물리교육학 총론Ⅱ가 활용될 수 있을 것으로 기대합니다.

저자 일동

차 례

PART 04 물리 수업 모형과 적용

PART 1

과학의 본성 이해와 물리 학습 지도

CHAPTER 01

과학의 본성에 대한 이해

박종원 (전남대학교)

1.1 물리 학습과 과학의 본성

국내외적으로 과학의 본성에 대한 이해는 중등 과학학습에서 강조되어 왔다. 예를 들면, 2000년도 NSTA 보고서에는 '과학학습과 지도에 포함된 모든 것에는 과학의 본성에 대한 공통되고 명확한 관점이 포함되어야 한다고'고 하면서 '과학교육을 위한 과학의 본성에 대한 성명서(Then nature of science; A position statement)'에서 과학의 본성을 다음과 같이 제시하였다: (1) 과학 지식은 신뢰할 만하고 잠정적이다, (2) 과학 지식은 대부분 관찰, 실험적 증거, 합리적 논증, 회의주의에 기반한다, (3) 과학은 자연 세계에 대한 설명을 추구하며, 초자연적인 요소는 포함하지 않는다, (4) 법칙은 일반화와 보편적 관계를 나타내며, 이론은 자연 세계에 대한 설명을 포함하고 있다, (5) 과학은 창의성을 필요로 한다, (6) 과학은 사회적, 문화적 영향을 받는 인간의 활동이다, (7) 과학과 기술은 서로 영향을 주지만, 동일하지는 않다, (8) 과학적 아이디어는 역사적 맥락에서 발전하고 변화한다, (9) 보편적으로 받아들여지는 단일한 과학적 방법은 없다, (10) 새로운 지식은 명확하게 보고되어야 하며, 동료 검토와 반복 가능성을 통해 검증되어야 한다, (11) 관찰은 이론에 의해 영향을 받는다, (12) 과학자들은 가능한 한 객관적이려고 노력하지만, 완전한 객관성은 불가능하다, (13) 과학은 윤리적 원칙에 의해 안내되어야 한다.

NGSS(2013)에는 과학의 본성을 위한 부록 H가 포함되어 있는데, 그 부록에서는 과학의 본성을 다음과 같이 요약하고 있다: (1) 과학탐구는 여러 방법을 사용한다, (2) 과학지식은 실증적 증거에 기반한다, (3) 과학지식은 새로운 증거에 의해 항상 수정될 수 있다, (4) 과학적 모델, 법칙, 기작(mechanism), 이론은 자연현상을 설명한다, (5) 과학은 아는 방법이다, (6) 과학지식은 자연체계에 질서와 일관성이 있다고 가정한다, (7) 과학은 인간활동의 산물이다(human endeavor), (8) 과학은 자연 및 물질세계에 대한 질문을 제기한다.

우리나라 2022 개정 교육과정의 중학교 과학과 교육과정과 물리학 교육과정의 '3. 교수 학습 및 평가'에서는 '과학 지식의 잠정성, 과학적 방법의 다양성, 과학 윤리, 과학·기술·사회의 상호 관련성, 과학적 모델의 특성, 과학의 본성과 관련된 내용을 적절한 소재를 활용하여 지도한다.'라고 명시하고 있다(교육부, 2022a, p. 238; 교육부, 2022b, p. 702),

1.2 과학의 본성에 대한 이해

과학의 본성에 대한 내용은 과학사와 과학철학에 기반한다. 여기에서는 Chalmers (1986)의 'What is this thing called science'의 내용에 기반으로 정리하고자 한다.

(1) 과학적 관찰

과학에서는 관찰이 객관적이어야 한다는 가정을 한다. 객관적이란, 누가 언제 관찰하든, 관찰결과가 동일하다는 것을 의미한다. 그러나 다음 상황과 같이 관찰자에 따라 서로 다른 관찰이 있을 수 있다.

이론 의존적 관찰 사례

1. 다음 그림은 아가씨로 보이는가? 할머니로 보이는가? 과학적 관찰에도 이와 같이 동일한 대상을 다르게 관찰하는 경우가 있을까? (있다, 있을 수 없다)

2. 가슴을 찍은 X-레이 사진을 여러분이 관찰하는 경우와 의사가 관찰하는 경우를 비교하여 설명해 보아라. 서로 같을까? 다를까?

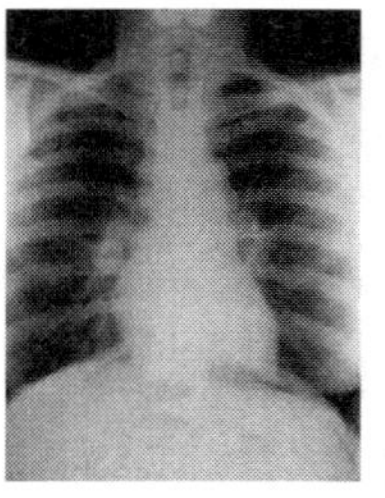

3. 다음 그림을 보고 철수는 "나무 뒤에서 곰이 올라가고 있다"고 관찰결과를 썼다. 과학적 관찰도 이와 같이 제한된 정보만으로 나머지를 추론하여 관찰하는 경우가 있을까?
(있다, 있을 수 없다)
공룡 뼈를 이용하여 공룡의 모양을 알아보려는 과학자의 경우를 예로 들어 설명해 보아라.

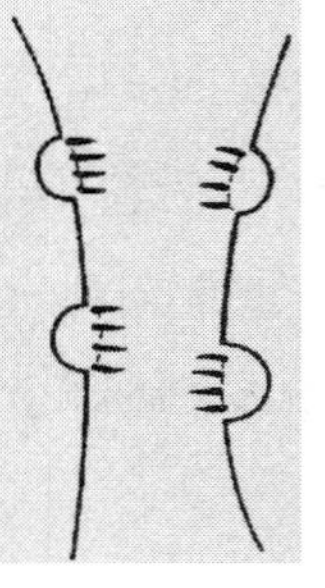

4. 아래 회로에 대해 철수는 "전구 A가 더 밝을 거예요. 왜냐하면, 전구 A가 켜질 때 전류가 소모되어서 전구 B는 어두워져요."라고 관찰 전에 예상을 하였다. 그러나 두 전구에 흐르는 전류의 세기는 일정하므로, 두 전구의 밝기는 같다. 그런데 철수에게 실제로 밝기를 관찰하도록 하였을 때, 철수는 "A전구가 좀 더 밝은 것 같아요"라고 관찰결과를 말했다.
이때, 철수는 실제로 전구 A가 더 밝은 것으로 관찰한 것이다. 과학자의 경우에도 자신의 예상에 의해 잘못된 관찰을 하는 경우가 있을까? (있다, 없다) 그 이유는?

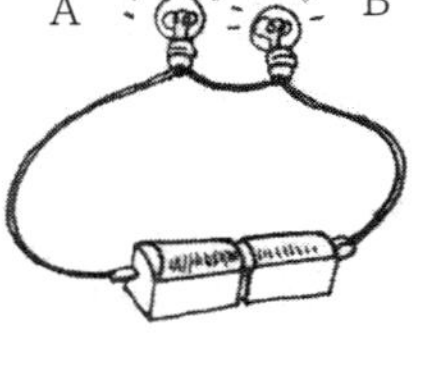

5. "과학적 관찰은 누가 관찰해도 동일하게 관찰되는 객관적인 관찰이다"라는 말이 옳다고 생각하는가? (옳다, 옳지 않다) 그 이유는?

위의 관찰 사례와 같이 관찰결과는 반드시 객관적인 것만은 아니다. 관찰 1과 같이 보는 관점에 따라 관찰이 다르게 보일 수도 있고, 관찰 2와 같이 배경지식이 있는 경우와 없는 경우에 관찰이 다를 수도 있다. 그리고 관찰 3과 같이 부분적인 관찰로 관찰결과를 추론하여 직접 관찰하지 못한 것을 관찰했다고 하는 경우도 있다. 관찰 4의 경우는 미리 예상하고 있는 것 때문에 실제로 전구 A가 밝은 것으로 관찰하는 경우이다.

이러한 관찰의 특징을 가리켜 '관찰의 이론의존성'이라고 한다. 즉 관찰자의 배경지식과 경험, 예상 등에 의해 관찰이 영향을 받는다는 것이다.

관찰은 안구의 망막에 맺힌 물리적 정보와 다르다고 본다. 예를 들어, 붉은 색과 초록색 빛이 망막에 맺히면, 우리는 노랑색 빛으로 인식한다. 또 망막에 맺힌 상은 2차원 상이지만, 오른쪽 망막에 맺힌 상과 왼쪽 망막에 맺힌 상의 차이로 뇌에서는 입체상으로 인식한다. 또 망막에 맺힌 상은 상하 좌우가 바뀐 상이지만, 뇌에서는 다시 상하좌우를 바꾸어 정립상(바로 선 상)으로 인식한다. 이러한 경우를 가리켜, 과학철학자 핸슨(Hanson)은 '본다는 것은 안구 운동 이상의 행위이다'라고 하였다. 또 Chalmers (1986)는 '관찰자의 경험은 관찰자의 눈에 들어온 정보가 결정하는 것도 아니고, 망막에 맺힌 상에 의해 결정되는 것도 아니다'라고 하였다.

Kim & Park(2018)은 관찰의 이론의존적 특징을 [표 111]과 같이 세부적으로 제시하였다.

[표 111] 관찰의 이론의존적 특성 (Kim & Park, 2018)

번호	관찰의 특성
1	관찰은 특정 과학지식을 가진 사람에게만 관찰되기도 한다.
2	관찰자는 관찰자의 목적이나 예상에 따라 선택적으로 관찰하기도 한다.
3	관찰은 주변 상황이나 조건에 따라 달라질 수 있다.
4	보다 정확한 관찰을 위해 도구를 사용하는 경우, 관찰결과는 실재와 달라질 수도 있다.
5	관찰은 망막에 맺힌 상 이상의 것이다.
6	관찰에는 해석과 추론이 포함된다.
7	제한적인 관찰정보만으로 짜맞추기 관찰을 하기도 한다.
8	서로 다른 관찰이 있을 수 있다는 점에서 관찰이 객관적이라고 할 수 없다.
9	어떠한 관찰도 완벽할 수는 없다.
10	관찰은 언어적 명제로 표현되어야 한다.

활동

다음 3개 활동은 위 관찰의 10개 특성 중 각각 어느 특성에 해당되는가?

1. 다음은 어떤 위성의 표면을 찍은 사진이다.

사진 A

사진 B

(1) 철수는 다음과 같이 관찰결과를 기록하였다.
- 사진 A: "가운데 크고 둥글게 볼록 올라온 부분이 있다"
- 사진 B: "가운데 크고 둥글게 파인 부분이 있다"

(2) 이번에는 사진을 180도 돌려서 관찰해 보자. 철수의 관찰이 계속 옳은가?

2. 다음 검류계를 관찰하고, 관찰결과를 적어 보자.

(1) 관찰결과에 검류계의 바늘이 가르키는 눈금이 얼마인지 적었는가? (그렇다, 아니다)

(2) 관찰결과에 "검류계는 신일계기 제품이다"라고 관찰결과를 적었는가? (그렇다, 아니다)

3. 다음은 물의 온도 측정에 대한 내용이다.

(1) 물의 온도를 측정하기 위해 온도계를 물 속에 넣었더니, 온도계 눈금이 20℃를 가리켰다. 그렇다면 물의 온도는 원래 20℃인가?

(2) 온도계로 물의 온도를 측정하는 동안, 물과 온도계 사이에 열의 이동이 전혀 없었을까?

(3) 온도를 측정하기 위해 온도계를 사용할 때 온도계 때문에 물의 원래 온도가 변할 수 있을까?

요약

1. 과학적 관찰은 이론에 의존한다.
2. 과학적 관찰은 절대적인 객관성을 보장할 수 없다.

(2) 귀납주의

귀납적 사고는 '많은, 그리고 다양한 개별 사실로부터 '항상' 또는 '모든'을 포함한 일반화된 명제를 이끌어내는 사고이다'라고 정의할 수 있다. 이때 개별사실은 '단칭언명'이라고 하고, 일반화된 명제는 '보편언명'이라고 한다. 예를 들어, '이 그릇에 담긴 순수한 물이 1기압에서 100도에서 끓었다'는 관찰사실은 단칭 언명에 해당하고, '모든 순수한 물은 1기압에서 항상 100도에서 끓는다'는 '보편언명'에 해당된다. 즉, 다양한 양의 물을 다양한 방법으로 여러 번 끓여본 결과에 기반하여 보편언명을 주장할 때 귀납적 사고를 사용하게 된다.

이러한 귀납적 사고를 통한 보편언명이 정당한(또는 옳은) 것이기 위해서는 다음 조건이 필요하다: (1) 수적으로 많은 관찰이 있어야 한다, (2) 다양한 관찰이 있어야 한다, (3) 반대되는 관찰이 있어서는 안된다.

귀납적 사고의 정당성 판단을 위한 활동 사례

1. 영호는 귀납을 통해 '항상'이라는 결론이 옳기 위해서는 다음의 조건이 필요하다고 제안하였다.

> (1) 조건 1: 관찰/실험사실이 많아야 한다.
> (2) 조건 2: 다양한 조건에서 관찰/실험을 해야 한다.
> (3) 조건 3: 이제까지 관찰/실험했던 것과 다른 관찰/실험결과가 있어서는 안 된다.

이제 위의 3가지 조건이 만족될 수 있는지 다음을 생각해 보자.

① 조건 1을 만족시키기 위해 10,000번 실험했다고 하자. 그러면 10,001번째 실험은 하지 않아도 될까?

② 조건 2를 위해 반사의 법칙 실험에서 남자와 여자가 실험하는 경우로 조건을 바꾸어 측정할 필요가 있을까?

③ 조건 3에서와 같이 입사각과 반사각이 다른 관찰이 앞으로는 절대 없으리라는 보장이 있을까?

④ 조건 1, 2, 3을 완벽하게 만족시키는 것이 가능할까? (가능하다, 가능하지 않다)

2. 제한된 수의 관찰사실로부터 "항상, 모든"이라는 결론을 내리는 사고를 귀납적 사고라고 한다. 귀납적 사고에 의해 얻은 결론은 "참"이라고 할 수 있겠는가?

위 활동에서 할 수 있듯이, 귀납이 정당화되기 위한 조건은 필요하지만, 그러한 조건을 실제로는 만족할 수는 없기 때문에 귀납적 사고에 의한 결론은 참이라고 보장할 수 없다. 그러나 귀납은 과학에서 사용하는 중요한 방법이다. 즉 100번을 관찰하여 동일한 결과가 얻어졌다면, '항상' 이라는 주장을 할 수 있다. 왜냐하면 과학에서는 개별적인 사실보다는 일반화된 보편적인 규칙성을 찾는 것을 목표로 하기 때문이다. 단, 귀납적 결론을 참이라고 주장하지 않고, 현재까지 내릴 수 있는 가장 타당하고 근거있는 주장이라고 해야 한다. 이러한 점에서 과학지식은 자연에 숨겨진 진실을 찾아낸 것이 아니라, 자연을 이해하고 설명하기 위해 고안한 것, 주장한 것이라고 하는 것이 적절하다.

귀납의 한계를 고려한 수업 지도 사례

김교사는 귀납의 한계를 학생들에게 소개한 후에, 과학지식의 특성을 다음과 같이 설명하였다.

"과학자는 한정된 관찰/실험결과를 이용하여 귀납적으로 결론을 내립니다. 이와 같이 귀납적 방법은 과학에서 중요한 방법입니다. 하지만 여러분은 귀납적 결론이 참이라고 믿어서는 안됩니다. 단지, 과학자가 자연에서 얻은 데이터에 따라 내린 합리적인 결론이며 주장입니다. 이 주장이 자연을 설명하고 예상하며 이해하는 데 매우 유용하게 활용될 수 있기 때문에 받아들이고 사용하는 것입니다."

과학적 사고에는 귀납적 사고 외에도 연역적 사고와 귀추적 사고가 있다. 이에 대한 내용은 '새 물리교육학 총론 I'을 참고하면 된다.

요약
1. 귀납이 정당화되기 위해서는 많은, 다양한 관찰이 있어야 하고, 불일치 관찰사례가 없어야 한다. 2. 그러나 이러한 정당화 조건을 실제로 만족할 수는 없다. 3. 따라서 귀납적 결론은 참이라고 할 수 없다. 귀납적 결론은 숨겨진 진리를 찾은 것이라기 보다, 과학자의 주장/제안이라고 할 수 있다.

(3) 반증주의

반증가능성: 귀납에 의해 새로운 결과를 발견한 것이 참임을 보장받지 못한다는 점에서 포퍼(Popper)는 발견의 과정은 제외하고, 제안된 가설의 검증에 초점을 맞추었다. 즉 과학 활동이 수행되는 상황을 발견의 상황과 정당화의 상황으로 나눈다면, 발견의 상황에 대해서는 관심을 버리고, 정당화의 상황에만 관심을 집중하였다. 즉 포퍼는 새로운 과학이론은 '인간 지성이 자유롭게 창조해낸 사변적이고 가설적인 추측'에 의한 것으로 보았다. 이때 과학이론이 갖추어야 할 조건으로 반증가능성을 들었다. [표 112]는 반증이 가능하지 않은 예이다.

[표 112] 반증이 불가능한 사례

유형	사례
항상 참인 경우	전압이 증가하면 전류가 변화하거나 일정할 것이다.
정의(definition)인 경우	밀도는 질량/부피이다.
기준이 모호한 경우	열심히 노력하면 성공한다, 전압이 높으면 유리에 전기가 흐른다.

그리고 좋은 과학이론일수록 반증가능성이 높다고 하였다. 즉 반증될 수 있는 가능성이 더 높다는 의미이다. 예를 들면, '행성이 태양 주위를 궤도운동한다'와 '행성이 태양주위를 원형궤도 운동한다'를 비교해 보자. 이러한 경우 만일 행성이 타원궤도 운동을 한다면, 전자는 반증되지 않지만, 후자는 반증되기 때문에 후자가 더 반증가능성이 높은 것이 된다. 이와 같이 반증가능성이 높기 위해서는 명제가 정확하고 세밀해야 한다.

활동

1. 다음 진술문을 반증가능성이 더 높게 만들어 보아라.
   (1) 전압이 높아질수록 전류의 세기도 높아진다.
   (2) 물은 일정한 온도에서 끓는다.

2. 다음 진술문을 반증가능성이 더 낮게 만들어 보아라.
   (1) $F = ma$
   (2) 유전강도 이상의 전기장이 걸리면 유리에 전기가 흐른다.

좋은 이론의 조건을 알아보기 위한 수업 사례

김교사는 반증주의에서 말하는 '더 높은 반증가능성' 외에도 좋은 과학이론의 조건이 있다고 생각하고, 다음과 같은 주제로 토론하는 수업을 계획하였다.

1. 좋은 과학이론이란, (1) 이제까지 관찰하지 못한 새로운 현상을 예상할 수 있거나, (2) 서로 관련이 없다고 생각되는 개념이나 현상을 함께 연결시켜 주거나, (3) 상황에 따라 나누어 설명하던 방식을 하나의 방식으로 설명할 수 있거나, (4) 정성적으로 이해되어 왔던 현상을 정량적으로 이해할 수 있게 되는 경우라고 생각하고, 다음 사례가 위의 4가지 경우 중 어느 경우에 해당되는지 토론해 보도록 하였다.
   (사례 1) 아리스토텔레스는 지구상에서의 물체의 운동과 천체의 운동을 나누어 설명하였지만, 뉴턴의 이론은 지구상의 운동과 천체의 운동을 하나의 이론으로 설명하였다.
   (사례 2) 아인슈타인의 일반상대론에 의하면, 중력에 의해 공간이 휘어서 태양 뒤에 숨겨져 있는 별빛도 휘어서 볼 수 있다고 예측하였다.
   (사례 3) 자유낙하는 물체가 공기저항을 받을 때, 공기저항의 크기는 $F = \frac{1}{2}C\rho Av^2$ 이다.
   (사례 4) 아인슈타인의 광전효과는 파동인 빛이 입자적 성질을 가진다는 것이었고, 드브로이의 물질파 이론은 입자인 전자가 파동적 성질을 가진다는 것이었다.

2. 이 외에 좋은 과학이론의 4가지 조건에 해당되는 다른 예를 찾아보도록 하고, 또 좋은 과학이론의 새로운 조건이 있다면 무엇인지 생각해 보도록 하였다.

가설의 확증과 반증: 반증주의에서 가설의 확증은 논리적으로 보장받을 수 없으며, 반증만이 논리적으로 가능하다고 본다. 그 이유는 가설의 확증과정은 연역논리의 후건 긍정식에 기반하고, 반증과정은 연역논리의 후건 부정식에 기반하기 때문이다. 후건 긍정식이란, 아래의 첫 번째 삼단논법의 전제 2에서 뒤의 조건(B)을 긍정한 경우(~ 이다)이다. 반대로 후건 부정식이란, 두 번째 삼단논법에서 뒤의 조건(B)을 부정한 경우(~ 가 아니다)이다.

후건 긍정식

전제 1: 만일 A이면 B이다.

전제 2: 이것은 B이다.

결론: 없음(이것은 A일 수도 있고 아닐 수도 있다)

후건 부정식

전제 1: 만일 A이면 B이다.

전제 2: 이것은 B가 아니다.

결론: 이것은 A가 아니다.

[표 113] 가설의 확증과정과 반증과정의 논리적 구조

확증과정의 후건 긍정식	반증과정의 후건 부정식
전제 1: 가설 H에 의하면 실험결과 R이 예상된다. 전제 2: 실제 실험에 의하면, R이 관찰되었다. 결론: (가설 H가 옳다는)결론을 내릴 수 없다.	전제 1: 가설 H에 의하면 실험결과 R이 예상된다. 전제 2: 실제 실험에 의하면, R이 관찰되지 않았다. 결론: 가설 H가 틀렸다.

후건긍정식에서 결론을 내릴 수 없는 다른 예를 들어보면 [표 114]와 같다.

[표 114] 후건긍정식의 다른 사례

사례 1	사례 2
전제 1: 피곤하면 감기에 걸린다. 전제 2: 영수는 감기에 걸렸다.	전제 1: 천동설에 의하면 아침에 해가 동쪽에서 뜬다. 전제 2: 영수가 관찰했을 때, 아침에 동쪽에서 해가 떴다.

위와 같은 후건긍정식의 경우, 영수가 감기에 걸렸다고 해서 피곤했기 때문이라고 할 수는 없다. 왜냐하면 다른 이유로도 감기에 걸릴 수 있기 때문이다. 마찬가지로, 동쪽에서 해가 뜬 것은 지동설로도 예측이 가능하다. 따라서 가설을 지지하는 실험결과가

얻어졌다고 해도, 다른 가설로도 동일한 실험결과를 얻을 수 있는 가능성이 있으므로, 가설이 절대적으로 옳다는 결론을 내릴 수 없다.

후건 긍정식의 특성을 반영한 지도 사례

김교사는 전자기 유도 법칙을 소개하고 이것이 맞는지 알아보기 위한 실험을 지도하였다. 학생들은 실험을 수행하고, 코일 안에서 자석을 움직여 유도전류가 발생되는 결과를 얻었다. 이 결과에 대해 김교사는 학생에게 다음과 같이 지도하였다.

"전자기 유도 법칙은 아직 옳은 것 같습니다. 그러나 또 다른 이론/법칙이 제안되어서 코일 안에서 자석이 움직일 때 유도전류가 생긴다는 주장을 할 수도 있습니다. 따라서 현재까지는 전자기 유도 법칙이 옳다고 생각하고 활용하겠지만, 앞으로 또 다른 이론/법칙이 나올 가능성은 열어두겠습니다. 혹시 여러분이 앞으로 새로운 이론/법칙을 제안할 수도 있겠습니다."

반증의 역할: 반증주의에 의하면 가설의 확증은 논리적으로 보장받지 못하고, 가설의 반증만이 논리적으로 가능하다고 본다. 그렇다면, 반증의 역할은 무엇일까?

반증주의에 의하면, 과학이론은 반증으로부터 배우면서 발전해 나간다고 본다. 예를 들어, '행성이 태양주위를 원궤도 운동을 한다'는 것이 반증되면, 다른 궤도의 가능성을 탐색하게 되면서 '행성은 태양주위를 타원궤도 운동을 한다'는 이론으로 발전하게 된다는 것이다.

학생의 개념발달 과정에서도 유사한 현상을 볼 수 있다. 예를 들어, 학생이 오개념을 가지고 있는 경우에 반증사례를 접하게 되면, 반증사례를 설명하기 위한 새로운 이론을 탐색하게 되고, 결국 기존의 개념(오개념)에서 새로운 개념으로 개념변화가 일어나게 되고, 이러한 개념변화가 개념에 대한 이해의 발달로 본다. 마찬가지로, 피아제의 인지발달 이론에서도 기존의 인지구조로 설명할 수 없는 인지적 비평형 상태에 접하게 되면, 이러한 비평형을 해소하기 위한 과정(조절과 동화)을 통해 비평형이 해소되면서 인지구조가 발달한다고 설명하고 있다. 이러한 점에서 학생이 물리를 학습하는 경우에도, 자신이 무엇을 모르는지, 무엇에 대한 설명이나 이해가 부족한지에 대한 인식으로부터 학생의 개념체계가 발달하는 것이라고 볼 수 있다.

반증의 역할을 강조한 수업 사례

1. 최교사는 물리학습에서도 반증이 중요하다고 보고 다음과 같은 여러 가지 반증상황을 이용한 수업을 계획하였다.

(계획 1) 물리문제 풀이에서 틀린 문제는 반드시 표시하고 다시 풀어보도록 안내한다.

(계획 2) 수업 중, 소주제(소단계)에 대한 학습을 하고 나면, 반드시 학생들이 '질문하기' 활동을 하도록 한다.

(계획 3) 수업 계획시, 학생이 오개념을 가지는 경우라고 예상되면, 오개념으로 설명할 수 없는 반증사례를 반드시 준비한다.

(계획 4) 소단원 수업이 끝나면, '내가 모르는 것이 뭐지?', '배우기는 했는데, 확실하지 않은 것은 뭐지?'를 적는 활동을 하고, 그 활동에 대해서 서로 답해 주는 활동을 한다.

2. 그리고 다음과 같은 설명을 강조하고자 하였다.
"과학은 반증에서 배운다고 합니다. 따라서 여러분도 배우기 위해서는, 자신이 잘 이해가 안되거나, 문제를 잘못 풀었거나, 설명이 잘 안되는 것에 관심을 집중하는 것이 중요합니다."

그러나 반증이 된 경우에도 이론이 발전하지 않는 경우가 있다. 즉 반증 사례에 접한 이론에 대해서 임시방편적(애드호크적: ad hoc) 수정을 하는 경우가 그렇다. 임시방편적 수정에는 예외로 간주하거나 검증불가능한 수정이 있다. 이러한 임시방편적 수정을 하는 경우에는 원래 이론이 그대로 유지되면서 반증사례가 새로운 이론으로의 발전에 아무런 역할을 하지 못하게 된다([표 115]).

[표 115] 임시방편적 수정의 예

임시방편적 수정의 유형	예
예외로 간주	- 검전기와 대전체 사이에 나무막대가 있을 때, 검전기가 벌어지지 않는다고 생각하였는데 실제로 벌어질 때 → 이 나무막대만 그렇고, 다른 나무막대는 벌어진다.
검증 불가능한 수정	- 열이 물질이라고 생각하였는데, 나무가 연소한 후에 숯의 질량이 줄어든 경우 → 열의 질량은 (-) 이다.

	- 달의 표면은 매끈하다고 생각했는데, 망원경을 보았을 때 산에 의한 그림자가 보여 산과 계곡이 있다고 생각될 때 → 계곡에 보이지 않는 물질이 가득 차 있어, 전체적으로 매끈한 표면이다.

세련된 반증주의: 가설을 지지하는 실험결과가 가설이 참임을 논리적으로 주장할 수는 없지만, 가설을 지지하는 실험결과도 나름대로의 역할을 할 수 있다. 예를 들어, 대담한 추측(기존의 이론으로 쉽게 예상할 수 없는 추측)이 실제 실험결과에 의해서 지지되는 경우에는 대담한 추측이 새로운 과학이론의 발전에 기여할 수 있다는 것이다. 물론, 대담한 추측이 반증된 경우에는 과학이론의 발전에 아무런 기여를 하지 못한다([표 116]).

반대로 조심스러운 추측(기존의 이론으로 쉽게 예상할 수 있는 추측)의 경우에는 실험결과에 의해 확증되더라도 과학이론의 발전에는 기여하는 바가 거의 없다. 그러나 조심스러운 추측이 반증되면 새로운 이론으로의 발전이 일어날 수 있다. 따라서 세련된 반증주의에서는 확증과 반증의 역할에 대해서 새로운 해석을 하게 되었다([표 116]).

[표 116] 대담한/조심스러운 추측의 확증/반증

유형	사례
대담한 추측이 확증된 경우	'회전하는 공은 낙하속도가 줄어들 것이다'가 확증된다면, 새로운 이론이 필요하게 된다.
대담한 추측이 반증된 경우	'전류의 세기는 전압의 제곱근에 비례할 것이다'가 반증되면, 아무도 관심을 기울이지 않는다.
조심스러운 추측이 확증된 경우	'니크롬선을 더 길게 해도, 전류가 전압에 비례한다'가 확증되어도, 이론의 발전에 기여하는 바는 없다.
조심스러운 추측이 반증된 경우	'니크롬선의 단면을 원형이 아닌 사각형으로 해도, 같은 면적이라면 전류의 세기에는 변화가 없다'가 반증되면, 새로운 이론이 필요하게 된다.

요약

1. 포퍼는 이론의 발생보다는 이론의 검증에 초점을 맞추었다.
2. 과학이론은 반증가능해야 하고, 좋은 과학이론일수록 반증가능성이 높다.

3. 이론의 검증은 연역논리에 기반한다. 즉 이론의 확증은 후건긍정식에 기반하므로, 이론을 지지하는 실험결과가 얻어졌다고 하더라도 이론의 참이라고 보장할 수 없다. 그 이유는 언제든지 동일한 실험결과를 설명/예측할 수 있는 다른 이론이 가능하다고 보기 때문이다.
4. 이론의 반증은 연역논리의 후건부정식에 기반한다. 따라서 반증사례가 등장하면 가차없이 이론은 폐기되어야 한다.
5. 반증은 새로운 이론의 등장을 돕는다. 즉 반증으로부터 배우게 된다. 그러나 애드호크 수정의 경우에는 새롭게 배울 수 있는 것이 없다.
6. 세련된 반증주의에 의하면, 대담한 가설의 확증은 과학발전에 기여할 수 있고, 조심스러운 가설의 반증도 과학발전에 기여한다고 본다.

(4) 라카토스의 연구 프로그램

핵과 보호대: 반증주의에 의하면, 가설이 실험결과에 의해 반증되면, 논리적으로(연역논리의 후건부정식에 의해) 가설이 폐기되어야 한다. 그러나, 실제 과학사에서 과학자들의 행동을 살펴보면, 과학자들은 반증사례에 의해서도 쉽게 가설을 폐기하지 않는 경우가 많다. 이것은 단순히 실험이 잘못되었다고 보기 때문이 아니라 다른 이유 때문이라고 생각할 수 있기 때문이다.

즉, 모든 과학이론은 핵심이론(견고한 핵)뿐 아니라, 그것과 관련된 보호대(보조가설, 조건, 가정 등)가 있어서, 반증사례가 핵심이론을 공격하는 것이 아니라 보호대를 공격하는 것으로 볼 수도 있다는 것이다. 예를 들어, 꼬마전구를 이용한 실험에서는 '전류의 세기가 전압에 비례하지 않는다'는 (옳은) 실험결과가 얻어질 수 있는데, 그렇다고 해서 옴의 법칙(핵)을 폐기하지 않고, '저항의 열이 발생하지 않는다'는 가정이 만족되기 않았기 때문이라고 할 수 있다. 결국 반증사례에 대해서도 옴의 법칙을 그대로 유지할 수 있다.

[그림 111] 연구 프로그램

반증 사례에 대한 반응 예

1. 사진과 같이 돌막대 아래에 검전기를 놓고, 돌막대의 왼쪽 끝에 대전체를 가까이 가져갔을 때 학생들은 돌막대가 부도체이므로 검전기가 벌어지지 않을 것이라고 예상하였다.

2. 그러나 실제로 관찰해 보면, 검전기가 잘 벌어진다.

3. 이에 대해 학생들은 다음과 같은 다양한 반응을 보였다.
   (1) 보조이론의 수정: 돌막대도 전기가 통할 수 있는 도체인가보다.
   (2) 조건에 대한 의심: 돌막대의 길이가 짧아서 그런 것이다. 즉 돌막대가 없어도 검전기는 벌어질 것이다.
   (3) 가정의 수정: 돌막대는 부도체이지만 순수한 돌막대가 아니다. 돌막대 안에 전기가 통하는 성분(예를 들면, 철)이 들어 있어서 그런 것이다.
   (4) 예외로 간주(애드호크 수정): 돌막대만 어떤 이유로 예외적일 뿐, 다른 부도체(돌막대) 막대라면 검전기가 벌어지지 않는다.
   (5) 핵심이론의 변화: 돌막대가 부도체이지만, 부도체도 전기를 띠게 되는가 보다.

정합적 구조를 갖춘 과학이론/법칙/개념: 라카토스의 연구 프로그램 이론은 이전에 과학적 방법을 논리적으로만 생각하던 것에서(귀납의 한계, 연역논리에 기반한 반증주의), 과학사를 통해 실제 과학자의 행동을 고려하는 방식으로 바꾸면서 제안된 것으로 볼 수 있다.

또한 라카토스의 연구 프로그램은 과학이론이 단일한 개념만이 아니라, 복잡하게 많은 개념들이 함께 정합적으로 연결되어 있는 조직화된 구조를 가지고 있다는 것을 의미하기도 한다. 예를 들어, 옴의 법칙은 전류와 전압, 저항과의 관계로 정의되고, 다시 전압은 1C의 전하가 가지는 전기적 위치에너지로 정의되며, 전기적 위치에너지는 다시 전기력이 한 일로 정의되며, 전기력은 다시 쿨롱힘으로 정의된다. 이와 같이 옴의 법칙은 많은 다른 과학 개념들과 정합적으로 연결되어 있는 구조로 되어 있다.

활동

1. 다음 상황/개념에 대한 핵과 보호대를 각각 기술해 보자.
   (1) 질량이 다른 두 물체가 진공 중에서 낙하할 때
   (2) 힘과 가속도와의 관계
   (3) 볼록렌즈에 평행하게 입사한 빛
2. 다음 개념/상황을 정의/설명하기 위해 정합적으로 연결된 개념들을 모두 적어 보자.
   (1) 운동에너지
   (2) 전류계
   (3) 코일 안으로 자석이 움직일 때

이와 같이 과학개념/이론/법칙이 복잡하게 연결된 조직화된 구조를 가지고 있기 때문에 하나의 반증사례에 의해서 쉽게 핵심개념이 폐기되지 않는다. 예를 들어, 전류계는 패러데이 법칙에 의해 작동하고, 또 내부의 스프링은 후크의 법칙에 의해 작동된다. 또한 전류계의 내부 저항은 매우 작아서 전기회로에 주는 영향을 무시할 수 있다고 가정한다. 따라서 만일 이론적으로 5A가 예상되는 상황에서 실제 4.8A가 측정되었다면, 후크의 법칙에 따라 작동하는 스프링이 아닐 수도 있기 때문이다. 예를 들어, $F=-k\sqrt{\Delta x}$ 에 따라 작동하는 스프링이기 때문일 수도 있다.

반증사례에 대한 지도 사례

김교사는 과학이론/법칙/개념이 복잡한 조직화된 구조로 되어 있고, 또 핵과 보호대로 구성되어 있다는 점을 고려하여, 예상과 다른 실험결과를 얻었을 때 다음과 같이 지도하였다.

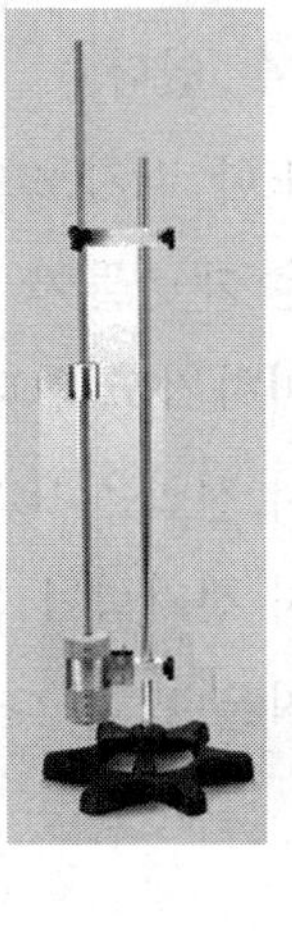

1. 추의 높이와 질량을 달리하였을 때 위치에너지가 어떻게 변화하는지 알아보고자 한다.
2. 위치에너지는 나무도막이 이동한 길이에 비례한다고 볼 수 있으므로, 추의 질량과 높이를 달리하면서 나무도막이 이동한 길이와의 관계를 구한다.

3. 만일 예상되는 결과가 나오지 않을 때 다음을 점검해 보도록 한다.
   (1) 보호대 점검: 이 실험에 포함된 가정들을 나열해 보고, 각 가정들이 실험과정에서 잘 만족되었지 살펴본다.
   (2) 조직화된 구조의 점검: 위치에너지를 나무도막이 이동한 길이로 대신하는 과정을 다음과 같이 요약할 수 있다. 이 과정에 오류나 에러가 없는지 살펴본다.
   - 위치에너지는 나무도막에서 마찰력이 한 일과 같다. 이때 발생되는 소리에너지는 무시한다.
   - 마찰력이 한 일은 '마찰력의 크기×나무도막의 이동길이'이다. 이때 마찰력의 크기는 일정하다.

긍정적/부정적 발견법: 이와 같이 반증사례에 대해서 핵심이론을 그대로 유지하면서 일어나는 과학활동은 다음 두가지로 요약된다. 이때 반증사례에 대해 부정적 발견법과 긍정적 발견법은 동시에 작용할 수도 있다([표 117]).

부정적 발견법: 반증사례에 대해서도 핵을 폐기하지 않는다.
긍정적 발견법: 반증사례를 설명할 수 있도록 보호대를 수정한다.

[표 117] 부정적/긍정적 발견법 사례

유형	꼬마전구를 이용한 실험에서 전류의 세기가 전압에 비례하지 않을 때
부정적 발견법만 적용	(부정적 발견법) 옴의 법칙은 맞다. 그런데 왜 이런 실험 결과가 나왔는지는 모르겠다.
부정적 발견법과 긍정적 발견법이 함께 적용	(부정적 발견법) 옴의 법칙은 맞다. (긍정적 발견법) 꼬마전구 필라멘트의 열 때문에 저항이 변하기 때문이다.

이때 흥미로운 현상은 이 두 발견법에 의해, 반증사례는 이론/법칙/개념을 점차로 정교하게 세련화된 형태로 발전시킨다는 점이다. 즉, 반증주의에서는 반증사례가 이론을 폐기시키는 역할을 하는 것으로 설명하지만, 라카토스 연구 프로그램에 따르면, 반증사례는 오히려 이론을 세련되고 정교하게 발전시키는 역할을 할 수 있다.

반증사례에 의한 이론의 세련화/정교화 사례 (Lakatos, 1994)

1. 보어는 1913년 원자모형을 제안. 즉 원점에 고정된 핵이 있고, 그 주위에 정해진 궤도에서 전자가 원운동하며, 궤도 사이를 이동할 때 빛을 흡수하거나 방출한다고 함.
2. 별자리와 태양을 관찰한 스펙트럼에서 보어의 원자모형으로 설명할 수 없는 불일치 사례에 대해, 이온화된 핼륨 원자모형으로 수정하여 불일치 사례를 설명.
3. 다시 핵이 질량중심을 중심으로 공전운동하는 모델로 수정되었고, 전자의 궤도가 타원궤도로 다시 수정됨.
4. 또 다른 불일치 사례에 대해, 좀머펠트는 1915년 상대론을 도입하여 전자의 질량을 상대론적 질량으로 수정.
5. 왜 전자가 정해진 궤도에만 있어야 하는지에 대한 질문에 대해, 1923년 드브로이의 물질파 개념으로 설명.

반증사례를 이용한 이론의 발전을 고려한 수업 예시

1. 김교사는 니크롬선을 이용한 옴의 법칙을 실험한 후에, 꼬마전구를 이용한 실험을 통해 다음과 같은 불일치 사례를 얻도록 하였다.

V	0	8.1	18.9	28.6	39.9	50.2	61.1	67.6	79.8	86.7	102	111	124	135	144	153	165	173	184	204	302	403	501	603	708	804	908	1010	1100	1204	1306	1400	1506
I	0	1.98	4.58	6.85	9.39	11.5	13.8	15	17.1	18.2	20.5	21.5	23	24.2	25.1	25.8	26.8	27.4	28.1	29.4	33.6	37.3	40.3	43.8	47.3	50.3	53.5	56.4	59	61.8	64.5	66.9	69.6

2. 이 반증사례를 그래프로 나타내고, 왜 옴의 법칙에 대한 불일치 사례인지 설명해 보도록 한다.

3. 불일치 사례를 설명하기 위해, 옴의 법칙 $I = V/R$에서 R이 일정한 값이 아니라, 전압에 따라 변하는 함수로 수정하여, $R(V) = R_0(\alpha + \beta V)$로 보고 불일치 사례의 측정값을 이용하여 α, β의 값을 정해 보도록 한다.

전진적/퇴행적 프로그램: 어떤 연구 프로그램이 좋은 프로그램인가? 라는 질문에 대해 라카토스는 전진적 프로그램이 좋은 프로그램이라는 점을 제시한다. 즉 연구 프로그램이 새로운 현상을 예측/발견할 수 있을 때 프로그램이 전진적(progressive)이라고 하고, 그렇지 못할 때 퇴행적(degenerating)이라고 한다. 즉 연구 프로그램이 새로운 현상을 예측할 수 있고, 그러한 예측이 실제로 관찰되었을 때, 그 연구 프로그램은 전진적이라고 한다. 이때 중요한 역할을 하는 것이 '확증'이다. 예를 들어, 아인슈타인의 일반 상대론은 중력에 의해 빛이 휜다는 새로운 현상을 예측하였고, 실제 개기일식 날 태양 뒤에서 휘어서 오는 별빛을 관찰하게 되었고, 그러한 점에서 일반 상대론은 전진적인 프로그램이라고 할 수 있다.

새로운 예측을 고려한 수업 사례

김교사는 다음 두 주장을 이용하여, 어느 주장이 새로운 예측을 할 수 있는지를 토의하도록 하였다.

1. 아래 두 주장 중에서 어느 주장이 새로운 현상을 예측할 수 있는지 가능한 예측을 제안해 보자.

   주장 1: 일반적으로 도선을 연결해야 전기가 통하고 공기를 통해서는 전기가 통하지 않는다. 즉 공기는 부도체이다.

   주장 2: 번개는 직접 전자가 이동하여 생기는 현상이고, 따라서 공기 중에서 번개가 치는 것을 보면, 공기와 같은 부도체도 높은 전압에서는 도체가 될 수 있다.

과학이론의 발전: 라카토스에 의하면 과학이론은 반증에 의해서도 발전될 수 있고, 확증에 의해서도 발전될 수 있다. 즉 반증사례에 의해서는 긍정적 발견법에 따라 보호대를 수정·보완하면서 이론이 세련화되고 정교화되면서 발전하게 되고, 과학이론이 새로운 현상을 예측하였을 때 그것이 확증되면 그 과학이론의 위상이 올라가게 된다.

그렇다면, 연구 프로그램은 폐기될 수 없다는 것일까? 이에 대한 라카토스는 다음과 같이 말한 바 있다.

> "소박한 반증주의와는 반대로, 실험, 실험 보고, 관찰 진술 또는 잘 확증된 저차원의 반증 가설 등은 어느 것이나 그것만으로는 결코 반증에 이르지 못한다. 보다 나은 이론이 나타나기 전에는 결코 어떤 반증도 존재하지 않는다." (Lakatos, 1994, p. 35)

즉, 반증사례뿐 아니라, 기존의 연구 프로그램을 대체할 수 있는 새로운 연구 프로그램이 등장하게 되면, 기존의 연구 프로그램은 폐기될 수 있다는 것이다. 이때 기존의 연구 프로그램과 새로운 연구 프로그램 중 어느 것이 더 좋은 것인가는 어느 프로그램이 전진적인가에 의해서 결정된다. 그러나 과학사를 살펴보면, 두 프로그램의 비교에는 종종 상당한 시간이 걸리는 경우가 많다. 예를 들어, 코페르니쿠스가 기존의 천동설과 달리 새로운 지동설을 제안하면서 금성의 차고 기우는 현상을 예측하였는데, 그것이 관찰되고 코페르니쿠스 이론이 옳다고 판정되는데 70년 이상이 걸렸다.

반대의 경우도 있다. 전기적 상호작용은 초기에 원격작용 이론으로 설명되었다. 즉 전기를 띤 물질에서 나오는 어떤 종류의 유동체나 입자가 다른 물질에 영향을 미치면서 전기적 상호작용이 일어난다고 보았다. 이 이론은 패러데이가 장 이론을 제안한 이후에도 오랫동안 살아남았었다. 따라서 라카토스는 두 연구 프로그램의 비교에는 오랜 시간이 걸리기 마련이며, 어느 연구 프로그램이 더 좋은지는 '뒤늦은 깨달음'에 의해서 결정된다고 하였다.

요약

1. 모든 과학이론/법칙/개념은 견고한 핵과 보호대로 구성되어 있고, 보호대는 보조가설와 조건 및 가정들로 구성되어 있다.
2. 모든 과학이론/법칙/개념은 단일 구조가 아니라 다른 이론/법칙/개념들과 복잡하고 정합적으로 연결된 조직화된 구조로 되어 있다.
3. 반증사례는 핵이 아니라 보호대를 공격할 수 있고, 핵심개념이 아니라 그에 연결된 다른 개념을 공격할 수도 있다. 따라서 반증사례 만으로는 쉽게 핵심개념이 폐기되지 않는다.
4. 반증사례에 대해, 핵을 보호하는 부정적 발견법과 보호대를 수정하는 긍정적 발견법이 작용한다.
5. 반증사례는 과학이론/법칙/개념을 폐기시키기 보다 오히려 과학이론/법칙/개념을 세련화·정교화시키면서 발달시키는 역할을 하기도 한다.
6. 연구 프로그램은 반증사례 만으로는 폐기되기 어렵다. 대체할만한 새로운 연구 프로그램이 등장할 때 폐기될 수 있다.
7. 연구 프로그램이 새로운 예측을 할 수 있다면 전진적이라고 하고, 그렇지 못하면 퇴행적이라고 한다. 두 연구 프로그램은 어느 것이 전진적인가에 의해 비교될 수 있다.

(5) 쿤의 과학혁명

과학활동의 사회적 요소: 쿤은 라카토스와 마찬가지로 과학의 과정을 이해하기 위해 과학사를 통한 실제 과학자의 활동에 초점을 맞추었다. 특히, 쿤은 과학활동의 사회적 요소에 관심을 가졌다. 예를 들어, 과학자가 새로운 연구결과를 발표할 때, 그 연구결과는 과학자 사회에서 검증되고 받아들여져야 한다. 이때 과학사 사회의 전통과 문화 및 관습에 영향을 받기 마련이다. 예를 들어, 과학자 사회에서 인정하는 권위에 의존하는 경우가 있어서, 초심자로서 잘 알려지지 않은 과학자보다 잘 알려진 유명한 과학자의 연구결과를 더 신뢰하는 경우가 그렇다. 또 갈릴레오의 지동설이 당시의 종교적 기준에 의해 거부되었던 사례도 그렇다.

과학활동에서의 사회적 요소를 소개하는 자료 예

다음은 러더포드와 소디의 방사선 연구에 대한 이야기이다.

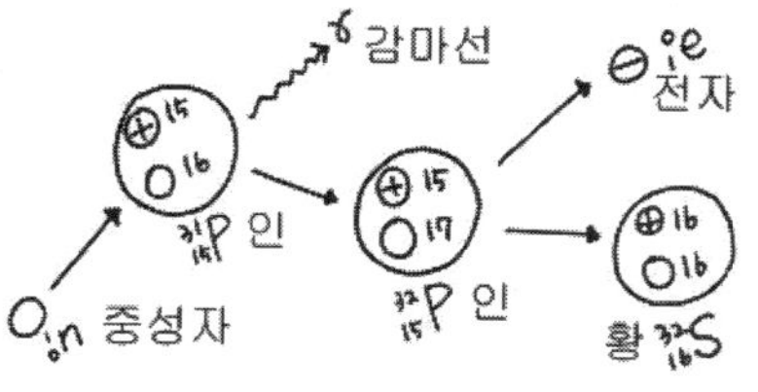

러더포드와 소디는 1898년부터 캐나다 몬트리올에 있는 맥길 대학에서 연구를 하였다. 그들은 우라늄과 같은 방사선 원소들이 방사선(알파선, 베타선, 감마선)을 방출하면서 다른 원소로 바뀐다는 사실을 발견하였다. 우라늄이 아니더라도 주변의 많은 물질들도 바뀔 수 있다. 예를 들면, 인(P)도 중성자(n)와 충돌하면서 감마선(γ)과 전자(e: 베타선)을 방출하고 황(S)으로 바뀐다.

그러나 그 당시 과학자들은 돌턴의 원자설에 따라 원소가 다른 원소로 바뀔 수 없다고 믿고 있었으므로 러더포드와 소디의 발견을 보고, 원소가 바뀐다는 것은 중세의 연금술과 다름없다고 비웃었다.

러더포드와 소디가 〈방사선의 원인과 본질〉이라는 제목의 논문을 발표하려고 하자, 주위 동료 학자들은 물리학의 근본을 뒤흔드는 일이라고 하면서 학교의 명예를 생각해서 발표하지 말라고 권유하였다. 그러나 1902년 러더포드와 소디는 논문을 발표하였다. 그리고 다시 1904년 러더포드와 소디는 〈방사능〉이라는 연구 보고서를 출판하게 되었다. 이러한 노력 끝에 드디어 그들의 연구가 인정받기 시작하였고, 드디어 그 공로로 럼퍼드 메달이라는 상을 받게 되었다.

<출처: 청소년을 위한 서양과학사, 손영운 지음. 두리 미디어>

과학의 혁명적 발달: 라카토스는 과학이론의 발달이 진화적(점진적 세련화와 정교화를 통한 발달)으로 일어난다고 보았지만, 쿤은 과학이론이 혁명적으로 발달한다고 보았다. 다음은 과학이론의 발달과정을 나타낸 것이다.

전과학 단계 - 정상과학 - 위기 - 패러다임의 혁명적 변화 - 새로운 정상과학

전과학 단계란, 과학발전의 초기 단계로서 체계적이고 정합적인 과학으로 발전하지 못한 상태로, 다양한 이론과 모델과 방법론들이 합의를 보지 못한 채로 존재하여 공통의 이론과 기준에 따른 연구활동이 없는 상태를 의미한다. 예를 들어, 18세기 이전에 전자기에 대한 연구는 정전기, 번개, 자기 현상들이 별개의 연구로 진행되었고, 이들을 연결짓거나 포괄하는 개념체계가 없었다.

정상과학과 패러다임: 정상과학 단계에서는 과학자 사회에서 과학이론과 법칙/개념, 방법론 등을 공통적으로 받아들이는 패러다임이 존재한다. 정상과학 단계에서 과학자가 하는 주된 활동은 패러다임에 기반하여 다양한 자연 현상을 설명하고 예상하는 일이며, 이를 가리켜 쿤은 '퍼즐풀이' 활동으로 비유하였다. 즉 패러다임의 내용과 기준에 따라 다양한 물리적 문제들을 해결해 나간다고 본다. 이때 패러다임은 [표 118]과 같이 5가지 요소로 구성되어 있다.

[표 118] 패러다임의 5가지 구성요소

구성 요소	의미
핵심이론	패러다임을 이루는 핵심이론으로, 물체의 운동을 설명하기 위한 뉴턴의 운동법칙, 파동현상을 설명하기 위한 맥스웰의 파동방정식, 입자의 파동적 특성을 나타내는 슈뢰딩거의 파동방정식, 4차원 시공간을 새롭게 해석하는 상대성 이론 등이 예가 될 수 있다.
전형적인 예제	뉴턴의 운동법칙을 이용하여 수직으로 던진 물체가 낙하하는 위치와 비행시간 등에 대한 풀이, 슈뢰딩거 파동방정식으로 수소원자의 에너지 준위를 구하는 과정 등과 같이, 핵심이론을 다양한 상황에 적용하는 대표적인 사례들을 의미한다. 실제 물리학 교재를 보면, 핵심 개념이 소개되고 나면, '보기문제'와 '연습문제'가 제시되는데, 이것들도 전형적인 예제에 해당된다.

실험방법과 도구	물리학이 핵심이론 자체는 추상적이지만, 그에 상응하는 실험방법과 실험 도구 및 절차들이 있다. 뉴턴의 운동법칙을 확인하기/이끌어 내기 위한 전형적인 실험방법(예: 수레에 작용하는 힘과 수레의 가속도와의 관계 실험)과 도구(타점기) 등이 그렇다.
방법론적 규칙	물리학은 실증적 증거에 기반한다. 이때 증거를 얻는 과정과 해석하는 과정에 공통적으로 받아들이는 규칙들이 있다. 예를 들어, '이론을 지지하는 실험결과가 얻어지더라도 이론을 참이라고 하기 보다 새로운 이론의 가능성을 염두에 두어라', '귀납적 과정에서는 가능하면 많은, 다양한 데이터를 얻는 것이 중요하다' 등이 예가 될 수 있다.
형이상학적 의미	핵심이론이 기반으로 하는, 또는 핵심이론이 시사하는 자연관이나 세계관을 의미한다. 예를 들어, 뉴턴의 역학체계는 '자연에는 절대공간이 가정되며, 시간은 절대적으로 동일하게 흐른다'는 자연관에 기초하며, '원인이 있으면 결과가 있듯이, 자연 현상은 매우 정교한 시계와 같다'는 자연에 주는 의미가 예가 될 수 있다.

패러다임이 5가지 구성요소가 주는 의미 중의 하나는, 물리학을 배우는 학생은 주어진 패러다임 내에서 기존의 패러다임을 수용하고 활용하고 있다는 점에서, 패러다임의 5가지 요소를 배우게 된다는 것이다. 즉 핵심이론과 예제, 실험을 배울 뿐 아니라, 방법론적 규칙과 형이상학적 의미도 배우게 된다. 이때 앞선 3개는 일상적인 물리학습에서 배우는 경우가 많고, 네 번째 방법론적 규칙도 과학의 본성을 통해 배우게 된다. 그러나 마지막 형이상학적 의미는 물리학습에서 다루지 않는 경우가 많다. 그러나 패러다임 내에서 수행되는 학습이라면, 물리학습에서 형이상학적 의미를 도입할 필요가 있다고 하겠다(Kim & Park, 2024).

형이상학적 의미를 도입한 수업 예

김교사는 물리학습과정에 형이상학적 의미를 도입하기 위해 다음과 같은 방법을 계획하였다.

1. 다음 사례를 이용하여, 물리 개념은 자연뿐 아니라 우리의 일상적 삶에 주는 의미도 있다고 소개한다.

물리개념	삶에 주는 형이상학적 의미
작용-반작용의 법칙	친구에게 잘 대해 주면, 친구도 날 잘 대해 준다.
도체(전기를 통하게 한다)와 부도체(누전과 감전을 방지한다)	장점이 단점이 될 수 있고, 단점이 장점이 될 수 있다.
태양계	부모님을 중심으로 가족이 조화롭게 생활한다.
$F=ma$	습관이나 버릇은 고치기 힘들고, 강한 추진력이 있어야 변할 수 있다.
저항의 직렬연결과 병렬연결	주어진 조건(시간, 성격, 외모 등)을 어떻게 활용하는가에 따라 결과는 얼마든지 달라질 수 있다.

2. 위의 예 외에 물리수업에서 배우는 개념을 선택하고, 그 개념이 우리 삶에 주는 의미를 나름대로 찾아보도록 한다.

위기와 혁명: 기존의 패러다임에 기초하여 자연의 다양한 문제 풀이를 하는 중, 기존의 패러다임으로 풀리지 않는 문제들이 등장할 수 있다. 그러나 단순히 불일치 사례들이 등장한다고 해서 기존의 패러다임이 쉽게 폐기되는 것은 아니다. 불일치 사례들은 계속 누적되고, 불일치 사례들을 해결하려는 다양한 시도들이 모두 실패하게 되면, 기존의 패러다임에 대한 한계를 인식하는 위기 상태가 도래한다. 이때 불일치 사례들을 설명할 수 있는 새로운 패러다임이 등장하면 기존의 패러다임이 폐기되게 된다.

> "하나의 패러다임을 거부하는 결정은 항상 다른 패러다임을 수용하는 결정이기도 하며, ..." (Kuhn, 1970, p.77)

이와 같이 새로운 패러다임으로 전환되는 과정을 쿤은 '종교적 개종'으로 비유하였다. 즉 불교를 믿다가 기독교로 바뀔 때 논리적이고 합리적인 기준에 의한다기 보다는 단순히 믿음이 바뀌는 것으로 볼 수 있듯이, 기존의 패러다임에서 새로운 패러다임으로의 전환과정에 반드시 합리적이고 논리적인 기준이 있는 것은 아니라는 뜻이다. 학생의 경우에 자신의 생각과 다른 주장을 접했을 때, 그 주장이 교과서에 있거나 선생님이 하신 말씀이라면, 논리적이고 합리적으로 분석하여 그 주장을 받아들이기 전에 일단 수용하는 상황과 유사하다.

이와 같이 패러다임의 변환과정이 종교적 개종으로 비유되는 이유는, 두 패러다임의 논리적이고 합리적인 비교가 가능하지 않다고 보기 때문이다. 이에 쿤은 경쟁상태의 두 패러다임은 '불가공약적'이라고 하였다. 즉 공통되는 부분이 전혀 없어 비교가 불가능하다는 것이다. 예를 들어, 뉴턴 역학에서 가정하고 있는 인과율과 양자역학에서 가정하고 있는 확률론은 서로 비교해서 어느 것이 옳은지를 선택할 수 있는 것이 아니다. 아인슈타인이 '신은 주사위 놀이를 하지 않는다'고 주장하면서 양자역학을 비판했던 사례도 그렇다. 즉 경쟁 관계의 두 패러다임에 각각 살고 있는 과학자는 서로 전혀 다른 세계에 살고 있다고 할 수 있다.

요약

1. 쿤의 과학혁명에서는 과학활동의 사회적 요소를 강조한다.
2. 과학의 혁명적 발달과정은 전과학-정상과학-위기-혁명-새로운 패러다임으로 진행된다.
3. 정상과학에서 과학자는 퍼즐풀이 활동을 한다.
4. 패러다임을 구성하는 (형이상학적 의미를 포함) 5가지 요소는 중등학생의 물리학습에 도입될 필요가 있다.
5. 위기 단계에서도 쉽게 반증사례만으로 기존의 패러다임이 폐기되지 않는다. 새로운 패러다임의 등장이 필요하다.
6. 패러다임의 변화는 종교적 개종으로 비유되기도 한다.
7. 경쟁관계의 두 패러다임은 합리적으로 비교할 수 없다. 즉 불가공약적이다.

(6) 파이어아벤트의 'Against Method'

쿤에 의하면, 과학자는 기존의 패러다임에서 공통적으로 받아들일 수 있는 이론/법칙과 방법 등을 통해 과학활동을 한다고 보았다. 그러나 파이어아벤트는 과학활동/연구에 고정된 방법론적 규칙은 없다고 주장하였다.

방법론적 무정부주의: 파이어아벤트는 과학적 방법론에 대한 기존의 주장들이 실제

물리학의 역사와 일치하지 않는다고 보고, 과학자가 해야 할 방향을 정해주는 정해진 하나의 규칙은 없다고 강조하였다. 즉 과학활동/연구를 위해 기존의 형식적인 방법론/개념에 얽매이지 않고 새롭고 다양한 방법과 해석을 강조한다. 그리고 그러한 시도를 통해 새로운 발견이 가능하다고 본다. 예를 들어, 갈릴레오가 이전의 방식과 달리 실험적 과정을 도입할 때, 또 실험적 방법의 한계(오차 등)를 인식하고 새로운 연구방법으로 사고실험(thought experiment)을 도입하면서 새로운 발견을 할 수 있었다. 뉴턴 역학과 달리 양자역학에서 도입한 확률론은 자연에 대한 새로운 이해를 가능하게 하였다.

이러한 점에서 과학에 대한 무정부주의적 관점은 창의성을 강조하고 있다고 볼 수 있다. 즉 파이어아벤트는 기존의 이론과 모순되는 새로운 가설의 도입이 과학발전에서 중요하다고 강조하였다.

이와 같이 하나의 규정된 방법론/개념이 없는 이유는 과학활동/연구가 그 시대의 사회적 문화적 영향을 받을 수 있다고 보기 때문이다. 즉 시대에 따라 사회적문화적 상황이 바뀌게 되면, 그에 따라 과학적 방법론과 개념에 대한 해석도 바뀔 수 있다는 것이다.

그러나 '어떻게 해도 좋다'는 파이어아벤트의 주장을 너무 확장하여 해석하여서는 안된다. 과학에서 고정된 방법론은 없다고 보지만, 이성적인 과학자와 온당하지 못한 과학자는 구별할 수 있다고 본다. 예를 들어, 온당하지 못한 과학자는 현재의 상태에서 더 이상 발전되지 않은 형이상학적 관점을 가지고 만족하고 안주한다. 그러나 이성적인 과학자는 [표 119]와 같은 활동을 계속한다.

[표 119] 이성적인 과학자의 행동 유형과 예

이성적 과학자의 행동 유형	예
테스트 등을 위한 탐구를 계속한다.	새로운 이론이나 주장, 새로운 현상에 대한 예측 등을 실제로 (실험적으로 또는 이론적으로) 확인해 보기 위한 탐구를 수행한다.
세부적인 사항으로 계속 탐구한다.	구리판 태양전지의 작동을 확인한 후에, 구리판의 면적, 간격, 소금물의 농도 등을 변화시켜가며 발생되는 전압의 변화를 계속 탐구해 본다.

난점과 해결하지 못한/설명하지 못하는 부분들이 있다는 것을 인식한다.	뉴턴 역학에 의하면, 비관성계에서는 운동법칙이 성립하지 않는 한계가 있다. 이를 위해 관성력을 도입하였지만, 관성력은 실제 힘이 아니다.
반대입장이 있다는 것을 인식한다.	양자역학에서 비국소적 작용이라는 아인슈타인-포돌스키-로젠 주장이 양자역학을 반대하는 주장임을 인식한다.
일반화된 상태/이론인지를 점검한다.	전류의 세기가 전압에 비례한다는 법칙이 다른 저항체(전구나 LED 등)에서도 성립하는지 알아보기 위한 탐구를 수행한다.

이론의 선택에서의 불가공약성: 파이어아벤트는 경쟁관계에 있는 두 이론은 서로 다른 이론적 맥락에 놓여 있으므로, 어떠한 관찰언명도 공유하지 못하고, 따라서 두 이론의 논리적인 비교가 불가능하다고 본다. 예를 들어, 고전역학에서는 시간과 물체의 형태와 질량 등이 고정되어 있다고 보지만, 상대론에서는 시간과 공간이 관찰자의 (운동)상태에 따라 달라진다고 보고, 이러한 관점은 고전역학과 공유하는 부분이 없다. 그러나 실제로 과학자들은 다양한 방법으로 경쟁관계의 두 이론을 비교해 보려고 한다([표 1110]).

[표 1110] 경쟁 관계에 있는 이론의 비교 방법

비교 방법	예
어느 이론이 더 정합적인가?	뉴턴역학은 가속좌표계에서는 성립하지 않아, 실제힘이 아닌 관성력을 가정하지만, 일반상대론에서는 그러한 힘을 가정할 필요가 없이 중력으로 바꿀 수 있다.
어느 이론이 새로운 현상/결과를 예측하는가?	상대론은 우주 공간 상에서 휘는 빛을 관찰할 수 있다. 막스웰 방정식은 전자기파가 빛과 동일하다는 것을 보여준다.
어느 이론이 반대이론을 포괄하는가?	상대론적 현상에서 속도가 작아지면 고전역학적 현상과 같아진다. 빛의 이중성 이론은 빛에 대한 입자이론과 파동이론을 포괄한다.
어느 이론이 더 대담한 추측인가?	상대론에 의하면, 전기에너지를 사용한 전지의 질량이 가벼워진다는 대담한 추측이 가능하다.
어느 이론이 더 일반적/일관적인가?	아리스토텔레스는 지구상의 물체의 운동과 천상의 운동을 구별하였지만, 뉴턴 역학은 이들 현상을 동일한 방법으로 일관되게 설명한다.

요약

1. 파이어아벤트는 과학활동/연구에 정해진 하나의 규칙이 있다고 보지 않는다.
2. 따라서 방법론적 무정부주의 입장을 취하면서, '어떻게 해도 좋다'라고도 한다.
3. 형식적이고 규칙적인 방법론보다는 새로운 시도와 방법, 인식의 도입이 과학발전에 도움이 된다고 본다.
4. 따라서 과학활동/연구에서 창의성을 강조한다.
5. '어떻게 해도 좋다'고는 하지만, 이성적인 과학자의 행동 유형은 추천할만 하다.
6. 경쟁관계에 있는 과학은 서로 불가공약적이라고 본다. 그럼에도 불구하고 나름대로의 비교방법은 사용할 가치가 있다.

CHAPTER 02 과학지식과 탐구, 과학적 사고의 본성

박종원 (전남대학교)

앞에서는 Chalmers(1986)의 책을 중심으로 과학철학적 내용을 정리하였다. 이 외에도 과학의 본성에 대한 논의는 많이 있었고, 이를 종합적으로 정리하여 박종원(2007)은 과학적 사고의 본성([표 121]), 과학탐구의 본성([표 122]). 그리고 과학지식의 본성([표 124])을 각각 제시하였다.

2.1 과학적 사고의 본성

과학적 사고의 본성은 귀납적 사고의 본성, 연역적 사고의 본성, 그리고 귀추적 사고의 본성으로 나누어 볼 수 있고([표 121]), 이에 대한 자세한 내용은 새 물리교육학 총론 I 에 제시되어 있다.

[표 121] 과학적 사고의 본성

11. 귀납적 사고

111. 귀납적 사고는 제한된 수의 관찰과 자료로부터 일반법칙을 추론하는데 사용된다.
112. 귀납적 사고에 의해 추론된 일반법칙은 참이라고 말할 수 없다.

12. 연역적 사고

121. 과학적 설명과 예측은, 일반법칙과 초기조건으로 구성된 전제들로부터 연역적 결론을 이끌어 내는 과정이다.
122. 연역적 사고는 가설로부터 실험적 예측을 할 때 중요한 역할을 한다.
123. 가설확증과정은 연역논리의 후건 긍정식을 따르므로, 논리적으로 보장받을 수 없다.
124. 가설반증과정은 연역논리의 후건 부정식을 따르므로, 논리적으로 가능하다.

13. 귀추적 사고

131. 귀추적 사고는 새로운 가설의 창안에 사용된다.
132. 귀추적 사고에는 배경지식이 중요한 역할을 한다.
133. 귀추적 사고에는 배경지식과 관찰현상간의 유사성에 기초한 추론이 포함된다.

2.2 과학탐구의 본성

과학탐구의 본성은 과학적 탐구기능의 본성, 과학적 탐구과정과 방법의 본성, 그리고 과학적 탐구의 사회성으로 나누어 정리해 볼 수 있다([표 122]).

[표 122] 과학탐구의 본성

21. 과학적 탐구기능

211. 과학적 관찰은 이론에 의존하며, 객관적이 아닐 수 있다.
212. 관찰과 추론은 구별되지만, 종종 함께 일어나기도 한다.
213. 과학적 측정값은 참값일 수 없으며, 에러와 불일치 자료가 포함되기 마련이다.
214. 동일한 실험결과가 다르게 해석될 수 있다.
215. 가설은 검증 가능해야 하고 나름대로 타당한 근거가 있어야 하며, 자연에 대한 임시적인 설명이다.
216. 다른 가설들이 동일한 실험결과를 예측할 수도 있다.

22. 과학적 탐구과정과 방법

221. 과학적 탐구에는 실험적인 과정과 이론적인 과정 모두가 포함된다.
222. 과학적 탐구과정은 반복될 수 있어야 하고, 다른 사람에 의해서도 같은 결과를 얻을 수 있어야 한다.
223. 과학적 탐구과정에는 주관적인 측면이 포함될 수 있다.

224. 과학적 탐구에는 하나의 단계별 과정보다는 다양한 과정과 방법을 통해 수행된다.
225. 과학적 탐구과정은 순환적 또는 비선형적 과정을 따르기도 한다.

23. 과학적 탐구의 사회성

231. 과학적 탐구는 종종 협동적으로 수행된다.
232. 과학적 탐구는 사회적/문화적/정치적 상황과 영향을 주고 받는다.
233. 과학적 탐구는 윤리에 의해 제약받기도 한다.

과학탐구의 본성 215와 관련하여, 과학적 가설은 자연 현상을 설명하기 위한 임시적인 설명으로, 자연현상을 있는 그대로 기술하는 것이 아니라, 일어난 현상의 원인을 추론하는 것이다. 그리고 과학적 가설은 아직 옳다는 판정이 나지 않았지만, 나름대로 근거가 있어야 한다.

과학적 가설의 본성 이해를 위한 활동 예

김교사는 과학적 가설의 본성을 이해하고, 과학적 가설과 과학적 예측을 구별하도록 돕기 위해 다음 활동을 준비하였다.

1. 다음과 같이 주어진 질문에 대해 학생들 각각이 자신의 생각을 제안하였다.

질문 1 : 외계인이 있을까 없을까? 있다면 왜 있다고 생각하지?
철수의 생각: 나는 외계인이 있다고 생각한다. 왜냐하면 이 넓은 우주에 생명체가 지구에만 있다면, 그것은 너무도 많은 공간의 낭비이기 때문이다.

질문 2: 어떻게 빛이 진행할 수 있을까?
영수의 생각: 파동은 매질을 통해 전파된다. 예를 들면, 음파는 공기의 진동을 통해서, 지진파는 땅의 진동을 통해서, 수면파는 물의 진동을 통해서 전파된다. 마찬가지로 빛도 파동이므로 매질을 통해 전파될 것이다. 단, 빛의 매질은 만질 수도 볼 수도 없고 어떠한 검출기로도 검출되지 않는 물질로 되어 있을 것이다.

질문 3: 가젤이라는 초식동물이 있는데, 이 동물은 치타와 같은 약탈자가 나타나면 도망가기보다는 무리들 속에서 펄쩍 펄쩍 높이 뛰면서 흰 엉덩이를 약탈자에게 보이는 이상한 행동을 한다. 왜 빨리 도망가지 않고 그러한 이상한 행동을 할까?

수진의 생각: 주변의 어린 가젤들에게 위험을 알려 먼저 도망갈 수 있도록 하기 위한 행동일 것이다.

질문 4: 순수한 물 50㎖를 가열하였더니 100℃에서 끓었다. 이번에는 순수한 물 100㎖를 가열하고, 200㎖를 가열하여도 100℃에서 끓었다. 그렇다면 물은 일반적으로 몇 도에서 끓을까?

경수의 생각: 모든 물은 가열하면 100℃에서 끓을 것이다.

2. 위 네 사람의 생각 중에서 좋은 과학적 가설은 무엇일까? 만일 좋은 과학적 가설이 아니라면 그 이유는 무엇일까? (근거가 있는지, 기술이 아닌 설명인지, 검증 가능한지 등으로 살펴보자)

과학적 가설을 제안할 때에는 하나의 가설만 제시할 필요는 없다. 오히려 다양한 가능한 가설을 모두 생각해 보는 것이 좋다(과학탐구의 본성, 216). 왜냐하면, 가설이란 아직 옳은지 아닌지를 알 수 없고 따라서 가능한 모든 대안은 가설이 될 수 있기 때문이다.

가설의 다양성 이해를 돕기 위한 활동 예

1. 샬레에 물을 넣고 촛불을 세워 놓았다. 컵으로 촛불을 뒤집어 덮자 곧 촛불이 꺼지고 컵 안으로 물이 올라갔다. 왜 촛불이 꺼진 컵 안으로 물이 올라가는지에 대해서 친구들이 다음과 같은 가설을 제안하였다.

철수: 초가 타는 동안 주변공기가 팽창해 있었는데, 컵을 덮어서 초가 꺼지니까 공기가 식어 줄어들면서 컵 안으로 물이 빨려 들어간 거야.

영희: 초가 컵 안의 산소를 모두 태우고 나서 꺼지니까, 산소가 없어져서 물이 들어간 거야.

경호: 초가 타면 이산화탄소와 같은 여러 가지 기체와 수증기가 나오는데, 그 기체와 수증기들이 물 속에 녹아버리니까 물이 컵 안으로 빨려 들어간 거야.

① 위 친구들의 의견이 나름대로 적절하다고 생각하는가?

② 한 현상을 예측하거나 설명하는 가설이 오로지 하나만 있을 수 있을까? 아니면 하나의 현상을 예측하거나 설명하는 데 여러 가지 가설이 가능할 수 있을까?

2. 건전지에 연결되어 회전하는 모터를 손으로 잡아 회전을 멈추게 하였더니, 오히려 모터에 흐르는 전류가 증가하였다. 왜 그런지 다양한 가설을 제안해 보자. 이때 옳은 답을 제시하기 보다, 가능한 설명을 모두 찾아보자.

초중등학교에서는 탐구를 실험으로만 생각하는 경우가 많지만, 과학탐구에는 실험 탐구뿐 아니라 이론 탐구도 포함된다(과학탐구의 본성, 221).

이론적 탐구과 실험적 탐구의 구별을 위한 활동 예

1. 다음은 두 과학자의 연구과정을 간단히 소개한 글이다.

[과학자 A의 연구]

- 과학자 A는 무지개에 대해서 1차 무지개와 2차 무지개뿐 아니라, 3차, 4차 등의 무지개도 이론적으로 가능한지, 가능하다면 어느 위치에서 생기고 밝기는 어느 정도일지 굴절과 반사법칙을 이용하여 작도와 계산을 해 보았다. 그 결과, 과학자 A는 3차나 4차뿐 아니라 10차 무지개까지 밝기와 생길 수 있는 위치를 구할 수 있게 되어 다음 결과를 학회에 발표하였다.

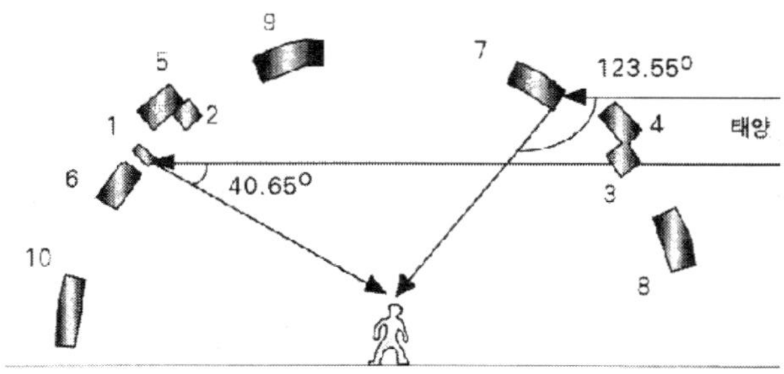

	빨간색 각	보라색 각	무지개 폭(각도)	무지개 빛(빨강)의 상대강도(%)
1차 무지개	42.37	40.65	1.72	100
2차 무지개	50.37	53.48	-3.11	42.67
3차 무지개	137.52	141.89	-4.37	23.52
4차 무지개	137.24	131.66	5.58	14.88
5차 무지개	52.92	46.14	6.78	10.28
6차 무지개	30.9	38.86	-7.96	7.55

7차 무지개	114.41	123.55	-9.14	5.80
8차 무지개	162.29	151.98	10.31	4.60
9차 무지개	79.14	67.65	11.49	3.72
10차 무지개	3.92	16.57	-12.65	3.06

[과학자 B의 연구]

- 과학자 B는 전기저항이 온도에 따라 어떻게 달라지는지 알아보기 위해, 실험을 수행한 결과 다음 그래프를 얻어, "전기저항은 온도에 비례한다."라는 결론을 학회에서 발표하였다.

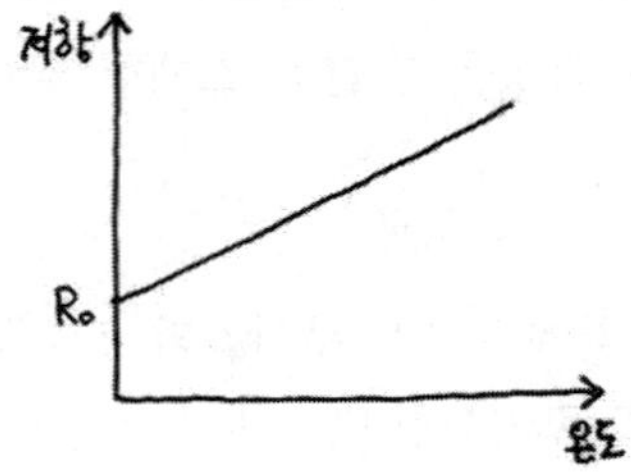

2. 위의 두 과학자 A와 B의 연구에서 중요한 차이점은 무엇인가?

3. 위의 두 과학자의 경우와 비슷한 다른 연구 사례를 각각 찾아보자.

과학탐구는 다른 연구자들이 반복할 수 있어야 하고, 그 과정에서도 동일한 결과를 얻을 수 있어야 한다(과학 탐구의 본성, 222). 그로부터 과학탐구의 과정과 결과가 신뢰성을 가질 수 있다. 따라서 과학자는 연구결과를 발표하거나 논문을 쓸 때, 탐구의 과정이 다른 사람이 반복할 수 있도록 구체적이고 분명해야 한다. 더구나 논문에는 제시하지 않더라고 탐구과정에서 적은 노트 등도 보관하여 탐구의 과정을 더 면밀하게 확인하고자 할 때 확인시켜 줄 수 있어야 한다. 탐구과정을 쓸 때 필요한 간단한 안내는 '새 물리교육학 총론 I' (pp. 220-222)를 참고할 수 있다.

과학탐구는 최대한 객관성을 확보해야 하지만, 종종 주관적인 판단이 포함될 수 있다(과학탐구의 본성, 223). 탐구의 동기도 주관적인 관점에 따라 정해질 수 있으며, 자료의 수집과 해석과정에도 주관적인 판단이 포함될 수 있다.

탐구동기의 주관성 이해를 위한 활동 예

다음 퀴리부인의 연구에 대한 동기는 무엇인가?

> 1914년 제 1차 세계 대전이 일어나면서 전쟁터에서는 부상병이 넘쳐나고 있었다. 이때 가장 어려운 치료 중의 하나는 몸속에 박힌 총알을 찾아 제거하는 것이었다. 왜냐하면 몸속의 총알이 어디에 박혀 있는지 알기가 어렵기 때문이었다. 이에 퀴리는 X-선 장치를 만들기 위한 연구를 수행하였고, 결국 개발한 X-선 장치를 진료차에 싣고 다니면서 부상병의 치료를 돕기도 하였다.

과학탐구의 과정을 탐구목적→변인설정 및 변인통제→자료수집→분석→결과해석→결론과 같이 간단하게 단계별로 표현할 수 있지만, 실제로는 다른 다양한 과정으로 이루어질 수 있으며(과학탐구의 본성, 224), 이 과정에서 순환적(앞으로 되돌아가서 반복되는 경우) 과정이나 비선형적 과정(단계의 순서에 따르지 않거나 일부 단계를 건너뛰는 경우)이 있기 마련이다(과학탐구의 본성, 225).

다양한 탐구과정 사례

1. 다음 그림은 실제로 물리학자들이 연구한 과정을 나타낸 것이다 (Park & Jang, 2005; Park, et al., 2009).

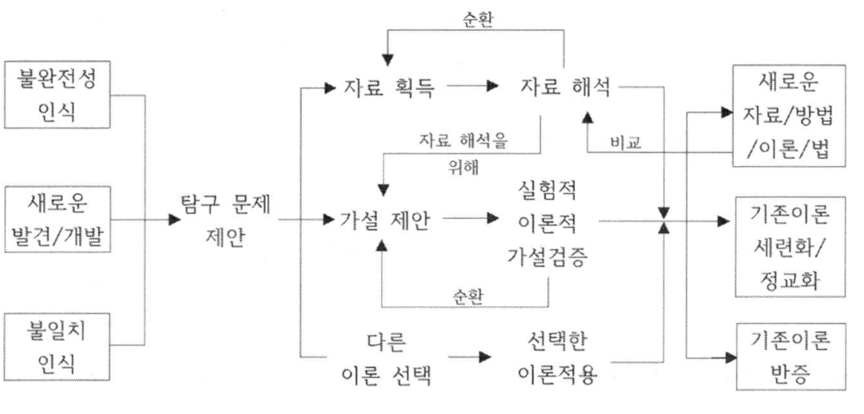

2. 위의 화살표를 따라 다양한 탐구과정을 정리해 보자(예: 불일치 인식→탐구문제 제안→다른 이론 선택→ ...).

3. 각각의 탐구과정에 해당되는 탐구활동을 찾아보자. 또는 가상적으로 제안해도 좋다.

최근에는 물리학뿐 아니라, 과학의 연구 내용들이 세분화되고 깊어지면서, 연구자들이 종종 함께 공동연구를 하는 경우가 많아졌다(과학탐구의 본성, 231). 더구나 최근 융합을 강조하면서 서로 다른 분야의 전문가들이 모여서 수행하는 협업(collaboration)도 많아지고 있다.

협업적 연구 사례

1. 다음은 어떤 과학자와 실제로 나눈 면담 내용이다(Park et al., 2009).

> "제게 아이디어가 있으면 (필요한) 샘플을 제일 잘 합성하는 사람을 무조건 제가 찾아가요. 거기에 가서 (그 사람이 샘플을 만들면) 샘플을 가져와서 실험하는 거지요.… 그 다음에 또 이론적인 부분에 대해서는… 이론을 제가 다 할 필요는 없어요.… 그것은 그 분야에서 이론을 제일 잘 하는 사람에게 연락해요. (이론적으로) 계산해 보라고,… 우린 (실험을 해서) 데이터를 보내 주고,… (이런 방식으로) 사례별로 제일 잘 하는 사람들끼리 만나서 하면 국제공동연구가 되지요."
>
> "(결과가 얻어진) 다음에 논문을 쓰면, 그 분야의 전문가에게 검토(발표하기 전에 다른 전문가의 의견을 물어보는 과정)를 부탁해요.… 믿을만한 사람이어야겠지요.… 그 사람 생각은 어떤지? 그러면 그 사람들이… 이러한 것이 간과된 것 (지나친 것) 같다고 하면 제가 다시 검토를 해야지요. 이런 것들은 모두 전 세계의 최고 수준의 과학자들과 해야 합니다."

2. 위 과학자는 어떤 과정에서 서로 협력을 하였는가?

과학탐구는 자연을 대상으로 하면서 사회/문화/정치와 무관하게 수행된다고 생각하는 경우가 있으나, [표 123]과 같이 실제로는 과학탐구가 사회/문화/정치의 영향을 주는 경우가 많고, 반대로 사회/문화/정치의 영향을 받는 경우도 많다(과학탐구의 본성, 232).

[표 123] 과학탐구와 사회/문화/정치와의 상호작용 예

상호작용	예
과학탐구가 사회/문화/정치에 영향을 주는 경우	- 의료관련 과학탐구가 발달하면서, 인간의 수명이 길어지고, 사회적으로 고령화 문제가 대두되게 된다. - 로봇관련 과학탐구가 발달하면서, 기존의 직업이 없어지고, 새로운 직업이 등장하게 된다.
사회/문화/정치가 과학탐구에 영향을 주는 경우	- 에너지 고갈과 환경오염 문제로 인해 클린 에너지, 대체에너지 관련 과학탐구가 활성화된다. - 해일로 인한 피해사례가 크게 강조되자, 해일 관련 과학탐구가 지원을 받으면서 활성화된다.

단순하게 과학탐구가 사회/문화/정치에 영향을 주고 받을 뿐 아니라, 사회에서 요구하는 윤리적 기준이 과학탐구에 직접적인 제한을 주기도 한다(과학탐구의 본성, 233). 예를 들면, 유전자 복제를 인간을 대상으로 하는 연구에 대해서 엄격한 윤리적 기준을 요구하기도 하고, 로봇 개발 연구에 대해서는, 인간에게 미칠 수 있는 해로운 행동의 억제를 요구하기도 한다.

정리

1. 과학 탐구의 본성은 (1) 과학탐구기능의 본성, (2) 과학탐구 과정과 방법의 본성, (3) 과학탐구의 사회성으로 나누어 볼 수 있다.
2. 과학탐구기능의 본성에는, 관찰의 이론의존성, 추론과 관찰, 측정에 포함된 오차, 다양한 결과해석, 가설제안, 동일한 결과에 대한 다중가설 등에 대한 내용이 포함된다.
3. 과학탐구과정과 방법의 본성에는, 실험탐구과 이론탐구, 반복가능한 탐구과정, 탐구과정에 포함된 주관성, 다양한/순환적/비선형적 탐구과정 등에 대한 내용이 포함된다.
4. 과학탐구의 사회성에는, 공동연구, 사회/문화/정치와의 상호작용, 윤리적 제재 등에 대한 내용이 포함된다.

2.3 과학지식의 본성

과학지식의 본성은 과학지식의 생성, 수용과 평가, 변화와 발달, 그리고 유형과 기능으로 나누어 정리해 볼 수 있다([표 124]).

[표 124] 과학지식의 본성

31. 과학지식(SK: Scientific Knowledge)의 생성

311. SK는 여러 가지 과학적 탐구기능을 이용한 과학적 탐구활동을 통해 생성된다.
312. SK는 자연 속에 숨겨져 있던 것을 찾아낸 것이 아니라, 과학자의 상상력과 창의성에 의해 자연을 이해하기 위해 고안된 것이다.
313. SK는 종종 불완전한 상태로 제안되기도 한다.
314. SK에는 이상조건이나 보조가정 등이 포함되기 마련이다.
315. SK는 정확한 정의를 필요로 하고, 단순성을 추구한다.

32. 과학지식의 수용과 평가

321. SK는 과학자 사회에 의해 이해될 수 있어야 하고 받아들여져야 한다.
322. SK는 지지증거를 가지고 있지만, 반대증거도 있기 마련이다.
323. SK는 과학자들 간에 다르게 해석될 수 있고, 따라서 논쟁이 있을 수 있다.
324. SK는 권위에 의해 받아들여지기도 하며, 따라서 가끔 회의(의심)를 필요로 한다.
325. SK는 윤리적 기준에 의해 평가받기도 한다.

33. 과학지식의 변화 발달

331. SK는 발달되어온 자신의 역사를 가지고 있다.
332. SK는 안정적이지만 임시적이고 변하기 마련이다.
333. SK는 때로는 급진적으로, 때로는 진화적으로 발달한다.
334. SK가 폐기되기 위해서는 불일치 증거뿐 아니라, 새로운 SK가 등장해야 한다.

34. 과학지식의 유형과 기능

341. 과학이론은 자연을 설명하고 예측하며, 과학법칙은 자연의 규칙성을 기술한다.
342. 과학모델은 실재를 복사한 것이 아니라 자연을 이해하기 위해 고안한 것이다.
343. SK가 모든 질문에 답을 할 수 있는 것은 아니다.
344. SK는 반드시 (일상생활에) 실용적일 필요는 없다.

과학지식의 본성 내용은 앞선 논의에서 대부분 언급된 내용들이다. 이 외에 몇 가지만 설명을 추가해 보면 다음과 같다.

먼저, 탐구를 통해 생성된 과학지식은 자연 속에 숨겨진 진리를 찾아낸 것으로 보고 새로운 과학지식을 '발견'했다고 말하는 경우가 많다. 그러나 과학지식은 자연을 설명하고, 예측하며, 이해하기 위해 제안한 또는 고안한 것으로 보는 것이 타당한다(과학지식의 본성 312). 예를 들어, '2-2. 과학적 사고의 본성'에서도 다루었듯이, 반복된 관찰로부터 귀납적 사고를 통해 얻어진 일반화된 과학법칙도 참이라고 할 수 없고, 가설 검증과정에서 가설을 지지하는 실험적 증거가 얻어진 경우에도 가설이 참이라는 결론을 내릴 수 없었다. 즉 과학지식은 자연 속에 숨겨져 있었던 진리를 찾아낸 것이라기 보다는 과학자가 제안하고 고안한 것이라고 보는 것이 과학지식의 본성을 나타내는데 적절하다. 따라서 과학지식의 생성 과정에서 상상력과 창의성은 필수 불가결한 조건이라고 할 수 있다.

과학지식의 본성 312과 관련된 활동 (장하석, 2013)

1. 섭씨온도와 화씨온도, 그리고 절대온도가 각각 무엇이고, 누가 어떤 과정을 통해 정했는지 조사해 보자.
2. 온도를 정할 때, 절대적인 하나의 방법만이 가능할까? 아니면 여러 가지 다른 방법들도 가능할까?
3. 온도는 과학자가 정한 것인가? 자연 속에 원래 있던 진리를 찾아낸 것인가?

과학지식은 과학자에 의해 제안되고 고안된 것이므로, 처음에 과학자가 과학지식을 제안하거나 고안할 때 종종 과학지식은 불완전한 상태일 수 있다(과학지식의 본성 313). 단지 불완전한 과학지식이 계속적인 탐구를 통해 원래 지식이 폐기되거나 수정 보완되면서 발전되어가는 것이다. 따라서 과학지식에는 발달되어 온 역사가 있으며(과학지식의 본성 331), 절대적인 참이 아니라 변하기 마련이다(과학지식의 본성 332). 이러한 본성은 '과학지식은 진화적으로 발전한다'는 과학지식의 본성(과학지식의 본성 333)과도 연결된다(참고문헌 예: 짐배것, 〈퀀텀 스토리〉).

과학지식의 본성 313, 331, 332, 333에 관련된 사례

덴마크 물리학자 닐스 보어는 1913년 새로운 원자모형을 제안하게 되었다. 즉 전자는 에너지의 손실 없이 정해진 안정된 궤도에 있을 수 있다고 하였다. 그리고 궤도를 이동하면서 빛을 방출하거나 흡수한다고 하였다. 전자가 빛을 흡수하면 높은 에너지 상태의 궤도로 올라가게 되고, 다시 낮은 에너지 상태의 궤도로 떨어지면서 빛을 방출한다는 것이다. 새로운 보어의 원자모형은 그 당시 선스펙트럼 현상과 멘델레프의 주기율표에서 왜 원자들이 그렇게 규칙적인 배열을 하는지를 이해하는 데 도움을 주었다.

그러나 초기 보어의 원자모형이 완벽한 것은 아니었다. 먼저 주기율표를 완벽하게 이해하기에는 어려움이 많았고, 왜 전자가 정해진 궤도에만 있을 수 있는지에 대해서도 설명하지 못했다. 1913년 보어가 원자모형을 발표하고 그 내용을 러더포드에게 보냈을 때, 러더포드는 전자가 어떻게 알고 정해진 궤도만으로 이동할 수 있겠냐며 비판하기도 하였다. 또한 독일의 물리학자 하이젠베르그[1]는 보어의 원자모형이 마법에 의한 것과 다름이 없다고 비판하기도 하였다. 이에 보어는 코펜하겐으로 하이젠베르그를 초청하여 함께 논의하기도 하였다.

[하이젠베르그]

그러나 문제는 풀리지 않은 채 몇 년이 흘러갔다. 그 동안 보어의 원자모형은 여러 가지 수정을 가하게 되었다. 먼저 피커링이 보어의 원자모형으로 설명할 수 없는 특이한 스펙트럼 실험을 제시하자, 보어는 1913년 핵이 고정되어 정지한 것이 아니고 전자의 회전에 따라 조금씩 자신도 회전하는 것으로 수정하였다. 그리고 1915년에 좀머펠드[2]는 전자가 원형궤도가 아니라 태양주위의 행성처럼 타원궤도로 회전한다고 수정하고, 1916년에는 전자가 움직이는 속도가 빛의 속도에 가까울 정도로 빠르다는 사실에 따라, 상대론적인 효과를 넣어 수정하게 되었다.

[좀머펠트]

처음 보어의 원자모형이 제안되고 10년 후인, 1923년 프랑스 물리학자 드브로이는 전자와 같은 입자들이 파동과 같이 행동한다고 주장하였다.

이 주장은 1905년 발표한 아인슈타인의 광전효과에서 아이디어를 얻은 것이었다. 즉, 광전효과에 의하면 빛과 같은 파동이 입자적인 성질을 가질 수 있다는 것이었고, 드브로이는 이것을 거꾸로 설명한 것이었다. 그래서 드브로이[3]는 1923년 이 생각을 아인슈타인에게 알렸고, 아인슈타인은 "노다지를 캤군."이라고 극찬하기도 하였다.

1) 하이젠베르그 사진 출처: https://en.wikipedia.org/wiki/Werner_Heisenberg
2) 좀머펠트 사진 출처: https://en.wikipedia.org/wiki/Arnold_Sommerfeld
3) 드브로이 사진 출처: https://en.wikipedia.org/wiki/Louis_de_Broglie

드브로이의 아이디어는 보어원자 모형에서 풀리지 않는 중요 과제를 해결해 주었다. 즉, 원자핵 주위의 전자가 파동과 같다면, 왜 정해진 궤도만 있을 수 있는지를 설명할 수 있게 된 것이다. 어떤 운동량을 가진 전자는 특정한 파장을 갖게 되고, 그런 경우에는 궤도의 원주 길이가 파장의 정수배만 되는 궤도에만 있을 수 있게 된다는 것이다.

[드브로이]

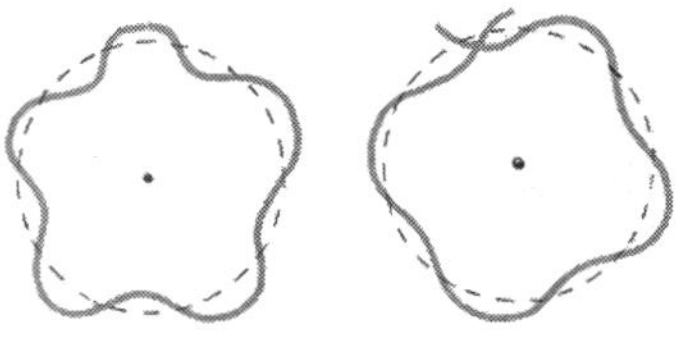

1923년 드브로이의 아이디어에 따라 슈뢰딩거[4]는 전자(입자)의 운동에 대해서 파동방정식을 만들어 보려는 생각을 하게 되었다. 이 생각이 떠오른 것은 슈뢰딩거가 스키여행을 떠난 1925년의 일이었다. 슈뢰딩거 방정식에 따라 보어의 안정된 궤도들은 수학적으로 정확하게 계산될 수 있게 되었다.

[슈뢰딩거]

이와 같이 보어의 원자모형은 계속적인 발전을 해 왔지만, 아직도 완벽하다고 할 수는 없다. 현재까지도 물리학자들은 슈뢰딩거 방정식에 의해 계산된 결과가 실제 전자를 나타내는 것인지, 단지 전자의 운동을 이해하는 데 도움이 되는 수학적인 표현일 뿐인지에 대해서 논쟁을 계속하고 있다.

라카토스는 과학지식이 핵심이론뿐 아니라, 핵심이론과 관련된 보조이론, 가정, 초기조건들을 함께 포함하여 있다고 하였다. 예를 들어, 볼록렌즈에 평행하게 입사한 빛은 수렴한다는 지식은 볼록렌즈의 굴절율이 주변의 굴절률보다 크다는 가정이 있으며, 무거운 물체와 가벼운 물체가 동시에 떨어진다는 과학지식은 중력의 크기가 일정하고, 공기저항이 없다는 조건을 포함하고 있다. 이와 같이 모든 과학지식은 이상조건, 초기조건, 보조이론, 가정 등을 포함하고 있다(과학지식의 본성 314).

학생들에게 과학지식을 설명하기 위해 종종 쉽고 정확하지 않은 설명을 사용하지만, 과학지식은 정확한 정의를 필요로 하므로(과학지식의 본성 315), 초기의 쉽고 부정확한

4) 슈뢰딩거 사진 출처: https://en.wikipedia.org/wiki/Erwin_Schrodinger

설명은 수정되어 다시 지도될 필요가 있다. 예를 들어, '차고 뜨거운 정도가 온도이다'라는 정의는 '차고 뜨거운 정도는 열의 이동에 의해 나타난 현상이다'라고 수정해 주어야 하고, 온도는 이상기체의 경우 '분자 하나의 평균 운동에너지'로 정의해 주어야 한다.

과학지식은 지지증거를 가지고 있지만, 상황에 따라 반증증거도 함께 가지는 경우가 많다(과학지식이 본성 322). 그리고 과학지식은 윤리적 기준에 의해 제한받거나 평가받기도 한다(과학지식의 본성 325).

과학지식에 대한 지지증거와 반증증거가 함께 있는 사례

1. 평면거울에 의한 상은 좌우가 바뀐다고 알고 있다. 다음 사례를 통해 이러한 생각을 지지하는 경우와 반증하는 증거를 구별해 보자.
   (1) 현상 1: 오른쪽 사진에서 거울 앞에서는 오른쪽을 가리켰지만, 거울 안에 들어가서 보면 거울 속에서는 왼쪽을 가리키고 있다.
   (2) 현상 2: 거울 앞에 화살표를 세워보면 빨간색(위) 화살표가 가리키는 화살표의 방향이 같듯이, 노랑색(오른쪽) 화살표가 가리키는 방향도 같다.
   (3) 현상 3: 종이에 글을 쓰고, 평면거울에 비추어 보면 글씨가 반대로 보인다.
   (4) 현상 4: 두 장의 거울을 수직으로 붙였을 때 연필 끝이 가리키는 방향은 서로 반대이다.

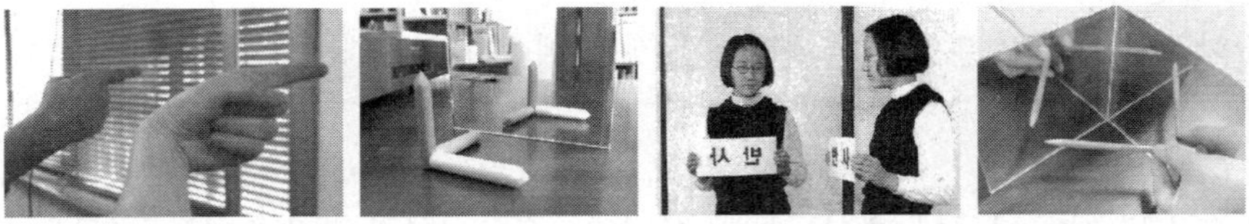

과학지식의 기능은 크게 자연현상을 기술(describe)하는 경우와 설명(explain)하는 경우로 나눌 수 있다. 기술은 자연 현상을 있는 그대로 서술하는데 그치지만, 설명은 왜 그러한 현상이 일어났는지에 대한 원인을 제안한다(새 물리교육학 총론Ⅰ, pp. 155 - 161). 이때 과학이론은 자연을 설명하고 예측하며, 과학법칙은 자연의 규칙성을 기술하는 것으로 나누어 이해할 수 있다(과학지식의 본성 341).

과학자는 종종 원자핵과 같이 직접 관찰할 수 없는 대상을 연구하면서, 또는 전기장과 같은 추상적인 개념을 사용하면서 모델을 사용한다. 그러나 이때 모델은 자연에 실재하는 것을 그대로 복사한 것이 아니라, 자연을 이해하기 위해 고안한 것이다(과학지식의 본성 342).

과학모델에 대한 이해를 돕기 위한 활동 예

1. 다음은 원자모델(모형)을 나타낸 그림에 대한 영희와 철수의 대화 내용이다.

영희: 정말 전자가 저렇게 알갱이 모양일까?
철수: 그렇다고 생각하는데? 태양 주위를 도는 행성 처럼 전자도 아주 작고 단단한 알갱이 아냐?
영희: 하지만 정말 작고 단단한 알갱이인지는 알 수 없는 것 아닐까? 우리가 그렇다고 가정한 것 뿐이지. 실제 전자모양은 모르는 거지.

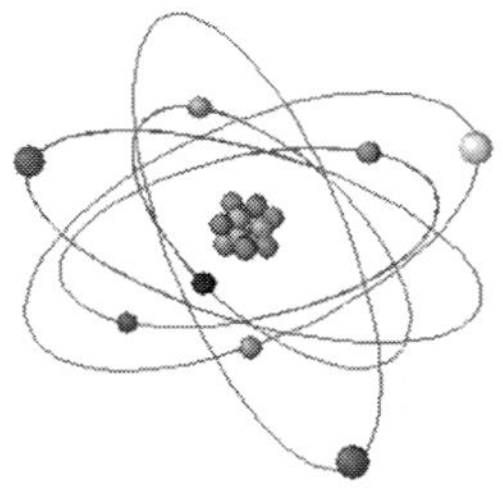

① 철수 생각에 동의하는 사람과 영희 생각에 동의하는 사람으로 나뉘어 각자의 의견을 더 정리해 보아라.
② 여러 사람의 의견을 듣고 최종적으로 자신의 의견을 정리해 보자.

2. 위와 같이 그림으로 나타낸 것은 핵에 대한 모델이라고 할 수 있다. 과학에서 사용하는 모델의 특징에 대한 설명이다. 각각이 옳다고 생각하는가? 틀리다고 생각하는가?
- 모델은 실재를 그대로 나타낸 것이다 ( )
- 모델은 자연을 이해하거나 설명하는데 간편하게 해 준다 ( )
- 모델에서는 불필요한 것을 없애고 중요한 부분만 나타낸다 ( )
- 모델은 크거나 작은 현상을 보기 쉽게 축소하거나 확대한 것이다 ( )
- 모델을 구체적인 그림이나 형태로 나타내면 이해에 도움이 된다 ( )
- 모델을 이용하면 새로운 현상도 예측할 수 있다 ( )
- 모델은 실제 자연을 잘못 나타낸 것일 수도 있다 ( )

과학지식은 성공적으로 자연을 설명하고 예측해 왔으며, 우리의 생활 속에 깊이 기여하고 있다. 따라서 종종 학생들은 과학지식은 매우 발달되어 있고, 많은 질문에 대해 답을 해 주고 있다고 생각할 수 있다. 그러나 과학지식이라고 해서 모든 질문에 답할 수 있는 것은 아니다(과학지식의 본성 343).

과학지식의 본성 343과 관련된 활동

다음 질문에 자유롭게 답을 생각해 보자.

① 전자는 어떻게 (-)전기를 가지고 있는 것일까? (-) 전기라는 물질이 전자라는 작은 알갱이 겉에 덮여있는 것일까? 알갱이 속에 섞여있는 것일까? 아니라면 …

② 빛의 속도는 진공에서 30만km/s로 우주에서 가장 빠른 속도라고 하는데, 빛보다 더 빠른 것은 없나?

공학적 지식과 달리 과학적 지식은 반드시 일상생활에 유용하고 실용적일 필요는 없다(과학지식의 본성, 344). 예를 들면, 우주의 생성이나 팽창에 대한 과학지식이 그렇다. 그러나 과학지식 자체가 실용적이지는 않지만, 과학지식에 기초하여 실용적인 적용은 가능하다. 예를 들어, 먼 우주 탐사를 실제로 수행할 때에는 우주 생성이나 팽창에 대한 과학지식이 적용될 수 있다. 마찬가지로 원자에 대한 과학지식 자체는 실용적이지 않지만, 원자에 대한 지식에 기반하여 새로운 신소재를 개발할 때에는 과학지식이 활용되게 된다.

요약

1. 과학지식의 본성은 (1) 과학지식의 생성, (2) 과학지식의 수용과 평가, (3) 과학지식의 변화 발달, (4) 과학지식의 유형과 기능으로 나누어 볼 수 있다.
2. 과학지식은 창의성에 의해 고안되고, 정확한 정의를 필요로 하지만, 다양한 조건과 가정을 포함하면서 불완전한 상태로 제안된다고 본다.
3. 과학지식의 수용과 평가는, 지지증거와 반대증거를 함께 가지고 과학자 사회에 의해 다양한 해석과 논쟁을 통해 받아들여지게 되고 동시에 권위와 윤리적 기준의 영향을 받는다고 본다.
4. 과학지식의 변화와 발달은, 반증사례뿐 아니라 새로운 과학지식에 의해 급진적 또는 진화적으로 변화·발달하는 역사적 과정을 가지고 있다고 본다.
5. 과학지식와 유형에는 자연을 기술하는 법칙과 설명하는 이론, 그리고 이를 위한 모델들이 있으며, 모든 질문에 답할 수 없고 반드시 실용적이지는 않다는 한계를 받아들인다.

참고문헌

교육부 (2022a). 중학교 교육과정. 교육부 고시 제 2022-33호 [별책 3]. 교육부.

교육부 (2022b). 고등학교 교육과정. 교육부 고시 제 2022-22호 [별책 4]. 교육부.

손영운 (2004). 청소년을 위한 서양과학사. 두리미디어.

아인슈타인 (홍수원, 구자현 옮김). (2003). 아이슈타인의 나의 세계관. 도서 알라딘

장하석 (2013). 온도계의 철학: 측정 그리고 과학의 진보. 동아시아.

짐배것 (박병철, 이강영 옮김). (2023). 퀀텀 스토리. 반니.

Chalmers, A. F. (1986). What is This Thing Called Science? Buckingham, England: Open University Press.

Gauld, C. (1989). A study of pupils' responses to empirical evidence. In R. Millar (Ed.), Doing Science: Image of Science in Science Education (pp. 62-82). Philadelphia, PA: The Falmer Press.

Kim, M. K., & Park, J. (2024). Linking scientific concepts with sudents' personal daily lives: Using the metaphysical meaning of scientific concepts. Journal of Baltic cience Education, 23(5), 882-898.

Kim, S., & Park, J. (2018). Development and application of learning materials to help students understand ten statements describing the nature of scientific observation. International Journal of Science and Mathematics Education, 16, 857-876.

Kuhn, T. S. (1970). The structure of scientific revolutions. Chicago, Illinois: University of Chicago Press.

Lakatos, I. (1994). Falsification and the methodology of scientific programmes. In J. Worrall & G. Currie (Eds.), The methodology of scientific research programs: Philosophical papers, Vol. 1 (pp. 8-101). London, UK: Cambridge University Press.

National Science Teachers Association (NSTA). (2000). NSTA Position Statement: The Nature of Science.

https://www.nsta.org/nstas-official-positions/nature-science

NGSS Lead States. (2013). Appendix H-Understanding the Scientific Enterprise: The Nature of Science in the Next Generation Science Standards. https://www.nextgenscience.org/resources/ngss-appendices

Park, J. (2007). A study of new models for scientific inquiry activity through understanding the nature of science (NOS):-A proposal for a synthetic view of the Nos. Journal of the Korean Association for Science Education, 27(2), 153-167.

Park, J., & Jang, K. A. (2005). Analysis of the Actual Scientific Inquiries of Physicists I -Focused on research motivation-. Journal of the Korean Physical Society, 47(3), 401-408.

Park, J., Jang, K. A., & Kim, I. (2009). An analysis of the actual processes of physicists' research and the implications for teaching scientific inquiry in school. Research in Science Education, 39, 111-129.

Popper, K. R. (1968). The Logic of Scientific Discovery. London: Hutchinson.

PART 2

중등 물리 교육과정 분석

CHAPTER 01

우리나라 중등 물리 교육과정의 변천

김영민 (부산대학교)

1945년 해방 이후에 우리나라의 교육과정은 교수요목기(1946−1954)를 시작으로 제1차 교육과정기(1954−1963), 제2차 교육과정기(1963−1973), 제3차 교육과정기(1973−1981), 제4차 교육과정기(1981−1987), 제5차 교육과정기(1987−1992), 제6차 교육과정기(1992−1997), 제7차 교육과정기(1997−2007)가 있었으며, 그 이후에는 2007 개정 교육과정, 2009 개정 교육과정, 2011 개정 교육과정, 2015 개정 교육과정, 2022 개정 교육과정을 거쳐 오늘에 이르고 있다.

1.1 교수요목기(1946−1954)

우리나라 정부가 수립되고 1949년에 교육법이 제정되면서 1949년부터 초등학교 4~6학년에서는 '이과'라는 과목으로 과학이 가르쳐졌으며, 초급중학교에서는 '물상', '생물'로 가르쳐졌으며, 고급중학교 및 공업학교에서는 '물리', '화학', '생물'이라는 과목으로 가르쳐졌다. 당시의 교육법에는 각급학교에서 진리를 탐구하는 정신, 과학적 사고력을 배양하여 합리적인 생활을 하도록 하는 것을 목표로 과학교육을 시켜야 한다고 규정하고 있다(정연태, 1984). 교수요목기의 자료는 구하기가 어렵다. '고급 중학교 과학과 교수요목'의 단원명 일부를 보면, 계량과 단위, 물성, 천체, 역, 전자기, 힘과 운동, 광(光) 등이 있다(문교부, 1986).

1.2 제1차 ~ 제7차 교육과정기(1954~2007)

교수요목기를 거친 후 약 50년 동안 제1차(1954년 개정)에서 제7차(1997년 개정)까지의 교육과정 시기를 거치게 된다. 그 구체적인 내용은 다음과 같다.

(1) 제1차 ~ 제4차 교육과정기(1954-1987)

1950년에는 6-3-3학제의 각급학교 교육과정 시간 배당 기준령이 제정되었으며, 1954년에 우리나라 최초의 과학과 교육과정(제1차 교육과정)이 공포되었다. 중학교에는 물상[5]과 생물을 합하여 구성한 '과학'이 있었으며, 1, 2, 3학년에서 각각 주당 4, 3, 2시간씩 가르치도록 되어 있었다. 고등학교의 과학과 편제와 단위 수는 '물리', '화학', '생물', '지학'[6] 네 과목 중에서 두 과목을 선택하여 배우도록 되어 있었으며, 단위 수는 한 과목당 8단위로 책정되어 있었다. 그러므로 전체적으로 과학을 배우는 단위 수는 16단위였다고 볼 수 있다(정연태, 1984). 이 시기의 중학교 '과학'과의 목표는 최근과 달리 꽤 상세하게 되어 있었다. 중학교 '과학'과의 목표는 과학적 지식, 과학적 능력, 과학적 태도로 구분하여 기술되어 있었다. 지식에 있어서는 어떤 지식들을 가르쳐야 할 것인지, 능력에 있어서는 어떤 능력들을 가르쳐야 할 것인지, 태도는 어떤 것들을 길러야 할 것인지에 대해 꽤 상세하게 기술하고 있었다. 특히, 능력과 태도가 다른 어떤 시기의 교육과정보다 상세하게 기술되어 있었으며, 지도 내용은 학년별, 단원별로 나누고 단원별 지도 목표와 지도 내용이 기술되어 있다. 이 시기에 제정된 고등학교 '과학'과의 목표는 "고등학교 과학과는 자연과학에 관한 기초적이며 응용적인 지식과 과학적 능력 및 태도를 체득시켜 합리적인 생활 향상을 도모하는 데 있다"이며, 하위목표

5) 당시 사용되었던 과목 명으로 물리학, 화학, 지구과학 내용을 포함하고 있음
6) 당시에는 지구과학을 지학으로 표현했음

는 과학적 지식, 과학적 능력, 과학적 태도로 나누어 과학적 지식에 5개항, 과학적 능력으로 15개항, 과학적 태도로 10개항을 기술하고 있다. 또, 이 당시 개발되었던 중학교 과학 및 고등학교 교과서를 통해 그 당시 중등학교 '과학'에서 학습한 내용을 알아볼 수 있다. 당시 중학교 과학 교과서는 단원명이 '천체는 우리 생활과 어떤 관계가 있나?', '불과 열은 우리 생활에 어떻게 이용되나?', '교통은 과학에 의하여 어떻게 발달되어 왔나?', '통신은 어떻게 진보시켰나?', '기계와 연모는 어떻게 일의 능률을 높이나?'와 같이 의문 문장의 형식으로 되어 있으며 학년당 6개의 단원으로 되어 있다(정연태, 1984). 단원명과 내용으로 볼 때, 이 시기의 교육과정은 교과중심 교육과정, 그리고 생활 중심 교육과정이 강조되었음을 알 수 있다.

1963년도에 개정된 제2차 교육과정은 중학교의 경우는 제1차 교육과정과 마찬가지로 구성되었고 고등학교의 경우는 모든 학생들에게 필수로 물리를 부과해야 한다는 입장을 취하고 있었다. 그래서 '물리Ⅰ'과 '물리Ⅱ'를 별도로 구성하고, '물리Ⅰ'은 6단위로 하여 인문, 직업, 예능계 학생들에게, '물리Ⅱ'는 12단위로 하여 자연계 학생들에게 필수로 공부하도록 하였다. 이렇게 만들어진 중학교 '과학'과의 목표를 보면 다음과 같다: (1) 자연 사물 현상의 기초가 되는 원리 법칙을 이해하고, 그 응용이 인간 생활의 향상 및 발전에 공헌한 바가 큼을 인식하게 한다. (2) 자연 사물 현상을 올바르게 관찰 실험하고, 그 속에서 문제를 발견하여 과학적으로 계획 처리할 수 있는 능력과 기계, 기구, 약품 등의 취급 및 동식물의 사육 재배를 합리적으로 하는 기능을 기른다. (3) 자연과학의 기초 지식과 기능을 일상생활에 활용하는 능력과 미지의 것을 탐구하여 새로운 것을 만들어내는 태도를 기른다. (4) 자연 사물 현상에 대한 관심을 깊게 하고, 자연 환경을 수호, 이용하며, 과학자의 업적을 존중하는 태도를 기른다.

이러한 목표를 바탕으로 하여 개발된 중학교 '과학' 내용을 보면 1학년에서는 물, 공기, 불, 지표와 그 변화, 주변의 식물, 주변의 동물, 2학년에서는 날씨, 자석과 전기, 산·알칼리·염, 식품과 영양, 인체, 힘과 운동, 3학년에서는 빛, 에너지, 교통과 통신, 화학변화, 위생, 자원의 개발과 관리, 생물의 발달, 태양과 우주 등을 학습하도록 구성되어 있었다.

이상에서 보는 바와 같이 제1차와 다르게 목표에서 내용적 요소가 삭제되고 순수하게 목표로 제시될 수 있는 것들을 원리와 법칙 이해, 탐구능력 신장, 실험 기능, 태도 등으로 구분하여 진술하고 있다. 또, 제1차 교육과정의 '과학' 내용에 비해 과학에 기초 개념을 위한 내용들이 상당히 들어갔으나 아직도 생활과 관련된 내용이 많이 남아 있었던 것을 볼 수 있다. 그 예로 과학 3학년의 '교통과 통신' 단원의 내용을 보면 교통기관으로 자동차, 기차와 전차, 배, 비행기, 제트기관, 로켓, 교통시설로 도로, 교량, 철도, 비행장, 항만, 유선통신으로 전신, 전화, 교환, 전파와 라디오로 진공관과 그 작용, 전파, X선, 라디오, 전송사진과 텔레비전 등이 들어 있다(정연태, 1984).

고등학교의 경우에는 필수 과목인 '물리Ⅰ'의 목표와 내용을 보면 전체적인 경향을 파악할 수 있다. '물리Ⅰ'의 목표는 다음과 같다: (1) 자연계에서 일어나는 물리 현상에 관한 기본 원리 법칙과 물리량에 관한 개념을 이해시키고 직업 선정에 필요한 지식을 갖게 한다. (2) 물리 현상에서 나타나는 여러 가지 문제를 실증적으로 해결하는 기능과 이것을 생활에 응용하는 능력을 기른다. (3) 과학적 방법으로 사물을 처리하고 자연계의 여러 물리현상을 생활에 활용하고 생활을 향상시키려는 태도를 기른다. (4) 물리학자의 연구가 인류 문화 향상에 기여함이 큼을 인식시킨다. '물리Ⅰ'의 내용에서는 그 단원명을 보면 힘, 운동과 일, 열, 진동과 파동, 빛, 전기와 자기, 교류와 전파, 전자와 그 응용, 원자와 원자핵 등으로 구성되어 있어서 '교류와 전파' 외에는 거의 변하지 않았다. '물리Ⅱ'에서는 단원명은 같지만 자연계로 진출하고자 하는 학생들을 위해 좀 더 심화된 내용을 다루도록 구성되어 있다. 이러한 경향은 다른 과목에서도 마찬가지이다(문교부, 1986).

활동

제1차 교육과정과 제2차 교육과정에서 중학교 '과학'과 목표의 특징을 정리하고 고등학교 '물리' 목표 영역에서 어떤 변화가 있는지 서술해 보자.

항목	제1차 교육과정	제2차 교육과정	변화된 내용
1. 중학교 '과학'과 목표의 특징 비교			
2. '물리Ⅰ' 목표			
3. '물리Ⅱ' 목표			

요약

1. 교수요목기 시기의 과학 과목 명칭은 '이과'(초등학교), '물상'과 '생물'(초급중학교), 고급중학교는 '물리', '화학', '생물'이며, 이 시기의 과학 학습 목표는 '각급학교에서 진리를 탐구하는 정신, 과학적 사고력을 배양하여 합리적인 생활을 하도록 하는 것'이었다.
2. 제1차 교육과정기에 중학교는 '과학'으로 통합하여, 학년별로 주당 4, 3, 2시간씩 가르쳤고, 고등학교는 '물리', '화학', '생물', '지학'[7] 네 과목 중에서 두 과목을 선택하여 배웠으며, 단위 수는 한 과목당 8단위였다. 중학교 '과학'과의 목표는 과학적 지식, 과학적 능력, 과학적 태도로 구분하여 기술함. 고등학교 과학과의 목표는 "고등학교 과학과는 자연과학에 관한 기초적이며 응용적인 지식과 과학적 능력 및 태도를 체득시켜 합리적인 생활 향상을 도모하는 데 있다"이며, 하위목표는 과학적 지식, 과학적 능력, 과학적 태도로 나누어 기술하였다.
3. 제2차 교육과정기에 중학교는 계속 '과학'으로 통합하였고, 1학년과 2학년은 주당 3-4시간, 3학년은 2-4시간으로 변경되었다. 고등학교는 '물리Ⅰ'과 '물리Ⅱ'로 나누어 구성하고, '물리Ⅰ'은 인문, 직업, 예체능계 학생들에게 필수(6단위), '물리Ⅱ'는 자연계 학생들에게 필수(12단위)로 부과되었다. 중학교 '과학'과 목표는 과학 지식 이해, 과학적 탐구 및 문제발견과 해결, 과학 지식과 기능을 일상생활에 활용, 과학적 태도로 구분하여 기술하였으며, 고등학교 '물리Ⅰ'의 목표는 다음과 같다: 물리 개념 이해, 물리 현상 관련 문제 해결 능력 및 일상생활에 응용, 과학적 방법 활용하여 생활을 향상시키려는 태도 함양, 물리학 연구가 인류 문화 향상에 기여함이 큼을 인식함.

1973년에 개정된 과학과 제3차 교육과정의 중학교 '과학'과의 목표를 보면 다음과 같다: (1) 과학적인 기본 개념을 체계적으로 이해시켜, 자연을 과학적으로 고찰할 수 있게 한다. (2) 과학적 방법을 체득시켜 자연의 규칙성을 발견하는 능력과 태도를 기른다. (3) 자연에 대한 과학적인 탐구과정에서 흥미와 즐거움을 느껴 계속 학습하려는 의욕을 가지게 한다. (4) 자연에 대한 기본개념은 인간의 사고로 만들어지며, 계속 발전하고 있음을 깨닫게 한다. 이러한 목표를 바탕으로 하여 개발된 중학교 '과학' 내용을 보면, 1학년에서는 물질의 특성, 물질의 분리, 화합물과 원소, 지구의 물질과 지표의 변화, 생물의 종류 등을 학습하고, 2학년에서는 원자와 분자, 열에너지, 전기에너지, 태양에너

7) 당시에는 지구과학을 지학으로 표현했음

지와 일기 변화, 생물과 환경, 자연과 인생 등을 학습하고, 3학년에서는 물질의 변화, 힘과 운동, 에너지의 전환, 태양계와 우주, 지각의 변화와 지구의 역사, 생명의 연속성, 물질대사 등을 학습하도록 되어 있었다(문교부, 1986).

제3차 과학과 교육과정은 중학교의 경우 제1, 2차 교육과정과 많이 다르다고 할 수 있다. 생활과 관련된 내용은 거의 없고 기초 과학 개념 중심으로 교육과정이 편성되어 있음을 알 수 있다.

고등학교의 경우는 과학의 4과목을 모두 필수로 부과하던 것을, 인문계 학생들에게는 과학 4과목 중 2과목을 선택하여 과목당 8~10 단위씩 학습하도록 하였고 자연계 학생들에게는 4과목을 전부 과목당 8~10 단위씩 필수로 이수하도록 하였다. 목표와 내용의 제시 방식이 4과목 모두 동일하므로, 예시적으로 고등학교 '물리' 목표를 제시하면 다음과 같다: (1) 물리 현상에 관한 기본 개념을 이해시켜 올바른 자연관을 가지게 한다. (2) 과학적 탐구 방법을 통하여 자연의 규칙성을 스스로 발견하는 능력과 태도를 기른다. (3) 물리 현상에 대한 과학적인 탐구과정을 통하여 탐구 정신을 함양시키며, 계속 학습하려는 의욕과 흥미를 가지게 한다. (4) 물리가 과학에서 차지하는 위치와 그 구실을 알게 하고, 국가 발전에 이바지하려는 태도를 기른다. 이러한 목표를 바탕으로 하여 개발된 '물리' 교과의 내용을 보면 힘과 운동, 에너지와 열, 파동과 빛, 전기와 자기, 원자와 원자핵 등 5개 단원으로 구성되어 있었다(문교부, 1986).

이상에서 볼 때 우리나라 제3차 과학과 교육과정은 생활 중심에서 벗어나 학문중심 교육과정 철학을 바탕으로 구성되었음을 알 수 있다.

1981년에 개정 공포된 제4차 교육과정은 중학교의 경우는 시간 배당뿐만 아니라 목표 및 내용에 있어서도 제3차 교육과정과 거의 같고, 고등학교의 경우만 제2차 과학 교육과정에서와 같이 각 과목을 Ⅰ과 Ⅱ로 나누어 구성하였다(문교부, 1986).

중학교 '과학'의 경우, 목표는 다음과 같다: 과학의 지식과 방법을 습득하여 과학적 생활을 할 수 있게 한다. (1) 자연 현상을 파악하는 데 필요한 기본 개념을 이해하게 한다. (2) 자연 현상을 과학적으로 탐구하는 능력을 기른다. (3) 자연의 규칙성에 흥미를 느끼고, 과학을 학습하려는 의욕을 가지게 한다. (4) 자연 현상과 일상생활에서 일어나는 문제를 과학적으로 해결하려는 태도를 가지게 한다. 중학교 과학의 내용은 1학년에서는 대기와 물의 순환, 주변의 생물, 물질의 특성과 분리, 힘과 운동 등을 학습하고, 2학년에서는 지구의 물질과 변화, 물질 대사, 물질의 입자, 전기 등을 학습하고, 3학년에서는 에너지, 물질의 변화, 지구와 우주, 생명의 연속성, 자연보존 등을 학습하도록 되어 있었다.

고등학교 과학의 경우는 크게 달라졌다. 종전에는 '물리', '화학', '생물', '지구과학'의 4과목을 자연계에서는 전부 필수로, 인문계에서는 2과목을 8~10단위로 선택하게 되어 있었는데, 선택 경향이 과목 간에 심한 불균형을 나타냈다. 그래서 제4차 교육과정에서는 다시 모든 학생에게 과학의 4과목을 학습시키는 방안이 강구되었다. '물리 I'의 목표는 제3차 과학 교육과정과 마찬가지로 물리 현상의 기본 개념의 체계적 이해, 물리 현상을 과학적으로 탐구하는 능력 배양, 물리학 개념들의 계속적인 발전 인식, 물리학 지식을 문제 해결에 활용하려는 태도 함양, 물리학이 인류 사회에 끼치는 영향 인식 등으로 되어 있다. '물리 I'의 내용은 힘과 운동, 전자기, 파동과 빛, 현대 물리, 이렇게 4개 단원으로 구성되어 있었다. '물리 II'는 '물리 I'을 학습한 학생들 중에서 자연계열을 선택한 학생들이 학습하도록 되어 있었다. 그러기 때문에 목표 및 내용은 '물리 I'과 함께 고려되어야 한다. '물리 II'의 목표는 '물리 I'과 거의 마찬가지로 물리 현상의 기본 개념의 체계적 이해, 물리 현상을 과학적으로 탐구하는 능력 배양, 물리학 개념들의 계속적인 발전 인식, 물리학 지식을 문제 해결에 활용하려는 태도 함양이 들어 있고 단지 이 학생들이 계속 물리를 공부할 가능성이 높은 학생들임을 감안하여 '물리 I'에 있던 '물리학이 인류 사회에 끼치는 영향 인식' 대신에 '물리학 탐구의 즐거움 및 물리학을 계속 학습하려는 태도 함양'이 들어 있다. '물리 II'의 내용은 '물리 I'에서 학습하지 않은 내용들 중에서 핵심적인 내용들로 구성되었는데, 그 내용을 보면, 운동량과 에너지, 천체의 운동, 분자 운동과 열, 열역학의 법칙, 전자기유도와 전자기파, 원자 모형과 스펙트럼, 원자핵과 기본입자 등이다.

위에서 밝힌 바와 같이 물리, 화학, 생물, 지구과학 4과목 모두 I과 II를 두고 I은 모든 학생이, II는 자연계 학생이 이수하도록 되어 있었다. 따라서 인문계 학생들도 물리, 화학, 생물, 지구과학의 I은 학습하도록 되어 있었다.

활동

제3차 교육과정과 제4차 교육과정에서 중학교 '과학'과 목표와 내용의 특징을 정리하고 고등학교 '물리Ⅰ'과 '물리Ⅱ' 내용 영역에서 어떤 변화가 있는지 서술해 보자.

항목	제3차 교육과정	제4차 교육과정	변화된 내용
1. 중학교 '과학'과 목표와 내용 특징			
2. '물리Ⅰ' 내용			
3. '물리Ⅱ' 내용			

요약

1. 제3차 교육과정기에도 중학교 과목은 계속 '과학'으로 유지하였으며, 학습 목표는 과학 기본 개념의 이해, 과학적 방법 체득, 과학적 탐구 과정에서의 흥미와 즐거움, 과학 개념은 인간의 사고로 만들어짐을 이해함이다.
2. 고등학교의 경우는 과학 4과목 중에서 인문계는 2과목 선택, 자연계는 4과목을 모두 필수로 이수하도록 하였다. '물리' 학습 목표는 물리 현상에 관한 기본 개념 이해, 과학적 탐구 방법을 통해 자연의 규칙성을 스스로 발견하는 능력과 태도 함양, 물리 현상에 대한 과학적인 탐구과정을 통한 탐구 정신 함양, 물리가 과학에서 차지하는 위치와 그 구실을 알게 하고, 국가 발전에 이바지하려는 태도를 기르도록 하는 것이다.
3. 제4차 중학교 '과학' 목표는 "과학의 지식과 방법을 습득하여 과학적 생활을 할 수 있게 한다."이며 이를 세부적으로 기본 개념의 이해, 과학적 탐구 능력 신장, 과학에 대한 흥미와 과학 학습 의욕, 일상생활 문제를 과학적으로 해결하려는 태도로 제시하였다.
4. 고등학교의 경우는 '물리Ⅰ'과 '물리Ⅱ'로 나누어졌으며, '물리Ⅰ'은 모든 학생이 필수로 이수, '물리Ⅱ'는 자연계 학생이 필수로 이수하도록 하였다. '물리Ⅰ'과 '물리Ⅱ' 목표는 거의 같이 물리 현상의 기본 개념의 체계적 이해, 물리 현상을 과학적으로 탐구하는 능력 배양, 물리학 개념들의 계속적인 발전 인식, 물리학 지식을 문제 해결에 활용하려는 태도 함양으로 되어 있고, 다만 '물리Ⅱ'의 경우는 '물리Ⅰ'에 있던 '물리학이 인류 사회에 끼치는 영향 인식' 대신에 '물리학 탐구의 즐거움 및 물리학을 계속 학습하려는 태도 함양'으로 제시되었다.

(2) 제5차 ~ 제7차 교육과정기(1987-2007)

1987년에 개정된 제5차 과학과 교육과정에서 중학교 '과학'은 4차 교육과정기에 비해 3학년의 경우 과학 단위 수가 3-4단위에서 4-5단위로 1단위 증가시킴으로써 과학교육을 강화하는 양상을 보였다. 중학교의 '과학'과 목표는 다음과 같다: 자연 현상에 대한 흥미와 호기심을 가지고 과학의 지식과 방법을 습득하여, 과학적으로 사고하고 창의적으로 문제를 해결하는 능력을 기른다. (1) 과학의 사실, 개념 및 원리를 이해하게 하고, 자연 현상을 설명하는 데 이를 적용하게 한다. (2) 자연을 탐구하는 과학적 방법을 습득하게 하고, 문제 해결에 이를 활용하게 한다. (3) 자연 현상과 과학 학습에 흥미와 호기심을 증진하게 하고, 과학적 태도를 기르게 한다. (4) 자연을 탐구하는 데 필요한 기본적인 실험 및 실습 기능을 기르게 한다. (5) 과학이 기술의 발달과 사회의 발전에 미치는 영향을 인식하게 한다. 그리고 중학교 '과학'과 내용을 보면 1학년에서는 대기와 물의 순환, 주변의 식물, 물질의 성질, 힘과 운동 등을 학습하고, 2학년에서는 물질의 구성, 생물체의 구조와 기능, 지각의 변화, 전기 등을 학습하고, 3학년에서는 일과 에너지, 생명의 연속성, 물질의 변화, 지구와 우주, 자연 환경과 우리 생활 등을 학습하도록 되어 있었다.

제5차 고등학교 교육과정의 과학 과목은 '과학Ⅰ', '과학Ⅱ', '물리', '화학', '생물', '지구과학'으로 되어 있다. 고등학교 과학과 교육과정은 부분적이긴 하지만 통합을 시도하였다는 점이 제5차 교육과정의 특징이라고 볼 수 있다. 즉, '과학Ⅰ'은 생물과 지구과학이, '과학Ⅱ'는 물리와 화학이 합해져 구성되어 있다. 부분적인 통합을 시도하였으나 정작 구체적인 내용에 들어가 보면 통합의 모습을 찾아보기 어렵고 실제로는 교과서도 과학Ⅰ(상), 과학Ⅰ(하), 과학Ⅱ(상), 과학Ⅱ(하)로 나누어져 있어 각각 생물, 지구과학, 물리, 화학 내용을 담고 있다.

'과학Ⅰ'은 고등학교 학생이면 누구나 배워야 하는 과목으로 10단위를 부과하도록 되어 있고, '과학Ⅱ'는 인문계 학생들에게만 필수로 부과되며 8단위를 부과하도록 되어 있고, 물리와 화학 내용이 함께 들어 있기 때문에 실제로 인문계 학생들이 물리를 학습하는 데 사용되는 단위 수는 4단위로 볼 수 있다. 또, 자연계 학생들의 경우는 '과학Ⅰ'(10단위)을 필수로 학습한 뒤에 '과학Ⅱ'는 배우지 않고 바로 '물리'(8단위)와 '화학'(8단위)을 필수로 학습해야 하며, '생물'(6단위)과 '지구과학'(6단위) 과목 중에서는 한 과목을 선택하여 배울 수 있도록 되어 있다. 즉, 인문계 학생들은 '과학Ⅰ'과 '과학Ⅱ'가 필수이고, 자연계 학생들은 '과학Ⅰ', '물리', '화학'이 필수이고 '생물'과 '지구과학' 중에서 한 과목을 선택하는 것이었다.

물리교육과 관련이 있는 '과학Ⅱ' 과목의 학습 목표는 다음과 같다: (1) 물리와 화학에 관한 기본 개념을 이해하게 한다. (2) 물리현상과 화학현상을 과학적으로 탐구하는 능력을 신장시키고, 문제 해결에 이를 활용하게 한다. (3) 물리 현상과 화학 현상 및 과학 학습에 대한 흥미와 호기심을 증진시키고, 과학적 태도를 함양하게 한다. (4) 물리학과 화학의 여러 개념들은 계속 발전하고 있음을 깨닫게 한다. (5) 물리학과 화학이 기술의 발달과 사회의 발전에 미치는 영향을 인식하게 한다. 고등학교 「물리」와 「화학」은 자연계 학생들이 필수로 학습하도록 되어 있다. '물리'와 '화학'의 목표는 물리와 화학의 기본 개념의 체계적 이해와 이를 자연 현상 설명에 활용, 물리와 화학 현상을 과학적으로 탐구하는 능력의 신장 및 이를 문제 해결에 활용, 물리와 화학 현상과 물리와 화학 학습에 대한 흥미와 호기심 증진과 과학적 태도 함양, 물리와 화학 현상을 탐구하는 데 필요한 기본적인 실험 기능 신장, 물리학과 화학의 여러 개념들이 계속 발전하고 있음에 대한 인식, 물리학과 화학이 기술의 발달과 사회 발전에 미치는 영향 인식 등으로 되어 있다.

'물리'의 내용은 물리학의 세계, 힘과 운동(운동의 기술, 힘과 운동의 법칙, 운동량), 에너지와 열(일과 에너지, 열 현상과 분자운동), 전자기(전기장과 전류, 자기장과 전자기 유도), 빛과 파동(빛, 파동), 현대 물리(빛과 물질의 이중성, 원자의 구조, 원자핵) 등으로 구성되었으며, '화학'의 내용은 화학 – 물질의 과학(원자와 분자, 화학식량, 화학반응식), 물질의 상태와 용액(기체, 액체, 고체, 용액), 원자구조와 주기율(원자구조, 주기율), 화학결합(화학결합의 종류, 공유결합과 분자, 분자 간의 힘), 원소와 화합물(금속 화합물과 비금속 화합물, 탄소 화합물), 화학반응(화학반응과 에너지, 화학평형, 산과 염기의 반응, 산화·환원 반응)으로 구성되었다.

활동

제4차 교육과정과 제5차 교육과정에서 중학교 '과학'과 목표와 내용의 특징을 정리하고 고등학교 과목과 내용 영역에서 어떤 변화가 있는지 서술해 보자.

항목	제4차 교육과정	제5차 교육과정	변화된 내용
1. 중학교 '과학'과 목표와 내용 특징			
2. 고등학교 필수 과목과 내용			
3. 고등학교 선택 과목과 내용			

요약

1. 제5차 교육과정에서 중학교 '과학'은 3학년의 경우 과학 단위 수가 1단위 증가하여 과학교육을 강화하는 양상을 보였다. 중학교의 '과학'과 목표는 "자연 현상에 대한 흥미와 호기심을 가지고 과학의 지식과 방법을 습득하여, 과학적으로 사고하고 창의적으로 문제를 해결하는 능력을 기른다." 이를 개념 이해 및 적용, 과학적 방법 습득과 활용, 과학 학습에 대한 흥미와 호기심 증진, 기본적인 실험·실습 기능 향상, 과학이 기술과 사회에 미치는 영향 인식으로 나누어 제시하였다.
2. 제5차 고등학교 교육과정의 과학 과목은 '과학Ⅰ'(생물, 지구과학 내용), '과학Ⅱ'(물리, 화학 내용), '물리', '화학', '생물', '지구과학'으로 구성하였다. 과학I은 전체 학생들에게 필수이고, '과학Ⅱ'는 인문계 학생들에게만 필수로 구성하였다.
3. 고등학교 '물리'의 목표는 물리 기본 개념의 체계적 이해와 이를 자연 현상 설명에 활용, 물리 현상을 과학적으로 탐구하는 능력의 신장 및 이를 문제 해결에 활용, 물리현상과 물리 학습에 대한 흥미와 호기심 증진 및 과학적 태도 함양, 물리현상을 탐구하기 위한 기본적인 실험 기능 신장, 물리학의 여러 개념들이 계속 발전하고 있음에 대한 인식, 물리학이 기술의 발달과 사회 발전에 미치는 영향 인식 등으로 되어 있다.

1992년에 개편된 제6차 과학과 교육과정에서는 중학교 '과학'의 경우는 제5차와 비교할 때 거의 변화가 없었던 반면, 고등학교의 경우에는 '공통과학'이라는 과목이 신설되었다.

그리고 교육과정 체제에서 내용 진술에 있어 지식과 탐구를 구분하여 제시했으며, 지나친 학문중심 교육과정보다는 실생활 문제가 추가된 소위 STS(Science-Technology-Society)적 내용을 포함하도록 시도한 것이 특징이다.

활동

STS 학습 이론은 이 시기에 특히 강조되었고 지금도 그 명맥을 유지하고 있다. Part 4에 제시된 STS 학습 이론과 관련하여 그 필요성을 설명해 보자.

제6차 교육과정기의 고등학교 과학과 교육과정은 제5차 때의 '과학Ⅰ', '과학Ⅱ'를 더 통합하여 고등학교 학생이면 누구나 배워야 하는 '공통과학' 과목이 신설되었고, '물리Ⅰ', '물리Ⅱ', '화학Ⅰ', '화학Ⅱ', '생물Ⅰ', '생물Ⅱ', '지구과학Ⅰ', '지구과학Ⅱ'를 선택 과목으로 두어 각 영역을 심층적으로 학습하고자 하는 학생들을 위해, '공통과학'을 학습한 후에 심층적으로 공부할 수 있도록 하였다. 각 선택 과목에서 'Ⅰ'은 주로 인문계 학생들이 선택할 것이 기대되고, 'Ⅱ'는 주로 자연계 학생들이 선택할 것으로 기대하였다. 각 과목에 대한 교육과정 진술 체제는 각 과목의 성격, 목표, 내용 체계, 내용, 지도, 평가 등으로 구분하여 서술함으로써 제5차 교육과정 이전의 어느 형식과도 체제가 다르게 진술되어 있다.

'공통과학'의 목표는 다음과 같다: (1) 과학적 탐구 방법을 익혀 자연 현상을 이해하게 하고, 실생활 문제를 과학적으로 해결하는 능력을 신장시킨다. (2) 탐구 활동을 통하여 기본적인 과학 지식을 종합적으로 이해하게 하고, 창의적으로 문제를 해결하는 데 이를 활용하게 한다. (3) 자연 현상과 과학 학습에 흥미를 가지고 계속하여 탐구하려는 태도를 기르게 한다. (4) 과학이 기술의 발달과 사회의 발전에 미치는 영향을 인식하게 한다.

'공통과학'의 내용은 '과학의 탐구'에서 과학 탐구의 본질, 과학자의 특징, 과학이 우리 생활에 미치는 영향을 학습하도록 하였고, '물질'에서는 물질의 반응성, 공통성을 가지는 원소, 발열 반응과 흡열 반응, 반응 속도에 영향을 끼치는 요인, '힘'에서는 운동의 기술, 운동의 법칙, 힘의 법칙, '에너지'에서는 열, 태양에너지, 전기에너지, 화학에너지, 생물에너지, 에너지의 흐름과 보존, '생명'에서는 영양과 건강, 자극과 반응, 생식, 유전, '지구'에서는 지각 물질과 지각 변동, 지질 연대, 해양, 일기와 기후,

태양계 탐사와 별, '환경'에서는 자정 작용, 생물 농축, 산성비, 오존층, 온실 효과, 역전층, 소음, 방사능, '현대 과학과 기술'에서는 신소재, 광통신과 반도체, 생명과학, 우주과학을 학습하도록 하였으며, 각 영역마다 적절한 탐구활동이 들어 있었다.

제6차 교육과정이 지금까지의 교육과정과 크게 다른 점 중의 하나는 '내용'을 '내용 체계'와 '내용'으로 구분하여 제시한 점이다. 그 각각을 설명하면 다음과 같다. 내용 체계표는 지식과 탐구로 나누어 제시되어 있으며, 내용 체계표에 제시된 지식과 탐구의 영역과 요소들은 개념이나 활동의 위계나 순서를 의미하지는 않는다. 내용 체계표는 '물리Ⅰ'에서 반드시 다루어야 할 지식 영역과 하위 지식 내용 요소와 탐구 활동 요소들을 일목요연하게 나타내기 위해 단순히 이들을 영역으로 구분하여 제시한 것에 불과하다. 그러므로 이들은 실제 교과서로 집필될 때 그대로 단원명이나 소단원명으로 될 필요는 없으며 적절한 명칭이 만들어져야 한다. 또한 내용에 따라서는 위에 제시된 탐구 과정 외에도 여러 가지의 관련된 탐구과정 요소들이 함께 지도되어야 한다. 각 과목의 'Ⅱ'는 교양 과학의 성격뿐만 아니라 과학 계통의 계속 공부를 위한 준비 과정의 성격도 가지도록 하였다.

활동

제5차 교육과정과 제6차 교육과정에서 중학교 '과학'과 목표와 내용의 특징을 정리하고 고등학교 과목과 내용 영역에서 어떤 변화가 있는지 서술해 보자.

항목	제5차 교육과정	제6차 교육과정	변화된 내용
1. 중학교 '과학'과 목표와 내용 특징			
2. 고등학교 필수 과목과 내용			
3. 고등학교 선택 과목과 내용			

요약

1. 제6차 과학과 교육과정에서 중학교 '과학'의 경우는 제5차와 비교할 때 거의 변화가 없었던 반면, 고등학교의 경우에는 '공통과학'이라는 과목이 신설되었다.
2. '물리Ⅰ', '물리Ⅱ', '화학Ⅰ', '화학Ⅱ', '생물Ⅰ', '생물Ⅱ', '지구과학Ⅰ', '지구과학Ⅱ'를 선택 과목으로 제시하였다.
3. '공통과학'의 목표는 과학적 탐구 방법을 익혀 자연 현상을 이해하게 하고, 실생활 문제를 과학적으로 해결하는 능력 신장, 탐구 활동을 통하여 기본적인 과학 지식의 종합적 이해, 창의적 문제 해결에 활용, 자연 현상과 과학 학습에 대한 흥미와 계속적 탐구 태도 형성, 과학이 기술과 사회에 미치는 영향 인식 등으로 되어 있다.
4. 제6차 과학과 교육과정에서는 내용 영역을 '내용 체계표'와 '내용'으로 구성하여 제시하였다.

1997년에 개정된 제7차의 교육과정 개편의 배경은 세계화·정보화·다양화를 지향하는 교육체제의 변화와 급속한 사회 변동, 과학·기술과 학문의 급격한 발전, 경제·산업·취업 구조의 변혁, 교육 수요자의 요구와 필요의 변화, 교육 여건 및 환경의 변화 등 교육을 둘러싸고 있는 내외적인 체제 및 환경, 수요의 대폭적인 변화라고 할 수 있다(교육부, 1998). 이러한 요구에 부응하기 위하여 개정된 제7차 교육과정의 일반적 특징은 첫째, 국민공통기본교육과정의 편성, 둘째, 교육과정 편제에 교과군 개념의 도입, 셋째, 수준별 교육과정의 도입, 넷째, 재량 시간의 신설 및 확대, 다섯째, 교과별 학습량의 최적화와 수준의 조정, 여섯째, 고등학교 2, 3학년의 학생 선택 중심 교육과정 도입, 일곱째, 질 관리 중심의 교육과정 평가 체제 확립. 여덟째, 정보화 사회에 대비한 창의성, 정보 능력 배양으로 요약할 수 있다.

'과학'과는 3학년부터 10학년까지 모든 학생을 대상으로 하는 '국민공통기본과정'과 11학년, 12학년을 대상으로 하는 '선택과정'으로 구성되었다. 국민공통기본과정인 '과학'은 3학년부터 10학년까지 기본 교육과정과 심화·보충형 교육과정으로 구성되었으며, 선택과정은 일반 선택인 '생활과 과학'과 심화선택인 '물리Ⅰ', '화학Ⅰ', '생물Ⅰ', '지구과학Ⅰ', '물리Ⅱ', '화학Ⅱ', '생물Ⅱ', '지구과학Ⅱ'로 구성되었다. 과학과 학습에서 다룰 내용은 주로 과학 지식과 과학적 탐구 과정이며, 과학이 기술의 발달과 사회의 발전에 미치는 영향도 대상이 되었다.

'과학'은 국민의 기본적인 과학적 소양을 기르기 위하여 자연을 과학적으로 탐구하는 능력과 과학의 기본 개념을 습득하고, 과학적인 태도를 함양하기 위한 과목으로 설정되었다. '과학'의 내용은 에너지, 물질, 생명, 지구 등의 지식과 탐구 활동으로 구성되었다. 3학년부터 5학년까지는 기본 과정으로 구성하고, 6학년부터 10학년까지는 기본 과정뿐만 아니라 기본 과정에 근거한 심화·보충과정으로 구성되었다.

'과학'의 목표로 설정된 것은 다음과 같다: (1) 과학적 탐구 능력을 습득하여 자연 현상을 탐구하고, 일상 생활 문제를 해결한다. (2) 자연 현상의 탐구를 통하여 과학의 기본 개념을 습득한다. (3) 자연 현상과 과학 학습에 흥미를 가지고 자기 주위의 문제들을 과학적으로 탐구하고 해결하려는 태도를 갖는다. (4) 과학이 기술의 발달과 사회에 미치는 영향을 인식한다.

제7차 교육과정에서 처음 신설된 일반 선택 과목인 '생활과 과학'은 4단위로서 학생들이 교양과목으로 선택하는 성격을 가지도록 하였다. 따라서 학생이 관심과 흥미를 갖고, 생활 속에서 과학의 원리를 이해하고 일상생활에 도움이 되는 내용을 중심으로 구성하였다. 내용은 일상생활과 밀접하게 관련이 있는 건강한 생활, 안전한 생활, 쾌적한 생활, 편리한 생활로 영역을 구분하고, 각 영역에 따라 주제를 개발하였다.

심화 선택 과목은 '물리Ⅰ', '물리Ⅱ', '화학Ⅰ', '화학Ⅱ', '생물Ⅰ', '생물Ⅱ', '지구과학Ⅰ', '지구과학Ⅱ'가 있으며, '물리Ⅰ', '화학Ⅰ', '생물Ⅰ', '지구과학Ⅰ'은 4단위이고, '물리Ⅱ', '화학Ⅱ', '생물Ⅱ', '지구과학Ⅱ'는 6단위이다. 심화 선택 과목의 이수는 Ⅰ을 이수한 다음에 Ⅱ를 이수하여야 하므로 Ⅰ·Ⅱ는 과목 간의 내용의 수준과 연계성을 고려하여 개발하였다. 따라서 '물리Ⅰ', '화학Ⅰ', '생물Ⅰ', '지구과학Ⅰ'은 교양과학으로서의 성격을 가질 수 있도록 하기 위하여 국민공통기본교육과정인 '과학'과의 연계성을 가지도록 하고, 정성적이고 기초적인 내용으로 구성하면서도 학문의 구조를 파악할 수 있도록 하였다.

'물리Ⅱ', '화학Ⅱ', '생물Ⅱ', '지구과학Ⅱ'는 '물리Ⅰ', '화학Ⅰ', '생물Ⅰ', '지구과학Ⅰ'에서 다루지 않으면서 보다 심화된 내용으로 개발하였다. 그리고 이들 과목은 Ⅰ보다 수준이 높게 구성하여 앞으로 상급 학교에 진학하여 이공계 분야에서 더 깊이 공부할 것을 희망하는 학생들이 이수하는 것을 염두에 두고 내용을 구성하였다. '물리Ⅰ'과 '물리Ⅱ'의 목표와 내용은 3차~6차까지의 물리 교육과정 목표 및 내용과 크게 다르지 않다.

활동

제6차 교육과정과 제7차 교육과정에서 중학교 '과학'과 목표와 내용의 특징을 정리하고 고등학교 과목과 내용 영역에서 어떤 변화가 있는지 서술해 보자.

항목	제6차 교육과정	제7차 교육과정	변화된 내용
1. 중학교 '과학'과 목표와 내용 특징			
2. 고등학교 필수 과목과 내용			
3. 고등학교 선택 과목과 내용			

요약

1. 제7차 교육과정기에 '과학'과는 3학년부터 10학년까지 모든 학생을 대상으로 하는 '국민공통기본과정'과 11학년, 12학년을 대상으로 하는 '선택 과정'으로 구성되었다.
2. 국민공통기본교육과정의 '과학'은 3학년부터 10학년 학생을 대상으로 하는 과목으로, 자연을 과학적으로 탐구하는 능력과 과학의 기본 개념을 습득하고, 과학적인 태도를 함양하기 위한 과목으로 설정되었다.
3. '과학'의 목표는 과학적 탐구 능력 습득, 과학의 기본 개념 습득, 자연 현상과 과학 학습에 대한 흥미 및 과학적 탐구와 해결 태도, 과학이 기술의 발달과 사회에 미치는 영향 인식 등이다.
4. 일반 선택 과목인 '생활과 과학'은 제7차 교육과정에서 처음 신설되었으며 학생들이 교양과목으로 선택하는 성격을 가지도록 하였다.
5. 심화 선택 과목은 '물리 Ⅰ', '물리 Ⅱ', '화학 Ⅰ', '화학 Ⅱ', '생물 Ⅰ', '생물 Ⅱ', '지구과학 Ⅰ', '지구과학 Ⅱ'이며, '물리 Ⅰ', '화학 Ⅰ', '생물 Ⅰ', '지구과학 Ⅰ'은 4단위이고, '물리 Ⅱ', '화학 Ⅱ', '생물 Ⅱ', '지구과학 Ⅱ'는 6단위이다.

1.3 2007 개정 과학과 교육과정과 2009 개정 과학과 교육과정

우리나라 과학과 교육과정은 1997년에 개정한 이후 10년 동안 개정되지 않다가 2007년에 개정을 하게 된다. 그리고 이때부터는 수시 개정 체제로 가기로 하면서 몇 차라는 명명 대신 개정 연도를 사용한 교육과정 형식으로 제시하기로 하였다.

(1) 2007 개정 과학과 교육과정과 물리 내용

2007년 개정 과학과 교육과정의 특징은 다음과 같다(교육과학기술부, 2011). 첫째, 과학적 소양을 바탕으로 한 창의적 문제해결력을 강조하였다. 이를 위해서, 학습 내용의 중복을 줄여 학습량을 축소하고 핵심 내용을 심도 있게 다룬다. 개념 이해력, 문제 해결력, 과학적 태도의 함양을 위해 탐구 활동을 강조한다. 학생의 흥미를 유발할 수 있는 학습 내용과 소재를 적극적으로 도입하고 개방적 프로젝트 학습 등과 같은 자기주도적 학습의 기회를 제공한다. 또한 평가에서 창의성과 탐구 활동을 강조할 것 등을 제시하고 있다. 둘째, 탐구 수업을 강조하여, 과학 내용을 가르치기 위해 반드시 수행해야 할 탐구 활동을 단원별로 제시, 학년별로 6차시 내외 분량의 '자유 탐구'를 설정하는 등 탐구의 중요성을 강조하였다. 셋째, 과학-기술-사회와 관련된 내용을 강화한다. 과학과 교육과정에서는 학문중심 과학교육의 문제점을 보완하기 위하여 제4차 교육과정에서부터 과학-기술-사회 관련 내용을 다루기 시작하여 2007년 개정 교육과정에서도 그 중요성이 강조되었다. 넷째, 정의적 영역을 강화하기 위한 일환으로 실생활과 관련된 학습 주제를 선정해서 학생의 흥미와 과학에 대한 가치 인식을 높이도록 하였고, 자기주도적으로 탐구할 수 있도록 학년별로 '자유 탐구'를 신설하였다. 다섯째, 내용을 성취기준 형식으로 진술함으로써 교사의 교수·학습 방법을 제한하지 않는 범위 내에서 학생들이 성취하여야 할 지식의 수준과 범위를 구체화하였다. 여섯째, 교수·학습 방법에서 '과학 교수·학습 지도 지원' 항목을 신설하여 과학실, 과학 실험 기자재 등을 확보하기 위한 재원 지원과 질 높은 탐구 활동 수행을 위한 연 차시(block time) 학습 운영 지원 등을 제시하였다. 그러나, 2007 개정 교육과정은 불과 2년 후 폐기되었다.

(2) 2009 개정 과학과 교육과정

2009 개정 과학과 교육과정의 내용은 2009년에는 고등학교 교육과정만이 고시되었고, 초·중학교 과학과 교육과정 내용은 2011년 7월에 고시되었다. 2009 개정 교육과정에서는 공통교육과정 '과학'은 3학년부터 9학년까지 모든 학생이 필수로 학습하도록 되어 있다. 공통교육과정 '과학'의 목표는 이전 교육과정의 성격에 있던 내용과 목표에 있던 내용을 합하여 진술되어 있다. 즉, 교육과학기술부(2011)에서 제시한 공통 교육과정 '과학'의 목표는 다음과 같이 진술되어 있다. 공통교육과정의 '과학'은 초등학교 3학년부터 중학교 3학년까지 모든 학생들이 학습하는 교과로서 과학의 기본 개념을 이해하고 과학 탐구 능력과 과학적 태도를 함양하여 창의적이고 합리적으로 문제를 해결하는데 필요한 과학적 소양을 기르기 위한 교과이다.

'과학'은 초등학교 1, 2학년의 '슬기로운 생활'과 고등학교 선택 교육과정의 '과학', '물리 I', '화학 I', '생명과학 I', '지구과학 I', '물리 II', '화학 II', '생명과학 II', '지구과학 II' 과목과 연계되도록 구성한다.

'과학'의 내용은 '물질과 에너지'와 '생명과 지구'의 2개 분야로 구성하되, 기본 개념과 탐구 과정이 학년군과 분야 간에 연계되도록 한다. 그리고 과학을 기술, 공학, 예술, 수학 등 다른 교과와 관련지어 통합적이고 창의적으로 사고할 수 있는 능력을 신장시키도록 한다.

'과학'에서는 학생 수준에 따라 관찰, 실험, 조사, 토론 등 다양한 탐구 활동 중심의 학습이 이루어지도록 한다. 개별 활동뿐만 아니라 모둠 활동을 통해 비판성, 개방성, 정직성, 객관성, 협동성 등 과학적 태도와 의사소통 능력을 기르도록 한다. '과학'의 기본 개념을 학습자의 경험과 친근한 상황 속에서 지도하고, 학습한 지식과 탐구 방법으로 과학적 문제나 사회 문제를 적극적으로 해결하려는 태도를 길러 과학이 기술의 발달과 우리 사회에 영향을 미치며 이들이 상호 관련되어 있음을 인식할 수 있도록 한다. 자연현상과 사물에 대하여 흥미와 호기심을 가지고 탐구하여 과학의 기본 개념을 이해하고, 과학적 사고력과 창의적 문제 해결력을 길러 일상생활의 문제를 해결할 줄 아는 과학적 소양을 기른다. 또한 2009 개정 과학과 공통교육과정 '과학'의 내용체계는 [표 211]과 같다.

2009 개정 교육과정에서 나타난 커다란 특징은 공통교육과정 '과학'에 성취기준이라

는 용어의 도입과 성취기준이 개발되었다는 것과 고등학교의 경우 필수 과목은 지정되지 않고 선택 과목이 확대되어, 고등학교에서 학년과 계열의 구분 없이, '과학', '물리Ⅰ', '물리Ⅱ', '화학Ⅰ', '화학Ⅱ', '생명과학Ⅰ', '생명과학Ⅱ', '지구과학Ⅰ', '지구과학Ⅱ' 중에서 최소 15단위 이상을 이수하도록 되어 있다는 점이다.[8)]

[표 211] 2009 개정 과학과 공통교육과정 '과학' 내용 체계(교육과학기술부, 2011)

분야	초등학교 3–4학년군		초등학교 5–6학년군	
물질과 에너지	· 물체의 무게 · 물체와 물질 · 액체와 기체 · 소리의 성질	· 자석의 이용 · 혼합물의 분리 · 거울과 그림자 · 물의 상태 변화	· 온도와 열 · 용해와 용액 · 산과 염기 · 물체의 빠르기	· 전기의 작용 · 여러 가지 기체 · 렌즈의 이용 · 연소와 소화
생명과 지구	· 지구와 달 · 동물의 한살이 · 동물의 생활 · 지표의 변화	· 식물의 한살이 · 화산과 지진 · 식물의 생활 · 지층과 화석	· 날씨와 우리 생활 · 식물의 구조와 기능 · 태양계와 별 · 우리 몸의 구조와 기능	· 지구와 달의 운동 · 생물과 환경 · 생물과 우리 생활 · 계절의 변화

중학교 1–3학년군					
물질과 에너지	과학이란	· 힘과 운동 · 열과 우리 생활 · 분자 운동과 상태 변화	· 물질의 구성 · 빛과 파동 · 물질의 특성 · 일과 에너지 전환	· 전기와 자기 · 화학 반응에서의 규칙성 · 여러 가지 화학 반응	과학과 인류 문명
생명과 지구		· 지구계와 지권의 변화 · 광합성 · 수권의 구성과 순환	· 기권과 우리 생활 · 소화·순환·호흡·배설 · 자극과 반응	· 태양계 · 생식과 발생 · 유전과 진화 · 외권과 우주개발	

성취기준은 '학년군(학교급)별 성취기준'과 단원 수준의 '학습 내용 성취기준'이 제시되어 있다.

중학교 1~3학년군 성취기준을 보면 다음과 같다: (1) 기초 탐구 능력의 바탕 위에 통합 탐구 과정이 포함된 탐구 활동을 통하여 종합적인 과학 탐구 능력을 기른다. (2) '과학이란?' 영역을 통하여 과학에 대한 흥미와 호기심을 갖고, 과학을 학습하려는 태도를 기른다. (3) '물질과 에너지' 분야에서는 힘과 운동, 열과 우리 생활, 분자 운동과 상태

8) 교육과학기술부 2013년 고시에서는 10단위 이상으로 변경되었다.

변화, 물질의 구성, 빛과 파동, 물질의 특성, 일과 에너지 전환, 전기와 자기, 화학 반응에서의 규칙성, 여러 가지 화학 반응으로 물질과 에너지의 주요 과학 개념을 이해한다. (4) '생명과 지구' 분야에서는 지구계와 지권의 변화, 광합성, 수권의 구성과 순환, 기권과 우리생활, 소화·순환·호흡·배설, 자극과 반응, 태양계, 생식과 발생, 유전과 진화, 외권과 우주 개발의 주요 과학 개념을 이해한다. (5) '과학과 인류 문명' 영역에서는 과학의 발전이 인류에 미치는 영향과 과학 원리가 첨단 과학기술에 응용된 사례를 알고, 과학과 과학 이외의 분야와의 관계를 이해한다.

이 내용을 보면 여기에 제시된 성취기준은 이전 교육과정에서의 학년별 내용을 '물질과 에너지', '생명과 지구' 영역으로 묶어 제시하고, 여기에 '과학이란?'과 '과학과 인류 문명'을 별도로 다루도록 하고 있음을 보여준다. 그리고 각 영역은 '학습내용 성취기준'과 '탐구 활동'으로 되어 있으며, '학습내용 성취기준' 앞에는 해당 영역의 학습 내용의 성격에 대해 진술해 놓고 있다(교육과학기술부, 2011).

2009 과학과 교육과정의 또 하나의 큰 특징은 고등학교 융합형 '과학'의 개발이다. 자연은 하나이기 때문에 자연을 총체적으로 바라보고 여러 자연 현상들을 연결해 주는 기본 원리(underlying principles)를 이해해야 한다는 관점을 가지고, 고등학교 '과학'이 제안되었다. 내용은 제1부와 제2부로 되어 있으며, 제1부에서는 "우주의 탄생에서부터 태양계의 형성 및 생명체의 출현에 이르는 과정에 관한 주요 과학 개념의 이해를 바탕으로, 이 과정을 밝혀내기 위하여 과학자들이 가졌던 의문과 해결 방안을 탐색하게 함으로써 과학의 본성을 이해하게 한다."라고 성격을 기술하고 있으며, 제2부에서는 "첨단 과학기술을 기반으로 하는 현대 사회에 대한 과학의 기여를 이해하고, 정보통신과 신소재, 인류의 건강과 과학기술, 에너지와 환경 등에 관련된 기초적인 과학 개념을 학습함으로써 올바른 의사소통과 판단능력을 갖추도록 한다."라고 성격을 기술하고 있다. 그리고 이 과목에서는 "물리, 화학, 생명과학, 지구과학의 기본 개념들이 적절하게 균형을 이루면서 자연스럽게 융합되도록 구성하고, 학생들이 과학에 대한 흥미를 느끼고 자연을 통합적으로 이해하는 데 필요하다면 어려운 과학 개념일지라도 적절한 수준에서 소개하며, 이 과목을 통하여 학생들이 심화된 물리, 화학, 생명과학, 지구과학을 학습할 수 있는 의욕을 갖도록 하고, 관찰, 실험, 조사, 토론 등 다양한 활동을 통하여 과학적 탐구방법과 과정을 이해하게 하여, 이를 바탕으로 창의적 문제해결 능력과 시민 사회에서 합리적인 의사결정을 위한 과학적 사고력을 기르도록 구성한다."라고 그 성격을 규정하

고 있다. 그리고 이 교육과정에 제시된 '고등학교 과학'의 목표는 다음과 같다: (1) 우주와 생명, 그리고 현대 문명과 사회를 이해하는데 필요한 과학 개념을 통합적으로 이해한다. (2) 자연을 과학적으로 탐구하는 능력을 기르고, 과학 지식과 기술이 형성되고 발전하는 과정을 이해한다. (3) 자연 현상과 과학 학습에 대한 흥미와 호기심을 기르고, 일상생활의 문제를 과학적으로 해결하려는 태도를 함양한다. (4) 과학·기술·사회의 상호 작용을 이해하고, 과학 지식과 탐구 방법을 활용한 합리적 의사 결정 능력을 기른다(교육과학기술부, 2011). 이 목표에서 보는 바와 같이 고등학교 '과학'이 기존 고등학교 과학과 교육 목표와 다른 점은 '과학 개념을 통합적으로 이해하는 것'과 '과학 지식과 기술이 형성되고 발전하는 과정을 이해하는 것', 그리고 '합리적 의사 결정 능력을 기르는 것' 등이 목표에 명시되어 있다는 점이다.

2009 개정 과학과 교육과정에서 '고등학교 과학'의 내용 체계는 [표 212]와 같다.

[표 212] 2009 개정 과학과 교육과정에서 '고등학교 과학'의 내용 체계

<table>
<tr><th colspan="3">영역</th><th>내용 요소</th></tr>
<tr><td rowspan="12">우주와 생명</td><td rowspan="4">우주의 기원과 진화</td><td>우주의 기원</td><td>우주의 팽창, 허블의 법칙, 선스펙트럼, 우주의 나이</td></tr>
<tr><td>빅뱅과 기본입자</td><td>기본입자, 양성자, 중성자, 원자핵의 형성</td></tr>
<tr><td>원자의 형성</td><td>수소와 헬륨 원자, 우주배경복사</td></tr>
<tr><td>별과 은하</td><td>별의 탄생과 진화, 무거운 원소의 합성, 은하의 구조, 성간 화합물, 공유 결합, 반응속도</td></tr>
<tr><td rowspan="4">태양계와 지구</td><td>태양계의 형성</td><td>태양계 형성 과정, 태양 에너지, 지구형 행성, 목성형 행성</td></tr>
<tr><td>태양계의 역학</td><td>케플러의 법칙, 뉴턴의 운동법칙, 행성의 운동, 지구와 달의 운동, 자전, 공전</td></tr>
<tr><td>행성의 대기</td><td>탈출속도, 행성 대기의 차이, 분자 구조와 성질</td></tr>
<tr><td>지구</td><td>지구의 진화, 지구계, 지구의 원소 분포, 지자기</td></tr>
<tr><td rowspan="3">생명의 진화</td><td>생명의 탄생</td><td>원시 지구, 화학 반응과 화학적 진화, 탄소 화합물, 생명의 기본 요소, DNA, 단백질, 세포막의 구조</td></tr>
<tr><td>생명의 진화</td><td>원시 생명체의 탄생, 광합성과 대기의 산소, 화석, 지질시대, 원핵세포, 진핵세포, 생물의 다양성</td></tr>
<tr><td>생명의 연속성</td><td>유전자와 염색체, 유전 암호, 세포 분열, 유전자의 복제와 분배, 생식을 통한 유전자 전달</td></tr>
</table>

과학과 문명	정보통신과 신소재	정보의 발생과 처리	정보의 발생, 센서, 디지털 정보처리
		정보의 저장과 활용	저장 매체, 디스플레이, 정보 처리의 응용
		반도체와 신소재	반도체 특성, 반도체 소자, 고분자 소재
		광물 자원	광물의 유형, 생성과정, 탐사, 활용
	인류의 건강과 과학기술	식량자원	육종, 비료, 식품 안전, 생태계와 생물 다양성
		과학적 건강관리	영양, 물질대사, 질병과 면역, 물의 소독, 세제, 천연 및 합성 의약품, 건강검진
		첨단 과학과 질병치료	첨단 영상 진단, 암의 발생과 진단, 치료
	에너지와 환경	에너지와 문명	에너지의 종류·보존·전환, 에너지보존 법칙, 에너지 효율, 화석 연료
		탄소 순환과 기후변화	지구 에너지의 균형, 온실 효과와 기후 변화, 탄소 순환, 광합성과 이산화탄소의 환원
		에너지 문제와 미래	에너지 자원의 생성과 고갈, 신재생에너지, 핵에너지, 지속가능 발전과 에너지

2009 개정 과학과 교육과정의 심화 과목들은 '물리Ⅰ', '물리Ⅱ', '화학Ⅰ', '화학Ⅱ', '생명과학Ⅰ', '생명과학Ⅱ', '지구과학Ⅰ', '지구과학Ⅱ' 등이다. 이들 중에서 '물리Ⅰ'과 '물리Ⅱ' 내용 체계를 보면 [표 213]와 같다.

[표 213] 2009 개정 교육과정 물리Ⅰ, 물리Ⅱ의 내용 체계

영역			내용 요소
물리Ⅰ	시공간과 우주	시간, 공간, 운동	시간의 측정과 표준, 길이의 측정과 표준, 뉴턴 운동법칙, 운동량과 충격량, 역학적 에너지 보존 법칙
		시공간의 새로운 이해	중력의 발견, 상대성 이론, 블랙홀과 중력렌즈, 우주 모형, 4가지 상호작용과 기본입자
	물질과 전자기장	전자기장	전기장과 전기력선, 정전기 유도와 유전 분극, 자기장과 자기력선, 유도전류와 패러데이 법칙
		물질의 구조와 성질	에너지 준위와 빛의 방출, 에너지띠 이론, 반도체, 신소재

물리 I	정보와 통신	소리와 빛	음파와 초음파, 화음과 소음, 마이크와 전기신호, 광전효과와 광센서, 색채 인식과 영상장치
		정보의 전달과 저장	전자기파의 스펙트럼, 안테나와 무선통신, 광케이블, 교류와 신호조절, 정보저장장치
	에너지	에너지의 발생	기전력, 전기 에너지, 발전기, 핵발전, 핵융합과 태양에너지, 태양전지, 여러 가지 발전
		힘과 에너지의 이용	힘의 전달과 돌림힘, 힘의 평형과 안정성, 유체의 법칙, 열역학 법칙과 열기관, 열전달, 상태변화와 기상현상, 전기에너지 이용
물리 II	운동과 에너지	힘과 운동	위치벡터, 힘과 운동법칙, 포물선과 원운동, 운동량 보존, 가속좌표계와 관성력, 단진동
		열에너지	절대온도, 기체운동론, 이상기체 상태방정식, 내부에너지, 열역학 과정, 엔트로피
	전기와 자기	전하와 전기장	전위, 전기쌍극자, 평행판 축전기, 전기용량, 유전체
		전류와 자기장	전류에 의한 자기장, 자기선속과 패러데이 법칙, 로렌츠 힘, 자기쌍극자, 자성체, 상호유도, 자체유도, RLC 회로
	파동과 빛	파동의 발생과 전달	호이겐스 원리, 정상파와 공명, 굴절과 반사, 회절과 간섭, 도플러 효과와 충격파
		빛의 이용	거울과 렌즈, 광학기기, 엑스선과 감마선, 마이크로파, 레이저, 편광
	미시세계와 양자현상	물질의 이중성	플랑크의 양자설, 빛의 입자성, 드브로이 물질파와 입자의 파동성, 전자현미경
		양자물리	불확정성원리, 슈뢰딩거 방정식, 파동함수, 원자모형, 에너지 준위, 양자터널 효과

[표 213]에서 보는 바와 같이 '물리 I'과 '물리 II'의 내용이 이전 교육과정에서의 내용과 비교해 볼 때 크게 달라졌다. 상대성 이론, 블랙홀과 중력렌즈, 에너지띠 이론, 미시세계와 양자 현상, 슈뢰딩거 방정식과 같이 지금까지 고등학교 과정에서 다루지 않았던 현대물리학 내용들과 광센서, 반도체, 태양전지 등과 같이 첨단 과학기술의 내용을 다루고 있다.

활동

제7차 교육과정과 2009 개정 교육과정에서 중학교 '과학'과 목표와 내용의 특징을 정리하고 고등학교 과목과 내용 영역에서 어떤 변화가 있는지 서술해 보자.

항목	제7차 교육과정	2009 개정 교육과정	변화된 내용
1. 중학교 '과학' 목표와 내용 특징			
2. 고등학교 필수 과목과 내용			
3. 고등학교 선택 과목			
4. '물리 I'과 '물리 II' 내용			

요약

1. 2007 개정 교육과정은 공표 후 3학년에서 9학년까지만 적용되었으며, 10학년 이후의 교육과정은 적용되지 못한 채 2009년에 2009 개정 교육과정이 개발되면서 사장되었다.
2. 2009 개정 교육과정의 큰 특징은 공통교육과정 '과학'에 성취기준이 도입된 점이다.
3. 2009 과학과 교육과정의 또 하나의 큰 특징은 고등학교 융합형 '과학'의 개발이다.
4. 고등학교의 경우 필수 과목이 지정되지 않고 선택 과목이 확대되어, 모든 학생이 '과학', '물리 I', '물리 II', '화학 I', '화학 II', '생명과학 I', '생명과학 II', '지구과학 I', '지구과학 II' 중에서 최소 15단위 이상을 이수하도록 되어 있다.
5. 고등학교 '과학'의 목표가 이전의 고등학교 과학과 교육 목표와 다른 점은 '과학 개념을 통합적으로 이해하는 것'과 '과학 지식과 기술이 형성되고 발전하는 과정을 이해하는 것', 그리고 '합리적 의사 결정 능력을 기르는 것' 등이 제시되어 있다는 점이다.

1.4 2015 개정 과학과 교육과정

2015년에 고시된 2015 개정 교육과정은 문과와 이과의 통합형 교육과정으로 개발되었다. 문과와 이과를 구분하지 않고 교육과정을 운영하고자 하는 것이 목적이다. 2015 개정 교육과정에서는 처음으로 핵심 역량을 제시하였는데, 총론에는 '자기관리 역량', '지식정보처리 역량', '창의적 사고 역량', '심미적 감성 역량', '의사소통 역량', '공동체 역량' 등 6가지를 제시하였고, 과학 교과에서는 이를 반영하면서 과학 교과에 맞는 핵심 역량으로 과학적 사고력, 과학적 탐구 능력, 과학적 문제해결력, 과학적 의사소통 능력, 과학적 참여와 평생 학습 능력 등 5가지를 제시하였다. 2015 개정 과학과 교육과정(교육부, 2015)의 학교급별 과목 구성은, [표 214]와 같이, 보통교과와 전문교과로 구분되고, 보통교과는 다시 공통과목과 선택과목으로 구분된다. 선택과목은 일반선택과 진로 선택으로 구성되었다.

[표 214] 과학과 교과목 구성

<table>
<tr><th rowspan="4">학교급</th><th rowspan="4">학년</th><th colspan="4">과목</th></tr>
<tr><th colspan="3">보통교과</th><th rowspan="3">전문교과</th></tr>
<tr><th rowspan="2">공통과목</th><th colspan="2">선택과목</th></tr>
<tr><th>일반선택</th><th>진로선택</th></tr>
<tr><td>초등학교</td><td>3~6</td><td>과학</td><td></td><td></td><td></td></tr>
<tr><td>중학교</td><td>1~3</td><td>과학</td><td></td><td></td><td></td></tr>
<tr><td rowspan="2">고등학교</td><td>1</td><td>통합과학
과학탐구실험</td><td></td><td></td><td></td></tr>
<tr><td>2~3</td><td></td><td>물리학Ⅰ
화학Ⅰ
생명과학Ⅰ
지구과학Ⅰ</td><td>물리학Ⅱ
화학Ⅱ
생명과학Ⅱ
지구과학Ⅱ
과학사
생활과 과학
융합과학</td><td>고급물리학
고급화학
고급생명과학
고급지구과학
물리학실험
화학실험
생명과학실험
지구과학실험
융합과학탐구
과학과제연구
생태와 환경</td></tr>
</table>

공통과목 '과학'의 목표는 다음과 같다: (가) 자연 현상에 대한 흥미와 호기심을 갖고, 문제를 과학적으로 해결하려는 태도를 기른다; (나) 자연현상 및 일상생활의 문제를 과학적으로 탐구하는 능력을 기른다; (다) 자연현상을 탐구하여 과학의 핵심 개념을 이해한다; (라) 과학과 기술 및 사회의 상호 관계를 인식하고, 이를 바탕으로 민주시민으로서의 소양을 기른다; (마) 과학 학습의 즐거움과 과학의 유용성을 인식하여 평생 학습 능력을 기른다.

[표 215]은 초등학교와 중학교 '과학'과의 내용 체계 중에서 물리학 관련 내용들이다. [표 215]에서 보는 바와 같이 내용 체계의 구성은 영역, 핵심 개념, 일반화된 지식, 내용 요소, 기능으로 되어 있으며, 내용 요소 속에는 초등학교와 중학교 내용 요소들이 함께 제시되어 있다.

[표 215] 2015 개정 과학과 교육과정에서의 초등학교와 중학교 물리학 내용 체계

<table>
<tr><th rowspan="3">영역</th><th rowspan="3">핵심 개념</th><th rowspan="3">일반화된 지식</th><th colspan="3">내용 요소</th><th rowspan="3">기능</th></tr>
<tr><th colspan="2">초등학교</th><th>중학교</th></tr>
<tr><th>3~4학년</th><th>5~6학년</th><th>1~3학년</th></tr>
<tr><td rowspan="3">힘과 운동</td><td>시공간과 운동</td><td>물체의 운동 변화는 뉴턴 운동 법칙으로 설명된다.</td><td></td><td>• 속력
• 속력과 안전</td><td>• 등속 운동
• 자유 낙하 운동</td><td rowspan="5">• 문제 인식
• 탐구 설계와 수행
• 자료의 수집·분석 및 해석
• 수학적 사고와 컴퓨터 활용
• 모형의 개발과 사용
• 증거에 기초한 토론과 논증
• 결론 도출 및 평가
• 의사소통</td></tr>
<tr><td>힘</td><td>물체 사이에는 여러 가지 힘이 작용한다.</td><td>• 무게
• 수평 잡기
• 용수철저울의 원리</td><td></td><td>• 중력
• 마찰력
• 탄성력
• 부력</td></tr>
<tr><td>역학적 에너지</td><td>마찰이 없는 계에서 역학적 에너지는 보존된다.</td><td></td><td></td><td>• 중력에 의한 위치 에너지
• 운동 에너지
• 역학적 에너지 보존</td></tr>
<tr><td rowspan="2">전기와 자기</td><td rowspan="2">전기</td><td>두 전하 사이에는 전기력이 작용한다.</td><td></td><td></td><td>• 전기력
• 원자 모형
• 대전
• 정전기 유도</td></tr>
<tr><td>전기 회로에서는 기전력에 의해 전류가 형성된다.</td><td></td><td>• 전기 회로
• 전기 절약</td><td>• 전기 회로
• 전압</td></tr>
</table>

				• 전기 안전	• 전류 • 저항
	자기	전류는 자기장을 형성한다.		• 전자석	• 자기장 • 전동기 • 발전
		물질은 자기적 성질에 따라 자성체와 비자성체로 구분된다.	• 자기력 • 자석의 성질		
열과 에너지	열평형	온도가 다른 물체가 접촉하면 온도가 같아진다.		• 온도 • 전도, 대류 • 단열	• 온도 • 열의 이동 방식 • 열평형
		물질의 종류에 따라 열적 성질이 다르다.			• 비열 • 열팽창
	열역학 법칙	에너지는 전환되는 과정에서 소모되거나 생성되지 않는다.			• 소비 전력
	에너지 전환	에너지는 다양한 형태로 존재하며, 다른 형태로 전환될 수 있다.			• 일 • 에너지 전환
파동	파동의 종류	음파는 매질을 통해 전달되는 파동이다.	• 소리의 발생 • 소리의 세기 • 소리의 높낮이 • 소리의 전달		• 횡파, 종파 • 진폭 • 진동수 • 파형
		빛을 비롯한 전자기파는 전자기 진동이 공간으로 퍼져나가는 파동이다.	• 빛의 직진 • 그림자		
	파동의 성질	파동은 반사, 굴절, 간섭, 회절의 성질을 가진다.	• 평면거울 • 빛의 반사	• 프리즘 • 빛의 굴절 • 볼록 렌즈	• 빛의 합성 • 빛의 삼원색 • 평면거울의 상

[표 215]에서 보는 바와 같이 2009 개정 교육과정과는 달리 핵심 개념과 일반화된 지식이 제시되어 있고, 탐구 기능이 아니라 '기능'이 제시되어 있으며 기능의 요소로는 문제 인식, 탐구 설계와 수행, 자료의 수집·분석 및 해석, 수학적 사고와 컴퓨터 활용, 모형의 개발과 사용, 증거에 기초한 토론과 논증, 결론 도출 및 평가, 의사소통 등이 제시되어 있어, 교과 핵심 역량과 관련되어 있음을 알 수 있다. 내용 체계 표 뒤에는 각 단원별로 학습 내용과 성취기준, 탐구 활동이 제시되고, 좀 더 구체적으로 학습 요소, 성취기준 해설, 교수·학습 방법 및 유의사항, 평가 방법 및 유의사항 등이 제시되어 있다.

공통과목 '통합과학'의 목표는 공통교육과정 '과학'에 제시된 목표와 같다. '통합과학'의 내용체계는 [표 216]에 제시하였다. [표 216]에서 보는 바와 같이 내용 체계의 구성은 공통교육과정 '과학'에서와 같이 영역, 핵심 개념, 일반화된 지식, 내용 요소, 기능으로 되어 있다.

[표 216] 2015 개정 과학과 교육과정에서의 '통합과학' 내용체계

영역	핵심 개념	일반화된 지식	내용 요소 통합과학	기능
물질과 규칙성	물질의 규칙성과 결합	지구 구성 물질의 원소는 빅뱅과 별의 진화 과정을 통해 만들어졌으며, 원자에서 방출되는 전자기파를 활용하여 자연 현상에 대한 다양한 정보를 수집한다.	• 우주 초기의 원소(생성) • 태양계에서 원소 생성 • 지구의 고체 물질 형성	
		원소의 주기율 등을 통해 자연의 규칙성을 확인한다.	• 금속과 비금속 • 최외각 전자	
		원소는 이온 결합과 공유 결합을 통해 다양한 화합물을 형성한다.	• 이온 결합 • 공유 결합	
	자연의 구성 물질	생명체와 지각을 구성하는 단백질, 광물 등의 물질은 원소들 간의 규칙적인 화학 결합을 통해 만들어지며, 기존 물질의 물리적 성질을 변화시켜 다양한 신소재가 개발된다.	• 지각과 생명체 구성 물질의 규칙성 • 생명체 주요 구성 물질 • 신소재의 활용 • 전자기적 성질	

시스템과 상호 작용	역학적 시스템	지구 시스템은 역학적 상호 작용에 의해 유지된다.	• 중력 • 자유 낙하 • 운동량 • 충격량	• 문제 인식 • 탐구 설계와 수행 • 자료의 수집·분석 및 해석 • 수학적 사고와 컴퓨터 활용 • 모형의 개발과 사용 • 증거에 기초한 토론과 논증 • 결론 도출 및 평가 • 의사소통
	지구 시스템	지구 시스템은 지권, 수권, 기권, 생물권, 외권으로 구성되고, 각 권은 상호 작용한다.	• 지구 시스템의 에너지와 물질 순환 • 기권과 수권의 상호 작용	
	생명 시스템	세포 등과 같은 시스템에서 이루어지는 물질의 순환과 에너지의 흐름의 결과로 다양한 (자연) 현상이 나타난다.	• 세포막의 기능 • 세포 소기관 • 물질대사, 효소 • 유전자(DNA)와 단백질	
변화와 다양성	화학 변화	물질 사이에서 일어나는 대표적인 화학 반응인 산화·환원 반응은 전자의 이동으로 일어난다.	• 산화와 환원	
		중화 반응은 산성 물질과 염기성 물질이 반응할 때 일어나며, 생명현상을 가능케 하는 물질들이 끊임없는 화학 반응을 통해 다양한 기능들을 수행한다.	• 산성과 염기성 • 중화 반응	
	생물다양성과 유지	지구의 환경은 지질 시대를 통해 변해 왔으며, 생물은 환경에 적응하여 진화해 왔다.	• 지질 시대 • 화석, 대멸종 • 진화와 생물다양성	
환경과 에너지	생태계와 환경	생태계의 구성 요소는 서로 밀접한 관계를 맺고 있으며, 지구 환경 변화는 인간 생활에 다양한 영향을 미친다.	• 생태계 구성요소와 환경 • 생태계 평형 • 지구 온난화와 지구 환경 변화	
		환경문제를 해결하기 위해 에너지의 효율적 활용이 필요하다.	• 에너지 전환과 보존 • 열효율	
	발전과 신재생 에너지	발전기를 이용하여 생산된 전기 에너지가 가정에 공급된다.	• 발전기 • 전기 에너지 • 전력 수송	
		화석 연료를 대체하기 위하여 다양한 신재생 에너지를 개발하고 있다.	• 태양 에너지 • 핵발전 • 태양광 발전 • 신재생 에너지	

내용 체계 뒤에는 공통교육과정 '과학'에서와 유사하게 각 단원별로 학습 내용과 성취기준, 탐구주제 및 활동(예시)이 제시되고, 좀 더 구체적으로 학습 요소, 성취기준 해설, 교수·학습 방법 및 유의사항, 평가 방법 및 유의사항 등이 제시되어 있다.

2015 개정 교육과정에서의 특징 중 하나는 공통과목으로 '과학탐구실험'이 설정되었다는 점이다. '과학탐구실험'의 목표는 공통교육과정 '과학'에 제시된 목표와 같다. '과학탐구실험'의 내용 체계의 구성은 공통교육과정 '과학'에서와 같이 영역, 핵심 개념, 일반화된 지식, 내용 요소, 기능으로 되어 있다. 다만 내용 요소가 과학탐구실험으로 되어 있는 것이 '과학'이나 '통합과학'과 다른 점이다. 내용 체계 표 뒤에는 공통교육과정 '과학'에서와 같이 각 단원별로 학습 내용과 성취기준, 탐구 활동이 제시되고, 좀 더 구체적으로 학습 요소, 성취기준 해설, 교수·학습 방법 및 유의사항, 평가 방법 및 유의사항 등이 제시되어 있다.

'물리학Ⅰ'과 '물리학Ⅱ'는 선택 중심 교육과정 중에서 일반·진로 선택 과목에 속해 있다. 2015 개정 과학과 교육과정(교육부, 2015)에 제시된 '물리학Ⅰ'의 목표는 다음과 같다: (가) 자연 현상에 대한 호기심과 흥미를 갖고, 문제를 과학적으로 해결하려는 태도를 기른다; (나) 자연과 일상생활의 문제를 과학적으로 탐구하는 능력을 기른다; (다) 자연 현상을 탐구하여 물리학의 핵심 개념을 이해한다; (라) 물리학과 기술 및 사회의 상호 관계를 인식하고, 이를 바탕으로 민주 시민으로서의 소양을 기른다; (마) 물리학 학습의 즐거움과 과학의 유용성을 인식하여 평생 학습 능력을 기른다. '물리학Ⅱ'의 목표는 다음과 같다: (가) 자연 현상에 대한 호기심과 흥미를 갖고, 문제를 과학적으로 해결하려는 태도를 기른다; (나) 자연과 일상생활의 문제를 과학적으로 탐구하는 능력을 기른다; (다) 자연 현상을 탐구하여 물리학의 핵심 개념을 정량적으로 이해한다; (라) 물리학과 기술 및 사회의 상호 관계를 인식하고, 이를 바탕으로 민주 시민으로서의 소양을 기른다; (마) 물리학 학습의 즐거움과 과학의 유용성을 인식하여 평생 학습 능력을 기른다.

'물리학Ⅰ'의 내용 체계는 [표 217]과 같다.

[표 217] 2015 개정 과학과 교육과정에서 '물리학Ⅰ'의 내용 체계

<table>
<tr><th rowspan="2">영역</th><th rowspan="2">핵심
개념</th><th rowspan="2">일반화된 지식</th><th>내용 요소</th><th rowspan="2">기능</th></tr>
<tr><th>물리학Ⅰ</th></tr>
<tr><td rowspan="4">힘과
운동</td><td>시공간과
운동</td><td>시공간의 측정은 상대성이 있다.</td><td>• 동시성
• 질량-에너지 등가성</td><td rowspan="13">• 문제 인식
• 탐구 설계와 수행
• 자료의 수집·분석 및 해석
• 수학적 사고와 컴퓨터 활용
• 모형의 개발과 사용
• 증거에 기초한 토론과 논증
• 결론 도출 및 평가
• 의사소통</td></tr>
<tr><td rowspan="2">힘</td><td>물체의 운동은 뉴턴 운동 법칙으로 설명된다.</td><td>• 뉴턴 운동 법칙</td></tr>
<tr><td>운동량은 물체의 충돌 전후에 보존된다.</td><td>• 운동량 보존 • 충격량</td></tr>
<tr><td>역학적
에너지</td><td>마찰이 없는 계에서 역학적 에너지는 보존된다.</td><td>• 역학적 에너지 보존</td></tr>
<tr><td rowspan="5">전기와
자기</td><td rowspan="2">전기</td><td>두 전하 사이에는 전기력이 작용한다.</td><td>• 원자와 전기력
• 에너지 준위</td></tr>
<tr><td>물질은 전기적 성질에 따라 도체, 부도체, 반도체로 구분된다.</td><td>• 고체의 에너지띠
• 전기 전도성</td></tr>
<tr><td rowspan="3">자기</td><td>전류는 자기장을 형성한다.</td><td>• 전류에 의한 자기장</td></tr>
<tr><td>물질은 자기적 성질에 따라 자성체와 비자성체로 구분된다.</td><td>• 물질의 자성</td></tr>
<tr><td>자기장의 변화는 전기 회로에 기전력을 발생시킨다.</td><td>• 전자기 유도</td></tr>
<tr><td rowspan="2">열과
에너지</td><td rowspan="2">에너지
전환</td><td>에너지는 전환되는 과정에서 소모되거나 생성되지 않는다.</td><td>• 내부 에너지</td></tr>
<tr><td>열이 모두 일로 전환되지는 않는다.</td><td>• 열효율</td></tr>
<tr><td rowspan="2">파동</td><td rowspan="2">파동의
성질</td><td>파동은 반사, 굴절, 간섭, 회절의 성질을 가진다.</td><td>• 파동의 요소 • 파동의 간섭</td></tr>
<tr><td>파동은 정보를 전달할 수 있다.</td><td>• 광통신</td></tr>
<tr><td>현대
물리</td><td>빛과
물질의
이중성</td><td>빛과 물질은 입자와 파동의 성질을 모두 가진다.</td><td>• 빛의 이중성
• 물질의 이중성</td></tr>
</table>

내용 체계 표 뒤에는 공통교육과정 '과학'에서와 같이 각 단원별로 학습 내용과 성취기준, 탐구 활동이 제시되고, 좀 더 구체적으로 학습 요소, 성취기준 해설, 교수·학습

방법 및 유의사항, 평가 방법 및 유의사항 등이 제시되어 있다. '물리학Ⅱ'의 내용 체계는 [표 218]과 같다.

[표 218] 2015 개정 과학과 교육과정에서 '물리학Ⅱ'의 내용 체계

영역	핵심 개념	일반화된 지식	내용 요소 물리학Ⅱ	기능
힘과 운동	시공간과 운동	시공간의 측정은 상대성이 있다.	• 등가 원리 • 중력 렌즈 효과 • 블랙홀 • 가속 좌표계	• 문제 인식 • 탐구 설계와 수행 • 자료의 수집·분석 및 해석 • 수학적 사고와 컴퓨터 활용 • 모형의 개발과 사용 • 증거에 기초한 토론과 논증 • 결론 도출 및 평가 • 의사소통
		물체의 운동 변화는 뉴턴 운동 법칙으로 설명된다.	• 등가속도 운동 • 포물선 운동 • 단진자 운동 • 천체의 운동	
	힘	물체 사이에는 여러 가지 힘이 작용한다.	• 힘의 합성과 분해 • 물체의 평형	
전기와 자기	전기	두 전하 사이에는 전기력이 작용한다.	• 전하와 전기장 • 전기력선 • 정전기 유도 • 유전 분극	
		물질은 전기적 성질에 따라 도체, 부도체, 반도체로 구분된다.	• 전기 저항	
	자기	전류는 자기장을 형성한다.	• 전류에 의한 자기장 • 자기력선	
		자기장의 변화는 전기 회로에 기전력을 발생시킨다.	• 유도 기전력	
열과 에너지	에너지 전환	에너지는 다양한 형태로 존재하며, 다른 형태로 전환될 수 있다.	• 열의 일당량	
파동	파동의 성질	파동은 반사, 굴절, 간섭, 회절의 성질을 가진다.	• 파동의 굴절과 간섭	
		파동은 정보를 전달할 수 있다.	• 전자기파	
현대 물리	빛과 물질의 이중성	빛과 물질은 입자와 파동의 성질을 모두 가진다.	• 빛의 입자성 • 입자의 파동성	
	미시 세계의 운동	미시 세계에는 운동량과 위치를 동시에 정확하게 측정할 수 없다.	• 불확정성 원리	

내용 체계 표 뒤에는 공통교육과정 '과학'에서와 같이 각 단원별로 학습 내용과 성취기준, 탐구 활동이 제시되고, 좀 더 구체적으로 학습 요소, 성취기준 해설, 교수·학습 방법 및 유의 사항, 평가 방법 및 유의 사항 등이 제시되어 있다.

활동

2009 개정 교육과정과 2015 개정 교육과정에서 중학교 '과학'과 목표와 내용의 특징을 정리하고 고등학교 과목과 내용 영역에서 어떤 변화가 있는지 서술해 보자.

항목	2009 개정 교육과정	2015 개정 교육과정	변화된 내용
1. 중학교 '과학' 목표와 내용 특징			
2. 고등학교 필수 과목과 내용			
3. 고등학교 선택 과목			
4. '물리Ⅰ'과 '물리Ⅱ' 내용			

요약

1. 2015 개정 교육과정은 문과와 이과의 통합형 교육과정으로 개발되었다.
2. 2015 개정 교육과정에서는 처음으로 핵심 역량을 제시하였으며, 과학 교과에서는 과학적 사고력, 과학적 탐구 능력, 과학적 문제해결력, 과학적 의사소통 능력, 과학적 참여와 평생 학습 능력 등 5가지를 제시하였다.
3. 2015 개정 교육과정에서의 특징 중 하나는 공통과목으로 '과학탐구실험'이 설정되었다는 점이다. '과학탐구실험'의 목표는 공통교육과정 '과학'에 제시된 목표와 유사하다.

CHAPTER 02

2022 개정 과학과 교육과정과 물리 교육과정

임성민 (대구대학교)

2.1 2022 개정 교육과정의 배경

교육과정(curriculum)이란 좁은 의미로는 교육목표와 내용, 방법, 평가를 체계적으로 조직한 교육계획이라 말할 수 있지만, 넓은 의미로는 '(학교의 지도 아래) 학생들이 가지는 모든 학습 경험'으로 정의한다(정범모, 1956). 즉 교육과정은 학생들에게 왜, 무엇을, 언제, 어떻게 가르칠 것인가에 대한 기본적 물음에서 출발하여 '학습자에게 제공할 학습 경험을 선정하고 조직하여 실행하고 평가하고 개선해가는 실천적 행위'라고 할 수 있다. 따라서 교육과정은 학생들이 살아갈 가까운 미래 사회에서 학생들에게 어떤 학습 경험이 필요한지에 대한 고민으로부터 출발해야한다. 그러므로 교육과정은 고정된 것이 아니라 그 시대가 요구하는 학교교육의 지향과 사회 변화 양상에 따라 변할 수 있다. 앞으로 학생이 살아갈 세상에서 학생에게 필요한 학습 경험이란 무엇일까?

최근에는 다양한 정보통신 기술과 스마트 기술 보급으로 인한 급속한 사회 변화에 대비하여 교육과정의 변화가 요구되고 있으며, 특히 미래 사회가 요구하는 시민 육성에 있어 과학교육의 역할이 주목받고 있다. 미래 사회에서 지향하는 학교교육의 목표로 가장 주목받는 것은 '역량 함양'이다. 우리나라를 포함하여 경제협력개발기구(OECD) 29개국이 참여한 프로젝트 'OECD Education 2030: The Future of Education and

Skills'에서는 21세기에 학생에게 요구되는 핵심 능력으로서 '역량(competency)' 개념을 제안하는 데, 이는 지식(knowledge) 만이 아니라 기술(skill), 가치와 태도(value and attitude)로 구성된다(OECD, 2018). 이러한 역량을 키우는 것을 미래 사회의 학교교육의 목표로 하며 학생 자신의 가치와 목표, 행복을 위해 자신의 삶과 학습을 영위해나가는 학생 주도성(student agency) 및 교사, 학부모 등과 함께 학습을 이끌어가는 협력적 주도성(co-agency)을 강조하고 있다. 궁극적으로 이러한 역량을 협력적으로 활용하여 사회의 변화를 주도적으로 이끌어내는 변혁적 역량(transformative competencies)을 갖춘 시민을 양성하는 것을 학교교육의 지향으로 제시하고 있다(OECD, 2020). 이러한 점들을 고려하면서 세계 각국에서는 사회적 변화의 흐름을 반영하여 변혁적 역량을 갖춘 과학적 소양인 육성을 지향하며 과학과 교육과정을 개정하고 있다.

우리나라의 경우 교육과정을 결정하는 주체는 국가로서, 초·중등교육법 제23조에 따라 국가교육위원회가 교육과정의 기준과 내용을 정하고 대통령령에 따라 초·중등학교에서 편성·운영하여야 할 학교 교육과정의 공통적·일반적인 기준을 제시하여 교육부장관이 고시한다. 국가 수준 교육과정으로서 우리나라의 과학과 교육과정은 향후 교과서 개발, 현장의 과학과 교수·학습, 국내외 수준의 학생 평가에 직접적인 영향을 준다(한국과학창의재단, 2020). 우리나라는 그동안 국가사회적인 변화와 요구에 따라 여러 차례에 걸쳐 국가 수준 교육과정을 개정해왔다. 가장 최근에는 미래 사회를 대비하는 '역량 함양'을 목표로 하는 '국민과 함께하는 미래형 교육과정'을 지향하여 각 학교급 및 교과별로 교육과정 개정 작업을 진행해왔다(교육부, 2021a; 교육부, 2021b). 과학과의 경우 2022 개정 교육과정 총론의 취지에 부합하도록 '과학과가 추구하는 역량을 갖춘 과학 소양인 육성'이라는 목표를 고려하여 교과목 기본 방향 및 내용을 재구조화하는 일련의 연구 과정과 의견 수렴을 거쳐 초중고 학교급에 따라 총 30개 과목에 대한 각론 시안을 개발하였다(신영준 외, 2021; 신영준 외, 2022). 물리학 분야와 관련된 교육과정 개정 작업에 있어서는 한국물리학회 차원에서 적극적인 참여와 지원이 있었다. 개발된 각론 시안은 일련의 국민의견 수렴과 공청회를 거치며 2022년 12월 22일에 '교육부 고시 제2022-33호'(별책1, 별책9, 별책 20)로 최종 고시되었다(교육부, 2022). 과학과 교육과정 각론 시안의 개발 대상은 초·중·고 모든 과학 교과목으로, 초·중학교 '과학' 과목, 고등학교 공통 과목인 '통합과학 1, 2'와 '과학탐구실험 1, 2' 과목, 그리고 고등학교 선택 과목인 일반 선택 4개 과목, 진로 선택 13개 과목(과학계열 진로 선택 과목 포함), 융합 선택 7개 과목(과학계열 진로 선택 과목 포함) 등을 포함한다([표 221]).

[표 221] 2022 개정 과학과 교육과정의 체제와 과목

<table>
<tr><th>초등</th><th>중학교</th><th colspan="4">고등학교</th></tr>
<tr><td rowspan="7">과학</td><td rowspan="7">과학</td><td colspan="3" rowspan="2">공통 과목</td><td>· 통합과학 1, 2</td></tr>
<tr><td>· 과학탐구실험 1, 2</td></tr>
<tr><td rowspan="5">선택 과목</td><td colspan="2">일반선택</td><td>· 물리학 · 화학 · 생명과학 · 지구과학</td></tr>
<tr><td colspan="2">진로선택</td><td>· 역학과 에너지 · 전자기와 양자
· 물질과 에너지 · 화학 반응의 세계
· 세포와 물질대사 · 생물의 유전
· 지구시스템과학 · 행성우주과학</td></tr>
<tr><td colspan="2">융합선택</td><td>· 과학의 역사와 문화 · 기후변화와 환경생태
· 융합과학 탐구</td></tr>
<tr><td rowspan="2">과학 계열[9]</td><td>진로 선택</td><td>· 고급 물리학 · 고급 화학 · 고급 생명과학
· 고급 지구과학 · 과학과제 연구</td></tr>
<tr><td>융합 선택</td><td>· 물리학 실험 · 화학 실험,
· 생명과학 실험 · 지구과학 실험</td></tr>
</table>

이 장에서는 2022 개정 과학과 교육과정의 주요 내용과 특징을 물리학을 중심으로 소개한다. 특히 초중고 공통 과목인 '과학'과 '통합과학', 그리고 일반계 고등학교를 위한 일반선택 및 진로선택 과목 중 물리학 관련 과목에 한정하여 소개한다.

요약

1. 교육과정이란 '학습자에게 제공할 학습경험을 선정하고 조직하여 실행하고 평가하고 개선해가는 실천적 행위'로서 의미를 갖는다.
2. 2022 개정 과학과 교육과정은 '역량 함양'을 교육의 목적으로 추구하며 학생의 행위 주체성을 강조한다.
3. 2022 개정 과학과 교육과정은 초·중학교 '과학' 과목, 고등학교 공통 과목인

9) 과학 계열의 특수 목적 고등학교 및 특성화 학교를 위한 교과

'통합과학 1, 2'와 '과학탐구실험 1, 2' 과목, 그리고 고등학교 선택 과목인 일반 선택 4개 과목, 진로 선택 13개 과목(과학계열 진로 선택 과목 포함), 융합 선택 7개 과목(과학계열 진로 선택 과목 포함)을 포함한다.

2.2 2022 개정 과학과 교육과정의 초중고 공통 과목과 물리

(1) 초·중학교 공통 과목 '과학'

'과학'은 초등학교 3학년부터 중학교 3학년까지 모든 학생이 이수하는 공통 과목으로서, 초등학교 1~2학년에서 학습한 내용과 연계하여 미래 사회를 살아가기 위한 역량을 함양하고 고등학교 과학 교과목 학습에 필요한 과학 기초 학력을 보장하기 위한 과목이다.

'과학'은 운동과 에너지, 물질, 생명, 지구와 우주 및 과학과 사회의 5개 영역[10)]으로 구성된다. 운동과 에너지 영역에서는 힘과 에너지, 전기와 자기, 열, 빛과 파동 등을 다루며, 물질 영역에서는 물질의 성질, 물질의 변화, 물질의 구조 등을 다룬다. 생명 영역에서는 생물의 구조와 에너지, 항상성과 몸의 조절, 생명의 연속성, 환경과 생태계, 생명과학과 인간의 생활 등을 다루며, 지구와 우주 영역에서는 고체 지구, 유체 지구, 천체 등을 다룬다. 과학과 사회 영역에서는 이들 4개 영역의 내용을 통합적으로 다루면서 과학과 안전, 과학과 지속가능한 사회, 과학과 진로 등을 다룬다.

중학교 '과학'을 중심으로 개정의 방향과 특징을 요약하면 다음과 같다.

첫째, 1학년 자유학기와 3학년 진로연계학기 도입과 교사의 재량권 확대를 위하여 한 학기 17주 학습량을 16주 학습량으로 조정하는 총론의 논의에 따라 내용을 재구조화하였다. 이를 반영하고 2학년 수업량이 과중해지는 것에 대한 우려를 고려하여 '운동과 에너지', '물질', '생명', '지구와 우주', '과학과 사회' 5개 영역을 1학년 7단원, 2학년 8단원, 3학년 8단원으로 중학교 전체 단원을 배치하였다([표 222]). 특히, 범교과 주제

10) 공통 과목에서 과학의 학문 분야(물리, 화학, 생명과학, 지구과학 등)를 '영역'이라 칭하며, 물리학에 해당하는 영역명이 '운동과 에너지'이다.

단원의 배치를 자유학기를 고려하여 '과학과 인류의 지속가능한 삶' 단원을 1학년에 운영하고 진로 집중 학기를 고려하여 '재해·재난과 안전' 및 '과학과 나의 미래' 단원을 3학년에 운영하도록 구성하였다.

[표 222] 2022 개정 교육과정 중학교 '과학'의 단원 구성

학년	중학교 1학년	중학교 2학년	중학교 3학년
단원 수	7	8	8
단원 구성	(1) 과학과 인류의 지속가능한 삶 (2) 생물의 구성과 다양성 (3) 열 (4) 물질의 상태변화 (5) 힘의 작용 (6) 기체의 성질 (7) 태양계	(8) 물질의 특성 (9) 지권의 변화 (10) 빛과 파동 (11) 물질의 구성 (12) 식물과 에너지 (13) 동물과 에너지 (14) 전기와 자기 (15) 별과 우주	(16) 화학 반응의 규칙성 (17) 날씨와 기후변화 (18) 수권과 해수의 순환 (19) 운동과 에너지 (20) 자극과 반응 (21) 생식과 유전 (22) 재해·재난과 안전 (23) 과학과 나의 미래

둘째, 학생들의 학습을 순조롭게 돕기 위해서 중학교에서 다루는 개념의 위계성과 초등학교 및 고등학교 통합과학과의 연계성을 확보하면서 내용을 구성하였다. 또 중학교에서 다루는 단원 간의 개념 위계를 고려하여 단원 배치를 조정하였다. 예를 들면, 1학년의 '열' 단원을 '물질의 상태변화' 단원 앞에 배치하였다. 생명 영역 단원 중 '생물의 구성과 다양성' 단원이 꽃을 비교적 수월하게 관찰할 수 있는 계절에 수업이 이루어질 수 있도록 1학년 두 번째 단원으로 배치하였다. 연계성을 고려하면서도 2학년 학업 부담 경감을 목적으로 '기체의 성질' 단원을 2학년에서 1학년으로 이동하였고, '물질의 특성' 단원을 1학년에서 2학년으로 이동하였다. '물질의 구성' 단원의 순서를 재배치하여 3학년에 1학기에 배우는 화학반응 관련 단원과 시간 거리가 적도록 구성하였다. 중·고등학교 위계를 고려하여 중학교에서 삭제하거나 고등학교로 이동한 개념들이 있다. 예를 들면, 고등학교 통합과학과의 연계를 고려하여 전자기 유도 개념은 중학교에서 삭제하고 고등학교로 이동하였고, 물질 분리 방법 중 크로마토그래피는 중학교에서 배우는 개념으로 설명할 수 없는 수준이므로 삭제하였다. 생명 영역에서는 초등학교와의 중복을 고려하여 증산작용을 삭제하였다.

셋째, 미래 역량으로서 과학적 소양을 함양하는 과학교육을 추구하였다. 이를 위해, 디지털 소양, 민주시민 소양, 학습자의 행위 주체성, 생태전환 교육 등 미래 역량을 함양할 수 있도록 구성하였다. 특히, 디지털 소양 함양, 생태전환 교육을 포함하는 교육이 이루어지도록 '성취기준 적용 시 고려사항'에 안내하였다.

기타 사항으로, 단순 암기로 과학에 흥미를 떨어뜨리는 내용 요소나 성취기준을 적극적으로 수정하였다. 예를 들면, '물질의 구성' 단원에서 전통적으로 앙금 생성 반응이 탐구활동 예시로 제시되어 있었는데, 앙금 생성 반응이라는 명시적인 표현을 삭제하고 "실험을 통해 이온이 전하를 띤 입자임을 추리하기"로 수정하여 탐구활동의 목적이 성취기준과 부합하도록 하였다. 또, 미국, 영국, 싱가포르 등의 외국 교육과정의 흐름과 TIMSS 등의 국제 학업성취도 평가에서도 다루는 내용 등을 적정 수준에서 반영하였다. 이러한 특징이 반영된 예로 물질 영역에서 주기율표가 포함되었다. 주기율표의 내용 수준은 고등학교 통합과학의 내용 수준과 비교하여 위계성을 고려하여 구성하였다.

중학교 '과학'의 5개 영역 중 '운동과 에너지'(물리) 영역에만 한정하여 주요 변경 사항을 정리하면 다음과 같다.

열역학 분야에서는 기존 '열과 우리 생활' 단원을 '열'로 단원명을 수정하였고, 단원 배치도 2학년에서 1학년으로 앞당겨서 물질 영역의 '물질의 상태 변화' 단원과 보다 가깝게 연계되도록 구성하였다. 또한, 온도와 열평형을 하나의 성취기준으로 구성하고, 열의 이동 방식을 별도의 성취기준으로 분리하였다.

힘 개념과 관련해서는 기존 '여러 가지 힘' 단원을 '힘의 작용'으로 수정하면서 여러 가지 힘은 특징만을 간략히 다루도록 한 대신 힘의 표현법을 추가하였다. 또, 힘의 평형을 추가하여 정역학 부분을 포함하였고, 알짜힘이 0이 아닐 때 나타나는 현상을 조사하도록 하면서 힘의 작용의 효과를 추가하여 '힘'과 '운동'을 연계하도록 구성하였다.

빛과 파동 분야에서는 '빛과 파동' 단원명을 유지하면서 반사와 굴절, 파동의 발생과 전달 등 기초 개념을 보다 강조하고, 종파와 횡파 구분은 삭제하였다. 대신 스펙트럼 개념을 도입하여 빛의 합성을 설명하도록 구성하였다.

전자기 분야에서는 기존 교육과정에서 2학년에 배치된 '전기와 자기' 및 3학년에 배치된 '에너지 전환과 보존' 단원 중 전기 에너지의 개념을 새 교육과정에서는 '전기와 자기' 단원으로 통합하여 다루도록 조정하였다. 단원을 통합하면서 기존에 다루던 전자기 유도(발전)는 고등학교 통합과학에서 다루도록 중학교 과정에서는 삭제하였다.

일과 에너지 개념과 관련해서는 기존 교육과정에서 '운동과 에너지' 및 '에너지 전환과 보존'의 2개 단원을 새 교육과정에서는 '운동과 에너지' 단원으로 통합하면서 역학적 에너지 보존을 자유낙하 및 단진자 등 물체의 운동과 연계하여 다루도록 하였다.

한편, 2022 개정 교육과정의 문서 체제에서 내용 체계는 전 교과에서 공통적으로 핵심 아이디어와 내용 요소로 구성된다. '핵심 아이디어'는 교과 내 영역 수준에서 설정되는 빅 아이디어로서, '해당 영역을 아우르면서 해당 영역의 학습을 통해 일반화할 수 있는 내용을 핵심적으로 진술한 것'을 의미한다. 2022 개정 교육과정은 지식 학습만이 아니라 역량 함양을 추구하는 교육과정으로서 내용 요소를 '지식·이해', '과정·기능', '가치·태도'로 범주를 구분하여 제시한다. '지식·이해' 범주는 학년(군)별로 학습해야할 핵심 개념을 제시한 것으로서 2015 개정 교육과정 문서 체제에서 사용한 내용 요소와 같은 의미를 갖는다. '과정·기능' 범주는 교과의 사고 및 탐구과정에 해당하는 것으로 학생의 발달 및 수행의 복잡성에 따라 학년(군)별 수준이 드러나도록 제시하며, '가치·태도' 범주는 전 학년을 걸쳐 해당 교과의 학습활동을 통해서 기를 수 있는 고유한 가치 및 태도를 가능한 한 학년(군)별 수준이 드러나도록 제시한다(신영준 외, 2022). 과학과의 경우 '지식·이해'는 학년(군)별 및 영역(단원) 별로 구성하되, '과정·기능'은 영역에 공통적으로 초등학교와 중학교급 및 고등학교 과목별로만 구분하여 제시하였다. '가치·태도'의 경우 모든 과학 교과에서 공통적으로 추구하는 요소이므로 학교급이나 과목을 구별을 하지 않고 동일한 내용 요소를 제시하였다. [표 223]은 초등학교와 중학교 과학과의 물리학 관련 내용 체계이다.

[표 223] 2022 개정 교육과정 초중학교 '과학' 중 물리학 영역의 내용 체계

핵심 아이디어	・자연과 일상생활 속의 여러 가지 힘은 물체의 속력과 운동 방향을 변화시키고, 물체의 운동은 힘과 에너지를 통해 예측할 수 있으며, 이는 안전한 일상생활의 토대가 된다. ・전하와 전류는 다양한 전기와 자기 현상을 일으키고, 전기와 자기에 대한 성질은 전구, 전동기 등 여러 가지 전기 기구의 작동 원리로 유용하게 활용된다. ・열은 온도가 높은 곳에서 낮은 곳으로 이동하며, 일상생활에서는 단열 등 다양한 분야에 물질의 열적 성질이나 열의 이동 방식이 이용된다. ・빛과 소리는 반사, 굴절, 진동 등 파동의 특성을 가지며, 그 특성은 거울, 렌즈, 악기, 색의 구현 등 편리하고 심미적인 삶에 도움이 된다.

범주	구분	학년(군)별 내용 요소		
		초등학교		중학교
		3~4학년군	5~6학년군	1~3학년
지식 · 이해	힘과 에너지	· 밀기와 당기기 · 무게 · 수평잡기 · 도구의 이용	· 위치의 변화 · 속력 · 속력과 안전	· 힘 · 중력 · 마찰력 · 탄성력 · 부력 · 등속 운동 · 자유 낙하 운동 · 일과 에너지 · 중력에 의한 위치 에너지 · 운동 에너지 · 역학적 에너지 보존
	전기와 자기	· 자석과 물체 사이의 힘 · 자석과 자석 사이의 힘 · 자석의 극 · 자석의 이용	· 전기 회로 · 전지의 직렬연결 · 전자석 · 전기 안전	· 전기력 · 대전 · 정전기 유도 · 전압 · 전류 · 옴의 법칙 · 전기 에너지 · 자기력 · 자기장
	열		· 온도 · 열의 이동 · 단열	· 열평형 · 전도 · 대류 · 복사 · 비열 · 열팽창
	빛과 파동	· 소리의 발생 · 소리의 세기 · 소리의 높낮이 · 소리의 전달	· 빛의 직진 · 평면거울에서 빛의 반사 · 빛의 굴절 · 렌즈의 이용	· 시각과 상 · 반사와 굴절 · 거울과 렌즈 · 빛의 합성과 색 · 파동의 발생과 전달 · 파동의 요소와 소리의 특성
과정 · 기능		· 자연과 일상생활에서 운동과 에너지 관련 문제 인식하기 · 문제를 해결하기 위한 탐구 설계하기 · 관찰, 측정, 분류, 예상, 추리 등을 통해 자료를 수집하고 비교 · 분석하기 · 수학적 사고와 컴퓨터 및 모형 활용하기 · 결론을 도출하고, 자연과 일상생활에서 운동과 에너지 관련 상황에 적용 · 설명하기		· 자연과 일상생활에서 운동과 에너지와 관련된 현상을 관찰하고 문제를 찾아 정의하고 가설을 설정하기 · 적절한 변인을 포함하여 탐구 설계하기 · 운동과 에너지 사이의 관계를 이끌어 내기 위해 자료를 수집하고 이를 그래프로 변환하여 해석하기 · 운동과 에너지와 관련된 다양한 현상을 관찰하여 규칙성을 추리하기

	· 자신의 생각과 주장을 과학적 언어를 사용하여 다양한 방식으로 표현하고 공유하기	· 모형을 만들어 현상을 설명하거나 예측하기 · 과학적 증거에 기반하여 주장하기
가치·태도	· 과학의 심미적 가치 · 과학 유용성 · 자연과 과학에 대한 감수성 · 과학 창의성 · 과학 활동의 윤리성 · 과학 문제 해결에 대한 개방성 · 안전·지속가능 사회에 기여 · 과학 문화 향유	

(2) 고등학교 공통 과목 '통합과학'

2022 개정 교육과정에서 고등학교 공통 과목으로서 '통합과학' 및 '과학탐구실험'의 구성 방침은 기본적으로 2015 개정 교육과정에서 처음 도입한 과목의 구조와 성격을 그대로 계승하고 일부만 보완하는 것이었다. 먼저, 고등학교 공통 과목인 '통합과학[11] 1, 2'의 주요 특징은 다음과 같다.

첫째, 과학의 분과 학문 분야를 관통하는 개념(cross-cutting idea) 중심으로 내용을 구성함으로써 과학 영역 간의 융복합은 물론 과학·기술·사회 등을 가로지르는 융복합적 과학 지식·이해가 가능하도록 교육과정을 구성하였다. '통합과학 1'은 '과학의 기초', '물질과 규칙성' 및 '시스템과 상호작용'의 3개 영역으로, '통합과학 2'는 '변화와 다양성', '환경과 에너지' 및 '과학과 미래 사회'의 3개 영역으로 구성하였다. 이러한 통합과학 1, 2의 영역 구성은 과학의 빅 아이디어(big ideas)에 해당하는 것이다. 특히 '과학의 기초' 영역에서는 시공간을 포함한 과학 탐구에서 중요한 기본량과 단위, 측정과 표준 등 과학의 도구적 언어를 다룸으로써 미래 사회를 살아가는 데 필수 불가결한 과학의 기초, 과학으로의 입문이 가능하도록 과학의 언어를 도입하였다.

둘째, 초·중학교와 고등학교 선택 과목 사이의 연결 다리이면서 모든 한국인이 알아야 하는 현대인의 소양으로서 과학 영역별 학문의 근간이자 선택 과목 이수를 위한 기초가

11) 고교학점제 시행으로 인하여 학기 단위로 과목 이수를 해야하는 체제에 따라 두 개의 과목으로 나누었다.

되는 학습 내용으로 구성하였다. 즉, 중학교까지 학습한 과학의 핵심 개념에 대한 이해를 바탕으로 자연 현상을 통합적·융합적으로 이해하고, 이를 기반으로 미래 사회에 필요한 과학적 기초 소양을 함양할 수 있도록, 모든 과학 영역의 공통·기초가 되는 핵심 내용과 함께 미래 사회 과학기술에 관한 기초 내용인 과학과 미래 사회 영역을 아울러 통합과학 1, 2의 교육내용을 구성하였다. 빅 아이디어(혹은 핵심 개념)를 중심으로 물리학, 화학, 생명과학 및 지구과학을 관통하고 통합하는 내용으로 구성함으로써 내용량을 적정화하고, 이를 통해 확보된 시간을 과학과 미래 사회 영역에 투자할 수 있도록 하였다. 과학과 미래 사회 영역에서는 장차 다양한 과학과 선택 과목 학습의 토대가 되는 인공지능과 로봇, 생명과 과학 윤리 등 지속가능한 미래 사회의 책임 있는 민주시민이 갖춰야 하는 첨단 과학지식과 탐구 방법 그리고 과학기술 윤리 등을 포함하였다.

셋째, 지식·이해, 과정·기능, 가치·태도를 아우르는 성취기준을 통해 역량을 함양할 수 있도록 내용을 구성하였다. '통합과학 1, 2' 과목을 통해 과학을 통한 역량, 즉 과학적 소양을 함양할 수 있도록 자연 현상과 사회과학적·지구 생태적 쟁점, 미래 첨단과학과 우주개발에 이르기까지 융복합적 과학 지식·이해를 토대로 행위 주체로서 의사결정하고 민주시민으로 성장할 수 있도록 성취기준을 구성하였다. 또한, 융복합적 지식을 특징으로 하는 미래 사회를 살아가는 데 필요한 과학 소양을 함양할 수 있도록 글로벌 수준의 빅데이터를 활용한 과학 탐구와 관측 데이터를 활용한 다양한 탐구활동을 제공하였다.

'통합과학1, 2'를 구성하는 6개 영역별로 주요 내용 및 2015 개정 교육과정 대비 변경 사항을 정리하면 다음과 같다.

과학의 기초 영역은 기본량과 단위, 측정과 어림, 정보와 신호 등 포함함으로서 자연과학 탐구를 위한 기초 소양에 해당하는 내용을 다루도록 하였다. 이 영역은 고등학교 과학 과목의 출발점으로서 과학의 본질에 관해서 탐구 대상과 방법론 측면에서 설명하도록 구성하였다.

물질과 규칙성 영역은 기존 2015 개정 교육과정의 물질의 규칙성과 결합 및 자연의 구성 물질에 해당하는 내용을 수용하면서 일부 성취기준을 통합하거나 부분적으로 수정하였다. 예를 들어 기존 교육과정에서 '물질의 물리적 성질'과 관련하여 제시한 신소재 개발에 대한 내용은 삭제하고, 대신 '물질의 전기적 성질'로 내용 범위를 제한하여 도체와 부도체, 반도체 등과 같이 일상생활과 첨단기술에서 보다 친숙하고 유용하게 응용되는 사례를 강조하였다.

시스템과 상호작용 영역은 기존 2015 개정 교육과정의 역학적 시스템, 생명 시스템, 지구 시스템의 내용을 수용하면서 일부 성취기준을 통합하거나 부분적으로 수정하였다. 예를 들어 역학적 시스템의 경우 기존 내용 요소를 그대로 수용하되 물체의 다양한 운동을 중력의 작용을 받는 경우와 상호작용이 없는 경우로 구분하여 보다 체계적으로 제시하도록 하였다.

변화와 다양성 영역은 기존 2015 개정 교육과정의 화학 변화, 생명 다양성과 유지의 내용을 수용하면서 일부 성취기준을 통합하거나 부분적으로 수정하였다.

환경과 에너지 영역은 기존 2015 개정 교육과정의 생태계와 환경, 발전과 신재생 에너지의 내용을 수용하면서 일부 성취기준을 통합하거나 부분적으로 수정하였다. 예를 들어, 에너지 생산에 대해서는 기존 교육과정에서 다루던 핵발전, 태양광 발전, 풍력 발전 등 구체적인 발전 방식에 대한 내용은 삭제하고 운동 에너지가 전기 에너지로 전환되어 활용되는 과정 자체에 보다 초점을 두었다. 또한, 파력, 조력, 연료 전지 등과 같은 신재생 에너지의 종류를 학습하는 대신 신재생 에너지의 필요성과 의의를 에너지 효율 관점에서 지속 가능 발전과 지구 환경 문제와 연계하여 다루도록 하였다.

과학과 미래 사회 영역은 인공지능과 과학탐구, 로봇, 감염병과 병원체, 과학기술과 윤리 등 과학기술의 발전이 미래 사회에서 인류의 삶에 미치는 영향을 주요 학습 내용으로 포함하였다.

[표 224]는 고등학교 '통합과학 1, 2' 과목의 내용 체계이다. 통합과학1과 통합과학2는 과정·기능 범주와 가치·태도 범주는 동일하고 지식·이해 범주에서만 차이가 난다.

[표 224] 2022 개정 교육과정 고등학교 '통합과학1, 2'의 내용 체계

핵심 아이디어	·자연 세계는 시간과 공간을 배경으로 몇 가지 기본량으로 기술할 수 있으며, 양을 측정할 때 사용하는 표준과 단위는 일상생활과 산업기술에서 중요하다. ·우주 초기 원소 형성, 태양계의 형성과 진화, 별의 진화 등 모든 천문 현상은 천체에서 방출되는 빛의 분석을 통해 이루어진다. ·자연계에 존재하는 원소에는 규칙성이 있으며, 원소의 결합으로 지각과 생명체를 구성하는 물질들이 구성된다. ·자연계에서 물체의 운동 변화는 역학적 상호작용으로 설명하며, 일상생활에서 안전하고 편리한 삶에 활용된다.

<table>
<tr><td></td><td>· 지구계는 기권, 수권, 지권, 생물권 등 여러 하위 권역들로 구성되며, 지구계 구성 권역들이 물질과 에너지를 교환하는 과정에서 다양한 자연 현상들이 발생한다.
· 생명체는 생명 시스템의 기본 단위인 세포로 구성되어 있으며, 세포에서 일어나는 다양한 반응을 통해 생명 현상이 유지된다.
· 지구와 생명의 역사에 포함된 화학 반응에는 산화·환원 반응, 산·염기 반응이 있으며, 화학 변화에는 에너지가 출입한다.
· 지질시대를 통해 지질 구조를 포함한 환경과 생명체는 끊임없이 변천해왔으며, 변이의 발생과 자연선택의 과정을 통해 생명체가 진화하고 생물다양성이 형성된다.
· 생태계 구성 요소 사이의 균형적인 상호 관계가 생태계 평형 유지를 위해 중요함을 인식하고, 환경 보전을 위한 노력을 실천한다.
· 지구의 기후시스템은 태양복사와 지구복사의 영향을 받으며, 인간 활동에 의한 대기 중의 이산화 탄소 농도 증가가 기후에 영향을 미친다.
· 에너지는 여러 형태로 존재하면서 끊임없이 형태를 전환하는데, 이를 활용하여 전기 에너지를 얻을 수 있으며, 에너지의 지속가능하고 효율적인 활용이 중요하다.
· 인공지능과 로봇이 미래 사회에서 인간의 삶과 문명에 막대한 영향을 준다는 것과 과학기술 발전의 양면성을 인식하고, 건전한 가치 판단에 따라 책임 있게 과학기술을 사회에 적용하고 활용한다.</td></tr>
</table>

<table>
<tr><th colspan="2">범주 / 구분</th><th>내용 요소</th></tr>
<tr><td rowspan="6">지식·이해</td><td>과학의 기초</td><td>· 기본량과 단위 · 측정과 어림 · 정보와 신호</td></tr>
<tr><td>물질과 규칙성</td><td>· 원소 형성 · 별의 진화 · 원소의 주기성 · 이온 결합 · 공유 결합
· 지각과 생명체 구성 물질의 규칙성 · 물질의 전기적 성질</td></tr>
<tr><td>시스템과 상호작용</td><td>· 지구시스템의 구성과 상호작용 · 판구조론과 지각 변동
· 중력장 내의 운동 · 충격량과 운동량
· 생명 시스템의 기본 단위 · 물질대사 · 유전자와 단백질</td></tr>
<tr><td>변화와 다양성</td><td>· 지질시대의 생물과 화석 · 지질시대 환경 변화와 대멸종
· 자연선택 · 생물다양성 · 산화와 환원 · 산성과 염기성
· 중화 반응 · 물질 변화에서 에너지 출입</td></tr>
<tr><td>환경과 에너지</td><td>· 생태계 구성 요소 · 생태계 평형
· 대기와 해양의 상호작용 · 온실기체와 지구온난화
· 핵융합 · 발전 · 에너지 전환과 효율</td></tr>
<tr><td>과학과 미래 사회</td><td>· 감염병과 병원체
· 인공지능과 과학 탐구 · 로봇
· 과학기술과 윤리</td></tr>
</table>

과정 · 기능	· 자연 현상에서 문제를 인식하고 가설을 설정하기 · 변인을 조작적으로 정의하여 탐구 설계하기 · 다양한 도구를 수학적 사고를 활용하여 정보를 조사 · 수집 · 해석하기 · 수학적 사고와 모형을 활용하여 통합 및 융합 과학 관련 현상 설명하기 · 증거에 기반한 과학적 사고를 통해 자료를 과학적으로 분석 · 평가 · 추론하기 · 결론을 도출하고 자연 현상 및 융복합 문제 상황에 적용 · 설명하기 · 과학적 주장을 다양한 방법으로 소통하고, 의사결정을 위해 과학적 지식 활용하기
가치 · 태도	· 과학의 심미적 가치 · 과학 유용성 · 자연과 과학에 대한 감수성 · 과학 창의성 · 과학 활동의 윤리성 · 과학 문제해결에 대한 개방성 · 안전 · 지속가능 사회에 기여 · 과학 문화 향유

(3) 고등학교 공통 과목 '과학탐구실험'

'과학탐구실험 1, 2'의 경우, 9학년까지의 과학을 학습한 학생들을 대상으로 하여 과학 탐구 실천 및 과학을 통한 역량을 함양하기 위한 탐구활동 중심의 과목이다. '과학탐구실험 1, 2'에서는 전통적인 과학 교과목에서 다루는 과학 내용과 함께 미래 사회 융·복합적 과학 빅 아이디어와 관련된 과학탐구와 실험을 포함하여, 문제의 발견과 해결을 포괄하는 프로젝트의 형태의 과학 탐구활동을 경험할 수 있도록 하였다. '과학탐구실험 1, 2' 과목 또한 2015 개정 교육과정의 '과학탐구실험'을 계승한 것으로, 고교학점제 취지에 맞추어 학기 단위 이수가 가능한 2개 과목으로 재구성하여 교육과정을 개발하였다. '과학탐구실험 1'은 '과학의 본성과 역사 속의 과학 탐구' 및 '과학 탐구의 과정과 절차'의 2개 영역으로, '과학탐구실험 2'는 '생활 속의 과학 탐구' 및 '미래 사회와 첨단 과학 탐구'의 2개 영역으로 구성하였다.

각 영역별 내용 요소는 2015 개정 교육과정의 내용과 더불어 우리나라 미래세대 과학교육표준(KSES)을 반영하여 재구성하였다. 특히 미래 역량으로서 과학적 소양을 함양할 수 있도록, 글로벌 수준의 빅데이터를 활용한 기후변화 경향성 파악하기, 첨단의 과학실험 기기, 컴퓨터 활용 실험(MBL), 시뮬레이션을 이용한 탐구와 실험 등으로 구성함으로써 디지털 소양과 이공계 진로를 적극적으로 탐색할 수 있도록 하였다.

[표 225]는 고등학교 '과학탐구실험 1, 2' 과목의 내용 체계이다. 단, '과학탐구실험 1, 2'의 내용 요소 중 과정·기능 범주와 가치·태도 범주는 '통합과학 1, 2' 과목과 동일하므로 생략하였다.

[표 225] 2022 개정 교육과정 고등학교 '과학탐구실험 1, 2'의 내용 체계

핵심 아이디어		• 과학사와 과학자들의 탐구실험에서 과학의 다양한 본성이 발견되며, 과학 탐구 수행 과정에서 과학의 본성을 경험할 수 있다. • 탐구할 문제와 상황 특성에 따라 탐구 활동은 문제 발견, 탐구 활동 계획 수립, 탐구 수행, 결과 표상 등의 과정으로 진행된다. • 주제에 따라 다양한 과학 탐구 방법을 활용하고, 과학에 대한 흥미와 호기심, 즐거움 등을 함양한다. • 과학 탐구는 흥미와 호기심, 협력, 증거에 근거한 결과 해석 등 다양한 과학적 태도가 필요하다. • 과학 탐구를 통해 생활 및 다양한 상황에 과학 지식을 적용한다. • 과학 탐구의 산출물은 첨단 과학기술 등 다양한 분야로 공유 및 확산된다. • 과학 탐구에서는 생명 존중, 연구 진실성, 지식 재산권 존중 등과 같은 연구 윤리와 함께 안전 사항을 준수해야 한다.
범주	구분	내용 요소
지식·이해	과학의 본성과 역사 속의 과학 탐구	• 패러다임의 전환을 가져온 결정적 실험 • 과학의 본성 • 선조들의 과학
	과학 탐구의 과정과 절차	• 귀납적 탐구 • 연역적 탐구 • 탐구 과정과 절차
	생활 속의 과학 탐구	• 제품 속 과학 • 놀이 속 과학 • 스포츠 속 과학 • 문화예술 속 과학
	미래 사회와 첨단 과학 탐구	• 첨단 과학기술 • 탐구 산출물 • 안전 사항 • 연구 윤리

활동

1. ‘개념도(concept map)’는 교육과정을 분석을 하기 위한 좋은 도구가 될 수 있다. 2022 개정 과학과 교육과정 초등학교 3학년부터 고등학교 1학년까지 ‘과학’ 및 ‘통합과학’ 과목에 포함된 물리(운동과 에너지)에 내용을 다음 각 하위 영역별로 개념도를 작성하여 분석하여라.
   1) 힘과 에너지
   2) 전기와 자기
   3) 열
   4) 빛과 파동

2. 2022 개정 과학과 교육과정의 ‘교수학습 및 평가’ 절에서는 ‘디지털 탐구 도구의 활용’을 언급하고 있다. 초중학교 ‘과학’의 물리 영역에서 디지털 탐구 도구를 활용할 수 있는 주제 및 탐구활동을 조사하시오.

요약

1. 초중학교 ‘과학’ 과목은 ‘운동과 에너지’, ‘물질’, ‘생명’, ‘지구와 우주’ 및 ‘과학과 사회’의 5개 영역으로 구성된다.
2. ‘통합과학 1’은 ‘과학의 기초’, ‘물질과 규칙성’ 및 ‘시스템과 상호작용’의 3개 영역으로, ‘통합과학 2’는 ‘변화와 다양성’, ‘환경과 에너지’ 및 ‘과학과 미래 사회’의 3개 영역으로 구성된다.
3. ‘과학탐구실험 1’은 ‘과학의 본성과 역사 속의 과학 탐구’ 및 ‘과학 탐구의 과정과 절차’의 2개 영역으로, ‘과학탐구실험 2’는 ‘생활 속의 과학 탐구’ 및 ‘미래 사회와 첨단 과학 탐구’의 2개 영역으로 구성된다.

2.3 2022 개정 과학과 교육과정의 고등학교 선택 과목과 물리

(1) 고등학교 물리학 계열 과목의 개정 방향

2022 개정 교육과정에서 가장 변화가 큰 학교급은 고등학교이다. 2025년부터 전면 시행되는 고교학점제를 대비하여 고등학생의 학습 선택권 강화와 다양한 진로 선택을 고려하도록 모든 과목이 구성되었다. 총론 수준에서의 고등학교 선택 과목 개정 방침에 따른 고등학교 과학(물리, 화학, 생명과학, 지구과학) 선택 과목의 개정 방향과 특징을 요약하면 다음과 같다.

첫째, 편제 변화에 따른 학습량 적정화: 고교학점제 전면 시행에 따라 모든 선택 과목은 4학점[12]을 기본 이수단위로 하여 1개 학기 안에 집중이수 할 수 있도록 구성하였다. 지난 교육과정(2015 개정 교육과정)까지 고교 선택 과목의 기본 이수단위는 17차시 1학점 기준으로 5학점(당시에는 학점 대신 '단위'라고 지칭)이었던 것에 비해서 절대적인 수업 분량이 줄었으므로 이에 맞추어 학습량을 감축하여 구성하였다.

둘째, 수업의 질적 적정화: 학습량 감축과 더불어 학생의 다양한 선택권 강화를 위하여 학습 내용을 학생 입장에서 보다 접근하기 쉽도록 조정하였다. 즉, 지나치게 어렵거나 학생의 관심과 실생활과 관련이 없는 내용은 삭제하거나 축소하였다.

셋째, 일반선택, 진로선택, 융합선택 과목의 차별화: 일반선택 과목은 과학과 공통 과목('통합과학1, 2' 및 '과학탐구실험1, 2')과 연계하여 이공계열 뿐아니라 인문사회, 예체능 계열로 진로 선택하는 학생에게도 필요한 자연과학의 기본적이고 핵심적인 내용을 포함하도록 구성하였다. 일반선택 과목의 경우 다양한 진로·진학 경로를 막론하고 고등학교에서 선택·이수하도록 과목을 구성하였다. 진로선택 과목의 경우에는 이공계 진로선택 학생을 위한 과학 분야별 심층 이해를 목적으로 개발하고, 융합선택 과목의 경우에는 학생의 진로 선택을 막론하고 모든 학생을 위한 진로 체험·안내와 실생활 체험학습 등이 가능한 과목으로 개발하였다. 일반선택은 물화생지 각 계열별로 1개 과목씩만, 진로선택은 2개 과목씩 구성하였다. 융합선택 과목은 물화생지 계열을 통합

---

12) 1학점은 16차시 수업 분량. 4학점은 일주일에 4시간씩 한 학기 동안 수업하는 분량을 의미. 학교 재량에 따라 4학점에서 ±1학점을 증감하여 운영할 수 있다.

하여 3개 과목('과학의 역사와 문화', '기후변화와 환경생태', '융합과학 탐구')으로 구성하였다.

[표 226] 2022 개정 교육과정의 물리학 계열의 고교 선택 과목 구성

<table>
<tr><th colspan="2">2015 개정</th><th rowspan="2"></th><th colspan="4">2022 개정</th></tr>
<tr><th>구분</th><th>과목</th><th colspan="2">구분</th><th>과목</th><th>성격</th></tr>
<tr><td>일반선택
(5±2단위)</td><td>물리학Ⅰ</td><td rowspan="5">⇒</td><td colspan="2">일반선택
(4±1학점)</td><td>물리학</td><td>미래 사회의 핵심역량과 민주 시민으로서 갖추어야 할 물리학에 대한 기초 소양을 함양하기 위한 과목으로서, 직접 관찰 가능한 거시세계 현상에서 시작하여 인간의 지각 범위를 초월하는 미시 세계로 이어지는 스토리라인에 따라 힘과 에너지, 전기와 자기, 빛과 물질 영역으로 구성</td></tr>
<tr><td rowspan="2">진로선택
(5±3단위)</td><td rowspan="2">물리학Ⅱ</td><td colspan="2" rowspan="2">진로선택
(4±1학점)</td><td>역학과
에너지</td><td>이공계열 진로 희망 학생을 위한 선택과목으로, 물체의 운동 및 열 현상과 열기관, 탄성파 등의 내용을 중심으로 구성</td></tr>
<tr><td>전자기와
양자</td><td>이공계열 진로 희망 학생을 위한 선택과목으로, 전기와 자기의 상호작용, 빛의 성질과 응용, 원자보다 작은 미시 세계 등의 내용을 중심으로 구성</td></tr>
<tr><td rowspan="2">과학계열
전문교과</td><td>고급
물리학</td><td rowspan="2">과
학
계
열</td><td>진로선택</td><td>고급
물리학</td><td>물리학 분야 전공과목 이수에 필요한 탐구방법을 익히고 다양한 물리 현상을 통합적 관점에서 파악하도록 역학, 전자기학, 광학, 현대물리 영역으로 구성</td></tr>
<tr><td>물리학
실험</td><td>융합선택</td><td>물리학
실험</td><td>다양한 주제의 실험을 설계하고 수행항 물리 현상에 대한 이해를 심화하는 물리 실험의 기초, 역학, 전자기학, 광학, 현대물리 영역으로 구성</td></tr>
</table>

고등학교 물리학 계열의 선택 과목에서 특별히 강조한 개정 방향과 특징은 다음과 같다.

첫째, 학교 현장 적합성 고려: 고등학교 현장에서 개설하였을 때 실제 수업 운영이 가능하도록 학교 현장의 상황과 여건을 고려하여 개발하였다.

둘째, 고교 물리교육의 활성화: 현재보다 선택 과목 수가 대폭 늘어나는 상황에서 보다 많은 학생이 물리 과목을 선택하여 고교 물리교육이 활성화될 수 있도록 유도하는 방향으로 개발하였다.

셋째, 미래 지향적 내용 구성: 이 과목을 배우는 학생들이 성인이 되어 살아갈 가까운 미래, 2030년대에도 학생들에게 유용하고 의미있는 내용으로 구성하였다. 이를 위해 전통적인 물리학 개념 구조보다는 물리학이 생활과 기술사회에 응용되는 측면을 강조하였다.

고등학교 물리학 분야 선택 과목의 구성 개요를 2015 개정 교육과정과 비교하여 요약하면 [표 226]과 같다. 구체적으로 각 과목별로 어떤 측면에 주안점을 두어 어떠한 내용으로 구성했는지는 이어지는 절에서 소개한다.

(2) 고등학교 일반 선택 과목: '물리학'

일반선택 과목의 경우 학생의 희망 진로 경로를 막론하고 고등학교에서 선택·이수하도록 구성하고 물화생지 각 학문 분야별로 한 과목씩만 편성하였다는 점에서 다른 선택 과목에 비해 고등학교 물리교육을 대표하는 성격이 있다. 일반선택 '물리학' 과목의 개정 방향과 특징은 다음과 같다.

첫째, 전통적인 물리학 개념 구조보다는 물리학이 생활과 기술사회에 응용되는 측면을 강조하여 현재와 가까운 미래에 학생의 삶에 유용하고 의미 있는 내용으로 구성하였다. 이를 통해 보다 많은 학생이 물리 과목을 선택하도록 유도하고, 학교 물리교육이 활성화될 수 있도록 하는데 주안점을 두었다.

둘째, 기존 대학 일반물리학의 축소판이 아니라 미래를 살아가는 학생들에게 유용하고 의미있는 물리학 내용으로 구성하고자 하였다. 이를 위해 현대 물리학의 내용을 포괄적으로 도입하였다. 또한, 물리학의 전통적인 개념 구조보다는 물리학이 생활과 기술사회에 응용되는 측면을 강조하였다.

셋째, 물체의 거동과 같이 직접 관찰 가능한 거시 세계의 현상에서 시작하여 원자 수준의 크기에서 벌어지는 현상 등과 같이 인간의 지각 범위를 초월하는 미시세계로 이어지는 스토리라인에 따라 구성하였다.

'물리학' 과목의 각 영역별 주요 내용 및 이전 교육과정 대비 변경 사항을 정리하면 다음과 같다.

힘과 에너지 영역은 물체의 운동 상태 변화를 물체가 받는 힘과의 관계 및 에너지 전환과 보존 관점에서 이해하는 것을 주요 내용으로 구성하였다. 기존 2015 개정 교육과정 일반선택 '물리학Ⅰ'에서 다루던 내용 중에서 속도와 가속도 등 운동학 관련 내용과 질량-에너지 등가원리는 신설되는 진로선택 '역학과 에너지'로 이동하였고, 충격량의 경우 선수 과목인 '통합과학1'에서 이미 다루는 내용은 삭제하였다. 또한 열기관과 열효율과 같이 중학교 교육과정 및 고등학교 진로선택 과목에서 반복하여 다루는 주제는 개념의 위계성을 고려하여 내용을 조정하였다. 한편 기존 교육과정에서는 진로선택 '물리학Ⅱ'에서 다루던 정역학 관련 내용을 추가하였다.

전기와 자기 영역에서는 전기장과 자기장이 서로 유도하는 현상에 대한 이해를 바탕으로 전기 에너지 활용과 유무선 정보 통신 기술에 대한 응용을 중심으로 내용을 구성하였다. 기존 2015 개정 교육과정 일반선택 '물리학Ⅰ'에서 다루던 내용 중에서 원자의 에너지 준위, 고체의 에너지띠 등의 내용은 빛과 물질 단원으로 재배치하였고, 기존 교육과정에서는 진로선택 '물리학Ⅱ'에서 다루던 전기회로와 전력, 축전기와 관련된 내용을 이동하여 전기와 자기에 해당하는 내용을 전기 에너지의 전환과 활용 관점에서 포괄적으로 다루도록 하였다.

빛과 물질 영역에서는 미시세계에서 일어나는 현상을 빛과 물질의 이중성을 중심으로 학습하고 원자 구조에 대한 이해를 바탕으로 반도체 소자의 원리를 소개하도록 구성하였다. 기존 2015 개정 교육과정 일반선택 '물리학Ⅰ'에서 다루던 파동의 요소와 전반사 등은 신설되는 진로선택 '역학과 에너지'로, 전자기파 스펙트럼과 관련된 내용은 '전자기와 양자'로 이동하면서 영역의 주요 내용이 파동 자체가 아니라 빛과 물질의 상호작용에 초점을 두도록 하였다. 대신 기존 교육과정에서 제외되었던 굴절과 렌즈를 추가하였고, 양자화된 에너지 준위와 고체의 에너지띠 등 현대물리에 해당하는 내용을 빛과 연계하여 도입하였다.

[표 227]은 고등학교 '물리학' 과목의 내용 체계이다.

[표 227] 2022 개정 교육과정 고등학교 '물리학'의 내용 체계

구분		내용 요소
핵심 아이디어		·물체에 알짜힘이 작용하면 속도 변화가 일어나며, 이러한 관계는 일상생활에서 안전하고 편리한 삶에 적용된다. ·자연계에서 벌어지는 모든 현상에서 에너지는 보존되고 전환되며, 이때 전환되는 에너지를 효율적으로 활용하는 것은 현대 기술 문명에서 중요하다. ·전하를 띤 입자는 전기장을 만들어 다른 전하에 전기력을 가하며, 이는 전기 회로에서 전기 에너지를 저장하고 소비하는 장치의 기본 원리이다. ·전기와 자기가 서로 관련되는 현상은 전기 에너지의 전환, 전기 신호와 에너지 전달과 관련된 기술에 적용된다. ·빛이 중첩, 간섭, 굴절하고 물질과 상호작용하는 성질은 광학 기기, 정밀 측정, 영상 장치 등 다양한 기술에 활용된다. ·원자 내의 전자는 양자화된 에너지 준위를 가지며, 이러한 성질은 반도체 소자의 발명으로 응용되어 현대 문명과 산업을 혁신적으로 변화시켰다.
범주		내용 요소
지식·이해	힘과 에너지	·평형과 안정성 ·뉴턴 운동 법칙 ·일-에너지 정리 ·역학적 에너지 보존 ·열과 에너지 전환
	전기와 자기	·전기장과 전위차 ·축전기 ·자성체 ·전류의 자기 작용 ·전자기 유도
	빛과 물질	·중첩과 간섭 ·굴절 ·빛과 물질의 이중성 ·에너지띠와 반도체 ·광속 불변
과정·기능		·물리 현상에서 문제를 인식하고 가설을 설정하기 ·변인을 조작적으로 정의하여 탐구 설계하기 ·다양한 도구와 수학적 사고를 활용하여 정보를 수집·기술하기 ·증거와 과학적 사고에 근거하여 자료를 분석·평가·추론하기 ·결론을 도출하고 자연 현상 및 기술 상황에 적용하여 설명하기 ·모형을 생성하고 활용하기 ·다양한 매체를 활용하여 표현하고 의사소통하기
가치·태도		·과학의 심미적 가치 ·과학 유용성 ·자연과 과학에 대한 감수성 ·과학 창의성 ·과학 활동의 윤리성 ·과학 문제 해결에 대한 개방성 ·안전·지속가능 사회에 기여 ·과학 문화 향유

(3) 고등학교 진로 선택 과목: '역학과 에너지'

이 과목에서는 힘의 평형과 구조의 안정성, 만유인력과 천체의 운동 등과 같이 힘과 상호작용을 이해하고, 다양한 열 현상과 열기관에 대해 에너지 개념을 바탕으로 체계적으로 이해하도록 구성하였다. 또한 파동의 발생과 특성에 대한 이해를 바탕으로 소리와 그 응용 분야에 대해서 학습하도록 구성하였다. 진로 선택 시 필요한 기본 능력을 함양하는 과목으로서 자연과학 계열의 진로와 관련성이 드러나도록 구성하되, 특히 건축, 토목, 기계, 초음파 등과 같이 거시 수준에서 물체의 거동을 다루는 이공계열 진로와의 관련성을 강조하였다.

'역학과 에너지' 과목의 각 영역의 주요 내용 및 2015 개정 교육과정 대비 변경 사항을 정리하면 다음과 같다.

시공간과 운동 영역에서는 지표면에서 운동하는 물체와 인공위성 및 행성의 운동을 중력의 관점에서 살펴보고 중력으로 인해 시공간이 휘어져 나타나는 현상을 다루었다. 기존 2015 개정 교육과정 진로선택 '물리학Ⅱ'에서 다루던 내용 중에서 정역학 및 일-운동 에너지 관계는 일반선택 '물리학'으로 이동하고 힘의 합성과 등가속도 운동 관련 내용을 통합하는 등 기존 성취기준을 통합 축소하였다. 대신 행성에 따른 탈출 속도의 차이와 발사체 원리, 등가 원리와 관련하여 중력 시간 지연 현상을 소개하는 등 중력과 우주 관련 내용은 보강하였다.

열과 에너지 영역에서는 다양한 열 현상과 열기관의 특성을 에너지 개념을 바탕으로 다루고 열역학 법칙의 적용을 주요 내용으로 하였다. 기존 2015 개정 교육과정 진로선택 '물리학Ⅱ'에서 다루던 내용 중에서 열의 일당량 개념은 명시적으로 다루지 않는 대신 열역학 1법칙으로 통합하였으며, 기존 일반선택 '물리학Ⅰ'에서 다루던 열기관과 열효율 관련 내용을 열의 이동과 활용, 이상기체 법칙 등을 중심으로 재편하였다.

탄성파와 소리 영역에서는 매질을 통한 에너지의 전파 과정과 파동의 투과와 반사 현상에 대한 기본적인 이해, 음파의 간섭과 도플러 현상의 실생활 이용 및 악기의 원리 등을 다루었다. 기존 2015 개정 교육과정 진로선택 '물리학Ⅱ'의 해당 영역에서는 전자기파의 활용을 중심으로 다루었다면, 새 교육과정에서는 영역명과 같이 탄성파를 중심으로 파동의 일반적인 특성, 즉 진동과 파동, 투과와 반사, 정상파 등의 내용으로 구성하였다. 기존 교육과정에서 다루던 전자기파의 간섭과 회절은 신설되는 진로선택 '전자기와 양자' 과목으로 이동하였으며, 대신 이 영역에서는 악기와 소음 제어 등 탄성파의 종류 중에서 일상생활에서 흔히 접하는 소리를 보다 강조하였다.

[표 228]은 고등학교 '역학과 에너지' 과목의 내용 체계이다. 단, '역학과 에너지'의 내용 요소 중 과정·기능 범주와 가치·태도 범주는 '물리학' 과목과 동일하므로 생략하였다.

[표 228] 2022 개정 교육과정 고등학교 '역학과 에너지'의 내용 체계

<table>
<tr><td colspan="2">핵심 아이디어</td><td>· 물체의 운동은 뉴턴 운동 법칙 또는 일과 에너지의 관점에서 분석 · 설명되며, 일상생활 속에서 물체의 운동을 과학적으로 이해하는 데 도움이 된다.
· 중력은 지표면에서의 다양한 운동과 인공위성 및 행성의 운동을 만들어내며, 블랙홀, 중력 시간 지연과 같은 현상의 원인으로서 자연의 이해에 필수적이다.
· 단열과 열팽창 등은 에너지 기술 및 건축 설계에 활용되며, 기체에 가해지는 열과 일은 계의 내부 에너지를 변화시킨다.
· 화석연료를 사용하는 다양한 열기관이 개발·활용되면서 산업발전과 함께 환경오염 문제가 발생하였으며, 열과 관련된 다양한 현상은 방향성이 있어 어떤 변화는 되돌릴 수 없다.
· 탄성파가 매질을 통해 진행·투과·반사하는 성질과 간섭 현상은 소음 제어 기술에 중요하게 이용된다.
· 도플러 효과는 실생활 속에서 물체의 속도 측정에 활용되며, 소리의 중첩, 정상파, 공명 현상에 대한 이해는 악기에 중요하게 활용된다.</td></tr>
<tr><td colspan="2">구분 / 범주</td><td>내용 요소</td></tr>
<tr><td rowspan="3">지식 · 이해</td><td>시공간과 운동</td><td>· 벡터의 합성 · 포물선 운동과 원운동 · 역학적 에너지
· 중력과 천체 운동 · 탈출 속도 · 등가 원리</td></tr>
<tr><td>열과 에너지</td><td>· 열의 이동 · 이상 기체 법칙 · 열역학 제1법칙
· 열기관 · 열역학 제2법칙</td></tr>
<tr><td>탄성파와 소리</td><td>· 탄성파 · 투과와 반사 · 도플러 효과
· 간섭과 소음 제어 · 정상파</td></tr>
</table>

(4) 고등학교 진로 선택 과목: '전자기와 양자'

이 과목에서는 전자기학, 광학, 양자역학과 같이 자연 현상의 근본적인 성질을 이해하고 관련된 진로와 연계되도록 구성하였다. 특히 전기, 전자, 정보 통신, 재료, 반도체, 컴퓨터 하드웨어, 디스플레이, 센서 등과 같이 현대 산업의 바탕을 이루는 정밀과학과 관련된 다양한 이공계열 진로와의 관련성을 강조하였다. 특히 양자컴퓨팅, 양자 정보 통신 등 미래 유망기술인 양자기술 관련 내용을 포함하였다.

'전자기와 양자' 과목의 각 영역의 주요 내용 및 2015 개정 교육과정 대비 변경 사항을 정리하면 다음과 같다.

전자기적 상호작용 영역에서는 물질의 전기적 및 자기적 상호작용에 대한 이해를 바탕으로 이러한 지식이 에너지 전환 및 정보 통신과 관련된 현대의 전기전자통신 기술에 어떻게 활용되는지를 다루었다. 기존 2015 개정 교육과정 진로선택 '물리학Ⅱ'에서 다루던 내용 중에서 저항의 연결, 옴의 법칙 등 전기회로와 관련된 내용은 일반선택 '물리학'으로 이동하고, 전기력선과 자기력선, 축전기 등 일반선택 '물리학' 과목과 중복되는 주제는 개념의 위계성을 고려하여 내용 수준을 조정하고 기존 교육과정에서 제외되었던 로런츠힘 등을 추가하였다. 한편, 교류 회로와 전자기파에 해당하는 내용을 축소하였으며 대신 다이오드와 트랜지스터 등 반도체 소자를 활용한 장치와 회로의 기초 원리와 활용 방안을 소개하였다.

빛과 정보 통신 영역에서는 간섭, 편광, 굴절, 물질과의 상호작용 등 빛의 기본 특성과 함께 이와 관련된 광학 기기, 정밀 측정, 영상기술, 의료진단 기술을 주요 내용으로 하였다. 기존 2015 개정 교육과정 진로선택 '물리학Ⅱ'에서 다루던 내용 중에서 볼록렌즈와 상의 생성 원리 등은 일반선택 '물리학'으로 이동하였으며, 기존에 다루던 간섭과 회절과 관련된 내용은 이러한 과학 개념이 홀로그램 등 현대 정밀 기술에 적용되는 사례를 중심으로 통합하여 재편하였다. 같은 맥락에서 광전효과나 편광을 도입하면서 기초 개념보다는 레이저 등 디지털 정보 기술의 응용 중심으로 소개하였다.

양자와 미시세계 영역에서는 빛과 물질의 이중성, 터널 효과, 중첩과 확률 파동 등 미시세계의 고유한 특성과 기묘한 거동을 감상하고, 원자 이하 수준을 다루는 정밀과학이 현대 문명과 기술 발전에 끼친 영향을 탐색할 기회를 갖도록 하였다. 파동–입자 이중성 및 불확정성 원리 등 기존 교육과정의 내용을 유지하되 확률 파동의 간섭과 확률적 상태 변화 관점에서 재구성하였으며, 미시세계에 대한 탐구가 양자컴퓨터, 양자정보통신 등 양자기술에 응용되어 사회에 미치게 될 영향을 소개하였다.

[표 229]는 고등학교 '전자기와 양자' 과목의 내용 체계이다. 단, '전자기와 양자'의 내용 요소 중 과정·기능 범주와 가치·태도 범주는 '물리학' 과목과 동일하므로 생략하였다.

[표 229] 2022 개정 교육과정 고등학교 '전자기와 양자'의 내용 체계

<table>
<tr><td colspan="2">핵심 아이디어</td><td>· 전기장과 자기장을 통한 상호작용은 여러 가지 자연현상을 만들어낸다.
· 저항, 축전기, 인덕터, 다이오드, 트랜지스터 등 전자기적 상호작용을 이용하는 여러 소자들을 이용하여 다양한 기능을 갖는 장치와 회로들을 개발하고 활용한다.
· 굴절, 간섭, 회절, 편광 등 빛의 진행과 관련된 성질이 정보를 처리하는 다양한 기술에 활용되어 현대 문명에 영향을 준다.
· 빛과 물질의 상호작용에 기반하는 광전효과와 레이저를 이용한 기술들이 디지털 정보 통신 등에서 널리 활용된다.
· 미시 입자는 입자-파동 이중성 및 중첩을 토대로 확률적인 방식으로 기묘하게 거동하며, 이를 활용한 양자 기술은 미래 사회를 획기적으로 바꿀 것으로 기대된다.
· 원자 같은 미시 입자는 불확정성 원리를 따르면서 터널 효과 같이 거시적으로는 불가능한 방식으로 거동하며, 이에 대한 인식은 세계관의 변화로 이어진다.</td></tr>
<tr><td colspan="2">구분 / 범주</td><td>내용 요소</td></tr>
<tr><td rowspan="3">지식·이해</td><td>전자기적 상호작용</td><td>· 전기력선과 등전위면 · 유전분극 · 로런츠 힘
· 유도기전력 · 반도체 소자</td></tr>
<tr><td>빛과 정보 통신</td><td>· 렌즈와 수차 · 간섭과 회절 · 편광 · 광전효과 · 레이저</td></tr>
<tr><td>양자와 미시세계</td><td>· 입자-파동 이중성 · 확률 파동 · 중첩 · 터널 효과
· 불확정성 원리 · 핵융합</td></tr>
</table>

활동

1. 2022 개정 과학과 교육과정의 고등학교 물리학 계열의 선택과목('물리학', '역학과 에너지', '전자기와 양자')에는 각 영역별로 2~3가지의 탐구활동이 포함되어 있다. 탐구활동 목록을 작성하여라
2. 2022 개정 과학과 교육과정의 '교수학습 및 평가' 절에서는 '학생의 이해를 돕고 흥미를 유발하며 구체적 조작 경험과 활동을 제공하기 위해 모형이나 시청각 자료, 가상 현실이나 증강 현실 자료, 소프트웨어, 컴퓨터 및 스마트 기기, 인터넷 등의 최신 정보 통신 기술과 기기 등을 실험과 탐구에 적절히 활용한다'를 언급하고 있다. '전자기와 양자' 과목에서 이러한 교수학습 활동을 적용할 수 있는 주제를 찾고 활용 방안을 제시하시오.

요약

1. 일반선택 '물리학' 과목은 미래 사회의 핵심역량과 민주 시민으로서 갖추어야 할 물리학에 대한 기초 소양을 함양하기 위한 과목으로서, 직접 관찰 가능한 거시세계 현상에서 시작하여 인간의 지각 범위를 초월하는 미시 세계로 이어지는 스토리라인에 따라 힘과 에너지, 전기와 자기, 빛과 물질 영역으로 구성된다.
2. 진로선택 '역학과 에너지' 과목은 이공계열 진로 희망 학생을 위한 선택 과목으로, 물체의 운동 및 열 현상과 열기관, 탄성파 등의 내용을 중심으로 구성된다.
3. 진로선택 '전자기와 양자' 과목은 이공계열 진로 희망 학생을 위한 선택 과목으로, 전기와 자기의 상호작용, 빛의 성질과 응용, 원자와 미시세계 등의 내용을 중심으로 구성된다.

CHAPTER 03 PSSC 물리와 HPP 교육과정

임성민 (대구대학교)

이 장에서는 역사적 물리교육과정의 예시로서 'PSSC(Physical Science Study Committee) 물리(이하 PSSC)'와 '하버드 프로젝트 물리(Harvard Project Physics; 이하 HPP)'를 소개한다. PSSC와 HPP는 1950년대 후반부터 1960년대에 걸쳐 미국에서 시작된 과학교육 개혁 운동의 대표 산물이라 할 수 있다. PSSC와 HPP를 소개하기 앞서 이러한 물리교육과정이 개발된 배경으로서 1950~60년대의 미국의 초중등 과학교육 정책을 중심으로 과학교육 혁신 운동과 이른바 '알파벳 교육과정'에 대해서 먼저 살펴본다. 이후 이어지는 절에서는 각각 PSSC와 HPP의 배경, 주요 내용과 특징, 물리교육에 미친 영향, 한계와 의의를 소개한다.

3.1 미국 과학교육 혁신 운동과 '알파벳 교육과정'[13)]

(1) 배경: 진보주의와 전통주의 간의 혼란

20세기 초중반까지 미국의 초중등 과학교육은 존 듀이(J. Dewey)를 대표로 하는

13) 이 절의 내용은 박승재와 윤진(2013)의 정책연구보고서 결과를 재구성한 것임.

교육학자들을 중심으로 아동 중심, 실생활 적용, 흥미 있는 학교수업, 사회성 중시 등을 강조하는 진보주의 교육 사조의 영향 아래 있었다. 이 시기의 과학교육은 물리, 화학, 생물, 지구과학 등을 중등학교 과학의 주된 분야로 하고 여러 과목을 통합하여 일반과학으로 하였다. 진보적 시기 말기에 이르러서는 과학교육이 과학 학습 중심에서 벗어나 학생 흥미와 사회 문제로 편중되었다. 그러나 세계 2차 대전 후에는 상황이 달라졌다. 1945년 세계 2차 대전 후에 국방과 관련하여 과학, 수학, 기술 등이 중요시 되면서 기초학문을 중시하는 '전통주의 교육' 주장이 다시 강해지기 시작했다. 그러나 2차 대전 후 학생들은 많았으나 시설은 빈약하고 이공계 교수들의 수는 적고 연구할 시간이 부족했다.

이러한 문제를 해결하기 위하여 1946년에 투르먼(H. S. Truman) 대통령은 대통령과학자문위원회(President's Scientific Research Board)를 창설했다. 대통령과학자문위원회는 미국의 영향력이 약화되고 있음을 걱정하며 전문 인력의 부족과 소련의 위협을 인식하여 국립과학재단(National Science Foundation; NSF)의 설립을 건의하여 1950년에 법제화하였다. NSF는 '국가의 건강과 부강 및 복지 향상과 국가 방위의 안전을 위하여 과학의 발전을 도모'하기 위해 설립되어 핵 및 소립자 물리학 등을 지원하였다. 또한 대통령과학자문위원회는 일반인의 과학 이해와 지원의 필요성을 인식하여 미국과학진흥협회(American Association for the Advancement of Science: AAAS)에 의뢰하여 초중등 과학교육의 실태에 대해 조사하게 하였다. 조사 결과, 중등학교에서 이공과목(특히 물리) 선택학생 수가 감소하고 담당할 교사도 적고 미흡함이 드러났다. 많은 중등학생들이 일반과학이나 생물 과목만 수강하였고, 생활과학, 소비과학 등으로 흥미와 응용 내용이 주를 이루었다.

과학을 모든 학생들에게 관련시키고 의미 있게 하려는 20세기 전반 반세기 동안의 노력은 결과적으로 진보주의자들이나 전통주의자들 모두에게 만족스럽지 못했다.

(2) 스푸트니크 충격과 새 과학교육과정

미국의 과학교육은 1957년 소련의 인공위성 스푸트니크 발사로 역사적인 전환기를 맞게 된다. NSF는 국립항공우주국(National Aeronautics and Space Administration: NASA), 방위고급연구기관(Defense Advanced Research Projects Agency: DARPA)

등을 창설 지원하고, 특히 중등 과학 및 수학교육 등 당초에 생각하지 않았던 분야를 지원하게 되었다. 교육 논쟁도 순식간에 변하여, 진보주의 교육 사조의 생활중심 응용과학이 지적인 가치를 무시하였으며 엄격하지 못했다는 비판과 함께 과학다운 과학이 중요하다는 전통주의 주장으로 옮겨갔다. 이 시기 NSF의 재정적 후원을 바탕으로 과학자들은 논리적 구조와 탐구의 과정을 중시하는 새로운 과학교육과정을 개발하는데 참여하기 시작했다. 또 미국의 연방정부는 1958년에 모든 수준의 학교 과학교육을 지원하는 국가방위교육법(National Defense Education Act)을 제정하여 매년 약 2억불에 달하는 예산을 4년간 지원하였다.

(3) 알파벳 교육과정

1950년대 말과 1960년대 초에 NSF는 초중등학생을 위한 새로운 과학교육과정 개발을 전폭적으로 지원하였으며 이때 새로운 교육과정이 폭발적으로 증가하였다. 이렇듯 갑작스럽게 확산된 각 교육과정의 명칭을 알파벳 첫 글자로 약어로 부르게 되면서 이 시기 개발된 교육과정을 이른바 '알파벳 교육과정'이라고도 한다. 대표적인 알파벳 교육과정을 분야 및 학교급별로 나열하면 [표 231]과 같다.

[표 231] 분야별 대표 알파벳 교육과정

명칭	분야	학교급	주요 특징
PSSC (Physical Science Study Committee) 물리	물리	고등학교	과학의 기본 개념과 탐구 과정을 강조
HPP (Harvard Project Physics)	물리	고등학교	물리학의 역사적, 인문학적 맥락을 강조
CHEM Study (Chemical Education Material Study)	화학	고등학교	실험을 통한 화학 개념의 이해
CBA (Chemical Bond Approach)	화학	고등학교	화학 결합을 중심 주제로 연역적 접근법을 사용
BSCS (Biological Sciences Curriculum Study)	생물	고등학교	탐구 중심의 학습을 강조

ESCP (Earth Science Curriculum Project)	지구과학	고등학교	지구와 우주에 대한 통합적 이해를 목표
IPS (Introductory Physical Science)	물리 +화학	중학교	물리·화학 통합 교육과정으로, 물질의 구조에 대한 이해를 중심으로 구성
ESS (Elementary Science Study)	과학	초등학교	50개 이상의 독립적인 과학 단원을 개발하여 학생들의 자발적 탐구를 유도
SAPA (Science: A Process Approach)	과학	초등학교	과학 탐구 기능을 위계적으로 연계하여 제시
SCIS (Science Curriculum Improvement Study)	과학	초등학교	과학 개념 발견에 중점을 둔 교육과정으로, 구체적 경험을 통한 학습을 강조

새로 개발된 교육과정들은 연방정부 차원의 대규모 재정 지원과 과학자 집단의 적극적인 참여에 의해 개발되었으며, 분야와 학교급에 따라 각각 고유의 특징이 있지만 아래와 같은 공통적인 특징을 공유하고 있다.

- 탐구 중심 학습: 학생들이 '작은 과학자'가 되어 직접 탐구하고 발견하는 학습 방식을 강조
- 실험 중심: 개방형 탐구와 새로운 개념의 발견을 포함한 실험실 활동을 과학 교수학습의 필수적인 부분으로 간주
- 현대적 내용: 전통적인 내용을 넘어 현대 과학의 주제 도입
- 종합적 교육 자료: 교과서, 실험 안내서, 교사용 자료, 교육용 영화 등 다양한 교육 자료 개발

(4) 과학교육 혁신 운동의 의의

알파벳 교육과정으로 지칭되는 폭발적인 과학교육과정의 개발과 보급은 미국 연방정부의 재정적인 지원과 저명한 과학자들의 참여가 밑바탕이 되었기에 가능했다. 이렇듯 초중등 과학교육과정 개발을 위해 국가 차원에서 전폭적으로 재정 지원을 하고 과학자 집단이 참여하는 것은 세계 과학교육 역사에서 그 유례가 없었던 것들이었다. 새로운

초중등 과학교육과정들은 미국 내에서만 아니라 국제적으로도 널리 확산되었다. 1960년대 중반까지 미국 고등학교 물리 수업의 약 절반이 PSSC 수업 자료를 사용했으며 생물의 BSCS의 경우 1976년 조사 대상 학교의 43%가 이 교육과정을 채택하고 학습부진아를 위한 교재도 개발하였다. 이는 전통적인 미국의 교재 자유 시장 체제에서 대단한 것이었다. 이러한 새 과학교육과정은 한국을 비롯한 많은 나라에 보급되어 현지어로 번역되고 교사 연수도 이루어지는 등 1960년대 중반 이후에 전 세계적으로 확산되었다.

미국의 과학교육 혁신 운동은 과학을 단순한 지식의 집합이 아닌 지속적인 탐구 과정으로 이해하도록 돕는 데 큰 역할을 했다. 이러한 과학교육혁신 운동은 이후의 다양한 과학교육과정 개발의 모델이 되었으며, 현대 과학교육의 기초를 형성하는 데 중요한 역할을 했다.

요약

1. 미국의 초중등 과학교육은 20세기 초중반 진보주의 교육 사조의 영향을 받았으나, 2차 세계대전 후 전통주의 교육으로 전환되며 과학기술 인력 부족 문제 해결을 위해 국립과학재단(NSF)이 설립되었다.
2. 1957년 스푸트니크 충격 이후, NSF와 연방정부는 새로운 과학교육과정을 개발하며 과학의 논리와 탐구를 강조하는 교육 개혁을 추진했다.
3. 1950~60년대 NSF의 지원으로 탐구 중심 학습과 현대적 과학 내용을 포함한 다양한 과학교육과정(알파벳 교육과정)이 개발되었다.
4. 과학교육 혁신 운동으로 개발된 새 과학교육과정은 국가적 지원과 과학자들의 참여로 개발되어 국제적으로 확산되었으며 현대 과학교육의 모델을 제시했다.

3.2 PSSC 물리[14)]

(1) 배경

Physical Science Study Committee(PSSC)는 미국의 고등학교 물리교육을 개선·발전시키기 위해 1956년 메사추세츠주 보스턴 지역을 중심으로 결성된 대학 교수와 고등학교 교사들의 모임이다. PSSC의 활동은 연방정부가 주도한 것이 아니라, MIT(메사추세츠공과대학)의 자카리아스(Zacharias) 교수를 비롯해 노벨상 수상자인 라비(Rabi) 교수와 프리드만(Friedman) 교수, 총장이던 킬리안(Killian) 박사, 하버드 대학의 퍼셀(Purcell) 교수 등 당대의 저명한 물리학자들이 주축이 되어 시작되었다. 이들은 현대 물리학이 고등학교 물리교육에 제대로 반영되지 않고 교과서가 시대에 뒤떨어져 있음을 문제로 지적했다. 교과 내용은 고전 물리학 위주로 구성되어 있고 현대 물리학은 부록 수준으로 간략히 다뤄져 있어 학생들에게 물리학의 본질을 전달하지 못했다. 이는 1822년 출판된 교과서와 1950년대 교과서를 비교해도 거의 차이가 없다는 점에서 확인되었다.

물리학과 공학의 발전은 과학교육에 영향을 미쳤지만, 교육이 기본 물리학보다 응용과학에 치우치는 문제를 초래했다. 다양한 기계와 도구들이 추가되면서 교육 내용은 방대해졌으나, 학생들은 이를 충분히 이해하지 못하고 피상적으로 학습하게 되었다. 또한, 물리 교사의 질적, 양적 부족은 교육 수준 저하를 심화시켰다. 물리를 전공하지 않은 교사들이 수업을 맡는 경우가 많았고, 이로 인해 학생들의 흥미를 끌지 못하거나 오히려 실망을 안기는 경우가 빈번했다. 이는 물리를 선택하는 학생의 감소로 이어져서 당시 미국 고등학교에서 물리를 선택하는 학생은 12학년 기준으로 약 25%에 불과했으며, 대부분 이공계 대학 진학을 목표로 하는 우수한 학생들로 한정되었다. 특히 여학생의 선택 비율은 남학생의 1/8 수준으로 매우 낮았다. 반면, 국가적으로는 고급 과학자와 공학자에 대한 수요가 지속적으로 증가했다.

1957년 10월 4일 소련이 세계 최초의 인공위성 스푸트니크 1호(Sputnik 1)를 성공적으로 발사한 사건은 냉전 시기 과학 기술 경쟁에서 소련이 미국을 앞섰다는 강력한 신호로

14) 이 절은 박승재(1967)의 주요 내용을 일부 참고하여 작성하였음.

받아들여지면서 미국 정부와 사회는 과학교육의 중요성을 절감했고 이를 강화하기 위한 국가적 노력을 쏟기 시작했다. 마침 1956년에 시작된 PSSC 활동은 이러한 시대적 요구와 국가적 필요성에 의해 적극적인 지원을 받으며 발전할 수 있었다. PSSC는 국립과학재단(NSF)의 재정적 지원과 과학자 집단의 참여로 인해 'PSSC 물리(PSSC Physics)'라는 혁신적인 물리교육과정과 자료들을 개발할 수 있었다.

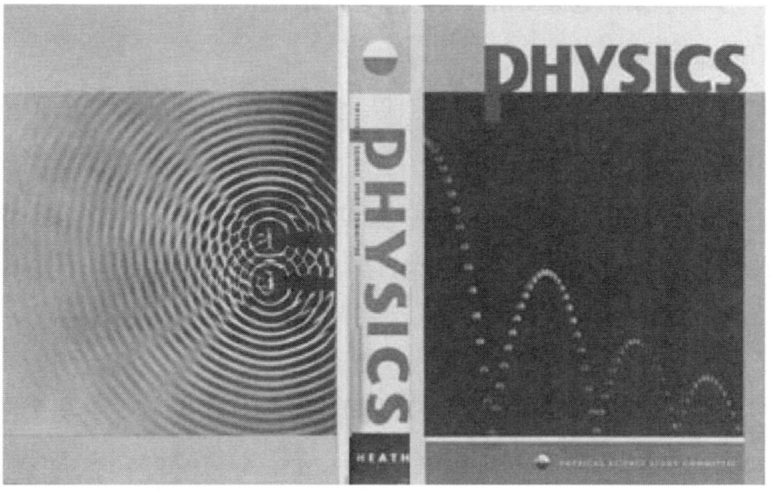

[그림 232] 1960년에 발행한 PSSC 물리 학생용 교과서 표지
(교과서의 앞 표지에는 Berenice Abbott가 촬영한 튀어 오르는 공의 다중 플래시 사진이 실려 있다. 사진 캡션에서는 "역학을 공부하면서 우리는 거대한 태양에서부터 원자의 미세한 입자에 이르기까지 다양한 크기의 물체 운동을 연구하고, 운동량과 에너지와 같은 몇 가지 기본 개념이 어떤 규모에서도 우리의 이해를 명확히 해준다는 것을 발견할 것입니다."라고 설명한다. 뒷 표지 사진 역시 Abbott가 촬영한 것으로, 파동 간섭 패턴을 보여주는 파동 수조의 모습을 담고 있다.) 사진출처: https://web.archive.org/web/20190513111535/https://libraries.mit.edu/archives/exhibits/pssc/)

(2) 개발 목적과 교육 목표

PSSC는 미국 고등학교 물리교육 개선을 위하여 아래와 같은 활동 목적을 세웠다.

- 현대까지 물리학의 주요 발전 과정을 논리적이고 통합적인 전체로 제시하는 학습 과정을 계획한다.

· 물리학을 현대 인류 활동과 성취의 일부로서 지적이고 문화적인 탐구로 제시한다.
· 다양한 교수 자료를 통해 물리 교사들이 제안된 프로그램을 효과적으로 수행할 수 있도록 지원한다.

이를 구현하기 위하여 PSSC 물리 교재를 개발할 때 추구했던 교육 목표는 아래와 같다.

· 물리 과학의 통일성(The Unity of Physical Science)
· 규칙성(Regularity)
· 한 가지 법칙에 대한 다양하고 독립적인 논쟁(Many Independent Argument for One Law)
· 법칙으로부터 현상을 연역하기(Deduction of Phenomena from Laws)
· 물리 법칙의 한계(Limitation of Physical Laws)
· 모형화(Models)

PSSC는 이와 같은 여러 가지 목표를 교육과정 전반에 걸쳐서 '우주의 원자 형상(The Atomic Picture of the Universe)'이라는 하나의 궁극적 목적(goal)으로 통합하여 제시한다. 이와 관련하여 PSSC 물리의 학생용 교과서 서문에는 아래와 같이 표현하고 있다.

> PSSC 과정은 서로 밀접하게 연결된 부분으로 구성된다. 1부에서는 시간, 공간, 물질에 대한 기본적인 물리적 개념, 즉 우리가 그것들을 어떻게 파악하고 어떻게 측정하는지에 대해 전반적으로 소개한다. PSSC 과정의 주제는 단순하고 친숙한 것부터 현대 원자 물리학의 보다 미묘한 아이디어까지 발전하도록 선택 및 순서화되어 있다. … 1부에서는 우주의 큰 그림을 살펴봤다. 이제 물리학의 특정 분야를 자세히 살펴보기 위해 2부에서는 빛으로 시작한다. … 3부에서는 동역학적 관점에서 운동을 자세히 살펴본다. … 4부에서는 학생에게 전기를 소개하고 이를 통해 원자의 물리학을 소개한다. 여기서 학생들은 3부에서 얻은 동역학 지식을 바탕으로 학습한다. … 이 과정이 끝나면 우리는 원자의 현대적 모델에 도달하게 된다. (『PSSC Physics (1960)』, 서문)

(3) 내용 구성

교과서는 PSSC 물리과정의 자료 중 가장 중요한 심장이라고 할 수 있는데 위에서 말한 PSSC의 기본정신이 담겨져 있는 것으로 긴밀한 관계에 있는 4편의 단원으로 구성되어 있다([표 232]).

제1편 '우주' 단원에서 '물리학이란 무엇인가'로부터 시작하여 '물질이라는 배우가 시간과 공간으로 이루어진 무대에서 연출'하는 것이 물리적 자연 현상이라는 기본 개념의 도입으로 터전을 세우고 물리학에 있어서 측정과 함수 관계 표현의 의의를 소개한다.

제2편 '광학과 파동' 단원에서는 기하광학과 파동에 대한 학습을 거쳐 물리광학으로 이끄는데, 물리학사의 유명한 논쟁점이었던 "빛이 입자냐? 파동이냐?"의 역사적 재현을 통하여 과학이 이루어지는 모형을 경험함으로 과학적 방법과 태도를 기르며, 현대물리학을 이끄는 큰 화제를 던진다.

이상의 두 편이 정역학(kinematics)인 점에 반하여 다음 두 편은 동역학(dynamics)으로서 역학과 전자기 및 원자 구조에 관한 공부이다.

제3편은 '역학' 단원으로 갈릴레이와 뉴턴 등에 의한 운동과 역학 법칙 및 중력에 대하여 역사적인 서술방식과 잘 고안한 수레 등의 실험으로 되풀이되는 규칙성을 발견하도록 한다. 이러한 미적분법에 이어서 과거의 교과내용에 비하여 훨씬 더 강조하여 다루는 것이 적분적 방법의 기반이 되는 운동량과 에너지의 개념 및 이들의 보존 원리이다.

제4편은 마지막 단원으로 '전기와 원자 구조'에 대한 공부로 앞서 다룬 역학의 바탕 위에 기본 전하의 탐구로부터 전자기 현상을 논하고 드디어는 원자 구조의 탐구로 절정을 이룬다. 제1편에서 도입된 우주의 원자적 모형을 보다 깊이 이해하고 재구성하는 과정을 마무리하기 위해, 마지막 세 장은 기초 원자론에 주력하였다.

전체로 보아 두드러지게 나타나는 것은 물리학의 기본 개념과 줄기를 제시하는 데 절실하게 심오한 내용이 아니면 실생활과 친근하며 전통적인 교과서에서 취급해온 내용(예를 들면 정역학, 열기관, 소리, 색깔, 교류, 주변의 기계류 등)을 삭제하였다는 점이다.

[표 232] PSSC 물리 교재의 내용 구성

단원	주요 내용 (장 제목)
제1편. 우주 (The Universe)	1장 물리학이란 무엇인가? 2장 시간과 그 측정 3장 공간과 그 크기 4장 함수관계와 축척 및 확대 5장 어떤 정해진 경로를 따르는 운동 6장 벡터 7장 질량, 원소, 원자 8장 원자와 분자 9장 기체의 성질 10장 측정
제2편. 광학과 파동 (Optics and Waves)	11장 빛의 성질 12장 반사와 상 13장 굴절 14장 렌즈와 광학기기 15장 빛의 입자모형 16장 파동 17장 파동과 빛 18장 간섭 19장 광파
제3편. 역학 (Mechanics)	20장 뉴우튼의 운동법칙 21장 지표상에서 일어나는 운동 22장 민유인력과 태양계 23장 운동량과 그 보존법칙 24장 일과 운동에너지 25장 포텐셜에너지 26장 열, 분자운동 및 에너지의 보존
제4편. 전기와 원자 구조 (Electricity and Atomic Structure)	27장 전기에 관한 정성적 사실 28장 쿨롱의 법칙과 기본전하 29장 전기장 내에 있는 하전 입자의 에너지와 그 운동 30장 자기장 31장 전자기유도와 전자기파 32장 원자세계의 탐색 33장 광자와 물질파 34장 양자세계와 원자의 구조

(4) 탐구와 실험

탐구와 실험은 물리교육에서 필수적인 요소로, 자연 현상을 관찰하고 규칙성을 발견하며 과학적 사실과 이론을 검증하는 첫걸음으로 간주된다. PSSC는 실험이 교과서 내용과 밀접히 연계되어야 하며, 학생들이 능동적으로 참여하여 학습의 주체가 될 수 있도록 강조했다. 특히, 실험은 단순히 정밀한 값을 확인하는 과정이 아니라, 학생들이 자연 현상 그 자체를 탐구하고 미지의 세계를 경험하며 문제 해결 능력을 기를 수 있는 '참다운 실험(true experiment)'이 되어야 한다고 보았다.

PSSC의 실험 활동은 단순히 실험실에서 학생들이 수행하는 실험을 넘어 교과서의 실험 내용 분석, 시범 실험, 그리고 물리학자들의 작업을 담은 영화 필름까지 포함하는 포괄적인 접근 방식을 취했다. 이는 학생들이 단순히 관찰하거나 듣는 데 그치지 않고, 손으로 직접 실험을 수행하는 '물리하기(doing-physics)'를 통해 물리학적 사고와 이해를 깊이 체험하도록 하기 위함이다. 이러한 경험은 학생들에게 과학자와 유사한 탐구 과정을 겪게 하며, 과학적 사고와 태도를 함양하는 데 가장 효과적이다.

효과적인 실험을 위해 PSSC는 간단하고 저렴한 실험 기구를 설계하고, 이러한 기구가 물리학의 기본 원리를 쉽게 이해하도록 돕는 역할을 하게 했다. 복잡하고 값비싼 장비 대신, 창의적이고 실용적인 아이디어를 바탕으로 설계된 기구를 통해 학생들이 직접 실험 도구를 조립하고 수행할 수 있도록 하여 학습의 효율성과 접근성을 높였다. 이는 경제적인 측면에서도 많은 장점을 제공했다. 실험 설계는 학생들의 수준과 학교 환경을 고려하여 유연하고 발전 가능성이 있는 방식으로 이루어졌다. 실험은 기초 단계부터 복잡한 단계로 점진적으로 발전하도록 구성되며, 실험 결과를 바탕으로 지속적인 학습과 발전의 기회를 제공하는 개방형 구조(open-endedness)를 갖추고 있다. 이러한 실험 방침은 학생들에게 과학적 탐구와 지속적인 성장을 위한 동기를 부여하며, 물리학을 보다 창의적이고 흥미로운 학문으로 경험하게 한다.

활동

'참다운 실험'을 강조하는 PSSC 물리는 주변에서 손쉽게 구할 수 있는 저렴한 재료와 도구를 이용한 물리 실험을 제시하고 있다. 다음은 PSSC 물리 실험지도서에 포함된 실험의 예시이다.

제목: 간섭에 의한 매우 짧은 거리의 측정

두 장의 유리판 사이에 공기층은 비눗방울에서 보는 것과 비슷한 빛의 효과를 나타낸다. 이것을 보기 위하여 길이 20cm 정도의 깨끗하게 닦은 유리판을 두 장 겹쳐서 검은 배경 위에 놓는다. 방을 어둡게하고 유리판을 적색광이나 황색광으로 비춘다. 유리판이 아주 평평하면 두 세계의 불규칙한 빛의 무늬가 유리에서 반사되어 보일 것이다. 이 무늬는 어떻게 하여 생겨났을까?

유리판 한쪽 끝에 대단히 얇은 자료의 한 조각을 두 장의 유리판 사이에 끼움으로써 그 두께를 잴 수 있다. (자료가 우툴두툴하지 않고 유리판이 아주 깨끗한지 점검한다. 유리판 양끝 가까이를 고무줄로 단단히 잡아맨다.) 유리판 사이의 거리는 두 인접하는 밝은 무늬 사이에서 얼마나 달라지는가? 2cm 거리 안에 있는 밝은 무늬의 수를 셈하여라(확대경을 쓰면 편리할 것이다). 자료의 두께는 얼마나 되는가? 이 결과를 마이크로미터로 잰 값과 비교하여 보자. 어느 것이 더 정확한가? 이 방법으로 측정할 수 있는 두께의 한계는 무엇에 의하여 제한되는가?

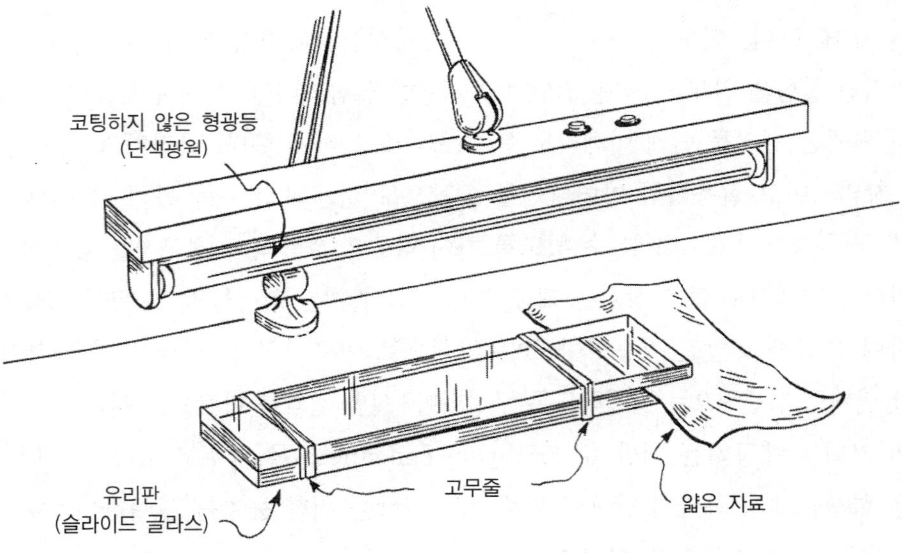

1. 이 실험을 실제로 수행해보고 우리나라 물리교육과정에서 활용 방안을 제안해 보자.
2. 이 실험 수행 경험으로부터 PSSC 물리 교육과정이 지향하는 물리 실험 및 탐구의 특징을 설명해 보자.

(5) 교육 자료

PSSC는 학생과 교사를 위한 다양한 교육 자료와 실험 도구를 개발하여 물리교육의 효과를 높이고자 했다. 52개의 실험이 포함된 학생용 실험지침서와 이를 실행하기 위한 30가지 실험기구 키트(kit)를 설계했으며, 물리학자가 직접 작업하고 설명하는 50여 종의 16㎜ 영화 필름을 제작했다. 이 필름은 물리학자들의 실제 작업 과정을 자연스럽게 보여줌으로써 학생들에게 학문적 자극을 제공하고, 노벨상 수상자의 작업 장면도 포함되어 있어 고등학생들에게 큰 동기 부여를 했다. 이때 제작한 교육용 영화 중 일부는 인터넷 아카이브(Internet Archive)에 공개되어 있다([표 233]).

[표 233] 인터넷 아카이브에 공개된 PSSC물리 교육용 영화 목록

제작년도	제목	제작	자료 웹사이트
1959	Coulomb's Law	Richard Leacock	https://archive.org/details/coulombs_law
1959	Time and Clocks	John G. King	https://archive.org/details/TimeAndClocks
1959	Simple Waves	John Shive	https://archive.org/details/SimpleWaves
1959	Introduction to Optics	Norton Bloom	https://archive.org/details/SimpleWaves
1959	Mechanical Energy and Thermal Energy	Norton Bloom	https://archive.org/details/MechanicalEnergyAndThermalEnergy
1960	Frames of Reference produced	Richard Leacock	https://archive.org/details/frames_of_reference
1961	Speed of Light in Water	William M. Siebert	https://archive.org/details/SpeedOfLightInAirAndInWater
1961	Elastic Collision and Stored Energy produced	Norton Bloom	https://archive.org/details/SpeedOfLightInAirAndInWater
1961	Sound Waves in Air	Richard H. Bolt	https://archive.org/details/SoundWavesInAir
1961	Random Events	John Friedman	https://archive.org/details/SoundWavesInAir
1961	Rutherford Atom	Robert I. Hulsizer	https://archive.org/details/RutherfordAtom

교과서는 물리학의 기본 법칙과 원리를 중점적으로 다루는 한편, 역사적 주제와 응용 과학 분야를 쉽고 흥미롭게 다룬 Science Study Series라는 40권의 과학 독서 전집도 발간했다. 이 책은 삽화와 쉬운 표현으로 물리학과 관련된 다양한 이야기를 담아 학생들과 일반인들이 쉽게 접근할 수 있도록 했다.

PSSC는 교사들의 역할을 중요하게 여겼으며, 물리 과정을 가르치는 교사를 위해 400여 페이지 분량의 교사용 지도서 5권을 제작했다. 이 지도서는 교과 내용과 연관성을 깊이 이해시키고, 교과서, 실험 기구, 영화 필름, 시범 실험 등 다양한 자료를 효과적으로 활용할 수 있도록 돕는 것이 목적이었다. 세 가지 색의 종이로 구성된 지도서에는 교과 내용의 설명, 문제 풀이, 실험 안내 등이 포함되어 있으며, 특히 새로운 교사들에게 실질적인 참고 자료로 제공되었다.

또한, 학습 성취도를 평가하기 위해 ETS(Educational Testing Service) 전문가와 협력하여 10개의 시험 세트를 제작했다. 이 시험은 각 장과 단원을 다루는 객관식 문제로 구성되었으며, 성실히 실험하고 깊이 사고한 학생들이 답할 수 있도록 설계되었다. 이를 통해 학생들이 단순 암기가 아닌 깊이 있는 이해를 바탕으로 학습 성과를 평가받을 수 있도록 했다.

활동

1. [표 233]에 제시한 PSSC 물리의 교육자료인 교육용 영화 목록을 살펴보고, 이중 우리나라 고등학교 물리교육에서 활용할 수 있는 내용을 선정하여 활용방안을 제시해 보자.
2. PSSC 물리 교과서 표지에는 이 교육과정의 특징을 상징적으로 보여주는 실험 장면이 나와 있다. PSSC 물리의 앞 표지에 제시한 실험 사진을 다중 섬광 사진이 아니라 스마트폰이나 Tracker와 같은 디지털 기술을 적용하여 구현해보자.

(6) 물리교육에 미친 영향

PSSC 활동은 물리학뿐만 아니라 화학(CBA, CHEM Study), 생물학(BSCS), 지구과학(ESCP), 수학(SMSG) 등 다른 과학과 수학 분야에서도 교육과정 혁신과 자료 개발을 촉진시켰다. 이와 함께 초등학교부터 대학까지 상하 학년 과정을 재고하도록 했으며,

중학교를 위한 Introductory Physical Science(IPS)와 대학 수준의 Berkeley Physics 과정도 새롭게 개발되었다. 물리학과 화학을 통합한 단일 과정도 추가적으로 계획되었으며, 고급 주제를 다루기 위해 학생용 교재와 실험 기구, 교사용 지도서도 제작되었다.

1959년부터 PSSC는 외국 물리교육자와 장학관을 대상으로 여름 강습을 시작했으며, 이후 국제적인 세미나와 강연으로 확대되었다. 1960년대 초, 이스라엘, 영국, 일본, 스웨덴, 브라질 등 여러 나라가 PSSC 자료를 사용해 자체 강습과 연구를 진행했고, 1963년에는 스웨덴, 이탈리아, 캐나다 등에서 실험적으로 PSSC 과정을 도입했다. 이러한 세계적 반응은 물리교육 문제점이 보편적이라는 점을 시사한다. PSSC 자료는 1961년부터 여러 언어로 번역되기 시작했으며, 1966년에는 15개 언어로 번역되었다. 일부 국가에서는 교사지도 자료와 과학 독서 전집까지 번역했으며, 일본과 같은 나라는 실험기구를 국내 생산하여 보급하기도 했다. 한국의 경우 1965년에 한국물리학회에서 교과서와 실험지도서를 우리말로 번역하였다.

PSSC는 물리학을 단순히 지식 전달이 아니라 인간의 문화적 발전 과정으로 보았으며, 참다운 실험과 탐구 활동을 강조했다. 고전 물리학을 탈피하고 현대 물리학의 기본 구조를 기반으로 한 교육과정을 개발하여 학생들이 개념과 법칙을 심층적으로 이해하도록 했다. 또한, 학생의 동적이고 적극적인 학습 참여를 중시했으며, 물리학자와 전문가들이 주도적으로 참여해 교육학의 새로운 지평을 열었다. PSSC의 활동은 교사의 중요성을 강조하며 재교육을 통해 지속적인 교육 개선을 목표로 삼는 물리교육과정 혁신 운동에 영향을 주었다(김수용, 1987).

(7) 한계와 의의

PSSC 물리는 혁신적인 물리교육 프로그램이었지만 학교 물리교육 현장에서 실천하는 과정에서 다음과 같은 몇 가지 중요한 한계점을 드러냈다(Matthews, 1994).

- 내용의 난이도가 높아 일반 학생들에게 부적합했다. PSSC 물리 과정은 과학에 관심 있는 우수 학생들을 위해 설계되어 평균적인 학생들이 이해하기 어려웠다.
- 교사들의 전문성 부족으로 실행에 어려움을 겪었다. 새로운 접근 방식과 실험 중심의 수업을 위해서는 교사들의 재교육이 필요했지만 충분히 이루어지지 않았다.

- 물리 선택 학생 비율이 오히려 감소했다. 학생의 물리 선택 비율이 PSSC 물리 도입 전 25%에서 한때 증가했으나 결국에는 15%로 줄어들어 의도와 반대의 결과를 낳았다.
- 전통적인 물리교육 방식에 익숙한 교사들의 저항이 있었다. 많은 교사들이 기존 방식을 고수하려 했다.
- 일부 중요한 전통적 주제들(예를 들어, 열역학 등)이 생략되었다는 비판을 받았다.
- 너무 많은 개념을 깊이 있게 다루려 했다는 지적도 있었다.
- 교육과정을 완료하기 어려웠다. 특히 마지막 부분인 전기와 원자 구조 단원까지 도달하지 못하는 경우가 많았다.

이러한 한계점들로 인해 PSSC 물리는 초기의 열광적인 반응에도 불구하고 결국 쇠퇴하게 되었다. 그럼에도 불구하고 PSSC 물리는 중등학교 교육을 위한 국가와 과학자 집단의 전폭적인 지원, 지식의 구조와 근본 개념에 대한 이해 위주의 내용 구성, 물리교육에서 실험 중심의 탐구 활동 강조, 영화와 교양 도서를 비롯한 다양한 유형의 교육 자료 제공이라는 측면에서 물리교육 뿐만 아니라 전반적인 교육 혁신의 모델이 되었다.

요약

1. PSSC 물리의 목표는 '우주의 원자 형상(The Atomic Picture of the Universe)'이라는 궁극적 목적을 가지고 단순한 공식 암기가 아닌 물리학의 근본 개념과 과학적 탐구 과정을 이해하도록 하는 것이다.
2. PSSC 물리의 주요 특징은 다음과 같다: (1) 전문 물리학자들이 참여한 생생하고 깊이 있는 내용, (2)실험 중심의 탐구 활동 강조, (3) 영화, 보조 교재 등 다양한 교육 자료 활용
3. PSSC 물리는 미국 고등학교 물리교육에서 탐구 기반 학습과 실험 중심의 교육 모델을 확립하는 데 기여하였으며, PSSC에서 개발한 교재와 방법론은 여러 국가에서 채택되어 세계 중등 물리교육에 지대한 영향을 미쳤다.

참고 한국 물리교육의 역사와 PSSC 물리[15)]

한국물리학회는 미국의 PSSC(Physical Science Study Committee)가 개발한 물리교과서(PSSC 물리)를 1965년 6월 번역하여 출판하였다. 우리나라에 PSSC 물리

가 도입된 것은 1957년부터 10여년간 경북대학교에 재직하였던 허드슨(Gilbert Hudson)에서 비롯된다. 캘리포니아대학교 버클리 캠퍼스에서 전기공학을 전공한 허드슨은 경북대 사대 물리학과에서 물리학을 가르치면서 선교활동을 하였다. 1960년 여름휴가로 미국을 다녀오면서 가지고 온 PSSC 물리 시험판에 소개된 실험 일부를 1961년 의예과 학생들에게 가르친 것이 우리나라에서 PSSC 물리를 대학에서 가르친 효시이다. 허드슨은 1962년 5월 물리학회 최초의 외국인 회원이 되었다.

경북대학교에서는 허드슨과 최종락, 이자현이 PSSC 물리를 도입하기 위한 활동을 활발히 추진하였고 1964년에는 경북대학교, 서강대학교, 서울대학교에서 교사 재교육에 PSSC 물리를 교재로 삼는 PSSC 강습을 개최하기에 이르렀다. 서울대학교 사범대학에 한미교육위원단의 후원으로 미국인 교수 두 사람이 PSSC 물리 보급을 위해 오고 또 대전대학에서는 프린스(C.E.Prince)가 주축이 되어 PSSC 물리를 가르치는 과정까지 생기게 되었다. 이에 한국물리학회는 1963년부터 PSSC 물리 교과서 번역을 기획하였고 1964년에는 모두 22명으로 PSSC 번역위원회(위원장: 김정흠)를 결성하여 PSSC 물리 교과서를 번역 출판하게 되었다.

[그림 242] 1965년에 한국물리학회에서 출판한 한글 번역본

3.3 하버드 프로젝트 물리(HPP)

(1) 배경

하버드 프로젝트 물리(Harvard Project Physics; HPP)는 1960년대 미국의 과학교육 혁신의 일환으로 시작되었다. HPP의 개발 배경은 PSSC 물리와 마찬가지로 2차 세계대전 이후 과학교육의 중요성이 국가적으로 부각된 것에 있다. 특히 1957년 소련의 스푸트

15) 한국물리학회 50년사에서 발췌함

니크 발사 이후, 미국 국립과학재단(NSF)은 과학교육 개선의 필요성을 절감하고 새로운 고등학교 물리 교육과정 개발을 요청했고, HPP는 이 요청에 부응하여 개발된 새로운 과학교육과정 중 하나이다. 그 이름에서 알 수 있듯이 하버드 대학(Harvard University)을 중심으로 개발되었다. 보다 자세한 개발 배경은 다음과 같다.

1962년, 당시 캘리포니아 고등학교 물리 교사였던 James Rutherford가 하버드 대학의 Gerald Holton 교수를 방문하여 Holton의 대학 물리학 교과서를 고등학생 수준으로 각색해달라고 제안했다. 당시 MIT를 중심으로 개발한 PSSC 물리 교육과정이 있었지만, 당시 고등학생의 약 4%만이 이용하고 있었고 전체적으로 물리학을 선택하는 학생 비율이 20% 미만으로 감소하고 있었다. 이러한 상황에서 Holton 교수가 새로운 물리 교육과정 개발을 맡게 되었고, 이것이 Harvard Project Physics의 시작이 되었다. Holton은 물리학을 단순한 지식의 나열이 아닌 인문학적이고 역사적인 관점에서 접근하는 교육과정을 만들고자 했으며 여기에 고등학교 교사였던 James Rutherford와 과학교육 전문가 Fletcher Watson이 합류하여 세 사람이 팀을 이루어 프로젝트를 이끌게 되었다. HPP의 원래 명칭은 '하버드 프로젝트 물리학'이지만 후에는 공식 명칭에서 '하버드'라는 표현을 제외하고 '프로젝트 물리학 과정(Project Physics Course)'라고 하였다(Holton, 2003).

(2) 개발 목적

HPP 물리 교육과정은 다음과 같은 목적을 가지고 개발되었다(Holton, 1969).

- 물리학을 단편적인 정보가 아닌 과학으로 가장 잘 특징지우는 개념에 집중시켜 물리 세계에 대한 지식을 증가시키는데 학생들을 돕는다.
- 학생들로 하여금 물리학을 다면적인 인간 활동으로 알도록 돕는다. 즉, 물리학을 역사적 문화적 관점으로 제시하여 물리학의 개념이 단순히 한 전통을 지녔을 뿐만 아니라 적용과 변화의 방법도 지니고 있음을 보인다.
- 학생들이 당장에 값있는 과학의 경험을 갖는 동시에 일생 동안에 유용한 지식과 기술을 얻는 기회를 증가시킨다.
- 교사로 하여금 물리과정을 흥미와 능력이 다양한 여러 학생들에게 적용시킬 수 있게 한다.

· 교육의 과정에 있어서 교사의 중요성과 효과를 나타내는 교수 여건의 다양성을 알게 한다.

(3) 내용 구성

HPP의 내용은 모든 학생이 공부할 것을 전제로 한 중핵(core) 부분이 있고 발전적 내용으로 각자가 선택할 수 있는 보충 부분이 있다. 중핵 부분은 6개 단원으로 구성되어 있는데 각 단원은 4개 장을 포함하여 전체 24장으로 되어있다([표234]). 이 내용은 물리학의 기본이 되는 것을 선택하여 체계있게 계열화 하였는데, 순수 물리학 뿐만 아니라 물리학이 천문학, 화학 등과 어떻게 관련되어 있는가도 보이고, 인간 사회 속에서 중요한 물리학의 개념들이 어떻게 발전하고 영향을 끼쳤는지 물리학의 역사와 철학적인 면도 포함하고 있다(서울대학교 사범대학, 1973).

각 단원은 "Project Physics Text and Handbook" 및 "Student Guide"라는 제목의 별도 책으로 구성되다. 각 단원(권)별 주요 내용을 요약하면 다음과 같다.

단원1. 운동의 개념

전 과정의 시작이 되는 단원으로서 학생들에게 물체들이 어떻게 운동하는가, 그리고 왜 그런 운동을 하는가 하는 문제를 취급한다. 한편 이러한 물리학 내용을 공부해가면서 과학자들이 어떻게 활동을 하여 과학이 형성되고 발전되는가를 이해하도록 이끈다. 이를 위해 먼저 운동학의 간단한 기본 내용을 다루고 점점 복잡한 문제를 취급한 다음, 뉴턴의 설명적 동역학을 탐구함으로서 여러 가지 운동 현상을 이해하게 한다.

단원2. 천체의 운동

단원2는 오늘날의 태양 중심설의 천문학이 확신되기까지의 과정을 과학적인 면과 인문사회학적인 면에서 고찰하고 있으며 뒷 부분에서는 뉴턴의 만유인력 법칙이 나오기까지의 내용을 싣고 있다. 첫째로, 천체의 운동에 대한 사람들의 생각이 지구 중심설에서 현재의 태양 중심설로 바뀌기까지 얼마나 어려웠었는가를 알게 하고, 둘째로는 하나의 이론이 어떻게 하여 만들어지고 시험되는가, 또 가정과 실험의 역할이 무엇이며 역학적인 모델과 수학적인 서술의 역할이 무엇인가를 알게 한다. 한편으로는 과학의 발전이나 새로운 과학의 발견이 사람들의 사고 방식을 어떻게 변화시켜주며 사회에 어떠한 영향을 주는가를 알게하는 것도 강조한다.

단원3. 역학의 승리

단원3에서는 질량, 운동량, 에너지의 보존 법칙에 의한 뉴턴 역학의 일반화와 물체의 충돌, 열, 기체이론, 파동에 대하여 뉴턴 역학을 적용하는데 초점을 둔다. 보존 법칙을 제시함에 있어서 17세기 때에는 이들 법칙의 형이상학적이고 반신학적인 기원에 중점을 둔다. 일반화된 에너지 보존 법칙을 논함에 있어서 증기기관의 기술과 19세기 중엽 몇몇 학자에 의한 이 법칙의 동시적 발견의 배경을 이룬 역사적, 철학적 요인과의 관련을 지적한다. 이것은 물리학과 다른 인간 활동의 관련을 알게 하는데 그 목적이 있다.

단원4. 빛과 전자기학

이 단원에서는 물리학에서 사용되어 온 몇 가지 물리적 모형의 발전 과정을 개괄적으로 설명하고 이러한 모형의 발전이 현대 물리학에 미친 영향을 간단히 설명한다. 빛의 입자 모형과 파동 모형, 전기와 자기에 대한 원격 작용에서부터 장이론에 이르기까지의 과정을 뉴턴, 패러데이, 톰슨, 맥스웰 등 물리학자들을 열거하면서 개괄적으로 설명한다.

단원5. 원자 모형

이 단원에서는 돌턴의 화학적인 원자 개념에서부터 양자역학의 파동역학 모형에 이르는 원자 이론의 발달 과정을 기술한다. 그리스 시대에 시작된 원자 모형은 화학의 발달에 의하여 19세기에 그 절정에 달하였으며 20세기 초반에는 원자 이론이 화학에서 물리로 전환되어 결국 양자역학으로 현대의 원자 이론을 세우게 되었음을 보여준다.

단원6. 원자핵

원자핵에 대한 보다 좋은 모형의 설계를 시도함과 동시에 많은 발견들이 원자핵 자체를 보다 깊이 연구하도록 하였음을 보여준다. 이들 발견들이 핵 이론에 대하여 얼마나 공헌하였으며 사람과 사회에 대하여 얼마나 중요한지를 고찰한다.

[표 234] HPP의 중핵 과정 교재 구성

단원	주요 내용 (장 제목)
1. 운동의 개념 (Concepts of Motion)	1장 운동의 언어 2장 자유낙하-갈릴레오의 운동에 대한 서술 3장 동역학의 탄생 4장 여러 운동을 이해하기
2. 천체의 운동 (Motion in the Heavens)	5장 지구는 어디에 있는가?-그리스인의 해답 6장 지구는 움직이는가?-코페르니쿠스와 티코의 역할 7장 새 우주의 출현-케플러와 갈릴레오의 업적 8장 지구와 천체의 동일성- 뉴턴의 업적
3. 역학의 승리 (The Triumph of Mechanics)	9장 질량과 운동량의 보존 10장 에너지 11장 기체의 운동이론 12장 파동
4. 빛과 전자기학 (Light and Electromagnetism)	13장 빛 14장 전자기장 15장 패러데이와 전기 시대 16장 전자기 복사
5. 원자 모형 (Models of the Atom)	17장 원자 이론의 화학적 기초 18장 전자와 양자 19장 러더퍼드-보어의 원자 모형 20장 현대물리학 이론의 몇 가지 개념
6. 원자핵 (The Nucleus)	21장 방사능 22장 동위 원소 23장 원자핵의 탐구 24장 원자핵 에너지, 핵력

(4) 교육 자료

HPP 물리 교육과정 자료에는 실험안내서, 주제별 독서집, 평가 자료집, 기타 교수 도구도 포함되었다. 독서 자료는 학생들이 특정 주제를 더 깊이 탐구할 수 있도록 했고, 실험 과제는 학생들의 이해를 실험 결과를 통해 검증하도록 설계되었다. 또한, 특수

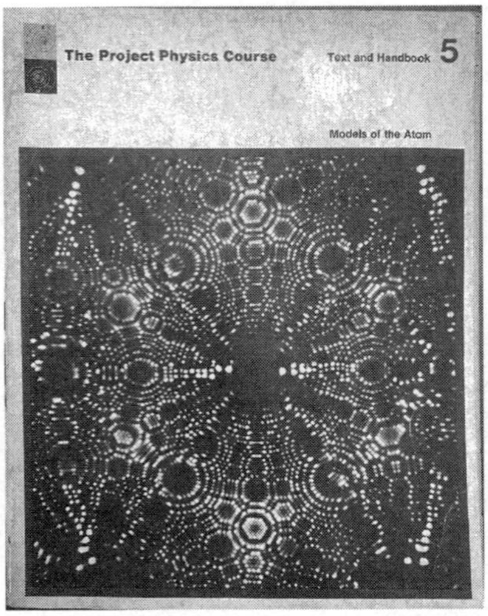

[그림 243] HPP 학생용 교과서(text) 예시

[그림 244] HPP 실험안내서(Handbook)표지

실험 장비, 짧은 필름 루프, 영화, 교사용 안내서 등이 개발되었다. 각 자료의 특징과 내용을 간단히 소개하면 다음과 같다(Holton, 1967).

- 실험안내서(Handbook): 교과서 단원에 따라 총 6단원으로 구분하여 각 단원별로 실험, 활동, 필름 루프(film loop) 3 영역으로 구성(실험 49종, 활동 85종, 필름 루프 49종 소개)
- 실험 기구: HPP 실험 안내서에서 다루고 있는 총 49종의 실험과 85종의 활동 중에서 기존의 물리 실험실에 준비된 기구를 사용하는 것을 제외하고 HPP 과정만을 위해 새로 고안한 실험 기구 65종
- 독서집(Reader): 각 단원 주제와 관련된 역사적 문헌이나 과학자들의 에세이 모음집. 매 권마다 각 단원의 내용과 관련된 기사나 발췌문 20~26편씩 총 134편의 에세이 모음
- 프로그램 소책자(programmed instruction booklet) : 중요하거나 어렵다고 생각되는 물리학 개념을 일부 프로그램화하여 학생들이 스스로 단계적으로 학습하도록 유도하는 9권의 소책자로 제공
- 교육용 영화(16mm Films): 20~30분짜리 흑백 다큐멘터리 영화 3종을 제작. 영화 제목은 '사람과 입자', '사이크로트론' '엔리코 페르미의 생애'

· 짧은 교육용 영화 클립(Film Loops): 3~4분 분량의 8mm 컬러 필름 루프 49개
· OHP용 투영판: 각 단원별로 6권의 투영판 세트를 개발. 각 세트는 3~6장을 포개도록 구성
· 단원별 평가 자료 (Tests): 각 단원마다 한 권씩 총 6권의 평가 자료집. 각 권마다 난이도와 선다형과 주관식 등 유형이 다른 A, B, C, D 네 종류의 문제 제시
· 교사 지도서 (Teacher Resource Book): 각 단원별로 한 권씩 총 6권의 교사 자료집. 교수 방법의 조직, 배경과 전개, 학습 자료의 개요, 시범/실험/필름루프/실험기구에 대한 안내, 학습 안내, 평가문제의 해답, 참고문헌, 교사를 위한 주석 등으로 구성
· 교사용 재교육 자료: HPP 과정을 가르치기 위한 교사 연수 자료로서 제작된 총 21종의 영화 필름

이 교과서 텍스트와 그 외 대부분의 교육 자료는 Project Physics Collection 웹사이트 (https://archive.org/details/projectphysicscollection)에서 확인할 수 있다.

활동

1. HPP의 교육자료로서 제작한 3종의 교육 영화 중 2편은 웹사이트에서 확인할 수 있다. 아래 2편의 교육 영화를 감상하고, '물리학을 역사적 문화적 관점으로 제시'하는 HPP의 특징을 찾아보자.
   1) 〈사람과 입자(People and Particles)〉: https://archive.org/details/peopleandparticles
   2) 〈엔리코 페르미의 세계(The World of Enrico Fermi)〉: https://archive.org/details/theworldofenricofermi_201602/theworldofenricofermi.mov

2. 인터넷 아카이브에서 제공하는 Project Physics Collection(https://archive.org/details/projectphysicscollection)에는 HPP의 각종 자료들을 확인할 수 있다. 독서집(Reader)은 각 단원별로 주제와 관련된 짧은 에세이 모음집으로서 각 단원별로 20~26편의 글이 수록되어 있다.
   1) 각 단원별로 독서집에 수록된 글의 목록을 조사해 보자.
   2) 조사한 목록 중에서 고등학교 물리학 과목에서 활용 가능한 에세이를 1편 선정하여 번역하고, 활용 방안을 제시해 보자.

(5) 물리교육에 미친 영향

HPP 물리 교육과정은 1960년대부터 1970년대 초반까지 진행되는 동안 미국을 비롯한 국제적으로 물리교육에 상당한 영향을 미쳤다. HPP의 개발과 적용은 미국 고등학교에서 물리학을 더 접근 가능하고 흥미롭게 만들어 학생들의 참여를 높이는데 기여했다. 비록 장기적으로 지속되지는 못했지만, 이 프로젝트는 물리교육에 대한 새로운 시각을 제시하고 과학교육의 혁신을 위한 중요한 모델을 제공했다. 이 프로젝트의 주요 영향을 다음과 같이 항목화할 수 있다(Moore, 1968; Pell, 2019).

- 물리교육 접근법의 혁신: HPP 물리 교육과정은 물리학을 역사적, 인문학적 관점에서 접근하는 새로운 방식을 도입했다. 이는 물리학을 단순한 과학 과목이 아닌, 인류 문화의 일부로 이해하도록 돕는 것을 목표로 했다.
- 학생 참여 증가: HPP 물리 교육과정의 주요 목표 중 하나는 고등학교에서 물리학 수강률 감소 추세를 막는 것이었다. 실제로 일부 학교에서는 Project Physics 도입 후 물리학 수강생이 크게 증가, 특히 여학생들의 참여율이 향상되었다.
- 다양한 교육 자료 개발: HPP 물리 교육과정은 교과서, 실험 안내서, 영화, 슬라이드 등 다양한 멀티미디어 자료를 개발했다. 이는 학생들의 흥미를 유발하고 다양한 학습 스타일을 수용하는 데 기여했다.
- 교사 역할의 재정의: HPP 물리 교육과정은 교사의 역할을 단순한 지식 전달자에서 학습 촉진자로 변화시키고자 했다. 이는 현대적인 교육 방식으로의 전환을 촉진했다.
- 국제적 영향: HPP 물리 교육과정의 자료들은 미국 외 다른 국가들에서도 채택되어 사용되었다. 번역 및 현지화를 통해 여러 국가에서 활용되며 물리교육의 글로벌 표준에 기여했다.
- 과학교육 연구 촉진: HPP 물리 교육과정은 체계적인 평가와 연구를 수행했으며, 이는 과학교육 연구 분야 발전에 기여했다. 특히 학습 환경 평가 도구(Learning Environment Inventory) 개발 등의 성과가 있었다.
- 현대적 과학교육과정에 영향: 과학의 역사와 철학을 강조하는 현대 과학교육의 철학과의 일치로 새로운 교육 모델을 제시하였다. 이러한 영향은 이후 미국의 국가과학교육표준(National Science Education Standards)으로 이어졌다.

(6) 한계와 의의

HPP는 혁신적인 물리교육 접근법을 제시했지만, 다음과 같이 몇 가지 비판과 한계점도 있었다 (Pell, 2019).

- 역사적 강조에 대한 우려: 일부에서는 HPP가 물리학의 역사적 측면을 지나치게 강조한다고 여겼다. 이는 다른 입문 수준의 물리 교육과정들이 대부분 과학사를 제외하는 것과 대조적이었다.
- 표준화된 평가와의 불일치: 기존의 표준화된 물리학 시험은 HPP의 목표와 내용을 제대로 평가하기 어려웠다. 이는 HPP 과정의 효과를 전통적인 방식으로 측정하는 데 어려움을 주었다.
- 교사 준비의 필요성: 이 과정을 효과적으로 가르치기 위해서는 교사들의 철저한 준비가 필요했다. 많은 교사들의 특별한 연수나 워크샵 참여가 필요했으며, 이는 교육과정 도입의 장벽이 될 수 있었다.
- 자료의 복잡성: HPP는 다양한 교육 자료를 제공했지만, 이는 동시에 교육과정의 복잡성을 증가시켰다. 교과서만으로는 과정을 제대로 가르칠 수 없었으며, 모든 자료를 효과적으로 활용하는 것이 도전적이었다.
- 장기적 지속성 부족: 초기에는 물리학 수강생 증가 등 긍정적인 효과가 있었지만, 이 접근법은 장기적으로 지속되지 못했다. 1970년대 이후 미국 고등학교에서 물리학 수강률은 계속 감소했다.
- 광범위한 개혁의 한계: HPP는 물리교육의 대규모 국가적 개혁이 가능해 보였던 시기의 산물이었지만, 결국 그 영향력은 제한적이었다. 이는 교육 시스템 전반의 변화를 이끌어내는 것의 어려움을 보여준다.

하지만 이러한 비판과 한계에도 불구하고, HPP는 물리학을 역사적, 인문학적 관점에서 접근하는 혁신적인 교육 방식을 제시하고 교과서뿐만 아니라 영화, 실험 장비 등 다양한 멀티미디어 자료를 개발하여 종합적으로 지원했다는 점에서 현대 과학교육과정 혁신의 중요한 모델이 되었다는 점에서 의의가 있다(AAPT, 2017).

활동

HPP의 실험안내서(Handbook)에는 실험 49종, 활동 85종, 필름 루프 49종에 대한 활동 안내가 포함되어 있다. 다음은 1단원에 포함된 14개의 활동(activity) 중 하나의 예시이다.

제목: 가속도계 만들기 – 감쇠 진자 가속도계 (damped pendulum accelerometer)

감쇠 진동 추는 수평 가속도의 방향을 나타낼 뿐만 아니라, 이전 장비들보다 덜 직접적이지만 가속도의 크기도 측정할 수 있다. 작은 금속추를 짧은 끈으로 묶어 넓은 입구가 있는 1쿼트짜리 병의 뚜껑 중앙에 고정하라. 병을 물로 채운 뒤 뚜껑을 단단히 닫는다. 추의 위치에 따라 수직선과 이루는 각도는 사용자의 위치에 따라 달라진다. 예를 들어 병이 당신을 향해 가속하고 있다면 무엇이 보일까? 당신에게서 멀어질 때는 어떨까? 또는 테이블 위에서 당신이 옆에 서 있는 상황에서는 어떻게 보일까? 감쇠 진동 추를 활용한 재미있는 변형 실험을 해보려면, 진자 추를 코르크 마개로 교체하고 병을 뒤집어라(그림 참조) 병 뚜껑에 구멍을 뚫어 끈을 고정했다면, 밀랍이나 파라핀, 또는 테이프를 사용해 누수를 방지할 수 있다. 이 가속도계는 예상과는 반대되는 결과를 보여준다.

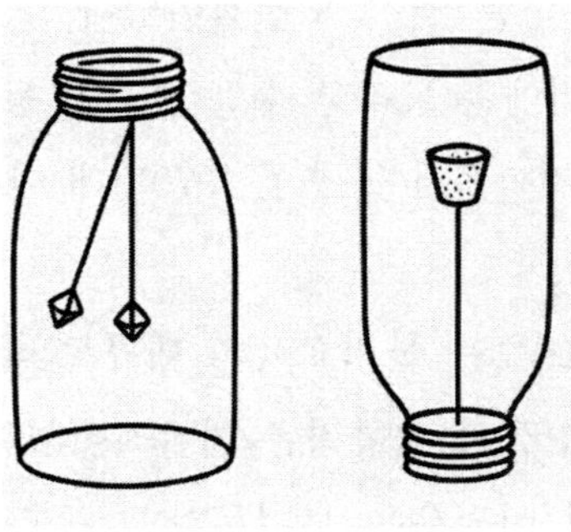

1. 이 활동을 실제로 구현해보아라.
2. HPP 실험안내서는 인터넷 아카이브에서 원문을 구할 수 있다. 여기에서 소개하는 활동 중 우리나라 물리 교육과정에 맞게 교실에서 구현할 수 있는 활동을 몇 가지 찾아서 소개해보아라.

요약

1. HPP는 물리학을 역사적, 문화적, 과학적 맥락에서 통합적으로 접근하여 학생들에게 물리학의 핵심 개념과 인간 활동으로서의 과학적 탐구를 이해하도록 돕고, 흥미와 수준이 다양한 학습자들에게 적합한 학습 경험을 제공하는 것을 목표로 한다.
2. HPP 교과서의 주요 내용은 운동 개념, 천체의 운동, 역학의 승리, 빛과 전자기학, 원자 모델, 원자핵의 6개 단원 총 24개 장으로 구성되었으며, 교과서 뿐만아니라 실험안내서, 독서집, 프로그램 소책자, 교육용 영화, 필름루프, OHP, 단원평가자료, 교사용 지도서 등 풍부하고 다양한 교육 자료를 갖추고 있다.
3. HPP는 물리학을 역사적, 인문학적 관점에서 혁신적으로 접근하며 다양한 멀티미디어 자료를 활용한 종합적 교육 방식을 제시했지만, 역사적 강조에 대한 우려, 표준화된 평가와의 불일치, 교사 준비의 필요성, 자료의 복잡성, 장기적 지속성 부족 등 한계가 있었다. 그럼에도 불구하고 현대 과학교육과정 혁신의 중요한 모델로 평가받는다.

CHAPTER 04

현대의 중등학교 물리 교육과정

박종원 (전남대학교)

4.1 중등학교 물리 교육과정과 과학적 소양

과학적 소양(Scientific Literacy)은 이미 1950년대부터 언급되기 시작하였지만 (Murcia, 2009), 현대의 물리 교육과정에서도 중요한 물리교육의 기본 방향으로 강조되고 있다. 따라서 학교교육에서 과학적 소양을 강조해 왔지만, 실제 성인들의 과학지식 이해가 아직도 부족하다는 지적도 있고(Fensham, 2002; Roth & Lee, 2002), 시민들의 학교 과학 학습 정도와 과학적 소양 수준 간에 양적 상관을 보기 힘들다는 보고도 있다 (Crowell & Schunn, 2016). 이에 현대의 물리 교육과정에서 과학적 소양은 계속 강조되고 있다. 우리나라도 2007년도 제 7차 과학과 교육과정에서 '과학적 소양'이라는 용어를 처음으로 교육과정에서 직접 언급하기 시작하였고, 2007 개정, 2009 개정 및 2015 개정, 2022 과학과 교육과정에서도 과학적 소양을 기르는 것을 학생들이 달성해야 하는 주요 목표로 제시하고 있다.

(1) 물리 교육과정 속의 과학적 소양

2022 과학과 교육과정 중, 중학교 과학교육과정 설계의 개요에 "과학과 교육과정은 미래 사회를 살아갈 시민으로서 '과학적 소양을 갖추고 더불어 살아가는 창의적인 사람'을 육성하는 것을 목적으로 한다."(교육부, 2022a, p. 205)라고 명시적으로 과학적 소양을 과학교육의 기본 목표로 명시하고 있다. 과학교과의 성격에도 "'과학'은 '과학적 소양을 갖추고 더불어 살아가는 창의적인 사람'을 육성하기 위한 교과이다."라고 되어 있고(p. 207), 과학교과의 목표도 "자연 현상과 일상생활에 대하여 흥미와 호기심을 가지고 과학적 탐구를 통해 주변의 현상을 이해하고, 개인과 사회의 문제를 과학적이고 창의적으로 해결하는 데 민주 시민으로서 참여하고 실천하는 과학적 소양을 기른다."라고 명시되어 있다(p. 207).

2022 고등학교 물리 교육과정에서도 물리학 교과에 성격의 "'물리학'에서는 다양한 탐구 중심의 학습을 통해 지식·이해, 과정·기능, 가치·태도의 세 차원을 상호보완적으로 함양함으로써 영역별 핵심 아이디어에 도달하고, 행위 주체로서 갖추어야 할 과학적 소양을 기를 수 있을 것이다."라도 명시되어 있고(교육부, 2022b, p. 695), 목표에도 "물리학의 탐구 능력을 함양하고 이를 활용하여 물리학과 관련된 개인과 사회의 문제를 과학적이고 창의적으로 해결하는 데 민주 시민으로서 참여하고 실천하는 과학적 소양을 기른다."라고 명시되어 있다(p. 695).

(2) 과학적 소양 모델과 물리학 학습

1982년 미국의 국립과학교사협회(NSTA: National Science Teachers Associations)에서 과학교육의 기본 목표는 학생들이 과학적 소양을 갖추는 것이라고 하였다. [표 241]은 과학적 소양을 갖춘 사람의 특성에 대한 설명인데, 이 내용을 살펴 보면 STS적 요소가 가장 많다는 것을 알 수 있다.

[표 241] NSTA에서 제시한 과학적 소양을 갖춘 사람의 특성

과학적 소양을 갖춘 사람	구분
(1) 과학 개념과 탐구기능을 사용하여 일상 생활에서 의사결정을 한다.	개념, 탐구, 의사결정
(2) 사회가 과학과 기술에, 그리고 과학과 기술이 사회에 미치는 영향을 이해한다.	STS[16]
(3) 재원의 분배를 통해 사회가 어떻게 과학과 기술을 통제하는지 이해한다.	STS
(4) 인간의 복지를 위해 과학과 기술의 유용함뿐 아니라 한계를 인식한다.	STS
(5) 과학의 기본 개념과 원리, 가정들을 알고, 적용할 수 있다.	개념
(6) 과학과 기술에 대해 지적인 호기심을 가진다.	호기심
(7) 과학 지식이 탐구와 개념체계를 통해 만들어진다는 것을 이해한다.	NOS[17] (과학의 본성)
(8) 과학적 증거와 개인 의견을 구분할 수 있다.	NOS
(9) 과학의 기원을 인식하고, 과학 지식이란 임시적이며, 증거가 누적됨에 따라 변하게 마련임을 이해한다.	NOS
(10) 기술의 응용과 그때 수반되는 의사 결정을 이해한다.	STS
(11) 연구와 기술 개발의 가치를 평가할 수 있는 충분한 지식과 경험을 가지고 있다.	STS

NSTA 과학적 소양인 특성 (1)번을 반영한 수업 예

김교사는 태양광 발전을 산이나 농지에 설치한 상황을 소개하고, 학생들이 산림이나 농지를 훼손하면서 태양광 발전을 하는 것이 좋은지에 대한 수업을 다음과 같이 계획하였다.

1. 태양전지의 원리를 간단히 알아보고, 우리나라에서 태양광 발전의 필요성과 현황에 대해서 조사한다.
2. 태양전지를 산림을 정리하여 설치하거나 농지에 설치하고, 설치한 동네에서 태양광으로 발전된 전기를 사용하는 상황을 소개한다.
3. 이러한 설치를 다른 시골에 설치하려고 할 때 설치에 동의할지 반대할지에 대해서 의사결정해 본다. 이때 다음을 고려하도록 한다.
   (1) 설치시 장점과 단점, (2) 설치하지 않을 때 에너지 문제에 대한 대안,
   (3) 농지 미사용에 대한 대안

16) STS-Science, Technology & Society
17) NOS-Nature Of Science

활동

중등학교 물리학 교과서에서 [표 221]의 과학적 소양에 해당되는 내용을 찾아보자. 또는 관련있다고 생각하는 내용에 다음 과학적 소양이 포함되도록 수정해 보자.

(1) 과학 개념과 탐구기능을 사용하여 일상 생활에서 의사결정을 한다.
(2) 사회가 과학과 기술에, 그리고 과학과 기술이 사회에 미치는 영향을 이해한다(예: 스마트폰 사용이 사람들의 소통에 미치는 영향).
(7) 과학 지식이 탐구와 개념체계를 통해 만들어진다는 것을 이해한다(예: 과학사 사례를 이용).

이 외에도 과학적 소양에 대한 정의와 특성에 대한 논의는 많이 있어 왔다. 예를 들어, Norris and Phillips(2023)는 이전의 연구들로부터 강조되어 왔던 과학적 소양에 대한 요소들을 정리하면 다음과 같다고 하였다: (1) 핵심적인 과학내용에 대한 지식과 과학(이론적 및 실험적 근거에 의한 지식)과 비과학을 구별할 수 있는 능력, (2) 과학과 그 응용에 대한 이해, (3) 과학이 무엇인지에 대한 지식(예: 과학지식의 가변성), (4) 독립적인 과학학습, (5) 과학적으로 사고하는 능력, (6) 과학지식을 문제해결에 사용할 수 있는 능력, (7) 과학에 기반한 사회적 이슈에 지적으로 참여하는 데 필요한 지식, (8) 과학과 문화와의 관계 및 과학의 본성에 대한 이해, (9) 호기심과 놀라움과 함께 과학을 감상함(appreciation) (예: 대중 과학강연, 과학시범쇼), (10) 과학의 혜택과 위험에 대한 지식, (11) 과학에 대해 비판적으로 사고하고, 과학활동(scientific enterprise)을 할 수 있는 능력.

이 외에 과학적 소양에 대한 여러 학자들의 관점과 강조점들을 고려하여 박종원(2016)은 [표 242]와 [그림 241]과 같이 과학적 소양에 대한 통합적 모델을 제시하였다.

[표 242] 과학적 소양 모델의 영역별 내용

영역		내용
연관성	개인적 연관성	개인의 발전, 개인의 흥미와 호기심, 개인의 요구와 필요성, 개인의 안전 등과 관련된 것을 의미한다.
	공적 연관성	국가의 발전, 공공의 안전, 자연/환경 보존, 에너지 절약 등 공공의 목적과 관련된 것을 의미한다.
범위	과학 안	과학 지식, 법칙과 원리 등 과학자체의 내용지식(content knowledge)과 과학적 탐구기능 및 사고기능을 의미한다.
	과학 밖	과학과 관련된 과학 밖의 상황이나 학문분야, 예를 들면, 일상생활, 공학/기술, 과학사/과학철학, 과학언론, 윤리 등을 의미한다.
역량	인지/마음	알기(knowing), 이해하기, 적용하기, 인식하기와 같은 인지적 측면과 선호하기, 믿기, 태도 갖추기 등의 정의적 측면을 의미한다.
	수행/실천	과학 탐구 수행하기, 의사소통하고 논쟁하기, 의사결정하기, 지원하고 투자하기 등과 같은 수행 및 실천적 측면을 의미한다.

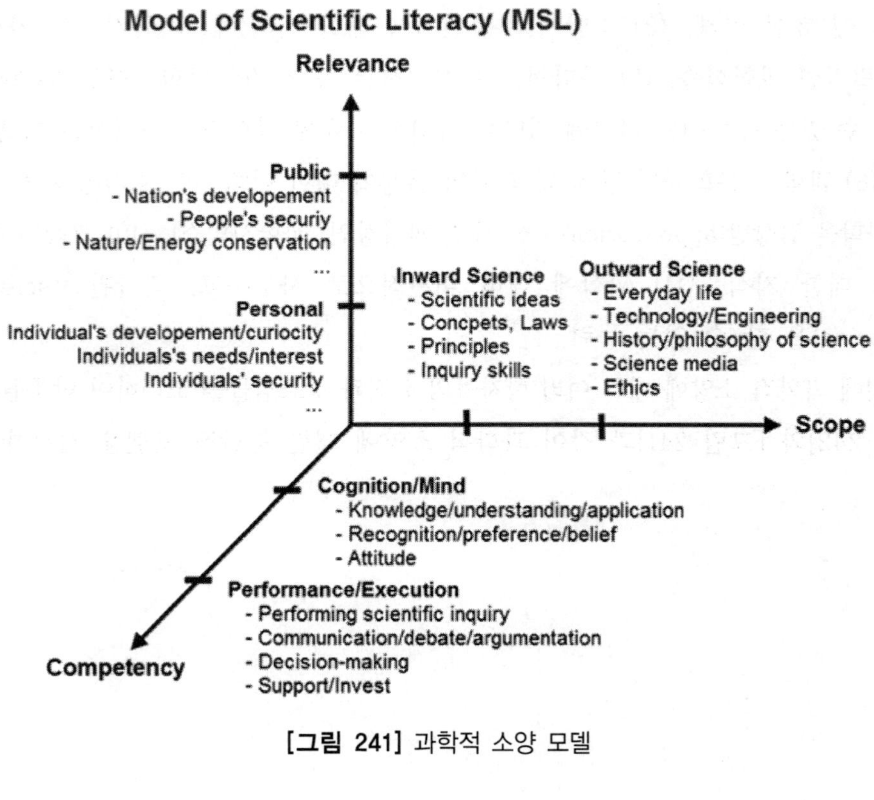

[그림 241] 과학적 소양 모델

[표 243]은 과학학습 목표가 과학적 소양 모델의 어느 영역과 요소를 포함하고 있는지를 표시한 것이다.

[표 243] 과학학습 목표에 포함된 과학적 소양 요소

과학학습 목표	관련성		범위		역량	
	개인적	공적	과학 안	과학 밖	인지/마음	수행/실천
과학적으로 사고할 수 있는 능력을 갖춘다(Norris & Phillips, 2003).	0		0		0	
인간의 복지를 위해 과학과 기술의 유용함뿐 아니라 한계를 인식한다(NSTA, 1982).		0		0	0	
기술의 응용(안경 또는 핵발전소)과 그때 수반되는 의사 결정을 이해한다(NSTA, 1982).	0	0		0	0	
지구 온난화에 대처하기 위한 일상생활 속의 나의 생활수칙을 세울 수 있다.	0			0		0
공중위생의 생물학적 지식을 이해하고 생활 속에서 실천한다.		0	0		0	0

현대의 물리 교육과정에서는 과학적 소양을 강조하지만, 많은 물리 학습 목표는 개인적 관련성과 과학 안 범위에 속한 경우가 많다. 따라서 균형있는 과학적 소양을 위해서는 공적 관련성이나 과학 밖 범위를 도입하기 위해 노력할 필요가 있다. 물론 역량의 경우에도 단순한 알기와 이해하기나 탐구수행하기 외에도 다양한 활동이 포함될 필요가 있다.

과학적 소양 요소를 추가하여 수정한 물리학습 내용

1. 소단원 주제: 중학교 2학년 마찰전기의 발생
   기존의 내용: 마찰전기를 발생시키고, 인력과 척력 현상을 관찰한다.
   과학적 소양(범위 영역의 과학 밖 요소)을 고려하여 추가된 내용: 일상생활에서 정전기에 의한 감전과 스파크 현상을 줄이기 위한 장치나 방법을 알아보고, 체험해 본다.

2. 소단원 주제: 10학년 일과 에너지
기존의 내용: 자동차의 속력과 지면의 마찰력 변화에 따라 자동차의 제동거리가 어떻게 변화하는지 알아본다.
과학적 소양(관련성 영역의 공적 관련성 요소)을 고려하여 추가된 내용: 교통안전을 위해 가족과 친구를 포함한 일반인들이 쉽게 그리고 실감있게 느낄 수 있는 UCC 자료를 만든다.

활동

1. 마찰전기와 자동차 안전의 주제로 수정한 수업 내용에 대한 구체적인 수업계획을 세워보자.
2. 물리 교육과정에서 임의의 소단원 내용을 선택하고, 과학적 소양의 요소를 추가한 수업 계획을 세워보자.

요약

1. 과학적 소양은 1950년대부터 강조해 왔고, 현대의 물리 교육과정에서도 강조되는 주요 물리 학습 목표 중의 하나이다.
2. 과학적 소양의 정의와 구성 요소에 대해서는 NSTA 등 많은 기관과 연구에서 제안해 왔다.
3. 통합적인 과학적 소양 모델에 의하면, 과학적 소양은 개인적 관련성뿐 아니라 공적 관련성을 다루고, 과학 안 내용뿐 아니라 과학 밖 내용도 다루며, 역량 영역에서도 다양한 활동들을 다룰 필요가 있다.

4.2 물리 교육과정과 역량

역량은 직무와 관련된 이론적 지식뿐 아니라 실제적 능력을 강조하기 위해 시작되었다(McCllend, 1973). 이후 Spencer & Spencer(1993, p. 9)와 Brown(1994, p. 107)도 역량을 직업에서 효과적이고 우수한 수행을 이끌어내는 개인의 특성으로 보았다.

과학교육 분야에서도 학생이 미래 사회에 효과적으로 대처하기 위해서 역량이 중요하다고 강조되기 시작되었고(White, 1979), 최근에는 과학기술이 빠르게 발달되고, 복잡하고 다원화된, 그리고 상호연결이 긴밀해진, 국제화된 사회에서 모든 사람에게 필요한 능력으로서 역량이 강조되고 있다(OECD, 2005).

우리나라는 2015 개정 교육과정에서 6가지 핵심역량(자기관리 역량, 지식정보처리 역량, 창의적 사고 역량, 심미적 감성 역량, 의사소통 역량, 공동체 역량)을 강조하기 시작하였다(교육부, 2015a). 이 핵심역량은 범교과적 성격을 지니는 '일반역량'과 교과별 핵심역량인 '교과역량'으로 따로 제시되었는데, 과학과 교과역량으로는 '과학적 사고력', '과학적 탐구 능력', '과학적 문제해결력', '과학적 의사소통 능력', '과학적 참여와 평생학습 능력'이 제안되었다(교육부, 2015b).

(1) 물리 교육과정 속의 역량

2022 과학과 교육과정에서는 과학 교과의 성격에 "'과학' 교과에서는 모든 학생이 과학의 기본 개념을 익히고, 과학 탐구 능력과 태도를 길러, 자연과 일상생활에서 접하는 현상을 과학적으로 이해하고, 민주 시민으로서 개인과 사회 문제를 과학적으로 해결하고 참여·실천하는 역량 함양에 중점을 둔다."라고 역량 함양을 과학 교과에서 강조하고 있다(교육부, 2022a, p. 207).

마찬가지로 2022 물리 교육과정에서 물리학 교과의 성격에 대해서 "'물리학'은 일상생활이나 자연 현상, 첨단 과학기술 속에 물리학의 기본 법칙이 담겨있음을 알고 이들 현상을 이해하고 탐구할 수 있는 능력을 바탕으로 민주 시민으로서 개인과 사회 문제를 과학적으로 해결하고 참여·실천하는 역량을 함양하는 데 중점을 둔다."라고 역량을 강조하고 있다(교육부, 2022, b. 694).

(2) 과학적 역량 모델과 물리 학습

1990년대 말 OECD는 DeSeCo(Definition and Selection of Competencies) 프로젝트를 통해 개인이 성공적인 삶을 살아가고 사회가 잘 기능하는 데 필요한 역량을 '자율적 행동하기', '상호교감하여 도구 사용하기', '이질적 집단에서 상호작용하기'의 세 범주로

[표 244] DeSeCo에서 제시한 역량

범주	역량
자율적 행동하기	(1) 전체적 조망 속에서 행동하기, (2) 생애계획을 수립하고 실천하기, (3) 권리, 이익, 한계, 요구를 주장하고 지키기
상호 교감하여 도구 사용하기	(1) 언어, 상징, 텍스트를 상호교감하여 사용하기, (2) 지식과 정보를 상호교감하여 사용하기, (3) 기술을 상호교감하며 사용하기
이질적 집단에서 상호작용하기	(1) 타인과 원만한 관계 맺기, (2) 협력하기, (3) 갈등을 관리하고 해결하기

구분하여 제시하였다([표 244]).

이후에 OECD Education 2030 프로젝트에 의하면, [그림 242]와 같이 역량을 특정 상황에서 지식(교과지식, 융합적 지식, 실제적 지식), 기능(인지적/메타인지적 기능, 사회적/감성적 기능, 물리적/실제적 기능), 태도와 가치를 활용하는 능력을 말하고, 행동은 이러한 역량이 발휘되는 것을 의미한다.

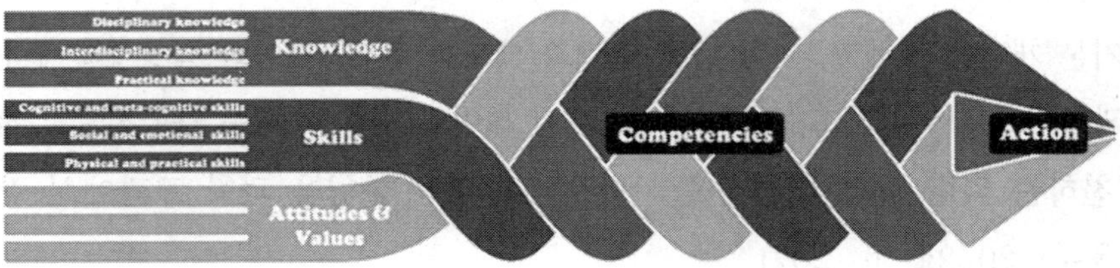

[그림 242] OECD 교육 2030 프레임워크 (OECD, 2016)

OECD 역량을 반영한 물리 수업계획 예시

김교사는 옴의 법칙을 내용으로 수업을 할 때, DeSeCo의 역량 모델에 따라 다음과 같이 수업을 계획하였다.

지식	전류의 세기는 전압에 비례한다, 저항이 작으면 많은 전류가 흐른다.
기능	전압과 전류 관계 실험을 통해 전압과 전류와의 관계를 이끌어낸다.
태도 및 가치	옴의 법칙이 전기 현상을 이해/적용하는데 가장 기초적인 법칙임을 실제 사례를 통해 강조한다.
행동	일상생활에서 감전을 방지하기 위한 방안을 알고 실천할 수 있도록 한다(즉, 저항을 크게 하여 전류의 세기가 줄어들게 한다).

활동

다음 물리주제에 대해 DeSeCo의 역량 모델을 반영한 수업을 계획해 보아라.
- 축전기(콘덴서), 볼록렌즈에 의한 상, 열기관

지식	
기능	(예) 축전기에 전기에너지를 저장한 후, LED를 켤 수 있다.
태도 및 가치	
행동	(예) 일반인을 위한 UCC 자료를 만들어, 일상생활에서 사용되는 축전기의 원리와 활용사례를 설명한다.

이외에도 여러 연구자들이 역량을 정의하고 특성을 기술해 왔는데, 몇 가지 예를 제시하면 [표 245]와 같다.

[표 245] 역량에 대한 정의와 특성

출처	역량 정의 & 특성
Parry(1996)	역량은 관련지식, 기능, 태도로 구성되어 직업에서 중요한 영향을 미친다. 그것은 직업에서의 수행으로 나타나고, 잘 알려진 기준에 의해 평가가 가능하고 훈련을 통해 발달될 수 있다 (p. 50)
Westera(2001)	역량을 갖춘 사람은 잘 정의되지 않은 문제, 일관되지 않는 정보, 비형식적인 협력, 추상적이고 역동적이며 통합적인 과정 등과 같은 복잡한 환경을 잘 조작할 수 있다. ... 이러한 역량은 지식과 기능의 수준을 넘어서서, 어떻게 지식과 기능이 효과적으로 적용될 수 있는가를 의미한다 (p. 75).
van der Klink & Boon(2003)	(미국에서) 역량은 지식, 기능, 사람의 특성(성향, 동기, 자아개념)을 통해 훌륭한 성취를 할 수 있는 것을 말한다(p. 126).
EU(2006)	역량이란, 상황에 적절한(맞는) 지식과 기능, 그리고 태도로 정의될 수 있다 (p. L394/13).
Hoskins & Crick(2010)	역량은 지식과 기능, 이해와 가치, 태도와 욕구 등의 집합체로, 특정 상황에서 효과적인 행동으로 이끌어 준다(p. 122).

이러한 여러 연구를 종합하여 박종원 등(2019)이 역량 모델을 제안하였는데, 모형과 구성 요소에 대한 내용은 [그림 243]과 같다.

<table>
<tr><th>모델</th><th>구성
요소</th><th>내용</th></tr>
<tr><td rowspan="6">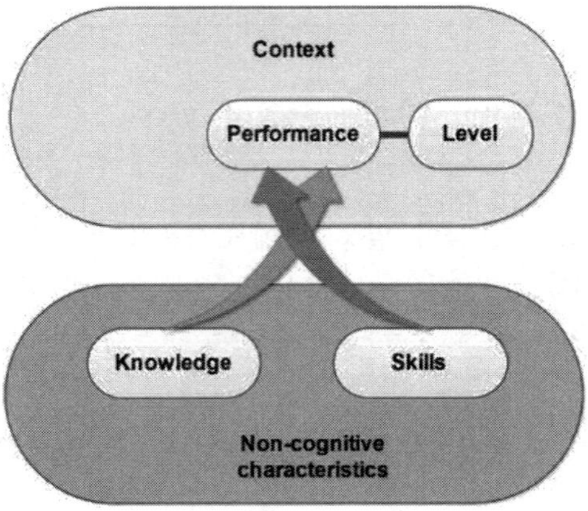
</td><td>상황</td><td>직업, 과학적 상황, 일상적 상황, 환경적 상황, 기술공학적 상황, 복잡한 상황, 잘 정의되지 않은 상황, ...</td></tr>
<tr><td>수행</td><td>계획, 제작, 실천, 과학탐구 수행, 문제해결, 의사결정, 결론 도출, ...</td></tr>
<tr><td>수준</td><td>효과적인, 성공적인, 만족스러운, 전문적인, 적절한, 가치로운, ...</td></tr>
<tr><td>지식</td><td>언어, 기호, 과학지식, IT 지식, NOS, 이론적 지식, 실제적 지식, ...</td></tr>
<tr><td>기능</td><td>문제발견, 증거평가, 가설평가,...
분석적, 창의적, 논리적, 메타인지적, ...
의사소통, 협업, 팀작업, 조직, ...</td></tr>
<tr><td>비인지
적 특성</td><td>태도, 자기효능감, 책임감, 믿음, 가치, 동기, ...</td></tr>
</table>

[그림 243] 역량 모델과 구성요소

역량 모델에 의하면, 물리학습 목표는 다음과 같이 설정할 수 있다.

역량 목표: 특정한 실제 (상황)에서 필요한 물리(지식)과 (기능)을 가지고 (비인지적 특성)에 기반하여 정해진 (수준)에 도달할 수 있도록 (수행)할 수 있다.

이에 역량 모델에서 제시한 요소들을 반영한 성취기준의 예를 들어 기존의 교육과정에서 제시한 성취기준과 비교하여 제시하면 [표 246]과 같다.

[표 246] 역량 요소를 반영한 성취기준 예

예	구분	성취기준/역량목표 내용
1	성취기준	[6과 13-03] 전기를 절약하고 안전하게 사용하는 방법을 토의할 수 있다.
	역량목표	가정(상황)에서 전기절약에 대한 긍정적인 태도를 갖고(인지 외적 특성), 전기와 관련된 지식과 정보(지식)를 이용하여 토론(기능)을 통해, 실천 가능한(수준) 행동수칙을 세울 수 있다(수행).

2	성취기준	[9과 09-04] 전류의 자기작용을 관찰하고, 자기장 안에 놓인 전류가 흐르는 코일이 받는 힘을 이용하여 전동기의 원리를 설명할 수 있다.
	역량목표	과학적 소양으로서 기초 과학개념 이해의 중요성을 인식하고(인지 외적 특성), 일반인을 대상으로 하는 과학강연을 가정하여(상황), 전류의 자기작용과 주변에서 관찰할 수 있는 관련 현상(지식)을 조직적으로 정리하여(기능), 일반인이 이해할 수 있는(수준) 짧은 강연 자료를 만들어 발표할 수 있다(수행).
3	성취기준	[물리학Ⅱ (3) 파동과 빛] 엑스선, 감마선, 마이크로파와 같은 여러 전자기파가 실생활에서 사용되는 예를 들 수 있다.
	역량목표	일상생활과 과학기술의 연관성을 인식하고(인지 외적 특성), 고압 송전선 설치가 필요한 상황에서(상황), 전자기파에 대한 지식을 이용하고(지식), 증거에 기초한 논증을 통하여(기능), 합의에 이를 수 있는(수준) 의사결정을 할 수 있다(수행).

활동

[표 246]에서 제시한 예를 참고하여, 다음에 제시한 2022 개정 교육과정의 과학 교과나 물리학 교과의 성취기준을 역량 목표로 바꾸어 보아라.

[9과10-02] 평면거울에서 상이 생기는 원리를 설명하고, 일상생활에서 사용되는 거울과 렌즈의 종류를 분류하고 상의 특징을 비교할 수 있다.

[12물리01-04] 일과 운동 에너지의 관계를 이해하고, 위치 에너지와 역학적 에너지 보존 법칙을 설명할 수 있다.

[12물리03-05] 고체의 에너지띠 구조로부터 도체와 부도체의 차이를 알고, 반도체 소자의 원리를 설명할 수 있다.

요약

1. 역량은 직업에서 직무와 관련된 실제적인 능력을 강조하기 위해 시작되었다.
2. 2015 개정 교육과정부터 역량중심 교육과정으로 역량이 강조되기 시작하였다.
3. OECD에서도 (지식, 기능, 태도와 가치, 행동으로 구성된) 역량을 교육에서 주요 목표로 강조하고 있다.
4. 역량 모델에서는 특정한 실제 (상황)에서 필요한 (지식)과 (기능)을 가지고/이용하여 (비인지적 특성)에 기반하여 정해진 (수준)에 도달할 수 있는 (수행)을 할 수 있는 것으로 역량을 정의하고 있다.

4.3 물리 교육과정과 디지털 소양/역량

디지털 기술의 발달에 따라 교육계에서도 교사 또는 학생에게 추구해야 할 목표로 '디지털 소양'이 강조되고 있다. 예를 들어, Google Ngram Viewer에 의하면, '디지털 소양'에 관련된 출판물이 2000년 직전부터 기하급수적으로 증가하고 있고, 2019년 현재 '과학적 소양'에 관련된 출판물의 수에 비해 2.8배가 높은 것으로 나타나고 있다([그림 244]). 물론 디지털 소양이 과학교육을 포함하여 모든 분야에서 언급되고 있다는 점에서 과학적 소양보다 높은 결과가 나오는 것은 당연하지만, 이와 같이 높은 비율로 빠르게 증가하고 있는 현상이 과학교육에 주는 시사점은 크다고 하겠다.

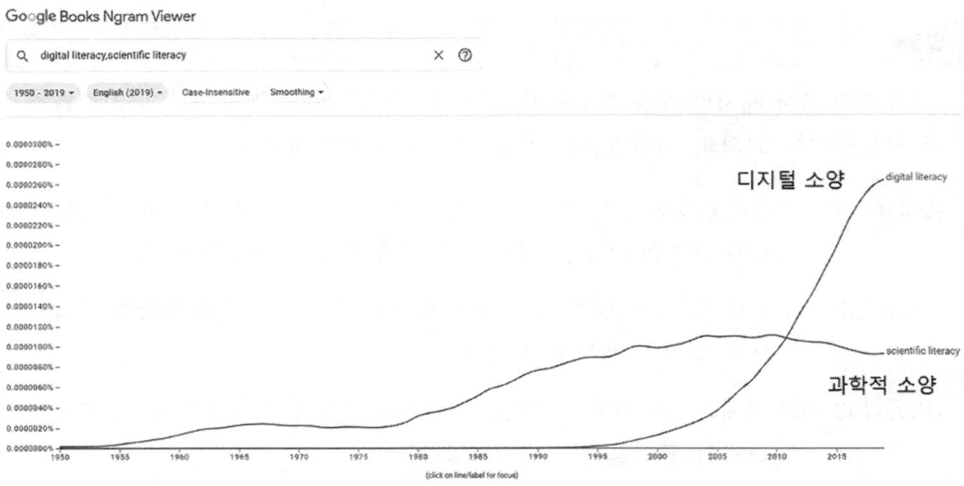

[그림 244] Google Ngram Viewer에서의 디지털 소양과 과학적 소양 비교

(1) 물리 교육과정 속의 디지털 소양/역량

2022 중학교 과학과 교육과정 설계의 개요에 "과학과 교육과정은 생태 소양, 민주 시민의식, 디지털 소양을 갖추고, 첨단 과학기술을 기반으로 융복합 영역을 창출하는 미래 사회에 유연하게 대응할 수 있는 과학적 소양을 갖춘 사람을 양성하는 것을 목표로 한다."라고 되어 있다(교육부, 2022a, p. 205).

2022 고등학교 물리 교육과정에서도 '힘과 에너지' 단원의 성취기준 설명에서, "뉴턴 역학과 운동량, 충격량을 다룰 때는 동영상을 분석하거나 마이크로프로세서 기반 장치 등 디지털 탐구 도구를 활용하여 창의적으로 설계하는 경험을 제공하고 학생의 흥미를 유발하여 적극적으로 수업에 참여할 수 있도록 한다." 라고 되어 있다(교육부, 2022b. p. 698).

(2) 디지털 소양/역량 모델과 물리학 학습

① 디지털 소양/역량의 정의

디지털 소양이라는 용어를 처음 도입한 Glister(1997, p. 20)는 디지털 소양을 다음과 같이 정의하였다: "디지털 소양은 디지털 자원과 도구 및 서비스들을 적절하게 사용하고 평가하며, 생애 학습과정에 그것을 적용할 수 있는 능력이다." 최근에 정의된 내용을 보아도 디지털 소양에 대한 정의는 크게 변하지 않았다(Western Sydney University, 2023): "디지털 소양은 인터넷 플랫폼, 소셜 미디어(social media), 모바일 기기과 같은 디지털 기술을 통한 정보에 대한 접근과 의사소통이 증가하는 사회에서 살고, 배우고, 일하는 데 필요한 기능들을 가지는 것을 의미한다."

디지털 소양에서 주로 강조하는 디지털 기술에 대한 이해와 지식 및 활용 기능 뿐 아니라, 디지털 역량에서는 [그림 245]와 같이 디지털 기술에 대한 태도와 인식, 그리고 실제 작업 환경에서의 수행을 강조하고 있다(Falloon, 2020).

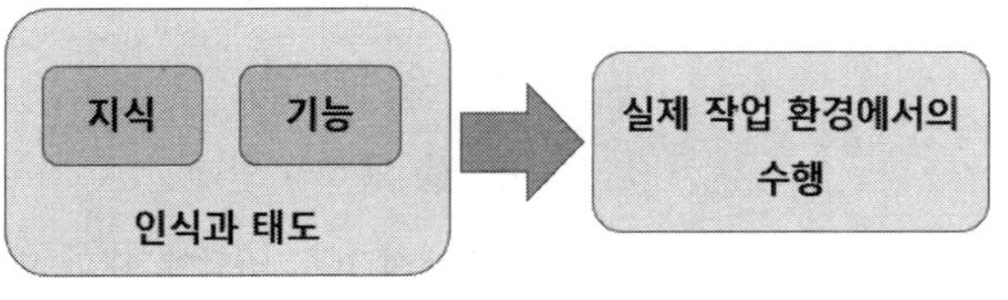

[그림 245] 역량 요소의 구성

② 디지털 역량 요소의 일반적 모델

Janssen et al.(2013)은 연구자, 교육자, 정책가, IT 사업가 분야의 전문가를 대상으로 조사하여, 일반인들이 갖추어야 할 12개의 디지털 역량 요소를 추출하였고, 이를 [그림 246]과 같이 블록형으로 제시하였는데, 각 블록에 대한 설명은 [표 247]과 같다.

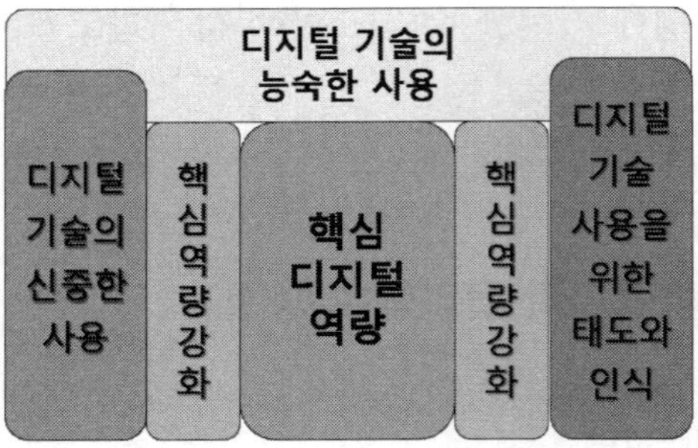

[그림 246] Janssen et al.(2013)의 디지털 역량 블록

[표 247] 디지털 역량의 영역별 내용: Janssen et al.(2013)의 내용을 요약한 것임

영역	역량 내용
핵심 디지털 역량	일반지식과 기능
	일상적 사용
	작업과 창의적 표현을 위한 전문적 역량
디지털 기술의 능숙한 사용	디지털 기술에 대한/을 이용한 학습
	적절한 디지털 기술에 대한 의식있는 결정
	계속적인 사용을 통한 자기 효능감의 표출
핵심 역량 강화	정보처리와 관리
	기술을 활용한 의사소통과 협업
디지털 기술의 신중한 사용	법과 윤리
	사생활 보호와 안전
디지털 기술 사용을 위한 태도와 인식	사회에서 ICT 역할에 대한 이해와 인식
	기술에 대한 균형잡힌 태도

물리학습 지도를 위한 계획

김교사는 일반인을 위한 디지털 역량 요소를 다음과 같이 물리학습을 하는 학생을 대상으로 하는 디지털 역량 요소로 바꾸어 보았다.

영역	역량 내용
핵심 디지털 역량	(1) 물리학습과정에서 사용할 수 있는 디지털의 기술과 유형들의 기초적인 원리와 특징을 이해하고, 기본적으로 활용할 수 있다. (2) 물리학습과정에서 창의적 표현을 위해 디지털 기술을 활용할 수 있다.
디지털 기술의 능숙한 사용	(3) 물리학습과정에서 적절한 디지털 기술을 선택하여 사용할 수 있다. (4) 물리학습과정에서 디지털 기술의 사용에 자신감을 갖는다.
핵심 역량 강화	(5) 물리학습과정에서 사용한 디지털 정보를 처리하고 저장·관리할 수 있다. (6) 물리학습과정에서 디지털 기술을 활용하여 적절하고 효율적으로 의사소통하고, 협업할 수 있다.
디지털 기술의 신중한 사용	(7) 물리학습과정에서 디지털 기술을 법과 윤리에 위배되지 않게 사용할 수 있다. (8) 물리학습과정에서 사용하는 디지털 기술로 사생활 침해가 되지 않도록 사용할 수 있다.
디지털 기술 사용을 위한 태도와 인식	(9) 물리학습과정에서 디지털 기술 사용이 가지는 장점과 단점을 이해하고, 균형있고 적절하게 사용할 수 있다.

활동

위에서 제시한 물리학습과정에서의 디지털 역량 내용에 대한 구체적인 예를 다음과 같이 적어보자. 이때 주어진 예를 참고하고 다른 예도 제시해 보자.

영역	역량 내용
핵심 디지털 역량	(1) (예) 아두이노의 원리와 특징을 이해하고, 탐구실험에 활용할 수 있다. (2) (예) 그래프 작성 AI를 이용하여 시각적으로 다양한 그래프를 그릴 수 있다.
디지털 기술의 능숙한 사용	(3) (4) (예) 동료 물리교사에서 디지털 기술의 사용법을 알려준다.
핵심 역량 강화	(5) (6) (예) 블로그, 원격회의 시스템 등을 이용하여 전문학습공동체 활동에 참여한다.
디지털 기술의 신중한 사용	(7) (8)
디지털 기술 사용을 위한 태도와 인식	(9) (예) 시뮬레이션을 사용할 때 장점(빠른 시간, 다양한 변인 조작, 실제로 힘든 상황에서의 실험 등)을 살리고, 단점(실제와 무관, 무작위적인 조작 등)을 보완한다.

③ 교육과 관련된 디지털 역량

앞선 디지털 소양 모델과 항목들이 특정 교과 영역에 무관한 일반적 모델이라고 볼 수 있다. 이에 Guzman and Nussbaum(2009)은 기술공학을 교육과 통합시켜, [표 248]과 같이 디지털 소양을 위한 교사 교육과정에서 추구해야 할 역량을 6개 영역으로 제시하였는데, 이는 물리학 교육과정의 '교수·학습 및 평가' 영역에서도 고려할 수 있을 것이다.

[표 248] 기술과 교육을 통합한 교사교육에서 강조하는 역량
(Guzman and Nussbaum(2009)의 내용을 요약한 것임)

영역	역량
도구/기술 영역	지도(instruction)와 관련된 디지털 기술의 자원을 알고 사용법을 익힌다.
교육/교육과정 영역	기술과 교육과정 운영을 통합하여, 교실 수업에서 기술 적용을 통해 학생의 학습을 도울 수 있도록 체계적인 계획을 수립한다.
지도/방법 영역	기술 적용을 통한 수업과정을 설계하고 강화하여, 동기유발 및 협력적 학습환경을 구축하여 학생의 학습을 돕는다.
평가/조사 영역	기술을 적용한 수업에 대한 적절성과 효과 등에 대해 체계적으로 (자기)평가와 모니터링을 수행한다.
의사소통/반추 영역	기술 적용 수업에 대한 긍정적 태도를 위한 사회적 환경을 구축하고, 상호 정보교류와 협업을 위한 의사소통을 수행한다.
개인적/태도적 영역	기술과 교육과의 통합에 대한 개방적이고 긍정적 태도와 자기 효능감을 함양하고, 기술 사용을 통한 관점과 실행에서의 변화에 유연한 태도를 갖도록 한다.

활동

[표 248]의 역량 요소에 대해 교사로서 내가 실제로 할 수 있는, 또는 할 필요가 있는 '나의 역량'을 기술해 보자.

역량	나의 역량
도구/기술 영역	(예) ChatGpt의 사용법을 알고, 자료분석을 위한 물리탐구 활동에서 엑셀파일을 업로드하여 자료를 분석하는데 사용할 수 있다.
교육/교육과정 영역	
지도/방법 영역	
평가/조사 영역	
의사소통/반추 영역	
개인적/태도적 영역	

나아가 박종원(2024)은 과학(물리)교사를 위한 디지털 기술의 사용에 대해 논의하였는데, 그 내용 중에서 디지털 기기를 과학(물리)교육에서 활용할 때 고려해야 할 내용을 [표 249]와 같이 제시하였고, 물리학습과 관련된 내용으로 제시한 것은 [표 2410]과 같다.

[표 249] 과학(물리)학습 지도에 디지털 기기 사용시 고려해야 할 내용

디지털 기기를 과학교육적으로 활용할 때 고려점
1. 디지털 기기를 사용하면서 사라지는 탐구기능이 있는지 점검한다. 만일 사라지는 탐구기능이 필요한 것이라면 보완 방안을 고려한다. 2. 디지털 기기를 사용하면서 탐구목적이 어떻게 변화될 수 있는지 점검한다. 3. 디지털 기기로 기존에 하기 힘든 새로운 탐구목적이 가능하다면 이를 적극 활용한다. 4. 디지털 기기 사용으로 숨겨지는 개념이 있는지 점검한다. 5. 디지털 기기 사용으로 잘 드러나는 과학개념이 있다면 이를 적극 활용한다. 6. 디지털 결과물/데이터/기기 사용시 장점과 단점 및 효율적인 활용방안을 점검한다.

[표 2410] 디지털 기기 활용시 고려해야 할 내용과 관련된 물리학습 내용

항목	관련된 물리학습 내용
1	아날로그 전류계를 디지털 전류계로 대치할 경우 → (1) 전류계의 영점 조절, (2) 높은 전류단자부터 연결, (3) 눈금의 1/10까지 어림하여 측정 등의 탐구기능이 사라진다.
2	스프링의 늘어난 길이와 추의 무게와의 관계로부터 "내삽/외삽 추리를 이용하여 임의의 추의 무게를 측정할 수 있다"라는 목표를 설정한 실험에서 디지털 저울로 대치할 경우 → 물체의 무게가 곧바로 측정되므로 "주변의 다양한 물체의 무게를 어림할 수 있다"로 탐구 목표를 변경하는 것이 적절하다.
3	볼록렌즈와 오목렌즈에 의한 빛의 경로 관찰하기 실험을 시뮬레이션으로 대치할 경우 → "볼록렌즈와 오목렌즈를 이용하여 다양하고 새로운 빛의 경로 찾아보기"와 같은 창의성 활동이 가능하다. 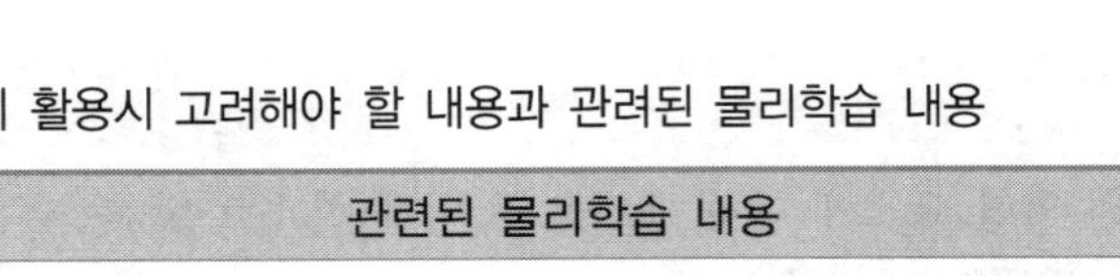

4	타점기를 이용한 실험에서 디지털 속도계로 대치할 경우 → 타점기에서 타점간 시간과 타점기에서 찍힌 거리로부터 속도의 개념을 직접 적용하는 과정이 없어지므로, 속도개념이 숨겨진다.
5	타점기를 이용하여 속도를 측정하는 대신 스마트폰 속도계로 대치할 경우 → 스마트폰을 직접 들고 움직이면서 속도와 가속도가 실시간으로 측정되므로, 속도와 가속도 개념을 직접 체험할 수 있다.
6	시뮬레이션을 사용하면 짧은 시간에 변인조절이 쉽고, 반복실험이 가능하다는 등의 장점이 있지만, 수공적 기능이 사용되지 않고 실제 현상과 무관하다고 오해할 수 있는 등의 단점이 있다.

활동

중등학교 물리 학습 내용에서 기존의 아날로그 방식에서 디지털 기기로 바꿀 때 고려해야 할 내용을 항목별로 다시 찾아보자.

요약

1. 디지털 소양에는 디지털 자원과 기기의 선택과 사용, 처리와 관리, 평가, 적용뿐 아니라, 이들을 이용한 의사소통, 윤리적 사용과 사생활 보호 등의 여러 요소가 포함된다.
2. 디지털 소양에서 실제 수행을 강조하면서 디지털 역량이 강조되고 있다.
3. 디지털 소양/역량에는 교과에 무관한 일반적 소양/역량도 있지만, 물리학습 지도와 관련된 디지털 소양/역량으로 강조할 수도 있다.
4. 디지털 기기를 물리학습 지도에 활용할 때에는 여러 가지 고려해야 할 점들이 있다.

4.4 물리 교육과정과 융합

융합(STEM) 교육은 1980년대 미국에서의 과학과 수학교육 강화를 위한 노력을 배경으로 하고, 기술교육의 강화가 경제발전을 위해 중요하다는 주장과 함께(Williams,

2011), 1990년대 과학과 수학, 공학과 기술 교육에서의 혁신을 위한 SMET(Science, Mathematics, Engineering, and Technology) 교육으로 시작되었다(Breiner, John, Harkness, & Koehler, 2012). 이후 2001년부터 Judith Ramsley가 STEM이라는 이름을 붙이면서 현재까지도 과학교육 분야에서 계속 강조해 오고 있다(Sanders, 2009).

일반적으로 STEM의 정의는 "... 특정과목의 내용들이 분리되지 않고, 하나의 역동적(dynamic)이고 유동적인(fluid) 학습으로 소개되고 다루어진다"라고 제시되고 있다(Merrill, 2009). 이와 같이 과목간 통합을 강조하기 위해 Sanders(2009)는 'integrative STEM'이라고도 하였다. 실제로 Brown(2012)도 2007~2010년까지 STEM 관련 논문 61편을 분석한 결과, 50편(82%)의 논문을 두 가지 이상의 분야간 통합을 강조한 'Integrative STEM'으로 분류할 수 있었다고 하였다. 우리나라에서도 권난주와 안재홍(2012)은 한국 주요 과학교육 저널에서 발표된 STEM 관련 논문 110편을 대상으로 분석한 연구에서 STEM 관련 논문을 '타교과 연계', '과학분야 내 연계', 'STS 및 통합'의 세 기준으로 분류한 것을 보면, 기본적으로 STEM 교육에서는 다른 분야와의 통합을 강조하고 있음을 알 수 있다.

(1) 물리 교육과정 속의 융합

2022 중학교 과학과 교육과정 설계의 개요에 "과학과 교육과정은 생태 소양, 민주시민의식, 디지털 소양을 갖추고, 첨단 과학기술을 기반으로 융복합 영역을 창출하는 미래 사회에 유연하게 대응할 수 있는 과학적 소양을 갖춘 사람을 양성하는 것을 목표로 한다."라고 되어 있다(교육부, 2022a, p. 205).

2022 고등학교 물리 교육과정의 성격에도 '미래 사회는 첨단 과학기술을 기반으로 혁신적인 융복합 영역이 창출되는 사회로, 과학적 문제해결력과 창의성을 발휘하는 전문가 집단과 과학적 소양을 갖춘 시민이 함께 이끄는 사회이다.'라고 되어 있다(교육부, 2022b. p. 694).

(2) 융합 프레임워크과 물리학습

Brown(2012)은 "STEM 교육에 대해서 많은 여러 가지 정의들이 있다"고 지적하였고,

Czerniak(2007)도 "통합에 대한 공통의 정의가 존재하지 않는 것 같다"고 하였다. 실제로 STEM 교육 프로그램 105개를 분석한 Asunda(2012)도 프로그램들 간에 STEM 교육의 정의와 목표가 서로 일치하지 않는다고 지적하였다. 그러나 이러한 지적이 융합교육을 하나의 관점으로 통일시켜야 한다고 보기 보다는 다양한 관점에서 융합교육이 다양한 방식으로 운영하는 것이 가능하다고 받아들일 수도 있다. 이에 본 절에서 융합교육에 대한 다양한 관점을 포괄하기 위해 [그림 247]과 같은 융합 프레임워크를 제시하고자 한다. 이 프로임워크에 대한 설명을 요약하여 제시한 것은 [표 2411]과 같다.

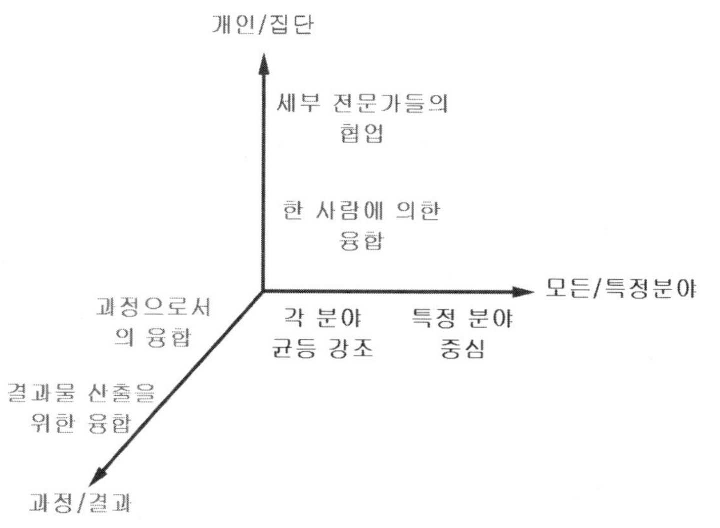

[그림 247] 다양한 관점을 포괄하기 위한 융합 프레임워크

[표 2411] 융합 프레임워크의 영역별 특징

영역	구분	특징
개인/구릅	한 사람에 의한 융합	- 여영서(2014)는 새로운 융합형 인간은 서로 다른 분야의 전문성을 서로 연결시켜 통합할 수 있는 사람이라고 하였다. 새로운 융합 인재형 : 두 분야를 통합한 전문가 

	세부 전문가들의 협업에 의한 융합	- 과학자들은 실제로는 서로 다른 전문성을 가진 사람들이 협업하여 연구를 수행하는 경우가 많다. - 둘 이상의 전문가가 협업을 통해 융합을 하고자 할 때에는 두 전문가의 협업을 조정해 줄 수 있는 협업 조정자의 역할이 필요하다. 이러한 유형의 협업을 위해서는 다음과 같은 기능들이 필요하다: 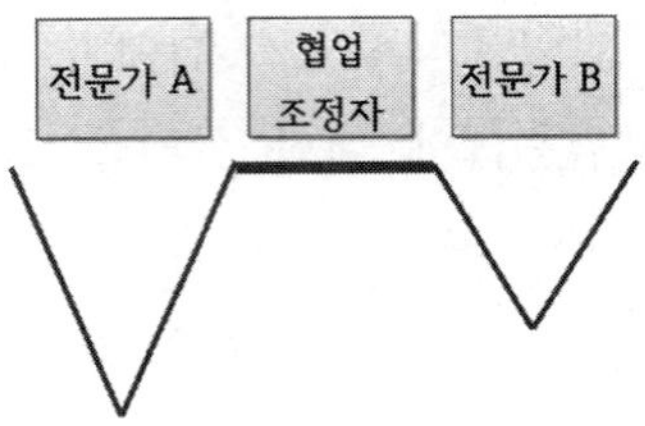 (1) 다른 사람과의 의사소통을 통해 합의된 내용을 도출할 수 있다. (2) 서로 관련없어 보이는 각자의 관점들간에 연관성을 찾을 수 있다. (3) 각자의 관심과 능력에 따라 역할을 분담할 수 있다. (4) 다른 사람의 장점을 격려하고 단점을 보완하는 태도를 갖는다.
모든/특정 분야	각 분야 균등 강조	STEM에서 과학, 기술, 공학, 수학분야가 균등하게 배분되어 포함되어 있다.
	특정 분야 중심	백남준의 비디오 아트는 예술중심의 공학과의 융합으로 볼 수 있고, 자동차 디자인의 경우에는 기술 중심의 예술과의 융합으로 볼 수 있다. STEM에서 과학중심 융합과 기술공학중심의 융합, 또는 수학중심의 융합이나 예술중심의 융합으로 특정분야가 중심이 되어 융합할 수 있다.
과정/결과	과정으로서의 융합	관찰/가설설정/실험설계 등과 같은 탐구과정, 상반된 관점 조절하기/역할 분담하기 등과 같은 협업과정, 의사소통/발표 등과 같은 사회적 상호작용 과정 등과 같이 협업을 위해 필요한 기능을 강조한다.
	결과물 산출을 위한 융합	설계도, 논문, 제작물, 특허 등과 같이 융합활동을 통해 산출된 최종 결과물을 강조한다.

협업에 의한 융합 활동 사례

김교사는 4집단으로 나누어 각 구룹별로 관련 지식과 기능을 익힌 후에, 함께 모여 UCC를 제작하는 융합활동을 계획하였다.

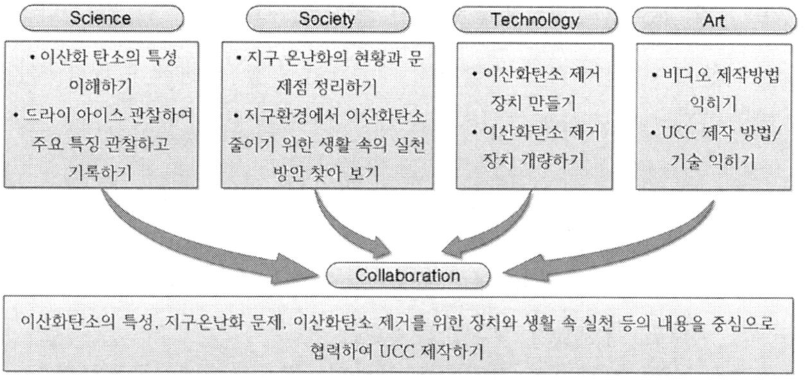

개인별 과학중심의 결과물 산출을 위한 융합활동 사례 1

김교사는 전기에너지와 신재생 에너지(태양에너지 등) 주제로 다음과 같은 융합 수업을 계획하였다.

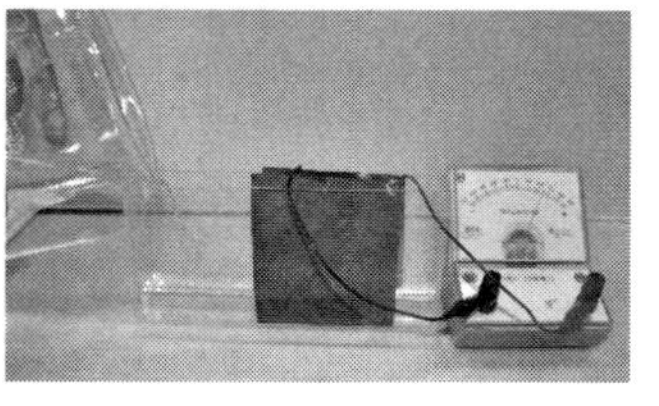

(1) 태양전지의 원리, 우리나라 태양전지의 활용 현황 등에 대한 기초지식을 간략하게 살펴본다.
(2) 구리판을 불에 구워 실제로 작동하는 구리판 태양전지를 제작한다.
(3) 제작한 태양전지를 이용하여 다음 실험을 수행한다: 소금물 농도에 따른 전압의 변화, 빛의 세기에 따른 전압의 변화, 구리판 간격에 따른 전압의 변화
(4) 수행한 탐구결과를 발표하여 수정하고, 결과보고서를 작성한다.

협업에 의한 기술공학중심의 과정중심 융합활동 사례 2

김교사는 전기에너지와 신재생 에너지(태양에너지 등) 주제로 다음과 같은 융합 수업을 계획하였다.

(1) 조별로 태양전지의 원리, 우리나라 태양전지의 활용 현황 등에 대한 기초지식을 간략하게 살펴본다.
(2) 조별로 구리판 태양전지를 제작한다.
(3) 조별로 태양전지의 전압을 높이는 방안을 각각 찾아보고, 점검해 본다.
(4) 각 조에서 찾은 방안을 발표하고, 발표내용을 공유한다.
(5) 발표 내용을 모아 효율좋은 구리판 태양전지의 제작 조건을 정리한다.

협업에 의한 과학 중심의 결과물 산출을 위한 융합활동 사례 3

김교사는 전기에너지와 신재생 에너지(태양에너지 등) 주제로 다음과 같은 융합 수업을 계획하였다.

(1) 6개 조(조당 3~4명)로 나누어 각 조는 다음 내용을 수행한다.
　1조: 태양전지의 원리 조사
　2조: 우리나라 태양전지의 활용 현황
　3~6조: 구리판 태양전지 제작
(2) 각 조에서 수행한 과정과 결과를 발표하고, 발표 내용을 공유한다.
(4) 제작한 태양전지를 이용하여 조별로 다음 탐구를 수행한다.
　1~2조: 소금물 농도에 따른 태양전지의 전압 변화
　3~4조: 빛의 세기에 따른 태양전지의 전압 변화
　5~6조: 구리판 간격에 따른 태양전지의 전압 변화
(5) 각 조에서 수행한 과정과 결과를 발표하고, 발표내용을 공유한다.
(6) 수행한 탐구결과들을 모아 통합된 결과보고서를 작성한다.

활동

다음 내용이 포함된 융합활동을 계획해 보자. 이때 개인별-협업형, 과학중심-기술공학중심, 과정중심-결과중심의 유형별로 계획해 보자.

다음은 위치 에너지가 운동 에너지로 전환되는 자동차이다. (그림에서 도르래의 추에 연결된 선이 바퀴의 축에 감겨져 있어, 추가 내려올 때 바퀴가 회전하면서 차가 진행하도록 되어 있다. 즉, 추의 위치에너지가 자동차의 운동에너지로 전환되는 장치이다)

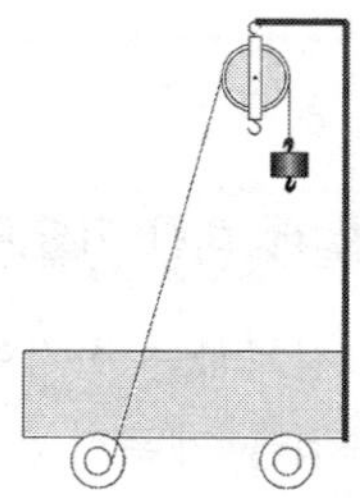

활동

1. 중등 (과학)물리학 교과서에서 융합활동을 찾아보고, 개인/집단, 균등/특정분야 중심, 과정/결과 측면에서 분석해 보자.

2. 중등 (과학)물리학 교과서에서 융합활동을 찾아보고, 개인활동인 경우에는 협업 활동으로, 여러 분야가 균등하게 포함되어 있으면, 과학기술 또는 과학 중심으로, 그리고 결과중심으로 되어 있으면 과정중심으로 바꾸어 보아라.

요약

1. 융합은 기술교육의 강화 측면에서 시작되었지만, 과학교육에서도 계속 강조되고 있다.
2. 융합교육은 개인/집단, 모든/특정분야, 과정/결과 측면에서 여러 가지 유형으로 나눌 수 있다.
3. 실제적인 융합을 위해서는 세부 전문가의 협업에 의한, 모든 분야가 균등하게 포함된 융합보다는 특정 분야 중심의 융합이 실질적이다.
4. 융합활동 과정에서 탐구 및 제작 기능뿐 아니라, 여러 사람이 융합하는 경우에 필요한 사회적 상호작용 기능들이 있다.

4.5 물리 교육과정과 과학적 창의성

최근 창의성은 영재교육에서뿐 아니라, 일반 교육과정 속에서도 일반 학생을 위해 강조되고 있다. 예를 들어, 미국의 'Science for All Americans'의 1장 '과학의 본성'에는 과학을 논리와 상상력이 융합된 것으로 보고 "세계가 어떻게 운행되는지를 상상하기 위해 가설과 이론을 고안하는 것, 그리고 그것이 실제로 검증될 수 있도록 하는 것은 마천루를 설계하거나 작곡, 또는 시를 쓰는 것과 같이 창의적인 일이다"라고 하였다. 또 13장 "효과적인 학습과 지도"에도 "과학 교실은 창의성과 고안이 ... 인식되고 격려되는 자리여야 한다. 교사도 학생들의 창의성과 상상력을 발휘할 수 있는 활동을 고안하는 데 자신의 창의성을 표현할 수 있어야 한다"고 하였다(AAAS, 2011).

영국의 중등 과학교육과정의 Key Stage 3에는 '과학의 중요성'을 언급하면서 "설명을 제안하고 평가하기 위해 실험과 모델 세우기를 사용하며, 이때 비판적이고 창의적인 사고를 격려한다"라고 창의성 지도를 강조하고 있다(QCA, 2011).

호주 교육과정, 평가 및 보고국(Australian Curriculum, Assessment and Reporting Authority: ACARA)에서는 유치원부터 12학년까지의 교육과정을 개정하면서 "교육과정의 한 영역으로 창의성을 길러 우리 어린이들이 진취성을 보이고, 자신의 창의적 능력을 사용할 수 있는 자신있고 모험적인 개인으로 될 수 있도록 지원하는 것은 핵심적인 일이다"라고 하였다(Gillard, 2010).

또한 중국의 경우에도 1999년 제3차 국가교육작업회의(National Education Work Conference)에서 "현재 세계적으로 과학과 기술의 빠른 발전에 직면하여 우리는 국가의 부흥과 몰락이라는 측면에서 국가적인 창의성을 강화하는 문제를 인식해야 한다"고 하였고, 대만 교육부에서도 창의적인 사고와 문제해결력이 미래의 세계시민을 위해 중요하면서 기본적인 기능이라고 강조하고 있다(Jang, 2009).

(1) 물리 교육과정 속의 과학적 창의성

2022 중학교 과학과 교육과정 중, 중학교 과학과 교육과정 설계의 개요에서 "과학과 교육과정은 미래 사회를 살아갈 시민으로서 '과학적 소양을 갖추고 더불어 살아가는 창의적인 사람'을 육성하는 것을 목적으로 한다."라고 하여 창의성을 강조하고 있다(교육부, 2022a, p. 205). 과학과 교과의 성격에도 "'과학'은 '과학적 소양을 갖추고 더불어 살아가는 창의적인 사람'을 육성하기 위한 교과이다."라고 명시하였고(교육부, 2022a, p. 207), 목표에도 "자연 현상과 일상생활에 대하여 흥미와 호기심을 가지고 과학적 탐구를 통해 주변의 현상을 이해하고, 개인과 사회의 문제를 과학적이고 창의적으로 해결하는 데 민주 시민으로서 참여하고 실천하는 과학적 소양을 기른다."라고 명시하고 있다(교육부, 2022a, p. 207). 그리고 핵심 아이디어, 지식·이해, 과정·기능, 가치·태도로 구성되어 있는 내용체계에서도 가치·태도에 "과학 창의성"이 포함되어 있다(교육부, 2022a, p. 209).

2022 개정 교육과정 중, 물리학 교과의 성격에서 "미래 사회는 첨단 과학기술을 기반으로 혁신적인 융복합 영역이 창출되는 사회로, 과학적 문제해결력과 창의성을 발휘하는 전문가 집단과 과학적 소양을 갖춘 시민이 함께 이끄는 사회이다."라고 하여 창의성을 강조하고 있다(교육부, 2022b. p. 694). 그리고 물리학 교과의 내용체계를 핵심 아이디어, 지식·이해, 과정·기능, 가치·태도로 구성하여 제시하면서 가치·태도에 "과학 창의

성"을 포함시켰다(교육부, 2022b, p. 696).

활동

1. 과학교육과정의 성취기준에서 창의성을 반영한 목표가 있는지 찾아보자.
2. 중등 물리교과서에서 창의성을 반영한 활동이 있는지 찾아보자.

(2) 과학 창의성 모델과 물리학습

과학 창의성 모델: 창의성은 영역에 무관한 일반적 창의성으로도 지칭되지만, 영역에 따라 다른 특성을 가질 수 있다고 보고, 영역 의존적 창의성이 강조되고 있다. 예를 들어, Baer(1991)는 8학년 학생을 대상으로 4가지 과제(두개 언어과제, 수학과제, 단어와 수가 포함된 과제)를 창의적으로 수행하도록 하였을 때, 과제간 상관이 거의 없다고(평균 0.06) 보고하였고, 과학분야에서 Mansfield & Busse(1981)는 창의성 검사결과와 과학자의 창의성 평가(주로 상급자나 지도교수에 의한 평가)간에 상관관계가 없거나 낮은 사례들을 보고하고 있다. 이에 박종원(2004)은 과학창의성 모델을 [그림 248]과 같이 제시하였다.

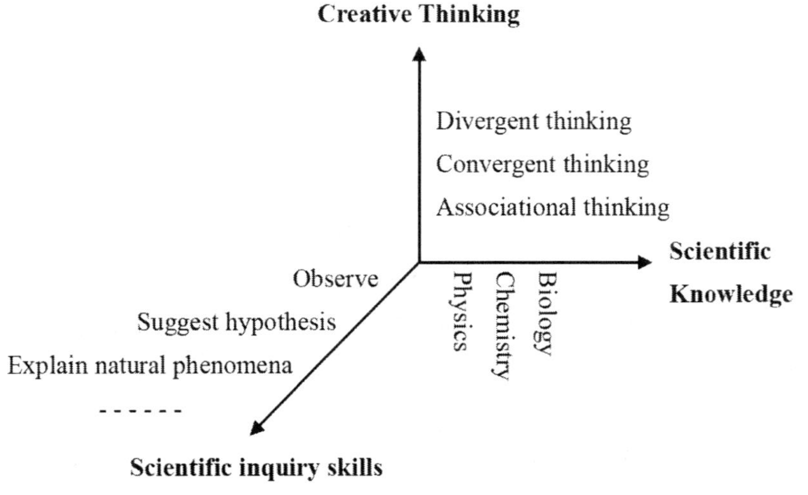

[그림 248] 과학 창의성 모델

과학 창의성 요소에 대한 조작적 정의: 과학 창의성 모델에서 창의적 사고 요소에 대한 조작적 정의를 요약한 것은 [표 2412]와 같다. 각 요소에 대한 구체적인 설명은 별도의 장에서 자세하게 다룰 것이다(박종원, 2011).

[표 2412] 과학 창의성 요소의 조작적 정의

과학 창의성 요소		조작적 정의
발산적 사고	유창성	아이디어의 수를 의미한다. 이때 제안된 아이디어를 모두 인정할 수도 있지만, 과학 창의성에서는 과학개념이 포함되거나 활용된 아이디어, 과학 탐구 과정에서 활용될 수 있는 아이디어, 또는 과학적으로 근거있는(정합성) 아이디어만 한정할 수 있다.
	융통성	아이디어의 종류를 의미한다. 아이디어의 종류를 나누는 분류기준은 과제 상황에 따라 다양할 수 있지만, 과학 창의성에서는 아이디어에 포함된 과학개념에 따라 나눌 수 있다.
	비관습적 사고	일상적인 사고와 다른 사고를 의미한다. 예를 들면, '반대로 생각하기, '조건 바꾸어 생각하기', '일반적인 구조 바꾸기', '가상의 세계 가정하기', '법칙 다르게 정의하기' 등이 포함될 수 있다. 여기에서도 과학적 창의성을 강조하기 위해서는 비관습적인 사고라도 어느 정도로 과학적인 근거를 가지고 있는가를 함께 평가하는 것이 필요하다.
수렴적 사고	통합성	아이디어를 모아 하나의 조직화된 체계로 만들었을 때, 그 체계에 포함된 아이디어들의 수를 의미한다. 개념도의 경우에는 개념도에 포함된 개념의 수가 될 수 있고, 루브 골드버그 장치의 경우에는 포함된 장치의 수가 될 수 있다. 또는 발명품의 경우에는 몇 가지 기능이 함께 들어있는가로 정의할 수도 있다. 개별 아이디어의 수보다는 모아서 구조화된 아이디어의 수를 강조한다는 점에서 유창성과 다르다.
	정합성	아이디어에 과학적 근거가 있고, 아이디어들 간에 논리적이고 일관된 연결이 된 경우를 의미한다. 개념도의 경우에는 개념과 연결어가 이루어진 명제가 과학적으로 타당한가에 따라 정합성을 판단할 수 있다.
	단순성	모인 아이디어들의 내적인 질서와 규칙성에 따라 아이디어를 단순화시킨 것을 의미한다. 과학에서는 수식으로 표현하거나 표나 그래프, 또는 모형/그림이나 모델로 나타내는 경우가 된다.
연관적 사고	유사성 추론	다른 상황이지만 개념적으로 서로 유사한 성질로 연결짓는 것을 의미한다. 예를 들어, 볼록렌즈에 의한 빛의 굴절과 중력렌즈 현상을 연결짓거나 실로폰에서 소리의 높낮이과 포도주 잔에서 소리의 높낮이 현상을 연결짓는 경우이다.

	비유사성 추론	겉으로 보기에 전혀 무관해 보이는 것을 연결짓는 사고를 의미한다. 예를 들면, 과학과 예술을 연결짓거나, 과학개념과 속담을 연결짓는 경우가 예가 될 수 있다. 또는 스프링과 볼록렌즈 연결하기 활동도 예가 될 수 있다.
공통 요소	독창성	남들이 미처 생각하지 못한 아이디어를 의미한다. 만일 5%기준을 사용한다면, 100명이 제안한 아이디어들 중에서 5명 이내만이 제안한 아이디어를 독창적이라고 할 수 있다. 5% 기준은 절대적인 기준은 아니다. 따라서 선발을 위한 경우라면 1~2%로 정할 수도 있고, 교육 현장에서 학생을 격려하기 위해서는 10%로 정할 수도 있다.
	정교성	아이디어를 구체적이고 자세하게 표현한 것을 의미한다. 설계도를 그리거나 구체적인 예를 제시하는 경우가 이에 해당된다. 과학 창의성에는 정성적 표현을 정량적으로 표현한 경우가 포함된다.
	가치	제안된 새로운 아이디어가 얼마나 자연과 인간에게 도움을 줄 수 있는지, 윤리적인 문제가 없는지 등을 의미한다.

창의성 활동 사례

김교사는 물 컵에 막대를 넣고 굴절 현상을 관찰하는 수업을 할 때 창의성 활동을 위해 유창성, 융통성, 독창성 요소를 포함한 수업을 다음과 같이 계획하였다.

1. 그림과 같이 물이 든 둥근 컵에 막대기가 담겨져 있다. 여기에서 굴절과 관련된 현상을 5개 이상 관찰해 보자(유창성).
2. 위 장치에서 굴절 이외의 다른 현상도 관찰해 보자(융통성). 예를 들면, 반사와 관련된 현상도 좋고, 물 표면을 관찰해도 좋다. 이때 가능한 한 많은 관찰을 하여 관찰사실을 기록하여라(유창성). 특히 남들이 관찰하지 못한 것을 관찰하면 좋다(독창성).

창의성 활동 사례

강교사는 여러 가지 힘을 배울 때 연관적 사고를 위한 창의성 활동을 다음과 같이 계획하였다.

1. 다음의 두 개념을 서로 연결해 보자. 연결은 유사한 특징이나 반대 특징으로 연결해도 좋고, 두 개념을 포함한 문장(예: 중력이 크면 마찰력도 커진다)으로 만들어도 좋다.
   (1) 볼록렌즈와 스프링, (2) 중력과 마찰력

창의적인 사고방법 안내: 창의성 활동을 적용할 때, 학생들이 어떻게 하면 창의적인 아이디어를 낼 수 있는지를 도와주면 좋다. 즉 [창의적인 사고방법 안내]와 예시를 활동지에 함께 제시해 주면 좋다. 창의적인 사고방법 안내는 정해져 있는 것이 아니라, 직접 교사가 창의적인 아이디어를 내 보고 어떻게 그런 생각을 하게 되었는지를 예시로 제시하면 된다.

창의적인 사고방법 안내 개발 방법

(1) 김교사는 물 컵에 넣은 막대를 관찰하면서 다음과 같은 관찰결과를 그림과 함께 기록하였다.

(2) 아래와 같이 자신이 관찰한 결과를 어떻게 하면 관찰할 수 있는지에 대한 안내를 만들어 보고, 각 안내에 대한 예시를 제시한다.
- 위의 첫번째 관찰방법: 막대를 움직이면서 관찰해 본다(예: 막대를 좌우 앞뒤로 움직여 본다).
- 위의 두번째 관찰방법: 보는 각도를 바꾸어 가면서 관찰해 본다(예: 보는 각도를 위아래 좌우 등으로 바꾸어 본다).
- 위의 세번째 관찰방법: 막대 이외의 다른 물체/현상을 관찰해도 좋다(예: 물컵을 잡고 있는 손을 관찰해 본다).

(3) 다른 관찰을 해보고 그러한 관찰을 하기 위한 관찰방법 안내와 예시를 써보자.
(4) 보통 하나의 활동지에 창의적인 사고방법 안내는 2~3개 정도만 제시해도 된다.

활동

(1) 연관적 사고를 위한 창의성 활동에서 김교사는 다음과 같이 연결지었다.
- 볼록렌즈는 빛 에너지를 모으고, 스프링은 탄성 에너지를 모은다.
- 볼록렌즈와 스프링은 둥근 모양을 가지고 있다.
- 볼록렌즈는 투명하지만, 스프링은 불투명하다.

(2) 위 3가지 아이디어를 제안하는데 도움이 되는 안내내용을 만들어 보자.
(예) 첫번째 아이디어를 내기 위해서는 '볼록렌즈와 스프링의 대표적인 현상 중에서 공통점이 있는지 찾아보세요'라는 안내가 도움을 줄 수 있다.

요약

1. 과학 창의성은 과학개념이 포함되거나, 과학개념을 이해하거나 활용하는데 관련된 아이디어이거나 과학 탐구를 수행하는데 관련된 아이디어이다.
2. 과학 창의성을 위한 창의적 아이디어에는 발산적, 수렴적, 연관적 사고의 3가지 유형으로 구분할 수 있다.
3. 과학 창의성을 위한 창의성 요소는 11가지로 정리할 수 있다.
4. 과학 창의성 활동자료에는 [창의적인 사고방법 안내]와 예시가 필요하다.
5. [창의적인 사고방법 안내]를 만들기 위해서는 직접 창의적인 아이디어를 제안해 보고, 그런 아이디어를 생각할 수 있는 안내를 제시하면 된다.

참고문헌

CHAPTER 01

교육과학기술부 (2011). 2009 개정 교육과정에 따른 과학과 교육과정. 교육과학기술부 고시 제2001-361호[별책 9]. 교육과학기술부

교육부 (1998). 제7차 교육과정. 교육부 고시.

교육부 (2015). 2015 개정 교육과정. 교육부 고시.

문교부 (1986). 교육과정. 문교부.

정연태 (1984). 한국과학교육의 오늘과 내일. KBS 공개대학 시리즈. 서울: 한국방송사업단.

CHAPTER 02

교육부 (2021a). 2022 개정 교육과정 총론 주요사항 발표. 교육부 보도자료 2021.11.24.

교육부 (2021b). 2022 개정 총론 주요사항 마련을 위한 연구 공청회 자료집. 세종: 교육부.

교육부 (2022). 2022 개정 교육과정, 교육부 고시 제2022-33호. (https://ncic.re.kr/)

신영준 외 (2022). 2022 개정 과학과 교육과정 시안 개발 정책연구. 발간번호 11-B552111-000030-01. 교육부.

신영준, 곽영순, 김영학, 송오준, 심규철, 유아람, 이재봉, 이준기, 임성민, 최애란, 최원호, 추교형, 홍옥수 (2021). 역량 함양 과학과 교육과정 재구조화 연구. 교육부 연구보고서.

정범모 (1956). 교육과정, 풍국학원.

한국과학창의재단(2020). 2015 개정 과학과 교육과정 현장적용 실태분석 연구. 한국과학창의재단 연구보고 BD20070005.

OECD (2018). The Future of Education and Skills: Education 2030. OECD.

OECD (2020), What students learn matters: Towards a 21st century. OECD.

CHAPTER 03

김수용 (1987). 물리교육의 새로운 방향설정 -PSSC 30년 후. 한국과학교육학회지, 7(1), 105-109.

박승재, 윤진 (2013). 미국의 초중등 과학교육의 정책. 정책연구보고서, 한국과학교육단체총연합회.

박승재 (1967). PSSC 활동에 대한 연구, 서울대학교 교육대학원 논문집, 12, 121-131.

서울대학교 사범대학 (1973). 하바드 프로젝트 물리 과정의 조사분석과 적용에 관한 연구, 문교부 정책연구보고서

장혜원, 박승재 (2024). 미국 물리교육의 시대적 변동과 패러다임 전환: 1860년대부터 현재까지의 역사적 분석, New Physics: Sae Mulli, 74, 700-713.

한국물리학회, 한국물리학회 50년사 https://www.kps.or.kr/content/50years/html/kps42.htm

American Association of Physics Teachers, PSSC: 50 Years Later, http://www.compadre.org/portal/pssc/pssc.cfm Retrieved February 22, 2017.

Holton, G. (2003). The Project Physics Course, Then and Now. Science & Education 12, 779-786

Holton, G., Rutherford, F. J., & Watson, F. G. (1970). The Project Physics Course Handbook, Harvard University.

Holton, G. (1969). Project Physics: A Report on its Aims and Current Status, Physics Education, 4, 19-25.

Holton, G. (1967). Harvard Project Physics, Physics Today, 20 (3): 31-34.

Matthews, M. R. (1994). Science Teaching: The Role of History and Philosophy of Science, Routledge, New York.; 권성기, 송진웅, 박종원 역 (2014) 과학교육: 과학사와 과학철학의 역할, 서울: 북스힐.

Moore, A. J. (1968). Harvard Project Physics-A Cogent Approach, Science Education, 52: 337-345 .

Pell, H. (2019). Harvard Project Physics: The Role of History in Science Curriculum, Ex Libris Universum Niels Bohr Library & Archives.

Physical Science Study Committee, M. W. Friedlander (1962). Physics and PSSC Physics Teacher's Resource Book and Guide. Physics Today , 15 61-63.

Physical Science Study Committee (1960), Laboratory Guide for Physics (Educational Service Incorporated, Watertown); PSSC번역위원회 역(1970). PSSC 물리 실험지도서, 탐구당.

Physical Science Study Committee (1960). Physics (Educational Service Incorporated, Watertown); PSSC번역위원회 역 (1970). PSSC 물리, 탐구당.

Physical Science Study Committee (1960). Teachers' Guide and Resource Book (원고에 출처 표기를 명기하지 않은 PSSC와 HPP 관련 자료 사진은 박승재 교수님의 소장 자료를 임성민이 촬영한 것임)

CHAPTER 04

교육부 (2022a). 중학교 교육과정. 교육부 고시 제 2022-33호 [별책 3]. 교육부.

교육부 (2022b). 고등학교 교육과정. 교육부 고시 제 2022-22호 [별책 4]. 교육부.

권난주, 안재홍. (2016). 융합인재교육 연구동향 분석. 과학교육연구지(경북대학교 과학교육연구소), 40(1), 72-89.

박종원 (2016). 과학적 소양에 대한 세가지 논의. -통합적 이해, 과학과정에의 정착, 시민교육을 중심으로-. 한국과학교육학회지, 36(3), 413-422.

박종원 (2024). 디지털 기술의 과학교육적 활용. -일반적, 교육-기술 통합적, 과학내용 의존적 관점에 따라-. 기조강연 1. 제 85차 한국과학교육학회 정기학술대회. 경상대학교.

박종원, 윤혜경, 권성기 (2019). 과학 역량 모델의 제안과 과학 교육과정에의 적용. 한국과학교육학회지, 39(2), 207-220.

여영서 (2014). 과학적 방법과 지식융합시대를 이끌 W형 인재의 사고방식. paper presented at the 2014 KASE International Conference, Daegu University, Korea, 13-15, February.

AAAS[Science for All Americans]. (1990). Project 2061, NY: Oxford University Press.

Asunda, P. A. (2012). Standards for technological literacy and STEM education delivery through career and technical education programs. Journal of Technology Education, 23(2), 44–60.

Baer, J. (1991). Generality of creativity across performance domains. Creativity Research, 4, 23–39.

Breiner, J.M., Johnson, C.C., Harkness, S.S., & Koehler, C.M. (2012). What is STEM? A discussion about conceptions of STEM in education and partnerships. School Science and Mathematics, 112(1), 3–11.

Brown, J. (2012). The current status of STEM education research. Journal of STEM Education, 13(5), 7–11.

Brown, R. B. (1994). Reframing the competency debate: management knowledge and meta–competence in graduate education, Management Learning, 25(2), 289–299.

Crowell, A., & Schunn, C. (2016). Unpacking the relationship between science education and applied scientific literacy. Research in Science Education, 46(1), 129–140.

Czerniak, C. M. (2007). Interdisciplinary science teaching. In S. K. Abell & N. G. Lederman(Eds.), Handbook of research on science education (pp. 537–559). Mahwah, NJ: Lawrence Erlbaum Associates.

Falloon, G. (2020). From digital literacy to digital competence: The teacher digital competency (TDC) framework. Educational Technology Research and Development, 68, 2449–2472.

Fensham, P. J. (2002). Time to change drivers for scientific literacy. Canadian Journal of Science, Mathematics and Technology Education, 2(1), 9–24.

Gillard MP, J. (2010). Developing a national curriculum that fosters children's creativity, Learning Matters, 15(1), 3–4.

Gilster, P. (1997). Digital literacy. Wiley.

Guzman, A., & Nussbaum, M. (2009). Teaching competencies for technology integration in the classroom. Journal of Computer Assisted Learning,

25(5), 453-469.

Jang, S. (2009). Exploration of secondary students' creativity by integrating web-based technology into an innovative science curriculum. Computers & Education, 52, 247-255.

Janssen, J., Stoyanov, S., Ferrari, A., Punie, Y., Pannekeet, K., & Sloep, P. (2013). Experts' views on digital competence: Commonalities and difference. Computers & Education, 68, 473-481.

Mansfield, R.D., & Busse, Y.V. (1981). The psychology of creativity and discovery. Chicago: Nelson-Hall.

McClelland, D. C. (1973). Testing for competence rather than for "intelligence". American Psychologist, 28(1), 1-14.

Merrill, C. (2009). The future of TE masters degrees: STEM. Presentation at the 70th Annual International Technology Education Association Conference, Louisville, Kentucky.

Murcia, K. (2009). Re-thinking the development of scientific literacy through a rope metaphor. Research in Science Education, 39, 215-229.

National Science Teachers Association [NSTA] (1982). Science-Technology-Society: Science Education for the 1980s. Washington, DC: Author.

Norris, S. P., & Phillips, L. M. (2003). How literacy in its fundamental sense is central to scientific literacy. Science Education, 87, 224-240.

Organisation for Economic Cooperation and Development [OECD]. (2009). PISA 2009 assessment framework: Key competencies in reading, mathematics and science. Paris: OECD.

Park, J. (2004). A suggestion of cognitive model of scientific creativity (CMSC). Journal of Korean Association of Science Education, 24 (2), 375-386.

Park, J. (2011). Understanding and teaching scientific creativity in schools. New Physics Sae Mulli, 61 (10), 947-961.

QCA, (2011). Science programme of study for key stage 3 and attainment targets, retrieved at http://curriculum.qcda.gov.uk/uploads/QCA-07

-3344-p_Science_KS3_tcm8-413.pdf.
Roth, W-M., & Lee, S. (2002). Scientific literacy as collective praxis, Public Understanding of Science, 11, 33-56.
Sanders, M. (2009). STEM, STEM Education, STEM mania, The Technology Teacher, 68(4), 20-26.
Spencer, L. M., & Spencer S. M. (1993). Competence at work: Models of superior performance. NY: John Wiley & Sons, Inc.
Western Sydeny University. (2003). What is digital literacy. https://www.westernsydney.edu.au/studysmart/home/study_skills_guides/digital_literacy/what_is_digital_literacy
White, R. T. (1979). Achievement, mastery, proficiency, competence. Studies in Science Education, 6, 1-22.
Williams, J. (2011). STEM education: Proceed with acution. Design and Technology Education: an International Journal, 16(1), 26-35.

PART 3

중등 물리 학습 이론과 실제

CHAPTER 01

인지발달 이론과 물리 학습

박종원 (전남대학교)

1.1 지식의 유형과 조작(Operation)

[피아제]

피아제(Piaget, 1896~1980)[18]는 동물학을 연구하여 박사학위를 받은 스위스의 생물학자였다. 그러나 1920년 경 아이들의 추론 능력을 조사하는 연구에 참여하여 아이들의 오류에 관심을 가지게 되었다. 이후 피아제는 발달 심리학자로서 아이들이 어떻게 지식을 습득해 나가는지에 대한 연구를 하게 되었다.

과거 지식의 습득과정을 간단히 보면, 지식은 외부 정보가 감각으로부터 우리에게 들어와 내면화되면서 형성된다는 경험론과 외부 정보는 불확실하기 마련이고 우리의 이성이 지식 형성에서 중요한 역할을 한다는 관념론이 있다. 이에 대해 피아제는 두 관점을 통합하는 관점을 취하였다.

즉 피아제는 지식의 형성과정에서 경험과 이성이 상호의존적으로 각각 중요한 역할을 한다고 보았다. 예를 들어, 강아지에 대한 시각적 정보가 우리 눈에 들어왔을 때(경험), 강아지가 고양이와 같은 다른 동물과 다르다는 우리의 인식체계(이성)에 비추어 '강아지'를 보았다고 인식하는 것이다.

18) 피아제 사진 출처: https://www.biography.com/people/jean-piaget-9439915

(1) 물리 지식의 3가지 유형

피아제에 의하면 형성되는 지식에는 [표 311]과 같이 3가지 유형이 있다(Kamii, 1979).

[표 311] 지식의 3가지 유형

유형	의미	예
물리적 지식	외부 세계에 있는 사물이나 사건에 대한 지식	"볼록렌즈는 가운데가 두껍다" -사물에 대한 지식 "털가죽으로 문지른 플라스틱 막대에 종이조각이 달라붙는다" -사건(현상)에 대한 지식
논리-수학적 지식	관계에 대한 지식	"힘(force)과 일률(power)은 다르다."에서 "다르다"는 지식 "전류가 전압에 비례한다"에서 '비례관계'에 대한 지식 이 외에도, 인과 관계, 비유적 관계, 연역적 관계, ...
사회적 지식	사회적인 약속이나 규범을 통해 형성된 지식	"이것을 검전기라고 한다." -사물을 지칭하는 이름 "물 속을 지나는 빛이 꺾이는 현상을 굴절이라고 한다" -사건을 지칭하는 이름 "파랑색 신호등일 때 길을 건넌다." -사회적 약속 "전하량의 단위는 C(쿨롱)이다" -약속된 기호

이 세 가지 지식은 상호배타적이지 않다. 예를 들어, "무지개가 떴다"고 했을 때, 무지개가 뜬 현상을 인식한 것은 물리적 지식이지만, 그것을 무지개라고 지칭할 때 이미 사회적 지식이 포함되어 있다. 또 "떴다"는 지식도 바닥과 위를 비교하여 말한 것이므로 관계적 지식이라고 할 수 있다.

활동

아래 내용은 고등학교 물리 교과서 내용의 일부이다. 아래 내용 중, 3가지 지식의 예를 찾아보아라.

유형	예
물리적 지식	
논리-수학적 지식	
사회적 지식	

그림을 보면 광원에서 나온 빛이 물 밖으로 굴절해 나가는 빛도 있지만, 물 표면에서 반사되는 빛도 있다. 이때 중요한 특징은 빛이 물에서 공기 중으로 입사할 때, 입사각보다 굴절각이 더 크다는 것이다. 따라서 입사각을 크게 하다 보면 굴절각이 90°가 될 수 있다.

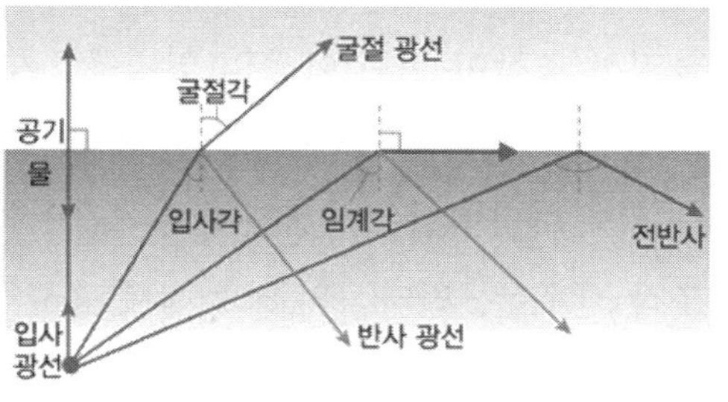

이와 같이 굴절각이 90°도가 될 때 입사각을 임계각이라고 하고, 입사각이 임계각보다 크면 빛은 수면에서 굴절되지 않고 전부 반사하게 되는데, 이것을 전반사라고 한다.

(2) 정신적 조작과 물리적 조작

지식의 형성 과정에서 조작(operation)은 중요한 역할을 한다. 이때 조작에는 물리적 조작과 정신적 조작이 있다([표 312]). 물리적 조작이란, 외부 환경과 직접적으로 탐색하고 작동하는 활동을 의미한다. 물리적 조작은 특히 어린 아동이 외부 세계를 이해하고 그로부터 인지구조를 발달시키는데 중요한 역할을 한다. 정신적 조작이란, 인지구조 내에서 일어나는 추상적인 사고 활동을 의미하는데, 정신적 조작의 수준이 발달하는 것에 따라 인지구조가 발달하게 된다.

[표 312] 정신적 조작과 물리적 조작

과제	조작	
	물리적 조작	정신적 조작
물체를 움직여 보기	물체를 밀어 물체가 움직이게 하기	물체를 미는 힘과 물체의 운동 변화와의 관계를 추론하기

물리적 조작과 정신적 조작도 상호배타적인 것은 아니다. 예를 들어, 플라스틱 조각과 알루미늄 조각을 꼬마전구와 건전지가 연결된 회로에 연결하여 꼬마전구에 불이 켜지는 것을 관찰하는 과제에서도 각각의 조각을 연결하는 행위는 물리적 조작에 해당되며, 꼬마전구에 불이 켜지는 것을 보고 도체와 부도체로 나누는 (또는 전류가 흐르는 물체와 그렇지 않은 물체로 나눈) 활동은 정신적 조작이라고 할 수 있다.

또한 물리적 조작이 어린 아동의 인지구조가 발달하는데 중요한 역할을 하는 것은 맞지만, 나이가 든 학습자에게도 중요한 역할을 할 수 있다. 예를 들어, 중학생이 전자석을 만들기 위해 에나멜선을 촘촘하게 2~3겹으로 감고, 에나멜선 끝의 에나멜을 벗기는 물리적 조작 행위는, 전자석의 작동에서 중요한 역할을 하게 되고, 나아가 전자석의 작동과 세기에 미치는 요인이 무엇인지를 알아보는 정신적 조작에도 중요한 역할을 하게 된다.

물리적 조작 활동을 강조한 탐구활동 예

다음은 1층 스위치로 전구를 켜고 올라가서 2층 스위치로 전구를 끌 수 있고, 반대로 2층 스위치로 전구를 켜고 내려와서 1층 스위치로 전구를 끌 수 있는 회로이다 (현재는 전구가 꺼져 있는 상태이다).

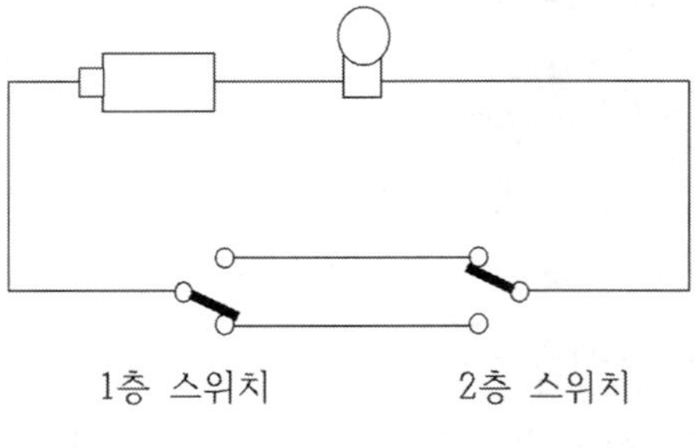

이 회로대로 연결하여 작동해 보자.

활동

1. 중등 물리 교과서에서 관찰하기 활동이나 실험활동을 선택하고, 어떤 물리적 조작과 정신적 조작들이 포함되어 있는지 말해 보자.
2. 그리고 물리적 조작이 정신적 조작에 영향을 미치는지, 반대로 정신적 조작이 물리적 조작에 영향을 미치는지에 대해서도 알아보자.

요약

1. 피아제는 인지구조와 외부 환경과의 상호작용을 통해 지식이 형성된다고 보았다.
2. 지식 유형에는 물리적 지식, 논리-수학적 지식, 사회적 지식으로 나누어 볼 수 있다.
3. 지식 형성을 위해 조작이 중요한 역할을 하며, 조작에는 물리적 조작과 정신적 조작이 있다.

1.2 인지능력(조작능력)의 발달단계

아동의 발달단계에서 초기에는 물리적 조작이 중요한 역할을 하고, 이 후에 정신적 조작이 발달하게 된다. 이때 정신적 조작 능력을 갖추기 전 단계를 운동감각 단계와 전조작 단계로 구분하고, 정신적 조작 능력을 갖추기 시작하는 단계를 구체적 조작단계라 하고, 이후의 단계를 형식적 조작단계라고 한다(Bybee & Sund, 1982, p. 37).

운동감각 단계 0-2세	⇨	전조작 단계 3-7세	⇨	구체적 조작 단계 8-11세	⇨	형식적 조작 단계 12-15세

[그림 311] 인지발달 단계

(1) 운동감각 단계

정신적 능력을 갖추기 이전의 운동감각기 단계(약 2세까지)에서의 아동의 능력들을 간단하게 정리한 것은 [표 313] (Salkind, 2004, pp. 229-276)과 같다.

[표 313] 운동감각 단계에서의 세부 단계별 아동의 특성

세부 단계	특징
반사행동	- 젖 빨기, 소리에 반응하기. - 자신과 외부의 자극을 구별하지 못한다.
1차 순환반응	- 입술을 건드리면 빨기, 엄마 얼굴이 시야에 들어오면 빤히 쳐다보기. - 반복을 통해 습관화된 행동을 보이기 시작한다. 시행착오적으로 진행되며 의식적이지 않다.
2차 순환반응	- 딸랭이를 만져 소리 내기. - 외부 환경이나 자극에 의도적으로 반응하면서, 외부 환경이나 사물의 변화에 관심을 갖는다.
2차 도식의 협응	- 장난감을 놓고 가운데 장애물(작은 베개)을 놓으면, 장애물을 치우고 장난감을 잡는다. - 사물을 자신과 구별하고, 사물에 대해서 목적을 가지고 행동한다.
3차 순환반응	- 성냥을 쥐고 있다가 놓고, 다음에는 빵조각을 떨어뜨리고, 또 다음에는 다른 물체들도 떨어뜨린다. - 사물에 호기심을 갖고, 사물의 속성을 배우려는 측면이 나타나고, 초보수준의 인과적 사고를 할 수 있다.
기호적 표상	- 시각적으로 존재하지 않는 물체에 대해 정신적 표상을 갖출 수 있고, 언어를 사용하여 사고하기 시작한다. - 숨겨진 연필을 찾는다.

(2) 전조작 단계

정신적 능력을 갖추기 이전의 전조작적 단계(약 7세까지)에서의 아동의 능력들을 간단하게 정리한 것은 [표 314] (Bybee & Sund, 1982, pp. 69-80)와 같다.

[표 314] 전조작적 단계에서의 인지능력 특징

구분	특징
표상에 대한 반사	- 행동이 정신적 표상으로 내면화된다. - 서 있는 장난감 자동차를 밀어서 움직이게 한다(정지해 있더라도 밀면 움직인다는 것을 인식하고 있다).

전이적 귀납/연역적 사고	- 엄마가 주방에 들어가면, 식사를 준비한다고 생각한다. - 식사가 나오면, 엄마가 준비했다고 생각한다.
가역적 사고	- 아직 가역적 사고를 하지 못한다. 즉 오리가 새라는 것은 알지만, “새가 모두 죽으면?”라고 물었을 때, 오리는 살아있다고 응답한다(즉 새가 오리라는 가역적 사고를 하지 못한다).
자기 중심주의	- 부딪히면 자신이 아플 때, 장난감도 아프다고 생각한다.
사물	- 있던 사물을 보이지 않게 치워도 있다고 생각한다. 하지만 사물이 변형되면 다른 것이라고 생각한다(예: 동그란 진흙은 납작하게 했을 때 양이 다르다고 생각한다).
수	- 수를 셀 수는 있지만, 손가락 3개를 폈을 때 3이라는 숫자를 말하지는 못한다.
언어	- 언어를 사용하기 시작한다.

요약

1. 인지구조는 감각운동 단계 → 전조작 단계 → 구체적 조작 단계 → 형식적 조작 단계를 거쳐 발달한다.
2. 감각운동 단계는 세부적으로 6단계로 나눌 수 있고, 초기 단계에서는 반사적 행동에서 시작하여 마지막 단계에서 기호적 표상이 형성되기 시작한다.
3. 전조작적 단계에서 초보적 수준의 귀납/연역적 사고가 시작되지만 가역적 사고를 하지 못하고, 자기 중심적인 사고를 한다. 사물에 대한 보존개념이 형성되지 못하고, 숫자를 세지만, 수의 의미를 이해하지는 못한다.

(3) 구체적 조작 단계와 물리학습

감각운동 단계와 전조작 단계는 유아교육이나 초등교육에서 관심을 가질 수 있으나, 중등 물리교육에서는 적어도 구체적 조작 단계부터 관심을 가질 필요가 있다. 구체적 조작 단계부터는 정신적 조작을 하기 시작하는데, 이때 “구체적”이라는 뜻은 정신적 조작이 직접 경험에 기반한 것이기 때문이다. 구체적 조작단계에서의 정신적 조작들의 특징을 정리하면 [표 315]와 같다(Bybee & Sund, 1982, pp. 97-110).

[표 315] 구체적 조작 단계에서의 정신적 조작

<table>
<tr><th>정신적 조작</th><th>특징</th></tr>
<tr><td>보존</td><td>
- 찰흙을 두 덩어리도 나누어도 전체 양이 같다고 생각한다(원래 상태로 갈 수 있다는 가역적 사고를 통해).
- 펴져 있는 실을 구부려도 실의 길이가 같다고 생각한다.
- 5개의 물체 배열을 바꾸어도 물체 수가 5개라고 생각한다.
- 물을 다른 모양의 컵에 부어도 물의 양이 같다고 생각한다.
- 찰흙은 몇 개로 나누어 물 속에 넣어도 불어난 물의 부피는 같다고 생각한다.
</td></tr>
<tr><td>배열</td><td>
- 주어진 물체를 무게에 따라, 또는 크기에 따라 각각 배열할 수 있다.
- 주어진 물체를 무게에 따라, 그리고 크기에 따라 배열하고, 2×2로 배열할 수 있다.
<table>
<tr><td></td><td colspan="2">크기 →</td></tr>
<tr><td rowspan="2">무게 ↓</td><td>○</td><td>○</td></tr>
<tr><td>●</td><td>●</td></tr>
</table>
- 3개의 물체 무게를 두 개씩 비교하여 무게에 따라 나열할 수 있다(1 > 3, 2 > 3이면, 2 > 1를 통해, 2 > 1 > 3으로 배열한다).
</td></tr>
<tr><td>분류</td><td>
- 모양과 색(R, B)이 다른 물체들을 색깔로 구분할 수 있다.
- 모양(둥근, 사각)과 색(R, B)이 다른 물체들을 모양과 색깔로 구분하여 2×2로 구분할 수 있다.
<table>
<tr><td></td><td colspan="2">모양</td></tr>
<tr><td rowspan="2">색</td><td>○</td><td>□</td></tr>
<tr><td>●</td><td>■</td></tr>
</table>
- 분류한 것을 계열화할 수 있다(예: 새와 오리를 계열화할 수 있다).
</td></tr>
<tr><td>수</td><td>
- 수 개념이 순서와 분류와 연계된다.
- 까만돌 8개가 붙어서 나열되어 있고, 흰돌 8개가 길게 나열되어 있으면(길이가 달라 보여도) 두 돌의 숫자가 같다는 것을 안다.
●●●●●●●●
○ ○ ○ ○ ○ ○ ○ ○
- 4+2=6이라는 것을 알면 6−2=4라는 것도 알 수 있다(2를 더했던 것을 다시 빼면 원래 상태가 된다는 가역적 사고를 통해)
- 더하기, 빼기, 곱하기, 나누기를 할 수 있다.
</td></tr>
<tr><td>시간과 공간</td><td>
- 물이 든 컵을 기울였을 때, 물의 수면을 표시할 수 있다.
- 다른 거리를 같은 시간으로 진행한 차의 빠르기를 비교할 수 있다.

</td></tr>
</table>

[표 315]에서 정리한 정신적 조작에 해당되는 내용을 물리학습 내용에서 찾아보면 [표 316]과 같다. 이때 경험에 기반한 구체적 수준의 정신적 조작 외에도 추상적/수학적/논리적 사고 수준의 정신적 조작의 경우에는 *표로 표시하였다. 즉 [표 316]에 의하면, 피아제가 제시한 정신적 조작들은 물리학습에서도 중요한 역할을 한다고 할 수 있다. 이러한 정신적 조작은 구체적 조작단계에서 나타나는 중요한 조작능력에 해당되므로, 교사는 이러한 정신적 조작이 발달하도록 학생을 지도할 필요가 있다. 즉 물리학습과정에서 보존량을 찾는 활동, 여러 가지를 기준에 따라 분류하고 배열하는 활동, 물리적인 현상을 수로 나타내는 활동, 그리고 시간적인 특성으로 표현하거나 공간적으로 표현하는 활동을 하도록 지도할 필요가 있다.

[표 316] 물리학습 내용에 포함된 정신적 조작

정신적 조작	물리학습 내용
보존	- 물의 끓는점은 물의 양, 물을 끓이는 용기에 무관하게 항상 일정하다. - *쇠도막의 비열은 쇠도막의 양에 무관하게 항상 일정하다. - *역학적 에너지는 마찰이 없다면 어떤 상황에서도 항상 일정하다.
배열	- 꼬마전구와 전구가 직렬 또는 병렬로 연결되어 있을 때, 전구들의 밝기를 관찰하고, 밝기 순서대로 배열할 수 있다. 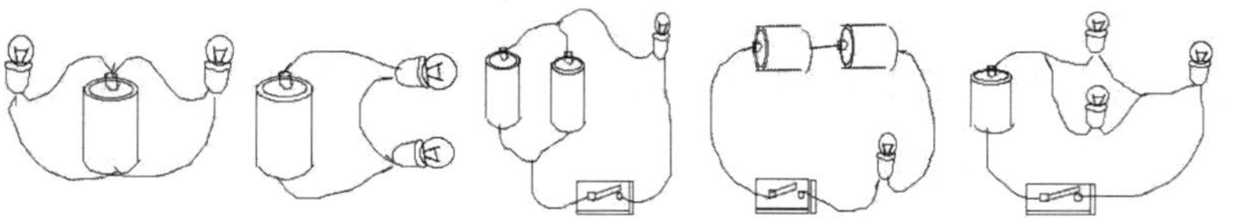 (1) (2) (3), (4) (5) (6) (7), (8) (9) - *물체의 질량과 속도를 이용하여 운동에너지가 큰 것부터 작은 것으로 배열할 수 있다.
분류	- 끊어진 회로 사이에 물체를 연결하여 전구에 불이 켜지는지 관찰하여, 전류가 흐르는 물질(도체)과 그렇지 않은 물질(부도체)로 나눌 수 있다. - *파장에 따라 빛을 적외선, 가시광선, 자외선으로 분류할 수 있다.
수	- 스프링 저울의 눈금이 8N인 물체와 3N인 물체를 함께 매달면 11N이 된다. - *질량이 2kg이고 속도가 3m/s인 물체의 운동에너지는 9J이다.
시간과 공간	- 광원 앞에 놓인 물체의 그림자를 그릴 수 있다. - *물체의 속력을 이동거리/시간으로 구할 수 있다.

활동
중학교/고등학교 물리내용들 중에서 보존, 배열, 분류, 수, 시간과 공간에 관련된 정신적 조작의 예를 찾아보아라.

요약
1. 구체적 조작 단계에서부터 경험에 기초하여 정신적 조작을 하게 된다. 2. 구체적 조작 단계에서는 보존 도식이 형성되고, 특징에 의해 사물/경험을 배열할 수 있으며, 분류도 할 수 있다. 수를 더하거나 뺄 수 있고, 공간과 시간개념이 형성되어 빠르기를 이해할 수 있다.

(4) 형식적 조작 단계와 물리학습

형식적 조작단계는 체계적이고 논리적으로 복잡한 과정으로 조작한다는 점에서 '형식적' 조작단계라고 한다. 이 단계에서의 주요 조작능력과 그에 해당되는 물리학습 내용을 예로 제시하면 [표 317]과 같다. 따라서 형식적 조작단계로 발달할 수 있도록 물리교사는 물리학습과정에서 [표 317]의 다양한 조작활동을 지도할 필요가 있다. 단, 조합논리와 확률논리는 초중등 물리과정에서 상대적으로 적게 다루고 있으므로, 이에 대한 관심을 더 가질 필요가 있다.

[표 317] 형식적 조작과 관련된 물리학습 내용

조작능력	특징과 물리학습 내용 예
가설 연역적 사고	- 가설을 제안하고 가설로부터 연역적 추론을 할 수 있다 (예: [현상] 구리봉에서 자석이 천천히 떨어졌다. [가설] 공기 저항 때문일 것이다. [연역적 추론] 공기가 없으면 빨리 떨어질 것이다) - 삼단논법 추론을 할 수 있다. (예: [전제 1] 전자는 파동이다. [전제 2] 파동은 이중슬릿을 지나면 간섭무늬가 생긴다. [결론] 전자가 이중슬릿을 지나면 간섭무늬가 생긴다.)

비율과 비례의 사용	- 비례 관계를 추론할 수 있다. (예: 전류의 세기는 전압에 비례한다. 같은 질량의 물체 높이를 4배로 증가시키면, 위치에너지도 4배 증가한다) (예: 00 물체의 질량이 30g일 때 부피가 20cm^{3}라면 질량이 15g일 때 부피는 10cm^{3}이다)
귀납적 추론	- 관찰 사례들로부터 규칙성과 패턴을 인식할 수 있다. (예: 여러 가지 측정값에서 보존값을 찾는 경우(물을 끓는점), 분류하는 경우(도체와 부도체), 상관관계를 찾는 경우(물체 무게와 스프링의 늘어난 길이)가 이에 해당된다)
변인통제	- 두 개 이상의 독립변인이 작용할 때, 하나의 변인만 변화시키고 나머지 변인들은 일정하게 유지한다. (예: 수레의 속력에 따라 수레에 부딪힌 자의 이동거리를 측정할 때, 수레의 질량은 일정하게 유지한다). 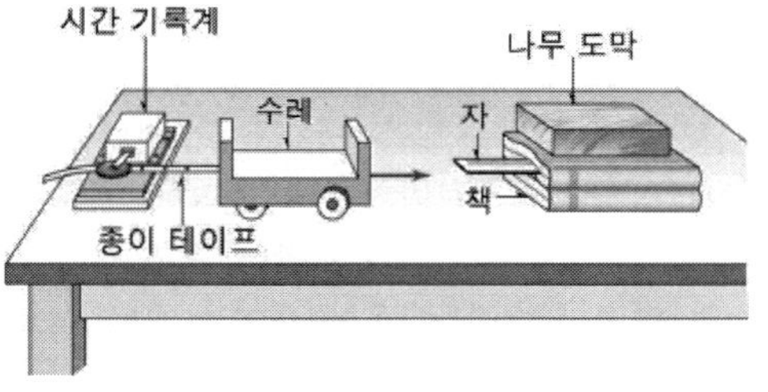
상관 논리	- 두 변인 사이의 관계를 인식할 수 있다. (예: 저항에 걸린 전압이 클수록, 저항에 많은 전류가 흐른다) (예: 소금물의 농도가 높아질수록 어는점이 낮아진다)
조합 논리	- 여러 개의 변인을 조합하여 나타나는 결과를 예측할 수 있다. (예: 볼록렌즈와 오목렌즈를 조합한 평행광선 만들기) 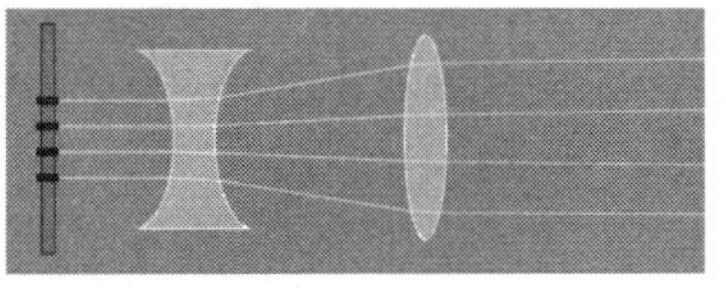 (예: 볼록렌즈와 평면거울 조합하기 - 오목거울) (예: 직렬 및 병렬 연결된 저항의 합성 저항 구하기) (예: 입자 하나가 ϵ의 배수만큼 에너지를 가질 수 있을 때, 3개의 입자의 총 에너지가 5ϵ가 될 수 있는 조합수 구하기)
확률 논리	- 전체 모집단 분포로부터 특정 사례가 일어날 확률을 예상할 수 있다. (예: 중등 물리교육 내용에서는 확률 논리가 사용된 예가 없다.)

활동

다음은 조작적 사고 능력을 알아보기 위한 문항들의 예이다. 각 문항들이 어떤 정신적 조작(보존논리, 비례논리, 변인통제논리, 확률논리, 상관논리, 조합논리)에 해당되는지 설명해 보아라.

<table>
<tr><td>1</td><td>크고 작은 2개의 물 컵이 있다. 또한 크고 작은 2개의 물통이 있다. 작은 물통을 채우는 데는 큰 컵으로는 6컵, 작은 컵으로는 9컵의 물이 든다. 큰 물통을 채우는 데는 큰 컵으로 8컵의 물이 들었다. 작은 컵으로 큰 물통을 채우려면 몇 컵이 필요한가?

</td></tr>
<tr><td>2</td><td>그림과 같은 장치에서 한 개의 공을 굴려서 과녁용 공을 맞추면, 과녁용 공이 반대편으로 올라가게 된다. 이때 공은 각기 다른 높이에서 굴릴 수 있다.
철수는 가벼운 공은 놓아 실험해 보았다. 공을 놓는 높이에 따라서 과녁용 공이 얼마나 멀리 가는가 알고 싶다면, 다음에는 어떤 공을 어느 곳에서 놓아야 하는가?
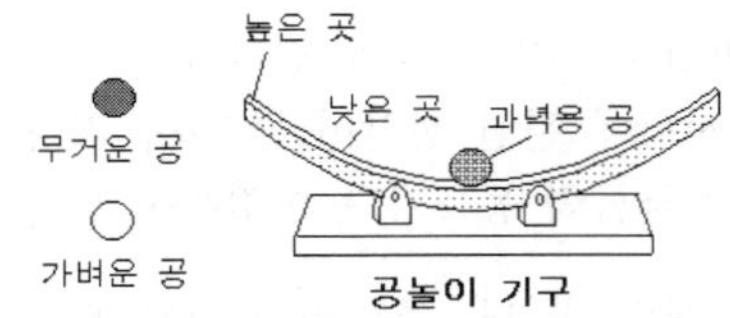
</td></tr>
<tr><td>3</td><td>한 농부가 들판에 살고 있는 쥐를 관찰하여 쥐의 크기와 꼬리의 색깔 사이에 어떤 관계가 있을까 궁금했다. 그래서 그는 들판 일부에 살고 있는 쥐들을 모두 잡아 살펴보았다. 잡힌 쥐는 다음과 같았다. 쥐의 크기와 꼬리의 색깔 사이에는 어떤 관계가 있다고 생각하는가?
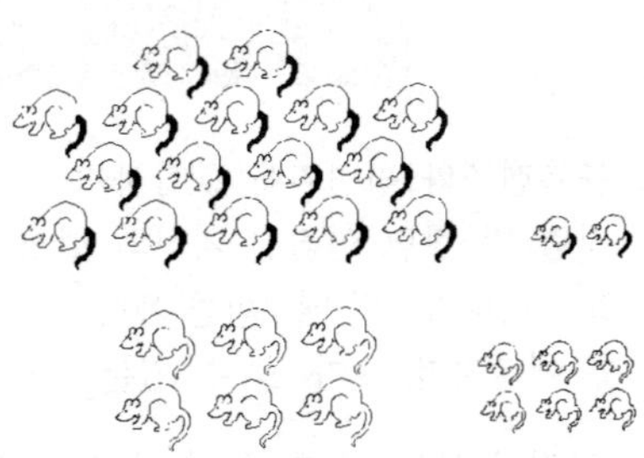</td></tr>
</table>

4

두 개의 시험관 A, B에 똑같은 양의 물이 채워져 있다. 이제 아래 그림과 같이 시험관 A의 물을 시험관 X에, 시험관 B의 물을 물통 Y에 옮겨 부었다. 나중에 X에 있는 물의 양과 Y에 있는 물의 양을 비교하면?

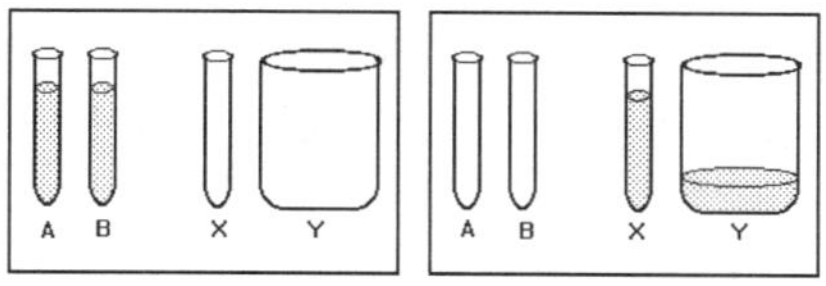

처 음　　　　　나 중

5

수평으로 있던 자에 지영이가 10g짜리 추를 4위치에 매달자 아래와 같이 자가 기울었다. 자의 균형을 잡기 위해서는 5g짜리 추를 어디에 매달면 될까?

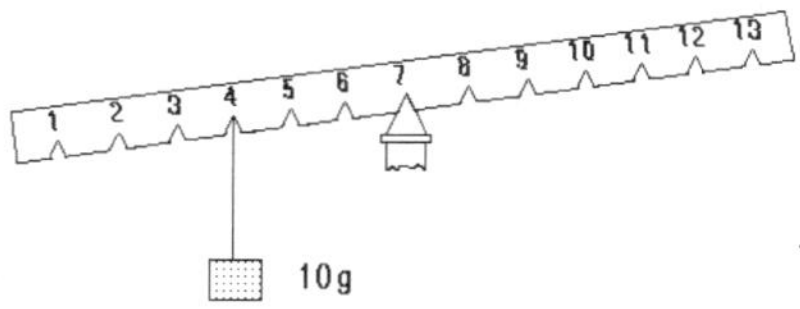

6

오락 시간에 남학생과 여학생을 짝지으려고 한다. 짝짓기가 가능한 다른 모든 쌍들을 나열하여라. 단, 남학생끼리 혹은 여학생끼리는 짝지을 수 없다.

7

자루 안에는 다음과 같은 모양의 나무토막이 들어 있다. 모든 정사각형들의 모양과 크기는 같고, 모든 마름모들의 모양과 크기도 같다.
자루에서 하나의 나무토막을 꺼낼 경우, 그것이 점 찍힌 마름모나 하얀 마름모일 가능성은?

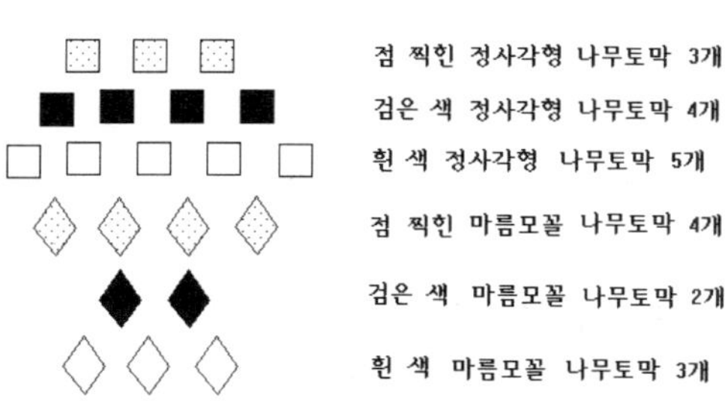

8	소영이는 아래 그림과 같이 크기와 모양이 같은 2개의 물통을 가지고 있다. 그녀는 각각의 물통에 똑같은 양의 물을 부었다. 소영이는 또한 같은 부피의 금속 공을 2개 가지고 있다. 하나는 가볍고 다른 하나는 무겁다. 소영이가 가벼운 금속 공을 물통 1에 넣자 물높이가 올라가 아래와 같이 되었다. 만약 무거운 금속 공을 물통 2에 넣으면 물통 2의 물의 높이는? 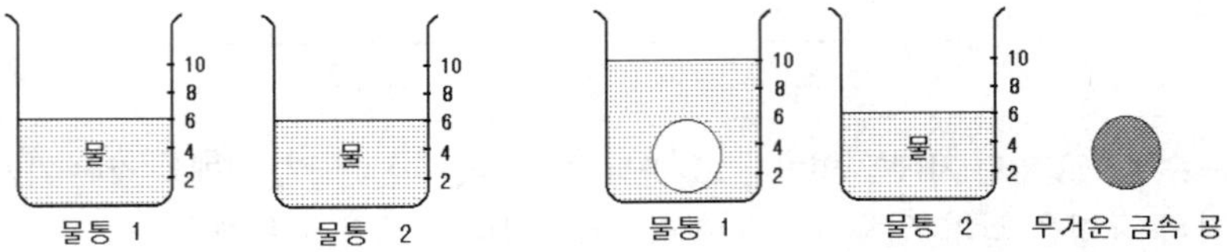
9	그림과 같은 전구 상자는 4개의 스위치를 가진 특별한 전구로 되어 있다. 전구를 켜려면 이들 스위치 중에서 한 개 혹은 몇 개를 골라서 올려야 한다. 그리고 전구에 불이 들어왔는지 알기 위해서는 검은 단추를 눌러야 한다. 전구를 켜기 위한 가능한 모든 스위치의 조절 방법을 나열하라. 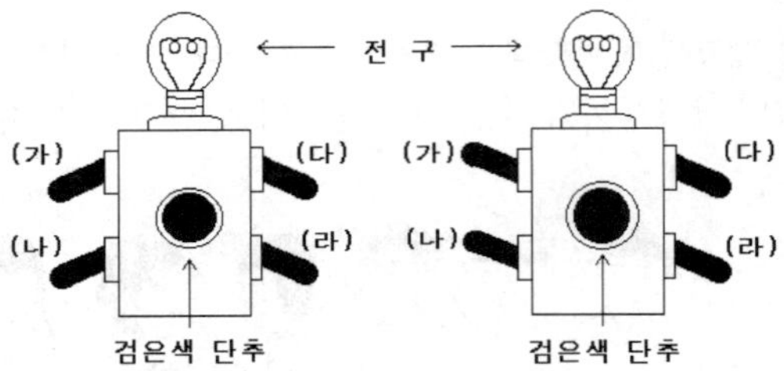

활동

중학교 또는 고등학교 물리 내용에서 조작적 사고(가설 연역적 사고, 귀납적 사고, 보존논리, 비례논리, 변인통제논리, 확률논리, 상관논리, 조합논리)에 해당되는 내용을 찾아 보아라.

요약

1. 형식적 조작 단계에서는 추상적이고 논리 수학적인 정신적 조작을 할 수 있다.
2. 형식적 조작 단계에서는 가설 연역적 사고, 귀납적 사고, 보존논리, 비례논리, 변인통제 논리, 확률 논리, 상관논리, 조합논리를 할 수 있다.
3. 물리학습에서 형식적 조작 단계의 여러 가지 조작이 사용되는 상황이 많다.

1.3 인지능력의 발달 기작(mechanism)

(1) 물리개념에 대한 학생 인지구조의 동화와 조절

아동의 인지능력이 앞에서 설명한 바와 같이 4단계를 거쳐서 발달한다고 할 때, 중요한 질문을 인지능력의 발달은 어떻게 일어나는가이다. 이를 위해 먼저 필요한 개념들은 다음과 같다: 도식, 동화, 조절, 비평형, 자율조정 과정과 평형화

도식(Schema): 도식이란, 지적인 행동을 보이는 기초적인 인지구조를 말하는 것으로, 이를 통해 인간이 외부환경을 받아들이고, 외부환경에 대해 체계적이고 구조화된 행동을 할 수 있다. 예를 들어, 유아의 빨기 행위도 '빨기'도식에 의한 행동으로 볼 수 있다. 그러나 감각운동 단계에서의 도식은 아직 개념수준을 이루지 못한다. 도식을 통해 외부환경에 대해 반응하게 되지만, 외부 환경과의 상호작용을 통해 도식이 발달하게도 된다. 이러한 도식은 인지구조(cognitive structure), 정신적 모델(mental model) 등으로 표현되기도 한다.

동화(Assimilation): 외부의 새로운 경험이나 정보를 이미 존재하는 인지구조에 통합시키는 과정으로, 인지구조의 큰 변화없이 외부 경험이나 정보를 인식하는 과정이다. 예를 들면, 날아다니는 참새에 대해, '새'라는 인지구조를 가지고 있을 때, 날아다니는 종달새를 보고도 '새'라고 인식하는 경우이다. 이때 '큰 변화가 없다'는 것은 질적인 변화가 없다는 것이며, 인지구조의 범위가 확장되는 과정은 일어날 수 있다. 예를 들어, 작은 새에 대해 '새'라는 인지구조를 가지고 있었는데, 커다란 독수리가 날아가는 것을 보고 '큰 것도 새'라고 인지구조의 범위가 확장될 수 있다.

[표 318]에서는 양쪽이 볼록한 일반적인 렌즈만 볼록렌즈라고 알고 있던 인지구조가 한쪽만 볼록하거나, 바깥쪽과 안쪽 모두 볼록한 경우도 볼록렌즈라고 인지구조가 확장된 경우이다. 또 [표 318]에서 중력 가속도 g로 '떨어지는 운동'만 자유낙하 운동이라고 알고 있던 인지구조가, '가속도가 g인 모든 유형의 운동'이 모두 자유낙하 운동이라고 확장된 경우이다.

[표 318] 물리개념에 대한 동화와 조절 과정

	처음 인지구조	나중 인지구조
동화 과정	다음은 볼록렌즈이다. 	다음 렌즈는 모두 볼록렌즈이다. 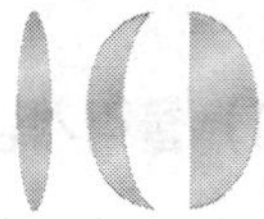
	자유낙하 운동이란, 떨어지는 운동으로 가속도가 g이다.	떨어지는 운동 뿐 아니라, 수직 위로 던진 물체가 올라가는 운동도 가속도가 g인 자유낙하 운동이다.
조절 과정	공기는 전기가 통하지 않는 부도체이다.	공기는 부도체이지만, 전기장이 3,000,000V/m로 세면, 전기가 통할 수 있다.
	물은 100℃에서 끓는다.	순수한 물은 1기압에서 100℃에서 끓지만, 물에 소금을 넣으면 1기압에서도 끓는 점이 100℃보다 높아진다.

조절(Accommodation): 외부의 새로운 경험이나 정보에 의해 기존의 인지구조에 질적인 변화가 일어나는 경우를 의미한다. 예를 들어, '개'라는 인지구조를 가지고 있었을 때, 고양이를 보고 '개가 아닌 고양이'라고 인지구조가 변화하는 경우를 의미한다. [표 318]은 물리 내용으로 동화과정과 조절과정의 예를 든 것이다.

[표 318]에서 공기는 전기가 통하지 않는 부도체라고 알고 있던 인지구조가, 강한 전기장에서는 공기도 전기가 통할 수 있다고 인지구조의 내용이 변화된 경우이다. 이 경우는 인지구조의 범위가 오히려 줄어든 것으로 볼 수 있다. 즉 공기가 항상 부도체라는 처음 인지구조가 어느 한도 내에서만 부도체라는 인지구조로 변화되었기 때문이다. 이것은 앞서 개는 '네 발로 움직이는 동물'이라는 인지구조가 고양이는 '네 발로 움직이지만 개가 아니다'라고 범위가 축소된 것과 유사하다. 물이 100℃에서 끓는다는 인지구조가 조건의 변화에 의해, 소금물에서는 끓는 점이 100℃보다 높아진다고 변화된 경우도 조절의 예로 볼 수 있다.

활동

물리내용으로 동화과정과 조절과정이 일어나는 예를 찾아보아라.

비평형(disequilibrium): 기존의 인지구조로 다양한 외부 환경과 정보를 인식하다가, 또는 어떤 외부 상황에 대해 서로 다른 인지구조를 동시에 작용할 때 모순이 생길 수 있다. 예를 들면, [표 319]와 같은 현상에서 도식 1과 도식 2를 동시에 적용하면서 서로 모순되는 결과를 얻을 수 있다.

[표 319] 비평형 상태의 예

현상	도식	도식 적용 결과
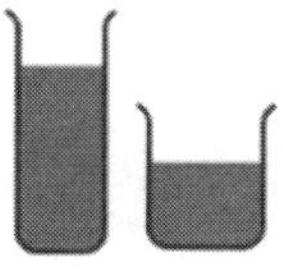	도식 1: 물의 높이가 높을 때 물의 양이 많다	첫 번째 컵의 물의 양이 많다.
	도식 2: 컵의 밑면적이 넓을수록 물의 양이 많다.	두 번째 컵의 물의 양이 많다.

[표 319]는 동일한 현상에 대해서 두 개의 불완전한 도식이 동시에 작용하면서, 인지구조간의 비평형을 의미하지만, [표 3110]과 같이 이외에도 다양한 유형의 비평형이 일어날 수 있다.

[표 3110] 물리에서 볼 수 있는 여러 가지 유형의 비평형 예

비평형 유형	예
한 현상에 두 개의 인지구조가 적용될 때 생기는 비평형	- 현상: 광원 A에서 나온 빛이 눈 B로 진행한다. - 인지구조 1: 반사의 법칙에 의해 빛은 A→O→B로 진행한다. 이때 입사각과 반사각이 같다. - 인지구조 2: 호이겐스 원리에 의하면, 빛 파동은 퍼져나가 P로 진행할 수 있다. P점에서 반사된 파동은 다시 퍼져나가 눈 B로 갈 수 있다. 즉 빛이 A→P→B로 진행할 수 있다. - 비평형: 반사의 법칙에 의해 빛의 진행경로 A→P→B가 틀리다면 호이겐스 원리는? 호이겐스 원리에 의해 A→P→B가 옳다면, 반사의 법칙은?

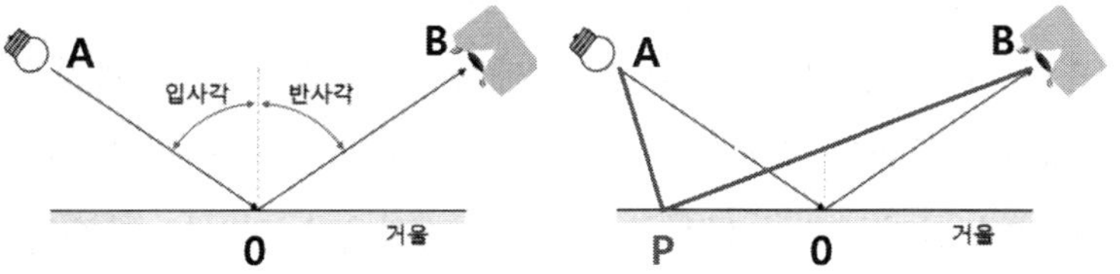

하나의 인지구조에 두 개의 대립적인 설명에 의한 비평형	- 인지구조 : 무거운 물체가 먼저 떨어진다. - 설명 1: A와 B를 묶으면, 전체 무게가 증가해서 속도가 더 빨라진다. - 설명 2: A와 B를 묶으면, 가벼운 물체인 B가 천천히 떨어지므로, A가 떨어지는 속도보다 느리게 떨어진다. 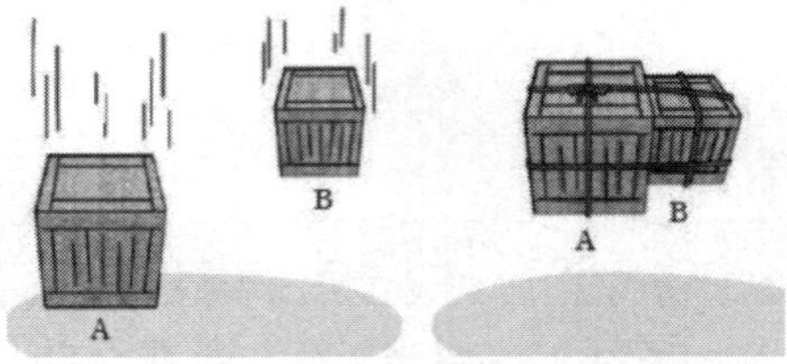
인지구조간 비대칭성에 의한 비평형	- 인지구조 1: 파동인 빛이 입자적 성질을 갖는다(광전효과) - 인지구조 2: 전자는 입자이다. - 비평형: (드브로이 이전에) 입자인 전자는 왜 파동적 성질을 가질 수 없나?
인지구조와 현상간의 불일치에 의한 비평형	- 인지구조: 구리는 자석에 붙지 않는다. - 현상: 수직으로 세운 구리봉 안에서 네오디뮴 자석이 천천히 떨어진다. - 비평형: 자석이 구리에 붙지 않는데, 왜 천천히 떨어지지?

활동

물리내용에서 [표 3110]의 다양한 비평형 예를 찾아보아라. 이때, [표 3110]의 비평형 유형과 다른 새로운 유형을 찾아도 좋다.

(2) 자율조정 과정과 평형화를 통한 물리 개념의 발달

자율조정 과정이란 비평형 상태에서 아동이 자율적으로 비평형 상태를 해소하면서 평형상태로 가는 것을 의미한다. [표 319]의 경우에 "물의 양은 밑면적 곱하기 높이로 알 수 있다"는 인지구조를 새롭게 가지게 되면 평형상태로 갈 수 있고, 이러한 과정을 통해 아동의 인지구조가 발달하게 된다.

이러한 자율조정 과정은 비평형 상태를 해소하는 평형화 과정을 통해서도 일어나지만, 앞서 제시한 동화와 조절을 통해서도 일어난다. 즉 동화를 통해서는 기존의 인지구조가 유지되면서 인지구조가 확장하게 되고, 조절을 통해서는 기존의 인지구조에 변형(내용의 변형)이 있게 된다. 비평형 해소를 통해서는 인지구조들이 서로 정합적인 관계를 갖고 보다 포괄적인 구조로 변화하거나 기존의 인지구조가 폐기되고 새로운 인지구조로 대치되는 방식으로 인지구조에 질적인 변화가 있게 된다([표 3111]).

[표 3111] 자율조절 과정의 세가지 유형

유형	인지구조	예	
동화	기존의 인지구조가 유지/확장	코일 안에 자석이 움직일 때 유도전류가 생긴다. → 발전기, 퀵보드 바퀴 ... 등에서도 유도전류가 생긴다.	
		자기장이 변할 때 유도전류가 생긴다. → (1) 자기장이 지나는 면적이 변하거나 (2) 자기장이 지나는 면적과 자기장과의 사잇각 변화에 의해서도 유도전류가 생긴다.	
조절	기존의 인지구조가 변형	자석에는 종이가 붙지 않는다. → 강한 자석일 때에는 종이가 자석에 붙는다.	
비평형 해소	기존 인지구조가 새로운 구조로 변화	두 인지구조의 통합	[표 3110]에서 반사된 빛은 모든 경로가 가능하며, 각 경로의 빛들이 보강·소멸하면서 반사의 법칙에 따르는 경로만 남는다(간섭현상으로 비평형 해소).
		대칭적 인지 구조로 변화	[표 3110]에서 파동인 입자가 입자적 성질을 갖듯이, 입자인 전자도 파동적 성질을 갖는다(물질파 개념으로 비평형 해소).
		새로운 인지구조 도입	[표 3110]에서 구리봉은 자석에 붙지 않지만, 떨어지는 자석에 의해 생긴 유도전류가 만든 자기장에 의해 자석이 천천히 떨어진다(패러데이 법칙으로 비평형 해소).
		새로운 인지구조로 대치	[표 3110]에서 무거운 것이 먼저 떨어진다는 인지구조 폐기 → 무게와 무관하게 똑같이 떨어진다.
			전류가 소모된다 → 전류는 보존되어 일정하다.
			힘을 주면 움직인다 → 힘을 주지 않아도 등속운동한다.

[표 3111]에서는 동화와 조절, 그리고 비평형을 구별해 보았지만, 실제로는 그들 간의 구별이 모호하거나 동시에 일어나기도 한다. 예를 들어, 코일 안에 자석을 움직이면서 유도전류의 발생을 알고 있다가, 퀵보드 바퀴에서도 전기가 만들어지는 것을 보고, 왜 그런지 설명할 수 없는 때에는 비평형 상태가 일어났다고 볼 수 있고, 이러한 비평형을 동화의 작용으로 해소할 수도 있다. 마찬가지로 종이가 자석에 붙지 않는 물질이라고

알고 있었는데, 네오디뮴 자석과 같이 강한 자석에 붙는 현상을 보고 비평형 상태가 일어날 수 있으며, 이것을 조절 작용으로 해소할 수도 있다.

물론 비평형 상태를 거치지 않고, 새로운 정보를 받아들이면서 동화와 조절이 될 수도 있다. 즉, 자석에 종이가 붙지 않는다고 알고 있다가, 강자성, 상자성, 반자성 개념을 알게 되면서, 강한 자석에는 종이가 붙을 수 있다고 조절되는 경우도 가능하다.

중요한 것은 동화와 조절, 그리고 비평형 해소 모두 인지구조가 외부의 경험과 정보 등과 상호작용하면서 일어난다는 것이다.

활동

다음 인지구조의 변화를 동화와 조절, 비평형 해소로 설명해 보자.

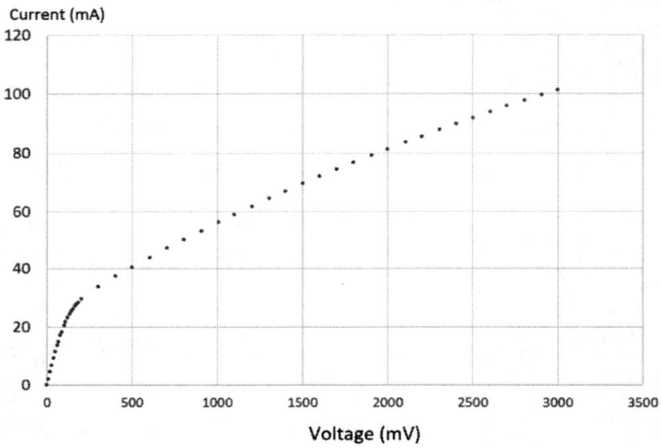

1. 철수는 옴의 법칙 실험을 통해 전류와 전압이 비례한다는 것을 알고 있다. 그러나 꼬마전구를 이용한 실험을 통해 다음과 같은 그래프를 얻게 되었고, 이 결과는 꼬마전구의 열에 의해 저항이 변화하기 때문이라고 생각하였다. 그리고 옴의 법칙을 다음과 같이 수정하였다.

$$I = \frac{V}{R_0(\alpha + \beta V)}$$

2. 영희는 전동기가 발전기가 될 수 있다는 것을 알게 되었다. 이와 같이 반대로 일어나는 현상에 관심이 생겨, 스피커를 반대로 하면 어떻게 될지 궁금하여 스피커를 앰프에 연결해 보았더니 스피커가 마이크 역할을 한다는 것을 알게 되었고, LED도 반대로 하면 어떻게 될지 궁금하여 LED에 전압계를 연결하고 밝은 빛을 비추자 전압이 발생되는 것도 알게 되었다.

(3) 인지발달의 조건

평형화로 가는 과정에서 일어나는 자율조절 과정은 아동의 능동적인 반응을 강조한 것으로 피아제의 인지발달 이론에서 중요하게 강조된다. 그러나 새로운 평형상태로 가는 평형화가 저절로 일어나는 것은 아니다. 이에 피아제는 인지 발달을 위한 조건으로 평형화 외에 성숙, 경험, 사회적 전달이 필요하다고 하였다([표 3112]).

[표 3112] 인지발달을 위한 4가지 조건

인지발달 조건	내용
평형화	인지적 비평형 상태에서 자율조절 과정으로 통해 평형상태로 가는 것을 의미한다.
성숙	신체적 발달을 통해 외부 환경에 대해 다양한 반응을 할 수 있고, 중추신경계 및 두뇌 발달을 통해 추상적 사고를 할 수 있는 능력을 갖추게 된다.
경험	경험에는 외부 환경이나 사물에 대한 물리적 접촉뿐 아니라, 사물이나 사건의 성질을 추출하여 추상화시키는 행위까지 포함한다.
사회적 전달	문화가 아동에게 미치는 영향을 의미한다. 이러한 사회적 전달에는 부모의 설명, 책읽기, 언어습득, 아동간 또는 아동과 어른간 대화나 토론 등이 포함된다.

요약

1. 도식은 지적인 행동을 보이는 기초적인 인지구조로 외부환경과 정보와 상호작용한다.
2. 동화는 기존의 인지구조에 외부환경/정보가 포함되는 경우로, 인지구조의 확장이 일어난다.
3. 조절은 외부환경/정보에 의해 기존의 인지구조가 질적으로 변화하는 경우이다.
4. 피아제는 동일한 현상에 대해서 서로 다른 인지구조가 작용하면서 비평형이 일어날 수 있다고 하였다.
5. 인지구조간 비평형 외에도 물리학습에서는 여러 가지 유형의 비평형이 있을 수 있다.
6. 비평형 상태는 자율적인 조절작용에 의해 능동적으로 해소되면서 평형화를 이룰 수 있다.
7. 인지 발달은 동화, 조절, 비평형 해소를 통한 평형화 과정을 통해 일어난다.
8. 인지발달에 영향을 주는 요인으로는 평형화 외에도 성숙, 경험, 사회적 전달이 있다.

CHAPTER 02

유의미 학습 이론과 물리 학습

박종원 (전남대학교)

2.1 학습의 유형과 유의미 학습

미국의 오슈벨(Ausubel)은 행동주의 심리학을 비판하고, 피아제(Piaget)를 포함한 발달 심리학자(development psychologist)와 마찬가지로 인지적 학습 이론(cognitive learning theory)을 지지하였다. 그리고 학습에 있어 가장 중요한 것을 다음과 같이 말하였다.

> "만약 교육 심리학을 단 하나의 원리로 환원해야 한다면 다음과 같이 말할 수 있다: 학습에 영향을 미치는 가장 중요한 요인은 학습자가 이미 알고 있는 것이다. 그러므로 그것을 확인하고 그에 적절하게 가르쳐야 한다."

오슈벨은 학습을 수용(reception)학습 대 발견(discovery)학습, 기계적(rote)학습 대 유의미 (meaningful)학습으로 크게 나누었는데, 각 학습에 해당되는 구체적인 학습 형태는 [그림 321]과 같다(Novak, 1998, p. 58).

수용학습은 학습할 내용이 제시되어 있는 반면, 발견학습은 학습할 내용이 먼저 제시되지 않고 학습자가 스스로 발견해야 한다. 수용학습에도 기계적 학습과 유의미 학습이

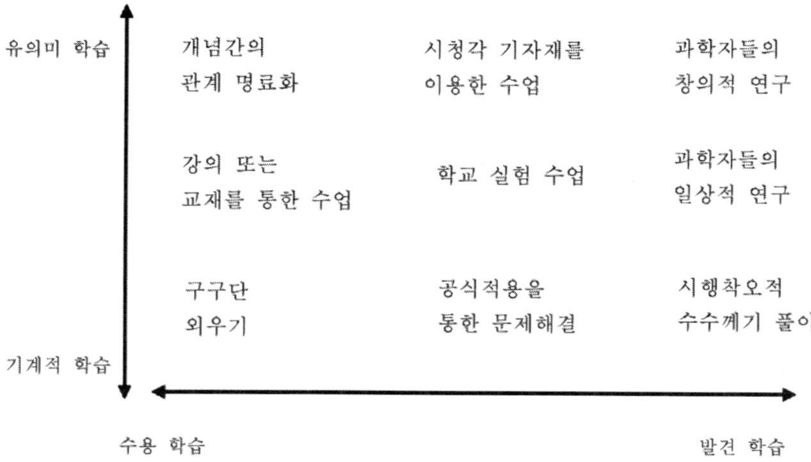

[그림 321] 학습 유형별 학습활동 예

있고, 마찬가지로 발견학습에도 기계적 학습과 유의미 학습이 있다.

기계적 수용학습은 학습 과제와 학습 자료가 잠재적 유의미가를 가지지 않거나 학습자에게 내면화되더라도 학습자에게 관련된 개념이 없기 때문에 학습자의 인지구조와 연결되는 것이 아니라 단순히 암기에 불과한 학습을 의미한다. 예를 들어, 세계 나라의 수도 이름 외우기는 기계적 수용학습이라고 할 수 있다.

유의미 수용학습은 학습과제나 학습자료가 잠재적 유의미가를 가지고 있어 학습자가 내면화 과정을 통해 이해하게 되거나 교사에 의해 학습과제나 학습 자료를 학습자의 인지구조와 유의미하게 연결되는 학습을 의미한다. 예를 들면, 개념도 그리기와 같이 개념간의 관계를 명료하게 이해하는 경우가 이에 해당된다.

심리학자들은 대체적으로 유의미 학습의 결과가 기계적 학습의 결과보다 더 오래 파지된다고 주장한다. 그러나 이것이 항상 기계적 학습보다 유의미 학습이 좋다는 것을 의미하는 것은 아니다. 예를 들어, 원소의 주기율표 암기와 같이 기억 회상의 정확성과 효율성의 측면에서는 기계적 학습이 더 유용하기도 하다.

발견학습은 수용학습과 매우 다르다. 발견학습은 처음 단계에서 학습자가 학습 내용을 재정리하여 자신의 인지구조와 통합하고 다시 새로운 관계와 결과를 발견할 수 있도록 인지구조를 재조직하는 활동으로 이어진다.

대부분의 지식체계는 수용학습을 통해서 획득되는 반면 일상생활에서의 문제는 정해져 있지 않는 해결방안을 찾는 발견학습을 통해서 해결된다. 그러나 어떤 상황에서는 두 가지 학습이 서로 상보적으로 역할을 한다. 예를 들면 수용학습을 통해서 획득되는 지식은 이미 알려진 지식이지만, 실험을 통하여 재발견할 수도 있다. 이러한 측면에서 학교에서의 실험수업은 수용학습과 발견학습의 중간이라고 할 수 있다.

일반적으로 발견학습은 수용학습보다 더 고도의 사고능력을 필요로 한다. 그러나 반대로 발견학습이 수용학습보다 먼저 일어날 수 있다. 예를 들면 저학년 학생들도 구체적인 경험을 통해 새로운 지식을 발견하는 발견학습을 할 수 있고, 고학년의 학생들은 추상적인 지식을 수용학습에 의한 개념조절 및 개념 동화를 통해서 획득할 수도 있다.

기계적 학습과 유의미 학습은 학습과정뿐 아니라 학습결과에도 차이가 난다. 즉, 기계적 학습의 결과는 이미 파지하고 있는 인지구조와는 관계없는 독립적인 단편적인 지식이지만, 유의미 학습을 통해 획득된 지식은 조직적이며 체계적이어서 다음의 학습과도 유의미하게 연결될수 있는 체제를 이룬다.

활동

다음은 중학교 2학년 '전류가 자기장에서 받는 힘' 단원의 주요 내용들이다. 각 내용의 학습은 기계적, 유의미, 수용, 발견학습 중 어느 학습에 해당되는지 (예)와 같이 정해 보자.

1. 자기장에서 전류가 받는 힘을 관찰하는 탐구활동하기
   (예: 기계적-유의미 학습의 중간, 수용-발견학습의 중간)
2. 오른손 그림으로 전류가 자기장에서 받는 힘의 방향을 찾기
3. 자기장에서 전류가 받는 힘에 대한 내용을 개념도로 그려보기
4. 간이 전동기 만들기

요약

1. 유의미 학습에서는 학생의 사전 인지구조를 강조한다.
2. 유의미 학습은 학습할 내용이 학생의 인지구조와 의미있게 연결되는 것을 의미한다.
3. 유의미 학습 외에 기계적 학습이 있고, 수용학습과 발견학습이 있다.
4. 학습활동 유형에 따라 학습유형은 다양하게 분류될 수 있다.

2.2 유의미 학습의 조건

논리적 유의미가: 유의미 학습이란 학습될 내용과 학습자의 인지구조가 상호작용하여 기존의 인지 구조에 새로운 의미가 구성되면서 일어나는 학습이다. 유의미 학습이 일어나기 위해서는 학습과제가 갖추어야 할 조건이 있고, 학습자가 갖추어야 할 조건이 있다.

먼저 유의미 학습을 위해 학습과제가 가져할 조건은 학습과제가 구속성(nonarbitrariness)과 실사성(substantiveness)을 가져야 한다는 것이다. 실사성이 있는 학습과제는 본질적인 의미를 가지고 있어서 학습과제의 구조와 내용을 어떻게 표현하더라도 그 의미와 내용이 변화되지 않는 속성이 있다. 예를 들면, $I=V/R$로 표현되는 옴의 법칙은 "흐르는 전류의 세기는 전압의 크기에 비례한다"고 말로 표현하여도 그 의미가 변하지 않는다. 이러한 경우, 옴의 법칙은 실사성이 있다고 한다. 반대로 산소를 O라고 하고, 수소를 H라고 했을 때 이것은 다른 기호로 바꾸어 표현하면 그 의미 자체가 바뀌므로, 이러한 경우는 실사성이 없는 경우이다. 이와 같이 실사성이 없는 학습과제는 그대로 암기하여 학습하게 된다. 이 외에도 용어를 기호로 표시하거나 단위 등은 실사성이 없는 경우가 된다.

실사성을 고려한 학습 계획

김교사는 학생들이 배울 가속도 개념의 실사성을 고려하여, 가속도 개념을 지도할 때 다음과 같이 다양한 방식의 표현을 포함하도록 계획하였다.

- 가속도의 정의: 가속도는 시간에 따른 속도의 변화를 의미한다.
- 가속도에 대한 수식: $a=\frac{dv}{dt}$, $a=\frac{F}{m}$
- 가속도 관련 그래프: 등가속도 운동
- 가속도에 대한 그림 표현:

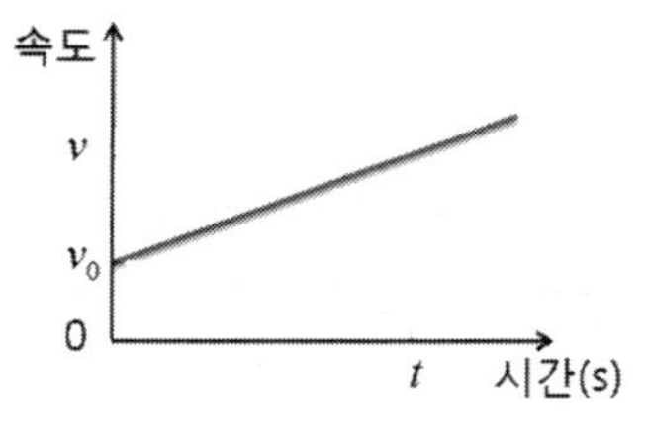

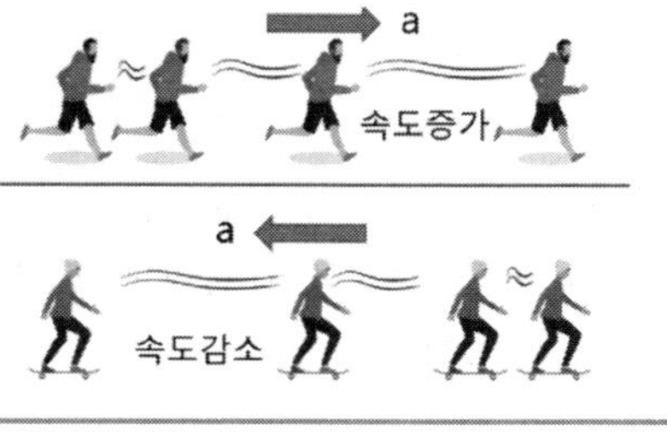

활동

다음 개념의 실사성을 위해, 다양한 표현(글, 그림, 수식, 그래프 등)을 정리해 보자.

– 전자기 유도, 후크의 법칙, 로렌츠 힘, 역학적 에너지 보존

구속성이란 무임의성(nonrandomness)을 의미한다. 즉, 학습과제의 내용이 나름대로의 근거와 이유가 있다는 것을 의미한다. 예를 들어, F를 힘이라고 표현하는 경우에, Force의 첫 자를 따서 정한 것이라는 이유가 있다면 이 기호는 구속성을 갖게 된다. 그러나 무의미 철자를 사용하여 물체를 새롭게 지칭하는 경우에는 구속성이 없게 된다. 예를 들어, 의자를 가리키면서 특별한 이유없이 이제부터 '아자'라고 하기로 하고 책상을 가리키면서 '모구'라고 하기로 한다면 이러한 내용은 구속성이 없다. 이와 같이 구속성이 없는 학습과제는 기계적인 암기를 통해 학습하게 된다.

구속성을 고려한 학습계획

이교사는 학생들이 배우는 새로운 개념이나 용어, 기호에게 구속성을 부여하기 위해 다음과 같이 수업을 계획하였다.

1. F, m, a의 기호가 영어의 첫 자에 해당된다고 설명해 준다.
2. 다음 이야기를 보고 운동량을 왜 p라고 했을지 생각해 보도록 한다.
   – 중세 뷰리당(Jean Buridan)은 물체가 운동하는 이유가 임페투스(impetus) 때문이라고 하였다. 즉 임페투스는 물체의 운동을 유지하게 하는 원동력이라는 것이다. 운동의 원인을 임페투스로 보는 관점은 오늘날 틀린 개념으로 밝혀졌지만, 임페투스는 운동량 개념에 해당되는 것으로 해석될 수도 있다.

활동

중고등학교 교과서에서 사용되는 기호나 용어에 대해서 왜 그러한 기호나 용어로 사용되는지 예를 참고하여 설명해 보자. 이때, 설명이 쉽지 않으면, 창의적으로 이유를 만들어 보아도 좋다.

(예) 밀도: 얼마나 구성입자들이 밀접하게 촘촘한지를 나타내는 정도

(1) 이동거리를 나타내는 S, 열량을 나타내는 Q, 전류를 나타내는 i
(2) 유전체, 임피던스, 비열

어떤 학습과제가 이와 같이 실사성과 구속성을 가질 때 학습과제가 논리적 유의미가(logical meaningfulness)를 갖는다고 한다([그림 322]). 보통의 과학학습지도 내용은 논리적 유의미가를 가지는 경우가 많다.

[그림 322] 학습과제의 논리적 유의미가

잠재적 유의미가: 논리적 유의미가는 학습과제가 갖추어야 할 조건을 나타내는 것이지만, 논리적 유의미가를 가진 학습 과제가 항상 학습자에게 유의미하게 학습되는 것은 아니다. 논리적 유의미가를 가진 학습 자료가 유의미하게 학습되기 위해서는 학습과제가 학습자의 인지구조와 관련이 있어야 한다. 예를 들면, 옴의 법칙 자체는 실사성과 구속성을 가지지만, 초등학교 저학년 학생은 이와 관련된 인지구조를 가지고 있지 않으므로, 초등학교 저학년 학생에게는 유의미하게 학습되기 힘들다. 따라서 이 경우에도 만일 학습을 해야 한다면 기계적 암기를 통해 외울 수 밖에 없다. 이와 같이 학습자가 학습과제와 관련된 인지구조를 가지고 있는 경우에 학습 과제는 그 학습자에 대해 잠재적 유의미가(potential meaningfulness)를 가진다고 한다([그림 323]). 따라서 동일하게 논리적 유의미가를 가진 학습자료라고 하더라도 학습자의 상태에 따라 잠재적 유의미가가 있을 수도 있고 없을 수도 있다. 학습자의 상태란, 학습자의 선행경험, 나이, IQ, 직업, 사회적 지위, 문화적 배경 등 여러 요인에 따라 결정된다.

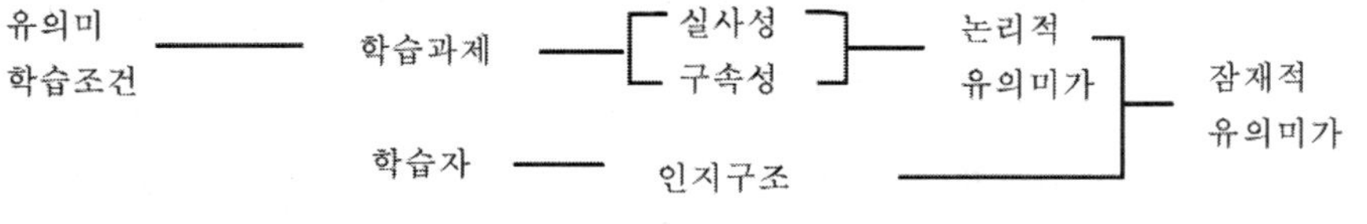

[그림 323] 잠재적 유의미가

잠재적 유의미가를 위한 수업 준비 사례

강교사는 중학교 3학년 '일과 에너지 관계'를 지도할 때, 학습할 내용을 정리하면서 학생들에게 다음과 같은 인지구조가 필요하다고 생각하고, 이에 대한 이해를 점검하고, 안내하는 활동을 수업계획에 포함시켰다.

학습할 내용	필요한 인지구조
- 물체의 위치와 높이에 따른 중력에 의한 위치에너지	- 에너지와 일과의 일반적인 관계(에너지는 일할 수 있는 능력) - 일의 정의와 일의 양 구하기 - 그래프에서 독립변인과 종속변인을 구별하기 - 변인간의 관계를 알아보기 위한 그래프 유형 선택하기

활동

중고등학교 교과서에서 소단원을 선택하여 학습할 내용을 정리하고, 그 내용을 학습하기 위해 필요한 인지구조를 정리해 보자.

소단원 주제:

학습할 내용	필요한 인지구조

심리적 유의미가: 학습과제가 본질적으로 논리적 유의미가를 가지고 있고, 학습자에게 관련 인지구조도 있어 잠재적 유의미가가 있다고 하더라도 실제 학습이 일어나기 위해서는 학습자가 의도적으로 학습과제를 자신의 인지구조에 연결하려고 해야 한다. 이러한 학습자의 의도(intention)나 성향(disposition)을 학습자의 학습 태세(learning sets)라고 한다. 이와 같이 잠재적 유의미가가 있는 학습과제에 대해 학습자가 자신의 인지구조에 연결하려는 학습태세를 갖추었을 때 심리적 유의미가(psychological meaningfulness)가 있다고 한다([그림 324]). 즉, 잠재적 유의미가가 있는 학습과제라고 하더라도 학습자가 학습태세를 가지고 있지 않다면 단순히 암기하는 행동으로 나타날 것이다.

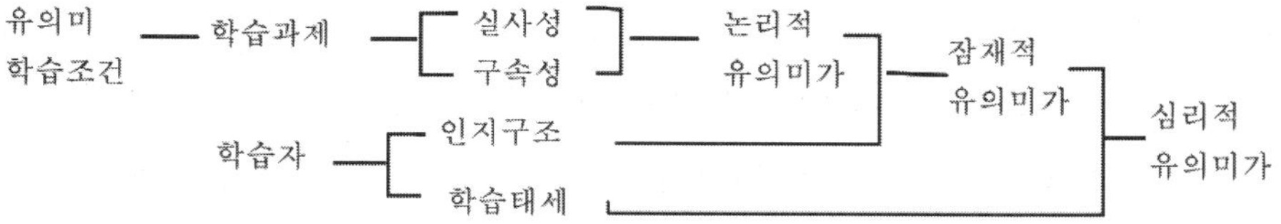

[그림 324] 심리적 유의미가

심리적 유의미가를 위한 수업 준비 사례

김교사는 물리 수업을 계획할 때, 심리적 유의미가를 위해 다음과 같은 준비를 하였다.

수업 주제	심리적 유의미가를 위한 준비
전반사	다음과 같은 다양한 전반사 현상을 먼저 관찰하여, 왜 그런 현상이 생기는지 흥미와 호기심을 가지도록 한다 (흥미와 호기심). 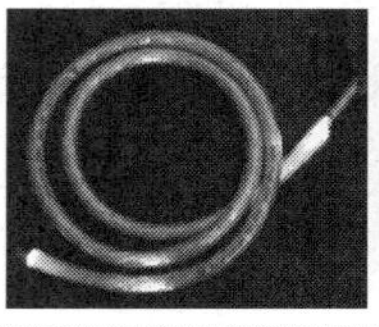 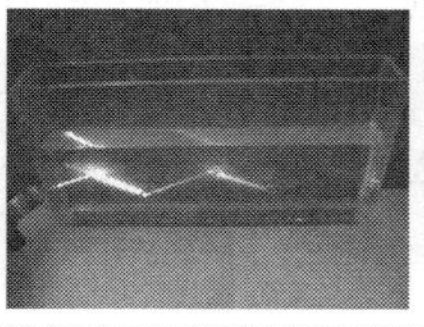  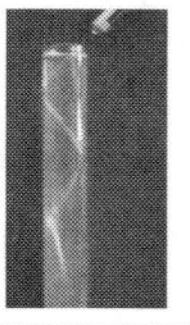
유전분극	다음 상황에서 검전기가 벌어질지 먼저 예상하게 하고, 시범을 통해 예상과 다른 현상을 관찰한다 (인지적 갈등). 
충격량	충격량 수업 전에, 수업에서 배운 개념을 이용하여, 달걀 깨지지 않는 낙하장치 만들기 게임을 할 것이라고 안내해 준다(게임/만들기/체험을 통한 동기유발).
전기에너지	일상생활에서 감전이 일어나는 상황을 소개하고, 감전이 일어나는 원인과 감전을 방지할 수 있는 방안을 아는 것이 필요하다고 안내한다 (일상적 문제 해결: 유용성).

활동

교과서에서 수업 주제를 선택하고, 심리적 유의미가를 위해 준비해야 할 내용을 제안해 보자. 이때 게임을 통한 동기유발과 일상적 문제해결을 이용한 내용을 제안해 보자.

학습 태세에 의해 잠재적 유의미가가 있는 학습 과제가 유의미하게 학습될 수 있는데, 이때 인지구조와의 상호작용에 의해 학습되므로 학습된 결과는 원래의 본질적인 학습 내용과는 다를 수도 있다. 따라서 과학자가 구성한 의미로서 학습 과제의 본질적인 의미를 논리적 의미라고 한다면, 학습자가 실제로 파지하고 있는 의미를 심리적 의미라고 할 수 있다. 이때 심리적 의미는 논리적 의미와 다를 수도 있다.

요약

1. 실사성을 위해서는, 학생이 배울 내용을 다양한 형식으로 표현하는 것이 중요하다.
2. 구속성을 위해서는, 학생이 배울 새로운 용어, 기호, 표시들이 왜 그렇게 정해졌는지를 나름대로 생각해 보는 것이 필요하다.
3. 잠재적 유의미가를 위해서는, 학생이 학습할 내용과 관련해서, 학생이 사전이 어떤 인지구조를 가질 필요가 있는지를 명확하게 하는 것이 중요하다.
4. 심리적 유의미가를 위해서는, 학습할 내용에 대한 흥미와 호기심, 인지적 갈등, 게임과 같이 학습활동에의 참여를 돕기 위한 활동, 일상적 상황에서의 문제해결을 위한 필요성 인식 등이 유용하다.

2.3 유의미 학습의 인지적 과정

학습의 동화이론(assimilation theory)은 학습 내용이 인지구조에 연결되는 과정을 설명하는 인지적 학습 이론이다. 오슈벨의 동화설에 의하면 유의미 학습은 학습 내용과 학습자의 인지구조가 상호작용함으로서 학습 내용은 물론 학생의 인지구조가 변화함으로서 일어난다고 설명한다.

이때 학습자의 인지구조를 이루는 구성요소는 개념, 명제, 개념체계 등으로, 학습 전의 인지구조를 선행 개념(preconception) 또는 선행 생각(prior ideas)이라고도 한다. 학습될 내용이 인지구조에 자리잡고 있는 관련 선행 개념에 연결되는 과정을 정착(anchorage)이라고 한다. 이러한 정착 과정을 거쳐 일어나는 유의미 학습에는 하위적

(subordinate) 학습 또는 포섭(subsumption)학습, 상위적(superordinate)학습, 병위적(combinatorial)학습의 3가지가 있다

하위적 학습이란, 좀 더 구체적이고 덜 포괄적인 학습 내용(개념이나 명제)이 인지구조 내에 있는 추상적이고 일반적이며 포괄적인 선행 개념에 정착하는 과정을 의미한다. 예를 들면 학습자가 패러데이 법칙(선행 개념)을 알고 있는 경우에 발전기의 작동원리(학습내용)를 학습하는 경우이다. 이러한 식의 포섭이 일어나면 기존의 인지구조는 다음과 같은 특징을 가지는 새로운 인지구조로 변화한다.

- 새롭게 배울 후속 학습에 더욱 구체적이고 직접적인 관련성을 가진다.
- 새롭게 배울 후속 학습에 잠재적 유의미가를 줄 수 있을 만큼의 설명력을 가진다.
- 새로운 학습 내용을 강하게 정착시킬 수 있는 안정성을 가진다.
- 공통 주제를 중심으로 관련 정보와 사실들을 조직하여 통합한다.

하위적 학습은 다시 파생적 포섭과 상관적 포섭으로 나눌 수 있다. 파생적 포섭이란 학습 자료가 학습자의 선행 개념을 예시하거나 지지할 때 일어난다. 이때 새로운 학습 개념이 포섭되어도 선행 인지 구조는 변하지 않는다. 예를 들면, 물체의 자화에 대해 학습한 후에 상자성체의 예나 반자성체의 예를 학습(a1)하거나 그것을 실제로 관찰하여 관찰경험이 예로 포함되거나(a2), 자화율에 대한 표를 이용하여 자화의 정도를 비교하는 학습(a3)을 하는 경우에는 파생적 포섭이 일어난다([그림 324]).

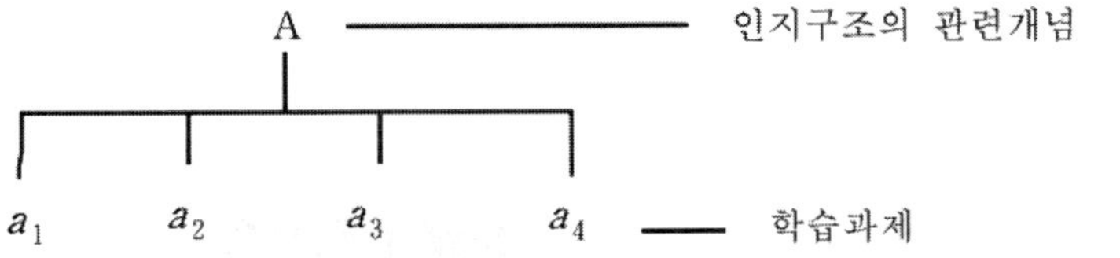

[그림 325] 파생적 포섭

파생적 포섭 학습 사례
김교사는 평행판 축전기의 원리를 소개한 다음에 다음과 같은 실제 다양한 축전기를 관찰하고 구조를 소개해 주는 수업을 계획하였다.

상관적 포섭이란 학습자의 선행 개념을 확장하거나 수정하여 정교화함으로서 일어나는 학습을 의미한다. 예를 들면, 소와 강아지와 마찬가지로 거미도 동물이라고 알게 되는 경우인데, 학습자의 인지구조가 동물은 크고 4다리로 움직인다고 생각하는 것이었는데(A) 송아지(u) 뿐 아니라, 곤충(v)도 포함한다는 것으로 확장된 경우이다([그림 326]). 오슈벨은 이와 같이 포섭과정을 거쳐 인지구조의 준거 속성이 변하는 것을 점진적 분화(progressive differentiation)라고 하였다.

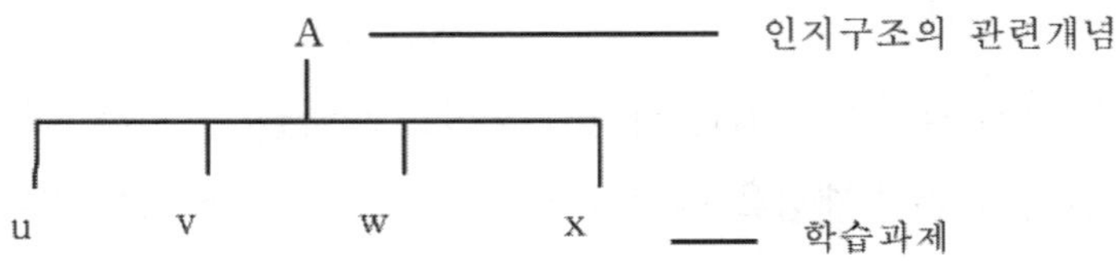

[그림 326] 상관적 포섭

상관적 포섭 수업 사례

권교사는 보통의 니크롬선을 이용하여 전류와 전압과의 관계(선형적 비례관계)를 지도한 다음에, 전류와 전압과의 관계를 확장하기 위해 꼬마전구와 LED를 이용한 그래프를 이용한 수업을 계획하였다.

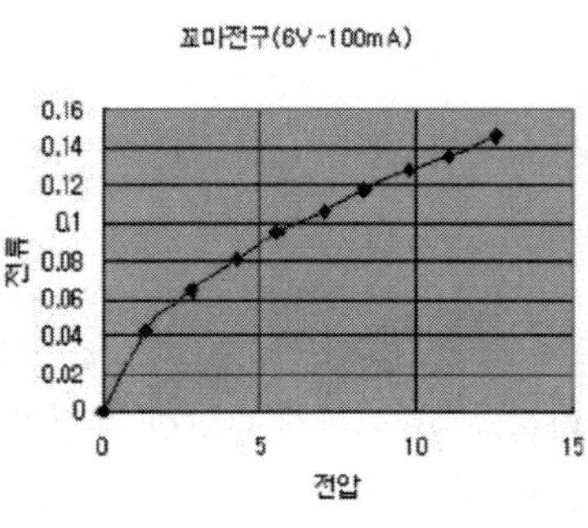

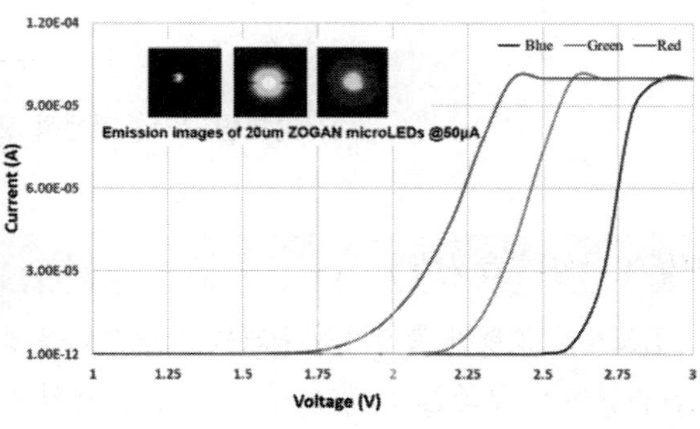

활동

1. 위의 파생적 포섭 학습 사례와 상관적 포섭 수업 사례에 대한 내용으로 구체적인 수업계획을 세워보자.

2. 교과서에서 파생적 포섭 학습과 상관적 포섭 학습에 적절한 물리주제를 찾아 간단한 수업계획을 세워보자.
   (예) 전자기 유도를 배울 때 다양한 예들을 이용한 파생적 포섭학습
   (예) 오목거울에 의한 반사를 배울 때 다양한 예들을 이용한 파생적 포섭학습
   (예) 굴절을 배울 때 상대 굴절율 변화를 이용한 상관적 포섭학습 (공기볼록렌즈, 베이비오일 속의 유리막대)
   (예) 빛의 색의 합성에서 CMY이외의 색의 빛을 만들기, 물감 색의 합성을 이용한 상관적 포섭학습

상위적 학습이란, 포괄적이고 일반적인 학습 과제가 특수하고 하위적 선행 개념들과 의미있게 연결되는 학습을 의미한다. 예를 들어, 이제까지 전파와 빛을 별개로 알고 있다가, 전자기파라는 개념을 학습하면서 함께 의미있게 연결된 경우이다. 또 구체적인 예들을 먼저 학습하다가 그것들을 모두 포괄하는 상위 개념을 학습하게 되는 경우도 이에 속한다. 예를 들어 물체의 운동방향이 변하거나 속력이 변하는 운동 등을 배운 다음에 이러한 다양한 물체의 운동변화를 가속도 개념으로 포괄하는 경우가 되겠다. 이와 같이 상위적 학습에서는 학생들이 알고 있는 하위적 개념들을 확인하고 그러한 개념들을 포괄할 수 있는 상위적 개념으로 통합하는 과정이 일어나게 된다. 오슈벨은 상위적 학습을 통해 일어나는 인지구조의 재구성을 통합적 화합(integrative reconciliation)이라고 하였다.

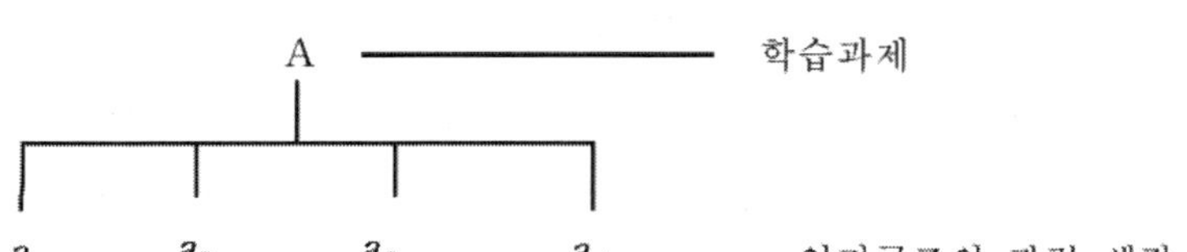

[그림 327] 상위적 학습

상위적 학습 사례

강교사는 상위적 학습을 위해 다음과 같이 수업을 계획하였다.

1. 다음 운동 비디오를 관찰하고, 주요 특징을 정리해 보도록 한다.
   - 가만히 놓아 낙하하는 운동, 수직 위로 던져 올린 운동, 수평으로 던진 운동, 지면에서 비스듬히 던져 올린 운동
2. 각 물체의 x방향 운동의 변화와 y방향 운동의 변화를 정리하고, 공통된 특징을 찾아보도록 한다.
3. 자유낙하 운동 개념을 도입한다.

활동

1. 위의 상위적 학습사례에 대한 내용으로 구체적인 수업 계획을 세워보자.
2. 물리 교과서에서 상위적 학습으로 적절한 주제를 찾아 간단한 수업 계획을 세워보자.
   (예) 후크의 법칙과 힘과 운동변화와의 관계에 대한 내용으로부터 힘의 개념을 정의하기
   (예) 물체의 위치변화에 따른 볼록렌즈의 의한 다양한 상을 관찰할 후에, 작도법으로 설명하기

병위적 학습이란, 새로운 학습 과제가 관련 인지구조와 동등한 위치에서 연결되면서 인지구조의 범위가 확장되고 일반화되는 학습 형태이다. 예를 들면, 중력에 의한 위치에너지를 배운 후에, 탄성력에 의한 위치에너지와 전기력에 의한 위치에너지를 배울 때, 위치에너지의 범위가 확장되고 일반화된다. 알짜힘이 일을 할 때 운동에너지의 변화를 배운 다음에, 보존력이 일을 할 때 위치에너지의 변화와 비보존력이 일을 할 때 역학적 에너지를 배울 때에도 일과 에너지와 관계가 확장되고 일반화되게 된다.

병위적 학습과정에서는 점진적 분화와 통합적 화합이 함께 일어난다고 볼 수 있다. 즉 위치 에너지의 종류를 배우면서 위치에너지의 개념이 세분화되고 구체화된다는 점에서 점진적 분화가 일어난다고 할 수 있고, 보존력이 일을 할 때 위치에너지의 변화를 통해 일과 에너지와 관계에 대한 개념이 일반화된다는 점에서 통합적 화합과정이 일어난다고 볼 수도 있다.

병위적 학습 사례 1

강교사는 다음과 같이 '반대로 생각하기'를 통해 물리 현상을 개념적으로 연결짓는 병위적 학습을 준비하였다.

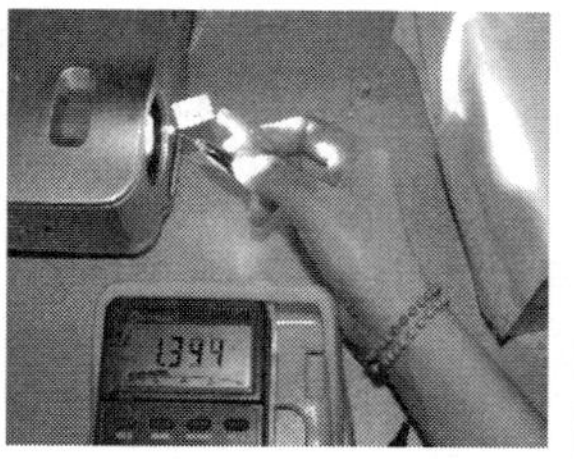

1. 스피커를 마이크로 이용하기, 모터를 돌려 전기 발생시키기
2. LED에 밝은 빛을 쪼여 전압 발생시키기

병위적 학습 사례 2

김교사는 다음과 같이 서로 관련없어 보이는 두 현상을 개념적으로 연결짓는 병위적 학습을 준비하였다.

1. 코일 안에서 자석을 움직일 때 생기는 유도전류와 일정한 자기장에서 움직이는 도선에 생기는 전류
2. 중력에 의한 위치에너지와 전기력에 의한 위치에너지
3. 관성력과 일반상대론의 등가원리, 그리고 중력장에 의한 공간의 휨

활동

위의 병위적 학습사례 1과 2를 이용한 구체적인 수업계획을 세워보자.

하위적 학습, 상위적 학습, 그리고 병위적 학습의 학습유형을 소개하는 이유는, 학생들이 물리학습을 할 때, 이러한 다양한 유형의 학습을 통해 개념이 발달한다고 보기 때문이다. 즉, 하위적 학습으로는 개념의 폭이 넓어지거나(다양한 예를 포함하거나, 조건의 변화에 따른 개념의 확장) 한계를 짓게 되고(다른 개념과 구별되게 되고), 상위적 학습을 통해서는 개별적인 개념들이 하나의 큰 개념으로 통합되도록 돕는다. 그리고 병위적 학습을 통해서는 관련없어 보이는, 또는 서로 다른 영역에서의 개념으로 보이는 개념들이 연결됨으로서 개념들간과 관계에 대한 이해(또는 창의성)와 발달에 도움이 된다고 본다. 즉 물리교사는 이러한 다양한 유형의 학습을 계획하여 수업을 함으로서 학생에게 개념에 대한 이해와 인지구조의 발달에 도움을 줄 수 있어야 한다.

요약

1. 하위적 학습은 학습할 과제가 학습자의 인지구조보다 하위인 경우이다.
2. 파생적 포섭학습은 구체적인 다양한 사례를 학습하는 경우가 될 수 있다.
3. 상관적 포섭학습은 가정과 조건 등을 바꾸어 변형된 또는 확장된 사례를 학습하는 경우가 될 수 있다.
4. 상위적 학습은 학습할 과제가 학습자의 인지구조보다 상위인 경우로, 학습자가 배운/알고 있는 내용을 통합하는 상위 개념을 배우는 경우가 될 수 있다.
5. 병위적 학습은 학습할 과제가 학습자의 인지구조와 나란한 위계에서 배우는 경우로, 반대로 생각하기, 서로 다른 단원에서 배운 내용 연결짓기 등이 될 수 있다.
6. 하위적 학습을 통해서는 인지구조의 점진적 분화가 일어나고, 상위적 학습에서는 통합적 화합이 일어난다. 병위적 학습에서는 점진적 분화와 통합적 화합이 함께 일어날 수 있다.
7. 학생의 인지구조 발달을 위해서는 이러한 다양한 유형의 학습이 필요하다.

2.4 선행조직자와 물리학습 지도

오슈벨은 과학 개념의 유의미 학습을 촉진하기 위한 과학 학습 지도 방법과 전략의 일환으로 선행조직자(advance organizer)를 이용한 교수법을 제안한다. 예를 들어 물질의 구조에서 핵과 전자의 개념을 도입하기 위해, 물체의 표면 사진에서 현미경 사진에서 분자 사진에서 핵사진으로 점차 확대되어가는 비디오나 슬라이드 사진을 제시하면 이것이 선행조직자가 될 수 있다. 이러한 선행조직자는 다음과 같은 특성을 갖는다.

- 선행조직자는 학습과제를 포괄할 수 있는 성격을 가지며 반드시 학습 내용보다 먼저 제시되어야 한다.
- 선행조직자의 형태는 문장, 지도나 도표 또는 그림 용어나 개념들간의 논리적 관계를 나타내는 개념도, 체계적인 질문 등 여러 가지로 가능하다.
- 학습자에게 친숙한 언어와 개념으로 구성되는 것이 좋다.
- 선행조직자는 학습 내용의 요약과는 다르다.

선행조직자는 설명적 선행조직자와 비교적 선행조직자가 있다. 설명적 선행조직자는 전혀 새로운 정보를 소개할 때, 추상적이고 일반적 수준의 개념을 제시함으로써, 새로운 정보가 학습자의 인지구조에 연결되도록 돕는다. 예를 들어, 로렌츠 힘을 도입하기 전에, "1880년 유럽에서는 전기장과 자기장 속에서 움직이는 전하의 운동에 대한 관심이 많이 있었습니다. 1892년 로렌츠는 전하를 전달하는 물체(오늘날의 전자)에 대한 아이디어를 제시하였고, 1895년 전하를 전달하는 물체가 자기장 속에서 움직일 때 받는 힘에 대한 공식을 완성했습니다. 오늘은 이 힘에 대해서 배우려고 합니다"와 같은 도입문이 설명적 선행조직자가 될 수 있다.

비교적 설명 조직자는 학습자의 인지구조와 유사하거나 차이점을 가진 새로운 학습과제를 학습할 때 유용하다. 예를 들어, 축전기 개념을 도입하기 전에, "전지는 전기에너지를 저장한 대표적인 장치입니다. 이제부터 전지와 다른 방식으로 전기에너지를 저장할 수 있는 새로운 장치에 대해서 알아보려고 합니다"와 같은 도입문이 비교적 설명조직자가 될 수 있다.

선행조직자 활용 사례

1. 강교사는 신기루 현상을 학습하기 전에, 설명적 선행조직자로서 다음과 같은 설명과 시범을 사용하였다.
   - 설명: 빛이 다른 매질을 지날 때 굴절하여 경로가 꺾이는 굴절현상이 일어난다.
   - 시범: 진한 설탕물 위에 맹물을 넣은 수조에서 레이저 빛이 휘는 시범

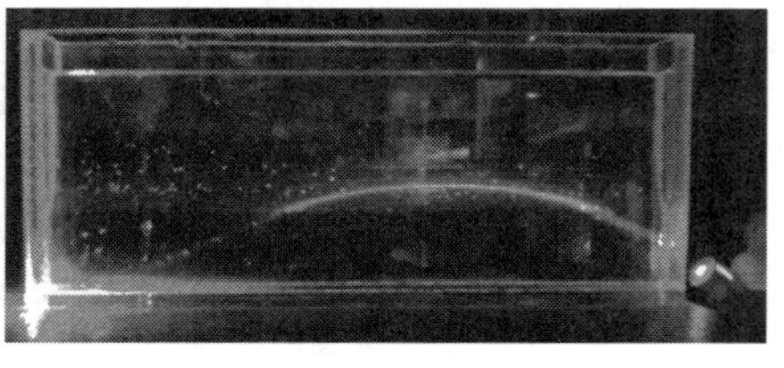

2. 김교사는 로렌츠 힘(자기장 속에서 움직이는 전하가 받는 힘)을 학습하기 전에, 비교적 선행조직자로서 다음 4가지 상황(그림)에서 전하가 어떤 힘을 받을지를 생각해 보고 발표하는 활동을 하였다.
   - 전기장 속에 정지해 있는 전하, 전기장 속에서 움직이는 전하, 자기장 속에서 정지해 있는 전하, 자기장 속에서 움직이는 전하

활동

다음의 새로운 물리 개념을 도입할 때 적절한 설명적 선행조직자나 비교적 선행조직자를 이용한 수업계획을 설계해 보자.

- 등전위면(등고선을 이용한 비교적 선행조직자), 편광(전자기파의 구조를 이용한 설명적 선행조직자), 핵융합(분자결합을 이용한 비교적 선행조직자), 도플러 효과(시범을 이용한 설명적 선행조직자)

요약

1. 선행조직자는 유의미 학습을 촉진하기 위한 수업 지도 전략이다.
2. 설명적 선행조직자는 새로운 학습할 내용을 포괄하는 추상적이고 일반적인 개념을 먼저 소개하는 경우이다.
3. 비교적 선행조직자는 학습할 내용이 학생의 인지구조와 유사점이나 차이점을 가지고 있어, 서로 비교할 수 있는 내용을 먼저 소개하는 경우이다.

CHAPTER 03

상황 학습 이론과 물리 학습

강남화 (한국교원대학교)

사회적 실천의 측면으로서 학습은 전인적 참여를 포함한다. 즉, 특별한 활동뿐만 아니라 사회 공동체와의 관계를 의미한다. 완전한 참가자가 되는 것, 구성원이 되는 것, 한 사람의 몫을 해낼 수 있는 사람이 되는 것을 의미한다. 이러한 관점에서 본다면 새로운 활동에 참여할 수 있게 된다는 것이라든지 새로운 작업과 기능을 수행할 수 있게 된다는 것이라든지 새로운 이해에 도달할 수 있게 되는 것은 학습의 일부분에 지나지 않는다.... 활동, 작업, 기능, 이해는 독립적으로 존재하는 것이 아니라 그것들의 의미를 부여하는 더 광범위한 관계의 일부인 것이다. 이러한 관계는 일부 사람들간의 관계를 포함해서 사회공동체에서 발생하고, 재생산되고 개발된다. 인간은 이러한 관계에 의해 정의되는 것과 동시에 이러한 관계를 정의한다. 따라서 이러한 관계가 열어주는 가능성에 따라 학습은 다른 사람이 되는 것을 포함한다. 학습의 이러한 측면을 무시하면 학습이 정체성 형성을 포함한다는 것을 간과하게 된다(Lave & Wenger, 1991,p. 53).

3.1 상황 학습 이론 출현의 배경

[표 331] 학습 이론 비교

유형	행동주의 학습 이론	인지적 학습 이론	상황 학습 이론
기본원리	- 학습자를 백지상태로 보고 학습을 외부 지식이 축적되는 과정으로 인식 - 동물 행동 연구 기반, 단순 반응 모델	- 학습은 인지적 정보처리 과정으로 구성 - 피아제의 개념변화 이론, 학습자의 인지 발달 탐색 - 추상적 지식 학습 후 전이를 중시	- 학습과 인지는 문화적 실천과 분리 불가 - 학습은 심리적 현상보다 사회적 현상으로 간주 - 학습 내용과 과정은 상황 의존적 - 학습자는 사회문화적 실천 능력 습득
비판점	- 인지 처리 과정을 간과	- 전이가 쉽게 발생하지 않음 - 학생의 정의적 요소 간과	- 상황 특이성 강조로 일반화된 추상적 지식의 가치 절하 - 정체성 변화의 범위와 정도에 대한 합의 곤란
과학교육 에의 시사점	- 지식의 수용을 요구하는 학습 방식의 효과성 제고	- 오개념 변화의 어려움, 정의적 특성 중요성 부각 - 과학 개념 이해를 실제 수행 능력과 연결 제고	- 과학(물리)학습을 통한 정체성 변화의 의미와 실체에 대한 논의와 합의 필요 - 과학(물리)학습공동체와 과학(물리)실천공동체의 정의와 실체에 대한 논의와 합의 필요

20세기 초 서양 사회에서 활발히 연구된 행동주의 학습 이론은 학습자를 백지상태(tabula rasa)로 보고 학습을 외부에서 주어지는 지식에 노출되면 백지에 기록하듯이 지식이 축적되는 과정으로 보았다. 주로 동물의 행동 연구에 근거한 행동주의 학습 이론은 인간이 환경에 대해 단순히 반응하기보다는 인지적 처리 과정을 거치며, 주어진 학습 내용을 그대로 받아들이지 않고 그 의미를 파악하여 나름대로 재구성한다는 것이 밝혀지면서 비판을 받았다. 이에 다양한 인지적 학습 이론(cognitive learning theory)이 연구되었고, 20세기 중반 이후 널리 받아들여지게 되었다. 이를 바탕으로 학교 교육과정이 구성이 되고 운영이 되면서 전통적인 학교 교육의 모습이 인지적 학습 이론에 근거하여 갖추어지게 되었다.

여러 인지적 학습 이론은 공통적으로 학습의 과정을 인지적 정보처리로 본다. 물리교육

연구에서도 인지적 학습 이론에 근거하여 교육과정과 교육연구가 이루어졌다. 그 대표적인 예로 피아제(J. Piaget, 1896~1980)의 개념변화 학습 이론에 따른 학생의 오개념 연구를 들 수 있다. 인지적 학습 이론 학자들은 추상적인 논리나 사고를 연구하면서 학습자의 인지 능력의 발달을 탐색하였고, 그 결과로 학생의 일반적인 인지 능력의 변화를 연령에 따라 구분하고, 이에 맞추어 학년이 구분된 학교 교육이 이루어지게 되었다. 인지적 학습 이론의 관점에 따르면 일반화된 추상적 지식을 학습하면 다양한 상황으로 전이(transfer)가 가능하므로 학습자는 학교 교육을 통해 일반화된 추상적 지식을 학습해야 한다. 예를 들어 다양한 사례에서 물체의 운동을 개별적으로 학습하는 것보다는 일반화된 법칙인 $F = ma$를 먼저 학습하고, 법칙을 다양한 사례에 적용해보는 것이 더 효율적인 학습이라는 것이다. 따라서 인지적 학습 이론은 교실에서 학생들이 일반적이고 추상화된 내용을 학습하고, 학습한 내용을 구체적으로 적용하는 과정으로 구성되어야 한다는 교수학습 설계에 관한 시사점을 제시한다. 즉, 학생들이 학교에서는 추상적 지식을 학습하면, 일상의 구체적인 상황에 그것을 활용하는 전이는 자연스럽게 뒤따라 온다는 것이다. 이에 따라 학교 평가는 응용 문제를 제시하여 학생들이 전이를 얼마나 잘하는지를 점검하는 형태로 이루어진다.

수십년간의 인지적 학습 이론 중심의 학교 교육의 결과에 대해 1980년대 말부터 비판하기 시작했다. 그 근거로는 학생들이 실제로 전이를 쉽게 하지 않는다는 점, 추상적 지식의 습득을 강조하여 학습에 관여되는 학습동기, 흥미, 정서 등을 포함하는 정의적 영역 성취의 중요성을 간과한다는 점, 학습을 기술적 측면으로만 바라보면서 인간 중심의 과정이 결여되었다는 점 등이 제기되었다. 특히 최근에는 학교 교육이 학교 밖 학생의 생활이나 직업 활동에 거의 도움이 되지 않는다는 비판과 함께 정보기술(ICT)의 급속한 발달에 맞추어 지식 중심의 교육이 역량 중심의 교육으로 전환이 되어야 한다는 사회적 요구로부터 학교 교육에 대한 개혁이 요구되면서 인지적 학습 이론의 보완에 대한 논의가 활성화되었다. 과학 교육에서는 대표적으로 학생들이 오개념을 쉽게 바꾸지 않는다는 연구 결과와 함께 학생의 개념변화에는 정의적 특성이 중요하다는 점, 학생의 과학학습성취가 학교 밖 또는 졸업 후 관련 직업 세계에서의 수행 능력을 예측하지 못한다는 점 등이 밝혀지면서 새로운 학습 이론이 요구되었다.

최근 30년간 인지적 학습 이론의 대안으로 상황인지(situated cognition)에 근거한 상황 학습 이론(situated learning theory)이 주목을 받게 되었다(Anderson, Reder,

& Simon, 1996). 상황인지(Situated Cognition)란 인간의 인지와 학습이 특정한 사회적, 문화적, 물리적 맥락 속에서 발생하며, 이러한 맥락이 인지 과정에 본질적으로 영향을 미친다는 인지심리학 이론이다. 즉, 지식이 단지 추상적 명제로 머릿속에 저장되는 것이 아니라, 그 지식이 사용되는 실제 상황과 긴밀하게 연결되어 있다는 관점이다. 상황인지 이론과 관련 핵심 개념, 교육적 시사점은 다음과 같이 요약할 수 있다.

상황인지의 정의

지식이 개별적으로 존재하는 것이 아니라, 지식이 사용되는 사회적·문화적 맥락과 깊이 연결되어 있으며, 학습은 실제 맥락 속에서 이루어질 때 효과적이다. 지식은 상황에 깊이 뿌리내려 있으며, 실제 환경 속에서 이루어지는 활동과 상호작용을 통해 의미 있게 습득된다(Brown, Collins, & Duguid, 1989).

상황인지의 핵심 개념

- 맥락의 중요성: 지식은 실제 상황 속에서 의미를 가지며, 상황을 떠난 지식은 불완전할 수 있음.
- 사회적 상호작용: 학습은 개인의 활동이 아닌, 공동체 내에서의 상호작용을 통해 이루어짐.
- 실제적 참과제(authentic tasks): 학습은 실제 문제를 해결하는 과정에서 가장 효과적으로 발생함.

교육적 시사점

학습 활동은 실제 세계와 유사한 환경에서 이루어져야 하며, 협동학습, 문제 기반 학습(PBL), 인지적 도제학습 등이 교수학습법으로 제안됨.

상황인지 이론에 근거한 학습 이론으로서의 상황 학습 이론의 대전제는 학습과 인지가 그것을 만들어 내는 문화적 실천(cultural practice)과 분리될 수 없다는 것이다. 즉, 학습을 심리적 현상이라기보다는 사회적 현상으로 본다. 전통적 관점에서는 학습의 내용(학습되는 것)과 학습 방법과 결과의 활용은 별개로 본다. 즉, 지적 발달의 내용이 지적 발달의 방법이나 활용과는 별개라는 관점이다. 이렇게 학습 방법과는 독립적으로 생각된 학습 내용은 일반성을 가져 언제 어디서나 다양한 방법을 통해 학습되고, 학습 후 학생들은 학습한 내용을 구체적 사례에 응용하도록 요청 받는다.

상황 학습 이론에서는 학습의 내용과 학습의 과정이 분리될 수 없다고 본다. 학습과 인지는 중립적 활동이 아니라 상황 의존적(situatedness, situation-dependency)이다. 즉, 무엇을 학습하는가는 언제 어디서 누구와 어떻게 학습하는가와 분리될 수 없다는 것이다. 가령, 동서양의 별자리가 다른 것은 별자리를 바라보는 사람들의 문화와 관점에 따라 서로 다른 별자리를 구성(인지)했기 때문이다. 별의 관찰이 객관적으로 누구에게나 동일한 결과를 낳는 것이 아니라 관찰자가 속한 문화 및 사회에서 제공하는 관찰의 틀(문화적 참조기준, cultural frame of reference)을 기반으로 관찰이 이루어지기 때문에 서로 다른 문화의 사람들이 관찰한 별자리는 서로 다를 수밖에 없다. 따라서 별자리에 대해 학습할 때 학생들은 자신이 속한 사회의 문화가 제공하는 인식의 틀을 통해 별을 관측하고 학습한다. 결국 학습의 상황은 학습의 결과와 불가분의 관계다.

과학사나 과학철학에서 과학자의 패러다임 즉, 과학자가 속한 연구 집단의 과학적 실천 문화에 따라 과학 연구의 방법, 결과를 해석하는 이론이나 법칙 등이 다르다는 것은 이미 널리 받아들여지는 사실이다(Kuhn, 1962). 플랭클린(Rosalind Elsie Franklin)이 찍은 DNA X-선 이미지는 이중나선구조를 연구하던 왓슨(James Watson)에게는 그의 가설을 증명하는 이미지로 쉽게 받아들여졌으나, 다른 과학자들이 받아들이는 데는 시간이 걸렸다. 이와 유사하게 물리학에서 통용되는 실천 방식을 학습한 전문가만이 볼 수 있는 사례는 수없이 많다. 가령, 거품상자에서 소립자의 궤적을 해석할 수 있는 사람은 입자물리학 연구 집단의 이론 및 실천 방식에 훈련된 사람들이다. 마찬가지로 평범한 사람이 병원에서 만들어 내는 CT 사진에서 이상 유부를 판단할 수 없는 것도 유사한 예이다. 학습이나 인지는 사회문화적으로 주어진 인식의 틀에 의해 특정 요소를 선택적으로 관찰하고 인식하는 활동이다. 결론적으로 학습이나 과학 연구에서 그 과정이 일어나는 사회문화적 상황이 학습의 과정과 결과에 모두 영향을 미친다고 할 수 있다. 따라서 학습은 특정 사회문화적 실천을 훈련시키는 과정으로 볼 수 있고, 그 결과 학습자는 자신이 속한 공동체의 사회문화적 실천 능력을 갖추게 된다. 즉, 과학 학습자는 적절한 경험을 통해 과학적 실천에 참여하고 과학자처럼 생각하고 실천하는 능력을 갖게 될 것이다.

인간의 심리를 활용하여 음주량을 줄이는 방법으로 가늘고 긴 모양의 맥주잔에 술을 마시라고 추천하는 방송을 본 적이 있다. 같은 양의 맥주라도 가늘고 긴 잔에 넣었을 때 양이 더 많아 보여서 많이 마셨다는 인식을 가지기 때문에 음주량이 줄어든다는 심리학 실험 결과를 바탕으로 하는 추천이었다. 마찬가지로 큰 그릇에 음식을 담아 음식의 양이 적어 보이는 것보다는 작은 그릇에 음식을 담아 푸짐하게 보이면 많은 양을 먹었다는 인식을 유도할 수 있으므로 식사량 조절에 효과적일 수도 있다. 이러한 심리적 속임수는 유명한 피아제의 보존 개념 문제와 유사하다. 어린아이에게 폭이 넓은 용기의 물을 폭이 좁은 용기로 옮겨 담는 것을 보여주고 어느 쪽의 물이 더 많은지 질문을 받으면 액체의 높이가 더 높은 폭이 좁은 용기의 물의 양이 더 많다는 응답을 한다는 연구 결과가 있다. 눈앞에서 동일한 양의 물이 한쪽 용기에서 다른 쪽 용기로 옮겨지는 것을 보면서도 어린 학생들은 높이가 높은 쪽의 물이 더 많다고 응답한다고 한다. 이로부터 연구자들은 어린아이들은 보존 개념이 없다는 결론을 내렸다. 앞서 방송에서 추천한 사례와 같이 용기의 모양에 따라 양이 다르게 인식이 되는 것은 나이와 상관없이 인간의 시각에 따른 뇌의 작용에 의한 관찰의 한계에 해당하는 문제이다(장하석, 2014). 따라서 보존개념 실험에 참여한 어린아이들이 실험의 상황에서 질문의 의미를 오해한 것은 아닌지 다시 생각해볼 수 있다. 아이들은 실제 물의 양이 변하지 않았는데도 어느 것이 더 많은지를 묻는 질문을 물의 양이 다르게 '보이는지'에 대한 질문으로 이해하고 답을 했을 수 있다. 즉, 학생들은 물을 옮겨 담는 과정에서 물이 없어지지 않았다는 것을 인식했지만 수면이 높게 보이는 용기의 물이 더 많아 보인다고 답을 했을 수도 있다. 또는 물의 양이 많다는 의미와 물의 양이 '많아 보인다'는 의미를 혼용하여 사용했을 수 있다. 이렇듯 보존 개념과 같이 일반적인 인지 과정에 대한 연구는 이미 정해진 틀(예, 추상적 사고)에 응답자가 맞추어 답을 하는지 여부를 확인할 수는 있지만 그것이 반드시 실제적인 문제에서 관련 능력을 보이는지는 알 수 없다. 보존 개념이 있을 거라 판단된 어른조차도 실제 생활에서는 앞서 제시한 눈속임과 같은 전략에 말려들기 때문이다. 따라서 진정한 역량을 진단하고자 한다면 상황이 포함된 실제적인 문제에 대한 질문과 응답을 연구해야 할 것이다. 그리고 상황과 연계된 해석이 보다 참된 역량의 평가로 이어질 수 있을 것이다(Hennessy, 1993).

3.2 상황 학습 이론에서 과학 학습의 의미

상황 학습 이론은 기존의 인지적 학습 이론에 따른 전이의 문제를 다른 방식으로 바라본다. 전이는 일반적이고 추상적인 지식을 학습한 후 그것을 구체적인 사례에 응용하는 것을 학생들이 어려워한다는 데서 그 문제가 발생한다. 그런데 상황 인지 이론에 따르면 인간의 인지는 상황에 따라 달라지는 상황의존성을 갖는다. 따라서 일반적이고 추상적인 지식은 그것이 구성되거나 사용되는 상황을 무시 또는 삭제함으로 해서 원천적으로 전이를 어렵게 한다.

상황 학습 이론은 지식을 지식의 구성 과정과 분리된 객체로 보지 않고 앎(knowing)과 행함(doing)이 서로를 구성하며 함께 일어난다고 본다. 즉, 지식 구성의 과정과 결과 또는 지식과 실천이 분리되지 않고 서로를 구성하며 변증법적(dialectically)으로 발전한다고 본다. 따라서 상황 학습 이론의 관점에서 과학 학습은 관련된 상황과 분리된 과학적 원리의 추상적인 학습이 아니라 문제 해결이나 새로운 지식의 구성 등의 목적을 가지고 과학적 지식, 탐구 방식, 가치 및 태도 등이 통합된 사회문화적으로 구성된 과학적 실천에 참여함으로써 과학적 실천 역량을 기르며 과학 학습자로서 또는 과학 탐구자로서의 정체성을 갖게 되는 과정이다. 따라서 과학 학습에서의 성취는 사회문화적으로 구성된 활동에서 보다 온전한 과학 학습자로서 또는 과학 탐구자로서의 역할을 수행할 수 있는 역량의 증가를 의미한다. 즉, 과학 학습은 과학적 실천의 참여 방식이 초보자에서 점진적으로 전문가로 변하는 것을 의미한다. 결론적으로 상황학습론자들은 학습을 사회문화적 실천에 참여하는 것으로 정의하고, 학습 발달은 사회문화적 활동의 참여 방식이 초심자에서 전문가로 발전하는 것으로 본다(Greeno, 1997).

여기서 사회문화적으로 구성된 활동이란 교육을 문화화(enculturation)의 관점으로 바라보는 사회문화적 구성주의에 기원한 개념이다. 문화화의 관점에서 과학을 배운다는 것은 과학이라는 문화를 실천할 수 있는 역량을 갖는다는 것이다. 과학은 분명 그 자체의 문화를 갖는다. 과학사, 과학철학, 과학사회학 등에서 이루어지는 과학의 본성이나 정의 등에 관한 논의에서 과학이 다른 학문 또는 일상과 구분되는 문화를 이루고 있다는 것은 쉽게 알 수 있다(장하석, 2014; Kuhn, 1962). 따라서 과학적 실천은 과학자 사회에서 구성한 공동체적 활동으로서 사회문화적으로 구성된 활동의 하나이다. 그러므로 상황 학습 이론의 관점에서 과학 학습은 과학적 실천에 참여하고 과학적 실천을 수행할 수 있는 역량을 기르며 학습자가 과학 탐구자로서의 정체성을 갖는 과정이다.

상황 학습 이론에서 학습의 과정은 기본적으로 학습 공동체(community of learning) 또는 실천 공동체(community of practice)를 전제로 한다. 즉, 학습은 공동의 목적을 가지고 활동하는 공동체 속에서 개인의 '사회문화적 실천에의 참여'로 정의되며, 그 결과로 공동체의 일원이라는 정체성을 가지게 된다. 여기서 참여는 물리적으로 함께 하는 참여뿐만 아니라 사회적 실천 시스템에서의 하나의 요소를 의미하기도 한다. 즉, 개인이 다른 사람들과 물리적으로 떨어져 있더라도 사회문화적 실천에 참여할 수 있다. 가령, 과학자가 연구실에서 혼자 복잡한 컴퓨터 모델링을 수행하고 있더라도 그 과학자는 연구의 방법, 사용하는 도구, 연구의 가치 등을 과학자 공동체와 공유하고 새로운 과학 원리 발견을 공동으로 추구한다는 점에서 관련 분야의 과학 연구자 공동체의 일원으로서 연구를 수행하는 것이다. 따라서 사회문화적 실천은 지금 당장 함께하고 있는 사람들과 이루는 사회 집단이 아닌 좀 더 원거리의 시스템에 속한 사회 집단의 실천에 참여하는 것을 의미할 수도 있다.

마찬가지로 학교에서 과학 학습에 참여하는 것은 함께 학습하는 교사와 친구들과의 과학 학습 활동에 참여하는 상황을 의미할 수도 있고, 과학자들이 구성한 과학 실천에 참여하는 것으로도 해석이 가능하다. 전자는 교실 과학 학습 활동에 참여하는 학습이고, 후자는 과학자 사회가 만드는 과학사회문화적 활동에 참여하는 학습이다.

요컨대 인지적 학습 이론과 상황 학습 이론의 근본적인 차이점은 학습의 의미에 있다. 인지적 학습 이론에서 학습은 학습자 개인의 머릿속에 특정한 체계를 가진 지식과 기능을 획득하는 것으로 보지만, 상황 학습 이론에서는 학습을 사회문화적 활동에 참여하여 자신의 역할을 충분히 수행할 수 있는 역량을 기르고 관련 공동체의 일원으로서의 정체성을 확립하는 활동으로 본다. 이러한 근본적인 차이점에 기초한 다양한 측면에서의 비교는 [표332]와 같이 요약할 수 있다(Collins, 2006; Hennessy, 1993).

[표 332] 인지적 학습 이론과 상황 학습 이론 비교

	인지적 학습 이론	상황 학습 이론
학습 동기와 목표	탈맥락적인 인위적으로 고안된 내용을 학습하고, 지식의 습득 자체를 목표로 함. 학습은 개인적 성취로 봄.	학습자의 삶과 연계된 참된(authentic) 문제 해결을 위해 내적 동기를 가지고 자연스럽게 학습 과정이 진행됨. 사회문화적으로 공유된 활동에 참여하여 공동체의 공동 목표 달성을 주요 목표로 하며, 개인적으로는 구성원의 역할을 수행할 수 있는 실천 역량(지식, 기능, 가치, 태도 등의 총체) 습득을 목표로 함.
지적 성취	지성은 개인의 머릿속에 존재	지성은 상황 속에서 혹은 사람들과의 상호작용에서 출현. 지식은 사회적 협상(negotiation)의 장에서 구성됨.
감성적 요소	지적 요소와 감성적 요소가 분리되어 다루어짐. 예를 들어 학습 내용의 가치에 대한 질문이 배제됨.	지적 요소와 감성적 요소가 통합적으로 작용함.
학습 문제	미리 정의된 명확한 문제와 답을 다룸.	상황에 따라 답이 달라질 수 있는 잘 정의되지 않은 (ill-defined) 명확하지 않은 문제를 다룸.
인지적 활동	추상적 지식의 강조로 순수한 사고 활동이 강조되고 인지적 활동의 도구로 주로 책과 연필, 노트가 활용됨.	실제적 문제를 다룸으로 해서 다양한 물체나 도구가 학습의 지원을 위해 사용됨. 인지적 활동이 도구의 사용에 의존함.

3.3 상황 학습 이론의 과학 교수학습에의 시사점

상황 학습 이론은 앎과 행함을 일치시킴으로써 추상적으로 학습한 지식의 전이에 대한 질문을 무력화하였다. 그렇다면 상황 학습 이론에서는 어떤 교수학습 과정을 제시하는가? 상황학습론자들은 그 질문에 대한 답을 비형식 교육의 방법으로 오랜동안 기술자를 길러내는 데 사용되어온 도제학습에서 찾았다. 도제학습은 말로 설명할 수 있는 명시적 지식이나 기술뿐만 아니라 암묵적 지식(tacit knowledge)을 전달하는데 효과적이라는 점에서 사회문화적 활동에 기초한 학습의 양식으로 적절하다. 연구자들은 지적

능력(intellect)의 개발을 중심으로 도제학습의 교수학습과정을 추출하여 적용한다는 의미에서 인지적 도제학습(cognitive apprenticeship)으로 도제학습을 재정의하여 그 효과성을 연구해 왔다(Collins, 2006).

인지적 도제 학습이 추상적 지식과 그 응용을 분리하여 다루던 기존의 교수학습과 다른 가장 큰 차이점은 실제적 참된 과제(authentic task)를 다룬다는 점이다. 또한 암묵적 지식의 학습을 위해 학생들의 실제적 적극적 참여가 필수적이라는 점도 정해진 지식의 학습을 목표로 하는 전통적 수업과는 큰 차이를 이룬다. 그 외에도 인지적 도제학습의 특성을 [표 333]과 같이 정리할 수 있다.

[표 333] 인지적 도제학습의 주요 특징과 전통적 교수학습과의 비교

구분	인지적 도제학습	전통적 교수학습
학습 과제	실제적 참된 과제(authentic task)	추상적 지식 중심, 맥락 없는 연습 과제
학습 목표	지식, 기능, 태도, 가치가 통합된 역량 습득	정해진 지식의 습득
학습 방식	공동체 내 상호작용, 점진적 책임 이양	교사나 교과목 중심의 지식 및 기능의 전달
학습자의 역할	자기주도적 탐구자, 행위주체성 강조	수동적 수용자
교사의 역할	시범, 코칭, 비계 제공 (scaffolding)	지식 전달자
과제 조직	학생의 능력에 맞추어 간단한 과제에서 복잡한 과제로 점진적 이행	맥락 없이 과제를 개별적으로 반복 연습
동기 유발	내적 동기 중심 (학생의 필요와 관심 기반)	외적 동기 중심 (평가, 성적 등)
지식의 성격	암묵적 지식 포함, 실제 맥락에서의 적용 강조	명제적 지식 중심
평가	과제 수행 중 모니터링과 피드백 강조 (성장 중심, 성장을 위한 평가)	정해진 지식이나 기능의 도달 여부 평가
학습 환경	협력적 학습 공동체, 피드백과 자기성찰 강조	개별 학습
과학 교육 적용	선개념을 인정하고 활용, 일상 경험과 연결	선개념을 교체 대상으로 간주

도제학습은 마스터와 다양한 수준의 역량을 가진 공동체 구성원들이 함께 실제적 참된 과제를 수행하는 과정에서 학습자가 공동의 작업 참여를 통해 서서히 독립적으로 작업할 수 있는 능력을 키울 수 있도록 하는 방법이다. 즉, 공동체 구성원들과 상호작용을 통해 학습자는 기초적인 작업부터 점진적으로 복잡한 작업을 책임지고 수행하게 되며, 그 과정에서 학습자보다 더 유능한 마스터 또는 구성원의 시범, 코칭 등의 비계를 제공받게 된다. 이러한 과정이 원활히 이루어지기 위해서 학습자는 내적 동기를 가지고 있어야 하며, 공동체와의 협력적 관계가 이루어져야 한다.

[표 333]에 제시된 인지적 도제학습의 특징 중 학습 목표는 지식의 습득에 한정되지 않고 지식, 기능, 태도 및 가치가 통합된 역량의 습득이며, 이를 위해 학생들에게 과학의 사회문화적 실천에 참여하여 그 역량을 키우는 것이 요구된다. 도제학습과 마찬가지로 인지적 도제학습에서도 학생들이 간단한 작업에서 점진적으로 복잡한 과제를 수행할 수 있도록 학습 과제의 조직이 필요하다. 전통적 수업과의 차이는 기초적인 과제를 맥락 없이 제시하여 연습하도록 요구하는 것이 아니라 전체적인 공동체의 목표가 제시되고 학생의 능력에 맞추어 기초 과제부터 복잡한 과제로의 이행이 교사와 학생의 진단에 따라 학생 주도적으로 결정이 될 수 있도록 한다는 점이다. 따라서 한 모둠에서 하나의 과제를 함께 완성하기 위해 구성원이 할 수 있는 일을 능력이나 선호도에 맞추어 서로 분담하여 수행하게 된다.

인지적 도제학습에서 수업은 실제적 참된 과제에 대한 학습자의 자기주도적 탐구로 이루어져야한다. 실제적 참된 과제는 교사나 교육과정의 입장에서 결정되는 것이 아니고 학생의 입장에서 학생이 필요로 하는 과제, 학생의 생활과 밀접하여 해결에 대한 내적 동기가 유발되는 과제를 의미한다. 교사는 학생들이 스스로 해결하고 싶은 탐구 주제를 제시하게 함으로써 자신들이 수행할 실제적 참된 과제를 결정하게 할 수도 있고, 학생들의 내적 동기가 유발될 수 있는 과제를 상황과 함께 제시하여 학생들이 참된 과제로 인식할 수 있도록 하여 자기주도적 탐구를 수행할 수 있게 할 수도 있다. 학생들의 자기주도적 탐구 과정에서 전통적인 도제학습에서 활용이 되는 다양한 비계의 방법(더 유능한 마스터 또는 구성원의 시범, 코칭 등)이 활용될 수 있다. 또한 학습 공동체의 활동이 효과적으로 이루어지기 위해서는 학생들이 자신의 생각, 전략, 추론 등을 적극적으로 표현하고 소통할 수 있도록 하는 과제 구성이나 교사 지원이 필요하다. 모둠활동 중 동료 간 피드백 및 교사의 피드백, 자기성찰의 시간 확보 등을 통해 과제의 진행

과정을 모니터링하고 평가를 통해 전략을 수정하거나 모둠원들의 협동학습의 태도나 역할 및 학습의 진전을 진단하고 필요한 조율을 할 수 있는 기회를 제공해야 한다. 특히 과학적 오류나 오개념의 개입이 가능한 경우 그에 대한 성찰이 이루어지도록 과제가 구성되어야 한다.

인지적 도제학습의 핵심인 내적 동기는 탐구 주제뿐 아니라 학습의 과정에서도 유발될 수 있다. 가령, 탐구 과제의 제시 과정에서 학생이 이미 알고 있고 할 수 있는 내용을 포함한 과제를 제시하면서 학생들이 알고 있는 기존의 지식과 기능, 가치의 타당성을 인정하고 그것을 활용할 수 있도록 함으로써 학생들에게 과제 수행의 내적 동기를 유발할 수 있다(Hennessy, 1993). 특히 과학교육에서 학생들의 선개념을 단지 과학적 개념으로 교체해야 할 것으로 다루지 말고, 선개념에 기초하여 과학개념이 발달할 수 있도록 교수학습 전략을 활용할 필요가 있다(Kang, 2007; Levin, Hammer, & Coffey, 2009; Smith III, DiSessa, & Roschelle, 1994). 또한 일상생활 경험을 과학화하는 것도 자기주도적 탐구 동기를 유발할 수 있으며 동시에 과학적 태도의 육성에도 기여할 수 있다. 예컨데, 무지개의 관찰, 빛을 활용한 예술 전시, 자전거 타는 법, 친환경 장난감 등 수많은 일상적 경험에 대해 비판적으로 질문하고 교실의 학생들이 궁금해할 문제로 전환하여 그 원리를 궁금해하도록 유도하는 과정이 과학적 호기심과 탐구 동기를 유발하는 데 효과적일 수 있다.

학생들이 내적동기를 가지고 자기주도적인 탐구활동에 참여하는 데는 자신들이 결정권이 있다는 느낌(a sense of empowerment)과 자신감이 중요한 요인으로 작용한다. 따라서 학생의 인식론적 행위주체성(epistemic agency)을 중요한 요소로 교수학습의 설계에서 고려해야 한다(Kang, 2004). 학생들의 행위주체성은 과제의 목표 설정, 과제 해결 방안의 적절성에 대한 판단, 과제 수행 전략의 결정 등 다양한 학습의 과정에서의 의사결정을 학생들이 주도적으로 하는 것을 의미한다. 학생들이 주도적으로 공동체와 함께 과학 지식의 구성에 참여할 수 있도록 교수학습 설계에서 고려할 필요가 있다.

[표 334] 물리 수업에서 인지적 도제 학습 적용 사례: 빛과 색의 원리 탐구

1. 수업 주제: 빛의 굴절과 색의 분산 원리 탐구

2. 학습 목표:

- 빛의 굴절과 분산 현상을 이해한다.
- 실험을 통해 과학적 탐구 방법을 습득한다.
- 협업과 자기주도적 탐구를 통해 과학적 태도와 문제 해결 능력을 기른다.

3. 수업 단계 및 활동:

(1) 실제적 참된 과제 제시:

- 문제 상황: "무지개가 어떻게 생기는 걸까? 인공 강우를 만드는 것처럼 무지개도 사람이 만들 수 있을까?" 학생들에게 무지개 사진과 빛이 프리즘을 통과하는 동영상을 보여준다.
- 학생 주도 탐구 주제 도출: 학생들이 무지개 생성 원리에 대한 가설을 세우고, 이를 탐구하기 위한 과제를 스스로 설정한다.

(2) 과제 조직 및 비계 제공:

단계적 과제 설계:

- 기초 과제: 빛의 직진과 굴절 현상 실험
- 중간 과제: 프리즘을 이용한 빛의 분산 실험
- 심화 과제: 물방울 모형을 통한 무지개 형성 과정 시뮬레이션
- 비계 제공: 교사는 시범 실험을 보여주고, 학생들의 질문에 코칭을 제공하며, 필요 시 실험 방법에 대한 피드백 제공

(3) 학습 공동체 형성 및 협업:

- 모둠 구성: 학생들은 4~5명씩 모둠을 이루어 역할 분담(기록자, 실험자, 발표자, 자료 수집자 등)을 통해 협력
- 소통과 피드백: 모둠 내에서 아이디어를 공유하고, 교사와 동료로부터 피드백을 받아 실험 계획 수정 및 보완

(4) 자기주도적 탐구 수행:

- 탐구 과정: 학생들은 각자 설정한 과제를 바탕으로 실험을 설계하고 수행하며, 관찰 결과를 분석하고 가설을 검증
- 자기성찰: 탐구 과정 중 정기적인 성찰 일지 작성 및 학습 진전 상황 점검

(5) 결과 발표 및 성찰:

- 성과 공유: 각 모둠이 탐구 결과를 포스터로 정리하여 발표
- 반성적 성찰: 발표 후 동료 피드백과 교사의 종합 피드백을 통해 탐구 과정과 결과에 대한 비판적 성찰 수행

4. **평가 방법 (자기평가, 동료평가, 교사관찰 및 보고서 평가 등의 방법)**:
   - 형성 평가: 탐구 과정에서의 참여도, 협업 태도, 문제 해결 전략 등을 지속적으로 관찰 및 피드백
   - 총괄 평가: 탐구 결과의 과학적 타당성, 발표 내용의 명확성, 자기성찰의 깊이 등을 종합적으로 평가

5. **기대 효과**:
   - 과학적 개념과 탐구 방법을 실제적 상황에 적용하여 이해도를 높임
   - 학생들이 자신의 선개념을 바탕으로 과학적 개념을 재구성
   - 협업과 소통을 통해 과학적 태도 및 문제 해결 능력 함양
   - 학생 주도적 학습을 통해 자기 효능감과 탐구 동기 강화

[표 334]의 사례에서는 물리 수업에서 학생들이 실제 현상을 자기주도적으로 모둠원과 함께 탐구하고 이해하는 과정에서 과학적 사고력과 협업 능력을 키울 수 있다.

3.4 실제적 참탐구(authentic inquiry)

상황 학습 이론이나 인지적 도제학습에 대한 연구와는 별개로 과학교육에서는 과학자의 탐구 과정과 유사한 활동을 학교 과학수업에서 학생들에게 제공하려는 노력이 반세기 이상 계속되었다(Schwab, 1962). 탐구활동으로 불리면서 교육과정의 내용 목표로 도입된 과학자들의 탐구 과정 따라하기의 목적은 일반적 교양으로서는 과학의 성격을 이해하여 과학에 대한 비판적인 관점을 기르는 것이고, 예비 과학자를 위한 교육으로서는 과학적 역량을 키우는 것이다. 이러한 논의 과정에서 학교 과학 교육과정에 포함해야하는 교육 가능한 과학적 탐구 방법에 대해 많은 연구들이 이루어졌다. 그 과정에서 학생들이 탐구 과정에 주도적으로 참여하는 정도에 따라 안내된 탐구와 열린 탐구로 탐구 유형을 구분하기도 하였다. 이러한 배경으로 일부 연구자들은 과학적 탐구 방법이 한 가지로 논의될 수 없다고 하여 과학의 영역별로 다양한 탐구 방법이 소개가 되어야 한다고 주장하기도 하고(Gray & Kang, 2014), 그럼에도 불구하고 모든 과학에서 추구하는 타당하고 건전한 탐구 방식에 핵심 과정이 있고 그것들이 공통적으로 과학교실에서

다루어져야 한다고 주장하기도 하였다. 후자의 예로 다음과 같은 과학자들의 탐구 수행과정이 제시되었다(Chinn & Malhotra, 2002).

1. 관련 연구 학습하기: 자신의 연구와 관련된 연구보고서를 조사하고 그 내용을 학습
2. 연구 문제 만들기: 탐구 주제와 연구 문제 생성
3. 탐구 절차 설계하기: 변인을 파악하고, 통제변인과 조작변인을 선별하고, 구체적인 탐구 절차와 필요한 관찰, 측정 등을 계획
4. 관찰하기: 오류나 편향이 개입하지 않도록 계획한 탐구를 수행
5. 결과 설명하기: 탐구문제에 답을 하기 위해 관찰 결과를 변환하고 다양한 추론 및 해석을 통해 결론도출하고 일반화 여부를 판단
6. 이론 개발하기: 연구결과를 다른 연구와 비교하여 모순이나 충돌 사항을 조율하고 관찰한 현상의 저변에 작동하는 원리를 설명하는 이론 구성

과학 교육에서 과학적 실천에 관한 논의는 2000년대 이후 활발하게 시작이 되었고, 학교 교육에의 도입은 최근 10여 년이 조금 넘었다. 학교 교육 과정은 제한된 시간과 자원을 갖기 때문에 핵심적인 과학적 실천을 추출해 다룰 수밖에 없다. 그리하여 과학자들의 사회문화적 활동의 주요 내용들을 중심으로 우리나라의 2015 개정 과학과 교육과정에서는 미국 과학교육 표준을 벤치마킹하여 8가지의 핵심 과학적 실천을 '기능'의 이름으로, 2022 개정 과학과 교육과정에서는 학교 수준별, 과목별 5가지에서 8가지의 '과정·기능'으로 과학 수업에서 다루어야 할 과학적 실천이 제시되었다. [표 335]는 고등학교 '통합과학1' 교과에 제시된 과정·기능과 '물리학' 교과에 제시된 과정·기능을 보여준다. '통합과학1'이 모든 고등학생이 필수로 이수하는 과목인 것을 고려할 때 여기 제시된 과정·기능은 우리나라 교육과정에서 모든 국민이 알고 할 수 있어야 하는 과학적 실천을 제시한 것이라 볼 수 있다. '물리학'의 경우는 선택과목임을 고려할 때 이공계 진학에 관심을 둔 학생들에게 요구하는 과정·기능으로 해석이 가능하다. 이들 목록과 앞서 제시된 과학자들의 탐구 수행과정이 유사함에 비추어보면 과학적 실천으로 간주되는 과학의 사회문화적 활동에는 어느 정도 동의된 의견이 과학교육에 존재함을 알 수 있다.

[표 335] 2022 개정 교육과정 교과의 과정·기능 예시 (교육부, 2022, p. 77)

통합과학1	물리학
· 자연 현상에서 문제를 인식하고 가설을 설정하기 · 변인을 조작적으로 정의하여 탐구 설계하기 · 다양한 도구와 수학적 사고를 활용하여 정보를 조사·수집·해석하기 · 수학적 사고와 모형을 활용하여 통합 및 융합 과학 관련 현상 설명하기 · 증거에 기반한 과학적 사고를 통해 자료를 과학적으로 분석·평가·추론하기 · 결론을 도출하고 자연 현상 및 융복합 문제 상황에 적용·설명하기 · 과학적 주장을 다양한 방법으로 소통하고, 의사결정을 위해 과학적 지식 활용하기	· 물리 현상에서 문제를 인식하고 가설을 설정하기 · 변인을 조작적으로 정의하여 탐구 설계하기 · 다양한 도구와 수학적 사고를 활용하여 정보를 수집·기술하기 · 증거와 과학적 사고에 근거하여 자료를 분석·평가·추론하기 · 결론을 도출하고 자연 현상 및 기술 상황에 적용하여 설명하기 · 모형을 생성하고 활용하기 · 다양한 매체를 활용하여 표현하고 의사소통하기

한편 일부 연구자들은 교육과정에 도입된 과학탐구 또는 학교 교실에서 실시되는 과학탐구에서 학생들이 과학의 사회문화적 실천보다는 학교의 사회문화적 실천을 수행한다는 연구 결과와 함께 과학적 실천의 도입에 주의를 기울일 것을 주장하기도 한다 (Jimnez-Aleixandre, Bugallo Rodrguez, & Duschl, 2000). 교육의 상황이 실제 과학자들의 연구 상황과 다르다는 것은 이론의 여지가 없다. 그러나 최근 과학 연구 과제의 학생 참여(R&E 활동), 시민과학의 활성화 등 실제 과학탐구에 학생들이 참여할 수 있는 기회가 확대가 되고 있으며, 학교의 탐구를 보다 실제적인 참탐구로 구성하는 수업(예, STS 또는 SSI 수업)의 확대를 통해 과학교실에서 학생들이 실제적인 참탐구를 경험할 수 있도록 할 수 있다. 이러한 탐구 학습에 최근 도입된 과학적 실천이 반영이 되어야 할 것이다.

고등학교 물리 수업에서 참탐구(authentic inquiry) 주제로 적절한 것들은 학생들의 일상 경험과 밀접하게 연관되면서도 과학적 원리를 깊이 탐구할 수 있는 주제가 바람직하다. [표 336]은 고등학교 물리수업에서 참탐구(authentic inquiry) 주제로 적절한 예시를 제시한다. 참탐구를 위해서는 학생들의 일상 경험과 밀접하게 연관되면서도 과학적 원리를 깊이 탐구할 수 있는 주제가 바람직하다. 이러한 주제들은 학생들이 과학적 사고력, 문제 해결 능력, 자기 주도적 탐구 역량을 기를 수 있는 기회를 제공한다. 특히 학생들이 직접 궁금한 점을 제기하고 탐구 과정을 주도하도록 하면 더욱 효과적이다.

[표 336] 고등학교 물리 수업에서 적용가능한 참탐구 주제 예시

주제별 탐구 요소와 활용 예
1. 스마트폰 액정은 어떻게 깨질까? • 탐구 요소: 충격과 힘, 유리의 재료 물성, 응력과 변형, 에너지 전달 • 활용: 다양한 재료의 내구성 비교 실험, 충격 흡수 장치 설계
2. 무지개는 왜 둥글게 보일까? • 탐구 요소: 빛의 굴절과 반사, 분산, 물방울의 형태와 빛 경로 분석 • 활용: 물방울 실험, 프리즘을 통한 빛 분산 재현
3. 드론이 공중에서 어떻게 균형을 유지할까? • 탐구 요소: 뉴턴의 운동 법칙, 회전 운동과 토크, 공기 역학 • 활용: 간단한 드론 모델 제작 및 비행 실험
4. 스키점프 선수는 왜 공중에서 'V'자 자세를 취할까? • 탐구 요소: 항력과 양력, 공기 저항 최소화, 비행 궤적 분석 • 활용: 종이 비행기 실험으로 양력과 항력의 차이 비교
5. 왜 음속을 돌파할 때 '쾅' 소리가 날까? • 탐구 요소: 음속의 개념, 충격파, 마하 콘과 압력 변화 • 활용: 음속 근처의 물체 실험, 슬로우모션 영상 분석
6. 롤러코스터는 거꾸로 회전할 때 어떻게 레일에서 떨어지지 않을까? • 탐구 요소: 구심력과 원운동, 중력과 관성의 상호작용 • 활용: 소형 롤러코스터 모델 제작, 가속도 센서 데이터 분석
7. 스포츠에서 공은 어떻게 커브를 그릴까? (마그누스 효과) • 탐구 요소: 회전하는 물체의 유체 역학, 압력 차이와 힘의 방향 • 활용: 축구공, 야구공 등의 회전 실험, 투구 영상 분석
8. 핸드폰 GPS는 어떻게 위치를 정확히 알 수 있을까? • 탐구 요소: 전파의 속도와 시간 측정, 삼변 측량 원리 • 활용: 간단한 거리 측정 실험, 삼각 측량 원리 탐구
9. 이어폰의 노이즈 캔슬링은 어떻게 작동할까? • 탐구 요소: 파동의 간섭, 위상 차이, 소리의 주파수 분석 • 활용: 오실로스코프를 통한 파형 분석, 간섭 실험

3.5 상황 학습과 도구

상황 학습 이론에서 학습은 사회문화적으로 공유되는 실천에의 참여라고 하였다. 이때 실천을 공유하는 실천 공동체는 다양한 사회문화적, 역사적 산출물(artifacts)을 사용하면서 무언가를 생산, 창조하거나 보수, 관리하는 활동을 수행한다. 교육을 문화화의 과정을 볼 때 이러한 사회문화적, 역사적 산출물은 전해 내려오는 다양한 유산들과 사회문화적으로 사용되는 도구(언어, 표상, 그림 등)를 포함한다.

> 도구를 만드는 것에 덧붙여서 인간은 후속 세대가 이미 작성된 도구를 재발견하도록 준비한다. 문화적 존재가 되는 것, 타자가 문화적 존재가 되도록 준비하는 것은 문화화(enculturation)라고 불리는 단일한 과정과 밀접하게 연결되어 있는 부분이다.... 이러한 관점에 따르면 문화는 사회 집단이 역사적 경험을 통해 축적한 모든 유물의 총체로 이해될 수 있다. 한 집단이 축적한 유물, 즉 문화는 인류 발전의 종 특이적 매개체로 간주된다. 이는 "현재의 역사"이다. 그 매개체 안에서 발전하고 다음 세대에 그 매개체를 재생산할 수 있는 능력은 인간 고유한 특성이다(Cole, 1998, pp. 109-110).

인간은 다양한 도구를 갖고 행위하는 행위자(agent acting with mediational means)이다. 이러한 도구를 사용하여 사회문화적 실천에 참여하는 행동을 매개된 행위(mediated action)라 정의하고, 매개된 행동이 어떻게 나타나는지 분석할 수 있다(Wertsch, 1991). 공동체의 인지, 행동, 가치나 태도 등이 통합된 사회문화적 실천에 참여하는 과정에서 사회문화적, 역사적 산출물을 사용하게 되고, 이는 실천 참여의 중요한 매개체가 된다.

매개수단은 기술적 도구(계산기, 컴퓨터 등) 혹은 인지적 도구(언어, 숫자, 도표 등)로 기능에 따라 구분할 수 있다. 도구는 또한 손가락으로 사물을 가르키는 행위와 같은 특정 기능을 갖는 행위들, 수학 기호, 예술작품, 문자, 도식, 도표, 지도, 설계도, 다양한 기호 등 특정 실천 공동체가 공유하는 문화적 의미 시스템, 의사 결정의 절차 등을 포함하는 광범위한 문화적 산출물을 의미한다. 과학적 실천에서는 미터자, 각도기, 망원경, 다양한 실험 장비 등 물리적 도구나 탐구 방법, 과학적 발견의 정당화 과정,

동료 평가의 절차 등 제도적인 도구 등도 포함된다. 이와 같은 과학적 실천 문화의 결과로 산출된 사회문화적, 역사적 산출물을 통해 실천의 참여가 조율이 된다.

상황 학습 이론의 기원이 되는 비고츠키(L.. S. Vygotsky)의 학습 이론에서는 대표적인 인지과정을 매개하는 사회문화적, 역사적 도구로 인간의 말(언어)을 연구하였다. 특히 비고츠키는 말과 말하는 행위에 집중해 그것이 학습의 과정에서 어떤 역할을 하는지 탐색하였다. 사람이 언어를 배우는 과정이 사회화의 과정이고 사회문화적 매개체를 통해 인지적 발달이 이루어진다는 점에서 사회문화적 의미 구성의 핵심 매개체로 인간의 말(언어)을 연구한 것이다. 같은 맥락에서 서로 다른 언어들이 어떻게 사고의 구조를 다르게 만드는지에 대한 언어학적 연구가 많다는 점에서 인간의 사고가 말(언어)과 밀접하게 관련이 된다는 것은 널리 받아들여지는 명제이다.

최근 정보기술의 발달로 인해 다양한 도구가 사용이 되면서 이에 대한 인지적 발달이나 사고의 과정에 대한 연구도 활발히 이루어지고 있다. 마찬가지로 과학적 실천의 참여에 있어서 과학탐구 고유의 도구들(수학적 표상, 실험기구 등)의 사용뿐만 아니라 새로운 디지털 도구들이 널리 사용되기 시작했으므로 이러한 도구들이 과학적 실천의 참여와 어떻게 관련을 맺고 상호 영향을 미치는지에 대한 고민이 필요하다. 과학적 실천의 대표적인 활동으로 물리 실험에 참여하는 활동에서 물리 실험 도구들은 학생들의 참여 과정과 경험에 어떤 영향을 미칠까? 연구에 따르면 도전적인 물리 실험에서 어려움을 겪으며 성공적인 결과를 얻는 과정에서 학생들은 과학적 아름다움을 경험하거나 인내심을 기를 수 있게 되었다(김민성, 강남화, 2024). 다양한 과학적 실천에 참여하는 과정에서 학생들의 점진적인 참여 능력의 변화나 과학과 관련된 정체성의 변화 등에 대해 보다 많은 연구가 필요하다,

최근 상용화된 생성형 인공지능의 대두로 생각의 생성을 보조하는 도구가 어떻게 과학적 실천의 참여에 변화를 줄 것인지에 대한 고민도 필요하다. 생성형 인공지능으로 학생들은 쉽게 탐구 문제를 만들어낼 수 있을까? 생성형 인공지능을 통해 만들어낸 탐구 질문은 학생들의 행위주체성을 어떻게 보장할 수 있을 것인가? 생성형 인공지능을 통해 많은 질문들에 대한 답이 쉽게 얻어질 때 다양한 종류의 과학적 실천 중 덜 강조되고 더 강조될 부분은 어떤 것들일까? 새롭게 등장하는 디지털 도구들은 현시대의 문화적 도구이며 이는 학습을 매개하는 역할을 한다. 상황 학습 이론의 관점에서 디지털 도구가 학습자의 과학 실천 참여를 어떻게 매개하고 학습활동에 어떤 영향을 미칠지는 연구가 필요하다.

3.6 상황 학습 이론의 한계

지금까지 상황인지 또는 상황학습에서 상황 또는 사회문화적 실천은 마치 주어진 것으로 학생들이 학습해야 하는 대상처럼 서술이 되었다. 그러나 실제로 사회문화적 실천은 공동체 구성원이 함께 만들어가는 집단적 산출물이다. 마찬가지로 사회문화적 실천을 학습하는 상황에서도 학생들이 실천에 참여하면서 수동적으로 정해진 실천을 수행하는 것이 아니라 주어진 실천의 의미를 파악하고(sense making) 실천에 옮기는 과정에서 학습 공동체 구성원들과의 조율과 협상을 하면서 새로운 의미 만들어가기도 한다(Bowers, Cobb & McClain, 1999). 따라서 상황과 학습은 상호 구성적(mutually constitutive)이다. 이런 관점에서 상황인지나 상황학습은 주어진 사회 문화적 상황(situation) 속에서 행위주체자(agent)와 행위주체자가 참여하는 공동체의 활동(communal activity)이 그 핵심 요소이면서 서로를 변화시키는 역동적(dynamic) 과정이다.

내적동기가 전제된 상황 학습 이론은 의무적으로 학생들이 참여하는 학교교육에서의 학습을 설명하는데 본질적으로 한계가 있다. 과학 교실에서 모든 학생이 과학적 실천에 참여하도록 유도하는 것은 어려운 일이다. 앞서 논의된 내적 동기 유발 전략도 모든 학생에게 통용되는 것이 아닐 수 있다. 따라서 참여자가 능동적으로 활동에 참여한다는 상황 학습 이론의 가장 근본적인 전제가 성립하는 학교 과학 교육 문화의 수립에 대해 행정적, 정책적 지원에 대한 연구와 논의가 필요하다. 다른 한편으로는 상황학습에서 목표로 하는 정체성의 변화와 관련하여 물리 학습자로서의 정체성, 물리 사용자로서의 정체성, 물리학자로서의 정체성 등 다양한 실현 가능하고 필요한 정체성에 대한 정의와 그 달성을 위한 물리 수업 문화의 양상에 대해 심도 있는 탐색이 필요하다.

CHAPTER 04

구성주의 이론과 물리 학습

김영민 (부산대학교)

구성주의라는 용어는 철학, 사회학, 교육학적 논의에 많이 등장한다. 그러나 다양한 학문들과 그 학문 내의 여러 학파들은 구성주의라는 용어를 여러 가지로 상황에 따라 다르게 정의한다(Bredo, 2000). 최근 구성주의는 크게 두 가지 영역으로 나누어 설명할 수 있다. 첫째, 인식론으로, 역사적으로 축적되어 온 인간 지식의 학문 분야나 학문 조직의 성격을 가진다. 둘째, 교육적 구성주의로, 교육적 실천에 대한 신념에 관한 것이다(Phillips, 2000). 즉 구성주의는 인식론(epistemology) 또는 학습의 본질에 대한 철학적 해석(Simpson, 2002)으로 볼 수 있다. 본 챕터에서는 교육적 구성주의를 중심으로 설명하고자 한다. 교육적 측면에서 볼 때, 구성주의는 수동적이며 전달식 교육이 지닌 한계와 문제점을 해결하려는 대안적 교육으로 그 의미가 크다. 구성주의는 현대 과학교육에서 과학수업 전략에 많은 영향을 미쳤으며 과학교육의 중요한 학습 이론으로 자리매김하고 있다.

4.1 과학교육에서의 구성주의

교육에서의 구성주의는 학생들이 이미 학습한 것을 바탕으로 새로운 정보를 학습한다고 보는 학습 이론이다. 즉, 구성주의는 새로운 개념을 자신의 지식 배경이나 생활 경험과 연관시켜 이미 알고 있는 내용에 대한 이해를 심화하고 새로운 정보에 대한 이해도를 높이는 것이라고 본다. 즉 지식은 주관적이고 각자가 구성해 나가는 것이다. 다시 말하면, 지식과 개념은 인간의 외부에서 부여되는 것이 아니라 내부에서 형성된다. 인간은 자신의 신념과 경험을 바탕으로 지식을 구성하기 때문에 모든 지식과 개념은 주관적이고 개인적이며, 인지의 산물인 것이다(Simpson, 2002). 그러므로 구성주의에서의 학습은 자기조절적(self-regulation)이고, 자기 조직적이며, 자율적(autonomous)인 학습 환경에서 학습자 스스로 지식과 개념을 형성해 나가는 것이다. 따라서 과학교육에서의 구성주의는 과학적 지식의 구성, 과학적 지식의 발달, 그리고 과학적 지식과 현실의 관계와 같은 문제들을 설명하기 위해 여러 수준에서 사용된다.

구성주의를 활용한 지도 예

김교사는 구성주의적 학습을 위해 자기조절적 학습이 중요하다고 보고, 다음 표(Zimmerman & Martinez-Pons, 1988)를 학생들에게 제시하고 스스로 점검해 보고 (+, 0, -), 부족한 점(-)을 보완하기 위해, 보완방법을 친구들과 서로 논의해 보도록 하였다.

자기조절적 학습	+	0	-
1. 나는 학습의 질이나 향상 여부를 항상 점검한다.			
2. 나는 학습자료 및 학습내용을 머릿속에서나 행동으로 재구성해 본다.			
3. 나는 학습목표를 정하고, 이를 위한 순서나 일정 등의 계획을 세운다.			
4. 나는 과제를 하기 위해 관련 정보를 많이 찾아보려고 한다.			
5. 나는 학습한 활동과 결과를 기록한다.			
6. 나는 학습에 도움이 되는 환경을 조성하거나, 그런 환경을 찾으려고 한다.			
7. 나는 성공과 실패에 대해 스스로 보상과 벌을 준다.			
8. 나는 학습자료 및 학습내용을 기억하기 위해 실제 행동을 통해 노력한다.			
9. 나는 학습에 어려움이 생기면 선생님께 도움을 청한다.			
10. 나는 학습에 어려움이 생기면 친구에게 도움을 청한다.			
11. 나는 학습에 어려움이 생기면 주변의 어른에게 도움을 청한다.			
12. 나는 학습이나 시험 준비를 위해 노트를 반복해서 읽고 공부한다.			
13. 나는 학습이나 시험 준비를 위해 시험문제를 반복해서 읽고 공부한다.			
14. 나는 학습이나 시험 준비를 위해 교과서를 반복해서 읽고 공부한다.			

활동

구성주의 학습을 위해 자기 조직적이며, 자율적(autonomous)인 학습 환경을 예를 들어 설명해 보자.

과학 교사는 이러한 접근 방식을 효과적으로 활용하여 학생들로 하여금 이미 배운 개념을 더 잘 이해하도록 돕고, 이를 일상 경험과 연관지어 새로운 수업 내용에 공감할 수 있도록 함으로써 학습 효과를 증진시킬 수 있다.

구성주의에 따르면, 개인이 구성한 지식과 개념은 다음과 같은 특징이 있다(Driver, Guesne, & Tiberghien, 1985). 첫째, 개인의 개념은 개인 특유의 것임과 동시에 일반적인 공통점이 있다. 학습자들은 자신의 경험으로부터 구성한 개념을 이용하여 현상을 관찰하거나 결과를 해석하여 개인의 개념을 구성하기 때문에 개인 특유의 것이라고 할 수 있다. 그러나 그러한 개념들은 매우 유사한 특성을 가지고 있기 때문에 또한 일반적인 공통점을 갖는다는 특징이 있다. 둘째, 개인의 개념은 상황 의존적이라는 것이다. 학습자들은 동일한 현상에 대해서 상황에 따라 다르게 설명하고 해석한다. 셋째, 개인의 개념은 안정적이어서 변화시키기가 어렵다는 것이다. 자연 현상에 대한 학생의 개념은 자신의 경험에 바탕을 두고 구성된 것이기 때문에 일종의 신념에 가깝다. 따라서 학생의 생각과 대립되는 실험적 증거를 관찰해도 자신의 생각을 쉽게 바꾸지 않는다는 특징이 있다. 그리고 현재 학생들이 가지고 있는 개념은 현대 과학 이론으로 발달하기 전의 과학자들(예를 들면, 아리스토텔레스)이 가지고 있었던 개념과 유사하다. 이것은 과학사를 이용한 개념변화 수업의 필요성을 시사해 준다.

활동

뉴턴은 물체의 운동을 v = at로 설명하지만, 아리스토텔레스는 물체의 운동을 어떻게 설명했는가? 이 내용을 앞에서 설명한 구성주의 이론의 특징과 관련지어 설명해 보자.

요약

1. 구성주의는 학생들이 이미 학습한 것을 바탕으로 새로운 정보를 학습한다고 보는 학습 이론이다.
2. 인간은 자신의 신념과 경험을 바탕으로 지식을 구성하기 때문에 모든 지식과 개념은 주관적이고 개인적이며, 인지의 산물이다.
3. 구성주의에 따르면, 개인이 구성한 지식과 개념은 개인 특유의 것임과 동시에 일반적인 공통점이 있으며, 상황 의존적이며, 안정적이어서 변화시키기 어려운 특징이 있다.

4.2 구성주의 학습의 기본 원리

구성주의 학습 이론을 뒷받침하는 중요한 몇 가지 기본 원리가 있으며, 그 내용은 다음과 같다.

첫째, 지식과 개념은 선천적(innate)이거나 수동적인 흡수(passively absorbed)에 의해 형성되는 것이 아니라 구성된다. 학생들은 자신이 가지고 있는 기존 지식을 바탕으로 새로운 개념을 배운다. 다시 말하면, 학생의 이전 경험, 학습한 내용들, 사회적 및 문화적 신념, 정보 처리 방식 등의 요인을 통해 학생은 자신의 방식으로 정보를 습득할 수 있다. 이러한 요인을 바탕으로 하기 때문에, 학생 개개인은 서로 다른 경험과 신념을 가지고 있는 다른 학생의 통찰력(insight)과 다를 수 있기 때문에 수업에서 얻을 수 있는 지식과 개념도 달라지게 된다. 다시 말하면, 학습자는 자신이 이미 가지고 있는 지식과 개념을 바탕으로 새로운 정보를 해석하고 이해하면서 지식과 개념을 쌓아간다는 것이다.

이러한 원리는 과학 수업에 있어서 매우 중요하게 고려해야 할 요소 중의 하나이다. 왜냐하면 학생이 어떤 과학 개념에 대해 오개념을 가지고 있다면, 이 학생은 그 오개념을 바탕으로 하여 새롭게 제공되는 개념에 대해 해석하고 이해하면서 새로운 지식과 개념을 쌓아갈 것이기 때문이다.

학생의 선행개념을 고려한 수업 계획 예

박교사는 학습을 위해 선행개념을 고려하는 것이 중요하다고 생각하고 다음과 같이 선행개념의 3가지 유형을 고려한 수업을 계획하였다.

선행개념 유형	선행개념 예
1. 본 학습을 하는 데 필요한 기본 개념	- 옴의 법칙 실험에서 그래프 작성과 해석을 위해 필요한 다음과 같은 기본 개념을 확인 또는 고려한다. (1) 독립변인은 x축에, 종속변인은 y축에 그린다. (2) 두 변인 사이의 관계를 알아보기 위해서는 측정값에 가장 근접한 직선이나 곡선을 그린다. (3) 그래프의 비례 관계에서 직선의 기울기를 구하는 방법
2. 본 학습에 도움을 주거나 연관된 경험	- 전류에 의한 자기장 개념을 학습할 때, 전자석 만들기 경험이나 폐차장에서 금속폐기물을 붙여 올리는 영상을 본 경험이 있는지 등을 확인 또는 고려한다.
3. 본 학습의 내용을 다르게 알고 있는 오개념	- 전하량 보존 개념을 학습할 때, 전류의 소모형 개념을 가지고 있는지 확인 또는 고려한다. - 전압개념을 학습할 때, 전압은 전류가 흐를 때에만 있다고 생각하는지 확인 또는 고려한다.

활동

물리 교과서의 한 개 소단원을 선택하고 그 내용을 학습하는데 관련된 선행개념을 정리해 보자.

선행개념 유형	선행개념 내용
1. 본 학습을 하는 데 필요한 기본 개념	
2. 본 학습에 도움을 주거나 연관된 경험	
3. 본 학습의 내용을 다르게 알고 있는 오개념	

둘째, 학습은 능동적 과정(active process)이다. 이 원리는 첫째 원리와도 깊게 관련되는 것으로, 학습은 수동적 과정이 아닌 능동적 과정이라는 것이다. 학생들이 무엇인가를 듣거나 보고 그 정보를 이해하거나 해석할 때 단순히 수동적으로 잘 흡수하여 개념화할 것으로 기대할 것이 아니라, 학습은 능동적인 과정이므로 학습자들이 적극적으로 참여해야 한다는 것을 의미한다. 즉, 수동적으로 듣거나 보기만 해서는 올바른 과학 지식과 개념을 가지기 어렵다는 것이다. 그러므로 학습자들이 직접 다루어보고 상호작용을 통해 학습 내용에 적극적으로 몰입할 수 있는 학습 환경을 제공할 필요가 있다.

구성주의에 의하면, 학생이 지식을 개발하기 위해 할 수 있는 가장 중요한 작업은 제공된 수업에 대한 생각을 공식화하는 것(formulating of thoughts)이라고 본다. 효과적인 학습을 위해서는 적극적이고 능동적인 마음을 가지고 참여하는 것이 필수적이다.

활동

학생들은 종종 시험을 보고 나면 시험 전에 기억했던 지식들을 곧바로 많이 잊어버린다고 말한다. 이러한 말과 능동적인 지식 및 개념과는 어떤 관계가 있을까?

셋째, 모든 지식은 개인적(personal)이다. 구성주의에 따르면 학생 개개인이 자료 및 지식과 상호작용할 때, 개인적인 경험과 느낌(personal experiences and feelings)에 따라 각기 다르게 상호 작용한다고 본다. 그러므로 각 학생은 동일한 수업이더라도 서로 다른 관점을 제시할 수 있다. 그러므로 수업에서 여러 학생이 같은 자료에 대한 생각을 공유하더라도 얻어지는 지식과 개념은 학생 개개인에게 다르게 형성될 수 있다.

넷째, 지식과 개념은 협동적인 과정을 통해 형성된다. 지식과 개념의 습득과 형성은 개인적인 인지적 작용만으로 이루어지는 것이 아니고, 개인이 속한 사회문화적 배경과의 상호작용을 전제로 한다. 이 원리는 사회-정서적 학습(SEL: Social-Emotional Learning)과 깊이 관련이 있다. 사회-정서적 학습(SEL)은 학습자들로 하여금 자신의 생각과 감정을 더 잘 이해하게 하고, 다른 사람들, 즉 자신과 비슷한 경험을 가진 사람들뿐만 아니라, 자신과 다른 경험을 가진 사람들에 대한 더 큰 자기 인식(self-awareness)과 공감(empathy)을 기를 수 있도록 도와준다. 이를 위해 수업에서는 원탁 토론, 대화 및 그룹 활동이 포함되며, 이를 통해 학습자들은 자신이 당면한 학습뿐만 아니라 다양한 경험을 가진 팀원들이 자료를 어떤 시각으로 바라보는지에 대해 더 잘 이해할 수 있게 된다. 즉, 학습자가 자신의 사전 지식을 바탕으로 자료를 이해하는 것 외에도 자료를 다르게 해석할 수도 있는 팀원들의 의견을 듣고 이해의 폭을 넓힐 수 있게 된다.

활동

협동학습 및 토론학습에서 보여야 할 협동 및 토론 참가자들의 태도에 대해 토의해 보자.

다섯째, 학습 동기가 학습을 촉진한다(Motivation drives learning). 학생들은 학습에 대한 동기와 흥미를 느낄 때 더 많은 것을 배운다. 이것은 구성주의 학습 이론뿐만 아니라 다른 학습 이론의 경우에도 적용되는 일반적인 학습 이론이지만, 구성주의 학습에서 특히 강조되는 것은 학생들이 보유한 지식을 활용하여 새로운 정보가 공감을 불러일으킬 수 있도록 도울 수 있는 방법을 찾아야 한다는 것이다.

요약

구성주의 학습의 기본 원리는 다음과 같다.

1. 학습자는 자신이 이미 가지고 있는 지식과 개념을 바탕으로 새로운 정보를 해석하고 이해하면서 지식과 개념을 쌓아간다.
2. 학습은 능동적 과정(active process)이다.
3. 모든 지식은 개인적(personal)이다.
4. 지식과 개념은 협동적인 과정을 통해 형성된다.
5. 학습 동기가 학습을 촉진한다(Motivation drives learning).

4.3 교육에서의 구성주의 유형 (Types of constructivism in education)

교육에서의 구성주의 유형은 인지적 구성주의, 사회적 구성주의, 급진적 구성주의 등 3가지로 제시되고 있다. 각각에 대해 살펴보면 다음과 같다.

(1) 인지적 구성주의(Cognitive constructivism)

인지적 구성주의는 학습자가 자신의 현재 인지 발달 단계를 기반으로 지식과 개념을 능동적으로 구성한다는 인식에 기반한다. 이 이론에 따르면 학습자들은 새로운 지식과 개념을 그 순간까지의 세상에 대한 이해와 경험에 접목시켜 이해하게 된다.

인지적 구성주의에 따르면 지식은 주관적이며 모든 학생이 개인적인 관점을 기반으로 지식을 구성한다는 철학을 함유하고 있다. 그러므로 인지적 구성주의에 따른 학습을 적용하기 위해서는 교사들은 학생들에게 지식을 창출하고 학생들의 서로 다른 다양한 관점과 배경을 인식할 수 있는 많은 기회를 제공해야 한다.

활동

'속력이 일정한 원운동의 경우에는 작용하는 힘이 없다.'라는 오개념을 가진 학생을 어떻게 하면 이 경우에 구심력이 작용한다는 개념으로 변화시킬 수 있을지 토의해 보자.

(2) 사회적 구성주의(Social constructivism)

사회적 구성주의는 학습의 중요한 기본 요소로 다른 사람들과의 상호작용을 강조한다. 사람들은 개인 간의 관계, 서로 간의 문화와 환경, 그리고 대규모 커뮤니티 속에서의 자신들의 역할 등을 통해 지식을 얻는다. 본질적으로 사회적 구성주의는 학습자들은 다른 사람들과의 상호작용을 통해 자신들의 지식과 개념을 구성하고 더욱 발전시켜 나갈 수 있다는 믿음에 기반한다.

우리는 흡연이 암을 유발한다는 것을 알고 있다. 그러나 이 지식은 개인의 인지 구조가 아니라 종양학 연구 분야의 전문가가 도달한 결론이다. 이러한 지식은 개인적으로 구성된 것이 아니라 사회적으로 구성된 것이다.

활동

2006년까지도 명왕성은 태양계를 구성하는 9번째 행성으로 분류되었었지만 현재는 태양계 행성으로 분류하고 있지 않다. 이를 사회적 구성주의와 관련하여 설명해 보자.

(3) 급진적 구성주의(Radical constructivism)

교육에서 급진적 구성주의 관점은 2가지 기본 원리에 기초한다. 첫째는 학습자가 지식과 개념을 수동적으로 수용하는 것이 아니라 자신의 기존 경험을 바탕으로 능동적으로 구성한다는 것이다. 이것은 앞에서 제시한 인지적 구성주의와 같은 관점이다. 급진적 구성주의의 두 번째 기본 원리는 인지의 기능은 적응적이며 경험적 세계의 조직(the organization of the experiential world)에 기여하지만 존재론적 실체의 발견(the discovery of ontological reality)에는 기여하지 못한다는 것이다(Walshe, 2020). 이 두 번째 원리의 앞부분은 인지적 구성주의 이론으로도 설명될 수 있지만 후반부 내용인 '인지적 기능은 존재론적 실체의 발견에는 기여하지 못한다.'라는 주장은 설명될 수 없다.

활동

1. 급진적 구성주의에서 주장하는 '인지적 기능은 존재론적 실체의 발견에는 기여하지 못한다.'의 의미에 대해 폰 글라저스펠트(von Glasersfeld)가 설명한 개구리의 예를 가지고 해석해 보자.

폰 글라저스펠트의 설명

사이버네틱 연구자들은 개구리가 다음과 같은 네 가지 유형의 고도로 특화된 수용적 감각 체계를 가지고 있다는 것을 발견했다: 1) 밝음과 어두움 대조, 2) 작고 어두운 물체의 볼록함, 3) 어두운 물체의 움직임, 4) 개구리가 볼 수 있는 영역의 갑작스러운 어두워짐. 이러한 감각 체계의 시너지 효과는 개구리가 먹이를 잡는 행동을 촉발한다. 이 연구의 저자들은 개구리의 센서 체계를 "벌레 감지기"라고 부르고 싶었다고 말하면서 논문을 마무리했다. 파리나 다른 벌레는 개구리의 센서에 맞는 모든 특성을 가지고 있어서, 벌레가 나타나면 개구리는 뛰어오르거나, 튕기거나, 혀를 내밀게 된다. 그러나 폰 글라저스펠트는 연구 결과에 따르면 검은 구슬, 검은 공기총 총알 또는 다른 작고 어두운 움직이는 물체가 개구리의 시야에 들어오면 개구리는 마치 파리인 것처럼 반응한다고 지적한다. 개구리의 관점에서 이러한 특성을 가진 모든 물체는 "파리"이다. 이것은 존재론적 실체(ontological reality)로서의 '파리'는 발견하지 못한 것이다.

2. 물리학에서 존재론적 실체로서의 '전자'는 발견된 것인가?

지식은 세상이 어떻게 작동하는지에 대한 구성이며, 개인이 특정 목표를 추구할 수 있도록 한다는 의미에서 구성이 가능한 것이다. 따라서 급진적 구성주의 관점에서 볼 때 과학은 진리(존재론적 실체)를 찾는 것이 아니라, 인간이 세상을 이해하도록 돕는 과정이다(Lorsbach and Tobin, 2005)

위에 세 가지 유형은 구성주의 학습 이론에서 독립적으로 적용될 수 있는 것은 아니다. 서로가 깊이 연관되어 있으며 실제 학습에 있어서는 세 가지 유형이 동시에 고려되어야 한다.

요약

1. 인지적 구성주의는 학습자가 자신의 현재 인지 발달 단계를 기반으로 지식과 개념을 능동적으로 구성한다는 이론이다. 그러므로 학습자들은 새로운 지식과 개념을 그 순간까지의 세상에 대한 이해와 경험에 접목시켜 이해하게 된다.
2. 사회적 구성주의는 사람들은 개인 간의 관계, 서로 간의 문화와 환경, 그리고 대규모 커뮤니티 속에서의 자신들의 역할 등을 통해 지식을 얻는다는 이론이다.
3. 급진적 구성주의의 2가지 기본 원리는 학습자가 지식과 개념을 수동적으로 수용하는 것이 아니라 자신의 기존 경험을 바탕으로 능동적으로 구성한다는 것과 인지의 기능은 적응적이며 경험적 세계의 조직에 기여하지만 존재론적 실체의 발견에는 기여하지 못한다는 것이다.

4.4 구성주의 학습의 실제

(1) 구성주의 학습 5단계[19)]

미국의 한 대학에서는 구성주의 학습 이론을 적용하여 구성주의 학습을 5단계로 구성하여 제시하였다. 이 대학에서 제시한 구성주의 학습의 5단계는 다음과 같다.

단계 1: 아이디어 초대하기(Inviting ideas)

참여 단계(Engagement stage)라고도 표현되는 이 단계는 교수자가 학습자로 하여금 생각해 볼 질문이나 상황을 제시하고, 학습자들로 하여금 자신들이 가지고 있는 지식을 활용하도록 요청하는 단계이다. 이 단계에서 학습자들은 자신들에게 제공된 새로운 정보를 바탕으로 의견이나 아이디어를 구상하기 시작한다.

단계 2: 탐색(Exploration)

이 단계에서는 학습자들이 자신들에게 제시된 개념들을 사용하여 상호작용하면서 새로운 지식과 개념을 능동적이고 적극적으로 생성한다(build). 이 단계에서 학생들은 아이디어 초대 단계(참여 단계)에서 제기된 질문이나 시나리오에 대해 교사와 함께 토론하는 과정이 포함될 수 있다.

단계 3: 제안(Proposition)

이 단계에서 학생들은 처음 참여할 때의 아이디어와 탐색 단계에서 토론 중에 떠오른 새로운 아이디어를 바탕으로 구성한 내용 또는 관찰한 내용에 대해 토론한다. 교사는 학생들이 자신들의 생각을 명확하게 표현할 수 있도록 도와주는 역할을 한다. 이 단계에서는 학생이 학습할 개념에 대한 이해를 표출하도록 하는 것(demonstrating)이 매우 중요하다.

---

19) https://www.nu.edu/blog/what-is-constructivism-in-education

단계 4: 설명과 해결(Explanation and solution) 또는 정교화(Elaboration)

이 단계에서 학생들은 자신들의 사고 과정에 대해 이야기하고 교사와 대화를 나누면서 자신이 학습한 개념을 정교화하게 된다. 이 과정에서 교사는 학생 개개인이 이전 수업에서 배운 내용을 바탕으로 개념을 더 잘 파악하는 데 도움이 되는 방식으로 수업을 운영하여 학생들의 오개념이나 잘못된 이해를 바로잡을 수 있도록 한다.

단계 5: 평가(Evaluation)

이 단계는 교사가 학생들에게 전반적인 인지 과정과 초기 아이디어 초대 단계 이후 생각이 어떻게 변했는지 정리해 보도록 하는 과정이다. 이를 통해 학생들은 새로운 상호작용, 토론 및 문제 해결을 통해 5단계에 걸쳐 자신의 초기 인식이 어떻게 변화했는지 살펴보면서 새로운 학습 내용에 적용해 볼 수 있다.

구성주의 학습 5단계 적용 사례

김교사는 [전기] 단원의 물리학 학습을 위해 다음과 같이 구성주의 학습 5단계를 적용한 수업을 계획하였다.

주제: 건전지의 단자전압

단계	학습 내용
아이디어 초대	건전지의 단자전압은 [V = E - Ir]임을 지난 시간에 학습하였다. 그리고 우리는 같은 저항의 전구를 병렬로 같은 전압에 연결하면 전구 1개를 연결했을 때와 밝기가 같은 것을 알고 있다. 이번 시간에는 건전지에 전구 1개를 연결했을 때와 같은 저항의 전구 2개를 연결했을 때 3개 전구의 밝기가 같을지 다를지 생각하여 보고 결과를 예측하여 이야기해 보자.
탐색	3V 건전지에 꼬마전구 1개를 연결한 회로와 2개를 병렬로 연결한 회로를 만들어보자. 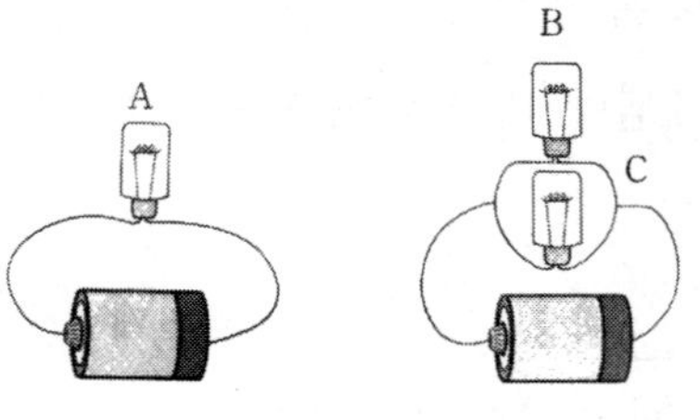

	각 전구의 밝기를 비교해 보자. 각 전구의 밝기 비교가 잘 되지 않으면 어떻게 하면 좋을지 토의해 보자. 이렇게 2개의 회로를 별도로 만들어 밝기를 비교하면 어떤 문제점이 있을 수 있는지 토의해 보자. 이러한 문제점을 해결할 수 있는 방법은 무엇인지 아이디어를 제시해 보자. 관찰한 결과는 무엇인가? 그렇게 관찰된 까닭은 무엇인가?
제안	같은 저항의 전구 2개를 병렬로 연결하면 1개 연결했을 때에 비해 회로에 흐르는 전체 전류는 2배가 된다. 같은 저항의 전구 2개를 병렬로 연결했을 때와 같은 저항의 전구 1개를 연결했을 때 전지의 단자 전압은 같은가, 다른가? 다르다면 어느 경우에 더 큰가? 2개 회로에서 전구의 밝기가 달라진 이유를 이야기해 보자.
설명/해결/정교화	건전지에는 내부저항이 있고 이 내부저항은 건전지를 오래 사용할수록 커진다. 같은 저항의 전구를 건전지에 병렬로 연결하면 내부저항 효과 때문에 1개 연결했을 때보다 약간 어두워진다. 회로에 전구를 여러 개 병렬연결했을 때, 전구를 1개 연결했을 때와 빛의 밝기를 같게 하기 위해서는 단자전압이 일정한 전력을 공급해야 한다.
평가	전지의 단자전압, 기전력, 내부저항의 의미와 관계를 이해했는지 평가한다.

- 그룹을 만들어 위 학습 과정을 실제 실험을 통해 적용해 보고, 개선할 점과 보완할 점에 대해 토의해 보자.
- 5단계 과정의 구성주의 학습 단계를 적용할 수 있는 물리학 개념의 예를 찾아보고, 이를 적용할 수 있도록 단계별로 내용을 구성해 보자.

(2) 구성주의 학습의 이로운 점과 실제 적용에서 주의할 점

구성주의 학습은 다음과 같은 이로운 점들이 있다.

① 개념 이해도 증진 외에도 수업 참여도를 높일 수 있다.

구성주의 학습을 수업에서 도입하게 되면 학생들이 질문을 하고 자신의 의견을 정립하도록 유도하는 과정을 통해 학생들의 참여도가 높아진다. 또한 다른 학생들과의 협력과 논의를 통해 비판적 사고력도 증진시킬 수 있다.

② 학생과 학생, 학생과 교사 사이의 상호작용을 증진시킬 수 있다.

구성주의적 접근 방식의 또 다른 장점은 학생과 교사 간의 중요한 사회적 상호 작용을 불러 일으킨다는 점이다. 또한 학생들은 종종 그룹으로 활동하므로 학생들 사이에서도 중요한 사회적 상호작용을 하게 된다는 점이다. 학생들 사이의 그룹 활동을 통해 각각의 학생은 새로운 개념도 접하게 되고, 자신의 관점이나 생활 경험과는 다른 관점을 가졌거나 생활 경험도 다른 학생들의 생각을 듣는 경험도 하게 된다. 이 과정에서 학생들은 동료의 의견과 관찰 결과에 대해 감사를 표하는 태도도 발달시키게 되고, 사회적 기술을 심화시킬 수 있다.

구성주의 학습 이론 적용에서 주의해야 할 점은 다음과 같다(Hyslop-Margison & Strobel, 2008).

① 학습환경을 고려한다.

큰 규모 학급을 구성주의 방식으로 운영할 경우에는 교사가 구성주의 학습 효과를 고려하여 수업 계획을 세워야 한다. 예를 들면, 이러한 학습 환경에서 교육을 어느 정도 개인화하기 위해서는 그룹을 편성하고 그룹 리더를 세워 리드하게 함으로써 학습을 좀 더 원활하게 운영할 수 있다. NSBA(National School Boards Association)에 따르면, 교실의 과밀화는 학생의 집중력 저하를 가져오기 쉽고, 학생의 잘못된 행동을 유발할 가능성이 높다고 한 연구 결과를 고려할 필요가 있다.

② 설명식 수업을 활용할 수도 있다.

구성주의 학습 틀 내에서 설명식 수업이 완전히 배재되어서는 안 된다. 필요에 따라서는 설명식 수업이 필요한 경우가 있으며, 적절한 수준과 시간을 할당하여 수행할 필요가 있다. 왜냐하면 학생들이 이미 수업 주제에 대해 상당한 수준의 지식과 개념을 보유하고 있는 경우에는 관련 내용에 대해 토론이나 실험이 필요하지 않고 확장적 또는 보충적 설명이 더 요구되기 때문이다.

③ 반성적 과정이 중요하다.

구성주의에 익숙한 대부분의 교사와 학생들은 사회적 맥락 내에서 개인의 인지와 능동적인 참여에만 초점을 맞추는 경향이 있다(Hyslop-Margison & Sears, 2006). 이 경우 자칫 도외시하는 과정이 생길 수 있는데, 그것은 반성적 과정이다. 실제 학습 과정에서 개인의 인지를 통한 지식과 개념 구성 및 능동적인 참여 과정뿐만 아니라 반성적 과정이 주어질 수 있도록 수업하는 것이 필요하다. 여기에서 반성적 과정이란 학습한 결과를 단순히 평가하는 것으로 그치지 않고 학습의 각 단계에 대해 바르게 인식하고 유의미하게 적용했는지를 성찰하고 정교화 하는 과정을 말한다.

(3) 구성주의 학습 이론에 따른 일반적인 교수 학습 전략[20)]

구성주의 학습 이론에 따른 일반적인 교수 학습 전략 예들을 제시하면 다음과 같다.

① 학습자 사전 경험 조사(ILPE: Investigating learner's previous experiences)

학습자의 사전 지식을 알아보기 위해 교사는 학생들이 어떤 문제에 대한 해결책을 브레인스토밍하는 방법과 과정을 안내한다. 각 학생의 사전 지식과 경험을 바탕으로 한 새로운 아이디어를 분석함으로써 학생들의 사전 지식과 경험을 파악할 수 있다. 또한 이 결과들은 교사와 학생 모두 교수와 학습에 시간과 에너지를 잘 할당할 수 있다.

② 직접적 토론(Directed discussion)과 탐구적 토론

설명식보다는 직접적인 토론 방법을 통해 단순히 정보를 받는 것이 아니라 학생들로 하여금 정보를 처리하도록 함으로써 지식과 개념을 구성하도록 도와준다. 이 과정을

---

20) 구성주의에 관련된 수업 모형과 구체적인 학습지도 전략에 대해서는 Part 4와 Part 5에서에서 상세히 설명하였다.

통해 학생들은 주제에 잘 연결하는 방법 및 다른 학생들의 아이디어를 분석하는 기술(analytical skills)을 향상시킬 수 있다. 교사는 학생들의 직접적 토론이 가능한 질문들을 준비하여 제시할 필요가 있으며, 질 높은 대화가 이루어지도록 도와주어야 한다.

탐구적 토론은 어떤 주제나 토픽에 대해 토론을 통해 결론이나 해결책을 탐구해 가는 방법이다. 교사는 학생들이 주제나 토픽에 대해 편견 없이 다양한 관점들이 제시될 수 있도록, 그리고 그 과정을 통해 주제나 토픽에 대한 통일된 이해와 해결이 제시될 수 있도록 이끌어 준다.

③ 학습자 상호 간 교육(Reciprocal teaching)

상호 간 교육은 소그룹이나 2명씩 짝을 이룬 학습에서 학생이 교사의 역할을 담당해서 집단 학습을 이끌어가는 방법이다. 즉, 학생들이 서로 교사가 되기도 하고 학생이 되기도 하면서 학습을 수행하는 것이다. 이는 학생들이 주어진 과제를 더 잘 이해하고 실행하기 위해 서로 가르치도록 장려하는 동료 지원 코칭(peer-assisted coaching)의 한 형태이다.

④ 문제 기반 학습(PBL: Problem-based learning)

문제 기반 학습(PBL)은 구성주의 학습 이론을 적용하기에 적절한 학습 활동이다. 문제 기반 학습 과정에서 학생들은 개방형 문제에 대한 해결책을 찾기 위해 그룹을 형성하여 협력학습을 통해 주어진 주제에 대해 필요한 사항들을 학습하게 된다.

⑤ 협동학습(Cooperative learning)

어떤 주제 또는 문제 해결을 위한 소집단 학습에서는 협동학습이 기본이 된다. 이러한 경우에 과제 해결을 위한 수행 방법은 교사 중심이 아니라 자연스럽게 학생 중심이 된다. 그리고 이러한 과정에서는 주어진 과제에 대한 해결책을 찾는 과정에서 자연스럽게 학생들이 탐구에 몰입하게 된다.

⑥ 현장 학습(Field Trips)

현장 체험을 통한 학습은 학습자로 하여금 시각적이고 경험적인 체험을 통해 관련 지식과 개념을 구성하는 데 실제적이고 구체적인 상황을 제공해 주고 지식과 개념 구성도 구체적이고 실제적이다. 교실 밖에서의 학습을 교실 학습에 통합하면서 학생들은 이미 학습한 지식과 개념을 적용하는 능력을 기를 수 있다.

요약

1. 구성주의 학습을 위한 5단계(아이디어 초대 - 탐색 - 제안 - 설명/해결/정교화 - 평가) 학습 과정이 제안된 바 있다.
2. 구성주의 학습은 개념 이해도와 수업 참여도를 높일 수 있고, 학생과 학생, 학생과 교사 사이의 상호작용을 증진시킬 수 있는 이로운 점이 있다.
3. 구성주의 학습 이론 적용에서 주의해야 할 점은 다음과 같다: 학습 환경을 고려한다; 설명식 수업을 활용할 수도 있다; 반성적 과정이 중요하다.
4. 구성주의 학습 이론에 따른 일반적인 교수 학습 전략은 학습자의 사전 경험 조사, 직접적 토론(Directed discussion)과 탐구적 토론, 학습자 상호 간 교육, 문제 기반 학습, 협동학습, 현장 학습 등이다.

CHAPTER 05

문화역사 이론과 물리 학습

임성민 (대구대학교)

5.1 문화역사 이론의 배경

문화역사 이론(cultural historical theory)은 러시아 학자 레흐 비고츠키(Lev Vygotsky)에 의해 기본 사상이 정립된 이후 1930년대 소련에서 루리아(A. R. Luria), 레온티에프(A. N. Leontiev) 등에 의해 문화역사 심리학으로서 정립된 인간의 활동에 대한 일련의 심리학 및 철학 이론 체계라고 할 수 있다.

문화역사 이론의 배경은 발달과 학습, 의식과 실천, 개인과 사회, 경험과 지식, 주체와 객체 등을 이원론적으로 구분하는 접근하는 것을 비판하고 이를 극복하고자 하는 변증법적 유물론을 기초로 한다. 이를 토대로 하는 문화역사 이론의 핵심 가정은 인간의 사고는 활동을 매개로 하여 사회 속에서 발달한다는 것이다. 비고츠키는 기존의 심리학이 동물과의 연속성을 전제로 인간을 설명하고자 한 것을 비판하면서, 인간과 동물이 구별되는 특징으로서 인간의 활동이 사회 속에서 내면화되면서 역사적으로 발전하는 것이라고 주장한다. 이 관점에 따르면 인간은 역사적, 문화적 세계의 산물이며 그러므로 인간의 발달과 학습에 사회 역사적이고 문화적인 맥락을 고려해야 한다고 주장한다.

소련에서 시작된 비고츠키 이론은 뒤늦게 서구 사회에 소개되었다. 비고츠키 사후 20년 뒤에 그의 대표 저작 2권 중 『생각과 말(Thought and Language)』이 영어로 비고츠키(Lev Vygotsky, 1896~1934)[21]는 벨라루스 출신의 러시아(구 소련) 심리학자로서, 인간의 발달을 생물학적 행동의 차원을 넘어 사회문화적 활동으로 설명하는 문화역사 이론을 주장하였다. 비록 37세의 이른 나이에 타계하여 연구 활동 기간은 10여 년에 불과하지만, '심리학계의 모차르트'라는 별명이 말해주듯, 실험과 이론을 넘나드는 방법론을 적용하여 전통적인 심리학의 경계를 넘어 철학, 신경과학, 교육학 등 폭넓은 분야의 연구를 수행하여 오늘날까지도 영향력을 미치는 혁신적인 이론 체계를 구축하였다.

번역되어 소개되면서, 1980년대 이후 교육학을 중심으로 관심이 급증되기 시작했다. 종종 비고츠키의 이론은 지식이 사회문화적으로 구성된다는 관점을 공유한다는 점에서 구성주의 이론으로서 소개되는데, 이를 '사회적 구성주의'로 부르기도 하였다[22]. 하지만 비고츠키의 이론은 변증법적 유물론을 기반으로 하여 인간의 지식이 객관적 실재에서 유래한다고 보는 실재론에 기초를 두고 있다는 점에서 지식을 인식 주체의 능동적 의미 구성이라고 여기는 구성주의 인식론과는 차이가 있다. 이에 따라 비고츠키의 이론을 사회적 구성주의로 간주하기보다는 비고츠키 본인과 그를 추종하는 학자들이 사용한 표현인 '문화역사주의' 또는 '문화역사 이론'으로 지칭하는 것이 타당하다는 주장도 있다(신병현, 2013).

비고츠키의 문화역사 이론은 인간의 정신과 활동에 대한 종합적인 이론이지만, 행동주의와 인지주의로 대별되는 서구 중심의 교육학에 비해 전혀 새로운 패러다임을 제시한다는 점에서 기존의 교육학 이론에 대한 대안으로서 최근 들어 많은 주목을 받고 있다. 비고츠키의 이론은 특정 학문이라 규정짓기 어려울 정도로 인간에 대한 포괄적이고 복합적인 관점을 제공한다. 물리교육을 위한 관점에서 그의 이론을 요약하자면 아래와 같이 학습과 발달의 관계, 생각과 말의 발달, 근접발달영역과 교수-학습 등 크게 3가지 영역으로 구분하여 설명할 수 있다.

21) 사진 출처: https://en.wikipedia.org/wiki/Lev_Vygotsky#/media/File:Lev_Vygotsky.jpg
22) 급진적 구성주의와 사회적 구성주의는 Part 3의 4장의 내용을 참고할 수 있다.

활동

다음을 간략하게 정리해 보자.

1. 변증법적 유물론
2. 실재론
3. 행동주의와 인지주의

요약

1. 문화역사 이론은 비고츠키에 의해 기초가 세워지고 루리아와 레온티에프 등에 의해 발전된 심리학 및 철학 이론 체계로, 발달과 학습, 개인과 사회 등 이원론적 접근을 비판하고 변증법적 유물론을 기반으로 인간 활동의 역사적·문화적 맥락을 중시한다.
2. 비고츠키의 이론은 지식의 사회문화적 구성이라는 점에서 구성주의와 연관되지만, 실재론에 기반한 변증법적 유물론이라는 점에서 구성주의 인식론과는 차이가 있다.
3. 비고츠키의 이론은 서구 중심의 행동주의와 인지주의에 대안적 패러다임을 제시하며, 학습과 발달, 생각과 말, 근접발달영역 등의 핵심 개념을 통해 교육학에 폭넓게 적용된다.

5.2 학습과 발달의 관계

비고츠키 이론의 주요 관심사는 인간 심리의 발달이다. 즉, 어린아이들이 성장하면서 어떻게 학습하며 어떻게 새로운 유형의 사고를 할 수 있게 될까? 이러한 질문에 답하기 위해서는 먼저 학습과 발달의 관계는 무엇이고 서로 어떻게 상호작용하는가에 대한 고려가 필요하다. 비고츠키 시대에도 이미 행동주의 심리학이나 피아제의 발생적 인식론 등과 같은 이론에서 이러한 주제를 다루고 있었으나, 마르크스(Karl Marx)의 사상에 기초한 비고츠키 이론은 인간의 심리가 문화역사적으로 전수된다는 점에 초점을 맞췄다는 점에서 기존 이론과 차이가 있다. 비고츠키는 동시대의 대표적인 학자들의 이론을 비판적으로 검토하면서 학습과 발달에 대한 자신만의 이론을 전개하였다.

> “행동주의 방법론에서 기인하는 중요한 발전에도 불구하고 그 방법은 심각한 한계를 지니고 있다. ... 행동주의 방법은 객관적이고 단순한 반사 행동들을 연구하기에 적합하지만, 복잡한 심리 과정을 연구하는데 사용한다면 실패할 것이 분명하다. 행동 일반에 대한 자연주의적 접근법은 인간 역사와 동물 역사 사이의 질적인 차이를 설명하지 못한다. 이런 자연주의적 접근법의 실험 연구 방법들이 가진 문제는 인간 발달의 일반적 역사에 대한 고려 없이 인간 행동을 연구한다는 것이다.” (『마인드 인 소사이어티』, p.191에서 재인용)

비고츠키에 따르면 학습과 발달의 관계는 다음과 같이 3가지 관점으로 요약될 수 있다.

관점 1. 학습과 발달은 서로 독립적이다.

이 관점은 학습과 발달이 서로 무관하다는 의미가 아니라, 학습보다 발달이 우선이며 학습은 그 산물이라는 관점이다. 인간 발달은 외부 환경과의 상호작용으로 인해 발생하는 자연적인 과정이며, 학습은 발달의 결과물이다. 학습은 발달에 관여하지 않는 외적 과정이며 단지 발달의 성취를 이용할 뿐이다. 이런 관점에서 특정 주제를 학습하기 위해서는 그에 적합한 발달이 전제 조건이 되어야 한다. 대표적인 이론은 피아제의 발생적 인식론이다[23]. 예를 들어, 발생적 인식론에 따르면 구체적 조작기에 해당하는 발달 수준에 있는 학생에게 형식적 조작이 요구되는 학습은 효과적이지 않다.

관점 2. 학습이 곧 발달이다.

이 관점에서 읽기든 쓰기든 셈하기든 학습은 조건화된 반사행동의 숙달로 여겨지며, 학습의 과정은 발달의 과정과 분리될 수 없게 혼합되어 있다. 대표적인 이론은 반사행동 개념에 기초한 행동주의 심리학이다. 이러한 관점에서 학습 과정은 습관 형성의 과정이라 할 수 있고, 교육은 획득한 행동 습관과 행동 경향들을 조직하는 것이다.

---

23) 피아제 이론은 Part 3의 1장을 참고할 수 있다.

관점 3. 발달과 학습이 서로 상보적이다.

이 관점에서는 서로 상반되는 앞의 두 관점을 결합하여 양자의 극단을 극복하려는 시도를 한다. 대표적인 이론은 코프카(K.Koffka)의 연구를 중심으로 하는 게슈탈트 이론이다. 발달은 본질적으로 다르지만 서로 관련을 가진 두 가지 과정에 기초를 두며 이 둘은 서로에게 영향을 준다. 전자는 신경계의 발달에 직접적으로 의존하는 자연적인 성숙(성숙 과정)이며 후자는 그 자체가 발달적인 과정인 학습(학습 과정)이다. 성숙 과정은 학습의 과정을 준비하고 학습을 가능하게 하며, 학습 과정은 성숙 과정을 자극하고 유도한다. 이때 학습은 행동주의 이론에서 간주하는 것처럼 단지 조건화된 습관이나 행동에 제한되지 않고 인간 발달에 보다 능동적인 역할을 한다. 발달은 학습을 포함하는 보다 큰 개념으로서, 학습에 의해 발달이 야기된다. 어떤 아동이 어떤 작업을 수행하는 것을 배우면(학습), 그 아동은 어떤 구조적 원리를 흡수하게 된다. 이 구조적 원리의 적용 범위는 아동이 수행한 작업의 유형을 넘어선다. 결과적으로 학습에서 한 걸음 전진함으로서 아동은 발달에서 두 걸음 전진하게 된다.

발달과 학습의 상보적 관계 예: 가속도 개념 학습

1. 발달이 학습에 중요한 역할을 하는 예
   - 비례 사고와 추상적 사고가 가능한 학생은 가속도 개념을 단위 시간당 속도 변화라는 정량적 개념으로 학습하기가 용이하다.

2. 학습이 발달을 야기시키는 예
   - 운동 상태가 변하는 다양한 경우를 바탕으로 가속도 개념을 배우면서 학생들은 속도와 시간의 변화를 동시에 고려하는 능력을 발달시킬 수 있다.

활동

다음 내용을 간략하게 정리해 보자.

1. 행동주의 심리학
2. 발생적 인식론
3. 게슈탈트 이론

비고츠키는 학습과 발달에 대한 세 가지 관점을 비판적으로 검토하면서 학습과 발달이 어떻게 상호작용하는지를 보다 정교하게 제시한다. 피아제가 생물학적이고 보편적인 발달 단계들을 강조한 반면, 비고츠키는 행동의 생물학적 토양과 변화하는 사회적 조건들 사이의 상호작용을 강조한다. 비고츠키 이론에서의 발달의 관심사는 신경계의 발달로 인한 인지 발달이나 조건화된 반사에 따른 행동 발달로 이분화된 것이 아니라, 이 둘을 포함하는 보다 넓은 의미로서의 발달 즉 인간의 총체적이고 전면적 발달에 초점을 두고 이러한 발달에 학습이 핵심적인 역할을 한다고 본다.

인간의 총체적이고 전면적인 발달 과정은 서로 다른 두 가지 노선으로 이루어지며 이 두 노선의 변증법적 통합 과정이다. 첫째는 생물학적 발달 노선으로서 보편적이며 자극-반응 원리에 기초한다. 둘째는 문화적인 발달 노선으로서 맥락적이며 사회적 상호작용에 기초한다. 비고츠키는 발달의 과정에서 분리되어 있던 기능들을 새로운 결합체와 복합체로 통합시키는 심리 체계들이 생겨난다고 주장한다. 발달 과정을 거치면서 각각 독립적이며 분리된 기능들이 점차 전체 구조로 통합되며, 질적으로 새로운 체계로 진화하게 된다.

이러한 발달의 결과로서 획득하게 되는 학습 과정을 기능적 학습 체계로 구분하면 크게 기초 기능과 고등정신 기능으로 구분할 수 있다. 여기서 고등정신 기능은 아무나 도달할 수 없는 높은 수준의 차별화된 기능을 의미하는 것이 아니라 동물과 달리 인간만이 가지는 고유한 문화적 행동 형태로서 인간에게 보편적 기능을 가리키는 말이다. 기초 기능은 기억, 주의집중, 인식, 자극-반응 학습 등을 의미하며 신체적 성숙에 따른 신경계의 발달과 같은 생물학적 요인에 기인한다. 한편, 고등정신 기능은 과학적 개념의 형성과 발달, 논리적 추리, 판단 능력 등을 의미하며 사회문화적 요인에 기인한다.

요약

1. 인간 발달은 생물학적 발달 노선(보편적이고 자극-반응 원리에 기초)과 문화적 발달 노선(맥락적이며 사회적 상호작용에 기초)의 변증법적 통합 과정으로 이루어진다.
2. 기초 기능은 기억, 주의집중, 인식 등 생물학적 요인에 기반한 기본적인 신체적·정신적 기능을 의미한다.
3. 고등정신 기능은 과학적 개념 형성, 논리적 추리, 판단 능력 등 인간만의 문화적 행동을 나타내며, 사회문화적 요인에 의해 형성되는 보편적이고 고유한 기능이다.

5.3 생각과 말의 발달

고등정신 기능 발생을 설명하는 사회문화적 발달 노선의 핵심은 도구와 기호의 사용이다. 마르크스와 엥겔스 등으로 이어지는 변증법적 유물론 관점에서 도구의 본질은 자연에 대한 인간의 매개적 활동이다. 생물학적 진화 과정에서 인간은 동물과 달리 도구라는 매개를 이용하여 자연에 대응한다. 비고츠키는 인간의 정신기능 발달에 있어서 도구의 사용을 숫자와 글자 등과 같은 기호의 사용으로 확장한다. 특히 고등정신 기능을 이끄는 인간의 문화적 발달은 기호의 사용으로 가능해진다. 인간은 도구를 사용함으로서 생물학적 한계를 뛰어넘고 기호를 사용함으로서 기초 기능의 한계를 초월한다. 문화적 발달에서 가장 중요한 기호는 인간의 언어 즉 말이다. 인간은 말을 이용하여 상황을 파악하고 문제를 생각하고 해결 방안을 탐색한다. 말의 발달은 정신의 발달을 이끄는 심리적 도구라고 할 수 있다. 이렇듯 기호의 사용과 정신기능의 발달이 엮여있다는 점에서 말(기호)과 생각(정신기능)은 필연적으로 서로 연결되어 발달하며 이러한 발달의 양상은 역사적이다. 즉 시간의 흐름에 따른 인간의 신체적 성숙 및 경험하게 되는 사회문화적 맥락에 따라 다른 양상을 보인다. 말과 생각의 발달에 대한 비고츠키의 이론을 요약하면 다음과 같다.

(1) 생각의 발달

생각의 발달은 단지 양이 증가하는 것이 아니라 질적인 변화를 거치면서 구조적으로 발달한다. 인간 생각의 질적 구조는 혼합체적 사고, 복합체적 사고, 개념적 사고의 단계를 거치면서 발달한다.

① 혼합체적 사고

혼합체적 사고는 생각의 발달 단계에서 가장 먼저 등장하는 구조로서 말을 갓 시작하는 유아에게서 나타난다. 사물에 대한 객관적 인식 없이 여러 가지 의미가 뒤섞인 채로 주관적으로 생각하는 구조를 의미한다. 예를 들어 사물을 분류할 때 어떤 객관적인 기준이 아니라 주관적인 감정으로 분류한다 (예: 좋아하는 것과 싫어하는 것으로 분류하기). 이 단계에서 말은 의미가 안정적이지 않아서 다른 사람들과의 의미 공유가 어렵다.

② 복합체적 사고와 의사개념

혼합체적 사고가 전적으로 주관적인 것에 비해 복합체적 사고는 부분적으로 객관성을 갖춘다. 이 단계는 유아기에서 아동기를 거쳐 발달하는데 이 시기의 아동은 추상적 사고를 하지 못하고 눈에 보이는 유사성을 중심으로 사물을 연결하여 사고한다 (예: 같은 색, 같은 모양끼리 분류하기). 사물을 연결하는 방식이 다양함에 따라 이 시기의 사고 유형도 다양하다. 이 단계에서는 사물을 범주화하는 능력을 익히고, 다양한 유형의 사고가 발달하면서 사고의 역동성과 유연성이 생겨 이후 개념적 사고의 토대가 된다.

복합체적 사고 단계에서는 아직 개념적 사고를 하지 못하므로 성인이 쓰는 개념을 사용한다 하더라도 제대로 알고 사용하는 것이 아닌 단지 용어에 지나지 않을 수 있다. 이와 같이 본래의 의미를 모른 채 사용하는 개념을 의사(pseudo)개념이라 한다. (예를 들어 속도의 시간 변화율이라는 의미에서 가속도 개념을 이해하지 못하더라도 '가속도'라는 용어를 사용하면서 대화를 나눌 수 있다.) 의사개념은 복합체적 사고에서 광범위하게 나타난다. 정확한 의미를 모르고 의사개념을 사용하더라도 의사소통에는 크게 어려움이 없다. 의사개념은 복합체적 사고와 개념적 사고를 연결하는 다리로서, 비록 정확한 의미를 모르고 사용하더라도 성인과의 의사소통이 가능하고 이후에 형성될 개념적 사고의 토대가 된다는 점에서 중요하다.

③ 개념적 사고와 개념 형성

개념이란 '특정한 사물, 사건이나 상징적인 대상들의 공통적 속성을 추상화하여 일반화한 보편적 관념'을 의미한다. 개념적으로 사고한다는 것은 어떤 대상이나 문제에 대해 공통적 속성을 찾아 분석하고 이를 종합하는 생각 과정을 의미한다. 개념은 다른 개념들과의 관계 속에서 이해할 수 있으므로 개념적 사고는 개념 구조를 이해한다는 것, 즉 체계적 사고를 의미한다. 또한 개념적 사고는 개념과 개념의 연관 관계에 대한 이해로 연결되면서 논리적 인과적 사고로 발달한다.

개념의 언어적 암기는 개념 이해의 시작일 뿐이며, 구체적 상황에서 실천적 사용을 통한 숙달과 주체적 체화를 통해 개념이 형성된다. 이러한 사고 과정 속에서 말의 사용이 중요한 역할을 한다. 개념적 사고의 형성은 청소년기에 비로소 시작된다. 학령기를 거치면서 인간의 생각 발달은 복합체적 사고에서 의사개념을 거쳐서 참(authentic)개념으로 발전하게 된다. 개념적 사고는 총체적이고 주체적인 인간 형성의 기반이 된다.

복합체적 사고, 의사개념, 참개념의 예

다음 물리 개념을 복합체적 사고, 의사개념, 참개념으로 구분하여 표현해 보면 다음과 같다.

물리개념	복합체적 사고	의사개념	참개념
힘과 운동	운동하는 물체에는 항상 힘이 작용한다. 던져 올린 공이 제일 위에 있을 때 공이 정지해 있으므로 힘은 0이다.	힘은 물체의 운동 상태를 변화시킨다. 던져 올린 공이 제일 위에 있을 때 운동 상태가 변화하지 않으므로 힘은 0이다.	힘은 물체의 운동 상태를 변화시킨다. 던져 올린 공이 제일 위에 있을 때 운동 상태의 변화는 위로 올라가던 운동이 아래로 내려가는 방향으로 변하므로 힘은 아래 방향으로 작용한다.
빛과 그림자	그림자는 물체 모양대로 생긴다. 일자 모양의 광원에 공을 비출 때 공 모양대로 그림자가 생긴다.	그림자는 곧게 나아가던 빛이 불투명한 물체를 만나 빛이 통과하지 못해서 생긴다. 일자 모양의 광원에 공을 비출 때 공 모양의 그림자가 생긴다.	그림자는 곧게 나아가던 빛이 불투명한 물체를 만나 빛이 통과하지 못해서 생긴다. 일자 모양의 광원에 공 모양을 비출 때 광원과 공 사이가 가깝다면 일자 모양의 그림자가 생긴다.

활동

학생의 물리 개념 중에서 복합체적 사고, 의사개념, 참개념에 이르는 개념 발달 사례를 찾아보자.

1. 물체를 보는 과정
2. 대전과 전기력

(2) 말의 발달

생각의 발달과 말의 발달은 서로 다른 근원을 갖는다. 어느 시점에 생각과 말의 발달이 교차하면서 생각과 말 모두에 엄청난 변화가 나타난다. 인간과 동물의 차이는 단지 '말'의 사용이 아니라 생각과 말의 만남에 있다. 생각과 말이 만나면서 말의 발달은 외적 말에서 혼잣말로, 그리고 내적인 말로 발달한다.

① 외적 말

말 발달이 이루어지는 초기에 아동은 말을 오직 외적으로만 사용한다. '외적'이라는 뜻은 문법의 규칙과 기능을 숙달하지 못한 채 다른 사람에게 향하는 의사소통의 수단이라는 의미이다. 말 발달과 생각 발달이 교차하는 대략 2~3세 무렵에 언어 발달이 급격히 이루어지면서 의사소통을 위한 외적 말이 활발해진다. 예를 들면, 아기가 엄마를 향해 "엄마"라고 부르거나 장난감을 보고 "이거 주세요"라고 하는 말이 외적 말이라고 할 수 있다. 이 시기에는 말이 생각을 자극하고 생각이 담기기도 하나, 생각의 수단으로는 사용하지 못한다.

② 혼잣말

언어가 본격적으로 발달하는 3~4세부터 초등학교 입학 무렵까지의 아동에게는 다른 사람과 의사소통만을 위한 외적 말이 아닌 자신에게 향하는 혼잣말이 나타난다. 혼잣말은 자신의 생각을 자신에게 말로 표현하는 것으로서, 이 시기에 비로소 말이 생각의 수단으로 사용된다.

③ 내적 말

아동의 혼잣말은 학령기 나이를 지나면서 점차 줄어들고 속으로 말하는 경우가 늘어난다. 혼잣말을 겉으로 소리내어 하지 않고 속으로 하는 경우를 내적 말(inner speech)이라고 한다. 즉 내적 말은 '말로 하는 생각'이다. 인간의 추상적 사고와 개념적 사고는 대부분 '말로 하는 생각'이다. 즉 어떤 개념에 대해서 사고할 때 인간은 그 개념의 의미를 우선 머릿속으로 떠올리면서 그 개념과 관련된 다른 개념들과의 관계를 함께 생각하면서 복잡하고 체계적인 사고를 할 수 있게 된다. 예를 들면, 어떤 학생이 던져 올린 공에 작용하는 힘에 대해서 생각하면서 머릿속으로 "힘은 운동 상태의 변화와 상관있어", "위로 가던 공이 점점 느려지니까 운동 상태 변화는 운동의 반대 방향 즉, 아래 방향이야"와 같은 말을 떠올리는 것이 내적 말이라고 할 수 있다. 갑자기 아이디어가 떠오르는 경우와 같이 '말이 아닌 생각'이 있는 반면, 본능적인 비명과 같이 '생각이 없는 말'도 있지만, 대부분 인간의 사고는 '말로 하는 생각'이다. 비고츠키의 표현에 따르면 내적 말은 '말과 생각의 역동적 상호 이주'이다. 즉 생각에서 말로, 말에서 생각으로 상호 전환하는 과정이라 할 수 있다.

(3) 말과 생각의 발달에 따른 심리발달 단계

생각과 말은 엄연히 서로 다른 개념이며 또한 서로 다른 발달의 기원을 가지지만, 인간이 신체적으로나 인지적으로 발달하는 동안 생각의 발달과 말의 발달은 서로 긴밀히 맞물려 있다. 말과 생각의 발달을 함께 고려한 심리 발달 단계를 요약하면 다음과 같다.

[표 351] 말, 생각, 심리발달 단계 (진보교육연구소 비고츠키교육학실험연구모임, 2015; p.96)

심리발달 단계	말 발달 단계	생각 발달 단계	주요 특징
원시적 단계	지능 이전의 말	말 이전의 지능	
단순 심리 단계	외적 말	혼합체적 사고	말 발달이 생각 발달보다 우세
외적 기호 사용 단계	혼잣말	복합체적 사고	의사 개념 사용
외적 기호의 내재화(내적 기호) 단계	내적 말	복합체적 사고 → 개념적 사고	(학령기) 개념 형성의 토대 축적 (청소년기) 개념 형성

생각은 언어(말)를 포함한 기호를 매개로 발달한다. 언어와 기호는 의사소통의 도구이자 생각의 도구이다. 새로운 개념과 기호를 획득함으로서 사고 능력이 발달한다. 따라서 사고 능력이 발달하는 과정에서 듣기, 말하기, 읽기, 쓰기, 그리기, 셈하기, 놀이, 토론, 실험 등 어려 형태의 외적 기호 활동이 중요하다. 외적 기호 활동을 통해 생각의 도구인 개념과 기호를 충분히 숙달하게 되면 외적 기호가 내면화되어 속으로 사용하는 내적

기호 사용 단계로 발전하게 된다. 개념과 기호를 내면화하면서 생각의 도구로서 기호를 보다 자유롭게 사용할 수 있게 된다. 따라서 개념적 사고의 핵심적인 토대는 기호와 개념 사용의 숙달에 있다.

말로 하는 생각의 예: 발성사고법 또는 소리내어 생각하기(thinking aloud)

발성사고법은 학생들이 물리 개념을 이해하거나 물리적 현상을 설명할 때 또는 물리 문제를 해결할 때 자신의 생각을 소리내어 말하면서 사고하게 하는 방법이다. 발성사고법은 학생들의 사고를 촉진하고 사고 과정을 분석하는 도구로 사용할 수 있다. 발성사고법을 적용하는 정해진 방법은 없으나 다음과 같은 절차에 따라 물리 수업에 적용할 수 있다.

(예시) 구리관 속에서 자석이 매우 천천히 떨어지는 현상 설명하기

1. 발성사고 방법 설명: 발성사고법의 의미와 방법을 설명한다.
   예) 발성사고란 소리내어 생각하기입니다. 즉, 속으로 하는 생각을 말로 표현하는 것입니다.
2. 발성사고 과제 제시: 개념 이해, 현상 설명, 문제 풀이 등 적절한 과제를 제시한다.
   예) '구리관 속에서 자석이 매우 천천히 떨어지는 이유는 무엇일까?'에 대해서 자신의 생각을 말해봅시다.
3. 발성사고 유도: 학생의 생각을 유도하는 질문을 던지고, 그 질문에 대한 자신의 생각을 말로 표현하게 한다.
   예) 구리관이 아니라 유리관 속에서 떨어진다면 차이가 있을까? 유리관과 자석이 서로 상호작용할까? 구리관 속에서 천천히 떨어지는 동안 작용하는 힘은 무엇이고 어느 방향일까? 자석의 움직임을 방해하는 힘에 대한 다른 사례가 있을까?
4. 발성사고 촉진: 때로 학생이 침묵하는 경우 개방형 질문으로 발성사고를 유도할 수 있다.
   예) 지금 무슨 생각을 하고 있나요? 생각이 어디서 멈췄나요?
5. 발성사고 확장: 발성사고 과정에서 불명확했던 부분에 대해 추가 질문으로 학생의 사고를 확장하거나 정교화할 수 있다.
   예) 아까 했던 말이 무슨 뜻인지 다시 한번 말해볼래요? 방금 했던 말은 ~이러한 뜻이었나요?
6. 기록 및 분석: 필요시 학생의 발화 내용을 녹음하여 코딩하고 분석할 수 있다.

활동

'말로 하는 생각'을 물리 문제풀이 전략에 적용해 보자.

1. 교육 연구에서 '발성사고법' 또는 '소리내어 생각하기(thinking aloud)'의 의미를 찾고 물리교육 연구에서 어떻게 활용되었는지 조사한다.
2. 임의의 물리 문제를 선택하여 '소리내어 생각하기' 전략을 적용하여 물리 문제를 풀어보자. 즉, 문제를 해결하는 과정에서 머리 속으로 생각하는 풀이 과정을 말(글)로 옮겨 적는다.

요약

1. 생각과 말은 서로 다른 기원을 가지고 발달하지만 발달 과정에서 서로 상호작용하며 인간의 정신기능 발달을 이끈다.
2. 생각(사고)은 말(언어)을 매개로 발달한다. 언어는 사고의 도구이다.
3. 생각의 발달: 말 이전의 지능 → 혼합체적 사고 → 복합체적 사고→ 개념적 사고와 개념 형성
4. 말의 발달: 지능 이전의 말 → 외적 말 → 혼잣말 → 내적 말
5. 심리 발달 단계: 원시적 단계 → 단순 심리 → 외적 기호 사용 → 외적 기호 내재화(내적 기호 사용)

5.4 근접발달영역과 물리 교수-학습

(1) 근접발달영역의 의미

근접발달영역(zone of proximal development, ZPD)은 실제적 발달 수준과 잠재적 발달 수준 사이의 거리이다. 실제적 발달 수준은 이미 완성된 기능으로서, 누구의 도움 없이 독립적으로 문제를 해결할 수 있는지 여부에 따라 결정된다. 예를 들어, 어떤 아동이 도움없이 혼자서 8세 난이도의 표준화 과업을 해결할 수 있다면 그 수준이 해당 아동의 실제적 발달 수준이다. 잠재적 발달 수준은 아직 완성되지 않은 성숙 중인 기능으

로서, 성인의 안내 혹은 능력 있는 또래들과의 협동을 통한 문제 해결에 의해 결정된다. 예를 들어, 어떤 아동이 다른 이의 안내와 도움, 협력을 통해서 12세 수준의 과업을 해결할 수 있다면 그 수준이 해당 아동의 잠재적 발달 수준이다.

근접발달영역은 독립적으로는 해결할 수 없지만 도움을 받으면 풀 수 있는 문제들에 의해서 결정된다는 점에서 '발달의 다음 영역(next zone of development)'이라고 부르기도 한다. 또 아직 성숙하지 않았으나 성숙 과정에 있는 기능들이라는 점에서 발달의 '싹' 또는 '꽃'이라고 비유할 수도 있다.

활동

1. 〈자료〉에 나타난 학생의 근접발달영역을 서술하시오.
2. 〈자료〉에서 교사의 언어적 상호작용의 목적을 근접발달영역과 연관지어 설명하시오.

〈 자 료 〉

교사: 어떤 경우 금속 고리에 전류가 유도되나요?
학생: 자기장의 세기가 시간에 따라 변할 때 전류가 유도돼요.
교사: 또 다른 경우는 없을까요?
학생: 예, 자기장의 세기가 변할 때만 생겨요.
교사: 내가 시범 실험을 하나 보여줄 테니 유도 전류가 발생 하는지 확인하세요.

...(중략)...

학생: 자기장의 세기가 변하는 경우가 아닌데도 유도 전류가 발생하네요.
교사: 맞아요. 자기 선속이 변하면 유도 전류가 발생하게 돼요.
학생: 자기장 영역에서 금속 고리가 회전하면서 고리면의 방향이 바뀌어도 전류가 유도되겠네요.
교사: 맞아요.

(2) 근접발달영역과 학습의 관계

근접발달영역은 한 개인의 타고난 지적 능력이나 학생에게 주어지는 학습 난이도를 의미하는 정적인 개념이 아니다. 근접발달영역은 학생과 주변 사람들과의 상호작용 즉 교수-학습을 통해 생성되고 실현되는 역동적 개념으로서 교수-학습과 떼어서 생각할 수 없다. 비고츠키는 '학습의 핵심적인 특징은 그것이 근접발달영역을 만들어 낸다는 것'이라고 하면서 학습과 발달의 관계를 근접발달영역 개념을 중심으로 설명한다. 또한 '학습은 아동이 주변 사람들과 상호작용하거나 친구들과 협동할 때만 작동할 수 있는 다양한 내적 발달 과정들을 일깨운다.'고 주장하면서 학습과 발달의 상호보완적 관계에서 학습이 발달을 이끈다는 입장을 취한다.

> 과학적 개념의 발달은 교육과정이 진행되는 동안에 이루어진다. 이 교육과정은 교사와 학생의 체계적 협력이라는 특수한 형태로 나타난다. 어린이의 고등정신 기능의 성숙은 어른의 참여를 통해 이루어지는 협력 과정에서 발생한다. (『생각과 말』, p.373)

근접발달영역은 '협력과 모방'을 통해 창출된다. 아이들은 누군가를 따라 하면서 배운다. 그러나 학습이란 '기계적 모방(imitation)'과는 다르다. 인간의 '학습'은 주변 사람들과의 지적인 상호작용을 전제로 한다. 다른 사람의 도움 없이는 오직 자신의 발달 수준에 있는 것만 모방할 수밖에 없고, 이러한 모방은 결코 다음 단계의 발달을 이끌지 못한다. 한편 학생의 근접발달영역을 벗어나 있는 것은 아무리 가르쳐도 학생이 모방할 수 없다. 비고츠키에 따르면 모방할 수 없는 것은 학습할 수 없다. 따라서 모방을 통해서 근접발달영역이 생겨나려면 혼자서는 할 수 없는 것을 할 수 있도록 '모범'과 더불어 '이끄는 존재'도 필요하다. 다시 말해 근접발달영역 관점에서 학습이란 '협력 속에서 이루어지는 모방'이라 할 수 있다.

근접발달영역의 생성을 위한 협력과 모방의 사례

김교사는 볼록렌즈에 의한 상의 형성 수업에서 협력과 모방을 통해 근접발달영역이 형성되도록 하기 위해 다음과 같이 수업 방략을 구상하였다.

1. 학생과 함께 하는 공동교수(coteachnig) 활용하기
   예) '볼록렌즈에 의한 상 관찰하기의 실험 방법', '볼록렌즈에 의한 실상 사진 촬영하기' 등과 같이 수업 과정의 일부를 교사가 아니라 학생이 코티처

(coteacher)가 되어 동료들에게 설명하도록 안내한다. 대체로 학생들은 교사의 설명보다 동료 학생의 설명 표현 방식에 더 친근감을 느끼며 따라하기가 쉽다.

2. 교사의 시범(demonstration) 보이기
   예) 실험 수행 과정 중 어려운 부분에 대해 교사가 직접 시범 보이며 탐구 과정을 안내한다. (예를 들면, 학생들은 실상을 어느 위치에서 어떻게 관찰해야하는지 모르는 경우가 많아 탐구 수행에 어려움을 겪는다.) 또한, 탐구 활동에 진척이 없는 모둠을 찾아가서 학생들이 어려워하는 수행에 대해 시범을 보이며 안내한다.

(3) 근접발달영역에서 일상적 개념과 과학적 개념의 만남

근접발달영역은 한 개인의 일상적 경험만으로는 이루어질 수 없는 발달의 영역으로서 일상적 개념(자발적 경험)과 과학적 개념(형식적 지식)의 만남을 통해서 생겨나는 영역이다. 자발적 경험만으로는 형식적 지식에 도달하지 못한다. 비고츠키는 초등학교 2학년과 4학년 아동의 논리적 추론 능력을 비교하는 연구 결과를 소개하면서 과학적 개념의 발달이 일상적 개념의 발달을 촉진함을 주장한다. 이 연구에서 2학년과 4학년의 차이는 신체적 성숙의 차이가 아니라 학교 학습, 즉 형식적 교육을 통한 과학적 개념 발달의 차이에 기인한 것이었다. 이러한 결과는 비고츠키의 제자인 루리아(A. R. Luria)가 구 소련 오지 지역의 문맹 성인을 대상으로 한 연구 결과에서도 드러난다. 형식적 교육을 받지 않은 성인은 간단한 논리적 추론 과제에서 복합체적 사고에 머무른 반응을 보인다. 교수-학습은 개념적 사고 발달을 선도한다. 개념적 사고는 생물학적 발달 노선만으로는 도달할 수 없고 근접발달영역을 창출하는 형식적 교수-학습 활동, 즉 사회문화적 발달 노선을 거쳐야만 도달할 수 있다.

한편, 과학적 개념은 일상적 개념의 성숙을 토대로 하여 발달한다. 과학적 개념이 일상적 개념의 발달 수준을 고려하지 않은 채 주어지면 설사 학생이 특정 개념을 사용하여 답을 한다 하더라도 그것은 기계적 모방이나 암기에 지나지 않게 된다.

비고츠키의 연구 소개

초등학생의 과학적 개념의 발달이 일상적 개념의 발달을 촉진한다는 연구 결과를 간단히 소개하면 다음과 같다.

• 연구 개요

초등학교 2학년과 4학년 학생을 대상으로 일상적 자료와 과학적 자료에 해당하는 여러 장의 그림과 중단된 문장을 놓고 이야기하면서 인과관계를 나타내는 접속사('때문에')와 역접관계를 나타내는 접속사('일지라도')가 들어가는 문장 완성하기 과제를 제시

• 연구 결과 (정답률)

학년/과제	인과관계 (~때문에)		역접관계(~일지라도)	
	일상적	과학적	일상적	과학적
2학년	59%	80%	16%	21%
4학년	81%	82%	66%	80%

• 결과 해석

1. 모든 학년에서 일상적 문제해결 능력보다 과학적 문제해결 정도가 높다. → 학교교육을 통해 과학적 개념의 발달이 일상적 개념을 앞선다.
2. 모든 과제에서 2학년보다 4학년 학생의 문제해결 정도가 높다. → 학교교육을 통해 과학적 개념이 발달하면서 논리적 과제에 대한 문제해결 능력이 향상된다.
3. 역접관계 추론보다 인과관계 추론의 문제해결 정도가 높다 → 학교교육에서 인과적 추리를 거듭하면서 의식적인 방식으로 사용하는 과제에 대해서는 문제해결 능력이 더 높다.
4. 학년이 올라가면서 일상적 문제해결과 과학적 문제해결의 정도가 비슷해진다. → 과학적 방식의 인과적 추리가 일상적 사고로 확산된다.

• 결론

과학적 개념의 발달이 일상적 개념의 발달을 이끈다.

(4) 근접발달영역을 생성하는 교수-학습

비고츠키 이론에서 교수-학습은 학생의 근접발달영역을 생성한다. 근접발달영역을 생성하는 교수-학습 활동이란 학생이 새로운 능력을 만들고 유지하도록 지원하는 사회적 상호작용의 환경을 제공하는 것이다. 교사와 상호작용하는 학생의 능력에 맞추어 과제를 수행하는 데 필요한 도움을 단계적으로 조절해 나가며 그 학생의 학습에 기여하는 것이다. 이를 Wood, Bruner, Ross(1976)는 학생이 다음 단계로 나아갈 수 있는 학습의 디딤돌이라는 의미를 담아 비계(scaffolding)라는 용어로 표현하였다. 비계란 건설, 건축 등 산업현장에서 쓰이는 용어로, 가설 발판이나 시설물 유지 관리를 위해 사람이나 장비, 자재 등을 올려 작업할 수 있도록 임시로 설치한 시설물 등을 뜻한다.[24] 근접발달영역을 생성하는 교수-학습은 마치 건물을 짓기 위해 비계를 놓는 일 또는 혼자서 건널 수 없는 냇가를 지날 수 있도록 디딤돌을 놓는 일과 같다.

비계를 놓는 일 즉, 근접발달영역을 만드는 교사의 교육적 도움주기는 다음 활동을 포함한다.

첫째, 혼자서 해결할 수 없는 다음 단계 수준의 과제를 제시한다. 이때 교사가 제시하는 과제는 학생이 이미 할 수 있는 것을 확인하는 수준의 과제나 누군가의 도움이 있더라도 도저히 도달할 수 없는 수준의 과제가 되어서는 안 된다. 학생이 이미 학습한 물리 개념이나 법칙을 단순 적용하는 질문만 주고 현 상태를 확인하는 것을 넘어서, 이미 알고 있는 내용을 새로운 상황에 적용하거나 보다 심화한 개념으로 확장할 수 있는 도전적인 과제도 제공해야한다. 다만 교사가 제기하는 다음 단계 수준의 과제는 교사나 또래의 적절한 도움이 있다면 해결할 수 있는 수준의 범위 내에 있어야하며, 교사의 적절한 도움이 뒷받침되어야 한다.

둘째, 시범을 보임으로서 학생이 모방할 수 있도록 도움을 제공한다. 물리 문제풀이를 학생에게 바로 제시하는 것이 아니라 교사가 먼저 어떻게 문제를 파악하고 풀이를 하는지 풀이 과정을 시범으로 보여줄 수 있다. 또한 물리 탐구와 실험에 있어서도 교사가 먼저 수행 과정을 보여주고 학생이 따라할 수 있도록 유도할 수 있다. 교사가 보이는 시범은 학생이 따라할 수 있도록 학생의 수준에 맞는 구체적인 안내가 수반되어야 한다.

셋째, 올바른 해결의 길로 인도하는 질문을 제공한다. 학생이 모르는 것에 대해서

---

24) https://ko.wikipedia.org/wiki/비계_(건설)

바로 답을 제공하는 대신, 질문을 통해 자신의 인지 상태를 점검하고 문제를 파악하며 문제를 해결하기 위해 필요한 인지 전략을 찾고 적용할 수 있도록 안내하는 소크라테스식 대화는 비고츠키의 이론에 따르면 근접발달영역을 창출하는 대표적인 교수학습 방략이라 할 수 있다.

넷째, 해결책의 첫 부분을 알려주거나 힌트를 제공하여 문제해결을 지원한다. 교사가 제공하는 과제가 학생의 현재 수준을 넘어설 때 학생에게 과제를 제시하는 것만으로는 학생이 스스로 그 과제를 해결하기는 어렵다. 협력을 통해 근접발달영역을 창출한다는 것은 학생이 스스로 하기 어려운 과제를 교사가 같이 수행한다는 것이 아니라 적합한 도움을 제공하여 학생이 스스로 할 수 있도록 하는 것이다.

근접발달영역 생성을 고려한 물리학습 사례

물리 수업에서 근접발달영역 생성을 위한 수업 방략의 구체적인 적용 예시를 들면 아래와 같다.

1. 올바른 해결을 위한 질문법

(사고가 명확하지 않을 때) 좀 더 쉬운 말로 이해한 내용을 다시 표현해 볼래요?
(답을 내지 못할 때) 어디에서 어떤 부분을 잘 모르겠나요?
(어떤 현상을 예측할 때) 왜 그렇게 생각하나요?
(어떠한 답을 제시할 때) 무슨 근거로 그렇게 추론했나요?
(실험이 실패할 때) 여러분의 사고/과정에서 어떤 부분에서 잘못이 있었을까요?
(실험을 마무리하며) 새롭게 알게 된 점은 무엇인가요? 여전히 잘 모르는 부분은 어디인가요?

2. 물리 문제 풀이 시범 보이기

아래와 같이 단계별로 문제풀이 절차를 먼저 시범 보인다. 이후 학생들이 문제풀이를 하면서 수행을 어려워하는 단계가 있다면 해당 단계를 어떻게 해결하는지 교사가 도움을 준다.

• **문제 예시**

다이어트를 하고 있던 어떤 학생이 배고픔을 참지 못하고 야밤에 라면 두 개를 끓여 먹었다. 라면 한 그릇(120g)은 500kcal의 열량을 낸다.

1) 이 학생이 먹은 라면 두 개가 갖는 열량은 총 몇 J의 에너지에 해당하는가?
2) 라면으로 인한 열량을 모두 중력 퍼텐셜에너지로 변환시킨다고 가정하면, 라면 두 개에 해당하는 에너지를 다 소모하려면 높이 20 cm짜리 계단을 얼마나 많이 올라야하는가?
3) 실제로 음식으로 섭취한 에너지를 모두 역학적 에너지로 변환시킬 수는 없다. 사람의 몸이 화학적 에너지를 역학적 에너지로 변환하는데 25%의 효율을 갖는다면, 2)의 답은 어떻게 달라지는가?

• **풀이 예시**

1단계. 무엇을 풀어야하는지 찾는다: 문제에 볼드체로 표시

2단계. 물리적 상황/이론/법칙 확인한다
- 음식 → 열량 → 에너지로 전환
- 일과 에너지의 관계
- 역학적 에너지 보존 법칙

3단계. 문제에서 주어진 정보 확인
- 단위를 SI단위계(mks)로 통일)
- 라면 1개 = $500\,\mathrm{kcal} = 500 \times 10^3\,\mathrm{cal} = 500 \times 10^3 \times 4.2\,\mathrm{J}$
- 학생의 질량 $m = 50\mathrm{kg}$, 중력가속도 $g = 10\,\mathrm{m/s^2}$,
  계단 높이 $h = 20\,\mathrm{cm} = 0.2\,\mathrm{m}$

4단계. 파악한 법칙(수식)에 적용

활동

근접발달영역을 생성하는 다음 교수-학습 방법을 물리 교수학습 사례에서 구체적으로 예시를 찾아보자.

1. 다음 수준의 과제 제시하기
2. 해결책의 첫 부분 알려주기

요약

1. 근접발달영역은 실제적 발달 수준과 잠재적 발달 수준 사이의 영역을 의미하며, 독립적으로는 해결할 수 없지만 도움을 받으면 풀 수 있는 문제들에 의해서 결정된다.
2. 근접발달영역은 '협력과 모방'을 통해 창출된다. 학습이란 '협력 속에서 이루어지는 모방'이다.
3. 근접발달영역을 창출하는 교수학습활동은 (1) 다음 수준의 과제 제시, (2) 시범보이기, (3) 올바른 해결을 위한 질문법, (4) 해결책의 첫 부분 알려주기 등이 있다.

5.5 물리교육의 시사점

비고츠키의 문화역사 이론은 교육 맥락에만 국한되지 않는 인간의 전면적 발달에 대한 관점을 제공한다. 구소련 지역에서 약 100여년 전에 제기된 오래전 이론이지만 우리나라를 비롯한 여러 나라의 현대 학교교육과정에 지대한 영향을 주고 있다. 학교 물리교육 맥락에서 문화역사 이론으로부터 도출할 수 있는 몇 가지 시사점을 논의하면 아래와 같다.

첫째, 평가의 의미를 재설정한다. 근접발달영역은 교수-학습에서 진단의 중요성을 강조한다. 이때 진단은 현재의 발달 수준만이 아니라 그 이면에 잠재해 있는 발달의 다음 영역(next zone of development)을 파악하는 것이다. 따라서 교사는 학생의 실제적 발달 수준만이 아니라 잠재적 발달 수준을 평가해야 한다. 이러한 관점에서 평가는 교수-학습의 일부이다. 근접발달영역 개념에서 평가는 이미 완수된 발달을 지향하는 교육이 아니라 앞으로 성숙할 발달을 지향한다는 점에서 미래지향적인 평가이다. 또한 학생의 현 상태가 아니라 동태적 발달 상태를 기술한다. '오늘의 근접발달영역이 내일의 실제 발달수준이 된다'라는 비고츠키의 말은 근접발달영역과 평가의 관계를 핵심적으로 묘사한다. 또한 근접발달영역 개념은 역동적 평가의 필요성을 제기한다. 현재 학생의 수준을 확인하는 정태적인 평가만으로는 그 학생의 잠재적 발달 수준을 평가할 수 없다. 잠재적 발달 수준 여부를 확인하기 위해서는 학생의 수행 과정과 그 발전 과정을 살펴보는 수행평가, 수행하는 과정에서 겪는 어려움에 교육적 도움을 주어 잠재적 발달 수준에 도달하도록 도움을 주는 임상적 평가 등의 역동적 평가가 필요하다.

근접발달영역의 진단을 고려한 수업 사례

김교사는 중학교 1학년 '열' 단원 수업에 앞서 현재의 발달수준뿐 아니라 발달의 다음 영역 즉, 근접발달영역을 진단하기 위해 다음과 같은 내용을 수업에 활용하려고 하였다.

학습 주제: 온도와 열평형

현재의 발달수준	· 온도에 대한 학생의 현재 발달 수준을 확인한다. - 온도에 대해서 각자 알고 있는 내용을 글로 작성하고 발표하게 한다. · 교육과정 및 선개념 연구를 참고하여 온도에 대한 학생의 개념 이해를 예측한다. - 온도계로 측정한 값이다. (초등학교 교육과정) - 온도란 물체의 뜨겁고 차가운 정도를 수치로 나타낸 것이다. (초등학교 교육과정) - 온도는 열과 같다 (대표적 오개념)
발달의 다음 영역	· 중학교 1학년 열 단원에서 제시하는 온도에 대한 개념 확인 - 온도는 물질을 구성하는 입자들의 배치나 움직임과 관련있다. - 온도가 높은 물질은 입자들의 움직임이 활발하고 온도가 낮은 물질은 입자들의 움직임이 둔하다. - 온도가 다른 물질이 접촉하면 시간이 지남에 따라 두 물질의 입자들의 움직임이 비슷해진다. 즉 온도가 같아진다. · 발달의 다음 영역 생성을 위해 교사가 지도해야할 수업 방략 - 다음 수준의 과제 제시 (예: 같은 양의 90도씨의 물과 10도씨의 물을 섞으면 온도는 어떻게 변하는지 관찰해보자. 물의 온도 변화를 시간-

온도 그래프로 나타내보자. 온도계가 물체의 차갑고 뜨거운 정도를 나타내는 원리에 대해서 말해보자)
- 안내하는 질문하기 (예: 물질 내부는 무엇으로 이루어져 있을까? 얼음이 녹으면 물이 되는데 이때 얼음과 물의 차이는 무엇일까?)
- 시범보이기 (예: 시간-온도 그래프 그리는 방법 알려주기, 온도 센서 활용 방법 시범보이기)

둘째, 교수-학습에서 협력의 가치와 중요성을 강조한다. 근접발달영역은 혼자서는 할 수 없지만 교육적 도움을 받으면 도달할 수 있는 발달 영역이라는 점에서 협력은 교수-학습에 있어서 선택 조건이 아니라 필수적 요소이다. 협력을 통하여 발달할 수 있다는 점에서 교육에서 경쟁이 아니라 모방과 협동을 통한 학습의 중요성을 강조한다. 물리 교수-학습 맥락에서 협력을 기반으로 하는 모둠 활동이나 개별적 책무성과 긍정적 상호의존을 강조하는 협동학습 수업 방략의 필요성이 제기된다.

개별적 책무성과 긍정적 상호작용을 고려한 협동학습 수업 사례

김교사는 학생들이 개별적 책무성을 갖고 긍정적 상호작용이 일어나는 협동학습을 할 수 있도록 하기 위해 다음과 같이 수업을 계획하였다.

1. 개인이 혼자서 수행하기 어렵고 모둠이 협력해야 수행 가능한 과제 제시
   예1) 시차를 활용하여 평면 거울에 의해서 생기는 상의 위치를 측정하는 과제를 제시한다. 이 과제를 수행하려면 한명은 관찰자가 되어야하고 다른 한명은 상이 있으리라 예상하는 위치에 기준되는 물체를 놓고 움직여야한다.
   예2) 볼록 렌즈에 의한 실상을 스크린 없이 관찰하고 다양한 방법으로 실상 표현하기 과제를 제시한다. 이 과제를 수행하려면 볼록 렌즈의 위치를 움직이는 사람, 거리를 측정하는 사람, 상을 관찰하는 사람, 관찰한 상을 표현하는 사람 등이 필요하고, 이러한 수행 과정에서 모둠원끼리의 의견 교환이 필요하다.

2. 모둠원의 역할 분담이 이루어지도록 수업 진행 과정을 구조화
   예1) 탐구 결과를 발표할 때 탐구 과정에서 각 모둠원의 역할을 명시하도록 하여 모든 모둠원의 고른 참여를 유도한다.
   예2) 처음부터 수업을 모둠원의 역할 분담이 구조화된 협동학습 수업 방략 (Jigsaw 또는 GI)을 적용하여 설계한다.

셋째, 학생의 발달을 고려한 물리 교육과정 구성에 대한 이론적 기초를 제공한다. 말과 생각의 상호 발달로 인간의 정신기능 발달을 설명하는 비고츠키의 이론에 따르면 개념적 사고가 청소년기 발달을 선도한다. 개념적 사고가 형성되지 않는 학생에게 개념적 사고가 요구되는 선행학습은 무의미하다. 개념적 사고를 하기 위해서는 개념에 대한 숙달이 먼저 있어야한다. 본질적으로 추상적인 개념을 숙달한다는 것은 자발적인 일상 경험만으로는 불가능하며 개념에 대한 의식적 파악과 의지적 사용이 필요하다. 또한 개념은 다른 개념들과의 체계적인 관계 속에서 의미를 가지며 위계가 존재한다. 따라서 개념적 사고를 형성하게 되는 청소년기의 물리 교육과정은 학생의 발달 수준에 따른 개념 숙달과 학생이 학습해야하는 물리 개념의 구조적 성격을 함께 고려해서 구성되어야 한다.

넷째, 물리 교수-학습 방법으로 기호 활동, 특히 언어의 중요성을 강조한다. 비고츠키에 따르면 언어는 사고를 촉진하는 수단이자 그 자체가 사고 양식이다. 쓰기, 읽기, 말하기 등은 사고 발달에 영향을 주는 전형적인 외적 기호 활동으로서 물리교육 맥락에서도 매우 중요하고 기본적인 교수학습 활동이 된다. 물리 교수-학습에서 외적 기호 활동은 글과 말에만 한정되지 않고 표, 도식, 그래프, 그림, 사진 등의 활용으로도 확장된다. 표와 그래프를 만들고 변환하는 능력과 이를 읽고 해석하고 활용하는 능력은 물리 학습과 관련한 사고 기능을 촉진할 뿐 아니라 물리 탐구의 중요한 과정이다. 물리 탐구 및 실험 활동에서 발표하기, 보고서 쓰기 등의 활동은 사고 촉진뿐 아니라 물리 탐구의 한 측면인 의사소통으로서도 의미가 있다. 대화, 토론, 토의, 논쟁은 의사소통 수단이자 근접발달영역을 창출하는 협력의 수단이기도 하다.

활동

1. 2022 과학과 교육과정에서 아래 각 물리 개념에 대하여 초등학교부터 고등학교에 이르기까지 학생의 발달 수준에 따라 학생이 학습해야하는 물리 개념의 구조가 어떻게 제시되어 있는지 살펴보자.
   1) 힘
   2) 에너지
   3) 온도

2. 다음 추상적인 물리 개념을 표현하는 그림이나 도식, 표나 그래프, 동영상이나 애니메이션 등을 찾아보자.

1) 관성력
2) 기전력
3) 엔트로피

요약

비고츠키의 문화역사 이론이 물리교육에 주는 시사점

1. 동태적, 역동적, 미래지향적 평가로서 물리학습 평가의 의미를 재설정한다.
2. 물리 교수-학습에서 협력의 가치와 중요성을 강조한다.
3. 학생의 발달을 고려한 물리 교육과정 구성에 대한 이론적 기초를 제공한다.
4. 물리 교수-학습 방법으로 기호 활동, 특히 언어의 중요성을 강조한다.

참고문헌

CHAPTER 01

Kamii, C. (1979). Teaching for thinking and creativity: A Piagetian point of view. In A. E. Lawson (ed.), 1980 AETS Yearbook: The Psychology of Teaching and Creativity (pp. 29-58). ERIC Document (ED. 184894). OH: Columbus, Information Reference Center.

Salkind, N. J. (2004). An Introduction to Theories of Human Development (pp. 229-276). Thousand Oaks, Calif.: SAGE Publication.

Bybee, R. W., & Sund, R. B. (1982). Piaget for Educators (2nd ed.). IL: Waveland Press.

CHAPTER 02

Novak, J. D. (1998). Learning, creating, and using knowledge: Concept maps as facilitative tools in schools and corporations. Lawrence Erlbaum Associates.

Audubel, D. P. (1968). Educational psychology: A cognitive view. Holt, Rinehart and Wiston.

CHAPTER 03

교육부 (2022). 2022 개정 과학과 교육과정. 교육부 고시 제2-22-33호 [별책 9]. 세종시.

김민성, 강남화 (2023). 볼록거울을 이용한 간단한 마이켈슨 간섭계 개발과 교육적 활용. 새물리, 73(3), 1-10. http://dx.doi.org/10.3938/NPSM.73.000

박동섭 (2024). 심리학의 저편: 상황, 인지, 학습을 다시 묻다. 두 번째테제.

장하석 (2014). 과학, 철학을 만나다. EBS 미디어.

Anderson, J. R., Reder, L, M., & Simon, H. A. (1996). Situated learning and education. Educational Researcher, 25(4), 5-11.

Bowers, J., Cobb, P. & McClain, K. (1999). The evolution of mathematical practices: A case study. Cognition and Instruction, 17(1), 25−64.

Brown, J. S., Collins, A., & Duguid, P. (1989). Situated cognition and the culture of learning. Educational Researcher, 18(1), 32−42.

Chinn, C. A., & Malhotra, B. A. (2002). Epistemologically authentic inquiry in schools: A theoretical framework for evaluating inquiry tasks. Science Education, 86(2), 175-218. https://doi.org/10.1002/sce.10001

Cobb, P. & Bowers, J. (1999). Cognitive and situated learning perspectives in theory and practice. Educational Researcher, 28(2), 4−15.

Cole, M. (1998). Cultural psychology: A once and future discipline. Harvard University Press.

Collins, A. (2006). Cognitive apprenticeship. In R. K. Sawyer (Ed.), The Cambridge Handbook of the Learning Sciences (pp. 47−60). New York: Cambridge University Press.

Gray, R., & Kang, N.−H. (2014). The Structure of Scientific Arguments by Secondary Science Teachers: Comparison of experimental and historical science topics. International Journal of Science Education, 36(1). https://doi.org/10.1080/09500693.2012.715779

Greeno, J. G. (1997). On claims that answer the wrong questions. Educational Researcher, 26(1), 5−17.

Hennessy, S. (1993). Situated cognition and cognitive apprenticeship: Implications for classroom learning. Studies in Science Eduction, 21, 1−41.

Jimnez−Aleixandre, M. P., Bugallo Rodrguez, A., & Duschl, R. A. (2000). “Doing the lesson” or "doing science?: Argument in high school genetics. Science Education, 84(6), 757-792. https://doi.org/10.1002/1098−237X(200011)84:6〈757::AID−SCE5〉3.0.CO;2−F

Kang, N.−H. (2007). Elementary teachers’ teaching for conceptual understanding: Learning from action research. Journal of Science Teacher Education,

18(4). https://doi.org/10.1007/s10972-007-9050-y

Kang, N.-H. (2024). Epistemic agency as a critical mediator of physics learning. Nature Physics. https://doi.org/10.1038/s41567-024-02399-y

Kuhn, T. S. (1962). The Structure of Scientific Revolutions. Chicago: University of Chicago Press, 1962. ISBN 0-226-45808-3

Lave, J. & Wenger, E. (1991). Situated learning: Legitimate peripheral participation. New York: Cambridge University Press.

Levin, D. M., Hammer, D., & Coffey, J. E. (2009). Novice Teachers' Attention to Student Thinking. Journal of Teacher Education, 60(2), 142-154. https://doi.org/10.1177/0022487108330245

Schwab, J. J. (1962). The teaching of science: The teaching of science as enquiry and Science in the Elementary School. Harvard University Press.

Sfard, A. (1998). On two metaphors for learning and the dangers of choosing just one. Educational Researcher, 27(2), 4-13.

Smith III, J. P., DiSessa, A. A., & Roschelle, J. (1994). Misconceptions Reconceived: A Constructivist Analysis of Knowledge in Transition. Journal of the Learning Sciences, 3(2), 115-163. https://doi.org/10.1207/s15327809jls0302_1

Wertsch, J. v. (1991). Voices of the mind: Sociocultural approach to mediated action. Harvard University Press.

CHAPTER 04

Bredo, E. (2000). Reconsidering social constructivism: The relevance of George Herbert Mead's interactionism. Sage Journals, 102(7), 127-157.

Driver, R., Guesne, E., & Tiberghien, A. (Eds.) (1985). Children's ideas in science. Milton Keynes: Open University Press.

Hyslop-Margison, E. J. & Sears, A. M. (2006). Neo-liberalism, globalization and human capital learning: Reclaiming education for democratic citizenship. DOI:10.1007/1-4020-3422-9

Hyslop-Margison, E. J. & Strobel, J. (2008). Constructivism and education: Misunderstandings and pedagogical implications. Teacher Educator, 43(1), 72-86.

Lorsbach, A., & Tobin, K. (2005). Constructivism as a referent for science teaching. Retrieved January 11, 2006, from http://www.exploratorium.edu/IFI/resources/research /constructivism.html

Phillips, D. C. (2000). Constructivism in education: Opinions and second opinions on controversial Issues. Ninety-Ninth Yearbook of the National Society for the Study of Education. Yearbook of the National Society for the Study of Education

Simpson, T. (2002). Dare I oppose constructivist theory? The Educational Forum, 66(4), 347-354.

Walshe, G. (2020). Radical Constructivism—von Glasersfeld. In: Akpan, B., Kennedy, T.J. (eds) Science Education in Theory and Practice. Springer Texts in Education. Springer, Cham. https://doi.org/10.1007/978-3-030-43620-9_24

Zimmerman, B. J., & Martinez-Pons, M. (1988). Construct validation of a strategy model of student self-regulated learning. Journal of educational psychology, 80(3), 284.

CHAPTER 05

진보교육연구소 비고츠키교육학실천연구모임 (2015). 관계의 교육학, 비고츠키. 서울: 살림터.

신병현 (2013). 비고츠키와 그의 '과학적' 방법에 대하여. 경제와 사회, 319-358.

Luria, A. R. 저, 배희철 역 (2013). 비고츠키와 인지 발달의 비밀: 문화역사적 이론의 탄생. 서울: 살림터.

Vygotsky, L. S. (1934). Thought and Language (러시아 초판); 데이비드 켈로그, 배희철, 김용호 역(2011). 생각과 말: 심리학적 탐구. 서울: 살림터.

Vygotsky, L. S. (1987). Mind in Society. The President and Fellows of Harvard

College; 정희욱 역 (2009). 마인드 인 소사이어티: 비고츠키의 인간 고등심리 과정의 형성과 교육. 서울: 학이시습.

Wood, D. J., Bruner, J. S., & Ross, G. (1976). The Role of Tutoring in Problem Solving. Journal of Child Psychiatry and Psychology, 17, 89-100.

PART 4

물리 수업 모형과 적용

CHAPTER 01

순환학습 모형과 적용

김영민 (부산대학교)

1.1 순환학습 모형의 이론적 배경

순환학습은 과학적 탐구 과정의 패턴에 따라 학습을 순차적인 단계로 구조화하고 구분하는 모델이다(Marek, 2008). 순환학습 모형은 20세기 초 Johann Herbart의 학습모형과 John Dewey가 제안한 학습모형에서 기원을 찾아볼 수 있다(Bybee 등, 2006). [표 411]에 제시된 바와 같이 Herbart 모형은 준비(preparation), 제시(presentation), 일반화(generalization), 적용(application)의 단계로 구성된다. John Dewey의 모형은 혼란스러운 상황 느끼기(sensing perplexing situations), 문제 분석하기(clarifying the problem), 잠정적 가설 형성하기(formulating a tentative hypothesis), 가설 검증하기(testing the hypothesis), 검증 결과 확인하기(revising rigorous tests), 결론 도출하기(acting on the solution)로 수업을 진행한다(Bybee 등, 2006).

순환학습 방법은 교사와 학습자 모두에게 지식과 개념 구성에 대한 체계적인 접근 방식을 경험하게 하고, 학습자로 하여금 학습 과정에서 책임감 있게 능동적으로 활동할 수 있게 해 준다. 학습자의 사고를 자극하고 주제에 대한 관심을 자극하여 학습 결과를 극대화하는 방향으로 수업을 구조화하는 것이 순환학습의 방법이다(Quarareh, 2012).

이러한 순환학습 방법을 모형화한 것이 순환학습 모형이다. 순환학습의 의미를 가지는 학습 형태는 일찍부터 제시된 것으로 나타나고 있다. 그 내용을 보면 [표 411]과 같다(Karplus & Thier, 1967).

[표 411] 순환학습 모형의 처음 시작 과정

모형	단계
허버트(Herbert) 순환학습 모형	준비(Preparation) - 제시(Presentation) - 일반화(Generalizaion) - 적용(Application)
듀이(Dewey) 순환학습 모형	- 혼란스러운 상황 느끼기(sensing perplexing situations) - 문제 분석하기(clarifying the problem) - 잠정적 가설 형성하기(formulating a tentative hypothesis) - 가설 검증하기(testing the hypothesis) - 검증 결과 확인하기(revising rigorous tests) - 결론 도출하기(acting on the solution)
카플러스(Karplus)와 애트킨스(Atkins) 순환학습 모형	발명(Invention) - 발견(Discovery)
카플러스(Karplus)와 티어(Thier) 순환학습 모형	탐색(Exploration) - 발명(Invention) - 발견(Discovery)

순환학습 모형은 Karplus와 Thier(1967) 모형 이후, Karplus, Atkin, Lawson 등이 중심이 되어 연구 개발된 미국의 SCIS(Science Curriculum Improvement Study) 프로그램에 도입되면서 정착되었다. SCIS 순환학습 모형을 개발하기 위한 작업은 사실상 1950년대 후반과 1960년대 초반 사이에 Karplus와 그의 동료인 Atkins가 수행한 연구에서 시작되었다([표 411] 참조). 이 연구는 Jean Piaget의 인지 기능 아이디어를 기반으로 수행되었으며, 발명(Invention)과 발견(Discovery)이라는 두 부분으로만 구성되었다. 발명(Invention)은 교사가 개념을 소개하도록 의도되었고, 발견(Discovery)은 학생이 새로운 패턴을 인식하고 교사가 그 개념에 대한 해당 패턴을 검증하도록 의도되었다(Lawson, Abraham & Renner, 1989).

카플러스와 그의 동료들이 순환학습 모형을 개발하게 된 배경

순환학습의 기원은 1960년대 초 캘리포니아 대학교에서의 SCIS 프로그램의 초창기 작업으로 거슬러 올라갈 수 있다. 더 정확히 말하면, 그 기원은 1957년 어느 날, 한 초등학교 2학년 학생이 버클리 대학의 물리학 교수인 자기 아버지 로버트 카플러스 교수를 초대하여 전기적 전하를 생성하는 장치인 '가정용 윔스허스트 기계(Family Wimshurst machine)'에 대해 초등학교 수업에서 설명해 달라고 요청한 날로 거슬러 올라갈 수 있다. 카플러스 교수는 그 방문 강의를 매우 즐겁게 생각했고 초등학생들도 마찬가지로 즐거워했다. 여기서 카플러스 교수는 초등학교 과학 프로그램을 개발할 가능성에 대해 생각하게 되었다.

이후 카플러스(Karplus) 교수는 국가과학재단(National Science Foundation)의 지원을 받아 1959년과 1960년에 "협동(Coordinated)", "힘(Force)", "나는 누구인가(What am I?)"라는 제목의 3개 단원에 대해 손수 준비하여 초등학생들을 직접 가르쳤다. 이 수업 경험은 흥미로웠지만, 이 수업에 대한 분석 결과, 학생들은 심각한 오개념을 가지고 있음을 발견하였다. 이러한 경험을 거치면서 카플러스는 다음과 같은 중요한 질문을 제기하게 된다: "학생의 직관적 태도(intuitive attitude)와 현대 과학 개념(concepts of the modern scientific point of view) 사이를 자연스럽게 연결해 줄 수 있는 학습 경험을 어떻게 만들 수 있을까?"

이 질문의 답을 찾기 위해 1960년 봄 학기에 카플러스 교수는 일주일에 두 번씩 초등학생들을 대상으로 수업을 하면서 이들이 자연 현상에 대해 생각하는 관점에 대해 계속 확인하였다. 그러면서 그는 자신의 질문에 대한 잠정적인 해답을 개발하기 시작했으며, 어린이 사고 연구의 선구자인 스위스의 Jean Piaget의 연구소를 방문하여 도움을 받았다. Karplus는 1961년 가을에 스위스에서 미국으로 돌아왔으며, 그는 학생들 스스로의 관찰과 경험에 기반한 학습을 강조하는 계획을 가지고 초등학교 수업에 들어갔다. 그러면서 동시에 그는 학생들이 도움 없이 하는 것보다는 좀 더 분석적인 방식으로 관찰을 해석하도록 도울 계획이었다. 그 학기 중 일부 기간 동안에는 당시 일리노이 대학의 교육학 교수였던 애트킨(J. Myron Atkin)이 버클리 대학을 방문하여 카플러스 교수와 교육에 대한 자신의 견해를 공유하면서, Atkin과 Karplus는 함께 '안내된 발견 (guided discovery)'을 공식화했으며, 이 방법은 이후의 연속적인 시범 수업에서 구현되었다(Atkin and Karplus, 1962 참조).

Atkin과 Karplus의 안내된 발견 방법은 과학자들이 자연을 설명하기 위해 새로운 개념을 발명하고 사용하는 방식과 유사하도록 설계되었다. 1962년 논문에서 그들은 태양과 행성의 운동에 대한 고대인의 관찰과 해석을 제시하였다. 태양계의 지구 중심 이론은 초기 관찰에 따른 개념적 "발명"으로 여겨졌다. 태양 중심 이론은 대안적인 발명을 나타낸다. 이러한 발명의 도움으로, 사람들은 처음 발명을 제안하게 된 것 외에도 그 발명을 사용하여 이해할 수 있는 다른 현상을 "발견"하려고 시도했다는 것이다. 이러한 시도가 성공하면 발명 결과의 강화와 개선으로 이어졌지만, 실패하면 발명의 한계가 드러났거나 어떤 경우에는 발명 결과를 대체하는 방향으로 되었다는 것이다.

(출처: Lawson et al(1989), A Theory of Instruction: Using the Learning Cycle to teach science concepts and thinking skills.)

활동

순환학습 모형 개발의 발달을 보면 카플러스는 직접 초등학생들을 가르치면서 학생들이 오개념을 가지고 있음을 발견하고 이 모형을 개발한 것으로 나타나고 있다. 그 내용은 다음과 같다.

카플러스 교수는 National Science Foundation의 지원을 받아 1959년과 1960년에 "협동(Coordinated)", "힘(Force)", "나는 누구인가(What am I?)"라는 제목의 3개 주제에 대해 직접 준비하여 초중등 학생들을 가르쳤다. 이 경험은 흥미로웠지만, 이 수업에 대한 분석 결과 학생들이 심각한 오개념을 가지고 있음을 발견하였다. 이 경험을 통해 Karplus는 다음과 같은 중요한 질문을 제기하게 되었다: "학생의 직관적 태도(intuitive attitude)와 현대 과학 개념 사이를 자연스럽게 연결해 줄 수 있는 학습 경험을 어떻게 만들 수 있을까?"

이 내용에 대해 토의해 보자.

1. 주변에서 이렇게 오개념을 보이는 경우를 본 적이 있는가? 그 내용을 설명하고 토의해 보자.
2. 이러한 학생들의 오개념을 과학 개념으로 변화시키기 위한 방법은 어떤 것이 있을까? 카플러스 경우를 고려하면서 토의해 보자.

학습자는 항상 학습할 주제에 관련된 자신의 사전 개념이나 인지 구조를 수업에 동반하기 때문에, 수업에서 주어지는 새로운 정보가 기존 정보(또는 기존 인지 구조)와 일치하면 동화가 일어난다. 그렇지 않으면, 새로운 정보가 기존 개념 또는 기존 인지 구조와 충돌하면서 서로 다른 인지 구조 간의 불일치로 인해 비평형이 발생한다. 재평형화(reequilibration)라는 과정에서 두 인지구조 간에 타협과 균형이 이루어지며, 새로운 인지 구조의 조절(accomodation)이 일어나게 된다(Gok, 2014). 따라서 일반적인 과학 수업에서 학습자에게는 순환학습의 탐색 단계에 따른 활동이 주어지며, 이는 그들의 마음속에 비평형으로 이어지는 질문을 제기하는 것이 될 수 있다. 그 후, 개념 소개 또는 설명 단계에서 조절 또는 재평형화가 이루어지게 된다(Marek, 2008).

Piaget의 인지발달 이론을 배경으로 한 순환학습 모형은 다음과 같은 전제 조건(postulation)을 내포하고 있다(Lawson 등, 1989). 첫째, 학생은 자연 현상에 대해 형성해 가는 개념들은 과학지식과 일치하는 경우도 있으나 그렇지 않은 경우도 있다. 둘째, 학습 전 개념은 새로운 과학 개념을 형성하는데 방해가 될 수도 있다. 셋째, 학생 스스로 자신이 가지고 있는 오개념과 과학적 개념 사이에 차이를 인식(인지갈등)할 때 잘못된 개념을 수정할 수 있다. 넷째, 지적 갈등을 경험하고 그 갈등을 해소하기 위해서 스스로 노력할 때 사고력 발달은 이루어진다. 다섯째, 학습 과정에서 사고의 내면화를 위해서는 논쟁(argumentation)이 필요하다.

카플러스 등은 왜 탐색, 발명, 발견이라는 용어를 사용하였는가?

Atkin과 Karplus의 '안내된 발견 접근법(guided discovery approach)'은 과거 과학자들이 자연에 대한 새로운 개념을 발명하고(invented), 사용한(used) 방식과 유사하게 설계되었다. 1962년 논문에서 그들은 태양과 행성의 운동에 대한 고대인의 관찰과 해석의 예를 제시했다. 여기서 그들은 태양계의 지구 중심 모델은 초기 관찰에 따른 개념적 발명으로 여겼다. 그리고 태양 중심 개념은 대체 발명을 나타낸다고 설명하였다. 이러한 발명의 도움으로 사람들은 처음에 발명을 제안하게 된 것 외에도 그 발명을 사용하여 이해할 수 있는 다른 현상을 발견하려고 시도했다는 것이다. 이러한 시도가 성공하면 개념의 강화와 개선으로 이어졌다는 것이다. 그리고 그 시도가 실패하면 개념의 한계가 드러났거나 어떤 경우에는 대체되었다는 것이다.(Lawson et al., 1989).

1977년 이후에 순환학습 모형의 탐색, 발명, 발견의 세 단계를 나타내는 용어는 Karplus 등(Karplus et al., 1977)이 탐색(exploration), 개념 소개(concept introduction),

개념 적용(concept application)으로 수정하여 사용하기 시작했고, 1980년대에 Lawson은 이 용어들을 각각 탐색(exploration), 용어 소개(term introduction), 개념 적용(concept application)으로 수정하여 사용했으나 순환학습 모형의 근본적인 내용은 크게 변화하지 않았다(Bybee et al., 2006).

활동

카플러스 등은 순환학습 모형의 세 단계를 처음(1967년)에는 탐색, 발명, 발견이라고 표현하였다가 나중(1977년 이후)에는 탐색(exploration), 개념 소개(concept introduction), 개념 적용(concept application)으로 수정하여 사용하였다. 그 이유가 무엇인지 찾아보고, 그것이 타당한지에 대해 토의해 보자.

[참조 가능한 문헌: Karplus, Lawson, Wollman, Appel, Bernoff, Howe, Rusch 및 Sullivan, 1977]

요약

1. 순환학습은 과학적 탐구 과정의 패턴에 따라 학습을 순차적인 단계로 구조화하고 구분하는 모델이다.
2. 학습자의 사고를 자극하고 주제에 대한 관심을 자극하여 학습 결과를 극대화하는 방향으로 수업을 구조화하는 것이 순환학습의 방법이며, 이러한 순환학습 방법을 모형화한 것이 순환학습 모형이다.
3. 카플러스 등은 순환학습 모형의 세 단계를 처음(1967년)에는 탐색, 발명, 발견이라고 표현하였다가 나중(1977년 이후)에는 탐색(exploration), 개념 소개(concept introduction), 개념 적용(concept application)으로 수정하여 사용하였다.
4. Lawson은 순환학습 단계 용어들을 탐색(exploration), 용어 소개(term introduction), 개념 적용(concept application)으로 수정하여 사용했으나 순환학습 모형의 근본적인 내용은 크게 변화하지 않았다.

이후 순환학습 모형은 지금까지의 3단계 모형이 아니라 5단계 모형, 7단계 모형 등이 개발되어 소개되기도 하였다. 3단계 모형과 5단계 이상 모형에 대해 좀 더 구체적으로 살펴보면 다음과 같다.

1.2 3단계 순환학습 모형들(Three-phase Learning Cycle)

순환학습 모형은 주로 세 단계로 제시되었다. 처음에는 카플러스(Karplus)와 티어(Thier)에 의해 탐색 - 발명 - 발견(Karplus & Thier, 1967)으로 제시되었다. 그 후 Karplus, Lawson, Wollman, Appel, Bernoff, Howe, Rusch & Sullivan(1977)에 의해, 그리고 Good & Lavoie(1986)에 의해 이 단계는 탐색(Exploration) - 개념 소개(Concept Introduction) - 개념 적용(Concept Application)으로 제시되었다. Renner, Abraham & Birnie(1988)는 이 단계를 탐색(Exploration) - 개념적 발명(Conceptual Invention) - 아이디어 확장(Expansion of the Idea)이라고 했고, Abraham 및 Renner(1986)는 이 단계들을 탐색(Exploration) - 개념적 발명(Conceptual Invention) - 개념 확장(Conceptual Expansion)이라고 했고, Lawson(1988)은 탐색(Exploration) - 용어 소개(Term Introduction) - 개념 적용(Concept Application)이라고 했다. 세 단계로 이루어진 것은 모두 같지만 단계2와 단계3의 용어가 조금씩 다른 것은 그 단계에서 무엇이 강조되었는가에 대해 서로 다른 생각을 가지고 있기 때문이다.(Lawson, et al, 1989). 이들이 발달한 과정과 단계들을 나타내는 용어들의 변화를 [표 412]에 정리하였다.

[표 412] 3단계 순환학습 모형의 후속적인 개발

개발 팀	연도	단계 1	단계 2	단계 3
카플러스와 티어	1967	탐색	발명	발견
카플러스 등	1977	탐색	개념 소개	개념 적용
레너, 아브라함, 버니	1988	탐색	개념 소개	아이디어 확장 (Expansion of idea)
아브라함 그리고 레너	1986	탐색	개념 소개	확장(Expansion)
로슨	1988	탐색	용어 소개	개념 적용

[표 412]에서 보는 바와 같이 카플러스와 티어는 순환학습의 세 단계를 1967년에는 [탐색 - 발명 - 발견]으로 제시했으나 1977년에는 이것을 [탐색 - 개념 소개 - 개념

적용]으로 바꾸었으며, 이 과정을 레너 등(Renner et al)은 1988년에 [탐색 - 개념 소개 - 아이디어의 확장]으로 바꾸었다. 여기에서 보면 세 번째 단계인 '개념 적용'을 '아이디어의 확장'으로 바꾼 것을 볼 수 있다. 그러나 굿과 라보에(Good & Lavoie)는 1986년에 제시한 순환학습 모형에서 카플러스 등이 사용했던 용어들을 그대로 사용하여 제시하고 있음을 볼 수 있다. 그러나 같은 해에 아브라함과 레너(Abraham & Renner)는 세 번째 단계를 '적용' 대신 '확장(Expansion)'으로 제시하고 있다. 이러한 과정에서 로슨(Lawson)은 1988년에 두 번째 단계인 '개념 소개'를 '용어 소개(Term introduction)'로 바꾸어 제시하였다. 그럼에도 Lawson 등(Lawson, et al, 1989)의 설명처럼 각 단계의 전체적인 의미는 크게 변화가 없으며, 저자에 따라 각 단계에서 무엇을 강조하였는가에 따라 용어를 달리 썼음을 알 수 있다.

각 저자들이 강조한 사항에 따라 각 단계의 용어의 사용이 다름을 이해하기 위해 카플러스 등(Karplus et al)이 1977년에 제시한 순환학습 모형과 로슨(Lawson)이 1988년에 제시한 모형을 구체적으로 설명하면 다음과 같다.

(1) 카플러스 등이 제시한 순환학습 모형

카플러스 등의 순환학습 모형의 단계는 [탐색(Exploration) 단계 - 개념 소개(Concept Introduction) 단계 - 개념 적용(Concept Application) 단계]로 구성되어 있다. 그 각각을 좀 더 구체적으로 설명하면 다음과 같다.

① 탐색 단계

탐색 단계에서는 어떤 주제에 대해 새로운 자료나 아이디어를 탐색할 수 있는 기회를 갖는 단계이며, 이 단계에서는 학생들이 현재 가지고 있는 지식이나 인지 구조에 의해서 쉽게 동화될 수 없는 상황을 제시해 준다. 그러면서 학생들이 전에 학습한 내용을 적용해 보도록 하고, 흥미를 갖게 하며, 학생의 호기심을 유발시키도록 한다. 이러한 과정을 통해 학생들로 하여금 인지적 비평형 상태에 이르도록 유도한다.

탐색 단계의 목적은 학생들로 하여금 인지적 비평형 상태로 유도하는 것과 후속 학습에 필요한 약간의 선구적인 경험을 갖게 하는 것이다. 따라서 탐색 단계에서의 교사의 역할은 질문과 제언을 통해서 학생이 새로운 경험을 자신의 기존 지식에 연결 짓기 위한 동기 유발과 연결 짓는 방법을 찾을 수 있도록 도와주는 것이다.

② 개념 소개 단계

개념 소개 단계는 학생의 기존 지식과 개념에 새로운 지식이나 경험을 적용할 수 있도록 새로운 개념이나 원리를 도입하는 단계이다. 이 단계에서는 주어진 문제가 해결되거나 이해하는 과정을 통해 학생들의 인지적 비평형 상태가 평형상태로 되도록 유도해야 한다. 이는 Piaget가 말하는 조절, 즉 새로운 인지 구조의 형성과 같은 의미를 가지며, 이러한 의미에서 이 단계를 발명(invention) 단계라고도 한다.

이 단계에서 교사는 가르치려는 개념이나 원리를 과학자의 언어와 용어로 과학자적 개념을 도입하여 설명할 수 있다.

③ 개념 적용 단계

개념 적용 단계는 학생이 새롭게 형성한 개념이나 원리를 다른 경우에 적용해 보는 단계이다. 이러한 과정을 통해 학생들은 새로운 개념이나 원리를 익숙하게 하며, 적용의 폭을 확장시킬 수 있다. 또한 개념 소개 단계에서의 평형 상태를 더욱 심화시켜, 인지구조의 내면화를 촉진시킬 수 있다.

이렇게 개념 적용 단계까지의 과정이 끝나면 또 다른 순환학습 사이클을 유도하게 된다. [그림 411]에서와 같이 아래 쪽에 제시된 '탐색 → 개념 소개 → 개념 적용' 단계가

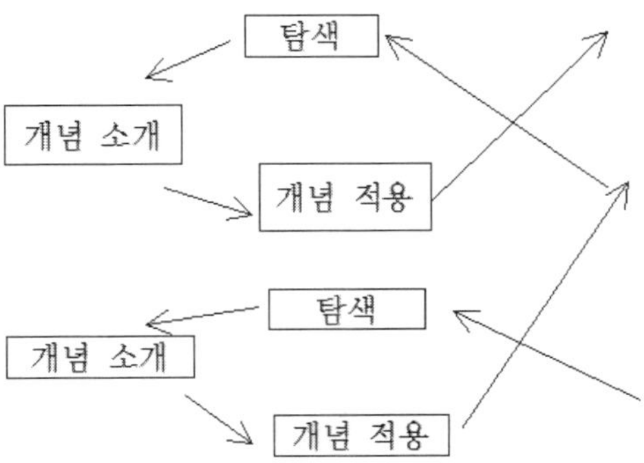

[그림 411] 순환학습의 단계 사이클

끝나면 다른 내용의 '탐색 → 개념 소개 → 개념 적용'으로 이어지고 이러한 사이클이 계속 유도된다는 것이다.

(2) 카플러스 등의 순환학습 모형의 적용

카플러스 등의 순환학습 모형의 적용 예는 다음과 같다.

카플러스 등의 순환학습 모형 적용: 전지의 연결에 관한 수업 예시

주제: 전지의 직렬연결과 병렬연결
목표: 회로도를 보고 건전지를 직렬과 병렬로 연결하여 불을 켤 수 있다.
수업 절차:

탐색 단계

① 각자의 방법대로 전지 두 개를 연결하여 전구에 불을 켜보게 한다.
② 어떻게 연결하였을 때 불이 더 밝은지를 생각해 보고, 연결해 보게 한다.
③ 관찰 사실을 기록하게 한다.
④ 발표와 토의를 통해 학생들의 생각을 서로 비교해 보게 한다.

개념 소개 단계

⑤ 학생들이 만든 회로를 연결 방법에 따라 구분해 보게 한다.
⑥ 직렬연결, 병렬연결이라는 용어를 학생들의 표현과 관련지어 소개한다.
⑦ 각 연결 방법에 따른 불의 밝기를 정리한다.
⑧ 형성 평가를 실시하여 개념을 잘 이해하고 있는지 확인한다.

개념 적용 단계

⑨ 주변에 있는 건전지 사용 기구들의 전지 연결 방법을 알아보고, 그렇게 연결한 이유를 생각해 보게 한다.
⑩ 전구를 직렬 또는 병렬로 연결하면 어떻게 될지를 생각해 보게 한다.

(3) 로슨 등의 순환학습 모형 단계

로슨은 사실상 카플러스와 함께 앞에서 설명한 3단계 순환학습 모형(탐색 - 개념소개 - 개념 적용) 개발에 참여하였다. 그 후에도 로슨은 순환학습 이론을 계속적으로 연구하여 카플라스 등이 개발한 순환학습 모형의 둘째 단계인 '개념 소개' 단계를 '용어 소개' 단계로 수정하는 새로운 아이디어를 제시하였다. 그 구체적인 단계와 내용은 다음과 같다.

① 탐색단계

탐색 단계에서 학생들은 자연 현상이나 사물을 관찰하여 발견한 문제나 교사가 제시한 문제를 인식하고 그 문제를 해결하는 과정을 경험한다. 학생은 이 과정에서 인지적 갈등을 경험할 수 있는데, 이 때 이를 해결하기 위한 자발적인 평형화 과정이 일어나고, 평형화 과정의 결과로 새로운 과학개념을 획득하게 된다. 교사는 인지적 갈등을 일으킬 수 있는 상황뿐만 아니라 인지적 갈등을 해결하는 데 필요한 다양하고 구체적인 자료도 제공해야 한다. 특히 교사의 적절한 질문은 학생들이 새로운 경험을 자신의 기존 지식에 관련시키는 것을 도울 수 있다. 그리고 토론과 소그룹 활동은 활발한 상호작용을 이끌어 학생들에게 서로 다른 다양한 견해가 존재한다는 것을 인식시킬 수 있을 뿐만 아니라, 학생 개개인이 자신의 생각을 알게 하는 데 도움이 된다. 학습 활동은 학생 스스로에 의하여 이루어지고 교사는 단지 학습의 안내자로서 생각이나 토의를 촉진시키는 허용적인 학습 분위기를 조성하여야 한다.

이 단계는 문제 상황 관찰, 문제의 인식 단계에 해당한다. 예컨대, '흔들이' 물체 실험 상황을 가정하여 보자. 이 물체 실험 과제에서 실험 도구, 자료들을 충분히 제공한 다음 흔들이 시스템(pendulum system)을 만들고 그 흔들이 시스템의 성질을 연구하는 것이 과제라고 일러준다. 예컨대, 흔들이 시스템에서 흔들이 주기에 영향을 미치는 변인은 무엇인가? 또는 10회 왕복할 때 소요되는 시간은 얼마인가 등의 문제를 일러준다.

이에 대한 해답을 얻기 위하여 스스로 여러 번의 시행 착오 활동을 전개한다. 이때, 자연스럽게 가설—연역적 사고를 하게 된다.

② 용어 소개(Term introduction) 단계

용어 소개 단계에서 학생들은 탐색 단계에서 발견한 새로운 과학지식을 자신의 언어를 사용하여 설명하고 교사는 이를 과학 용어를 도입하여 설명한다. 즉, 학생은 탐색 단계에서 자연 현상을 관찰하고 탐색함으로써 스스로 발견한 규칙성이나 인과적 설명을 자신의 언어로 정리하여 발표하고, 교사는 새롭고 적절한 과학 용어를 도입하여 학생들이 탐색하여 발견한 과학개념을 정리하여 설명한다. 교사는 필요한 과학 용어를 도입하기에 앞서서 가능한 한 학생들이 새로운 규칙성이나 설명을 충분히 확인하도록 격려해야한다. 교사는 언어, 교과서, 디지털 자료 등을 이용하여 학생들이 탐색 단계에서 발견한 과학지식을 용어를 도입하여 설명한다.

교사가 설명하는 개념들은 탐색 단계에서 학생 스스로 발견한 지식과 직접적으로 관련된 것이어야 한다. 그리고 설명하는 개념은 학생의 선행 인지구조에 유의미하게 포섭될 수 있는 것이어야 한다. 특히 구체적 조작 수준에 있는 학생들의 경우에 교사가 일방적으로 개념을 주입할 경우, 학생이 새로 도입된 개념이나 사고 양식을 즉각적으로 조정하는 데 실패하여 인지적인 비평형 상태가 지속될 수도 있다.

탐색 단계에서 학생들은 일단 학습 활동이 끝난 다음 그들의 실험 결과를 정리, 해석하게 되는데 이때 학생들의 생각만으로는 풀지 못하는 문제 또는 학생들의 생각과는 다른 결과를 얻게 될 수도 있다. 이러한 새로운 갈등 또는 모순의 발견이 새 개념 도입 단계의 주요 내용이 된다. 물론 이때 그 모순 해소에 도움이 되는 새 아이디어(힌트)들을 적절히 제공하는 것도 유익하다.

③ 개념 적용 단계

개념 적용 단계는 학습한 과학 개념을 다시 새로운 상황과 문제에 적용함으로써 그 개념을 인지 구조에 정착시키는 단계이다. 교사는 학생에게 습득한 과학지식을 새로운 상황과 문제에 적용시켜 일반화할 수 있는 기회를 제공한다. 많은 학생들의 경우, 개념을 학습한 후 여러 번에 걸쳐 서로 다른 다양한 상황에 적용하거나 이용하는 경험을 하지 않으면 학습한 개념의 의미가 한정될 수 있고, 구체적인 사례로부터 그것을 추상화하거나 다른 상황에 그것을 일반화하기 어려워할 수 있다.

개념 적용 방법으로는 개념이 적용되어야 해결할 수 있는 문제를 부여하거나 학습한 개념이 일상 현상에서 어떻게 적용될 수 있는지 다양한 예들을 찾아보고 토의하게 하는 방법 등이 활용될 수 있다. 이러한 학습 활동에서는 가능하면 소집단 토의 형태를 취해서 다른 학생들이 제기하는 문제들이나 그 문제들에 대한 서로 다른 해석들을 비교하게 함으로써 학생 개개인이 자신의 사고를 정교하도록 돕는 사회적 상호작용 환경을 마련하여 주는 것이 좋다.

(4) 순환학습의 3가지 유형(Three Types of Learning Cycles)

로슨 등(1989)은 순환학습의 세 가지 유형을 서술적 순환학습(Descriptive Learning Cycle), 경험-귀추적 순환학습(Empirical-Abductive Learning Cycle), 가설-연역적 순환학습(Hypothetical-Deductive Learning Cycle)으로 분류하여 제시하였다.

세 가지 유형의 순환학습은 서술적 과학(descriptive science)에서 실험 과학(experimental science)으로 이어지는 연속선상의 세 지점을 나타낸다. 학생 학습 측면에서 서술적 순환학습은 일반적으로 서술적 패턴(예를 들면, 분류, 보존 등)만 필요로 하지만, 가설-연역적 순환학습은 좀 더 높은 차원의 패턴(예를 들면, 변인 통제, 상관관계 추론, 가설-연역적 추론)을 요구한다. 그리고 경험-귀추적 순환학습은 그 중간 단계이며 서술적 추론 패턴도 요구되고 가설-연역적 순환학습보다는 좀 낮지만 일부 높은 차원의 패턴도 요구된다.

① 서술적 순환학습(Descriptive Learning Cycle)

서술적 순환학습에서는 학생들은 먼저 특정 상황(탐색)에서 경험적 패턴을 발견하고 기술한다. 그 후 교사는 그 패턴의 과학적 명칭을 소개(용어 소개)하고, 그 패턴은 추가적인 상황(개념 적용)에서 확인된다. 이러한 유형의 순환학습을 서술적이라고 하는데, 왜냐하면 학생과 교사는 관찰 내용을 있는 그대로 서술하면 되기 때문이다. 서술적 순환학습에서는 "뭐지?"라는 질문에 대해서는 답하지만, 인과적 질문인 "'왜 그렇지?"를 제기하지는 않는다.

서술적 순환학습을 수업에 도입하고자 하는 경우 일반적으로 다음과 같은 과정을 거치게 된다.

서술적 순환학습의 일반적인 과정
(a) 교사는 이 수업에서 가르칠 개념이 무엇인지 확인한다. (b) 교사는 가르칠 개념들의 기반이 되는 패턴과 관련된 몇 가지 현상을 확인한다. (c) 탐색 단계: 학생들은 현상을 탐색하고 관찰 사실을 서술하며 패턴을 발견하려고 시도한다. (d) 용어 소개 단계: 학생들은 수집한 데이터를 보고하고 학생 또는 교사가 패턴을 서술한다. 그런 다음 교사는 그 패턴과 관련된 용어를 소개한다. (e) 개념 적용 단계: 학습한 개념과 관련된 다른 현상에 대해 토의하거나 탐색한다.

서술적 순환학습을 통해 '상대성 원리' 개념을 가르치고자 할 때의 물리 수업 과정의 예를 들면 다음과 같다.

'상대성 원리' 개념 이해를 위한 서술적 순환학습의 과정
(a) 교사는 이 수업에서 가르칠 핵심적 개념이 '상대성 원리'임을 확인한다. (b) 교사는 '상대성 원리' 개념들의 기반이 되는 패턴과 관련된 현상들을 확인한다: 예를 들면, 갈릴레오의 사고 실험 상황과 패턴(정지한 배의 선실 안과 등속도 운동을 하는 배의 선실 안에서 선원이 느끼는 배의 속력 비교)을 확인한다. 추가 상황이 필요한 경우를 고려하여 관련 시뮬레이션 실험을 준비해 둔다. (c) 탐색 단계: 학생들은 현상을 탐색하고 관찰 사실을 서술하며 패턴을 발견하려고 시도한다. – 학생들은 갈릴레오 사고 실험에 대해 서로 토의한다. 그리고 사고 실험 결과를 도출한다. – 학생들의 이해 정도를 고려하여 시뮬레이션 실험을 추가로 제시할 수 있다. (d) 용어 소개 단계: 학생들은 수집한 데이터를 보고하고 학생 또는 교사가 패턴을 서술한다. 그런 다음 교사는 그 패턴과 관련된 용어를 소개한다. – 학생들은 사고 실험 결과를 보고한다. – 추가로 시뮬레이션 실험이 제시되었다면 그에 대한 실험 결과를 보고한다. – 교사는 이러한 상황에서 일어난 현상을 설명할 수 있는 개념을 나타내는 용어가 '상대성 원리'라는 것을 소개한다. (e) 개념 적용 단계: 학습한 개념과 관련된 다른 현상에 대해 토의하거나 탐색한다. – 등속도로 운동하는 열차를 타고 갈 때 바깥을 내다보지 않고 있다면 어떻게 느낄 것인지, 또는 느껴본 경험이 있는지를 토의한다.

② 경험-귀추적 순환학습(Empirical-Abductive Learning Cycle)

경험-귀추적 순환학습(Empirical-Abductive Learning Cycle)에서는 학생들이 특정 상황에서 경험적 패턴을 발견하고 기술한 다음(탐색), 한 걸음 더 나아가 그 패턴의 가능한 원인을 추론하도록 한다. 이를 위해서는 다른 상황에서 이미 학습한 용어나 개념을 이 새로운 상황에서의 설명을 위해 유추적 추론(귀추)을 사용하게 되며, 필요한 용어가 소개된다(용어 소개). 용어 소개는 주로 교사에 의해 이루어지나 학생도 참여할 수 있다. 그런 다음 교사의 지도에 따라 학생들은 가설적 원인(hypothesized causes)이 학생들이 탐색 단계에서 수집한 데이터 또는 다른 이미 알려진 현상과 일치하는지 확인한다(개념 적용). 다시 말해, 이러한 유형의 순환학습은 탐색 단계에서 관찰한 패턴의 원인을 생성하고 이를 기초적으로 검증하기 위해 한 단계 더 나아가므로 경험-귀추적이라고 한다. 귀추적이라는 것은 관찰한 패턴의 원인에 대해 확실하게 검증되지 않은 상태를 의미한다.

경험-귀추적 순환학습을 수업에 도입하고자 하는 경우 일반적으로 다음과 같은 과정을 거치게 된다.

경험-귀추적 순환학습의 일반적인 과정
(a) 교사는 가르칠 개념들을 확인한다. (b) 교사는 가르칠 개념들의 기반이 되는 패턴과 관련된 몇 가지 현상을 확인한다. (c) 탐색 단계: 교사는 서술적 및 인과적 질문을 제기한다. (d) 학생들은 서술적 질문에 답하기 위한 데이터를 수집한다. (e) 서술적 질문에 답하기 위한 데이터가 칠판에 표시된다. (f) 서술적 질문에 대한 답이 주어지면 교사는 인과적 질문을 제기한다. (g) 인과적 질문에 답하기 위해 대안적 가설들을 제시하고 이미 수집된 데이터를 초기 검증을 위해 검토한다. (h) 용어 소개 단계: 탐색된 현상과 관련되고, 가장 가능성 있는 가설적 설명과 관련된 용어들이 소개된다. (i) 개념 적용 단계: 학습한 개념(들)과 관련된 다른 현상들에 대해 토의하거나 탐색한다.

귀추적 사고(abductive reasoning)는 과학적 가설을 형성하는 데 매우 중요한 역량이

다. 그리고 귀추(abduction)는 새로운 과학적 지식 생성의 첫 단계라고 볼 수 있다. 또한 의미 있는 가설을 형성하기 위해서는 관련된 경험이 필요하다. 김영민 등(2017)은 '과학과 과학교육에서 문제 발견과 귀추'에서 이 내용을 상세하게 제시하고 있다. 경험-귀추적 순환학습을 통해 '빛의 파동성' 가설을 형성하는 과정을 가르치고자 할 때의 물리 수업 과정의 예를 들면 다음과 같다.

경험-귀추적 순환학습을 통한 '빛의 파동성 개념' 수업 과정

(a) 교사는 가르칠 개념들을 확인한다: 빛의 파동성 개념

(b) 교사는 가르칠 개념들의 기반이 되는 패턴과 관련된 몇 가지 현상을 확인한다: 영(Young)이 빛의 파동성 가설을 형성할 때의 상황과 패턴을 확인함. 당시에는 뉴턴이 주장한 빛의 입자성 개념이 주도하고 있었음.

(c) 탐색 단계: 교사는 서술적 및 인과적 질문을 제기한다. 예를 들면 다음과 같은 질문들을 제기한다.
- 빛은 입자라고 생각하는가, 아니면 파동이라고 생각하는가?
- 뉴턴은 빛은 입자라고 주장했지만, 영은 빛은 파동일 수 있다고 가설을 세웠습니다.

(d) 학생들은 서술적 질문에 답하기 위한 데이터를 수집한다.
- 학생들은 위의 질문에 답하기 위한 데이터를 찾아 정리한다.

(e) 서술적 질문에 답하기 위한 데이터가 칠판에 표시된다.
- 위의 데이터들을 칠판에 제시한다.

(f) 서술적 질문에 대한 답이 주어지면 교사는 인과적 질문을 제기한다.
- 교사의 질문: 그렇다면 영(Young)은 어떤 근거를 가지고 빛이 파동일 수 있다는 가설을 세웠을까요? 여러분은 빛이 입자인지 파동인지에 대해 어떤 가설을 세울 수 있나요?

(g) 인과적 질문에 답하기 위해 대안적 가설들을 제시하고 이미 수집된 데이터를 초기 검증을 위해 검토한다.
- 물결파의 간섭 현상과 빛의 간섭 현상이 비슷하게 나타남을 보여준다.
- 영의 빛의 파동성 가설에 대해 검토한다. 다른 생각들이 있다면 그에 대해 논리적으로 토의해 본다.

(h) 용어 소개 단계: 탐색된 현상과 관련되고, 가장 가능성 있는 가설적 설명과 관련된 용어들이 소개된다.
- '빛의 파동성' 개념과 용어를 소개한다.

(i) 개념 적용 단계: 학습한 개념(들)과 관련된 다른 현상들에 대해 토의하거나 탐색한다.
- 소리에 대해서는 어떻게 생각하는가? 등과 같은 다른 현상들에 대해 토의한다.
- 그 외에 관련되는 다른 현상들에 대해 탐색해 보게 한다.

③ 가설-연역적 순환학습(Hypothetical-Deductive Learning Cycle)

세 번째 유형인 가설-연역적 순환학습은 학생들에게 관찰을 통해 서술한 패턴에 대해 그 인과 관계에 대한 대안적 설명을 생성하도록 요구하는 인과적 질문으로부터 시작된다. 그러므로 이러한 순환학습에서는 학생들은 관찰한 패턴에 대한 설명의 논리적 결과를 추론하고 이를 검증하기 위한 실험을 명시적으로 설계하고 수행하는 과정을 가져야 한다(탐색). 실험 결과 분석을 통해 일부 가설은 기각하고, 일부는 유지하고 용어를 도입할 수 있다(용어 소개). 그리고 검증된 타당한 개념과 사고 패턴은 다른 상황에 적용될 수 있다(개념 적용).

가설-연역적 순환학습을 수업에 도입하고자 하는 경우 일반적으로 다음과 같은 과정을 거치게 된다.

가설-연역적 순환학습의 일반적인 과정

(a) 교사는 가르칠 개념들을 확인한다.
(b) 교사는 가르칠 개념들의 기반이 되는 패턴과 관련된 몇 가지 현상을 확인한다.
(c) 탐색 단계: 학생들 스스로 인과적 질문을 제기하고 관련 현상을 탐색하거나 교사가 인과적 질문을 제기하고 그에 관련된 현상들을 탐색한다.
(d) 수업 과정에서의 토론을 통해 가설을 좀 더 명확히 하고, 학생들에게 그룹 활동을 통해 의미를 추론하고 실험을 설계하도록 하게 하거나 학급 전체적으로 이 단계를 수행하도록 지도한다.
(e) 학생들이 실험을 수행한다.
(f) 용어 소개 단계: 데이터를 비교하고 분석한다. 그 과정에서 관련 용어들을 소개하며, 결론을 도출한다.
(g) 개념 적용 단계: 학습한 개념(들)과 관련된 다른 현상들에 대해 토의하거나 탐색한다.

가설-연역적 순환학습은 학생들이 직접 가설을 세우고 그 가설에 대해 논리적인 데이터를 이용하여 설명함으로써 가설을 좀 더 명확히 하고 실험을 통해 증명함으로써 과학자들의 가설-연역적 과정을 체험하는 학습이라고 볼 수 있다. 여기서는 학생들이 아직 학습하지 않은 개념을 중심으로 위의 과정에 따라 수행해 볼 수 있다.

요약

1. 로슨 등의 순환학습 단계는 [탐색 단계 - 용어 소개 단계 - 개념 적용 단계]이다.
2. 로슨 등(1989)은 순환학습의 세 가지 유형을 서술적 순환학습, 경험-귀추적 순환학습, 가설-연역적 순환학습으로 분류하여 제시하였다.
3. 순환학습 방법을 올바르고 적절하게 사용하면, 구성주의 학습(개념 구성, 오개념 상황, 인지적 갈등 필요성) 경험, 논증의 경험, 개념 변화, 가설 검증 등의 다양한 학습 경험을 하게 된다.

1.3 5단계 순환학습 모형(5E 모형)

1980년대 중반에 BSCS는 초등학교 과학과 보건 교육을 위한 교육과정 개발 과정에서 순환학습의 일종인 5E 모형(5E Instructional Model)을 고안하여 적용한 이후 BSCS의 가장 중요한 수업모형으로 이용하고 있다. 5E 모형은 교수-학습 과정을 참여(Engagement), 탐색(Exploration), 설명(Explanation), 정교화(Elaboration), 평가(Evaluation)의 5단계로 구분하였다. 이것은 SCIS의 순환학습 모형에 참여 단계와 평가 단계를 추가한 형식이다(Bybee 등, 2006). 그 외에 7E 모형, 9E 모형 등도 제시되었으나 여기에서는 5E 모형을 중심으로 설명하고자 한다.

BSCS의 5E 모형은 [표 414]와 같이 참여(engagement), 탐색(exploration), 설명(explanation), 정교화(elaboration), 평가(evaluation)로 교수-학습 과정을 구분한다.

[표 414] 5E 모형의 단계별 교수-학습 활동

단계	활동 내용
참여 (Engagement)	· 교사는 학생들의 호기심과 사전 지식을 끌어낼 수 있는 간단한 활동을 제공하여 학습자의 사전 지식에 접근하고 새로운 개념 학습에 학생들이 참여할 수 있도록 돕는다. · 교사가 제공하는 활동은 학생의 과거 경험과 현재의 학습 경험을 연결시켜줄 수 있어야하며, 선 개념을 노출시키고, 학습하고자 하는 내용으로 학생들의 생각을 유도할 수 있어야 한다.
탐색 (Exploration)	· 교사는 현재의 개념, 과정, 기능 등이 확인되고 개념 변화가 촉진될 수 있는 활동을 학생에게 제공한다. · 학생은 실험 활동을 완결한다. 이 활동을 통해서 학생들은 새로운 아이디어의 생성, 의문과 가설의 탐색, 기초적인 연구의 설계 등을 경험한다.
설명 (Explanation)	· 교사는 학생들이 탐색 과정의 경험들에 주목하게 하고, 획득한 개념, 과정 기능, 또는 기술 등을 발표할 수 있는 기회를 준다. · 교사는 직접적으로 학생들이 학습할 개념, 과정, 기능 등을 설명한다. · 교사의 설명은 학생들이 보다 심도 있게 개념을 이해할 수 있도록 도와야한다.
정교화 (Elaboration)	· 교사는 학생들이 이해한 개념이나 기능이 정착될 수 있도록 도전해야 한다. · 새로운 경험을 통해서 학생들은 학습한 개념과 기능을 보다 심화시키고 확장시킨다. · 학생들은 학습한 개념을 추가적인 활동에 적용한다.
평가 (Evaluation)	· 학생들은 자신의 지식, 기술, 능력을 평가한다. · 교사는 학생들의 향상 정도를 평가한다.

첫째, 참여 단계에서 교사는 학생들의 호기심과 사전 지식을 끌어낼 수 있는 간단한 활동을 제공하여 학습자의 사전 지식에 접근하고 새로운 개념 학습에 학생들이 개입할 수 있도록 돕는다. 교사가 제공하는 활동은 학생의 과거 경험과 현재의 학습 경험을 연결시켜줄 수 있어야하며, 선 개념을 노출시키고 학습할 내용으로 학생의 생각을 유도할 수 있어야 한다.

이 단계에서 학생은 어떤 사건이나 질문에 대해 흥미와 호기심이 생기고, 이미 알고 있는 것과 학습할 내용을 연관시킨다. 의문을 생성하거나 문제를 정의하는 것, 모순되는 사건을 관찰하는 것, 그리고 의문의 여지가 있는 상황은 학생이 학습 과제에 집중할 수 있게 한다. 이 단계가 효과적으로 적용되면 학생이 새롭게 학습할 개념은 과거 경험과 연결되고 때로는 관련된 오개념이 드러난다. 또한 학생은 인지적으로 혼란을 겪게 되고

학습 활동의 동기가 일어난다.

둘째, 탐색 활동의 목적은 다음 단계에서 교사와 학생이 개념이나 탐구 과정과 기능을 도입하고 토의하는 데 필요한 구체적인 경험을 갖게 하는 것이다. 탐색 단계는 학습 활동에 참여한 학생들이 새로운 아이디어를 탐색하는 단계이다. 학생들이 가지고 있는 개념, 탐구 과정, 탐구 기능 등이 개선되고 변할 수 있는 학습 활동이 주어지는 단계이다. 이 단계에서 교사는 현재의 개념, 과정, 기능 등이 확인되고 개념 변화가 촉진될 수 있는 활동을 학생에게 제공해야 한다. 학생의 실험 활동이 완결된다. 이 활동을 통해서 학생들은 새로운 아이디어의 생성, 의문과 가설의 탐색, 기초적인 연구의 설계 등을 경험한다. 일반적으로 이 단계의 학습 활동은 소집단을 바탕으로 수행되며, 새로운 개념을 형성하거나 탐구 과정 기능을 학습할 수 있도록 일상적이고 구체적인 경험으로 구성되어야 한다. 참여 단계에서 학생들이 인지적 비평형을 경험했다면 탐색 단계에서는 인지적인 평형으로 회복되는 단계이기 때문에 학습 활동은 구체적이고 조작적이어야 한다.

이 단계에서 학생은 활동에 행동적으로 그리고 정신적으로 참여함으로써 자연현상의 관련성, 규칙성, 관련 변인, 의문 등을 만들게 된다. 이 때 학생은 대상, 사건, 상황들을 탐색할 수 있는 시간을 충분히 가져야 하고 자율적인 탐색을 수행해야 한다. 탐색 단계에서 교사는 학생들의 활동을 단지 안내하거나 촉진해주는 역할을 한다. 교사는 활동을 시작하게 하고 학생 스스로의 아이디어로 대상과 상황들을 탐색할 수 있도록 시간과 기회를 제공해야 한다.

셋째, 설명 단계는 학생들이 새로 학습하는 개념, 탐구 과정, 탐구 기능을 명확하게 이해하는 단계이다. 교사는 학생들이 탐색 과정의 경험들에 주목하게 하고, 탐색 단계에서 획득한 개념, 과정 기능, 또는 기술 등을 발표할 수 있는 기회를 준다. 교사는 용어를 도입하여 직접적으로 학생들이 학습할 개념, 과정, 기능 등을 명확하게 설명한다. 교사의 설명은 탐색 단계의 학생 경험과 관련 있어야 하며 심도 있게 개념을 이해할 수 있도록 학생을 안내해야 한다.

이 단계에서 중요한 것은 교사가 언어나 멀티미디어 자료 등을 이용하여 과학개념, 탐구 과정, 탐구 기능을 간단하고 단순하며 명확하게 설명해주는 것이다. 이 단계를 통해서 학생은 탐색한 경험을 정확한 과학 용어를 사용하여 설명할 수 있게 되어야 한다.

넷째, 정교화 단계에서 학생은 설명 단계까지 학습한 과학개념, 탐구 과정, 탐구 기능을 새로운 경험으로 확장한다. 즉, 이 단계는 학생에게 새로운 경험을 제공하여 학습한 개념과 기능을 보다 심화시키고 확장시키는 단계이다. 교사는 학생이 이해한 개념이나 기능이 인지구조에 정착될 수 있도록 새로운 상황을 제시하여 사고를 촉진해야 한다. 어떤 경우에, 학생들은 아직도 오개념을 가지고 있을 수도 있고, 아니면 아직도 학습할 개념을 정확하게 이해하지 못하고 있을 수도 있다. 이러한 학생들도 이 단계에서 토론과 상호작용을 통해 수준이 비슷한 학생들로부터 학습 내용에 대해서 친밀한 설명을 들을 수 있는 기회를 다시 갖을 수 있다. 이 단계에서 학생들은 학습한 개념을 다양한 상황에 적용함으로써 결국 과학개념, 탐구 과정, 탐구 기능을 일반화할 수 있게 된다.

다섯째, 평가 단계에서 학생은 학습한 개념, 탐구 과정, 기능을 스스로 평가해볼 수 있는 기회를 가진다. 그리고 교사는 학생의 학습 결과와 향상 정도를 확인하여 교수-학습 성취결과를 평가할 수 있는 기회를 가진다.

활동

5E 모형을 이용하여 고등학생을 대상으로 '전기와 자기' 개념을 지도하는 교수 학습 과정안을 조별로 개발(단계별로 구체적인 내용 제시)한 다음, 실천 가능성을 토의해 보자.

요약

1. 순환학습 모형은 3단계 외에도 5단계 이상의 모형들도 개발되어 있다.
2. 5단계 모형 중 5E 모형은 참여(engagement), 탐색(exploration), 설명(explanation), 정교화(elaboration), 평가(evaluation)의 단계로 구성되어 있다.

CHAPTER 02

STS 수업 모형과 적용

김지나 (부산대학교)

STS는 과학-기술-사회(Science, Technology and Society)의 약자이다. 과학 교육은 단순히 과학적 사실을 전달하는 것이 아니라, 과학이 실제 사회와 기술에서 어떻게 활용되는지, 그리고 사회와 기술이 과학에 어떻게 영향을 미치는지, 나아가 과학이 사회적 문제를 해결하는 방법을 배우는 과정이 중요하다는 것이다.

과학과 기술이 사회에 미치는 영향은 크다. 과학 기술의 발전은 윤리적이고 사회적 문제를 동반한다. 과학 기술의 발전이 항상 긍정적인 결과만을 가져오지 않는다는 점을 인식하고, 학생이 비판적으로 평가하는 능력을 기르도록 해야 한다. 또한 과학과 기술을 학습할 때 그 윤리적 책임을 함께 고려하도록 해야 한다.

2.1 STS 교육의 배경

STS는 영국의 과학철학자 자이먼(Ziman, 1980)이 과학·기술·사회의 Science, Technology and Society에서 영어 단어 첫 번째 문자를 따서 만든 용어이다. 1960년대의 학문 중심 교육과정은 학생들이 각 학문 분야의 핵심 개념과 원리를 철저히 배우는 것을 목표로 하였다. 지식 위주의 교육으로 인해 학생들이 과학에서 이탈하려는 현상,

과학과 기술의 부정적인 측면의 증가 등의 문제점으로 인해 1980년대 중반 STS 교육이 등장하였다. 과학의 학문적 본질보다는 과학과 기술 발달에 수반되는 사회적 문제에 관심을 가지고 과학이 사회에서 활용되는 내용과 과학이 사회적 문제를 해결하는 방법을 배우는 과정이 중요하다는 것이다. 특히 현대 사회에서는 과학과 기술이 사회에 미치는 영향은 크다. 예를 들어, 유전자 조작, 인공지능, 기후 변화, 핵에너지, 생명공학 기술과 같은 문제는 윤리적이고 사회적 문제를 동반한다. 기술의 발전이 항상 긍정적인 결과만을 가져오지 않는다는 점을 인식하고, 학생이 비판적으로 평가하는 능력을 기르도록 해야 한다. 또한 STS 교육에서는 과학과 기술을 학습할 때 사회적, 윤리적, 가치적 측면을 함께 포함해야 한다(Hurd, 1986; Hofstein & Yager, 1982; Yager, 1990; Yager, & Tamir 1993; Yager, & Tamir, 1994).

2.2 STS 수업 모형의 특징

STS 수업은 학생들이 수업에 능동적으로 참여할 수 있도록 환경을 조성하고, 학생들의 직접적 경험중심 학습이 되는 것을 원칙으로 한다. 또한, 학습자 중심의 수업을 설계하여, 협동과 소통을 통한 학생들의 사회적 의사결정이 중요하다. STS 수업은 학생들에게 친숙한 내용과 소재를 이용하여 진행된다. 예를 들어, 일상생활에서 전기의 안전한 이용에 대한 이슈가 수업의 소재가 될 수 있다. 전기를 안전하게 사용하지 않았을 경우 피해에 대해 사회적인 차원에서 알아보고, 과학적으로 방법으로 탐색하여 문제를 해결한다. 제기한 문제에 대한 해결방안을 개인적으로 직접 실천하고 사회적 행동을 통해 영향력을 발휘할 수 있다. 전통적 수업에서는 교과서 위주의 교사 중심의 수업을 진행하며, 학생은 수동적으로 받아들이는 역할을 한다. 반면, STS 수업에서는 학생 중심으로, 학생들의 다양성과 경험을 인정한다. 문제와 논쟁거리를 중심의 협동학습을 할 수 있도록 하고, 학생들이 능동적으로 참여하여 학습할 수 있는 환경을 조성한다.

활동

과학·기술과 사회의 관계는 과학·기술이 사회에 미치는 영향과 사회가 과학·기술에 미치는 영향의 두 가지 범주로 나눌 수 있다. 과학·기술이 사회에 미치는 영향은 실생활 문제해결, 사회적 의사결정, 과학·기술자의 사회적 책임 등이 포함되며, 사회가 과학·기술에 미치는 영향은 정치의 영향, 기업의 영향, 이익 집단의 영향, 대중의 영향 등이 포함될 수 있다. 이중 과학·기술이 사회에 미치는 영향에 대한 STS 수업을 적용하려고 한다. 과학 교과서에서 과학·기술이 사회에 미치는 영향과 관련된 주제와 내용을 2 개 찾아서 적어보자.

수업주제	내용

요약

1. STS(Science, Technology and Society) 수업에서는 과학-기술-사회적 현상이 상호작용하고 서로 영향을 주고 받는다는 것을 인식하게 하는 것이 중요하다.
2. STS 수업에서는 학생의 다양성을 인정하고, 문제와 논쟁점으로 협동학습하는 과정에서 학생들의 의사결정 과정을 중요시한다.

2.3 STS 수업 모형의 절차

미국 아이오아 대학에서 미국과학교사협회(NSTA)와 미국 과학재단(NSF)의 협력으로 실험적 프로젝트 모형을 개발하였는데, 그 프로그램이 아이오아 쉬토커 프로그램(Iowa Chautauqua program)이다. [그림 421]에 이 프로그램의 일부인 STS 수업 모형을 나타내었다.

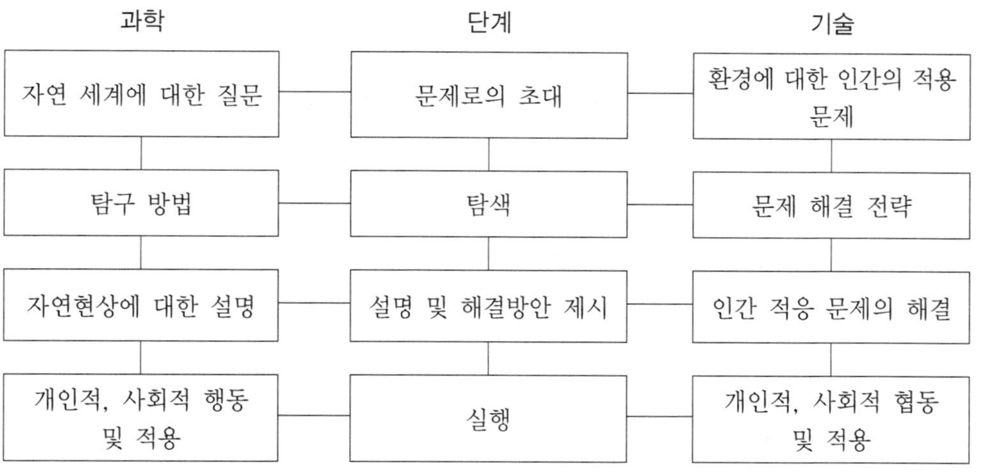

[그림 421] STS 수업 모형

STS 수업 모형의 절차는 문제로의 초대 → 탐색 → 설명 및 해결방안 제시 → 실행의 4 단계를 거친다. 문제로의 초대 단계에서는 과학과 관련된 일상생활과 사회 문제를 제시하고 문제의 심각성을 인식한다. 학생들은 주변 세계에 대해 호기심을 가지고 관찰하여 문제를 발견하고, 여러 관점에서 의문을 제기한다. 교사는 학생들의 다양한 인식을 확인한다. 탐색 단계에서는 문제해결을 위해 과학적 탐구방법을 이용하여 관련된 과학 이론과 개념 및 사회 현상을 조사하여 문제해결 전략을 모색한다. 적절한 자원을 선택하여 실험을 설계하거나 수행할 수도 있다. 설명 및 해결방안 제시 단계에서는 탐색 단계에서 모색한 자연현상에 대해 설명하고 동료들과 의사소통을 통해 문제의 해결방안을 구체화한다. 학생들은 이 단계의 활동을 통하여 기존의 지식과 경험에 해결책을 통합하는 과정을 거친다. 실행 단계에서는 제시된 해결방안을 개인적으로 직접 실천에 옮기거나, 사회적 행동을 통해 영향력을 행사한다.

STS 수업의 핵심은 의사결정 과정이며, 문제해결을 위해 정보를 수집 및 분석, 다양한 문제해결 방안 확인, 문제해결 방안을 평가, 최종적인 문제해결 방안을 선정하는 과정으로 이루어진다. [그림 422]는 예거와 타미르(Yager & Timir, 1993)에 의한 STS 수업 모형의 절차를 나타낸 것이다.

단계	내용
문제로의 초대	과학-기술-사회와 관련된 문제를 제기하는 단계이다. - 교사는 학생들의 다양한 인식이 드러날 수 있는 상황을 제시한다. - 학생은 주변환경을 관찰하고 어떤 사건이나 문제가 과학-기술의 영향으로 사회적 이슈가 되는 논제로 제기될 때 그 심각성을 인식한다.
↓	
탐색	이슈가 되는 현상을 조사하고 탐색하는 단계이다. - 교사는 학생이 학습 주제에 대한 STS 측면과 관련된 과학 이론이나 개념을 조사해 다양한 해결방안을 찾아보게 한다. - 학생은 자료를 조사, 수집, 분석하여 문제해결 전략을 수립한다. 가능한 대안들을 토의하고, 토론과 발표하는 과정을 통해 지식이 사회적으로 구성됨을 경험한다.
↓	
설명 및 해결방안 제시	수집한 정보와 실험 결과를 토대로 문제에 대해 구체적인 설명을 제시하고, 해결방안을 검토하며 토의한다. 다양한 측면에서의 해결방안을 제시하고, 가장 좋은 대안을 모색한다. - 교사는 학생들이 기존의 지식과 경험을 토대로 통합된 해결방안을 제시하도록 한다. - 학생은 문제 해결방안을 검토하고 토의한다. 동료 평가를 반영한다.
↓	
실행	문제 해결방안에 대해 의사결정하고 직접 실천 또는 실행한다. - 교사는 해결방안에 대한 의사결정을 돕고, 새로 생성된 의문점이나 문제에 도전할 수 있도록 안내한다. - 학생은 정보와 생각을 교환하고 다른 사람의 의견을 수용한다. - 개인적 차원에서 해결방안을 실천에 옮기거나 사회적 차원에서 지역 구성원에게 알린다.

[그림 422] STS 수업 모형의 절차

활동

앞선 [활동]에서의 STS 수업 모형을 적용한 물리 수업의 주제들 중 하나의 주제를 선택하고, 문제로의 초대 단계에서 제시할 수 있는 문제 상황을 제시해 보자.

요약

예거와 타미르(Yager & Tamir, 1993)에 의해 제시된 STS 수업 절차는 다음과 같다.

문제로의 초대 ⇨ 탐색 ⇨ 설명 및 해결방안 제시 ⇨ 실행

2.4 STS 수업 모형의 적용

다음은 STS 수업 모형을 활용한 물리 수업 예시이다.

단계	내용
문제로의 초대	- 교사는 전기로 인한 화재와 전기로 인한 사고와 관련된 사례를 영상으로 제시하고 전기의 안전한 사용에 대한 학생의 흥미를 유발한다. - 학생은 전기로 인한 화재, 전기와 관련된 사고로 인한 피해 사례를 조사한다.
탐색	- 교사는 가정용 전기 기구가 전원에 연결된 방법을 학생이 생각해 보도록 질문하고, 저항의 개수에 따른 전체 전류값에 대한 실험을 해 보도록 한다. - 학생은 저항을 병렬로 여러 개 연결할 때, 저항의 연결 개수에 따른 전체 전류 값이 어떻게 되는지 실험한다. - 교사는 일상생활에서 전기 기구가 전원에 병렬로 연결된 것을 학생이 인식하게 하고, 실험결과를 포함하여 전기의 안전한 사용에 대해 생각하도록 한다.
설명 및 해결방안 제시	- 교사는 모둠별로 질문을 통해 실험결과와 조사 내용을 바탕으로 일상생활에서 전기의 안전한 사용에 대한 대책과 실천 가능한 해결책을 토의하고 공유하도록 안내한다. - 학생은 전기의 안전한 사용과 관련하여 문어발식 전기 콘센트 사용 금지, 전선 피복 상태 확인, 누전 차단기 작동 상태 정기 점검, 사용하지 않는 전기 기구의 플러그 뽑기 등 각자 실천할 수 있는 실천 목록을 작성한다.
실행	- 전기의 안전한 사용에 대해 지켜야 할 사항에 대한 캠페인을 한다. - 각자가 작성한 전기의 안전한 사용에 대한 실천 목록을 실천한다.

[그림 423] STS 수업 모형의 적용 예시

활동 3

[활동 1]에서 설정한 주제를 이용하여 모둠별로 STS 수업을 설계해 보자.

단계	
문제로의 초대	
↓	
탐색	
↓	
설명 및 해결방안 제시	
↓	
실행	

CHAPTER 03

개념 변화 학습 모형과 적용

김지나 (부산대학교)

학생들이 가지고 있는 선개념은 학생들에게 깊게 내면화되어 있다는 특징이 있다. 학생의 선개념은 학교 교육을 받기 이전부터 환경으로부터 만들어진 개념이다. 학생의 입장에서는 자신의 논리로 환경을 설명할 수 있으므로 신념화되어 있는 경향이 있다. 따라서, 이러한 학생의 선개념은 학습과정에서 과학적 개념을 받아들이는 것을 방해한다. 이러한 특성을 이해하는 것은 학생이 가지고 있는 선개념을 이해하고 이를 교정하는 과정에서 매우 중요하다.

학생의 선개념 중에서 과학적으로 옳지 않은 것을 오개념(misconception)이라고 한다. 구성주의에서는 학생들이 가지고 있는 개념이 어떤 면에서는 의미있는 개념이라는 의미로 오개념이라는 용어 대신 대안 개념(alternative conceptions)이라고 부르기도 한다(Gilbert & Watts, 1983). 학생의 신념화된 오개념을 과학적 개념으로 변화시키기 위해서 인지갈등을 유발시켰을 때 개념변화에 긍정적 효과를 주었다는 보고들이 있으며(Druyan, 1997; Dreyfus et al.,1990; Hynd et al., 1994; Hashweh, 1986; Niaz, 1995) 인지갈등 유발 전략이 전반적으로 성공적이었다고 한다(Duit, 1999; Redish, 2003).

오슈벨(Ausuble, 1968)은 학습에서 가장 중요한 요소가 학습자의 사전개념이며, 학생의 사전개념을 미리 발견하고 그에 따라 학습이 이루어져야 한다고 하였다. 유의미 학습은 학습자의 인지구조에 이미 형성된 포섭자에 새로운 개념을 연결시킴으로 일어나기 때문에, 이미 형성된 인지구조는 그와 관련된 주제의 학습에 영향을 끼치게 된다. 오슈벨은 새로운 정보나 개념이 기존의 인지구조에 통합되거나 포섭될 수 있다면, 그것이 받아들여질 가능성이 높다고 제안하였다. 오슈벨에 의하면, 새로운 학습은 선행조직자에 맞추어 제공되어야 한다. 즉, 새로운 정보를 학습자가 이미 알고 있는 개념에 관련시키는 것이 중요하고, 이러한 학습을 유의미 학습으로 설명하였다. 즉, 오슈벨의 이론은 학습될 내용과 관련된 학생의 인지구조와의 유의미한 연결에 의해서 학습이 일어난다는 것이다.

학생들은 능동적으로 의미를 재구성함으로서 개념변화가 일어나고, 이와 같은 개념변화는 학습자가 현재 가지고 있는 개념의 연장, 확장 또는 과학적 지식에 의한 대안적 개념체계로 교환을 위한 전략 등을 통해 촉진될수 있다(Driver, 1981; Driver & Erickson, 1983). 대안적 개념체계의 교환에 따른 개념변화를 중요시하고, 이와 같은 개념변화를 위한 교수-학습 전략을 구성하는 것은 중요하다는 것이다. 드라이버와 올드함(Driver & Oldham ,1986)은 인지구조의 조절을 통해서 의도된 방향으로 학생의 개념이 변화될 수 있도록 5 단계의 수업 모형을 제안하였다.

3.1 인지갈등 수업 모형

(1) 인지갈등 수업 모형의 배경과 특징

인지갈등은 학생이 기존에 가지고 있던 선개념으로 설명할 수 없는 상황에 직면하였을 때 학생이 느끼는 심리적 현상을 말한다. 학생들은 형식적 학습을 하기 이전부터 일상생활의 경험을 통해 나름대로의 선개념을 가지고 있다. 학습자의 선개념은 비교적 안정적이고 견고하기때문에, 개념변화가 쉽지 않다. 학생은 자신의 선개념과 불일치한 상황을 직면하였을 때, 인지적 갈등을 겪게 된다. 하슈웨(Hashweh, 1986)는 사고 세계의 선입관과 현실 세계의 현상 사이의 갈등, 선입관과 과학적 개념 사이이의 갈등과 같은 두 가지 갈등을 제안하였다. 권재술(1989)은 하슈웨(Hashweh, 1986)가 제안한 개념변화 모형에서 과학적 개념과 학생의 선개념으로 설명되는 자연현상 사이의 갈등인 새로운 갈등 유형을 추가한 인지갈등 모형을 제안하였다[그림 431]. 권재술(1989)에 의하면, 개념변화의 유형에 따라 나타나는 갈등 유형도 다르다. 권재술의 인지갈등 모형에서는 선개념과 환경 사이의 갈등($C_1 \leftrightarrow R_2$), 과학적 개념과 선개념으로 설명할 수 있는 환경 사이의 갈등($C_2 \leftrightarrow R_1$), 선개념과 과학적 개념 사이의 갈등($C_1 \leftrightarrow C_2$)과 같이 3 가지 유형의 인지갈등을 제안하였다. 박종원(1992)은 학생의 선개념 C_1이 폐기되고, 새로운 개념(C_2)과 현상(R_1, R_2) 사이의 갈등도 없었지만, 새로운 개념(C_2)과 자신의 믿음 체계와의 갈등이 남아있는 경우가 있다는 새로운 연구결과를 도출하여, 4 가지 유형의 인지갈등을 제안하였다.

[그림 431]의 권재술의 인지갈등 모형에서 한 방향의 화살표는 문제없이 설명 가능하다는 의미이고, 양쪽 방향의 화살표는 갈등상황을 나타낸 것이다. 즉, $C_1 \rightarrow R_1$은 선개념으로 환경(R_1)을 설명할 수 있다는 것이다. 이것은 학생의 선개념이 생성된 원인이 환경(R_1)이라는 것을 의미한다. 또한 $C_2 \rightarrow R_2$는 과학적 개념으로 환경(R_2)을 설명할 수 있다는 것을 의미한다. 학생은 자신의 선개념에 일치하지 않는 환경(R_2)에 직면하면 인지갈등을 겪게된다($C_1 \leftrightarrow R_2$). 인지갈등을 통해 학생은 자신의 선개념에 불만족을 가질 수 있게 된다. 학생의 선개념에 불일치한 상황을 제시하기 위해서 교사는 학생의 선개념 및 선개념이 형성된 배경을 아는 것이 중요하다.

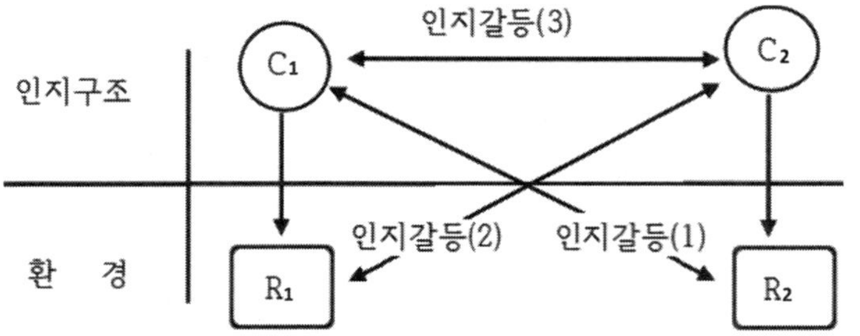

[그림 431] 권재술의 인지갈등 모형(권재술, 1989)

(2) 인지갈등 수업 모형의 절차

인지갈등 수업 모형은 선개념 확인 단계 → 인지갈등 단계 → 개념의 재구성 단계 → 개념적용 단계로 구성된다. 각 단계별 활동은 다음과 같다.

① 선개념 확인 단계(C_1의 확인 단계)

학습자의 선개념을 조사하는 단계이다. 학습자는 자연이나 일상생활에서의 경험으로 인하여 학습 내용과 관련하여 자신만의 개념을 가지고 있다. 이를 선개념(C_1)이라고 한다. 교사는 학습자의 선개념을 조사하고, 왜 그러한 선개념이 형성되었는지를 질문하여, 선개념(C_1)이 형성된 상황(R_1)을 함께 파악한다. 즉, R_1은 C_1이 형성된 원인이 되는 것이다. 학습자의 선개념을 파악하는 단계에서 교사는 학습자가 자신의 선개념이 무엇인지 명확하게 인식할 수 있도록 해야한다.

② 인지갈등 단계(불일치 상황(R_2)을 제시하여 인지갈등을 유발시키는 단계)

학습자의 선개념(C_1)으로 설명할 수 없는 상황(R_2)을 제시하여, 학습자의 선개념과 환경 사이의 갈등을 유발시키는 단계이다. 선개념(C_1)으로 새로운 상황(R_2)을 설명할 수 없기 때문에 인지갈등이 유발될 수 있다($C_1 \leftrightarrow R_2$). 이 때, 학습자는 자신의 선개념에 불만족을 가지게 된다.

③ 개념의 재구성 단계(과학적 개념(C_2)을 도입하여, C_1과 R_2 사이의 갈등을 해소, C_2를 이용하여 R_2를 설명)

이 단계에서 다양한 탐구활동을 통해 과학적 개념(C_2)을 이끌어내거나 과학적 개념(C_2)을 도입한다. 새롭게 도입된 과학적 개념(C_2)을 이용하여 학생의 선개념(C_1)으로 설명할 수 없는 상황(R_2)을 설명한다($C_2 \rightarrow R_2$). 과학적 개념은 새로운 환경(R_2)을 설명하기에 그럴듯하고, 학습자의 입장에서 이해가능하여야 한다. 이때, 선개념(C_1)과 새로운 상황(R_2) 사이의 갈등이 해소(갈등 1 해소)되고, 과학적 개념(C_2)이 학생의 인지구조에 남아있게 된다. 하지만 문제상황에 따라 학생은 선개념(C_1)으로는 R_1을 설명하고, 과학적 개념(C_2)으로는 R_2를 각각 설명하는 경우도 발생할 수 있다. 이러한 경우를 구획화된 사고체계라고 한다. 이러한 구획화된 사고체계 형성을 막기 위해서는 학습자의 선개념으로 설명할 수 있는 상황(R_1)을 과학적 개념(C_2)으로도 설명할 수 있도록 해야 한다. 또한, 개념의 재구성 과정에서 새로운 인지갈등(갈등(2), 갈등(3))이 유발되기도 한다.

구획화된 사고의 사례

1. 책상 위의 물체의 운동(R_1)에 대해서는 '힘이 작용하면 운동하고 힘이 작용하지 않으면 정지한다'라고 생각하고(C_1), 시험을 볼 때에는(C_2) '힘이 작용하지 않으면 등속운동한다'(C_2)라고 생각한다. 그리고 C_1과 C_2간에 갈등을 인식하지 못한다.
2. 물체가 자유낙하하는 상황에서는(R_2) '역학적 에너지가 보존된다'라고 생각하고, 일상적 상황(R_1)에서는 '에너지를 아껴써야 한다'라고 생각하고, C_1과 C_2간의 갈등을 인식하지 못한다.

새로운 인지갈등과 개념의 재구성 사례

인지갈등(1)이 유발되면, 과학적 개념(C_2)의 도입으로 인지갈등(1)이 해소될 수 있다. 이 과정에서 새로운 갈등이 생성되기도 한다. 문제 상황에 따라, 과학적 개념(C_2)과 학생의 선개념으로 설명할 수 있는 상황(R_1) 사이의 갈등($C_2 \leftrightarrow R_1$, 갈등 2) 또는 과학적 개념(C_2)과 학생의 선개념(C_1) 사이의 갈등($C_1 \leftrightarrow C_2$, 갈등 3)이 새롭게 생성될 수도 있다.

예를 들면, 무거운 돌멩이가 펼쳐진 가벼운 종이보다 먼저 떨어지는 상황(R_1)을 본 적이 있는 학생은 가벼운 물체와 무거운 물체 중 무거운 물체가 먼저 떨어진다고 생각(C_1)한다. 돌멩이와 펼쳐진 종이를 구겨서 만든 뭉친 종이가 동시에 떨어지는 상황(R2)을 관찰하면 인지갈등(1)이 일어난다. 과학적 개념(C_2)을 도입하여 인지갈등(1)이 해소될 수 있다. 이때, 학생은 과학적 개념(C_2)과 자신의 선개념으로 설명할 수 있는 상황(R_1) 사이의 갈등(갈등(2)), 과학적 개념(C_2)과 자신의 선개념(C_1) 사이의 갈등(갈등(3))이 생성될 수 있다. 이 경우, 공기저항 개념의 도입으로 인지갈등(2)와 인지갈등(3)은 해소될 수 있다. 교사는 학생들의 새로운 갈등을 해소시키기 위해, 학습자가 가지고 있는 선개념의 문제점을 깨닫게 해야 하고, 개념변화의 조건을 고려하여 수업을 진행하는 것이 필요하다.

④ 개념적용 단계(새로운 상황을 과학적 개념(C_2)으로 설명)

과학적 개념이 학생의 인지구조에 정착하기 위해서는 과학적 개념의 유용성을 인식하게 할 필요가 있다. 새로운 상황을 학생에게 제시하여, 새롭게 학습한 과학적 개념(C_2)으로 설명하도록 한다. 즉, 학생은 새로운 상황을 과학적 개념(C_2)으로 설명함으로써 과학적 개념의 유용성을 인식할 수 있다.

[그림 432]는 인지갈등 수업 모형의 절차를 나타낸 것이다.

단계	내용
선개념 확인	학생의 선개념(C_1)을 조사하는 단계이다. - 교사는 학생의 선개념을 조사하고, 선개념이 만들어진 환경(R_1)을 확인한다. - 학생은 자신의 선개념을 드러내며 선개념을 명확히 확인한다.
↓	
인지갈등	- 교사는 학생의 선개념(C_1)으로는 설명할 수 없는 상황(R_2)을 제시하여 학생의 선개념(C_1)과 새로 제시된 상황(R_2) 사이의 인지갈등을 유발시킨다. - 학생은 자신의 선개념(C_1)으로 설명할 수 없는 상황(R_2)으로 인하여 인지갈등이 유발되고 자신의 선개념에 대해 불만족을 가지게 된다.
↓	
개념 재구성	- 다양한 탐구를 통해 과학적 개념(C_2)을 이끌어내고, 과학적 개념(C_2)으로 학생의 선개념(C_1)으로 설명할 수 없는 상황(R_2)을 설명한다. - 인지갈등 단계에서 유발된 학생의 인지갈등이 해소된다. 학생의 개념변화를 위해서는 과학적 개념은 학생이 이해가능해야 하고, 상황을 설명하기에 그럴듯해야 한다. - 인지갈등을 해소하는 과정에서 학생의 선개념은 과학적 개념으로 대체되고 개념변화가 일어난다.
↓	
개념 적용	개념을 정교화하는 단계이다. - 교사는 새로운 상황을 제시하여 학생들이 과학적 개념으로 설명할 수 있는지 확인한다. - 학생은 새로운 상황을 과학적 개념으로 설명함으로써 과학적 개념이 유용하다는 것을 인식한다.

[그림 432] 인지갈등 수업 모형의 절차

요약

1. 인지갈등 수업 모형은 다음과 같은 단계로 구성된다.

선개념 확인 ⇨ 인지갈등 ⇨ 개념의 재구성 ⇨ 개념 적용단계

2. 권재술은 인지갈등을 학생의 선개념(C_1)과 환경(R_2) 사이의 갈등, 과학적 개념(C_2)과 환경(R_1) 사이의 갈등, 선개념(C_1)과 과학적 개념(C_2) 사이의 갈등과 같이 3 가지의 유형을 제안하였다.
3. 박종원은 권재술의 인지갈등 유형에 학습자의 신념과 새로운 개념(C_2) 사이의 갈등을 추가하여 4 가지의 인지갈등 유형을 제안하였다.
4. 인지갈등 수업 모형에서는 학생의 선개념을 파악하고, 학생의 선개념에 불일치한 상황(R_2)을 제시하여 인지갈등을 유발시키는 것이 중요하다. 인지갈등을 겪는 학생은 자신의 선개념에 불만족을 가지게 된다.

활동 1

인지갈등을 통한 학생들의 개념변화를 위해서는 학생들의 선개념을 파악하는 것이 중요하다. 학생들이 일상생활을 통해 가지고 있는 오개념을 조사하고, 그러한 오개념이 형성된 상황을 조사하여 써 보자.

학생의 선개념(C_1)	선개념이 형성된 상황(R_1)

활동 2

인지갈등을 통한 개념변화 수업에서는 학생의 선개념과 불일치한 상황을 제시하여 인지갈등을 유발시키는 것이 중요하다. 학생의 선개념에 불일치한 상황을 고안하여 보자. 교사의 입장에서는 과학적 개념으로 설명할 수 있는 상황(R_2)을 제시하였다고 하여도, 학생은 자신의 선개념을 이용하여 R_2를 설명하는 경우도 생기는데, 이러한 경우 인지갈등이 일어나지 않는다. 조별로 학생의 선개념(C_1)과 선개념으로는 설명할 수 없는 불일치한 상황(R_2)을 발표하고, 각 조에서 발표한 내용이 인지갈등을 일으키기 위한 효과적인 방법인지 토의하여 보자.

학생의 선개념(C_1)	선개념에 불일치한 상황(R_2)

(3) 인지갈등 수업 모형의 적용

다음은 인지갈등 수업 모형을 적용한 물리 수업 예시이다.

단계	내용
선개념 확인	- 교사는 운동하는 물체에 작용하는 힘의 방향에 대한 학생의 선개념을 조사한다. - 학생은 운동하는 방향으로 힘이 작용한다는 자신의 선개념을 드러낸다. (C_1 확인). - 학생이 그렇게 생각한 이유로 물체에 힘을 주어 밀어주었을 때, 힘이 가해진 방향으로 물체가 이동하는 것을 보았기 때문이라고 답을 한다. (C_1이 형성된 상황 R_1 확인, $C_1 \rightarrow R_1$) - 탁구공에 고무줄을 붙여 투명한 물통의 바닥에 붙이고 물통에 물을 가득 담은 기구를 보여준다. 이 기구를 운동시켰을 때 탁구공이 향하는 방향이 힘의 방향이라는 것을 확인하도록 한다. 즉, 이 기구를 통해 힘의 방향을 눈으로 확인할 수 있다는 인식을 가지게 한다.
↓	
인지 갈등	- 교사는 마찰력이 작용하는 바닥에서 수레를 밀어 직선 운동하는 것을 학생들에게 보여준 뒤, 수레 위에 탁구공이 들어있는 물통을 올려 수레를 밀어 운동시켰을 때, 탁구공이 향하는 방향에 대해 학생의 생각을 글로 쓰고 발표하게 한다. - 학생은 힘의 방향은 운동 방향과 같으므로, 탁구공은 수레가 운동하는 방향으로 향할 것이라고 답을 한다. (C_1 재확인) - 교사는 시범실험을 통해, 마찰력이 작용하는 바닥에서 수레를 운동시키고, 수레 위에 있는 물통 속의 탁구공이 향하는 방향을 관찰하게 한다. (R_2 제시) - 학생은 자신의 생각과 일치하지 않는 현상을 보고, 자신의 선개념과 불일치하다는 것을 인식한다. 선개념에 불만족을 가지게 되며, 왜 그러한 현상이 나타나는지 궁금해하며 인지갈등이 유발된다, ($C_1 \leftrightarrow R_2$)
↓	
개념 재구성	- 교사는 운동하는 수레에 작용하는 힘의 종류와 그 힘의 방향에 대해 생각해 보게한다. 물체에 작용하는 힘의 방향을 설명하기 위해, 속도를 화살표로 그리고, 속도의 변화 방향을 벡터를 이용하여 찾게한다. 속도의 변화가 무엇을 의미하는지 생각해 보게 한다. 물체의 운동 방향으로 힘이 작용하는 것이 아니라, 속도의 변화 방향으로 힘이 작용한다는 것을 설명한다(C_2 제시). - 학생은 힘의 방향이 속도의 변화 방향이라는 것을 인식하고, 힘의 방향이 물체의 운동 방향과 일치하지 않는 상황이 있다는 것을 인식한다($C_2 \rightarrow R_2$). - 교사는 학생이 과학적 개념으로 변화가 되었는지 점검한다.
↓	
개념 적용	- 다양한 상황에서의 물체 운동을 제시하여 물체에 작용하는 힘의 방향에 대해 학생에게 각각 예상하게 하고 설명하게 한다. 그 뒤, 물통의 탁구공 방향을 관찰하고 설명하게 한다.

[그림 433] 인지갈등 수업 모형의 적용 예시

활동 3

[활동 1]에서 조사한 내용을 이용하여 인지갈등모형을 적용한 수업을 설계해 보자.

단계	
선개념 확인	
↓	
인지갈등	
↓	
개념 재구성	
↓	
개념 적용	

3.2 드라이버의 개념변화 수업 모형

(1) 드라이버 개념변화 수업 모형의 배경과 특징

드라이버(Driver, 1980)는 과학적 개념과 상충되는 학습자의 개념을 발견하고 개념변화를 위해 학습자의 개념 학습 방법에 따라 과학적 탐구활동이 수행되어야 한다고 하였다. 드라이버(Driver, 1981)는 피아제와 오슈벨의 이론으로 설명하지 못하는 과학학습 현상을 설명하기 위해 대안적 개념틀 이론을 제안하였다. 대안적 개념틀은 학생들이 가지고 있는 직관적 관념이다. 드라이버는 학생들이 선개념을 고찰하고, 새로운 경험을 통해 학생의 개념을 변화시킬 수 있는 방법을 제안하였다. 드라이버(Driver, 1983)는 오슈벨의 유의미 학습이 이전 지식과 연결될 수 있는 링크가 적거나 그 링크들의 질이 높지 않다면, 새로운 아이디어가 장기기억으로 전이될 가능성이 적어지게 되고, 기억에 남지 않거나 유용하지 않을 것이라고 하였다.

(2) 드라이버의 개념변화 수업 모형의 절차

드라이버의 개념변화 수업 모형은 학생들이 기존의 잘못된 개념이나 오개념을 바르게 변화시키는 과정에 중점을 둔 교육 모형이다. 이러한 대안적 개념체계는 학습에 큰 영향을 미친다. 드라이버의 개념변화 수업 모형은 다음과 같이 5단계로 구성되어 있다.

① 안내하기

학생들에게 학습 주제에 대한 학습 동기를 부여하기 위한 기회를 제공하기 위한 단계이다.

② 생각 끌어내기

학생들에게 학습하려는 주제에 대해 자신이 가지고 있는 생각을 명확하게 드러내도록 한다. 그룹 토론, 글쓰기 등 다양한 활동을 통해서 학생의 생각을 드러내게 할 수 있다. 교사는 학습 내용과 관련된 현상 등을 제시하고, 학생들은 이를 관찰하고, 자신의 언어로 표현한다.

③ 생각의 재구성

생각의 재구성 단계는 구성주의 학습의 중요한 부분이다. 명료화와 교환, 상충된 상황의 노출, 새로운 생각의 구성, 평가와 같은 하위 4단계가 포함된다.

- 명료화와 교환 단계에서는 학생들이 자신의 생각을 드러내고 다른 학생의 생각과 비교하여 생각을 명료화한다. 이러한 방식으로 학생들이 생각을 교환하는 과정에서 같은 현상을 설명하는 다양한 생각이 있을 수 있다는 인식을 할 수 있게 된다.
- 상충된 상황의 노출 단계에서는 학생이 기존의 생각으로 설명되지 않는 인지적 갈등 상황을 접하고 자신의 생각을 검토하게 된다. 학생들은 의견 교환을 하는 과정에서 학생들 사이에서 자발적인 의견 불일치로 이어질 수 있다. 또는 교사가 시연 등을 통해 개념 갈등을 조장할 수도 있다. 이 단계에서 자신의 선개념에 대한

불만족을 가지게 된다. 이러한 선개념에 대한 불만족은 자신의 개념을 바꾸기 위한 동기가 된다.

- 새로운 생각의 구성 단계에서 학생은 새로운 생각을 구성하게 된다. 과학개념은 학생들이 쉽게 이해할 수 있어야 하고, 학생들의 생각과 비교할 때 어떤 장점이 있는지를 잘 드러나야 한다.
- 평가 단계에서는 학생이 자신의 생각을 스스로 평가하는 단계이다. 새로운 개념이 얼마나 적절한지를 평가하는 것이다. 새로운 개념의 평가 단계에서 학생이 새로운 생각이 옳다는 것을 인식하도록 해야한다.

④ 생각의 응용

학생은 다양한 상황에서 자신이 개발한 개념이나 아이디어를 적용할 수 있는 것을 인식한다. 익숙한 상황과 새로운 상황 모두에서 새로운 개념이 적용되며, 새로운 개념이 적용되는 맥락의 확장 가능성을 인식한다.

⑤ 생각의 변화 검토

학생은 처음 수업 시작할 때와 수업이 끝날 때에 자신의 생각이 어떻게 변했는지를 비교하여 되돌아본다.

[그림 434]는 드라이버의 개념변화 수업 모형 절차를 나타낸 것이다.

단계	내용
안내하기	교사는 학습에 대한 흥미를 유도하고 학생들에게 무엇을 배울지와 수업 내용과 관련된 상황을 제시한다.
↓	
생각 끌어내기	- 교사는 학생이 자신의 생각을 표현할 수 있도록 학습 내용과 관련된 현상이나 사건을 제시하고 학생들이 생각을 글이나 그림으로 표현할 수 있도록 한다. - 학생은 수업 내용과 관련된 자신의 생각을 인지하고 이를 표현하는 단계이다.
↓	

단계	세부 단계	내용
생각의 재구성	명료화와 교환	학생의 선개념을 명료화하는 단계이다. – 학생은 자신의 생각을 다른 학생의 생각과 비교하면서 개념을 명료화한다.
	상충된 상황에 노출	– 교사는 학생의 선개념으로 설명하지 못하는 상황을 제시하고, 그 상황을 예측하고 설명하게 한다. – 학생은 자신의 선개념으로는 설명할 수 없는 상황으로 인해 자신의 선개념이 불충분하다는 것을 인식하고, 자신의 선개념에 불만족을 갖게 된다.
	새로운 생각의 구성	– 학생은 자신의 선개념을 대체할 수 있는 새로운 개념을 구성한다. – 학생이 스스로 구성하기 어려운 과학 개념에 대해서는 교사가 도움을 준다.
	평가	– 교사는 학생이 새로 구성한 개념의 유용성을 경험하게 하여 그 개념이 타당한지 평가하도록 한다. – 학생은 새로운 개념이 타당한지 평가한다.
↓		
생각의 응용		– 교사는 학생에게 재구성한 개념을 새로운 상황에 적용할 수 있는 기회를 제공한다. – 학생은 이 단계에서 새로 구성한 개념이 유용함을 인식하게 된다.
↓		
생각의 변화 검토		재구성된 개념이 어떻게 변화되었는지 검토하는 단계이다. – 학생은 생각 끌어내기 단계에서의 자신의 개념과 재구성된 개념을 비교할 수 있다.

[그림 434] 드라이버의 개념변화 수업 모형 절차

요약

1. 드라이버의 개념변화 수업 모형의 절차는 다음과 같다.

안내하기 ⇨ 생각 끌어내기 ⇨ 생각의 재구성 ⇨ 생각의 응용 ⇨ 생각의 변화 검토

2. 드라이버는 학습자의 경험을 해석하고 대안적 개념틀을 고려하는 것이 중요하며, 학습은 학습자가 능동적인 의미를 구성하는 과정이며, 학생들의 개념을 재조직하고 발전시키는 것이라는 관점으로 개념변화 수업 모형을 제안하였다.

(3) 드라이버의 개념변화 수업 모형의 적용

다음은 드라이버의 개념변화 수업 모형을 적용한 물리 수업 예시이다.

단계		내용
안내하기		- 교사는 물체에 가한 힘과 물체의 운동상태 변화에 대해 학습한 것을 상기시킨다. - 자유 낙하 운동하는 물체와 수평 방향으로 던진 물체의 운동에 대해 탐구활동을 할 것이라는 것을 안내한다.
↓		
생각 끌어내기		- 같은 높이에서 자유 낙하 운동하는 물체와 수평 평향으로 던진 물체 중 어느 것이 바닥에 먼저 닿을지 학생들에게 질문한다. - 학생들은 물체의 운동을 그림을 그리거나 글로 자신의 생각을 표현한다.
↓		
생각의 재구성	명료화와 교환	- 학생들은 그림이나 글 등으로 자신의 생각을 발표한다. - 동시에 떨어진다고 답한 학생과 자유 낙하 하는 물체가 먼저 떨어진다고 답한 학생의 응답 이유를 각각 발표한다.
	상충된 상황에 노출	- 모눈종이 판을 만들고, 쇠구슬 발사 장치를 얹어 두 개의 쇠구슬 중 하나는 자유 낙하 운동을 하게 하고, 동시에 다른 하나의 쇠구슬은 발사 장치를 이용해서 수평으로 발사되게 한다. - 스마트폰을 삼각대 위에 얹고 두 쇠구슬의 운동을 촬영하고 분석한다. - 실험의 결과와 학생의 예상을 비교한다. - 자유 낙하하는 물체가 먼저 떨어진다고 예상한 학생은 자신의 생각과 상충된 상황에 노출된다.
	새로운 생각의 구성	- 수평 방향으로 던진 물체의 운동을 수평 방향과 수직 방향으로 나누어 운동을 분석하고, 수직 방향의 운동에서의 가속도는 중력가속도임을 인식한다. - 수평 방향으로 던진 물체의 수직 성분의 운동상태 변화는 자유 낙하하는 물체의 운동상태 변화와 같다는 것을 발견한다.
	평가	- 교사는 학생에게 연직 위쪽 방향으로 던진 물체와 비스듬히 던진 물체의 최고점의 높이가 같은 상황에서 두 물체가 도달하는 최고점의 높이에 도달하는 시간을 예상하고 비교하도록 한다. 그 근거를 각 물체의 운동을 x축과 y축의 성분으로 나누어 분석하도록 한다.
↓		
생각의 응용		- 교사는 야자나무에 매달린 야자수가 떨어지는 순간 야자수를 향해 총을 쏜다면 야자수에 총알이 맞을지 맞지 않을지를 학생에게 생각해보게 한다. - 학생은 새로 학습한 개념으로 문제를 해결하여 새로 구성된 개념의 유용성을 인식한다.
↓		
생각의 변화 검토		- 학생은 수평 방향으로 던진 물체의 운동상태 변화에 대한 자신의 선개념과 새로운 개념을 비교하여 설명한다.

[그림 435] 드라이버의 개념변화 수업 모형의 적용 예시

활동

드라이버의 개념변화 수업 모형을 적용한 물리수업을 설계해 보자.

단계	세부 단계	내용
안내하기		
↓		
생각 끌어내기		
↓		
생각의 재구성	명료화와 교환	
	상충된 상황에 노출	
	새로운 생각의 구성	
	평가	
↓		
생각의 응용		
↓		
생각의 변화 검토		

3.3 발생학습 모형

(1) 발생학습 모형의 배경 및 특징

발생학습은 코스그로브 & 오스본(Cosgrove & Osborne, 1985)이 학생의 선개념을 효과적으로 변화시키기 위해 제시한 모형이다. 발생학습은 생성학습이라고 번역되기도 한다. 발생학습의 목적은 학생들이 과학적 개념을 사용하여 현상 세계를 더 잘 이해하도록 돕는 데 있다. 즉 학생들의 직관적인 오개념을 과학적인 관점으로 변화시키며, 과학개념을 정교화시키는 것을 목표로 두고 있다. 이를 위해 교사는 학생들이 스스로 지식을 구성할 수 있도록 새롭게 생성된 견해를 성찰할 수 있는 기회를 제공해야 한다. 학생들이 새로운 자료를 분석하여 수업 이전에 구성한 지식과 새로운 아이디어를 결합하고, 이 정보가 어떻게 서로 맞는지 명확하게 표현할 때 새로운 과학 개념을 구축할 수 있다. 교사의 역할은 필요한 경우 관계를 명확히 하거나 학생들이 새로 개발한 아이디어를 풍부하게 하고, 확대하고, 강화함으로써 학생들을 돕는 것이다(Osborn & Wittrock, 1985).

발생학습에 대한 기본 가정은 학습자는 외부에서 오는 자극을 이전 학습과 일치하도록 의미를 만드는 경향이 있다는 것이다. 의미를 구성하는 데는 학습자의 노력이 요구되며, 외부에서 오는 자극과 저장된 정보 사이의 결합이 발생해야 한다(Osborn & Wittrock, 1985). 이를 구체적으로 설명하면 다음과 같다.

① 학습자가 기존에 가지고 있는 생각은 외부의 정보를 지각하는 것에 영향을 미친다. 학습자의 기존 생각에 의해 외부 정보를 선택적으로 지각하고 수용할 수 있으므로, 교사가 제시한 내용은 원래의 의미가 아니라 학습자에게 다른 의미로 인식될 수도 있다.

② 학습자는 선택된 정보를 장기 기억의 일부와 연관지어 능동적으로 의미를 구성한다. 이 과정에서 부적절한 연결 또는 부적절한 의미가 구성될 수 있다.

③ 구성된 의미는 장기기억에 있는 정보와 감각적 경험에 비추어 평가되며, 기억에 포섭된다. 새로운 생각이나 개념이 기존의 생각에 포섭되도록 기존 생각이 재조직되기도 한다.

④ 학습자의 능동적 노력에 의해 개념변화 및 개념의 재구성이 이루어진다.

(2) 발생학습 모형의 절차

발생학습 모형의 절차는 예비 단계 → 초점 단계 → 도전 단계 → 적용 단계로 구성된다. 각 단계별 수업의 활동은 다음과 같다.

① 예비 단계

교사는 가르칠 내용과 관련하여 과학자적 관점을 확인하고 자신의 관점을 이해한다. 또한 학생의 관점을 이해하고, 학생들의 지배적인 선개념이 무엇인지 조사한다. 또한 교사는 학생의 선개념을 과학적 개념으로 변화시키기 위한 전략을 준비한다.

② 초점 단계

학습 내용과 관련된 학생의 선개념에 익숙한 현상을 보여주거나 직접 활동에 참여하게 하여, 학생의 개념을 이끌어낸다. 교사는 학생에게 질문하거나 학생의 생각을 글로 써 보도록 하여 학생이 자신의 생각을 명료화하도록 도와준다. 이때 흥미가 있으며 적당히 도전적인 것을 학습 활동을 제시하여 학생들에게 학습 동기를 유발하고 사고를 자극하도록 한다. 교사는 학생들에게 실제 상황과 관련된 개념을 탐구하도록 기회를 제공함으로써 학생이 자신의 생각을 스스로 드러내도록 도와주는 역할을 한다.

③ 도전 단계

서로 다른 생각을 가진 학생과 토론하는 과정에서 자신의 생각과 다른 학생의 생각을 비교하고 자신의 생각을 수정하고 개념변화가 일어나는 단계이다. 이 단계에서 학생은 자신의 생각이 다른 사람의 생각과 어떻게 다른지를 비교하며, 제시된 현상을 설명할 때 각자의 생각이 어떤 장단점이 있는지 논의하는 시간을 가진다. 학생은 자신의 견해를 재고하여 개념변화를 조장하게 된다. 이 단계에서 학생들의 개념변화를 위한 교사의 역할이 중요하다.

④ 적용 단계

이 단계는 학생이 변화된 과학개념을 사용하여 새로운 문제를 해결하는 단계이다. 교사는 학생의 변화된 과학개념으로 해결할 수 있는 새로운 문제를 제시하여, 학생의 변화된 과학개념이 더욱 강화되도록 유도한다.

[그림 436]은 발생학습 모형의 절차를 나타낸 것이다.

단계	내용
예비단계	- 교사는 학습 내용과 관련된 학생의 선개념을 조사한다. - 교사는 교수-학습 내용을 파악하고 그 내용과 관련된 자신의 개념이 과학적 개념인지 점검한다.
초점단계	학생들이 자신의 선개념을 명확하게 드러내며, 탐구에 사용할 학습 소재에 친숙해지는 단계이다. - 교사는 학습동기를 유발하기 위해 친숙한 소재를 제시하여 학습 내용과 관련한 학생들의 생각을 이끌어낸다. 교사는 개방적인 질문을 이용하여 학생들이 자신의 생각을 명료하게 인식할 수 있도록 한다. - 학생은 직접적인 활동에 참여하고, 교사는 학생들의 반응을 해석하고 그 의미를 분명히 파악한다.
도전단계	학생들은 인지갈등을 통해 선개념을 과학적 개념으로 변화시키는 단계이다. - 교사는 토론을 통해 학생들의 생각을 명확하게 하도록 하고, 다른 학생들의 생각을 들을 수 있는 환경을 조성한다. 학생들이 과학자적 관점을 지지하는 증거를 찾도록 유도한다. - 다른 학생들의 생각과 자신의 생각을 비교해보고 타당한 결론을 도출하기 위해 토론한다. - 학생은 자신의 생각을 수정하게 되고, 개념변화가 일어난다.
적용단계	- 교사는 새로운 상황을 제시하여 학생들이 변화된 개념으로 문제를 해결하도록 한다. - 학생은 변화된 과학개념을 적용하여 문제를 해결하고 과학적 개념이 유용하고 가치가 있다는 것을 인식한다.

[그림 436] 발생학습 모형의 절차

요약

1. 발생학습 모형은 다음과 같은 단계로 구성된다.

예비단계 ⇨ 초점단계 ⇨ 도전단계 ⇨ 적용단개

2. 발생학습 모형에서는 학생이 자신의 생각을 잘 표현할 수 있도록 해야하며, 능동적인 참여가 되도록 학생들을 고무시켜야 한다.

(3) 발생학습 모형의 적용

[그림 437]은 발생학습 모형을 적용한 물리수업 예시이다.

단계	내용
예비단계	- 교사는 사전 조사를 통해 '그림자의 모양은 물체의 모양과 같다'는 학생의 생각을 확인한다. - 교사는 과학적 개념을 확인하고, 학생의 선개념에 불일치한 시범활동을 구상한다.
↓	
초점단계	- 교사는 긴 직선 모양의 광원 뒤에 원형 물체를 두고, 원형 물체 뒤에 스크린을 두었을 때, 스크린에 어떤 모양의 그림자가 생길지 학생들에게 예상하도록 한다. - 학생은 자신의 선개념을 바탕으로 그림자의 모양을 예상을 하고, 그렇게 생각한 이유를 글로 작성한 뒤, 모둠별로 토의한다.
↓	
도전단계	- 교사는 긴 직선 모양의 광원을 켠 뒤, 스크린에 생긴 그림자 모양을 관찰하게 한다. - 실험 결과를 모둠별로 발표한다. 다른 학생들과 개념을 교환하며 발표 내용이 타당한지 검증한다. - 교사는 학생에게 긴 직선 모양의 광원이 점광원과 어떻게 다른지 질문하고, 광원에서 빛이 진행하는 경로를 화살표로 그려서 그림자의 모양을 표시하고 비교해 보도록 한다. - 학생이 찾은 개념과 교사가 안내한 개념을 비교하도록 한다. - 교사는 개념을 구성하지 못한 학생을 대상으로 피드백한다.
↓	
적용단계	- 교사는 원형 물체 대신 별 모양의 물체를 두었을 때, 스크린에 어떤 모양의 그림자가 생길지 학생들에게 예상하게 한 뒤, 관찰하도록 한다. - 학생은 관찰한 그림자의 모양을 도전단계에서 학습한 개념으로 설명한다.

[그림 437] 발생학습 모형의 적용 예시

활동

학생의 선개념 변화를 위해 발생학습 모형을 적용한 물리수업을 설계해 보자.

단계	
예비단계	
↓	
초점단계	
↓	
도전단계	
↓	
적용단계	

CHAPTER 04

POE 수업 모형과 적용

하상우 (경북대학교)

시범 실험은 학생의 흥미를 유발하고, 추상적인 과학 개념을 실제로 시연함으로써 학생들이 본시 학습 개념과 관련한 구체적인 현상을 경험할 수 있도록 도와준다. 하지만 시범 실험은 교사에 의한 시연 형태로 이루어지기 때문에 수업이 교사 중심으로 흘러가는 경향이 있다. POE(Prediction-Observation-Explanation: 예측-관찰-설명) 수업 모형은 교사 중심 수업의 형태를 취할 수 있는 시범 실험을 학생 중심의 교수 학습 형태로 변형한 탐구적 학습 모형이다(White & Gunstone, 1992). POE 수업 모형은 수업 진행 단계의 첫 글자를 따서 그 이름을 붙였다. 즉, POE 수업 모형에서는 학생들이 예측(Prediction), 관찰(Observation), 설명(Explanation)의 단계를 순서대로 경험하게 하며, 이 일련의 단계를 통해 학생들의 이해를 끌어내고 학습에 대한 능동적 참여를 유도한다는 특징을 지닌다.

한편, POE 수업 모형은 시범 실험을 변형한 교수 학습 형태라는 점에서는 탐구적 학습 모형으로 분류되지만, 과학적 개념에 대한 학생들의 이해를 점검하고, 개념 변화를 유도하는 데도 효과적이기 때문에 개념 변화를 목적으로 하는 수업에서도 활용될 수 있다(Hsu et al., 2011; Kibirige et al., 2014). POE 수업 모형은 한 차시 수업을 전체적으로 설계하는데 사용할 수 있을 뿐만 아니라, 이미 다른 수업 모형을 기반으로 계획된 수업의 일부분에서도 효과적인 수업 전략으로 활용할 수 있는 등 그 활용 범위가 넓고 융통성이 뛰어나다. 따라서 POE 수업 모형은 POE 전략, 혹은 POE 수업 전략이라는 이름으로 불리기도 한다.

4.1 POE 수업 모형의 특징

POE 수업 모형의 가장 큰 특징은 현상을 관찰하기 전에 학생들에게 제시된 상황의 결과를 미리 예측(Prediction)하게 한다는 점이다. 즉, 교사가 학생들에게 시범 실험의 결과를 관찰(Observation) 하도록 하기에 앞서서 미리 실험의 결과를 예측해 보게 함으로써 시범 실험 내용과 관련한 학생들의 사고를 활성화하도록 한다. 자신의 사전 지식을 활용해 시범 실험의 결과를 미리 추측하기 때문에 학생들은 예측하기 활동에서 본인의 선개념을 표현하고, 자신의 선개념에 대해 분명하게 인식하게 된다.

한편, POE 수업 모형에서는 학생들이 예측한 결과가 실제 교사가 시연하는 시범 실험의 결과와 상반될 때 흥미가 극대화되며, 학습에 대한 동기가 증가하게 된다. 학생들이 예측한 결과와 실제 결과가 다를 경우 학생들은 선개념과 새로운 현상 사이의 인지적 비평형 및 인지적 갈등 상태를 경험하므로 개념 변화에 효과적이다 (Mustofa et al., 2024). 즉, 학생들이 예측하지 못한 결과를 가져오는 시범 실험을 주제로 POE 수업 모형을 적용할 때 수업의 효과가 극대화된다. 이처럼 POE 수업 모형은 학생 중심의 탐구 활동을 촉진하며, 개념 변화와 학습 동기를 동시에 유도할 수 있는 효과적인 교수-학습 방법이다.

POE 수업 모형은 학생들의 학습 내용을 평가하거나 그들이 과학적 개념을 얼마나 잘 이해하고 있는지를 점검하는 데에도 효과적이다(Ipek et al., 2010). 각 단계에서 학습자의 사고 과정을 드러낼 수 있기 때문에, 교사는 학생들의 이해도를 실시간으로 파악하고 필요한 경우 즉각적으로 피드백을 제공할 수 있다.

활동

POE 수업 모형에서는 시범 실험의 결과가 학생들의 예측과 다를 때 그 효과가 극대화된다. POE 수업 모형의 효과를 극대화 할 수 있는 시범을 2개 제안하고, 그렇게 생각한 이유를 서술해보자.

시범실험	이유

요약
1. POE 수업 모형은 시범 실험을 학생 중심의 교수 학습 형태로 변형한 탐구적 학습 모형이다. 2. POE 수업 모형은 탐구 학습에 활용하기 위한 목적으로 개발되었지만, 개념 변화 학습에도 효과적으로 활용할 수 있다. 3. POE 수업 모형에서는 학생들이 예측한 결과와 교사의 시범 결과가 상이할 때, 학습 효과가 극대화된다.

4.2 POE 수업 모형의 절차

POE 수업 모형에 따른 수업의 구체적인 절차는 다음과 같다.

[표 451] POE 수업 모형의 단계별 절차

단계	내용
예측	- 교사는 구체적인 상황 설명을 통해 제시된 사건이나 실험 상황이 무엇인지 학생들이 자세히 이해할 수 있도록 돕는다. - 교사는 학생들에게 제시된 사건이나 실험의 결과를 예측하게 하고, 그렇게 예측한 이유를 설명 및 정당화하도록 한다. - 학생은 교사가 제시한 사건이나 상황에서 앞으로 무슨 일이 일어날 것인지 그 결과를 예측해서 글로 작성하며, 가급적 자신이 그렇게 예상한 이유도 함께 작성한다.
↓	
관찰	- 교사는 예측 단계에서 제시했던 사건이나 실험의 결과를 학생들에게 보여주고, 학생들이 실험 결과를 관찰하게 한다. - 교사가 시범 실험으로 실험의 결과를 보여주는 대신 학생들에게 실험을 직접 수행해서 그 결과를 확인하도록 수업을 계획할 수도 있다. - 학생은 실험의 결과를 관찰해서 글로 기록한다. 이때, 예측과 관찰 결과가 다를 경우 인지 갈등을 경험한다.
↓	

설명	- 교사는 학생들에게 관찰된 사실과 같은 결과가 왜 일어났는지 그 이유를 설명하도록 유도한다. - 학생은 관찰 사실의 이유에 대한 글을 작성하면서 개인의 생각을 정리하며, 이후 모둠 토의를 통해 모둠원들의 생각을 확인한다. - 교사는 모둠별 토의 내용을 발표하도록 유도하며, 모둠별 토의 내용이 충분하지 않을 경우 힌트를 제공하여 추가 토의를 유도하거나, 보충 설명을 진행한다.

POE 수업 모형은 수업의 단계를 한 단계 더 추가하여 4단계의 보다 정교화 된 형태로 운영할 수도 있다. POE 수업 모형의 정교화된 방식을 PEOE 수업 모형이라고 한다. PEOE 수업 모형은 예측 → 설명 → 관찰 → 설명의 4단계를 따르며 학생들이 실험 결과를 관찰하기 전에 본인이 예측한 이유를 작성하도록 하는 설명 단계를 명시적으로 포함한다. 하지만 POE 수업 모형을 3단계로 운영할 때도 예측 단계에서 학생들이 단순히 앞으로 일어날 실험의 결과만 예측하게 하지 않고 그렇게 예상한 이유도 작성하게 하는 활동을 포함하여 운영하는 것이 좋다. 따라서 POE 수업 모형과 PEOE 수업 모형은 동일한 수업 모형이라 할 수 있으며, PEOE 수업 모형은 POE 수업 모형에서 간과하기 쉬운 예측을 설명하는 활동을 빠뜨리지 않고 진행할 수 있도록 보다 강조한 모형이라고 이해할 수 있다.

(1) 예측(Prediction) 단계

POE 모형의 첫 번째 단계는 예측 단계로, 학생들이 주어진 문제나 현상에 대해 사전 지식을 바탕으로 결과를 예상하는 과정이다. 이 단계에서 교사는 특정 실험이나 현상에 대한 구체적인 정보를 제공하고, 학생들에게 “이 상황에서 어떤 일이 일어날까?”와 같은 질문을 던진다. 이때 학생들은 자신이 알고 있는 개념을 활용하여 교사가 제시한 현상에 대한 결과를 추측한다. 예측 단계의 활동은 수업 주제에 대한 학생들의 사고를 활성화할 뿐만 아니라, 학습에 대한 기대감을 형성시키기도 한다. 예측 단계는 학생들이 자신의 이해 수준을 자각하게 만들며, 그들의 학습 동기를 높이는 중요한 역할을 한다. 예측 단계가 성공적으로 수행되기 위해서는 주어진 상황에 대한 학생들의 충분한 이해가 필요하므로 상황에 대한 교사의 자세한 설명이 필요하다. 예측 단계에서는 가급적 학생들이 자신의 생각을 글로 작성하도록 하는 것이 좋다. 학생들이 자신의 생각을 글로 작성하는 과정에서 생각이 보다 정교화되며, 본인의 선개념을 분명하게 드러낼 수 있다. 또한 학생이 작성한 글을 통해 교사는 학생이 본래 가지고 있던 선개념이 무엇이었는지 확인할 수 있다.

활동

다음 실험 및 시범 상황에서 학생들이 할 수 있는 가능한 다양한 예측을 해 보자. 그리고 그 이유도 말해보자.

(1) 물 속에서 물 밖의 물체를 보면(예를 들어 물고기가 물밖의 사람을 볼 때) 물체가 어디 있는 것으로 보일까? 간단히 작도해서 설명해 보자.
(2) 투명 원통에 물을 넣고, 원통 뒤에서 막대를 수평이나 수직으로 움직이거나 회전하면서 관찰하면 어떻게 보일까? 막대를 원통에 가깝게 하고 움직이는 경우와 멀리하고 움직이는 경우에는 어떻게 달라질까?

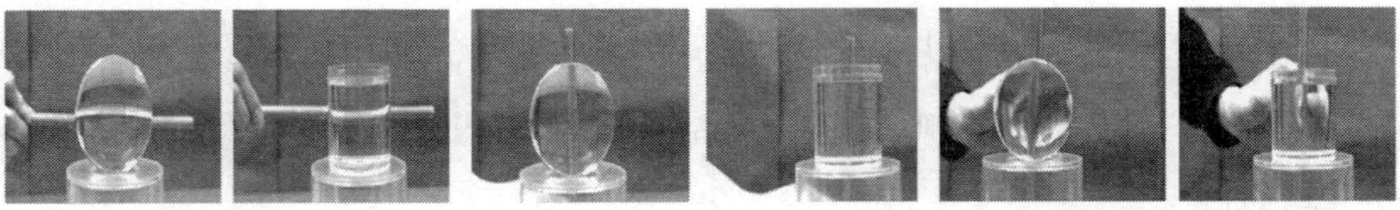

[상하로 이동] [좌우로 이동] [회전]

(3) 바늘 구멍 사진기의 구멍을 두 개 뚫거나, 크게 뚫거나, 슬릿모양으로 뚫으면 상이 어떻게 달라질까?
(4) 시험관에 물과 투명 베이비 오일을 넣었다. 각 시험관에 유리막대를 넣었을 때 유리막대가 어떻게 보일까?
(5) 직선광원(형광등) 아래에서 A4 종이의 중앙에 직경 3~5mm의 구멍을 뚫고 구멍으로 광원의 빛이 통과하여 바닥에 밝은 무늬를 만들었다. 바닥과 종이 사이의 간격이 약 10cm 정도일 때 바닥의 밝은 무늬 모양은 어떻게 나타날까?
(6) 전지에 모터를 연결하여 모터가 회전할 때 흐르는 전류의 세기를 측정한다. 전류가 흐르는 상태에서 모터의 회전축을 손으로 잡아 회전을 멈추게 하면 전류의 세기가 어떻게 달라질까?
(7) 빨강색, 노랑색, 녹색, 파랑색 LED를 병렬로 연결하고, 전압을 서서히 올렸다. 어느 LED가 먼저 켜질까? 아니면 동시에 켜질까?

(8) 네오디뮴 자석 앞의 일정한 거리에서 센서로 자석의 자기장 세기를 측정하고 있다. 자석과 센서의 위치는 그대로 두고, 자석을 뒤에 추가하여 붙이면 자기장의 세기가 어떻게 변화할까?

(2) 관찰(Observation) 단계

두 번째 단계인 관찰 단계에서는 학생들이 자신의 예측을 확인하는 과정이 이루어진다. 이 단계에서 교사는 실험 결과를 시범 실험으로 보여줄 수 있으며, 경우에 따라 학생들이 직접 실험에 참여하여 그 결과를 확인할 수 있도록 활동을 수정할 수도 있다. 직접 실험에 참여하게 하면, 학생들은 교사가 제시한 상황에 더 깊이 몰입할 수 있을 뿐만 아니라, 실험을 수행하는 과정을 통해 과학적 탐구 능력도 기를 수 있다. 교실 상황이 여의치 않으면 실험 결과를 동영상으로 보여주는 것으로 대체할 수도 있다. 즉, 학교에 실험 장치가 갖추어져 있지 않거나 실제 실험을 시연하는 것에 위험 요소가 있다고 판단되면 실험을 실제로 시연하지 않고, 동영상을 통해 확인하도록 할 수 있다. 관찰 단계에서 중요한 점은 학생들이 이전 단계에서 예측했던 결과와 실제 관찰 결과를 비교하게 된다는 점이다. 만약 관찰 결과가 예측과 다르다면, 학생들은 인지적 갈등을 경험하게 되는데, 이는 학습에 대한 흥미를 유발하고 개념 변화를 촉진하기 위해 중요한 요소로 작용한다.

활동

위의 8개 시범을 직접 관찰해 보고, 관찰결과를 적어보자.

(3) 설명(Explanation) 단계

마지막 단계는 설명 단계로, 학생들이 관찰한 결과의 원인을 추측하는 과정이다. 학생들이 예측 단계에서 예상한 결과와 관찰한 결과의 일치 여부에 관계없이 교사는 학생들이 자신이 관찰한 결과가 어떻게 해서 나타났는지 그 이유를 근거를 들어 설명하도록 유도한다. 여기서 교사는 학생들이 이유를 스스로 설명할 수 있도록 하며, 추가적인 질문을 통해 학생이 사고의 깊이를 더하도록 돕는다. POE 수업 모형에 따른 수업 진행의 효과는 학생들이 예상한 결과와 관찰한 결과가 불일치하는 경우 극대화되는데, 예상 결과와 관찰 결과가 불일치하는 경우 학생들이 인지 갈등을 경험하기 때문이다. 예상 결과와 관찰 결과가 불일치하는 경우 학생들은 자신이 예측한 결과와 다른 이유를 설명하기 위해 사고를 확장하게 된다. 특히 학생들은 설명 단계에서 인지 갈등을 해결하기 위해 새롭게 자신의 생각을 구성 및 정교화하게 된다. 설명 단계는 학생들이 실험 결과를 해석하고, 과학적 개념을 스스로 정립하여 인지 갈등을 해소하는 학습의 마무리 단계이다.

활동

위의 8개 시범 관찰결과를 설명해 보자.

요약

1. POE 수업 모형은 예측(Prediction), 관찰(Observation), 설명(Explanation)의 순서대로 수업이 진행되며, 수업 단계의 영어 첫 글자를 순서대로 따서 수업 모형의 이름으로 명명하였다.
2. POE 수업 모형의 예측 단계에서 학생들은 교사가 제시한 특정 실험이나 현상의 결과를 예측한다.
3. POE 수업 모형의 관찰 단계에서는 교사의 시범 실험이나 학생들의 직접 실험을 통해 예측 단계에서 제시된 상황에 대해 직접 관찰하며, 예측 사실과 관찰 내용이 불일치하는 경우 인지 갈등을 경험한다.
4. POE 수업 모형의 설명 단계에서 학생들은 관찰 단계의 결과가 나타난 이유가 무엇인지 근거를 들어 설명하며 이 과정에서 자신의 생각을 새롭게 구성하거나 정교화한다.

(4) POE 수업 모형의 적용 사례

다음 예시는 POE 모형을 활용한 물리 수업 사례이다.

[표 452] POE 수업 모형에 따른 수업 진행 예시

단계	내용
예측	- 교사는 동그란 구멍이 뚫린 구리판과 토치를 보여주고, "구멍 뚫린 판을 가열할 때 구멍의 크기가 어떻게 될까?"라고 질문한 후, 교사의 질문에 대한 답과 그 이유를 학생들이 글로 작성해 보도록 유도한다. - 학생들은 물체가 가열될 때 어떻게 되는지와 관련된 자신의 여러 가지 경험을 토대로 교사의 질문에 대한 대답을 작성한다. - 교사의 질문에 대한 학생들의 생각 작성이 끝나면 교사는 학생들이 작성한 글을 모둠별로 모둠원들에게 설명해 보도록 유도한다.
↓	
관찰	- 교사는 먼저 쇠구슬이 구멍 뚫린 판을 아슬아슬하게 통과하지 못하는 시범 실험을 보여준다. 이후 구리판을 토치로 가열한 뒤에는 쇠구슬이 구멍 뚫린 판을 잘 통과하는 시범 실험을 보여준다. 이후 학생들에게 교사가 보여준 시범 실험을 관찰한 내용을 작성하도록 한다. (시범 실험을 보여주기 곤란한 상황이면 실험 동영상으로 대체할 수 있다.) - 학생들은 교사의 시범 실험에서 자신이 관찰한 내용을 글로 작성한다.
↓	
설명	- 교사는 학생들에게 왜 교사가 보여준 시범 실험과 같은 결과가 나타났는지 그 이유를 글로 작성해 보도록 유도한다. - 학생들은 시범 실험과 같은 결과가 나타난 이유를 글로 작성하고, 모둠원들이 서로 모여 서로의 생각을 토의한다.

활동

모둠별로 수행할 POE 수업을 설계해 보자. 앞서 제시한 8개 시범을 활용해도 좋다. 단, 모둠별로 서로 다른 시범을 활용하여 수업을 설계하자.

단계	내용
예측	
↓	
관찰	
↓	
설명	

CHAPTER 05

발견학습 수업 모형과 적용

김희경 (강원대학교)

발견학습(Discovery Learning)은 관찰을 통한 새로운 사실의 발견 및 귀납적 일반화를 통한 규칙성의 발견을 강조한 브루너의 학습 이론에 기반을 두고 있다(조희형 외, 2018). 브루너(1961)는 모든 학습자는 한 사람의 발견자가 될 수 있다고 보았다. 학습자 스스로 발견하는 학습 과정은 아동들에게 발견 자체가 내적 보상으로 작용하여 학습자의 동기를 유발하며, 기억의 처리를 돕고, 지적 능력을 증가시킨다는 입장에서 발견식 수업의 우월성을 주장했다.

이후 발견학습을 위한 다양한 교수·학습 모형이 제안되었는데 그 정의와 효과에 대한 논의는 일치되지 않는다. 다만, 학생들의 학습 효과를 위해서는 안내된 발견학습이 지지받고 있다(Alfieri, Brooks, Aldrich, & Tenenbaum, 2011). 즉, 학생들이 다른 이의 도움 없이 스스로 과학적 발견을 한다는 것은 현실적으로 여러 어려움이 따르기 때문에 교사의 적절한 안내가 도입될 필요가 있는데, 이를 교수·학습 과정으로 모형화한 것이 안내된 발견학습 모형이다.

안내된 발견학습에서 교사는 직접적으로 목표 개념을 설명하는 것이 아니라, 학생들이 스스로 자신의 이해를 구성할 수 있도록 실례를 제공하고 안내한다. 학생들은 교사의 안내를 받아 귀납적 일반화를 통해 스스로 규칙성을 찾아낸다. 이러한 특징 때문에 안내된 발견학습 모형을 귀납적 모형이라고 부르기도 한다(Eggen & Kauchak, 2006). 과학교수·학습 모형에는 일반적인 법칙이나 이론에서 출발하여 가설을 설정하고 검증하는 연역적 방법에 기반하는 교수·학습 모형도 있고, 귀납적 방법을 통한 일반화에 기반한 교수·학습 모형도 있다. 발견학습 모형은 귀납적 일반화에 기반한 대표적인 교수·학습 모형이다.

5.1 발견학습 모형의 특징

안내된 발견학습 모형(The Guided Discovery Model)은 교사가 학생들에게 구체적인 예를 제공하고 학생들이 이를 바탕으로 주제를 이해하고 추론하도록 안내하는 교수학습 모형이다(Eggen and Kauchak, 2012). 안내된 발견학습 모형에서 교사와 학습자의 역할을 정리하면 [표 461]과 같다.

[표 461] 안내된 발견학습에서 교사와 학습자의 역할

교사	학습자
- 학생들의 학습을 모니터링하고 - 교수학습 상황에 적절한 판단을 통하여 - 학생에게 필요한 질문과 과제를 제공하여 학생들의 학습을 안내하고 촉진할 수 있어야 한다.	- 자신의 경험과 사전 지식을 토대로 - 대상을 탐구하고 조작하거나 실험을 하고 질문 및 토론을 활용하여 - 환경과의 적극적인 상호작용을 수행하여 주어진 정보에서 귀납적으로 패턴을 구성한다.

발견학습 모형에서 학습자가 추론해야 할 목표 주제는 두 가지 유형으로, 개념 또는 개념간의 관계(일반화)이다. 여기서 개념이란 공통 속성을 가진 범주를 말한다. 예를 들면 '도체'라는 개념의 속성은 '한 방향이나 여러 방향으로 전류의 흐름이 가능한 물체나 물질'로 볼 수 있다. 학습자들은 도체의 특성을 일반화하기 위해 교사가 제공하는 다양한 도체와 도체가 아닌 것(비예시)을 회로에 연결해 볼 수 있다. 또한, '일'이라는 개념의 속성은 '물체에 외력이 작용하여 위치가 변하였을 때, 외력의 크기와 (힘과 나란한 방향 성분의) 변위의 곱으로 주어지는 물리량'이다. 학습자들이 이 개념의 속성을 이해하기 위해서 교사는 다양한 예시와 비예시를 제시하여 물리적으로 올바른 '일'의 정의에 해당하는 속성을 찾을 수 있도록 도와야 한다. 발견학습은 실험을 통한 것만이 아니라 교사가

제공하는 예시와 비예시를 통해 학습자들이 추론하는 것도 포함한다. 예를 들면, 교사는 벽을 밀고 있는 학생의 상황과 물체를 들고 앞으로 걸어가는 학생의 상황 등 다양한 실례 제시를 통해 예시와 비예시를 제공하고 이를 통해 공통된 속성을 학습자들이 찾을 수 있도록 한다.

교사는 학습자와 개념의 속성을 이야기할 때 결정적 속성과 비결정적 속성을 구분하도록 하는 것이 중요하다. '도체'의 속성에서 크기나 색깔은 도체 여부를 결정하는 속성이 아니다. 마찬가지로 '일'의 속성에서 인간이 느끼는 피로감은 물리적 일의 속성이 될 수 없다는 것을 학생들에게 명시적으로 구분해주는 것이 개념 학습에서 중요하다. 즉, 교사는 학생들이 결정적 속성과 비결정적 속성을 구분하도록 하여 잘못된 개념이 생기지 않도록 도와야 한다.

활동

2022 개정 교육과정의 물리학 내용에서 개념을 두 개 선정해 개념의 속성에 대해 기술하여 보자. 이때 결정적 속성과 비결정적 속성을 구분하여라.

	개념	속성	
1		결정적 속성	
		비결정적 속성	
2		결정적 속성	
		비결정적 속성	

발견학습을 통한 물리 학습의 목표 주제 중 나머지 다른 하나는 개념간의 진술에 해당하는 일반화이다. 여기서 일반화란 개념들 간의 관련성에 대한 진술로, 개념들을 일반화된 패턴으로 연결한 명제이다. 예를 들면 물리에서 '전자석의 세기는 전류의 세기에 비례한다', '운동하는 물체에 작용하는 외력이 없으면 물체는 등속직선운동을 한다'는 명제들이 이에 해당한다. 첫째 문장은 전자석의 세기와 전류의 세기간의 관계에 대한 규칙성을 진술한 문장이며, 둘째 문장은 외력이라는 개념과 등속직선운동의 관계를 진술한 명제이다. 명제학습은 물리개념학습의 핵심적인 내용으로 오수벨의 유의미 학습

(Ausubel et al., 1978)에서 강조하고 있으며, 이를 위한 효과적 방법으로 노박의 개념도 (Novak & Gowin, 1984)를 통한 물리학습 전략이 활용되기도 한다.

한편, 귀납을 통한 일반화를 적용한 탐구활동 유형에는 유형 분류, 계열화, 보존, 상관관계 등이 있다(박종원, 김영민, 2018, p159). 여기서 '분류'와 '계열화', 그리고 '보존'은 발견학습에서 일반화를 통한 개념의 추론과 관련지을 수 있으며, '상관관계'는 개념간의 관계에 적용되는 탐구활동으로 볼 수 있다. 자세한 내용은 교재의 I권에서 참고할 수 있다.

활동

발견학습 모형을 활용한 물리 수업에서 목표 주제가 될 수 있는 내용 요소를 하나 정하여 교사가 제공해야 할 예시를 만들어 보자. 2022 개정 교육과정의 물리학 내용에서 개념과 개념 간의 관계에 해당하는 내용 요소를 하나씩 찾아 이에 해당하는 예들을 나열해 보아라.

유형	내용 요소	교사가 제공할 수 있는 실례	
개념		예시	
		비예시	
개념 간의 관계		예시	
		비예시	

요약

1. 안내된 발견학습 모형(The Guided Discovery Model)은 교사가 학생들에게 구체적인 예를 제공하고 학생들이 이를 바탕으로 주제를 이해하고 추론하도록 안내하는 교수학습 방법이다.

2. 안내된 발견학습에서
   - 학생들은 귀납적 일반화 전략을 사용한다.
   - 학생들은 개념이나 개념간의 관계를 찾는다.

3. 교사는 학습자의 개념의 속성에 대한 이해를 위해 예시와 비예시를 활용한다.

5.2 발견학습 모형의 절차

발견법을 수업에 도입하기 위해 제안된 발견학습 모형은 카우체크와 에겐이 제안한 '안내된 발견학습 모형'이 널리 사용된다. 카우체크와 에겐은 애초에 7단계의 절차로 구성된 모형(Kauchak & Eggen, 1988)을 '귀납적 모형(The Inductive Model)'이라는 이름으로 제안하였으며([그림 461]), 이를 계속 수정 보완하여 최근에는 4단계 모형인 '안내된 발견학습 모형'(Eggen & Kauchak, 2012)으로 하였다.

안내된 발견학습 모형에서 교사가 해야 할 수업 준비의 절차로는 수업의 주제를 확인하고, 학습 목표를 상세화하여 해당하는 예시와 비예시를 준비하는 것이다. 앞서 살펴본 바와 같이 개념 학습에서 결정적 속성과 비결정적 속성을 구분하는 것이 중요하기 때문에 실례에서도 예시와 비예시를 모두 들어주는 것이 중요하다. 예를 들면 '곤충'이라는 개념에 대해 학습하기 위해서는 곤충의 예시에 해당하는 동물들 뿐 아니라 거미와 같은 비예시도 함께 다루는 것이 효과적이다. 곤충은 다리가 6개라는 속성을 가지지만, 거미는 다리가 8개인 거미류에 해당하기 때문에 예시와 비예시의 차이점을 대조하면 목표 개념의 속성이 뚜렷해지기 때문이다.

물리학습에서도 마찬가지로 '일'에 대한 학습에서 '상자를 가만히 들고 있기'와 같은 물리적 일에 대한 비예시를 함께 제시함으로써 학습자들이 일에서 변위가 필수적임을 파악할 수 있고, 나아가 '상자를 든 상태로 앞으로 이동하기' 또한 추가로 제시한다면 일의 속성에 대한 이해를 도울 수 있다.

수업목표에 해당하는 예시와 비예시의 준비를 통해 수업준비가 끝나면 수업의 실행은 [그림 461]의 절차로 진행한다. 전체적으로 보면, '도입'과 '적용'이라는 수업의 시작과 마무리에 해당하는 일반적 절차가 있고, 학생들의 개방적 탐색이 주를 이루는 '확산' 단계와 교사가 이를 정리해 주는 '수렴' 단계로 구성되는 것이 4단계 모형의 핵심이다. 귀납적 일반화 과정을 좀 더 세부적으로 나누어 구분한 7단계 모형에서는 학습자들의 귀납적 일반화를 돕기 위한 두 단계의 자료 제시 및 학습자의 관찰 활동이 명시적으로 구분되는 특징이 있다. 이는 한 번의 관찰만으로 도출하기 어려운 자료의 패턴을 대조적이거나 더 구체적인 두 번째 자료를 통해 더 쉽게 귀납적 일반화를 통해 도출하는 장점이 있으나, 수업의 주제에 따라 이 절차로 구성되기 어려운 경우에는 좀 더 융통성 있게 적용 가능한 4단계 절차 모형이 적합하다.

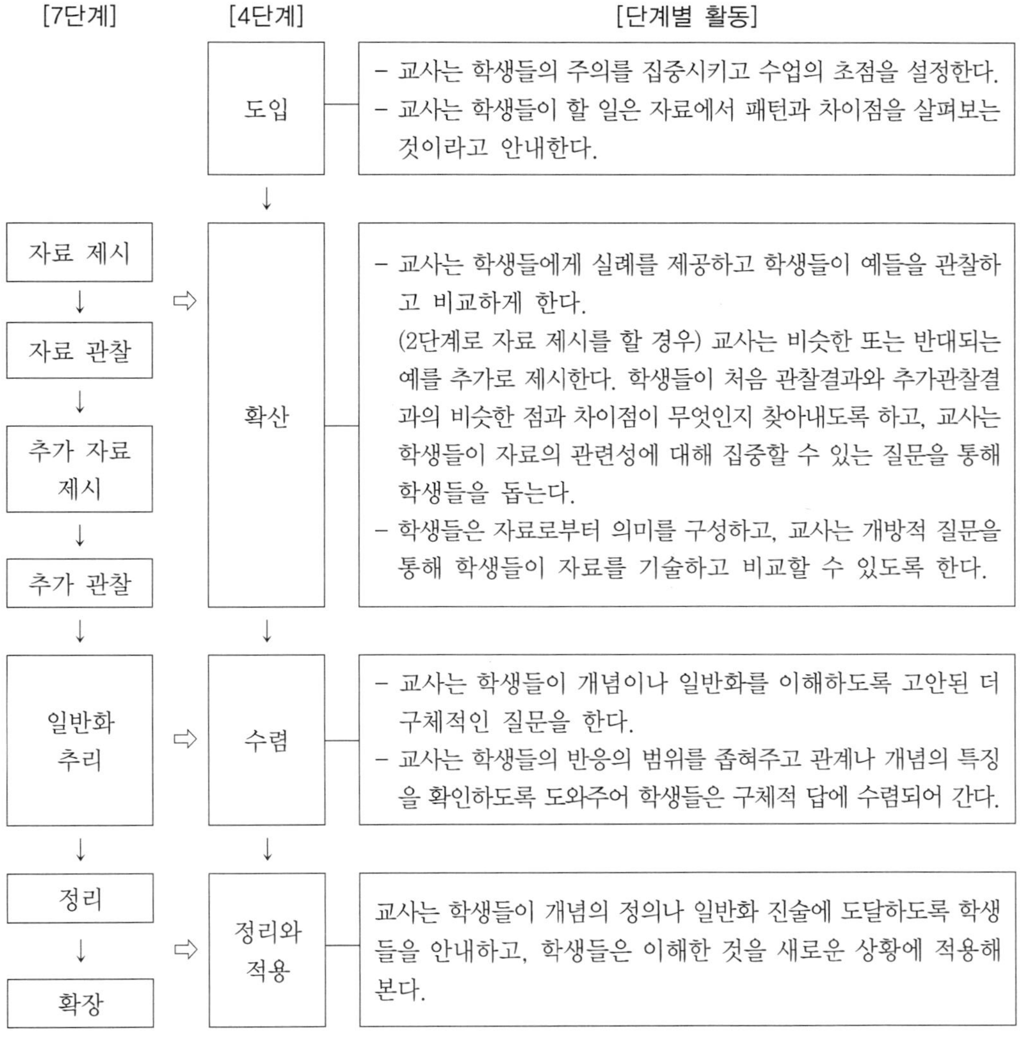

[그림 461] 안내된 발견학습 모형의 7단계 절차와 4단계 절차(Eggen & Kauchak, 2012)의 비교

한편, 이범홍과 김영민(1983)은 앞에서 기술한 에겐과 카우체크의 초기 모형인 7단계 모형(Kauchak & Eggen, 1980)을 우리나라 실정에 맞춰 5단계로 수정한 발견학습 모형을 다음과 같이 제시하였는데([그림 462]), 현재 우리나라에서 과학수업을 위한 발견학습 모형으로 널리 알려져 있다. 모형의 절차를 살펴보면 에겐과 카우체크 모형의 7단계 절차와 유사하다.

단계	내용
탐색 및 문제파악	- 학생들이 학습자료 탐색 및 문제를 파악하는 단계이다. - 교사는 학습자료를 제시하여 학생들이 문제를 파악하도록 돕는다.
↓	
자료제시 및 관찰 탐색	- 학생들이 자유로운 탐색 활동을 하는 단계이다. - 교사는 현실 세계의 일부인 자료를 제시함으로써 과학 활동을 실세계와 관련짓고, 관찰을 통해 탐구기능을 발달시키는 기회를 제공한다. 이때 제시된 자료는 관찰가능한 특징이나 관계를 포함할 수 있도록 한다. - 교사는 학생들이 가능한 한 다양하고 많은 관찰을 하도록 격려한다. 그러나 관찰은 이론 의존적이기 때문에 학생의 지적 배경에 따라 상당히 제한적일 수 있다는 것을 고려한다. 학생들이 관찰결과를 정리하여 다른 학생들과 공유할 수 있도록 한다.
↓	
추가자료 제시 및 관찰 탐색	- 귀납적인 추론을 통하여 학생은 자료에 공통적인 규칙성을 찾는다. - 교사는 학생에게 처음 관찰과 추가관찰 사이의 유사점과 차이점을 찾게 하고, 공부하고 있는 내용과 직접적으로 관련이 있는 관찰을 할 수 있도록 유도한다. - 추가자료는 학생이 더 많은 관찰을 하여 그로부터 추리되는 규칙성을 인식하게 하기 위한 것이다.
↓	
규칙성 발견 및 개념 정리	- 학생들이 관찰한 규칙성으로부터 일반화를 하게 하는 단계로 교사는 관찰결과를 발표하게 하거나 일반화를 끌어내도록 질문을 던진다. - 관찰에서 얻은 자료를 수집해서 그들 사이의 관계나 이유를 설명하게 한다. - 학생이 일반화를 통해 개념을 찾아낸 후 교사는 학생이 추상적인 개념을 말로 나타내도록 도와서 수업을 정리한다. - 필요하면 추가적인 예나 정의를 통해서 개념을 명확하게 설명하거나 보충자료를 더 제시한다.
↓	
적용 및 응용	- 학생이 학습한 추상적인 개념을 확장하거나 응용하는 단계이다. - 교사는 가르친 정보를 학생이 얼마나 잘 이해했는지 확인한다. - 학생은 교실에서 얻은 지식을 실생활에 관련짓는 기회를 가진다.

[그림 462] 발견학습 모형의 절차(이범홍과 김영민, 1983)

[그림 463]은 이범홍과 김영민(1983)의 발견학습 모형을 활용한 물리수업의 예시이다.

단계	내용
탐색 및 문제파악	- 교사는 모둠별로 빈 유리병을 나눠주고 "빈 병을 이용해 어떻게 다양한 소리를 낼 수 있을까?"라고 질문한다. - 학생들은 관련된 자신의 여러 가지 경험을 토대로 이야기하고, 교사는 그와 관련시켜 본시 학습 주제로 유도한다.
↓	
자료제시 및 관찰 탐색	- 교사는 자원하는 학생을 통해 유리병 주둥이에 바람을 불어 넣어 '부우'하는 소리를 내는 시범을 보여주고, 학생들이 모두 스스로 해볼 수 있도록 한다. 이제 교사는 모둠별로 물이 담긴 물병과 깔대기를 가져가 물의 양을 달리한 유리병의 소리가 어떻게 다른지 관찰하도록 한다. - 학생들은 물의 양이 다른 유리병이 내는 소리를 관찰하고 소리의 높낮이에 대한 규칙성을 찾아내도록 한다.
↓	
추가자료 제시 및 관찰 탐색	- 교사는 학생들에게 모둠별로 여러 개의 빨대를 나눠주고, 한쪽 끝을 소리가 잘 날 수 있도록 모서리를 잘라낸 후 불어보도록 한다. 이 때 빨대를 길이가 모두 다르게 자르도록 한 후 서로 다른 길이의 빨대를 불어 차이점을 알아내도록 한다. - 학생들은 다른 양의 물이 담긴 유리병과 길이가 다른 빨대의 소리가 내포하는 규칙성을 조별로 토의를 통해 찾아낼 수 있도록 한다.
↓	
규칙성 발견 및 개념 정리	- 학생들이 자료들로부터 공기기둥의 길이와 소리의 높낮이의 관계에 대한 규칙성을 추론한 결과를 발표할 수 있도록 한다. - 교사는 적절한 피드백을 통해 이를 돕는다.
↓	
적용 및 응용	- 교사는 학생들에게 여러 가지 악기를 연주할 때 오늘 배운 내용이 어떻게 연관될지 발표하도록 한다. - 오늘 학습한 내용에 대해 평가를 통해 이해를 확인하고 피드백을 준다.

[그림 463] 발견학습 모형에 따른 물리수업 예시

활동

발견학습 모형에 따른 물리 수업을 설계해 보자.

단계	내용
탐색 및 문제파악	– –
↓	
자료제시 및 관찰 탐색	– –
↓	
추가자료 제시 및 관찰 탐색	– –
↓	
규칙성 발견 및 개념 정리	– –
↓	
적용 및 응용	– –

요약

이범홍과 김영민(1983)에 의한 발견학습 모형의 절차는 다음과 같다.

탐색 및 문제파악 ⇨ 자료제시 및 관찰 탐색 ⇨ 추가자료 제시 및 관찰 탐색 ⇨ 규칙성 발견 및 개념 정리 ⇨ 적용 및 응용

CHAPTER 06

가설검증 수업 모형과 적용[25)]

하상우 (경북대학교)

가설검증 수업 모형은 실증주의 및 반증주의 등의 과학철학과 학문중심 교육과정에 기반한 수업 모형이다(김영민 등, 2016). 실증주의에서는 가설을 설정하고 이를 반복적으로 검증하는 과정인 가설-연역적 방법을 통해 과학 지식이 발전한다는 입장을 가지고 있다. 반면, 반증주의에서는 가설을 검증하는 과정에서 과학 지식이 발전하는 것이 아니라, 가설을 반증하려는 시도를 통해 과학 지식이 발전한다고 주장한다. 반증주의에 따르면 하나의 가설은 실험이나 관찰을 통해 반증되지 않는 한, 잠정적으로 유효한 것으로 받아들여진다(Popper, 1962). 실증주의의 입장이든 반증주의의 입장이든 가설을 세우고 이를 실험을 통해 검증/확인하는 과정을 과학 지식 형성의 핵심 과정이라 생각하기 때문에 두 입장 모두에서 가설-연역적 방법은 매우 중요한 과학적 방법이라 할 수 있다.

한편, 학문 중심 교육과정에서는 학생들이 과학 지식을 배우는 과정이 과학자들이 과학 지식을 형성하는 과정과 유사해야 한다고 주장한다. 과학자는 새로운 현상에 대해 의문을 품고 이를 설명하기 위해 가설을 세운 후, 실험과 관찰을 통해 검증하고, 그 결과를 바탕으로 이론을 발전시키는 일련의 탐구 과정을 거쳐 과학 지식을 형성한다.

---

25) 가설검증 수업 모형에 따라 학생들을 지도하는 것은 학생들의 물리탐구학습을 지도하는 과정과 동일하다. 학생들의 탐구 지도에 대한 보다 구체적인 내용은 새물리교육학 총론 1권, 3장의 내용을 참고할 수 있다.

이러한 맥락에서 Schwab(1962)은 탐구 기반 교육의 필요성을 강조하며 학생들이 과학적 문제를 해결하는 과정에서 가설 설정, 실험 수행, 결과 해석 등의 탐구 과정을 경험해야 한다고 주장했다. 그는 과학 수업이 단순히 결과를 전달하는 것을 넘어서, 학생들이 스스로 문제를 발견하고 해결하는 탐구자 역할을 경험할 수 있도록 설계되어야 한다고 강조했다.

결과적으로 가설검증 수업 모형은 과학자들의 과학적 탐구 과정을 학생들의 학습에 적용하여, 학습자가 과학적 문제 해결의 절차와 사고방식을 익히도록 하는 것을 목표로 한다.

6.1 가설검증 수업 모형의 특징

가설검증 수업 모형은 학생들이 마치 과학자와 같이 과학적 탐구 과정을 직접 경험하며 지식을 구성할 수 있도록 설계된 교수·학습 방법이다. 이 수업 모형은 과학 수업에서 단순한 지식 전달을 넘어서, 문제 해결 과정에서 발생하는 다양한 변인들에 대한 탐구와 검증을 통해 학생들이 과학 개념을 형성하게 돕는다. 과학적 지식이 정해진 답을 외우는 것이 아니라, 탐구와 실험을 통해 수정되고 발전될 수 있음을 체험하게 함으로써 학생들의 비판적 사고력과 논리적 사고력을 높이는 것이 이 수업 모형의 핵심 목표다.

가설검증 수업 모형에서는 학생 주도적인 참여가 필수적이다. 수업의 모든 단계에서 학생들은 문제를 스스로 파악하고, 가설을 세우며, 실험을 설계하고 실행하는 과정에 직접 관여한다. 능동적인 참여를 통해 학생들은 과학적 지식을 '발견'하거나 '창조'하는 경험을 하게 된다. 가설검증 수업 모형에서의 과학자적 경험을 통해 학생들은 과학적 사고 능력과 탐구 과정에 대한 이해를 심화시킬 수 있을 뿐만 아니라, 여러 시행착오를 겪으며 문제 해결에 대한 끈기와 협력적 태도도 기를 수 있다.

그러나 실제 학교 수업에서는 학생들이 스스로 문제를 발견하고 탐구 과정을 주도하기 어려운 경우가 많다. 따라서 교사가 문제를 제시하고 실험 방법을 일정 부분 안내하는 안내된 탐구 형태로 수업이 진행되는 경우가 일반적이다. 이에 따라, Part 4의 6장에서는 교사가 교실에서 안내된 탐구를 수행한다는 전제를 바탕으로 내용을 서술하였다.

활동

가설검증 수업 모형에서는 학생들이 일상생활 속에서 나타나는 현상의 원인이 무엇인지 가설을 세우고 실험을 통해 가설을 검증/반증 하도록 수업을 진행한다. 따라서 수업 주제로 학생들이 일상생활 속에서 경험하는 내용 중 의문을 품을만한 현상(00이 왜 그럴까?)을 선정하는 것이 핵심이며, 이 현상의 원인이 가급적 학생들에게는 잘 알려져 있지 않은 것이 좋다. 가설검증 수업 모형의 효과를 극대화 할 수 있는 수업 주제가 무엇이 있을지 2개 제안하고, 그렇게 생각한 이유를 서술해보자.

수업주제	이유

요약

1. 가설검증 수업 모형은 실증주의 및 반증주의, 그리고 학문중심 교육과정에 기반하여 과학자가 연구를 할 때 수행하는 가설-연역적 방법을 학생들도 수업 시간에 경험할 수 있도록 하기 위한 목적으로 개발되었다.
2. 가설검증 수업 모형에서는 학생들의 주도적인 참여가 중요하며, 과학 지식을 일방적으로 전수하기보다는, 학생들이 스스로 탐구를 통해 과학지식을 발견 및 검증/반증 하도록 하는 것에 중점을 둔다.

6.2 가설검증 수업 모형의 절차

가설검증 수업 모형은 학자들에 따라 교사와 학습자의 역할에 대한 관점 및 과정의 세부 단계에 조금씩 차이가 있지만, 공통적으로 학생들이 과학적 탐구의 절차를 체험하고, 문제 해결을 통해 비판적 사고를 기르도록 하는데 초점을 맞추고 있다. 즉, 교실에서 학생들이 과학자들의 탐구 방법 중 하나인 가설-연역적 과정을 그대로 따르도록 한다. 이범홍과 김영민(1983)은 기존에 제시된 여러 가설검증 수업 방식들을 종합하여 6단계의 가설검증 수업 모형을 제안하였다. 이에 따르면 가설검증 수업 모형은 가설-연역법의 단계에 따라 크게 "탐색 및 문제 파악 → 가설 설정 → 실험 설계 → 실험 수행 → 가설 검증 → 적용 및 새로운 문제 발견"의 단계로 구성된다. 이 과정에서 학생들은 문제 상황을 깊이 있게 분석하며 가설을 세우고, 그 가설을 검증하기 위한 실험을 수행한다. 만약 실험 결과가 예상과 다를 경우, 학생들은 자신의 가설을 수정하거나 새로운 가설을 세우는 과정을 반복한다. 이러한 과정을 통해 학습자는 과학적 탐구 과정의 본질을 체험하고, 논리적 사고와 비판적 사고 능력을 기르게 된다.

단계	내용
탐색 및 문제파악	- 학생은 교사가 제시한 상황을 탐색하고 관찰하며, 해당 상황이 왜 일어나는지에 대한 탐구문제를 고민한다. - 학생이 문제 상황을 깊이 이해하고 탐색할 수 있도록 교사는 적절한 질문과 단서를 제공하여 학생의 탐구 방향을 안내하며, 학생들이 제시한 탐구 문제를 수정할 수 있도록 지도한다.
↓	
가설설정	- 학생은 탐구 문제와 관련된 잠정적인 해답인 가설을 세운다. - 교사는 학생들이 만든 가설이 검증 가능한 형태로 구체화되어 있는지 점검하고, 학생들이 가설 설정을 힘들어 할 경우 귀추법 등 가설을 만들기 위한 과학적 사고를 안내한다.
↓	
실험설계	- 학생은 가설을 검증하기 위해 가설검증을 위한 실험 방법을 계획하고 독립변인, 종속변인, 통제변인을 설정하며, 실험에 필요한 준비물을 준비한다. - 교사는 실험 계획이 논리적이고 실행 가능한지 점검하며 필요한 조언을 제공한다.
↓	
실험 수행	- 학생은 직접 변인을 통제해 가며 실험을 수행하고, 데이터를 수집한다. - 교사는 학생이 실험시 유의점 및 실험 수행시 안전과 관련된 내용을 준수하는지 확인하고, 학생들이 정확한 데이터를 얻을 수 있도록 조언한다.
↓	
가설 검증	- 학생은 수집된 데이터를 표나 그래프의 형태로 변환하고, 데이터를 해석하여 가설의 타당성을 평가한다. - 실험 결과가 가설과 일치하지 않을 경우 교사는 학생들이 새로운 가설을 도출하거나 실험을 수정하도록 안내한다.

↓

적용 및 새로운 문제 발견	- 학생은 탐구 결과에서 얻은 지식 및 경험을 실제 상황에 적용해보거나 이를 바탕으로 새로운 문제를 발견한다. - 교사는 학생이 새로운 탐구 문제를 발견하게 되면 다시 가설설정, 실험설계, 실험수행 등의 과정을 반복해서 수행하도록 안내한다.

[그림 471] 가설검증 수업 모형의 절차

① 탐색 및 문제 파악 단계

가설검증 수업 모형의 첫 번째 단계는 탐색 및 문제 파악 단계로, 이 단계에서 학생들은 교사가 제시한 문제 상황을 탐색하고 그와 관련된 핵심 개념을 이해하려고 노력한다. 이때 교사는 신기하고 일상적이지 않은 상황을 제시하여, 학생이 '왜 그럴까?'라는 질문을 가질 수 있도록 하는 것이 좋다. 가설 검증 실험을 위한 탐구상황과 탐구문제 예시는 다음과 같다.

가설 검증 실험을 위한 탐구상황과 탐구문제 예시

가설 검증 실험을 위한 탐구상황과 탐구문제를 다음과 같이 제안해 볼 수 있다.

탐구상황	탐구문제
물에 뜨는 배는 철로 만들어졌는데, 쇠구슬은 가라앉는다.	같은 쇠로 만들어졌는데 배는 뜨고 쇠구슬은 가라앉는 이유는 무엇일까?
자석을 2개, 3개, 4개, ... 직렬로 추가하여 붙였을 때, 자기장의 세기가 자석의 개수에 비례하여 증가하지 않았다.	자석의 개수를 늘리면 자기장의 세기가 자석의 개수에 비례하여 증가하지 않고 증가하는 정도가 줄어드는 이유는 무엇일까?
LED에 걸린 전압과 전류와의 관계가 비례하지 않는다.	LED에 걸린 전압과 전류와의 관계가 비례하지 않고, 전압이 증가하면 전류가 점점 더 많이 증가하는 이유는 무엇일까?

② 가설 설정 단계

두 번째 단계에서 학생들은 자신들이 파악한 문제를 바탕으로 문제에 대한 잠정적인 해답인 가설을 세운다. 가설은 실험과 관찰을 통해 검증할 수 있는 형태로 명확하게 진술되어야 하며, 막연한 추측이 아닌 과학적으로 타당한 가설을 제시하는 것이 중요하다. 예를 들어, "직렬로 연결한 자석의 개수가 증가하면 뒤에 붙은 자석의 위치가 자기장 센서로부터 멀어지기 때문에 자석의 개수를 늘려도 자기장의 세기가 자석의 개수에 비례하여 증가하지 않을 것이다."와 같이 구체적이고 실제 실험으로 검증가능한 가설을 세우도록 하는 것이 이상적이다. 좋은 과학적 가설의 조건이 무엇인지 이해하기 위한 활동 사례는 다음과 같다.

좋은 과학적 가설의 조건 이해를 위한 활동 사례

1. 다음과 같이 주어진 질문에 대해 학생들 각각이 자신의 생각을 제안하였다.

질문 1: 외계인이 있을까? 없을까? 있다면 왜 있다고 생각하는가?
[철수의 생각]: 나는 외계인이 있다고 생각한다. 왜냐하면 이 넓은 우주에 생명체가 지구에만 있다면, 그것은 너무도 많은 공간의 낭비이기 때문이다.

질문 2: 어떻게 빛이 진행할 수 있을까?
[영수의 생각]: 파동은 매질을 통해 전파된다. 예를 들면, 음파는 공기의 진동을 통해서, 지진파는 땅의 진동을 통해서, 수면파는 물의 진동을 통해서 전파된다. 마찬가지로 빛도 파동이므로 매질을 통해 전파될 것이다. 단, 빛의 매질은 만질 수도 볼 수도 없고 어떠한 검출기로도 검출되지 않는 물질로 되어 있을 것이다.

질문 3: 가젤이라는 초식동물이 있는데, 이 동물은 치타와 같은 약탈자가 나타나면 도망가기보다는 무리들 속에서 펄쩍 펄쩍 높이 뛰면서 흰 엉덩이를 약탈자에게 보이는 이상한 행동을 한다. 왜 빨리 도망가지 않고 그러한 이상한 행동을 할까?
[수진의 생각]: 주변의 어린 가젤들에게 위험을 알려 먼저 도망갈 수 있도록 하기 위한 행동일 것이다.

질문 4: 순수한 물 50mℓ를 가열하였더니 100℃에서 끓었다. 이번에는 순수한 물 100mℓ를 가열하였더니 역시 100℃에서 끓었고, 200mℓ를 가열하여도 100℃에서 끓었다. 그렇다면 물은 일반적으로 몇 도에서 끓을까?
[경수의 생각]: 모든 물은 가열하면 100℃에서 끓을 것이다.

① 위 네 사람의 생각 중에서 좋은 과학적 가설은 무엇일까? 만일 좋은 과학적 가설이 아니라면 그 이유는 무엇일까?
② 좋은 과학적 가설이 되기 위한 3가지 조건을 정리해 보아라.

교사는 학생들이 명확한 가설을 세우도록 지도하며, 모호한 가설이 설정되지 않도록 돕는다. 특히, 학생들이 만든 가설이 구체적이고 검증가능한 형태로 제시되었는지 점검하며, 필요할 경우 귀추법과 같은 과학적 사고 방법을 설명하고, 학생들이 이를 활용하도록 하여 학생들이 보다 논리적인 가설을 세우도록 돕는다. 학생들이 가설 설정에 어려움을 겪을 때에는 문제 상황과 관련된 다른 유사한 현상이 어떤 것이 있는지 생각해 보게 하고, 그러한 유사한 현상을 활용해 보도록 안내해 주는 것이 학생들의 가설 설정에 도움이 될 수 있다. 다음은 가설 설정에 도움이 되는 귀추적 사고를 연습하기 위한 사례이다.

귀추적 사고 연습을 위한 학생용 활동지 사례

1. 그림과 같이 구리봉 안으로 자석을 넣었다 뺐다가 하면, 자석에 힘이 작용하는 것을 느낄 수 있다. 즉 자석을 넣을 때에는 자석을 밀어내는 힘이 느껴지고, 자석을 뺄 때에는 자석을 당기는 힘이 느껴진다. 그 이유는 자석을 넣었다 뺐다가 할 때, 구리봉에 유도전류가 생기고 그 유도전류 때문에 자기장이 생기면서 자석을 밀거나 당기기 때문이다. 즉 N극을 넣으면 구리봉의 오른쪽이 N극이 되어 자석을 밀고, N극을 빼면 구리봉의 오른쪽이 S극이 되어 자석을 당긴다.

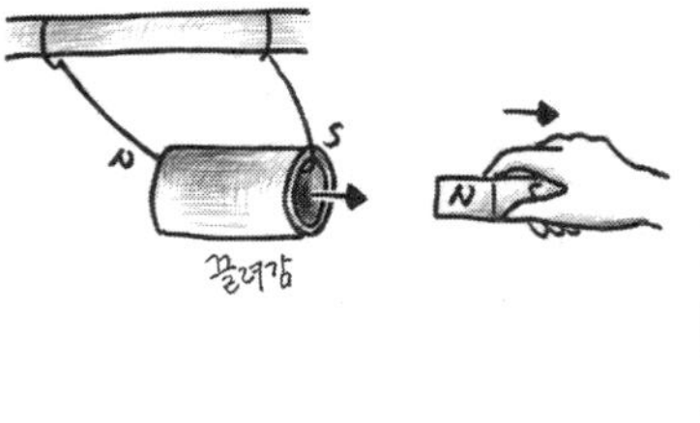

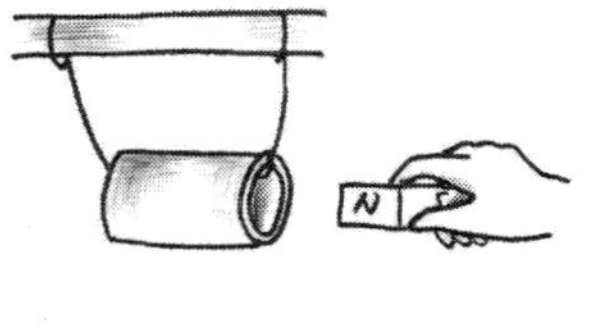

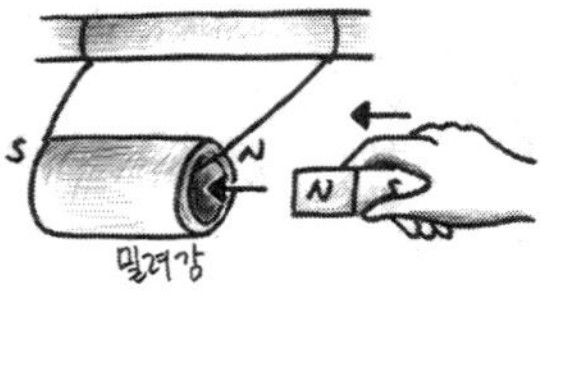

(1) 이러한 설명에 대해 영호가 다음과 같이 말했다.

"관성의 법칙이라는 것이 있잖아. 운동하는 물체는 계속 운동하려고 하고, 정지한 물체는 계속 정지해 있으려는 성질. 이 경우 역시 관성의 법칙처럼 자석이 들어오려면 자석이 못 들어오게 하고, 자석이 나가려고 하면 자석이 나가지 못하게 하는 것이 아닐까?"

(2) 새로운 현상(구리봉에 생기는 자기장의 방향)에 대한 질문에 답하기 위해 영호는 다른 지식(관성의 법칙)을 이용하여 설명하였다. 즉 모르는 현상을 이해하거나 설명하기 위해, 다른 경우에서 알고 있는 지식을 빌려오는 방법을 사용하였다. 이러한 사고 방법을 귀추적 사고라고 한다. 다음 경우에 대해 귀추적 사고를 이용하여 설명 해 보자.

① 저항의 단면적을 작게 하면, 저항이 커진다. 왜 그런지 설명하기 위해 긴 통로에서 사람이 빠져나가는 경우를 이용하여 설명해 보아라.

② 유리컵에 물을 넣고 손가락으로 문질러 소리를 내어보면 물을 더 많이 넣을 때 낮은 소리가 난다. 왜 물이 많으면 낮은 소리가 나는지 설명하기 위해, 굵은 기타줄과 가는 기타줄에서 나는 소리의 경우를 이용하여 설명해 보아라.

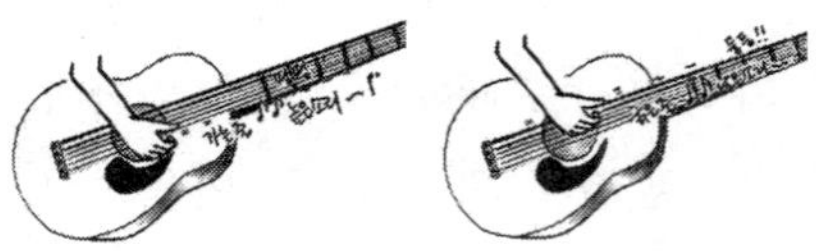

③ 실험 설계 단계

실험 설계 단계에서 학생들은 자신의 가설을 검증하기 위한 실험 계획을 수립한다. 이를 위해 먼저, 가설에 의하면 어떠한 실험적 결과가 예측되는지를 생각하는 것이 필요하다. 이 과정은 연역적 구조로 과학적 예측 과정과 같다. 과학적 예측은 대전제로 법칙과 이론들이, 소전제로 초기 조건들이 주어진 상황에서, 결론으로 어떤 현상이 나타날지 예측하는 형태의 논리적 구조를 갖는다. 즉, 가설검증을 위한 실험 설계의 경우 대전제로 가설이, 소전제로 실험 방법과 조건들이 제시되면, 결론에서 어떠한 실험결과가 가능한지를 예측하는 논리 구조이다.

가설로부터 실험 결과를 예측하기 위한 실험 계획 수립시에는 독립변인, 종속변인, 통제변인을 명확하게 설정해야 하며, 실험 방법과 절차를 세밀하게 설계해야 한다. 또한 학생들은 실험에 필요한 재료와 도구를 결정하고, 이들 재료와 도구들을 어떻게 확보할 것인지에 대해서도 구체적인 계획을 세워야 한다.

교사는 이 단계에서 학생들이 실험 절차를 논리적으로 설계하도록 안내하며, 실험 설계 과정에서 발생할 수 있는 문제점을 미리 생각해 보도록 유도한다. 특히 실험 절차가 현실적으로 수행 가능한지, 준비물은 충분히 마련되었는지, 실험 조건이 명확하게 설정되었는지 확인하며, 실험 계획에서 부족한 부분이 있으면 보완할 수 있도록 조언한다.

변인통제 활동 연습을 위한 학생용 활동지

1. 공기 마찰이 없다면, 모든 물질은 똑같이 떨어질 것이다. 그러나 공기 저항을 고려하면, 똑같이 떨어지지 않을 수도 있다. 철수와 영희는 공기 저항이 작용할 때 물체가 떨어지는 속도에 대해 다음과 같은 가설을 세웠다.

   철수의 가설 – 공기 저항이 작용하면, 가벼운 물체에 작용하는 저항의 영향이 더 커서 가벼운 물체가 천천히 떨어질 것이다.
   영희의 가설 – 공기 저항이 작용하면, 부피가 큰 물체에 저항이 더 크게 작용하므로 부피가 큰 물체가 천천히 떨어질 것이다.

2. 철수의 가설과 영희의 가설 중 누구의 가설이 옳은지 알아보기 위해서 다음과 같은 물질을 준비하였다.

플라스틱구	A구 – 1g, 10㎤	B구 – 4g, 40㎤	C구 – 8g, 80㎤
스티로폼구	D구 – 0.5g, 10㎤	E구 – 1g, 20㎤	F구 – 4g, 80㎤

   플라스틱구와 스티로폼구를 이용하여 누구의 가설이 옳은지 알아보기 위한 실험 방법을 의논하여 발표하여라. 이때 다음 측면도 논의하여라.

(1) 질량을 통제하기 위해 가벼운 공과 무거운 공의 경우, 어느 경우로 통제하면 되는가? 두 경우 모두 해봐야 하는가?
(2) 부피를 통제하기 위해 작은 공과 큰 공의 경우, 어느 경우로 통제하면 되는가? 두 경우 모두 해봐야 하는가?

교사가 학생들의 실험 설계를 점검할 때는 실험의 목적과 탐구 주제가 명확하게 설정되어 있는지를 우선적으로 확인해야 한다. 실험 목표와 설계가 서로 일치하는지, 가설이나 예상이 적절하게 제시되었는지, 실험 준비물과 절차가 구체적으로 기술되어 있는지 살펴야 한다. 이를 통해 학생들이 실험의 전체적인 구조를 제대로 이해하고 있는지 점검할 수 있다. 또한 실험 준비물 목록이 충분히 구체적이고, 준비물의 규격과 조건이 명확히 표시되어 있는지도 확인해야 한다.

변인 설정 부분에서는 독립변인, 종속변인, 통제변인을 모두 설정했는지 점검하고, 각 변인에 대한 값(value)이 적절히 명시되었는지 살펴야 한다. 측정과 기록 단계에서는 측정 방법과 도구가 적합한지, 측정값의 오류를 줄이기 위한 반복 실험 계획이 포함되어 있는지를 확인한다. 또한, 분석 방법과 계산법이 명시적으로 제시되어 있는지, 그래프나 표를 활용하여 결과를 효과적으로 표현할 계획이 있는지 살피는 것도 중요하다. 이러한 점검은 실험 설계가 과학적 타당성을 갖추고 실험이 실질적으로 실행 가능하도록 돕는 데 필수적이다.

④ 실험 수행 단계

네 번째 단계에서 학생들은 본인이 직접 설계한 실험을 수행하며 가설 검증을 위한 데이터를 수집한다. 이 과정에서 학생들은 탐구의 실제 과정을 경험할 수 있으며, 실험 과정에서 예상치 못한 변수가 발생할 경우 문제를 해결하는 능력을 기를 수 있다.

교사는 학생들이 실험 과정에서 유의해야 할 점들을 지도하며, 특히 안전과 관련된 사항을 꼼꼼하게 확인한다. 또한 필요한 경우 실험 방법을 재조정하거나 학생들이 예상치 못한 상황에 당황해 할 경우 적절한 피드백을 제공한다. 실험 도중 예상치 못한 문제가 발생하거나 계획대로 실험이 진행되지 않을 경우, 교사는 학생들에게 해결 방안을 제시하거나 실험 절차를 수정하도록 조언할 수 있다. 이 단계에서는 학생들이 정확한 데이터를 수집하고 신뢰성 있는 실험 결과를 얻도록 하는 것이 중요하다. 특히, 실험 결과가 예상과 다를 경우, 학생들이 추가적인 분석과 반복 실험을 통해 문제를 해결하도록 지도한다.

⑤ 가설 검증 단계

다섯 번째 단계에서 학생들은 수집한 데이터를 분석하여 가설의 타당성을 검증한다. 학생들은 수집한 데이터를 표나 그래프의 형태로 정리하여 시각화하고, 이를 통해 실험 결과를 보다 명확하게 해석한다. 예를 들어 종이 비행기의 비행 시간을 탐구한다면, 종이 비행기의 초기 발사 속력과 비행 시간의 데이터를 그래프로 나타내어 초기 발사 속력과 비행 시간 사이의 관계를 분석할 수 있다. 이때 만약 실험 결과가 가설과 일치하면 잠정적으로 해당 가설이 지지된 것으로 판단할 수 있지만, 결과가 가설과 다를 경우 학생들은 실험 절차를 수정하거나 새로운 가설을 설정할 수 있다. 이때 가설의 반증과정은 논리적 오류가 없지만 가설의 확증과정에는 논리적 오류가 있을 수 있다는 점에 유의하도록 한다. 가설확증 과정에 어떤 논리적 오류가 있을 수 있는지 다음 활동을 통해 알아보자.

가설확증의 논리적 과정 이해를 돕기 위한 학생용 활동지 사례

1. 다음은 삼단논법이다. 벤다이어그램을 보고 결론을 내려 보자.
   전제 1: 만일 A이면 B이다.
   전제 2: 이것은 B이다.
   결론: ______________

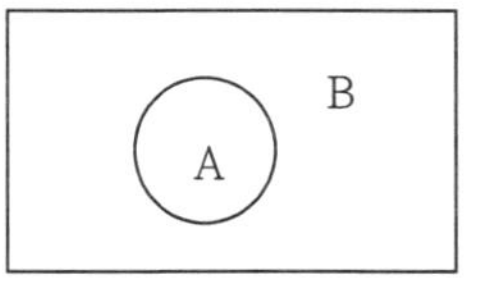

2. 다음의 삼단논법을 다시 보자. 결론으로 “영희는 피곤했다”라고 할 수 있을까? 그 이유는 무엇인가?
   전제 1: 피곤하면 감기에 걸린다.
   전제 2: 영희는 감기에 걸렸다.

3. 다음 가설검증과정을 보자. 아래 전제들에 의하면, “가설 A가 옳다”라는 결론을 내릴 수 있을까?

전제 1: 만일 가설 A가 옳다면, 실험결과 B가 예측된다.
전제 2: 실제 실험을 해 보았더니, 실험결과 B가 관찰되었다.

4. 다음의 경우를 (3)의 경우와 비교해 보자. 아래 전제들로 "천동설이 옳다"는 결론을 내릴 수 있을까?
   전제 1: 천동설이 옳다면, 아침에 동쪽에서 해가 뜰 것이다.
   전제 2: 철수가 동해에서 보았더니, 아침에 동쪽에서 해가 떴다.

5. 이제까지의 활동에 의하면, 가설을 지지하는 실험결과가 실제로 관찰되었다면, 가설이 옳다고 결론내릴 수 있을까? 그 이유는?

위에서 살펴본 것처럼 어떤 가설을 지지하는 실험 결과가 실제로 관찰되었다고 해서 반드시 그 가설이 옳다고 결론 내릴 수는 없다. 이는 후건 긍정의 오류라고 불리는 논리적 오류 때문인데, 단순히 "만약 p이면 q이다"는 가설이 있을 때, q가 관찰되었다고 해서 반드시 p가 참이라고 단정할 수 없다는 것이다. 예를 들어, "비가 오면 길이 젖는다"는 가설이 있다고 가정했을 때, 길이 젖은 것을 관찰했다고 해서 반드시 비가 왔다고 결론 내릴 수는 없다. 길이 젖은 다른 가능성, 즉 스프링클러가 작동했거나 다른 액체가 흘러나왔을 수도 있기 때문이다. 과학적 탐구에서는 가설을 검증하기 위해 다양한 실험을 설계하고, 다른 가능성을 배제하는 과정이 필수적이며, 단순히 가설을 지지하는 증거만으로 가설이 참이라고 확정하는 것은 위험할 수 있다. 따라서 과학적 결론을 내릴 때는 여러 반복 실험과 다양한 조건에서의 검증이 필요하며, 가설은 반증 가능성을 열어 둔 채 지속적으로 검토되어야 한다.

가설 검증단계에서 교사는 학생들이 탐구 문제를 깊이 있게 탐색할 수 있도록 질문과 토론을 유도한다. 학생들이 서로의 실험 결과를 공유하며, 다양한 해석과 의견을 나누는 과정에서 과학적 사고력을 더욱 발전시킬 수 있다. 또한, 교사는 학생들의 데이터 해석에 오류가 있으면 이를 바로잡고, 학생들이 결과의 의미를 명확히 이해할 수 있도록 돕는다.

⑥ 적용 및 새로운 문제 발견 단계

마지막 단계는 학생들이 가설 검증을 통해 얻은 결과와 경험을 새로운 상황이나 실제 상황에 적용하거나 추가적인 탐구 문제를 발견하는 단계이다. 학생들은 탐구 과정에서 배운 지식과 경험을 다양한 상황에 적용할 수 있다. 교사는 학생들이 탐구를 통해 얻은 개념을 일상생활에 어떻게 적용할 수 있을지 함께 논의하도록 유도한다.

실험 과정에서 예상하지 못했던 새로운 현상을 발견하거나 탐구 도중 새로 생긴 궁금증이 있다면 이를 바탕으로 새로운 문제를 설정한다. 이 경우, 다시 가설 설정, 실험 설계, 실험 수행의 과정을 반복하면서 탐구를 이어나간다. 이러한 반복적인 탐구 과정은 학생의 문제해결 능력과 과학적 사고력을 증진시키고, 자기주도적인 학습 역량을 향상시키는 데 기여한다. 예를 들어 종이 비행기에 대한 탐구를 마친 학생들이 종이 비행기의 날개의 각도나 재질을 바꾸어가며 발사 속력과 비행 시간 사이의 관계를 탐구해보거나, 종이 비행기 이외의 비행체의 초기 발사 속력과 비행 시간 사이의 관계를 추가로 탐구할 수 있다. 가설 검증 수업 모형의 마지막 단계는 학생들이 학습한 내용을 확장하고, 스스로 탐구 과정을 지속할 수 있는 능력을 기르는 데 중요한 역할을 한다.

이처럼 가설검증 수업모형은 학생들이 스스로 문제를 탐구하고 해결하는 경험을 통해 과학적 사고와 탐구 능력을 체계적으로 기를 수 있도록 돕는다. 각 단계에서 교사의 역할은 학생들의 자율적인 탐구를 촉진하면서도 필요한 순간에 적절한 피드백과 지도를 제공하는 것이다. 이 수업 모형은 학생들이 학습에 적극적으로 참여하며 창의적이고 논리적인 사고를 발전시키는 데 큰 도움을 준다.

활동

가설검증 수업 모형은 학습자가 주어진 현상에 대해 주도적으로 탐구해 나가도록 하는 수업 모형이지만, 이 과정에서 학습자들은 많은 어려움을 경험한다. 따라서 처음 가설검증 수업 모형을 적용할 때는 교사가 탐구할 내용을 정해주고, 학생들이 교사가 정해준 내용에 대해 탐구하도록 하는 것이 좋다. 하지만 탐구 내용을 한정한 경우에도, 수업 진행 과정에서 여러 예상치 못한 문제가 발생할 수 있기 때문에, 교사가 미리 탐구 내용에 대해 숙지할 필요가 있다. 가설 검증 수업 모형에 따라 위 [활동]에서 제안한 수업 주제에 대해 탐구 활동을 수행해보고, 각 단계에서 본인이 탐구한 내용과, 실제 수업 진행시 각 단계별로 예상되는 어려움을 정리해 보자.

수업단계	본인이 탐구한 내용	수업 진행시 예상되는 어려움
탐색 및 문제파악		
가설설정		
실험설계		
실험 수행		
가설 검증		
적용 및 새로운 문제 발견		

요약

1. 가설검증 수업 모형은 가설-연역법의 단계에 따라 크게 "탐색 및 문제 파악 → 가설 설정 → 실험 설계 → 실험 수행 → 가설 검증 → 적용 및 새로운 문제 발견"의 단계로 구성된다.
2. 가설검증 수업모형에서 학생들은 스스로 문제를 탐구하고 해결하는 경험을 통해 과학적 사고와 탐구 능력을 기를 수 있다.

6.3 가설검증 수업 모형의 적용

가설검증 수업 모형에 따른 수업에서는 교사가 상황을 어느 정도 제시해 주고, 학생들이 그러한 상황이 일어난 원인이 무엇인지, 나름대로의 가설을 설정하여 탐구를 진행하도록 유도하는 안내된 탐구를 하는 것이 일반적이다. 다만, 학생들이 가설검증 수업 모형의 각 단계에 익숙해진 후에는 가설검증 수업 모형을 적용한 자유탐구 수업을 진행해 볼 수도 있다. 다음에 제시된 예시는 교사가 전자기유도 현상과 관련한 실생활 사례를 보여준 후 학생들이 이 현상의 원인에 대한 가설을 추론하도록 지도한 가설검증 수업 모형의 적용 예시이다. 다음 예시를 참고하여 가설검증 수업 모형의 단계에 맞춰 모둠별로 가설검증 수업 모형을 활용한 물리 수업을 설계하고 발표해 보자.

단계	활동
탐색 및 문제 파악	- 교사는 자석이 플라스틱 관과는 다르게 구리 관에서 더 느리게 떨어지는 현상을 시연하고, 학생들이 이 현상이 발생한 원인을 추론하게 한다. - 학생들은 각자 나름대로의 생각을 정리하고, 모둠별로 서로의 생각을 공유한다.
↓	
가설 설정	- 교사는 논의 결과를 바탕으로 모둠별로 학생들에게 자석이 구리 관에서 느리게 떨어지는 원인에 대한 가설을 세워보게 한다. 특히 교사는 귀추법 등 가설 설정에 도움이 되는 과학적 사고를 안내하고, 학생들이 가설을 제안해보게 유도한다. - 학생들은 모둠별로 다양한 가설을 제안한다. 예를 들어 자석이 구리 관을 통과할 때 자석의 자기장과 구리 관 사이에 상호작용이 생기기 때문에 속도가 줄어든다고 가정할 수 있다. 이외에 학생들은 자석이 구리관에 살짝 달라붙기 때문일 것이라는 가설을 세울 수도 있다. - 교사는 학생들이 모둠별로 설정한 가설들 중 탐구해보고 싶은 우리반 대표 가설이 무엇인지 토론을 통해 선정할 수 있도록 유도한다.
↓	
실험 설계	- 교사는 학생들이 제기한 가설을 검증하려면 어떻게 실험을 해야할 지 생각해 보도록 한다. 학생들이 실험 설계에 어려움을 겪는다면 구체적인 조언을 해줄 수 있다. 예를 들어 학생들의 가설에 따르면 구리, 알루미늄, 철, 플라스틱 관 등, 관의 종류를 바꾸어 가며 동일한 실험을 했을 때 어떤 결과가 나올지 생각해 보도록 한다. - 학생들은 가설을 검증하기 위해 다양한 금속 관과 비금속 관에서 자석을 떨어뜨리는 실험을 설계한다. 또한 자석의 세기나 관의 길이를 실험 변수로 설정한다. 이 과정에서 실제 실험에서 필요한 실험 도구나 재료가 무엇인지 구체적으로 생각해 본다.
↓	
실험 수행	- 교사는 학생들이 실험을 진행할 때 필요한 도구를 준비하고, 학생들이 실험을 수행하는 과정을 면밀히 관찰하면서 실험을 안전하게 수행하도록 지도한다. - 학생들은 다양한 관을 통해 자석을 떨어뜨려보고, 자석이 떨어지는 속도를 측정하여 기록한다. 특히 관의 재질에 따라 자석이 느리게 떨어지는 정도가 어떻게 다른지 측정한다.
↓	

가설 검증	– 교사는 실험 결과를 바탕으로 가설이 타당한지 학생들이 검토하게 한다. 구체적으로는 자석이 구리 관에서 느리게 떨어지는 이유가 전류에 의한 자기장 때문인지, 다른 원인 때문인지 검토해 보도록 안내한다. – 학생들은 실험 결과를 분석하여, 구리 관을 통과할 때 자석의 속도가 감소하는 이유가 유도 전류에 의한 자기장이 자석의 운동을 방해하기 때문이라는 가설을 검토한다. 이를 위해 구리의 비저항, 다른 금속 관의 비저항 등을 비교 및 검토하여 전자기 유도 때문에 자석이 느리게 떨어진다면 그 효과가 어느 정도일지 계산하고, 실험 결과와 비교 분석한다. 이를 통해 가설의 수용 및 기각 여부를 결정한다.
↓	
적용 및 새로운 문제 발견	– 교사는 학생들이 유도 전류와 자기장 간의 상호작용을 더 깊이 탐구하고, 이를 바탕으로 새로운 실험 아이디어나 질문을 제시하도록 유도한다. 예를 들어, 놀이공원의 자이로드롭과 같은 실제 응용 사례를 소개할 수 있다. – 학생들은 자석과 금속관의 상호작용을 응용할 수 있는 다른 사례를 생각해 보거나, 실험에서 발견된 점을 바탕으로 새로운 실험을 제안한다.

[그림 472] 가설검증 수업 모형의 예시

활동

가설검증 수업 모형에 따라 수업 내용을 설계해 보자.

탐색 및 문제 파악	
↓	
가설 설정	
↓	
실험 설계	
↓	
실험 수행	
↓	
가설 검증	
↓	
적용 및 새로운 문제 발견	

참고문헌

CHAPTER 01

김영민, 서혜애, 박종석 (2017). 과학과 과학교육에서 문제 발견과 귀추. ㈜북스힐.

Abraham, M. R., Renner, J. W. (1986). The Sequence of Learning Cycle Activities in High School Chemistry. Journal of Research in Science Teaching, 23(2), 121-143.

Atkin, J., & Karplus, R. (1962). Discovery of invention? Science Teacher, 29(5), 45-51.

Bybee, R. W. (2006). The high school science curriculum: Reflection on teaching and learning. Full report prepared for the office of science education national institute of health. Colorado: Biological Science Curriculum Study (BSCS).

Bybee, R.W., Taylor, J.A., Gardner, A., Van Scotter, P., Powell, J.C., Westbrook, A., and Landes, N. (2006). The BSCS 5E Instructional model: Origins and effectiveness. BSCS, Colorado Springs, CO 80918.

Good, R., & Lavoie, D. (1986). The importance of prediction in science learning cycles. Journal of the Florida Association of Science Teachers, 1(4), 24-35.

Gok, G. (2014). The effect of 7e learning cycle instruction on 6th grade students' conceptual understanding of human body systems, self-regulation, scientific epistemological beliefs and science process skills. Middle East Technical University: Ankara, Turkey.

Karplus, R., & Thier, D. H. (1967). A new look at elementary school science. Chicago: Rand McNally.

Karplus, R., Lawson, A.E., Wollman, W., Appel, M., Bernoff, R., Howe, A., Rusch,J.J. and Sullivan, F.(1977). Science teaching and the development of reasoning: A workshop. Berkeley: Regents of the University of

California.

Lawson, A. E. (1988). A better way to teach biology. American Biology Teacher, 266-289.

Lawson, A. E., Abraham, M. R., & Renner, J. W. (1989). A theory of instruction: Using the learning cycle to teach science concepts and thinking skills. NARST(National Association for Research and Science Teaching) MONOGRAPH, Number One.

Marek, E. A. (2008). Why the learning cycle? Journal of Elementary Science Education, 3, 63-69.

Renner, J. W., Abraham, M.R., Birnie, H.H. (1988). The Necessity of Each Phase of the Learning Cycle in Teaching High School Physics. Journal of Research in Science Teaching, 25(1), 39-58.

Renner, J. W., & Marek, E. A. (1988). The learning cycle and elementary school science teaching. Portsmouth, NH: Heinemann Educational.

Qarareh, A. O. (2012). The effect of using the learning cycle method in teaching ecience on the educational achievement of the sixth graders. International Journal of Educational Sciences, 4(2), 123-132.

CHAPTER 02

Hofstein, A., & Yager, R. E. (1982). Social Issues as Organizers for Science Education in the '80s. School Science and Mathematics, 82(7). 539-547.

Hurd, P. D. (1986). Perspective for the reform of science education. Phi Delta Kappan, 67(5), 353-358.

Yager, R. E. (1990) The Science/Technology/Society movement in the Unite States: Its origin, evolution, and rationale. Social Education, 54(4), 198-201.

Yager, R. E., & Tamir, P. (1993). STS approach: Reason, Intentions, Accomplishments, and Outcomes. Science Education, 77(6), 637-658.

Yager, R. E., & Tamir, P. (1994). Success with STS in life science classrooms,

grades 4-12. The American Biology Teacher, 56(5), 268-272.
Ziman, J. (1980). Teaching and learning about science and society. Cambridge: Cambridge University Press.

CHAPTER 03

권재술 (1989). 과학개념의 한 인지적 모형. 물리교육, 7(1), 1-9.
박종원 (1992). 초인지적 물리학습 모형. 물리교육, 10(1). 1-11.
Ausubel, D. P. (1968). The psychology of meaningful verbal learning, New York: Grune & Stratton.
Cosgrove, M., & Osborn, R. (1985). A teaching sequence on electric current. In R. Osborne & P. Freyberg (eds.). Learning in Science: The Implications of Children's Science, (pp.112-123). Hong KongL Heinemann.
Dreyfus, A., Jungwirth, E., & Eliovitch, R. (1990). Applying the "Cognitive Conflict" Strategy for Conceptual Change - Some Implication, Difficulties, and Problems. Science Education, 74(5), 555-569.
Driver, R. & Oldham, V. (1986). A constructivist approach to curriculum development in science. Studies in Science Education, 13(1), 105-122.
Driver, R. (1980). A response to a paper by Michael Shayer. In Archenhold, W. F., Driver, R. H., Orton, A. and Wood-Robinson, C. (eds.) Cognitive Development Research in Science and Mathematics, Leeds, University of Leeds.
Driver, R. (1981). Pupil's alternative frameworks in science, European Journal of Science Education, 3(1), 93-101.
Driver, R. (1983). The pupil as Scientist? Milton Keynes, Open University Press.
Driver, R., & Erickson, G. (1983). Theories-in-Action: Some Theoretical and Empirical Issues in the Study of Students' Conceptual Frameworks in Science. Studies in Science Education, 10(1), 37-60.
Druyan, S. (1997). Effect of the kinesthetic conflict on promoting scientific

reasoning. Journal of Research on Science Teaching, 34(10), 1083–1099.

Duit, R. (1999). Conceptual change approaches in science education. In W. Schnotz, S. Vosniadou, & M. Carretero (Eds.), New perspectives on conceptual change (pp. 263–282). New York: Pergamon.

Gilbert, J., & Watts, M. (1983). Concepts, misconceptions and alternative conceptions: changing perspective in a science education. Studies in Science Education, 10(1), 61–98.

Hashweh, M. Z. (1986). Toward an explanation of conceptual change, European Journal of Science Education, 8(3), 229–249.

Hynd, C. R., McWhorter, J. Y., Phares, V. L., & Suttles, C. W. (1994). The role of instructional variables in conceptual change in high school physics topics. Journal of Research in Science Teaching, 31(9), 933–946.

Niaz, M. (1995). Cognitive conflict as a teaching strategy in solving chemistry problems: A dialectic–constructivist perspective. Journal of Research on Science Teaching, 32(9), 959–970.

Osborne, R., & Wittrock, M. (1985). The Generative Learning Model and its Application to Science Education. Studies in Science Education, 12(1), 59–87.

Redish, E. F. (2003). Teaching physics: with the physics suite. Hoboken, NJ: John Wiley & Sons.

CHAPTER 04

이범홍, 김영민 (1983), 과학과 수업과정 모형 및 평가방법 개선연구: 국민학교 자연과를 중심으로, 연구보고 RP 83–7, 서울:한국교육개발원.

조희형, 김희경, 윤희숙, 이기영, 하민수 (2018). 과학교육론. 서울: 교육과학사.

Alfieri, L., Brooks, P. J., Aldrich, N. J., & Tenenbaum, H. R. (2011). Does discovery–based instruction enhance learning?. Journal of educational psychology, 103(1), 1~18.

Ausubel, D. P., Novak, J. D., & Hanesian, H. (1978). Educational psychology:

A cognitive view, 2nd ed. N.Y.: Holt, Rinehart and Winston.

Bruner, J. S. (1961). The act of discovery. Harvard Educational Review. 31(1), 21~32.

Eggen, P. D., & Kauchak, D. P. (1988). Strategies for teachers: Teaching content and thinking skills. Prentice hall.

Eggen, P. D., & Kauchak, D. P. (2006). Strategies and models for teachers: Teaching content and thinking skills. Boston, MA: Pearson/Allyn and Bacon.

Kauchak, D., & Eggen, P. (1980), Exploring science in the elementary schools, Houghton Mifflin Company.

Novak, J. D. & Gowin, D. B. (1984). Learning how to learn. Cambridge: Cambridge University Press.

CHAPTER 05

Hsu C. Y, Tsai C. C, Liang J. C. (2011). Facilitating preschoolers' scientific knowledge construction via computer games regarding light and shadow: The effect of the prediction–observation–explanation (POE) strategy. Journal of Science Education and Technology, 20(5), 482–493.

Ipek H, Kala N, Yaman F, Ayas A. (2010). Using POE strategy to investigate student teachers' understanding about the effect of substance type on solubility. Procedia –Social and Behavioral Sciences, 2(2), 648–653.

Kibirige I, Osodo J, Tlala K. M. (2014). The effect of predict–observe–explain strategy on learners' misconceptions about dissolved salts. Mediterranean Journal of Social Sciences, 5(4), 300–310.

Mustofa, H. A., Sandanadas, E., Mohtar, L. E., & Faresta, R. A. (2024). Identifying student prior–knowledge and conceptual changes profile on newton law using by using POE (Predict, Observe, and Explain) as probing understanding strategy. Journal of Science and Mathematics Letters, 12(1), 80–91.

White R. T. , Gunstone R. F. (1992). Probing Understanding. Falmer Press.

CHAPTER 06

김영민, 박윤배, 박현주, 신동희, 정진수, 송성수 (2016). 과학교육학의 세계. 북스힐

이범홍, 김영민 (1983). 과학과 수업모형 및 평가방법 개선 연구: 국민학교 자연과를 중심으로. 연구보고 RR 83-7. 한국교육개발원.

Popper, K. (1962). Conjectures and refutations: The growth of scientific knowledge. Basic Books.

Schwab, J. J. (1962). The teaching of science as enquiry. In J. J. Schwab & P. Brandwein (Eds.), The teaching of science (pp.3-103). Cambridge, MA: Harvard University Press.

PART 5

물리 학습 지도 전략과 적용

CHAPTER 01 협동학습 전략과 적용

하상우 (경북대학교)

개인적, 경쟁적으로 이루어지고 있는 학교 교육활동에 대한 대안으로 여겨지고 있는 오늘날의 협동학습은 이미 1700년대 영국에서부터 널리 활용되던 교육 전략이다. 협동학습은 교사에 의한 일방적인 강의식 학습과 구분되지만 단순히 학생들이 모여서 모둠학습을 하는 것만을 의미하는 것은 아니다. 학자들마다 다소 차이가 있지만, 모둠학습이 협동학습이 되기 위해서는 모둠 구성원들이 공통의 목적을 가지고 구조화되고 체계화된 방법에 따라 학습해야 한다(Slavin, 1996).

1.1 협동학습의 배경

협동학습의 이론적 배경은 교육의 목적이 단순히 지식을 전달하는 것을 넘어 학생들의 사회적, 인지적 성장을 돕는 데 있음을 강조한 20세기 초 미국의 교육철학 및 심리학 이론과 밀접한 관련이 있다. 특히, 존 듀이(John Dewey)의 경험주의 교육철학은 협동학습의 중요한 이론적 토대를 제공하였다. 듀이는 단순한 정보의 암기나 수집이 아니라 학생들이 경험을 통해 의미 있는 학습을 해야 한다고 주장하였다. 그의 경험주의 철학에 따르면 교육은 "삶을 위한 준비가 아니라, 삶 그 자체"로서, 학생들이 실제 경험을 통해 지식과 기술을 습득할 때 진정한 학습이 이루어진다. 이와 관련하여 듀이는 학생들이 주도적으로 학습 과정에 참여하고 직접 문제를 발견하며, 이를 해결하는 경험을 통해 학습의 깊이와 의미를 얻을 수 있다고 강조하였다. 이러한 듀이의 철학은 협동학습에서 학생들이 팀원들과 함께 과제를 해결하고, 서로의 관점을 조정하며 학습하는 과정을 통해 실현된다. 학생들은 듀이가 강조한 대로 자신의 경험을 통해 학습을 주도하고, 타인의 의견을 수용하며 비판적으로 사고하는 과정을 익힌다.

듀이는 또한 민주적 사회의 가치를 교육에 반영해야 한다고 보았다. 학생들이 협력하여 학습하는 과정에서 서로 소통하고 협력하는 능력을 기르는 것은, 민주 사회에서 필요한 시민적 덕목을 함양하는 데 매우 중요한 역할을 한다는 것이다. 협동학습은 학생들이 실생활에서 요구되는 협력과 소통의 능력을 체험적으로 학습할 수 있는 기회를 제공하며, 듀이의 철학이 지향하는 민주적 교육의 가치를 실현하는 효과적인 방안으로 자리잡고 있다. 학생들은 협동학습을 통해 타인과 협력하여 목표를 달성하는 경험을 쌓으며, 다양한 사회적 배경과 관점을 이해하고 포용하는 태도를 자연스럽게 익히게 된다.

레프 비고츠키(Lev Vygotsky)의 사회문화적 학습 이론 역시 협동학습의 중요한 이론적 배경이다. 비고츠키는 인간의 인지 발달이 개인 내부에서 독립적으로 이루어지는 것이 아니라 사회적 상호작용을 통해 형성된다고 주장했다. 그는 '근접발달영역(Zone of Proximal Development, ZPD)'이라는 개념을 통해, 학생들이 단독으로 해결할 수 없는 과제를 더 유능한 동료나 교사의 도움을 받아 수행할 때 인지적 성장이 촉진된다고 설명하였다. 협동학습에서는 ZPD 개념이 중요한 역할을 한다. 협동적 과제를 수행하는 과정에서 학생들은 서로의 지식과 기술을 공유하고 도움을 주고받으며, 개별적으로는 달성할 수 없던 인지적 성장을 이루게 된다.

비고츠키의 이론에 따르면, 협동학습은 학생들이 사회적 상호작용을 통해 고차원적 사고와 문제 해결 능력을 발달시킬 수 있는 학습 환경을 제공한다. 특히, 협동학습은 학생들이 자신의 사고를 발전시키고 타인의 관점을 수용하며 문제를 해결하는 과정을 통해 실생활에서 필요한 사회적 기술을 연습하는 기회를 제공한다. 비고츠키는 이러한 사회적 상호작용이 강조된 학습 과정을 통해 학생들이 더 나은 이해와 학습 효과를 얻을 수 있다고 보았다. 협동학습은 단순히 학습 내용을 암기하고 이해하는 것을 넘어, 학생들이 서로의 생각을 조율하고 새로운 아이디어를 수용하며 더 나은 해결책을 찾아내는 능력을 키우는 데 중요한 역할을 한다.

이처럼 협동학습은 듀이와 비고츠키의 이론을 토대로 하고 있으며, 현대 교육에서 중요한 의미를 가진다. 오늘날의 교육은 단순한 지식 전달을 넘어, 학생들이 비판적 사고, 문제 해결 능력, 그리고 협력과 같은 사회적 기술을 갖추도록 돕는 것을 목표로 하고 있다. 협동학습은 이러한 목표를 달성하는 데 효과적인 교육 방안으로 자리 잡았다. 학생들은 다양한 배경을 가진 동료들과 함께 학습하는 과정에서 새로운 시각을 배우고, 자신의 생각을 발전시키며, 다문화 사회에서 필요한 포용성과 존중의 태도를 자연스럽게 익히게 된다.

1.2 협동학습의 본질적 요소와 원리

협동학습이 갖추어야 할 요소와 원리가 무엇인지에 대해서는 학자들마다 조금씩 이견이 있지만 일반적으로 크게 4가지의 본질적 요소와 5가지의 원리가 있는 것으로 이해되고 있다. Watson은 협동학습의 4가지 본질적 요소로 "협동적 과제 구조(공동 목표), 협동적 보상 구조(공동 보상), 개별 책무성, 이질 집단 구성"을 제시했다(Watson, 1992). 한편, Johnson & Johnson은 협동학습의 5가지 원리로 "긍정적 상호 의존성, 대면적 상호작용, 개별 책무성, 사회적 기술, 집단과정"을 제시했다(Johnson & Johnson, 1999). 협동학습의 4가지 본질적 요소(협동적 과제 구조, 협동적 보상 구조, 개별 책무성, 이질 집단 구성)와 5가지 원리(긍정적 상호의존성, 대면적 상호작용, 개별 책무성, 사회적 기술, 집단 과정)는 협동학습이 효과적으로 이루어지기 위한 중요한 개념이지만, 각각의 초점과 역할에는 차이가 있다. 4가지 본질적 요소는 협동학습이 성립하기 위한 필수적인 구조적 조건을 의미하며, 협력적 학습 환경을 조성하기 위해 반드시 포함되어야 한다. 반면, 5가지 원리는 협동학습이 원활하게 운영되도록 돕는 실천적 원칙으로, 학습자들이 협력 과정에서 적극적으로 상호작용하고 효과적인 협업을 수행할 수 있도록 유도한다. 즉, 본질적 요소는 협동학습의 기반을 구성하는 핵심 요건, 원리는 협동학습이 실제 수업에서 성공적으로 작동하도록 하는 운영 지침이라고 볼 수 있다. 여기서 특징적인 것은 협동학습의 4가지 본질적 요소 및 5가지 원리 모두에 개별 책무성이 강조된다는 것이다. 다만 본질적 요소에서는 협동학습의 구조적 측면을 강조하여, 개별 책무성이 과제 구조 및 보상 구조와 밀접하게 연결되는 반면, 협동학습의 원리에서는 개별 책무성을 긍정적 상호의존성과 함께 강조하여, 학생들이 서로 의존하면서도 자신의 학습에 책임을 지는 균형을 유지하도록 한다는 점에서 약간의 차이를 보인다.

협동학습의 4가지 본질적 요소 중 첫 번째는 협동적 과제 구조(공동 목표)이다. 협동적 과제 구조(공동 목표)를 통해 학생들이 개별적인 성취를 넘어 집단 전체의 성공을 목표로 한다는 점에서 협동적 과제 구조는 협동학습에서 매우 중요한 요소이다. 학생들은 개별적으로도 학습 과제를 수행하지만, 집단 전체의 목표 달성을 위해 공동의 노력을 기울이게 된다. 협동학습의 공동 목표 달성을 위해 중요한 역할을 하는 것이 협동적 보상 구조(공동 보상)이며, 학생들은 공동 보상을 획득하기 위해 공동목표를 달성하려는 노력을 기울이게 된다. 또한, 협동적 보상구조는 집단의 목표 달성에 기여한 모든 구성원에게 동일한 보상을 제공함으로써 집단의 성취에 대한 학생들의 책임감을 높이고, 학생들로 하여금 협동의 필요성을 인식하도록 한다. 한편, 개별책무성은 협동학습이 효과적으로 이루어지기 위한 구조적 필수 요소로, 각 학생이 집단의 성과에 기여해야 할 개별적인 책임을 갖는 것을 의미한다. 이는 단순히 집단 내에서 역할을 나누는 것을 넘어서, 각 구성원이 맡은 과업에 대해 스스로 책임을 다하도록 하는 장치이다. 개별 학생들이 자신의 역할을 다하지 않으면 집단 전체의 성과에 부정적인 영향을 미치기 때문에, 학생들은 자연스럽게 자신의 역할에 충실할 수밖에 없으며, 이를 통해 전통적인 소집단 학습의 부정적 효과로 알려진 '무임승차 효과'나 '봉 효과'를 방지할 수 있다. 마지막으로 협동학습에서는 이질적인 집단 구성을 통해 다양한 배경과 학습 능력을 가진 학생들이 서로의 강점을 활용하고 약점을 보완할 수 있도록 돕는다. 예를 들어, 이해가 빠르거나 성취도가 높은 학생은 다른 학생에게 자신이 아는 것을 설명해 주는 과정에서 자신의 지식을 강화할 수 있으며, 이해가 느리거나 성취도가 낮은 학생은 동료의 도움을 받아 학습 내용에 대한 이해도를 높일 수 있다. 이처럼 이질적 집단 구성은 학생들이 서로 다른 관점을 이해하고 존중하는 태도를 기를 수 있도록 돕는 중요한 역할을 한다.

한편, 협동학습의 기본 원리 중 첫 번째는 긍정적 상호의존성이다. 이는 구성원 개개인이 집단의 성공을 위해 서로의 성공이 필요하다는 것을 인식하는 것으로, 서로가 서로의 성공에 영향을 미치기 때문에 강한 협력의 동기가 부여된다. 예를 들어, 특정 구성원이 자신의 역할을 충실히 수행하지 않으면 집단의 목표 달성이 어려워지기 때문에, 구성원들은 자연스럽게 서로를 도와주고 지원하는 관계를 형성하게 된다. 이때 학생들은 자신과 타인의 성장이 서로 긴밀히 연결되어 있음을 느끼며 협력의 중요성을 체감한다. 대면적 상호작용은 협동학습에서 필수적인 상호작용의 형태로, 학생들이 대면하여 서로 도와주는 과정을 포함한다. 이는 구성원들이 충분한 시간을 가지고 자유롭게 소통할 수 있는 분위기와 적절한 자리배치 등을 통해 실현된다. 이러한 상호작용을 통해 학생들은 학습 과정에서 서로에게 피드백을 주고받고, 서로의 이해도를 점검하며, 보다 깊이 있는 학습을 이룰 수 있다. 개별 책무성은 협동학습이 원활하게 운영되도록 돕는 실천적 원리로, 학습자가 자신의 역할과 책임을 자발적으로 수행할 수 있도록 하는 데 초점이 맞추어져 있다. 협동학습 과정에서 모든 구성원이 역할을 맡더라도, 실제 수행 과정에서 책임감을 느끼지 못하면 효과적인 협업이 이루어지기 어렵다. 따라서 개별 책무성을 보장하기 위해 조원 간 점검, 무작위 발표, 개별 평가 등의 기법을 활용하여 학생들이 자신의 역할을 충실히 수행해야 한다는 인식을 가지도록 해야 한다. 이는 학습자의 주도성을 높이고, 협동학습이 형식적인 조별 활동이 아니라 실제 학습 효과를 극대화하는 과정이 될 수 있도록 돕는다. 한편, 협동학습의 성공을 위해 학생들은 사회적 기술을 습득할 필요가 있다. 협동학습 과정에서는 갈등 관리, 의사결정, 리더십, 능동적 청취와 같은 사회적 기술이 요구되며, 이는 학생들이 효과적으로 상호작용하고 문제를 해결하는 데 필수적인 요소로 작용한다. 사회적 기술을 통해 학생들은 서로 존중하고 배려하는 태도를 배우며, 긍정적인 협력 분위기를 조성할 수 있다. 마지막으로 집단 과정은 집단의 목표를 달성하기 위해 집단 구성원의 기여와 협력을 평가하고 피드백하는 단계이다. 이를 통해 학생들은 자신이 집단에 기여한 바를 평가하고, 협력의 중요성을 다시 한 번 상기할 수 있다. 또한 집단 내에서 각 구성원의 역할이 얼마나 중요한지 인식하게 되며, 향후 협동학습의 질을 높이는 데 기여할 수 있다.

결과적으로 협동학습의 본질적 요소와 원리들은 학생들이 서로 협력하고 소통하는 과정을 통해 학습 효과를 증대시킬 뿐만 아니라, 학생들이 책임감을 가지고 학습에 임하게 만드는 데 기여한다.

활동

물리 학습의 여러 가지 주제나 목표 중 협동학습이 보다 효과적일 것으로 예상되는 것에는 무엇이 있을지 고민해보고, 그렇게 생각한 이유를 서술해보자.

수업주제나 목표	이유

요약

1. 협동학습은 듀이의 경험주의 교육철학 및 비고츠키의 사회적 구성주의 이론과 밀접한 관련이 있다.
2. 협동학습의 4가지 본질적 요소에는 협동적 과제 구조(공동 목표), 협동적 보상 구조(공동 보상), 개별 책무성, 이질 집단 구성이 있고, 협동학습의 5가지 원리에는 긍정적 상호의존성, 대면적 상호작용, 개별 책무성, 사회적 기술, 집단과정이 있다.

1.3 협동학습의 종류와 적용

개별학습이나 경쟁학습에 비해 협동학습이 학생들의 학습에 보다 효과적이라는 사실이 알려지면서 여러 연구자들에 의해 다양한 협동학습 방법이 개발되었다. 이들은 협동학습의 4가지 본질적 요소 중 어느 것에 더 중점을 두고 있느냐에 따라 크게 2가지 종류로 분류할 수 있다. 협동학습의 4가지 본질적 요소 중 보상 구조에 보다 초점을 맞춘 협동학습 모형으로는 모둠 성취 분담 모형(STAD, Student Teams-Achievement Division), 모둠 경기 학습(Teams Games Tournaments)이 있고, 과제의 구조에 보다 초점을 맞춘 협동학습 모형으로는 과제 분담 학습 모형(Jigsaw), 모둠 탐구 모형(Group Investigation), 협동을 위한 협동학습 모형(Co-op Co-op)이 있다. 이 외에도 여러 가지 구체적인 협동학습의 원리를 제안하고 있는 함께 학습하기 모형(Learning

Together)도 있다 (정문성, 2006). 협동학습 수업 모형은 한 차시 내에 모든 단계를 진행하기도 하지만, 학생 활동이 강조되는 특성상 시간이 많이 소요되어 두 개의 차시를 연계한 블록 수업 등 여러 차시에 걸쳐 수업이 진행되기도 한다. 또한, 필요에 따라 협동학습 모형의 일부만 활용하여 수업을 구성할 수도 있다. 이제 여러 가지 협동학습의 대표적인 유형에 대해 구체적으로 살펴보자.

(1) 학생모둠성취분담(STAD, Student Teams-Achievement Division) 모형

학생모둠성취분담(STAD, Student Teams Achievement Divisions) 모형은 협동학습 모형 중 가장 오래된 모형 중 하나로 독특한 보상 구조를 가지고 있으며, 그 구조가 비교적 간단하여 협동학습을 처음 시작하는 교사도 간단히 활용할 수 있다는 장점이 있다(정문성, 2006). 이 모형은 Slavin(1978)에 의해 체계화되었는데 학습자 간의 협력과 경쟁을 적절히 조화시켜 학생들이 공동의 목표를 달성하기 위해 노력하면서도 개별 학습 능력을 발전시킬 수 있도록 설계되었다. 이 모형은 다양한 학습 능력을 가진 학생들이 모둠을 이루어 서로 도우며 학습 활동에 참여하도록 유도하여, 학생들 간의 상호의존성과 책임감을 극대화시킨다.

학생모둠성취분담 모형의 가장 큰 특징은 개별 학생의 학업 능력 수준에 관계없이 모두가 모둠의 성공에 기여할 수 있도록 그 보상 구조가 설계되었다는 점이다. 이러한 독특한 보상 구조로 인해 학생들은 협동적인 학습 환경에서 서로 배우고 가르치며 학습 동기와 몰입도를 높일 수 있다. 학생모둠성취분담 모형에서는 학생들의 학습 성과를 공정하게 평가하고 협동학습의 효과를 극대화하기 위해 기본 점수, 향상 점수, 모둠 점수를 활용한다. 기본 점수는 학생이 협동학습을 시작하기 전의 기존 성취 수준을 반영한 점수로, 협동학습을 실시하기 이전의 평가 결과를 기준으로 설정된다. 향상 점수는 학생이 개별 평가에서 기본 점수보다 높은 점수를 받을 경우, 향상된 정도에 따라 부여되며, 이를 통해 모든 학생이 자신의 실력 향상을 위해 노력하도록 유도한다. 모둠 점수는 팀원들의 향상 점수를 합산하여 산출하며, 협력적인 학습 과정을 촉진하기 위해 사용된다. 즉, 모둠원 각각의 절대적 점수가 아니라, 모둠원들 개인이 이전보다 향상된 점수를 모둠 점수에 반영하기 때문에 학업 능력이 낮은 학습자도 모둠에 크게 기여할 수 있는 여지가 생긴다. 이러한 보상구조는 학생들이 단순히 개별 성적 향상을 넘어, 공동체의 일원으로서 협력과 성취를 경험할 수 있는 기회를 제공한다.

학생모둠성취분담 모형에서 교사는 학생들의 학업 능력, 성별, 성격, 학습 태도 등을 종합적으로 고려하여 이질적인 모둠을 만든다. 이 모둠은 다양한 수준의 학업 능력을 가진 학생들로 구성되어, 각 학생이 자신의 강점을 활용하고 약점을 보완할 수 있는 협력 구조를 형성한다. 일반적으로 4~6명의 학생이 한 모둠을 이루며, 이 구성은 학생들이 서로 배우고 협력할 수 있는 최적의 환경을 조성하는 것을 목표로 한다. 모둠이 구성되면 학생모둠성취분담 모형에 따른 수업을 진행할 수 있다. 일반적으로 학생모둠성취분담 모형에 따른 수업은 [그림 511]과 같은 단계를 통해 진행된다.

단계	내용
교사의 설명	- 교사는 학습 주제를 명확히 소개하고 학습 목표와 기본 개념을 설명한다. - 교사는 다양한 시각 자료와 예시를 활용하여 설명할 필요가 있으며, 이를 통해 학생들의 이해를 돕고 흥미를 유발한다.
↓	
모둠학습	- 학생들은 교사가 제공한 자료를 바탕으로 역할을 분담하여 협력적으로 학습을 진행한다. - 모둠원들은 서로 질문하고 설명하며, 학습 내용을 요약하고 예상 문제를 함께 해결한다.
↓	
평가	- 학생들은 퀴즈나 시험을 통해 공통으로 학습한 내용을 개별적으로 평가받고, 개인별 향상 점수를 모둠별로 합산하여 모둠 점수를 산출한다. - 개인별 향상 점수를 반영한 평가는 개인의 노력과 모둠의 성공 간 연결성을 강조하며 학생들 개개인에 책임감을 부여한다.
↓	
모둠점수의 게시와 보상	- 교사는 모둠별 점수를 집계해 순위를 공개하고, 우수 모둠에게 칭찬과 보상을 제공한다.

[그림 511] 학생모둠성취분담 모형의 절차

• 교사의 설명

학생모둠성취분담 모형의 첫 단계는 교사의 학습 내용 설명과 수업 목표 제시로 시작된다. 이 단계에서 교사는 학습 주제를 명확히 소개하고, 학생들에게 학습 목표를 구체적으로 전달하며, 학습 과정에 필요한 기본 개념과 원리를 설명한다. 다양한 시각 자료나 예시를 활용해 학생들의 이해를 돕고, 학습에 대한 흥미와 참여를 유도한다.

• 모둠학습

모둠학습 단계에서 학생들은 교사가 제공한 학습 자료와 문제를 바탕으로 공동 작업을 수행하며, 토론, 설명, 정보 공유, 문제 해결 과정을 통해 협력적으로 학습을 진행한다. 이때 모둠원들의 역할을 이끔이(리더), 기록이, 찾음이(자료조사), 깔끔이(정리) 등으로 명확히 나누고, 개개인에게 책임을 부여하는 것이 좋다. 모둠 활동 과정에서 모둠원들은 서로 설명하거나 질문을 주고받으며, 각자의 강점을 활용해 모둠의 목표 달성을 위해 노력한다. 또한, 학생들은 교사가 제시한 학습 자료를 요약하고 정리하며, 예상 문제를 함께 해결하는 등 학습 내용을 깊이 이해하고 준비하는 과정을 거친다. 이 단계에서 교사는 학생들이 협력과 상호 책임감을 체득하며 학습의 즐거움을 경험하도록 하는 데 초점을 맞춘다.

• 평가

모둠학습이 완료되면, 학생들은 시험이나 퀴즈를 통해 개별적으로 학습 내용을 평가받는다. 이 평가는 각 학생의 현재 학업 성취도를 측정하기 위한 개인별 테스트 형식으로 이루어지며, 테스트 결과는 학생 개인의 기존 점수와 비교하여 개인별 향상점수를 계산하는 데 활용된다. 평가 단계에서 중요한 점은 학생들의 절대적인 점수가 아니라, 이전 성취도에 비해 얼마나 향상되었는지를 평가하여 이를 바탕으로 모둠 점수에 반영한다는 것이다. 이러한 평가는 각 학생이 자신의 학업 성취도를 개선함으로써 모둠의 성공에 기여할 수 있도록 설계되었다. 평가 과정은 학생들에게 개인의 노력과 학습의 중요성을 강조하고, 자신이 속한 모둠의 발전에 대한 책임감을 부여한다.

• 모둠점수의 게시와 보상

마지막 단계에서는 교사가 평가 점수를 집계하여 각 모둠의 성과를 공개하고, 이를 바탕으로 보상을 제공한다. 모둠별로 각 학생의 향상 점수를 합산하여 모둠의 점수를 계산하고, 점수에 따라 모둠별 순위를 결정한다. 이러한 점수는 학생들에게 개인의 노력이 모둠 전체의 성공에 어떻게 기여하는지를 실질적으로 보여주는 역할을 한다. 이후 교사는 우수한 성과를 거둔 모둠에 대해 칭찬과 보상을 제공하는데, 이러한 보상은 학습 동기를 강화하는 중요한 역할을 한다. 보상으로는 물질적인 것 보다는 비물질적 보상이 더 효과적일 수 있는데, 비물질적 보상의 예로는 교사의 긍정적인 피드백, 학급 내에서의 인정, 모둠별 특별 칭호 부여 등이 포함될 수 있다. 모둠점수의 게시와 보상 과정은 학생들로 하여금 협력적 학습의 긍정적인 결과를 직접적으로 경험하게 하고, 모둠원 간의 상호의존성을 더욱 강화한다.

활동

학생모둠성취분담(STAD) 모형에서는 모둠 점수에 개인의 향상 점수를 합산한 점수를 활용하는 것이 특징적이다. 다음의 예시에서 각 모둠별 점수를 구해보고 어느 모둠이 더 뛰어난 성취를 보였는지 판단해 보자. (아래 예시에서 사전 평가 점수는 수업 모형 적용 이전에 학생들이 치루었던 모든 평가 점수의 평균 점수이다.)

모둠 이름	학생 이름	사전 평가 점수	사후 평가 점수
BTS	민준	6점	9점
	서연	7점	8점
	지훈	5점	7점
	예은	6점	8점
블랙핑크	승민	8점	10점
	하린	6점	9점
	도윤	5점	7점
	지아	4점	6점

요약

1. 학생모둠성취분담(STAD) 모형은 다양한 학습 능력을 가진 학생들이 협력적으로 학습에 참여하며, 개인별 향상 점수를 모둠 점수에 반영하는 독특한 보상 구조를 통해 학습 동기와 책임감을 높이는 협동학습 모형이다.
2. 학생모둠성취분담 모형은 교사의 설명, 모둠학습, 평가, 모둠점수의 게시와 보상의 단계로 진행된다.

(2) 모둠경기학습(TGT, Team Game Tournaments) 모형

모둠경기학습 모형은 모둠 성취 분담 모형(STAD)과 마찬가지로 협동학습의 보상 구조에 초점을 맞춘 모형으로 모둠 성취 분담 모형과 유사한 절차를 따르면서도 독특한 게임 형식과 보상 구조를 통해 학습자들의 높은 동기 부여를 이끄는 점이 특징적인 모형이다. 모둠경기학습 모형은 개인의 학업 능력 수준에 관계없이 모둠의 성공에 동등하게 참여할 수 있는 기회를 제공함으로써 모든 학생이 자신의 역할을 통해 집단의 목표에 기여하도록 설계되었다. 특히, 학습 후 토너먼트 형식의 경기를 통해 각 모둠의 대표들이 비슷한 학업 수준의 동료들과 경쟁하도록 함으로써 공정성과 책임감을 동시에 강조하였다. 이러한 구조는 모둠 구성원 모두가 본인이 속한 모둠에 기여할 수 있는 기회를 제공한다.

모둠경기학습 모형은 학습 과정에 게임 요소를 도입하여 수업에 대한 학생들의 흥미를 극대화하고, 학생들이 수업에 몰입하도록 유도한다. 게임 점수가 모둠의 성과로 반영되기 때문에 학생들은 서로의 성취를 응원하고 협력하게 되며, 이를 통해 자연스럽게 모둠원들 사이의 긍정적 상호의존성과 팀워크를 배우게 된다. 이러한 방식은 학생들의 학습 동기를 강화할 뿐만 아니라, 협력적 학습 환경을 조성하여 학습 과정을 더욱 효과적으로 만든다. 모둠경기학습 모형은 다음과 같은 절차로 진행된다.

단계	내용
교사의 설명	- 교사는 학습 목표와 주제를 명확히 제시하며, 학생들이 학습 활동의 목적과 절차를 이해하도록 돕는다. - 교사는 활동 규칙과 역할 분담 방식을 안내하고, 학생들의 질문을 장려하여 학생들의 학습 동기를 고취시킨다.
↓	
모둠학습	- 학생들은 이질적으로 구성된 모둠에서 주어진 학습 자료를 바탕으로 협력적으로 학습하고 과제를 해결한다. - 학생들은 서로 설명하고 논의하며 학습 자료를 정리하여 토너먼트 대회를 준비한다.
↓	
토너먼트 대회	- 비슷한 수준의 모둠원들이 모여 토너먼트 형식의 게임에 참여하여 문제를 해결하고 경쟁한다. - 문제 해결 과정은 공정성을 유지하며, 대회에서의 학생 개별 성과가 모둠 점수로 반영된다.
↓	
모둠점수의 게시와 보상	- 교사는 대회 점수를 집계하여 모둠별 성과를 평가하고 순위를 발표한다. - 성적에 따라 다음 대회에서 수준 조정을 통해 모든 학생에게 공정한 경쟁 기회를 제공한다.

[그림 512] 모둠경기학습 모형의 절차

- 교사의 설명

교사는 수업의 첫 단계에서 학습 목표와 주제를 명확히 제시하고, 학생들이 학습 활동의 목적과 과정을 명확히 이해할 수 있도록 한다. 특히, 전통적인 강의식 수업 이외에도 다양한 매체와 수업 도구들을 활용하여 학생들이 수업 내용을 명확히 이해할 수 있도록 돕는다. 교사의 자세한 설명을 통해 학생들은 수업 목표에 대한 이해도를 높이고, 모둠원들이 함께 성공하기 위한 공동의 목표를 설정하게 된다. 또한, 교사는 협동학습의 핵심인 모둠 활동의 규칙과 역할 분담 방식을 안내하고, 학생들이 토너먼트 게임의 규칙과 공정한 진행 방식을 이해하도록 돕는다. 무엇보다 교사는 학생들이 질문을 통해 모둠 활동과 게임의 구조를 명확히 파악하도록 유도하며, 이를 통해 학습 동기를 고취시킨다. 이 단계는 학생들이 활동에 몰입할 수 있는 기반을 마련하는 데 중점을 둔다.

• 모둠학습

교사는 학생들의 성별, 학습 능력, 성격 등을 두루 고려하여 이질적인 모둠을 구성한다. 모둠 경기 학습 모형의 모둠은 상위권, 중상위권, 중하위권, 하위권 성적의 학생으로 이루어진 4명으로 구성하는 것이 좋으나 교실 상황에 따라 융통성 있게 구성한다. 학생들은 학업 성취도가 이질적으로 구성된 모둠에 속하여 교사가 제공한 학습 자료를 바탕으로 공동 학습을 진행한다. 각 모둠은 주어진 학습 주제와 과제를 해결하기 위해 서로의 강점을 활용하며, 협력적으로 논의하고 정보를 공유한다. 학생들은 자신의 이해도를 높이고 다른 모둠원들의 이해를 돕기 위해 설명하고 질문하며 상호작용한다. 이 과정에서 학생들은 학습 자료의 핵심을 요약하고 정리하며, 토너먼트 대회에서 나올 가능성이 있는 문제를 예상하고 준비한다. 모둠학습은 학생들이 서로의 학습 과정을 지원하면서 책임감을 느끼고 협동의 가치를 경험할 수 있는 중요한 단계이다.

• 토너먼트 대회

모둠별 학습이 완료되면 각 모둠에서 대표를 선정하여 다른 모둠의 대표들과 토너먼트 게임을 시행한다. 이 단계에서는 공정성을 위해 동일한 수준의 학습자들끼리 경쟁이 이루어지며, 교사가 준비한 문제를 해결하는 과정을 통해 학습 성과를 평가받는다. 즉, 학생들은 수준별로 모여 상위권 학생 모둠, 하위권 학생 모둠 등 토너먼트 대회를 위한 새로운 모둠을 구성한다. 교사는 토너먼트 대회의 모둠원의 배수만큼의 문제 카드를 미리 준비한 후 각 모둠에 배부하며, 학생들은 교사가 제시한 문제 카드를 해결한다.

토너먼트 대회는 독특한 방식으로 운영된다. 토너먼트 대회 동안 각 모둠의 모둠원들은 한 번씩 돌아가며 교사가 제시한 문제 카드에 대해 먼저 대답할 수 있는 권리를 가진다. 만약 토너먼트 대회를 위해 구성한 모둠의 모둠원 수가 4명이고, 교사가 제시한 문제 카드가 총 12개라면, 각 모둠원은 각각 3번의 우선권을 가진다. 각각의 문제에 대해 우선권을 가진 학생부터 문제 카드의 답을 말할 수 있으며, 이후 시계 방향으로 돌아가면서 해당 문제의 정답에 대한 의견을 말한다. 우선권을 가진 학생의 다음 학생은, 우선권을 가진 학생의 대답이 정답이라고 생각하거나 해당 문제의 정답을 잘 모르겠으면 '통과'를, 우선권을 가진 학생의 대답이 정답이 아니라고 생각하면 '찬스'를 외치고 본인이 생각하는 정답을 말하면 된다. 그 이후의 학생들은 앞의 학생들 중 하나가 해당 문제의 정답을 말했거나 잘 모르는 문제라면 '통과'를, 지금까지 정답을 말한 학생이 없다고 생각되면 '찬스'를 외치고 새로운 정답을 말한다. 여기서 우선권을 가진 학생의 경우는 틀려도 감점이 없으나 '찬스'를 외치고 정답을 말한 학생이 틀린 경우는 감점을 당하게 된다. 각 문제별로 마지막 순번에 해당하는 학생이 문제 카드를 뒤집어 정답을 확인하고, 각 모둠원의 점수를 기록하는 역할을 맡는다. [표 513]은 역학적 에너지를 주제로 한 모둠경기학습(TGT) 수업에서 토너먼트 과정의 예시와 점수를 나타낸 것이다.

[표 513] TGT 수업에서 토너먼트 과정 예시와 점수(3개 모둠, 모둠원 3명, 문제 카드 6개)

문제	응답자			점수		
				A	B	C
1. 위치에너지와 운동에너지의 합을 무엇이라 하는가?	A: 역학적 에너지	B: 통과	C: 찬스, 총에너지	1	0	−1
2. 2Kg인 물체가 10m 높이에 있을 때 위치에너지는?	B: 20J	C: 찬스, 약 200J	A: 통과	0	0	1
3. 운동에너지가 100J이고 위치에너지가 150J일 때, 역학적 에너지는?	C: 250J	A: 찬스, 100J	B: 통과	−1	0	1
4. 마찰이 없는 이상적인 상태에서 물체가 낙하할 때 운동에너지는 어떻게 변하는가?	A: 점점 증가한다	B: 통과	C: 찬스, 일정하다	1	0	−1
5. 정지 상태에 있는 물체의 높이를 2배로 높이면 역학적 에너지는 몇 배가 되는가?	B: 통과	C: 통과	A: 통과	0	0	0
6. 공이 자유낙하하여 지면에 닿을 때 운동에너지는 어떤 에너지로 전환될 수 있는가?	C: 위치에너지	A: 통과	B: 찬스, 열에너지와 소리 에너지	0	1	0

• 모둠점수의 게시와 보상

토너먼트가 종료되면 교사는 점수를 집계하여 각 모둠의 성과를 평가한다. 각 모둠의 대표가 획득한 점수는 모둠 전체의 점수에 반영되어 모둠의 성과로 간주된다. 점수집계 결과에 따라 모둠별 순위가 결정된다. 또한 토너먼트 대회에서 상위권 성적을 기록한 학습자는 다음 대회에서는 한 단계 높은 모둠에서, 하위권 성적을 기록한 학습자는 다음 대회에서는 한 단계 낮은 모둠에서 경기를 치르도록 하여 모든 학습자가 본인의 노력 여하에 따라 더 높은 수준의 모둠에서 경기를 치를 수 있는 기회를 부여한다. 모둠 경기 학습 모형에 참여하는 학생들은 개인의 노력과 성취가 모둠의 성적에 영향을 주기 때문에 각자 자신의 역할에 책임감을 가지게 되며, 모둠원들과의 협력 속에서 성취를 경험하게 된다.

활동

모둠경기학습(TGT) 모형에 따른 수업을 진행하기 위해서는 수업 내용에 대해 대회에 참여하는 모둠원의 배수만큼의 문제 카드를 미리 준비해야 한다. 이때 문제 카드의 앞면에는 문제를, 뒷면에는 문제에 대한 답을 작성하여 학생들이 문제 카드에 따른 문제를 풀 때마다 각 모둠원의 정답 유무를 판단할 수 있도록 하며, 문항의 유형은 OX퀴즈, 선다형, 단답형 등 다양한 유형을 활용할 수 있지만, 짧은 시간안에 정답 유무 판단이 힘든 서술형 문항은 지양한다. 4인 1모둠으로 구성한 반에서 각 모둠원들이 4문제 씩의 토너먼트 문제를 풀 수 있는 상황을 가정하여, 모둠경기학습으로 진행하기 적절한 물리 학습 주제를 선택해서 총 16장의 문제 카드를 만들어보자.

(문제카드 예시_2장)

앞면 (문제)	뒷면 (정답)	앞면 (문제)	뒷면 (정답)
작용, 반작용 관계에 있는 두 힘은 크기가 같다.	O	물체가 원래의 상태를 유지하려는 성질을 무엇이라 하는가?	관성

요약

1. 모둠경기학습 모형은 협동학습의 보상 구조에 초점을 맞추고, 토너먼트 형식의 게임을 통해 공정성과 책임감을 강조하며, 학생들의 흥미와 몰입을 유도하여 협력과 경쟁의 균형을 경험하게 하는 협동학습 모형이다.
2. 모둠경기학습 모형은 교사의 설명, 모둠학습, 토너먼트 대회, 모둠점수의 게시와 보상의 단계로 진행된다.

(3) 과제분담(Jigsaw) 모형

과제분담(Jigsaw) 모형은 앞의 두 모형과는 다르게 협동적 과제의 구조에 초점을 맞춘 협동학습모형이다(Aronson et al., 1978). 과제분담 모형은 그 방법이 간단하여 일선 학교에서도 널리 활용되고 있으며, 특히 중·고등학교 과학에는 모둠 성취 분담 모형 보다 과제 분담 모형에 따른 수업이 더 융통적인 경우가 많다 (김희경 등, 2020). 과제분담 모형에서 교사는 하나의 학습 과제를 각각 독립적인 세부주제로 나누고 모둠원들이 각각 다른 학습 과제를 학습하도록 한다. 여기서 학생들은 본인에게 주어진 세부 학습 과제를 학습하여 전문성을 기르고, 이후 이를 자신의 모둠원들에게 가르쳐 집단 전체가 학습 목표를 달성하는 방식으로 협동학습을 진행한다. 하나의 학습 과제를 독립적인 세부 주제로 나누고 각자 해당 세부 주제를 학습한 후 다시 모둠원 전체가 학습하도록 하는 학습 상황이 마치 직소 퍼즐에서 전체 그림을 세부 퍼즐로 쪼개어 놓고 다시 맞추는 것과 비슷하다고 하여 과제 분담 모형을 직소(Jigsaw) 모형이라고 부른다.

과제 분담 모형에서 한 모둠의 구성원들은 자신이 학습한 내용에 대해서는 잘 이해하게 되지만, 상대방이 학습한 내용에 대해서는 협동학습이 마무리 될 때까지 제대로 알지 못한다. 따라서 교사가 제시한 하나의 학습 과제를 완전히 학습하기 위해서는 다른 구성원들이 학습한 내용을 다른 구성원들로부터 학습할 필요가 있는데, 이로부터 협동학습의 주요 원리인 긍정적 상호의존성이 극대화된다. 이 모형은 협력과 책임감을 바탕으로 하며, 학생들이 서로의 학습을 돕는 과정을 통해 학습 내용을 보다 깊이 이해할 수 있게 돕는다. 또한 과제분담 모형에서 학생들은 자신이 학습한 내용을 다른 사람들에게 가르침으로써 자신이 학습한 지식을 더욱 견고하게 다질 수 있다.

과제 분담 모형의 운영을 위해 교사는 우선 학습할 전체 주제를 여러 개의 하위 주제로 나눈다. 예를 들어, 과학 수업에서 에너지 자원을 주제로 할 경우, 태양열, 풍력, 수력, 원자력 등 각각의 에너지 자원을 하위 주제로 설정할 수 있다. 또한, 각 주제별로 학생들이 학습할 수 있는 자료를 제공하거나, 학생들이 주제에 대해 참고할 수 있는 자료를 제안한다. 이때, 각 주제에 대한 난이도나 학습 분량이 적절하게 분배되도록 조정하는 것이 중요하다. 각 하위 주제는 학습자들이 전문가가 될 수 있도록 충분한 양의 정보와 구체적인 내용을 포함하고 있어야 한다. 과제 분담 모형의 주요 절차는 [그림 513]과 같다.

단계	내용
학습 모둠 조직	- 교사는 4~6명 정도의 수준이나 성격이 이질적인 학생들을 하나의 학습 모둠으로 구성하고, 협동학습을 할 하위 학습 주제를 각 학생들에게 할당한다. - 학생들은 본인들이 이후에 전문가 모둠에서 학습할 학습 주제를 확인한다.
↓	
전문가 모둠 활동	- 교사는 동일한 하위 주제를 맡은 학생들끼리 모아 전문가 모둠을 구성한다. - 전문가 모둠의 모둠원들은 하위 주제에 대해 보다 깊이 있게 공부하며 원 학습 모둠 구성원들을 가르칠 준비를 한다.
↓	
학습 모둠의 재소집	- 교사는 전문가 모둠에서의 학습이 끝나면 학생들이 다시 원래의 학습 모둠으로 돌아가도록 지도한다. - 학생들은 원래의 학습 모둠으로 돌아가 전문가 모둠에서 학습한 내용을 다른 모둠원들에게 설명하고 가르친다.
↓	
평가	- 교사는 학생들을 개인적으로 평가할 수 있는 평가 문항을 준비한다. - 학생들은 개별적으로 학습한 내용에 대한 평가를 받는다.

[그림 513] 과제 분담 모형의 절차

• 학습 모둠 조직

과제분담 모형의 첫 단계는 학습 모둠을 구성하는 것이다. 교사는 학생들을 4~6명씩 소그룹으로 나누어 학습 모둠을 구성한다. 이때 학습 모둠은 가능하면 학생들의 수준이나 성격을 고려하여 이질적인 구성으로 이루어지도록 하는 것이 좋다. 즉, 학업 성취도가 높은 학생과 중간 또는 낮은 학생들이 균형 있게 섞이도록 배치함으로써 모둠 내에서 서로 도우며 학습하는 분위기가 형성되도록 한다. 예를 들어, 과학 성취도가 상, 중, 하로 나뉜 학생들이 모둠 내에서 균형을 이루게 하면 학습의 차이가 협력의 동기가 되도록 유도할 수 있다.

학습 모둠이 구성된 이후에 교사는 각 학생들에게 본인이 학습할 하위 주제를 할당하고, 학생들은 하위 학습 주제를 확인한다. 다양한 에너지 자원의 학습을 수업의 예로 들면, 하나의 학습 모둠 안에서 구성원들은 각각 태양열, 풍력, 수력, 원자력 등 서로 다른 주제의 에너지를 본인의 주제로 맡을 수 있다. 이처럼 학습 모둠 내에서 학생들은 각자 한 가지 하위 주제를 선택해 본인이 선택한 내용을 공부할 전문가가 된다. 학습 모둠 구성시 주의할 점은 학습 모둠의 구성원 수와 전체 모둠 수를 일치시켜야 한다는 것이다. 즉, 과제 분담 모형의 운영을 위해 하나의 학습 모둠의 모둠원을 4명으로 해서 모둠을 구성했다면 전체 학급의 모둠 수도 4개로, 모둠원을 5명으로 한 경우는 모둠 수도 5개로 맞추는 것이 좋다. 만약 수업을 진행할 인원 수가 정확히 맞지 않는다면 2인이 1명인 것처럼 함께 활동하도록 하여 수업을 운영할 수 있다.

• 전문가 모둠 활동

학습 모둠을 구성한 후 각 모둠에서 동일한 하위 주제를 맡은 학생들은 다시 새롭게 모여 전문가 모둠을 구성한다. 전문가 모둠에서 학생들은 각자의 주제에 대해 보다 깊이 있게 공부하고, 자료를 읽고 내용을 정리하며 서로의 이해를 돕는다. 전문가 모둠에서는 학생들끼리 주제에 대해 의견을 교환하고, 중요한 내용을 요약하며, 자신이 소속된 원래의 학습 모둠에 돌아갔을 때 다른 모둠원들을 효과적으로 가르칠 수 있도록 준비한다. 이 단계에서 학생들은 서로의 학습을 지원하며 궁금한 점을 해결하고, 자신이 맡은 주제의 주요 개념을 체계적으로 정리할 수 있게 된다.

• 학습 모둠의 재소집

전문가 모둠에서의 학습이 끝나면 학생들은 다시 원래의 학습 모둠으로 돌아간다. 이제 각 학생은 자신이 맡은 주제에 대해 모둠원들에게 설명하고 가르치는 역할을 맡는다. 이 과정에서 학생들은 자신의 이해를 토대로 모둠원들에게 설명을 하며, 다른 모둠원들은 이를 듣고 질문을 하거나 추가적인 의견을 나누며 학습을 확장해 나간다. 각 모둠원은 다른 학생들의 설명을 통해 전체 학습 내용을 종합적으로 이해하게 되며, 설명을 맡은 학생은 스스로 학습한 내용을 정리하여 전달함으로써 자신이 이해한 내용을 더욱 깊이 있게 내면화할 수 있다. 예를 들어, 태양열에 대해 학습한 학생이 모둠원들에게 태양열 발전의 원리와 장단점, 실제 적용 사례 등을 설명하고, 이후 다른 모둠원들이 이에 대해 추가적인 질문을 하며 토론하는 방식으로 학습 모둠 활동이 진행될 수 있다.

• 평가

마지막으로 교사는 학생들이 과제 분담 모형으로 학습한 내용을 잘 이해했는지 평가한다. 이 경우 학생들에 대한 평가는 개인별로 이루어지며, 학생들의 모둠 평가는 진행하지 않는다.

한편, Slavin(1986)은 Aronson 등(1978)이 개발한 과제 분담 모형에는 모둠 보상이 없어 협동적 보상 구조가 취약하여 충분한 효과를 거두기 힘들다고 주장하였다. 즉, 모둠별 보상이 이루어지지 않아 학생들이 적극적으로 학습을 하려 하지 않으며, 협동학습 이후에 개인별 평가를 하기 때문에 다른 모둠원들을 적극적으로 도와주려고도 하지 않는다는 것이다. 이에 Slavin은 기존의 과제 분담 모형의 단점을 개선한 과제 분담 모형 Ⅱ(Jigsaw Ⅱ)를 개발하였다.

과제 분담 모형 Ⅱ에서는 과제 분담 모형의 보상구조를 개선하기 위해 모둠 성취 분담 모형의 보상구조를 접목하였다. 즉, 과제 분담 모형 Ⅱ에서는 모둠 성취 분담 모형에서 사용하는 기본 점수, 향상 점수, 모둠 점수의 3가지 점수 체계를 그대로 활용한다. 이와 더불어 과제 분담 모형 Ⅱ에서는 기존의 과제 분담 모형과 다르게 전문가 모둠 활동 전에 모든 학생들에게 단원의 전체 내용을 학습할 수 있는 기회를 준다. 즉, 과제 분담 모형 Ⅱ에서 교사는 학생들이 본인이 맡은 세부 주제를 중심으로 단원 전체 내용을 읽게 하는데, 이를 통해 본인이 맡은 세부 주제를 단원 전체 내용의 맥락 속에서 이해할 수 있도록 지도한다. 과제 분담 모형 Ⅱ에서는 개별 학생들이 모두 전체 단원 내용을 읽을 수 있기 때문에 서로에 대한 상호 의존성이 약화되는 단점이 있지만, 기존의 과제 분담 모형처럼 학습 내용을 재조직하고 나눌 필요 없이, 기존의 내용을 그대로 활용할 수 있다는 장점도 있다.

과제 분담 모형 Ⅱ에서는 학습이 끝난 후 바로 평가를 하기 때문에 학생들이 평가에 대비한 준비를 할 시간이 없다는 점이 단점으로 지적되었다. 이에 최근에는 학생들이 평가에 대비할 시간을 갖도록 하는 과제 분담 모형 Ⅲ가 개발되었다. 평가 전에 유예 시간을 갖도록 한 것 이외에 과제 분담 모형 Ⅱ와 Ⅲ 사이에 본질적인 차이는 없다. 이상의 과제 분담 모형들의 절차상의 차이점들을 개략적으로 나타내면 다음 [그림 514]와 같다.

과제 분담 모형들의 절차	〈과제 분담 모형〉	〈과제 분담 모형Ⅱ〉	〈과제 분담 모형Ⅲ〉
학습 모둠 조직	○	○	○
↓ 단원 전체 학습 기회 부여	×	○	○
↓ 전문가 모둠 활동	○	○	○
↓ 학습 모둠의 재소집	○	○	○
↓ 휴식기	×	×	○
↓ 평가	○ (개인별 평가)	○ (STAD 평가)	○ (STAD 평가)

[그림 514] 과제 분담 모형들의 절차상의 차이점

과제분담 모형은 간편하게 활용할 수 있는 협동학습 모형이지만 수업 주제 선정에 있어 제한점도 있다. 다음 활동을 통해 과제분담 모형으로 적절한 수업 주제에 대해 고민해 보자.

활동

과제 분담 모형으로 진행하기에 적절한 물리 수업 주제를 선정하고 4명의 모둠원으로 구성된 학습 모둠이 4개의 전문가 모둠으로 흩어져서 학습할 수 있도록, 선정한 수업 주제를 적절한 하위 주제로 나누고 개략적인 학습 내용도 작성해보자. 이때 주의할 점은 4개의 세부 주제는 병렬적인 것으로 구성해야 한다는 것이다. 앞의 학습 주제의 내용을 모르면 뒤의 학습 주제를 학습하기 곤란한 주제로 선정하면 안 된다. 예를 들어 속도와 가속도의 정의를 한 차시에 학습한다고 할 때 속도의 정의를 모르면 가속도의 정의를 알기 힘들기 때문에, 속도와 가속도의 정의를 각각 과제 분담 모형으로 학습하도록 하는 것은 적절하지 않다.

(과제분담 모형 주제 예시_4개의 주제)

태양열 에너지 (Solar Energy)	풍력 에너지 (Wind Energy)
태양열의 발생 원리 (태양 복사 에너지) 태양열 에너지의 수집 및 변환 기술 (태양광 패널, 집열기 등) 태양열 발전소의 구조와 작동 원리 태양열 에너지의 장점 (재사용 가능, 무공해)과 단점 (날씨 의존성, 초기 비용)	바람의 발생 원리와 에너지의 변환 과정 (바람 → 전기) 풍력 발전기의 구조와 작동 원리 (블레이드, 터빈, 발전기) 풍력 발전의 설치 위치와 환경적 고려 사항 (육상 풍력, 해상 풍력) 풍력 에너지의 장점 (청정 에너지, 낮은 운영 비용)과 단점 (소음, 생태계 영향)
수력 에너지 (Hydropower)	**원자력 에너지 (Nuclear Energy)**
수력 에너지의 원리 (물의 위치 에너지 → 운동 에너지 → 전기 에너지) 댐을 이용한 수력 발전소의 구조와 작동 과정 소규모 수력 발전 및 새로운 기술 동향 수력 발전의 장점 (안정적 공급, 효율성)과 단점 (환경 변화, 생태계 영향)	원자력의 기본 원리 (핵분열과 에너지 방출) 원자력 발전소의 구조와 작동 과정 (연료봉, 원자로, 냉각수 등) 원자력 에너지의 안전성 문제와 폐기물 관리 원자력의 장점 (대량 생산 가능, 안정적 공급)과 단점 (방사능 위험, 사고 가능성)

이제 과제 분담 모형으로 적절한 수업 주제를 선정하여 수업을 계획해 보자.

하위 주제 1	하위 주제 2
하위 주제 3	**하위 주제 4**

요약
1. 과제분담(Jigsaw) 모형은 학습 과제를 세부 주제로 나누고 학생들이 이를 전문적으로 학습한 뒤 다른 모둠원들에게 가르쳐 긍정적 상호의존성과 협력 속에서 학습 목표를 달성하도록 설계된 협동학습 방식이다. 2. 과제분담(Jigsaw) 모형은 학습 모둠 조직, 전문가 모둠 활동, 학습 모둠의 재소집, 평가의 단계로 진행된다. 3. 과제분담 모형 Ⅱ는 과제분담 모형에서 학생들에게 단원 전체의 학습 기회를 부여하고 STAD의 평가 방식을 접목한 점이, 과제분담 모형 Ⅲ는 평가전에 휴식기를 두어 학생들이 평가를 준비할 수 있는 시간을 준 점이 특징적이다.

(4) 모둠 탐구(GI, Group Investigation)

모둠 탐구(Group Investigation) 모형은 Sharan에 의해 개발된 모형으로 학생들이 탐구할 내용을 설정하고 이를 심층적으로 조사하여 해결해 나가는 과정으로 이루어진다(Sharan & Sharan, 1990). 모둠 탐구 모형은 다른 어떤 협동학습 모형 보다도 학생의 자기 주도적 학습이 강조되는 모형으로 교사는 도전적이고 다양한 측면을 지닌 문제나 현상을 제기하며, 학생들은 교사가 제기한 문제를 해결하기 위해 학생들 스스로 탐구하기를 원하는 소주제를 선정 및 선택한다는 특징을 지닌다(정문성, 2006). 이 모형은 학생들의 능동적인 학습 참여와 자율성을 강조하며, 비판적 사고력과 문제 해결 능력을 기르는 데 효과적이다. 모둠 탐구의 절차는 학생들이 주제 선정부터 발표 및 평가까지 차례로 수행하는 단계로 구성되어 있으며, 각 단계는 학생들 간의 협력을 통해 심화된 학습 경험을 제공한다.

모둠 탐구(Group Investigation) 모형의 개발에는 듀이의 교육 철학이 큰 영향을 미쳤다. 듀이는 학교 교육의 궁극적인 목적이 민주 시민 양성이라고 보았다. 즉, 학교는 사회의 축소판으로 학교에서 학생들이 민주 사회에 참여하며 과학적 방법으로 복잡한 사회문제를 해결하는 경험을 하도록 교육해야 한다는 것이다(Joyce & Weil, 1986). 따라서 모둠 탐구 모형으로 수업을 진행할 때는 학습 활동에 대한 민주주의적 요소가 반드시 포함되도록 고려할 필요가 있다(정문성, 2006). 즉, 모둠 탐구 모형으로 수업을 진행할 때는 가급적 학생들이 탐구할 주제를 교사가 제시하기 보다는 학생 스스로 제안할 수 있도록 하는 것이 좋으며, 학생들에게 여러 탐구 주제 중 본인이 탐구하고 싶은 탐구 주제를 선택할 수 있는 자유를 주어야 한다. 이에 따라 모둠 탐구 모형에서의 모둠 구성에서는 비슷한 탐구 주제를 선택한 학생들이 함께 해당 주제를 탐구할 수 있도록 고려한다. 모둠 탐구 모형은 학생들의 자율적 주제 선택과 학생 주도적 탐구 활동을 중시하기 때문에 자유 탐구 활동과도 잘 접목될 수 있다. 모둠 탐구 모형의 주요 단계는 다음과 같다.

단계	내용
주제 선정 및 모둠 구성	- 교사는 학생들이 탐구할 수 있는 학습 주제를 제시한다. - 학생들은 교사가 제시한 학습 주제에 대해 본인들이 탐구하고 싶은 세부 주제를 제안 및 선택하고, 비슷한 주제를 선택한 학생들이 모여서 하나의 모둠을 구성한다.
↓	
탐구 계획 수립 및 역할 분담	- 학생들은 선택한 하위 주제에 대한 구체적인 탐구 내용, 탐구 방법 등을 포함한 탐구 계획을 수립한다. - 모둠의 구성원들이 각자 담당할 역할을 정한다.
↓	
모둠별 탐구 활동	- 학생들은 각자의 역할에 따른 자료 수집, 분석 등 모둠별로 탐구 활동을 통해 문제의 해결 방안을 모색한다. - 모둠원 각각이 수집한 자료는 모둠 내에서 공유 및 토론하여 각 모둠이 탐구한 주제에 대한 이해를 심화시킨다.
↓	
발표 준비	- 학생들은 모둠별로 탐구한 내용을 발표하기 위한 자료를 준비한다. - 모둠원들은 발표 방법을 논의하며, 조사한 내용을 효과적으로 전달하기 위한 방안을 고민한다.
↓	
발표	- 학생들은 모둠별로 조사한 내용을 발표한다. - 발표 단계에서 다른 모둠의 발표 내용을 학습할 수 있는 기회를 가지게 되며, 교사가 제시한 주제에 대한 전체적인 이해도를 심화시킨다.
↓	
평가	- 교사는 개인별 또는 모둠별 평가 및 피드백을 실시한다. - 학생들의 주제에 대한 이해도, 모둠원들의 협력도, 모둠원 개인의 공헌도 등이 평가 항목에 포함될 수 있다.

[그림 515] 모둠 탐구 모형의 절차

• 주제 선정 및 모둠 구성

모둠 탐구의 첫 번째 단계는 교사가 학습 주제를 제시하고, 학생들이 구체적으로 탐구할 주제를 선정하는 것이다. 즉, 교사가 전체 학습 목표에 부합하는 주제나 탐구 영역을 제안하고, 학생들은 이를 바탕으로 관심 있는 특정 주제를 제안 및 선정하게 된다. 예를 들어, 교사가 '저항의 변화'라는 큰 틀의 주제를 제시하면, 학생들은 이 주제 내에서 세부적으로 다루고 싶은 하위 주제를 고민하고 선택할 수 있다. 하위 주제는 저항체 굵기에 따른 저항값 변화, 저항체 길이에 따른 저항값 변화, 저항체 종류에 따른 저항값 변화, 저항체의 온도에 따른 저항값 변화 등과 같이 세부적인 탐구 주제를 중심으로 나뉠 수 있으며, 각각의 모둠이 특정 주제를 탐구하도록 구성한다. 학생들은 각자의 흥미와 능력에 따라 특정 하위 주제를 선택하며, 비슷한 주제를 선택한 학생들이 모여 모둠을 구성한다. 교사는 이러한 주제 선정 단계를 통해 학생들이 스스로 학습에 대한 흥미를 갖게 하고, 학생들이 주도적으로 학습을 진행할 수 있는 기회를 제공한다. 다만 학생들이 세부적인 탐구 주제를 제안하기 힘들어하는 경우 교사가 몇 가지 탐구 주제를 제안하고 학생들이 스스로 선택하도록 할 수 있다.

• 탐구 계획 수립 및 역할 분담

하위 주제가 결정되면, 각 모둠은 탐구 계획을 수립한다. 탐구 계획은 학생들이 자신이 선택한 하위 주제에 대해 구체적으로 무엇을 조사할 것인지, 어떤 자료를 사용할 것인지, 그리고 어떤 방법으로 조사할 것인지에 대한 구체적인 전략을 포함한다. 또한, 모둠 내에서 각 구성원들은 역할을 분담하여 각자 담당할 부분을 정한다. 예를 들어, 실험 기구 준비 및 정리, 회로 구성, 측정, 오차 분석, 데이터 기록, 결과 분석, 발표 등의 역할이 가능하며, 학생들은 서로의 역할을 통해 효과적으로 협력할 수 있도록 한다. 이 단계에서는 학생들이 조사할 정보의 범위와 분석 방법을 명확히 설정하여 탐구를 보다 체계적으로 진행할 수 있게 된다.

• 모둠별 탐구 활동

모둠별 탐구 활동은 학생들이 각자의 역할에 따라 자료를 수집하고, 이를 분석하여 문제에 대한 해결 방안을 모색하는 단계이다. 학생들은 책, 인터넷 자료, 논문 등을 통해 정보를 조사하고, 이를 바탕으로 하위 주제에 대한 심층적인 이해를 돕는 자료를 수집한다. 수집한 자료는 모둠 내에서 공유되고, 이를 바탕으로 토론을 통해 탐구 과제를 해결해 나간다. 이 과정에서 학생들은 문제를 해결하기 위한 다양한 아이디어를 제시하며, 협력적으로 지식을 확장해 나간다.

• 발표 준비

모둠별 탐구 활동이 마무리되면, 각 모둠은 자신들의 탐구 결과를 발표하기 위한 자료를 준비한다. 발표 준비 과정에서는 조사한 내용을 시각적으로 정리하거나, 요약하여 발표 자료를 만들며, 발표 방법을 논의한다. 예를 들어, 각 모둠은 발표 자료에 그래프, 도표, 그림 등을 사용하여 시각적으로 내용을 구성하거나, 논리적으로 설명하는 연습을 통해 보다 효과적으로 발표할 수 있도록 준비한다.

• 발표

발표는 다른 모둠원들과 자신의 학습 내용을 공유하고, 새로운 관점을 제공하며 피드백을 받을 수 있는 중요한 기회이다. 발표 단계에서 학생들은 자신들이 이해한 내용을 다른 학생들에게 전달하면서 스스로의 학습을 정리할 수 있다. 또한 다른 모둠의 발표를 통해 다른 모둠이 조사한 내용에 대해 학습할 수 있으며, 교사가 제시한 전체 주제에 대한 이해를 심화시킬 수 있다.

• 평가

발표가 끝난 후, 교사는 각 모둠의 발표 내용을 평가하고 피드백을 제공한다. 이때 평가는 개인별, 모둠별로 이루어지며, 학생들이 주제에 대해 얼마나 깊이 있게 탐구했는지, 협력적으로 과제를 수행했는지, 그리고 발표가 얼마나 명확하게 전달되었는지를 중심으로 이루어진다. 피드백은 학생들이 다음 학습에서 개선할 점을 확인할 수 있도록 돕는 과정으로서, 교사와 동료들로부터 제공받은 피드백을 통해 학생들은 자신의 탐구 과정을 반성하고 향후 학습에 적용할 수 있다. 이 단계에서는 개별 학생의 기여도나 학습 성과를 평가할 수 있으며, 모둠의 협력 정도와 탐구 과정의 성실성 등을 평가할 수 있다. GI 협동학습을 위한 평가 안내 예시는 [표 514]와 같다.

[표 514] GI 협동학습에서 평가를 위한 안내 예시

평가항목	평가방법
탐구의 깊이	- 저항체의 굵기, 길이, 종류, 온도 변화에 따른 저항값의 차이를 이론과 비교하여 분석하였는가? - 실험 데이터에서 오차 요인을 고려하고 이를 개선하기 위한 방법을 논의하였는가? - 여러 변인을 고려하여 추가적인 실험 설계를 제안하였는가? - 다양한 자료를 활용하여 탐구 문제를 해결하려는 노력을 보였는가? (예: 참고 문헌, 온라인 자료 등을 활용하여 배경 지식을 쌓고 실험 설계에 반영)
협력 정도	- 팀원들과 역할을 분담하여 협력적으로 실험을 수행했는가? (예: 실험 기구 준비, 데이터 측정, 결과 분석 등 각자의 역할을 충실히 수행) - 팀원 간 의견을 조율하고, 문제 발생 시 협력하여 해결하였는가? - 적극적으로 토론에 참여하고, 다른 팀원의 의견을 존중하며 반영하였는가?
실험 수행 능력	- 실험 장비(멀티미터, 전원 장치, 저항체 등)를 올바르게 사용하였는가? - 회로를 정확하게 구성하고, 측정값을 신뢰성 있게 기록하였는가? - 반복 실험을 수행하여 데이터의 일관성을 확인하였는가?
결과 분석 및 발표	- 측정값을 그래프나 표로 정리하여 명확하게 제시하였는가? - 실험 결과를 물리적 원리와 연관 지어 설명하였는가? - 논리적이고 명확한 발표를 통해 다른 학생들에게 효과적으로 전달하였는가? - 청중의 질문에 대해 정확하게 답변했는가? (예: 다른 팀원의 질문에 대해 명확하게 답변하고, 추가적인 설명을 제공) - 시각 자료를 효과적으로 활용하여 발표의 흥미를 유발했는가? (예: PPT, 그림, 그래프 등을 활용하여 발표 내용을 시각적으로 보여줌)

요약

1. 모둠 탐구 모형은 주제 선정부터 탐구 및 발표까지의 전과정을 학습자 주도적으로 진행하며, 이 과정에서 민주적 요소를 강조하여 자유 탐구 활동과 접목하기에 적합하다.
2. 모둠 탐구 모형은 주제 선정 및 모둠 구성, 탐구 계획 수립 및 역할 분담, 모둠별 탐구 활동, 발표 준비, 발표, 평가의 순서로 진행된다.

(5) 협동을 위한 협동학습(Co-op Co-op)

협동을 위한 협동학습(Co-op Co-op) 모형은 모둠 탐구 모형(Group Investigation)을 보다 정교화시킨 형태의 협동학습 모형이다(Kagan, 1985). 협동을 위한 협동학습 모형은 모둠 탐구 모형과 유사하게 학생들이 학급의 큰 주제를 함께 달성하기 위해 역할을 나누고 협력하여 학습을 진행하는 협동학습 모형으로, 학급 전체의 학습 목표를 효과적으로 달성하도록 설계되어 있다. 협동을 위한 협동학습 모형은 모둠 탐구 모형과 유사하지만 모둠 탐구 모형에서는 모둠에서 탐구하고자 하는 주제에 대한 역할을 분담하여 탐구를 수행하는 반면, 협동을 위한 협동학습 모형에서는 모둠에서 탐구하고자 하는 주제를 다시 미니 주제로 나누어 모둠원들이 각자 미니 주제에 대해 조사해 오도록 한다는 점에서 차이가 있다. 즉, 협동을 위한 협동학습 모형에서는 전체 학급 주제, 모둠별 주제, 모둠내 미니 주제 등 수업 주제에 대해 3단계의 위계가 생기며, 전체 학급 주제를 탐구 하기 위해 모둠별로 주제를 나누고 협동학습을 진행하는 것처럼, 모둠별 주제를 탐구 하기 위해 모둠내 미니 주제를 나누고 협동학습을 진행하기 때문에, 협동학습이 2단계의 층위를 가지고 진행된다고 하여 협동을 위한 협동학습이라고 부른다. 협동을 위한 협동학습의 주요 절차는 [그림 516]과 같으나, 수업 진행 시간이 많이 걸리기 때문에 보통 여러 차시에 걸쳐 수업이 진행된다.

단계	내용
주제 선정 및 모둠 구성	- 교사는 학생들이 탐구할 수 있는 전체 학급의 학습 주제를 제시한다. - 학생들은 브레인스토밍과 토의를 통해 교사가 제시한 전체 학급의 학습 주제를 소주제로 보다 구체화하고, 각자 관심 있는 소주제를 선택하여 모둠을 구성한다.
↓	
소주제의 정교화 및 역할 분담	- 학생들은 모둠별로 선택한 소주제를 구체화, 정교화하여 미니주제를 선정한다. - 각각의 모둠원이 정해진 미니 주제를 나누어 가지는 역할 분담을 한다.
↓	
개별 학습	- 학생들이 각자 자료를 수집하고 본인의 미니 주제에 대해 심층 학습을 진행한다. - 도서관, 인터넷 등을 활용해 정보를 조사하고 분석하여 학습 자료를 구성한다.

단계	내용
	- 학생들이 자료 수집을 힘들어하거나, 수업 시간에 제한이 있는 경우에는 교사가 제공한 자료를 통해 개별 학습을 진행하도록 한다.
↓	
모둠 내 발표 및 토의	- 모둠 구성원이 각자 탐구한 내용을 발표하고 상호 피드백을 주고받는다. - 모둠 구성원들이 서로 의견을 조정하고 다양한 시각을 공유하며 주제에 대한 이해를 심화시킨다.
↓	
학급 발표 준비 및 학급 발표	- 학생들은 모둠별로 발표 자료를 정리하고 효과적으로 전달할 방안을 마련한다. - 학급 발표를 통해 다른 모둠과 의견을 나누고 주제에 대한 종합적 이해를 도모한다.
↓	
평가 및 반성	- 교사와 학생들은 발표 내용을 평가하고 협력 및 학습 과정을 돌아보며 피드백을 제공한다. - 학생들은 학습 과정과 성과를 반성하며 향후 개선점을 찾는다.

[그림 516] 협동을 위한 협동학습 모형의 절차

- 주제 선정 및 모둠 구성

협동을 위한 협동학습 모형의 첫 단계는 학급 전체 주제를 선정하는 것이다. 교사는 학습 목표에 부합하는 큰 주제를 제시하고, 이를 바탕으로 학급 전체가 달성해야 할 학습 목표를 정한다. 교사가 제시한 전체 주제에 대한 소주제 도출 과정은 학생 주도적으로 이루어지며, 학생들 사이의 브레인스토밍이나 토의 토론 과정을 통해 학급 주제를 소주제로 구체화해 나갈 수 있다. 소주제는 큰 주제를 세분화하여 학생들이 깊이 있게 탐구할 수 있도록 구성된다. 이 단계에서 학생들은 학급 전체 주제에 대해 개괄적인 이해를 가지게 된다. 소주제가 도출되면, 학생들은 각자 관심 있는 소주제를 자율적으로 선택하고 이를 바탕으로 모둠을 구성한다. 학생들이 각 소주제에 대해 흥미와 관심을 가지도록 하여 자발적으로 학습에 참여할 수 있도록 하는 것이 중요하다. 협동을 위한 협동학습 모형의 주제 선정 예시는 다음과 같다.

협동을 위한 협동학습 모형 활동을 위한 주제 예시

전체 학급 주제	모둠별 주제	모둠 내 미니 주제
송전 과정	1조: 발전소에서 가정까지의 전압의 변화	- 전압의 단계별 변화 과정 설명 - 전압 변환 장치의 역할 - 전압 변화 실험 설계 및 시연
	2조: 변압기의 원리와 종류	- 변압기의 종류 및 구조 - 변압기 관련 계산하기 - 변압기 시범 시연 및 원리 설명
	3조: 전류의 열작용에 의한 전기에너지 소모	- 전류에 의한 열작용 설명하기 - 전류에 의한 열작용 계산하기 - 열작용 실험 설계 및 결과 분석
	4조: 송전 과정에서의 에너지 손실	- 에너지 손실의 원인 분석 - 에너지 손실을 줄이는 방법 탐구 - 송전 효율을 높이는 기술 조사

- 소주제의 정교화 및 역할 분담

모둠이 구성되면, 각 모둠은 자신들의 모둠이 맡은 모둠별 소주제를 보다 구체화하고, 정교화하여 미니 주제를 선정하는 과정을 시작한다. '태양열 에너지'를 주제로 맡은 모둠을 예로 들면 '태양열 에너지의 생산 원리', '태양열 에너지의 현황', '태양열 에너지의 전망', '태양열 에너지와 관련한 문제점' 등이 미니 주제가 될 수 있다. 모둠 내에서의 미니 주제가 정해지면 학생들은 각자 탐구할 미니 주제를 선택하면서 역할을 분담한다.

- 개별 학습

이 과정에서 학생들은 각자의 역할에 따라 자료를 수집하고 정보를 조사하여 본인이 맡은 미니주제에 대해 심층적인 학습을 하게 된다. 정보 수집은 개별 학습으로 이루어지며, 학생들은 도서관, 인터넷 자료, 신문 기사 등을 활용하여 주제와 관련된 다양한 정보를 찾아본다. 이 과정에서 학생들은 자신의 탐구 주제에 대해 비판적으로 분석하고, 이를 바탕으로 학습 자료를 구성하게 된다.

• 모둠 내 발표 및 토의

개별 학습이 완료되면, 각 모둠은 수집한 정보를 바탕으로 모둠 내에서 발표 및 토의를 진행한다. 학생들은 각자의 연구 내용을 발표하고, 상호 피드백을 통해 추가적인 정보를 공유하거나, 의견을 조정하며 탐구를 심화시켜 나간다. 이 과정에서 학생들은 자신의 탐구 결과를 정리하고, 이를 효과적으로 전달하는 연습을 하게 된다. 또한, 모둠 구성원들이 제시한 다양한 시각과 의견을 통해 주제에 대해 더 깊이 이해할 수 있다.

• 학급 발표 준비 및 학급 발표

모둠 내 발표와 토의를 통해 탐구 활동이 완료되면, 각 모둠은 학급에 발표할 자료를 준비한다. 발표 준비 과정에서는 탐구한 내용을 시각적으로 정리하거나 요약하여, 학급에서 효과적으로 전달할 수 있는 발표 자료를 구성한다. 학급 발표는 모둠별로 이루어지며, 각 모둠이 발표할 때 다른 모둠은 이를 듣고 피드백을 제공한다. 이를 통해 학급 전체가 주제에 대해 종합적인 이해를 형성할 수 있도록 돕는다. 발표 과정에서 학생들은 자료를 이해하기 쉽게 설명하고, 다른 모둠의 질문에 답변하는 방식으로 자신의 학습 내용을 강화하게 된다. 예를 들어, 재생 에너지 모둠은 재생 에너지의 각기 다른 종류에 대한 이해를 돕기 위해 시각 자료를 활용하여 효과적으로 발표를 진행할 수 있다.

• 평가 및 반성

발표가 끝난 후, 교사와 학급 구성원들은 각 모둠의 발표 내용을 평가하고 피드백을 제공한다. 피드백은 모둠 단위로 이루어지며, 모둠이 주제에 대해 얼마나 깊이 있게 탐구했는지, 발표는 논리적이고 구성은 적절한지, 그리고 협력적인 학습 과정을 통해 학습 목표를 성취했는지에 대한 평가가 이루어진다. 또한, 학생들은 자신들의 학습 과정에 대한 반성의 시간을 가지며, 모둠 내에서의 협력, 정보 수집의 효과성, 발표의 구체성 등을 돌아보게 된다. 이러한 평가와 반성의 과정은 학생들이 협력적 학습 경험을 되돌아보며, 향후 학습에서 개선할 점을 찾는 데 도움을 준다.

요약
1. 협동을 위한 협동학습(Co-op Co-op) 모형은 모둠 탐구 모형(Group Investigation)을 개선하여 학급 전체 주제를 탐구하기 위해 모둠별 주제와 모둠내 미니 주제로 세분화된 2단계 협동을 진행한다. 2. 협동을 위한 협동학습(Co-op Co-op) 모형은 주제 선정 및 모둠 구성, 소주제의 정교화 및 역할 분담, 개별 학습, 모둠 내 발표 및 토의, 학급 발표 준비 및 학급 발표, 평가 및 반성의 순서로 진행한다.

이제까지의 다양한 협동학습은 동일한 주제에 대해서 다양하게 적용될 수 있지만, 각 협동학습의 특징을 살려서 각 협동학습에 적절한 주제를 선정할 필요도 있다. [표 515]는 각 협동학습에 맞는 적절한 주제를 선정할 때 고려해야 할 주요 특징을 나타낸 것이다.

[표 515] 각 협동학습에 적절한 주제를 선정하기 위해 고려해야 할 특징

협동학습	주요 특징
STAD	- 교사의 설명 후 모둠 학습을 통해 서로 협력하여 학습 성취도를 향상시킴. - 모둠 점수에 개인별 향상 점수를 반영하여 학습 성취도가 낮은 학생도 모둠에 기여 가능 - 강의식으로 수업을 진행할 수 있는 모든 물리 수업에 적용 가능 (주제 선정에 제한 없음)
TGT	- 교사의 설명 후 모둠 학습을 통해 서로 협력하여 학습 성취도를 향상시킴. - 비슷한 수준의 학생끼리 게임 형식의 토너먼트 평가를 진행하여 학생 간 경쟁을 통해 동기 부여 - 강의식으로 수업을 진행할 수 있는 모든 물리 수업에 적용 가능 (주제 선정에 제한 없음)
Jigsaw	- 학급 전체 주제를 모둠별 소주제로 나누어 학습 - 전문가 모둠에서의 활동을 통해 본인이 맡은 주제에 대한 전문가가 된 후, 다시 팀으로 돌아와 협력하여 전체 내용을 학습 - 물리 수업 내용 중 내용상의 순서나 위계가 없는 내용에 적절 (예를 들어 거울과 렌즈에 대해 학습한 후 볼록 거울, 오목 거울, 볼록 렌즈, 오목 렌즈의 활용 사례에 대해 각각의 전문가 모둠이 학습하도록 할 수 있음. 하지만 빛의 반사, 굴절, 간섭, 회절과 같이 순서대로 학습하는 것이 좋은 경우는 Jigwaw 모형으로 수업을 진행하기 곤란함.)

GI	- 교사가 학생들이 탐구할만한 주제를 제시하면, 학생들이 이와 관련된 세부 탐구 주제를 제안 후 비슷한 주제를 선택한 학생들이 함께 탐구를 진행 - 모둠 내 역할 분담을 통해 학생들이 개별 책무성을 가질 수 있도록 강조 - 실험 수업을 GI 수업의 소재로 활용하고자 하는 경우 학생들이 모둠별로 서로 다른 변인들을 탐구하도록 한 후 이를 종합하여 학급 전체의 결론을 내릴 수 있음. 실험 수업 뿐만 아니라 특정 주제에 대한 다양한 각도에서의 조사하기 활동이 필요한 경우도 수업의 소재로 활용 가능.
Co-op Co-op	- 교사가 학생들이 탐구할만한 주제를 제시하면, 학생들이 이와 관련된 세부 탐구 주제를 제안 후 비슷한 주제를 선택한 학생들이 함께 탐구를 진행 - 모둠별 주제가 정해지면, 모둠 내에서 다시 모둠 내 미니 주제를 선정하여 학생들이 미니 주제 분담을 통해 개별 책무성을 가질 수 있도록 강조 - GI 모형과 유사하지만 모둠별 주제를 다시 미니 주제로 나누기 곤란한 경우에는 Co-op Co-op 수업의 주제로 적절하지 않음. 예를 들어 저항값의 변화를 수업 주제로 정하고, 저항값의 변화에 영향을 주는 다양한 변인을 모둠별 주제로 정한 경우 다시 모둠별 주제의 미니 주제를 생각하기 곤란하므로 Co-op Co-op 수업 모형의 주제로 적절하지 않음. 예를 들어, 어떤 모둠이 저항체의 굵기 변화에 따른 저항 변화를 모둠 주제로 선택한 경우 이에 대한 하위 미니 주제를 생각하기 곤란함.

CHAPTER 02

메타인지 전략과 적용

박종원 (전남대학교)

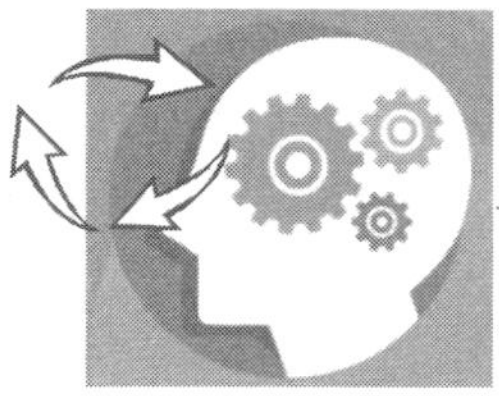

인지(cognition)의 경우에는 인지의 주체가 사람이고, 인지의 대상은 외부 사물이나 상황 등이 된다. 예를 들어, 하늘에 뜬 무지개를 보고 관찰자가 무지개 모양과 색을 인식하는 과정은 인지활동이다. 이에 비해, 메타인지(metacognition)는 인지의 주체가 사람이면서, 인지의 대상도 자기 자신인 경우이다. 즉, 자신이 자신을 인지하는 경우를 메타인지라고 한다. 메타인지는 크게 메타인지 지식과 인지전략의 조절과 통제로서의 메타인지로 나눠진다.

2.1 메타인지 지식으로서의 메타인지

메타인지 지식은 감수성 범주, 변인 범주로 나눌 수 있는데, 각각에 대한 내용을 물리내용으로 제시한 것은 [표 521]과 같다.

[표 521] 메타인지 지식

<table>
<tr><th colspan="2">메타인지 지식의 유형</th><th>내용</th></tr>
<tr><td>감수성 범주</td><td>감수성</td><td>[자신의 학습이나 성취를 위해 언제 의도적인 노력을 해야 하는지에 대한 지식]
(예) 힘과 운동 단원에 어려운 문제들이 많아, 다 공부하려면 좀 더 시간을 투자해야겠다.
(예) 트랜지스터 작동원리는 확실히 알고 있는 것 같지 않아, 처음부터 다시 공부해 봐야겠다.
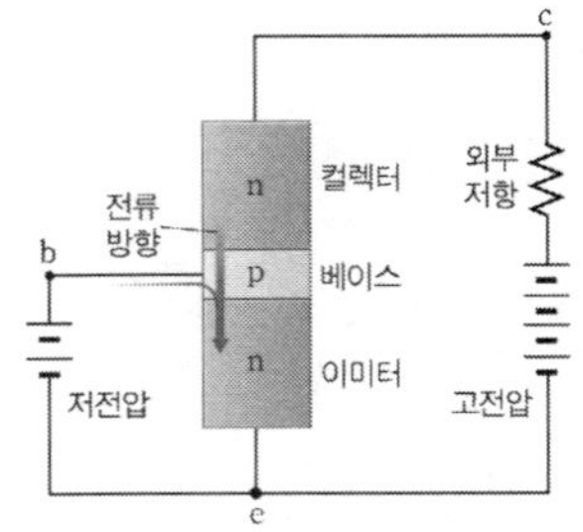
</td></tr>
<tr><td rowspan="2">변인 범주</td><td>사람변인</td><td>[자신의 인지능력이나 학습과정 등에 대한 지식]
(예) 전자기 단원 연습문제를 다 풀려면 3시간 정도는 필요하겠다.
(예) 이해한 다음에도 얼마 후면 잊으니까, 시험 전에 두 번은 꼭 공부해야 한다.
(예) 나는 힘과 운동 부분은 이해를 잘 하는 편인데, 전기와 자기 부분은 이해를 잘 못하고 있는 부분이 많다.</td></tr>
<tr><td>과제변인</td><td>[학습할 과제의 특성에 따라 학습과제를 처리할 수 있는 인지능력에 대한 지식]
(예) 나는 개념도가 그려져 있으면 전체적인 이해를 하는데 도움이 많이 된다.
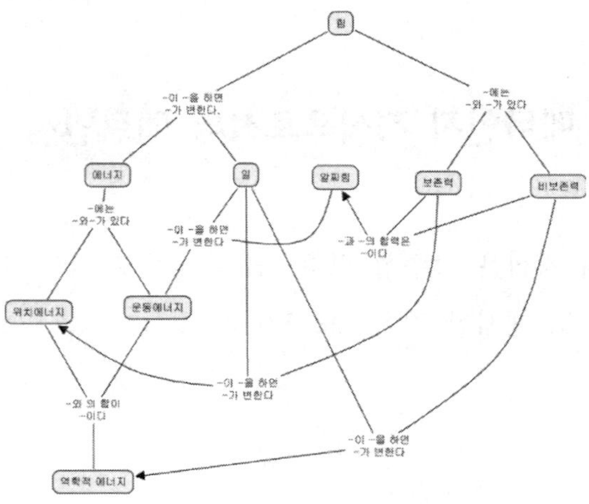
</td></tr>
</table>

	(예) 물리 공부는 개념설명 다음에 연습문제가 같이 나오는 것이 공부에 도움이 된다. (예) 실험하거나 시범을 관찰한 것은 기억에 잘 남는다.
전략변인	**[어떤 학습방법이 자신에게 효과적인지에 대한 지식]** (예) 나는 배운 내용을 내 방식대로 노트에 정리해야 이해가 잘 된다. (예) 이해가 잘 안 될 때에는 잠시 쉬면서 그 문제를 자유롭게 생각해 보는 것이 도움이 된다. (예) 물리문제 풀 때, 틀린 문제는 표시해 두고, 다음에 틀린 문제만 다시 풀어본다. (예) 내가 공부한 후에 친구에게 설명하다 보면, 내가 잘 이해하고 있는지 알 수 있다.

활동

자신의 메타인지 지식을 알아보기 위해 다음 질문에 답해보자.

메타인지 지식 영역		나의 메타인지 지식
감수성	일반물리 교재의 전기단원을 지금 다시 공부할 필요가 있다고 생각하는가? 그렇다면 어느 정도의 시간 투자가 필요하다고 생각하는가?	
사람변인	일반물리 교재의 전기단원을 펴고, 자신이 잘 알고 있는 부분과 잘 알지 못한 부분을 각각 써보자.	
	일반물리 전기에너지 단원의 연습문제를 펴고, 10문제를 푸는데 얼마의 시간이 걸릴지 예상해 보자.	
과제변인	일반물리 교재에서, 설명부분, 수식부분, 보기문제, 연습문제 중에서 어떤 부분이 공부하기 쉽고, 어떤 부분이 공부하기 어려운가?	
	일반물리 교재에서 제시된 단원 도입부의 내용 정리가 이해하는데 도움이 되는가?	
전략변인	물리 공부하는 데 어떤 공부방법이 효과적이라고 생각하는가?	
	물리 공부가 잘 안될 때, 어떤 방법으로 극복하는가?	

활동

메타인지의 전략변인(효과적인 공부하는 방법에 대한 지식)을 연습하기 위해 다음 활동을 해보자.

1. 고등학교 물리 교과서의 소단원을 정하고, 그 내용을 정리해 보자. 정리한 내용을 발표하고, 다른 사람의 정리와 비교해 보면서, 정리를 잘 하는 방법(예: 새로운 용어에 대한 정의를 포함시킨다)을 만들어보자.

물리 내용을 잘 정리하기 위한 방법
1. 2. …

요약

1. 메타인지는 학습자가 자신의 인지상태와 인지활동을 인지하는 것을 의미한다.
2. 메타인지 지식에는 감수성 범주와 변인 범주가 있다.
3. 메타인지의 변인 범주에는 사람변인, 과제변인, 전략변인이 있다.

2.2 인지전략의 조절과 통제로서의 메타인지

Flavell (1979)과 Brown (1981)은 메타인지의 또 다른 중요한 측면은 학습자가 자신의 인지를 조절하고 통제하는 것이라고 하였다. 예를 들면, 자신의 행동을 계획하고, 이때 어떤 인지전략이 효과적인지 선택하고, 사용 후에 효과적으로 잘 사용하였는지 점검하며, 다음 행동에는 적절하게 수정된 전략을 사용하도록 하는 것을 의미한다. [표 522]는 인지전략의 조절과 통제를 위한 조건이나 특징을 물리 내용으로 정리한 것이다.

[표 522] 인지전략의 조절과 통제로서의 메타인지

인지전략의 조절과 통제

1. 인지전략의 사용과 인지전략의 조절과 통제는 구별된다.

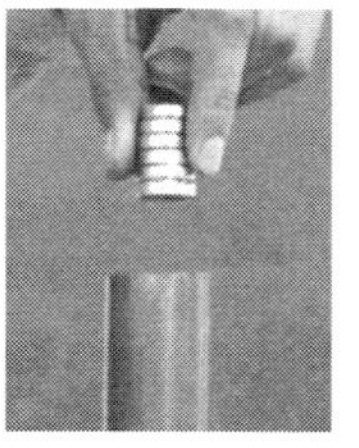

(예) 관찰하기, 요약하기, 개념도 그리기, 귀납적 사고하기, 가설 제안하기 등의 활동은 인지전략의 사용을 의미하며, '이 내용을 이해하려면, 단순히 요약하는 것보다 개념도를 그리는 것이 낫다'라는 인지전략의 선택이 메타인지 활동에 속한다.

(예) 메타인지 활동 예: '구리봉에서 천천히 떨어지는 자석'을 관찰하고, 왜 그런지 가설을 제안할 때, 가설을 제안하기 전에 먼저 현상을 좀 더 자세하게 관찰해 봐야겠다.

2. 인지전략의 조절과 통제를 위해서는 인지전략에 대한 지식이 필요하다.

(예) 관찰은 가능하면 자세히 관찰하고, 가끔 관점을 달리하여 관찰하는 것도 필요하다. 그리고 관찰결과를 가능하게 정확하게 기록하는 것이 중요하다.

(예) 개념도를 그릴 때에는 상위개념은 위에, 하위개념은 아래에 위치하게 하며, 개념들 사이에 연결어를 넣는 것이 중요하다. 그리고 맨 아래 개념에는 예를 넣는다.

(예) 가설을 제안할 때에는 다른 상황에서 설명하는 방식을 빌려오는 귀추적 사고를 사용하면 도움이 된다.

(예) 비유를 사용할 때에는 목표물과 비유물 사이에 일대일 대응이 되도록 하되, 비유물이 실제와 동일하다고 생각하면 안된다. 아래 표는 음원이 움직이면서 소리를 낼 때, 소리의 속력은 일정하지만 파장이 변하는 현상을 컨베이어 벨트가 움직일 때, 벨트 위의 물건의 속력과 물건 사이의 간격으로 비유를 든 예이다.

비유물	목표물
컨베이어 벨트의 속력	소리의 속력
컨베이어 벨트에 일정한 시간간격으로 물건을 올려놓을 때, 물건 사이 간격	소리의 파장
물건을 올려놓는 사람	음원
물건을 올려놓는 사람이 벨트와 같은 방향 또는 반대방향으로 움직이면서 물건을 올려놓는다.	음원이 움직이면서 소리를 낸다. 그러면 파장이 변할 뿐, 소리의 속력은 일정하다.

3. 인지전략 사용을 위해서는 학습자가 인지전략의 사용이 필요한 상황이라는 인지를 해야 한다.

(예) 물질의 이중성 개념이 확실하게 이해가 되지 않을 때, 좀 더 자세한 이해를 위해서 비유가 필요하다고 생각하거나, 책에 나온 것과 다른 예를 생각해 보거나, 친구와 토론이 필요하다는 생각을 하는 것이 필요하다.

(예) 종이가 상자성체라는 것을 배울 때, 실제로 관찰해 봐야겠다고 생각할 수 있다.

4. **인지전략의 조절과 통제란, 적절한 인지전략을 선택하여 사용하고, 사용에 대한 점검을 하는 것을 의미한다.**

(예) 물리공부를 잘 하는데 효과적인 전략으로 '과학용어 정리하기', '개념도 그리기', '수식을 말로 바꾸어 표현하기', '개념을 이해하고 나면, 예를 생각해 보기', '문제 풀고 틀린 문제만 후에 다시 풀기', '이해한 내용 친구에게 설명해 주기' 중에서, 시간이나 여건을 고려해서 전자기 유도 내용을 공부할 때 적절한 전략을 선택한다.

(예) 선택한 전략으로 공부를 하고, 효과가 있었는지 점검해 보고, 다음에 효과가 적은 전략을 다른 전략으로 바꾸어 보기로 한다.

5. **인지전략의 적절한 선택과 사용 및 점검이 물리공부에 도움을 준다는 믿음이 필요하다.**

(예) 개념도로 내용을 정리하는 게 시간이 걸리고 힘들지만, 완성하고 나면 확실히 이해가 더 깊어진 것을 느낄 수 있다.

(예) 물리공식을 말로 바꾸어 정리해 보면(예: $F=ma$, 질량 m인 물체에 힘 F가 작용하면, 물체는 가속도(a) 운동을 한다), 또는 공부한 내용을 친구에게 설명해 보면, 내가 불확실하게 알던 내용을 더 확실하게 알게 되어, 학습하는데 확실히 도움을 준다.

인지전략에 대한 지식 예

진한 설탕물 위에 맹물을 천천히 넣고 레이저 빛을 비추면 사진과 같이 레이저 빛이 휜다. 이 현상을 관찰할 때, 창의적인 관찰을 하려고 하면 다음과 같은 방법이 도움이 된다.

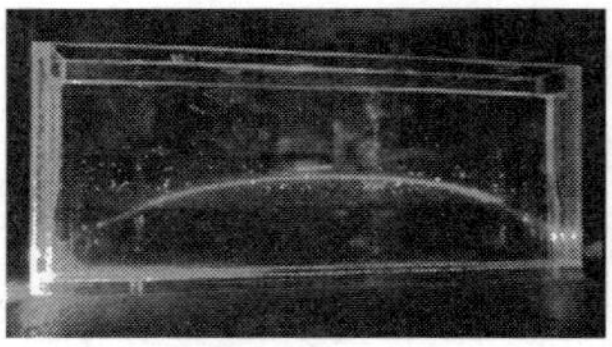

(1) 가능하면 많이, 그리고 다양한 관찰결과를 쓰고, 남들이 미처 관찰하지 못한 것을 찾으면 좋다.
(2) 관찰각도를 바꾸어 가면서 (위, 아래, 옆, ...) 관찰하며 좋고, 레이저를 비추는 위치(위, 아래)와 각도(수평, 위쪽, 아래쪽)를 바꾸어 가면서 관찰하면 좋다.
(3) 레이저 경로만 관찰하지 말고, 다른 것(수조에 비친 레이저 빛, 수조 밖의 밝은 무늬, ...)을 관찰해도 좋다.
(4) 오랜 시간을 두고, 시간에 따른 변화를 관찰해도 좋다.

활동

다음 인지전략의 효율적인 사용방법을 정리해 보자. (참고: 새 물리교육학 총론 I)

(1) 새로운 탐구문제를 찾는 방법을 정리해 보자.
(2) 가설을 제안하는 방법을 정리해 보자.

인지전략이 필요한 상황 예

다음은 물리학습을 할 때 인지전략이 필요한 상황들이다.

상황	필요한 인지전략
아무리 다시 봐도 이해가 가지 않는 부분이 있다.	이해되지 않는 부분을 표시해 놓고, 계속 앞으로 공부해 나가다가 다시 돌아와서 읽어본다.
이해가 되었다고는 생각하는데, 정말 충분히 잘 이해가 되었는지 확신이 없다.	구체적인 예를 써본다. 상황이나 조건을 바꾸어서 설명해 본다. 친구에게 내가 이해한 것을 설명해 본다.
물리공부를 하는데 집중이 되지 않는다.	짧은 시간이지만 걸으면서 생각없이 휴식을 취한다.

활동

물리 공부하는데 (1) 도움이 되는 전략들을 친구들과 이야기 하면서 가능하면 많은 전략들을 모아 보아라. 그리고 (2) 그 중에서 내가 사용해 보지 않았지만, 효과적이라고 생각되는 전략 1~2개를 선택하여, (3) 일정기간 동안 사용해 본 후에 그 효과에 대해 서로 토의해 보자.

주제	나의 정리 내용
물리 공부하는데 도움이 되는 전략들	
내가 사용하기 위해 선택한 전략 1~2개	
일정기간 동안 사용 후 효과에 대한 의견	

요약

1. 인지전략을 선택하고, 조절 및 사용하고, 사용에 대해 점검하는 활동이 메타인지 활동이다.
2. 인지전략의 사용을 위해서는 인지전략이 필요한 상황이라는 것을 인식할 필요가 있다.
3. 인지전략의 적절한 선택과 조절 및 사용을 위해서는 인지전략의 특징과 사용방법 등에 대한 지식이 필요하다.
4. 학습자가 학습하는 방법도 중요한 인지전략 중의 하나이다.
5. 인지전략의 사용을 위해서는 인지전략이 유용하다는 믿음도 필요하다.

2.3 물리학습을 위한 메타인지의 활용

메타인지는 학생들이 익숙하지 않을 수 있다. 따라서 물리 교사는 수업 중 학생들이 메타인지에 익숙해지도록 자주 사용할 필요가 있다. 다음 활동들은 학생들이 메타인지에 익숙해지는데 도움이 될 수 있다.

(1) 아는 내용과 모르는 내용 정리하기

지금까지 공부한 내용에 대해서 (1) 오늘 알게 된 내용, (2) 잘 이해가 되지 않는 내용을 각각 정리해 본다.

활동

오늘 배운 메타인지 전략에 대해서 새롭게 알게 된 내용과 잘 이해가 되지 않는 내용을 각각 정리해 보자.

메타인지 전략	내용
새롭게 알게 된 내용	
잘 이해가 되지 않는 내용	

(2) 공부하는 데 필요한 시간 정하기

집에서 공부할 때, 공부할 분량을 정한 다음 그 분량을 공부하는 데 얼마의 시간이 걸릴지 미리 예상해 본다. 그리고 공부가 끝난 다음에 예상 시간과 비교해 본다. 이런 활동을 자주 하다 보면, 공부 계획을 세우는데 도움이 될 수 있다.

(3) 공부 계획 세우기

한 단원 내용을 집에서 시험을 대비해 공부한다고 가정하고, 아래 표와 같이 공부할 계획을 세워본다.

00 단원 공부 계획	
공부할 장소	
하루에 공부할 시간	
하루에 공부할 분량	
2단원 공부할 전체 기간	

(4) 공부하는 방법/전략 공유하기

친구들과 함께 물리 공부하는 데 도움이 되었던 방법을 서로 말해 본다. 좋다고 생각되는 방법을 사용해 보고, 다시 만나서 사용 소감을 다시 나눈다.

물리학습 지도에 메타인지를 도입한 활동 사례

다음은 물리학 I 에서 배운 '특수 상대성 이론'의 주요 내용들이다.

상대성 원리: 모든 관성계에서 모든 자연법칙이 동일하게 적용된다.

빛의 속도에 대한 가정: 빛의 속도는 등속도 운동하는 어떤 관찰자가 보아도 항상 일정하다.

시간지연: 등속도로 움직이는 시계의 시간은 정지한 시계에 비해 천천히 흘러가는 것으로 측정된다.

길이수축: 등속도로 움직이는 자(ruler)의 길이는 정지한 자(ruler)에 비해 짧게 측정된다.

동시성의 상대성: 동시에 일어난 두 사건은 등속도로 움직이는 관찰자에게는 동시에 일어나지 않은 것으로 관찰된다.

질량에너지 등가성: 물체가 가진 상대론적 총 에너지는 mc^2이다.

(1) 위 내용들 중에서 잘 모르는 내용이 있다면 무엇인가? 질문을 구체적으로 만들어 보자.
(2) 이해는 되지만 쉽게 믿어지지 않는 내용이 있다면 무엇인가? 그 이유는 무엇인가?
(3) 특수 상대성 이론을 공부할 때 특별히 유용한 공부방법이 있다면 무엇인가?

활동

고등학교 물리 교과서에서 주요 내용을 정리하고, 메타인지를 위한 질문이나 활동을 추가한 활동지를 만들고 실제로 답해 보자.

물리학습 지도에 메타인지를 도입한 활동 사례

다음은 물리학Ⅱ의 '트랜지스터의 구조와 원리'에 관련된 활동내용이다.

브레드보드에 다음 회로도를 보고 브레드보드에 회로를 연결해 보자.

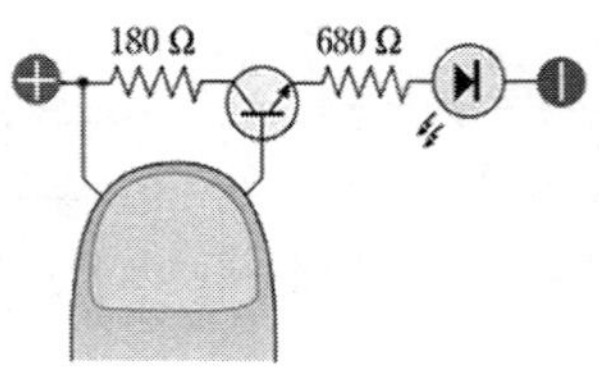

손가락에 물을 조금 묻히고 손가락을 전선에 접촉하면 LED에 어떤 변화가 있는가? 그 이유를 설명해 보자.

위 활동을 실제로 해보고 다음 질문에 답해 보자.

(1) 이 활동에서 어려웠던 점이 있다면 무엇인가?
(2) 이 활동을 좀 더 잘 하려면 어떤 기능이 필요할까?
(3) 이 활동을 통해 알게 된 이론적인 내용을 정리해 보자.

활동

고등학교 물리 교과서에서 탐구활동 내용에 메타인지를 위한 질문이나 활동을 추가한 활동지를 만들고 실제로 답해 보자.

개념변화에 메타인지를 활용한 예

단계	메타인지 활동
선개념 인식	- 내가 알고 있는 것이 뭐지? - 내가 모르는 것이 뭐지? - 알기는 하겠는데 확실하지 않은 것(믿기 어려운 것)은 뭐지?
갈등인식	- 원래 내 생각하고 다른 것이 뭐지? - 원래 내 생각하고 어떻게 다른 거지? - 무엇이 옳은지 어떻게 알 수 있지?
갈등해소	- 새로운 개념을 이해하려면 어떤 방법이 좋을까? - 그 방법을 사용하려면 어떻게 하면 되지? - 내가 그 방법을 제대로 사용한 것인가?
변화된 개념 인식	- 원래 내 생각 중에서 바뀐 것이 뭐지? - 전에 몰랐었는데 새로 알게 된 게 뭐지?

활동

대전체와 검전기 사이에 나무막대가 있는 경우에 검전기가 벌어지지 않는다고 생각하는 학생에게 개념변화 수업을 하려고 한다. 메타인지를 이용한 수업 계획을 세우고, 필요한 활동지를 만들어 보아라.

요약

1. 메타인지를 위해 수업 중에 알게 된 것과 모르는 것을 생각해 보도록 한다.
2. 메타인지를 위해 자신이 공부하기 위해 필요한 시간과 노력을 예상해 보도록 한다.
3. 메타인지를 위해 공부에 도움이 되는 다양한 학습방법을 알고 사용할 수 있어야 한다.
4. 교과서의 다양한 내용과 탐구활동에 메타인지를 위한 질문이나 활동을 추가할 수 있다.
5. 개념변화 수업 모형을 적용한 수업에서도 단계별로 적절한 메타인지 질문이나 활동을 넣을 수 있다.

CHAPTER 03 과학적 설명 지도 전략과 적용

박종원 (전남대학교)

과학적 설명 모델에는 과학철학적으로 다양한 모델이 있지만, 여기에서는 중등물리교육과 관련되어 있다고 판단되는 3가지 모델(연역-법칙적, 확률론적, 실용적 설명 모델)에 대해서 살펴보고자 한다(박종원 등, 2023).

3.1 연역-법칙적 설명 모델

과학적 설명은 '왜'라는 질문에 대한 답을 포함하고 있다. 즉 과학적 설명에는 원인과 결과와의 인과적 관계를 제시한다(Hempel & Oppenheim, 1948). 이러한 인과적 관계는 연역-법칙적 모델로 구조화할 수 있다. 즉 연역-법칙적 설명모델은 일반법칙으로부터 초기조건과 상황에 따라 원인을 연역적으로 이끌어내는 구조로 되어 있다.

전제 1: 일반법칙
전제 2: 초기조건과 상황 (일어난 현상, 즉 결과)
결론: 일어난 현상에 대한 원인

전제 1: 물체의 속력이 감소한다면, 그 물체에는 운동반대 방향으로 힘이 작용하고 있다.

전제 2: 수직 위로 던진 물체가 올라가는 중, 물체의 속력이 감소한다.

결론: 수직 위로 던진 물체가 올라가는 중, 그 물체에는 운동반대 방향(아랫방향)으로 힘이 작용하고 있다(Lee & Park, 2013; Park & Han, 2002).

이러한 연역-법칙적 설명에서 '연역'은 일반법칙으로부터 구체적인 사례를 설명하는 과정이 연역적인 과정이기 때문이다. 그리고 '법칙'은 연역-법칙적 설명을 위해서 알려진 일반법칙이 있어야 하기 때문이다. 이 외에도 연역-법칙적 설명에는 조건과 가정이 포함된다. 따라서 과학적 설명을 위해서는 [표 531]과 같이 일반법칙, 원인, 결과, 가정과 조건에 기반하여 원인과 결과와의 인과적 관계를 제시하는 것이 중요하다.

[표 531] 연역-법칙적 설명의 구성요소별 내용

구성요소	내용
결과	회로에 연결된 모터의 축을 잡아 회전하지 못하게 하다가, 놓아서 다시 회전하게 하였더니 모터에 흐르는 전류가 감소하였다.
일반법칙	패러데이 법칙
원인	코일이 회전할 때 (전류의 반대방향으로) 유도전류가 생긴다.
가정과 조건	모터는 자석과 코일로 구성되어 있다.
결과와 원인과의 인과적 관계	자석과 코일로 구성된(조건) 모터가 회전하면, 패러데이 법칙(법칙)에 의해 전류의 반대방향으로 유도전류가 생긴다(원인). 따라서 회전하면서 전체 전류가 감소한다(결과).

활동

다음 현상(결과)를 설명하기 위한 내용을 구성요소별로 적어보아라.

- 대전체를 검전기에 접촉한 후에 멀리 하였더니 검전기가 계속 벌어져 있는 현상
- 다른 매질로 입사한 빛이 굴절하는 현상
- 짧은 길이의 실로폰에서 높은 소리가 나는 현상
- 대전체에 종이조각이 달라붙는 현상
- 일자형 광원 앞에 놓인 원형 물체의 그림자가 일자형으로 생기는 현상

구성요소	내용
결과	
일반법칙	
원인	
가정과 조건	
결과와 원인과의 인과적 관계	

연역-법칙적 설명에서 원인과 결과가 연속적으로 연결되기도 한다. 즉 원인 1이 결과 1로 연결되고, 또 결과 1이 새로운 원인 2가 되어 결과 2로 연결되기도 한다. 예를 들어, [그림 531]과 같이 두 개의 코일에 의해 라디오 소리가 전달되는 과정을 정리해 보면 [표 532]와 같다.

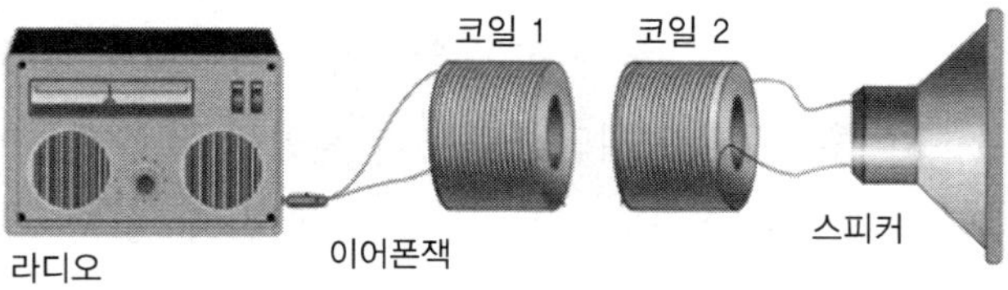

[그림 531] 두 개 코일에 의한 라디오 신호 전달

[표 532] 원인과 결과간의 2단계 설명 과정

구성요소	내용
결과 1	코일 1에 변하는 자기장이 형성되었다.
일반법칙	암페어 법칙
원인 1	코일에 변하는 전류가 흐른다.
가정과 조건	라디오 이어폰잭으로 나오는 전류는 음성신호에 따라 변하는 전류이다. 이어폰잭에 코일 1이 연결되어 있다.
결과와 원인과의 인과적 관계	라디오에서 나오는 전류는 음성신호에 따라 변하는 전류이므로(조건), 이어폰잭에 코일 1을 연결하면(조건), 코일 1에 변하는 전류가 흐르므로(원인 1) 암페어 법칙(법칙)에 의해코일 1에 변하는 자기장이 형성된다(결과 1).

구성요소	내용
결과 2	코일 2에 생긴 유도전류에 의해 앰프에서 라디오 소리가 나온다.
일반법칙	패러데이 법칙
원인 2	코일 2에 변하는 자기장이 통과한다.
가정과 조건	코일 1에 변하는 자기장이 형성된다. 코일 1과 코일 2가 가까이 놓여있다.
결과와 원인과의 인과적 관계	코일 1에 형성된 변화하는 자기장이(원인 2) 가까이 놓인(조건) 코일 2를 통과하면(조건), 패러데이 법칙(법칙)에 의해, 코일 2에 유도전류가 생겨서 앰프에서 라디오 소리가 들린다(결과 2).

활동

1. 교과서에서 물리현상을 선택하여 2단계 이상으로 설명해 보자.

연역-법칙적 설명을 위해 주어진 상황에서 원인과 결과를 구별하는 것이 중요하다. 예를 들어, 일반적으로 $a = F/m$의 경우에 힘이 원인이고 가속도가 결과이지만, 비관성계 안에서는 $f_{관성력} = -ma$의 경우에 좌표계의 가속도가 원인이고, 관성력이 그 결과로 나타나는 것이라고 할 수 있다. 옴의 법칙도 마찬가지이다. 일반적으로 $I = V/R$의 관계식에서는 원인이 전압이고 흐르는 전류가 전압에 의해 결정되는 결과이다. 그러나 저항에 의한 전압강하를 나타내는 $V = IR$ 에서는 흐르는 전류가 원인이고, 그 결과 일어나는 것이 전압강하이다. 또 단자전압을 나타내는 $V = \epsilon - Ir$ 식에서도 전지에 흐르는 전류의 세기가 원인이고, 그 결과로 결정되는 것이 단자전압 V 이다.

후크의 법칙에서도 $F = -k\Delta x$에서 스프링과 같은 물체의 변형이 원인이고, 그에 따라 결정되는 탄성력이 결과이다. 그러나 중학교 1학년에서 스프링에 추를 매달면서 추의 무게와 늘어난 길이와의 관계를 알아보는 실험에서는 추의 무게가 원인이고, 늘어난 길이가 결과가 된다.

원인과 결과와의 관계가 위와 같이 결정되면, 두 변인간의 관계 그래프를 그릴 때, x축 변인과 y축 변인이 결정되게 된다. 즉 x축은 원인에 해당되는 독립변인이고 y축은 결과에 해당되는 종속변인이 된다.

활동

옴의 법칙 실험과 전지의 단자전압 실험을 비교하려고 한다.

(1) 각 실험의 회로도를 그리고 실험방법을 요약하여라.
(2) 각 실험의 결과를 나타내는 그래프를 그려 보아라. 각 그래프의 x축과 y축은 무엇인가?

활동

온도와 부피와의 관계에서 온도의 변화가 원인인 경우와 부피의 변화가 원인인 경우를 제안해 보자.

요약

1. 연역-법칙적 설명 모형에 의하면, 과학적 설명은 '왜'라는 질문에 대한 답을 하는 것이며, 원인과 결과(일어난 현상)간의 인과적 관계가 중요하다.
2. 연역-법칙적 설명을 위해서는 5개 요소별로 내용을 정리하는 것이 도움이 된다: 결과, 일반법칙, 원인, 가정과 조건, 결과와 원인간의 인과적 관계
3. 연역-법칙적 설명에서 원인과 결과간의 관계는 2단계 이상으로 연속하여 제시될 수도 있다.
4. 원인와 결과와의 관계는 어떤 상황인가에 따라 달라질 수 있다.
5. 인과적 관계를 그래프로 나타낼 때 x축은 원인(독립변인)이, y축은 결과(종속변인)가 된다.

3.2 확률론적 설명 모델

자연현상에는 인과적 관계가 성립하지 않는 비인과적 현상들도 있고, 그러한 비인과적 현상은 확률적 과정으로 설명할 수 있다. 예를 들어, 양자상태는 [그림 532]와 같이, 가능한 고유 상태(eigen state)들의 선형적인 중첩(linear superposition)으로 나타내는

데, 어떤 고유상태가 측정될지는 확률로만 알 수 있다. 즉 ϕ_1상태가 측정될 확률은 a_1에 의해 알 수 있을 뿐, 실제로 측정했을 때 ϕ_1상태가 측정될지 아닐지는 결정할 수가 없다. 결국 측정 결과, ϕ_1이 측정되었을 때, 왜 ϕ_1이 측정되게 되었는지에 대한 인과적 원인을 말할 수 없다.

$$\psi = a_1\phi_1 + a_2\phi_2 + a_3\phi_3 + \ldots$$

[그림 532] 양자중첩된 상태

이와 같이 중첩된 상태에서 하나의 고유상태로 관찰되는 현상을 양자붕괴라고 하는데, 양자붕괴된 결과에 대해서는 원인이 없다고 본다. 이러한 현상을 거시적으로 예로 든 것이 쉬뢰딩거의 고양이이다(Schrodinger, 1935). 즉 문을 열었을 때 고양이가 살아있었다면, 고전적으로 생각하면, 고양이가 살아있었기 때문에 문을 열 때 고양이가 살아있는 것으로 관찰된 것이라고 할 것이다. 그러나, 양자역학적으로는, 문을 열기 전에 고양이는 살아있는 상태와 죽어있는 상태로 양자중첩이 되어 있었는데([그림 533]), 문을 여는 관찰행위로 인하여 양자붕괴가 일어나 살아있는 고양이로 관찰된 것이다. 즉 살아있는 고양이로 결정되게 된 이유를 말할 수 없다.

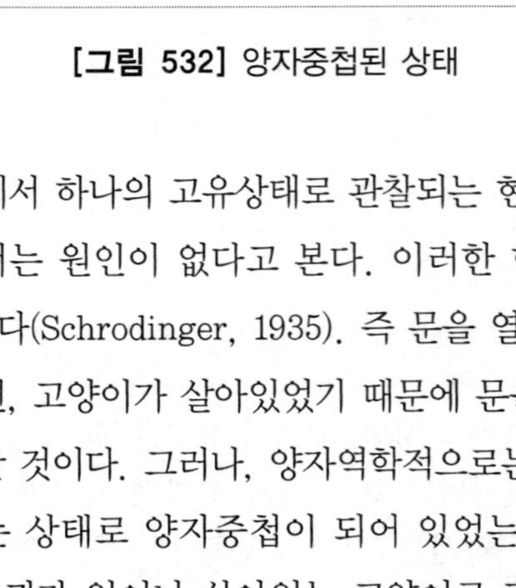

$$\Psi = \frac{1}{\sqrt{2}}\phi_{\text{산고양이}} + \frac{1}{\sqrt{2}}\phi_{\text{죽은고양이}}$$

[그림 533] 쉬뢰딩거 고양이의 중첩된 상태

양자론에서의 확률론적 설명은 고전적으로는 주사위의 2가 나올 확률이 1/6인 경우와 유사하다. 즉 주사위를 던져서 2가 나왔을 때, 어떻게 던졌기 때문에 2가 나온 것인지,

그 원인을 말할 수 없다. 그러나 고전적인 확률론과 양자론에서의 확률론에는 근본적인 차이가 있다. 고전적인 확률론에서는 원인은 있지만, 수많은 원인들(예를 들면, 던질 때 높이와 속도와 던지는 각도, 바닥에 부딪힐 때 탄성과 마찰 등)이 복잡하게 얽혀있기 때문에 원인을 말하기 힘든 것이지만, 양자론에서는 근본적으로 원인이 없는 것으로 본다.

양자얽힘(quantum entanglement)의 경우에도 원인이 없이 결과가 일어나는 현상이다. 즉 빛이 전자와 양전자를 쌍생성하여 두 입자가 양쪽으로 날아간 경우에서(Einstein et al., 1935), 만일 전자의 스핀이 up으로 관찰되었다면, 양전자의 스핀은 당연히 down이 된다([그림 534]). 이때 중요한 것은 전자와 양전자가 충분히 멀리 떨어져 있어서 전자의 스핀이 결정되고 나서 이 정보가 빛의 속도로 양전자로 가기 전에 이미 양전자의 스핀이 결정된다는 것이다(Aspect et al., 1982). 즉, 양전자의 스핀이 down이 된 물리적인 원인을 말할 수 없게 된다. 단지 전자와 양전자가 서로 얽혀있기 때문이라고 밖에 말하지 못한다.

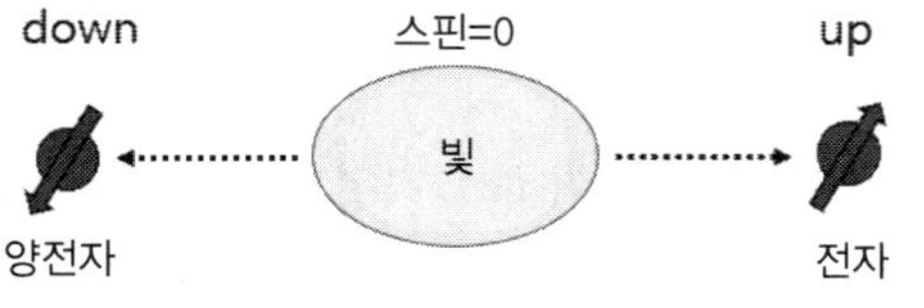

[그림 534] 빛의 쌍생성과 양자얽힘

확률론적 설명은 중고등학교에서 쉽게 찾아보기 힘든데, 그 이유는 중고등학교 물리교육과정을 보면, 양자론을 제외하고 모두 고전물리 내용이고, 이러한 고전물리 내용은 인과론에 기반하고 있기 때문이다. 그러나 자연 현상뿐 아니라, 인간 사회 현상을 이해하고 설명하는 데에는 양자론적 세계관이 오히려 더 잘 들어맞는다고 할 수 있다. 예를 들어, 어린 시절 비행기 만들기를 좋아한 학생이 훗날 과학자가 되었을 때, 과학자가 된 원인이 '어린 시절 비행기를 만들기를 좋아했기 때문'이라고 설명하기 보다는 '어린 시절 비행기를 좋아해서 과학자가 될 확률이 높았다'고 말하는 것이 더 자연스럽고 이해될 수 있는 설명이다. 이러한 점에서 초중고 물리교육과정에서도 양자론적 세계관을 소개하고, 확률론적으로 설명하는 사례가 다루어지는 것이 물리를 일상생활과 연결짓게 하는데 도움이 될 수 있다.

물리학을 일상과 더 가깝게 하기 위한 노력

김교사는 현대물리가 신기하고 이상한 나라의 이해하기 힘든 현상이 아니라, 오히려 학생들이 쉽게 이해하고 더 그럴듯하다는 것을 인식할 수 있도록 돕기 위해 다음과 같은 지도 방법들을 고안하였다.

(1) 빛의 이중성을 다음 비유로 이해하도록 돕는다.

- 원통을 앞에서 보면 직사각형이고, 위에서 보면 원이다. 그러나 원통은 직사각형도 아니고 원도 아니다. 단지 어디에서 관찰하는가에 따라 직사각형으로 관찰되고, 원으로도 관찰될 수 있는 것이다.

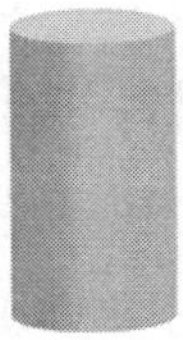

(2) 불확정성 원리를 다음 비유로 이해하도록 돕는다.

- 연필을 고무 지우개 쪽으로 세우면 쉽게 세울 수 있다. 즉 운동량 변화가 없다. 그러나 위치가 고무 지우개의 폭만큼 불확실하다. 연필을 연필 끝으로 세우면 연필의 위치는 연필 끝으로 정확해 지지만, 세우기 힘들다. 즉 운동량 변화가 크다.

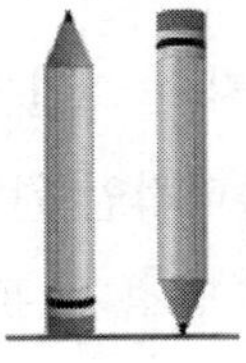

(3) '우리가 관찰하는 자연현상은 상호작용의 결과'라는 측면을 다음 비유로 설명해 본다.

- 물에 온도계를 넣었을 때 온도가 60℃라면, 원래 물의 온도가 60℃라기 보다는 온도계를 넣어 온도계와 물이 열을 주고받고 그러한 상호작용의 결과가 60℃라는 의미이다.

(4) 양자중첩을 다음 상황으로 비유적으로 설명해 본다.

- 이번 여름 휴가는 산으로 갈지, 바다로 갈지 생각 중이다. 산으로 가서 놀고 있는 나의 모습과, 바다에서 놀고 있는 나의 모습을 동시에 생각해 보는 중이다. (이 외에도 의사결정 전의 상태들이 유사하다)

(5) 상대론적 시간지연이나 길이수축 현상을 다음과 같이 그림자의 길이 변화로 설명해 본다.

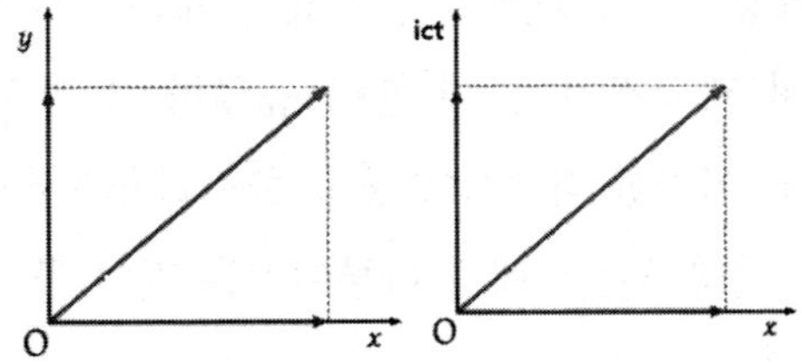

- $x-y$ 2차원 공간에서 화살표를 회전시키면, x축과 y축에 생기는 그림자 길이가 변하는 것은 당연하다. 마찬가지로 $x-ict$ 공간을 생각해 보면, 여기에서 화살표를 반시계 방향으로 회전시키면 x축의 그림자 길이가 짧아지고(길이수축), t축의 그림자 길이가 길어지는(시간간격 증가, 즉 시간지연) 것은 당연하다.

활동

현대물리에서 일상적으로 이해하기 힘든 개념이나 상황을 선택하고, 이해를 돕기 위해 설명하기 위한 방안을 생각해 보자.

(예) 아인슈타인은 어떻게 광전효과와 특수상대론을 거의 동시에 발표할 수 있었을까?
(예) 플랑크는 어떻게 플랑크 곡선을 몇 시간 만에 만들 수 있었을까?
(예) 파인만은 어떻게 경로적분이라는 방법을 생각하게 되었을까?
(예) 쉬뢰딩거는 어떻게 쉬뢰딩거 방정식을 생각하게 되었을까?
(예) 플랑크 상수를 LED로 쉽게 구할 수 있을까?
(예) 중력렌즈 현상을 일상적인 볼록렌즈로도 관찰할 수 있을까?

요약

1. 양자론에서는 확률론적 설명 모형이 적합하다.
2. 일상적 상황(예: 주사위 던지기)에서의 확률론적 설명에는 원인이 있지만 복잡하기 때문에 원인을 언급하기 힘들기 때문이다.
3. 양자론에서 확률론적 설명에는 원인이 없는 것으로 본다.
4. 그럼에도 불구하고, 확률론적 설명은 일상적 상황을 설명하는데 더 적절하므로, 어린 학생들에게도 양자론을 쉽게 도입하는 방안을 고려할 필요가 있다.
5. 현대물리의 추상적인 개념과 현상들도 오히려 일상적 사례를 통해 당연한 것으로 받아들이게 할 수 있다.

3.3 실용적 설명 모델

모든 자연법칙에서는 가정과 조건이 포함되어 있다. 따라서 연역-법칙적 설명 모델에서도 가정과 조건이 주요 요소로 포함되어 있었다. 그런데 일상적 상황에서는 이러한 가정과 조건이 정해져 있지 않거나, 실제 상황에서는 많은 가정과 조건들이 있어서, 가정과 조건을 어떻게 세우는지, 어떤 가정과 조건이 포함되는지에 따라 설명이 달라질 수밖에 없다. 더구나 일상적 상황에서는 이상조건과 가정이 아닌 실제적인 조건과 가정들이 포함되게 된다. 이와 같이 실제 상황에서의 가정과 조건들을 고려한 설명 모델을 실용적 설명 모델 또는 상황적 설명 모델이라고 한다.

실용적 모델에서는 사용되는 실제적인 가정과 조건들에 의해 다양한 설명이 가능하다 (Van Fraassen, 1988). 예를 들어, 고무 풍선이 높이 올라갔을 때, 기압이 낮아지면 보일의 법칙에 의해 풍선이 팽창해서 터진다는 설명이 가능하지만, 동시에 온도가 낮아지면 샤를의 법칙에 의해 풍선의 부피가 줄어들어 풍선이 터지지 않는다는 설명도 가능해진다. 또한 온도가 낮아질 때 고무의 탄성이 줄어 고무가 찢어지면서 터진다는 설명도 가능해진다. 따라서 이 3가지 가정과 조건들 중, 어느 가정과 조건을 선택하는지, 그리고 선택한 가정과 조건들이 둘 이상일 때, 어느 가정이나 조건이 더 큰 영향을 주는지에 대한 판단에 따라 서로 다른 설명이 가능해진다. 이러한 경우에는 하나의 정확한 설명보다는 어느 설명이 더 '그럴듯한지'에 따라 결론을 내리게 된다.

강교사는 실용적 모델을 고려하여, 볼록렌즈를 이용하여 다양한 조건의 변화로 다양하게 설명하는 수업을 계획하였다.

1. 볼록렌즈에 의한 상의 변화와 빛의 굴절현상이 어떻게 달라지는지 다음과 같은 여러 상황에서 설명해 보자.
   (1) 볼록렌즈를 물에 넣었다.
   (2) RGB 색으로 합성된 백색광이 평행하게 입사하였다.
   (3) 멀리 있는 물체를 볼 때, 초점거리가 다른 볼록렌즈로 관찰하였다.
   (4) 가까이 있는 물체를 확대하여 볼 때, 초점거리가 다른 볼록렌즈로 관찰하였다.

(5) 원통형 볼록렌즈로 관찰하였다.
(6) 상하 높이 뿐 아니라 앞뒤 두께가 있는 물체(입체)에 의한 상을 관찰하였다.

실용적 설명모델을 고려한 수업 계획 2

김교사는 실제 상황에서의 설명을 위해 다음과 같이 수업을 계획하였다.

1. 다음 그림은 철수네 집의 보일러 시스템이다 (Rowlands, 1992). 보일러를 작동해도 방이 추운 이유를 찾아보려고 한다. 다음을 고려하여 다양한 이유를 찾아보자.
   - 찬물의 공급
   - 방열기의 물 입구과 출구
   - 더운물 탱크의 역할, 물 입구과 출구
   - 이 외의 상황/조건들

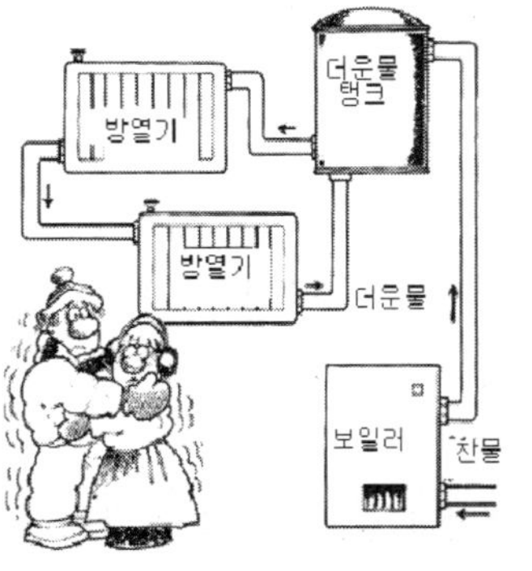

요약

1. 이상조건이 적용되는 이상적 상황에서는 연역-논리적 법칙이 적합하지만, 다양한 실제적인 원인이 함께 적용되는 일상적 상황에서는 실용적 설명 모델이 적합하다.
2. 실용적 설명 모델에서는 조건에 따라 다른 결과가 나올 수 있다.
3. 실용적 설명 모델에서 여러 가지 설명이 가능한 경우에는 어느 설명이 더 그럴듯한가를 판단하게 된다.

3.4 과학적 설명하기

과학적 설명을 글로 쓰거나, 쓰여진 과학적 설명과 달리, 누군가에게 직접 말로 설명한다고 할 때에는, 과학적 설명의 구성요소를 고려해야 할 뿐 아니라, 듣는 사람의 이해나 질문, 말하는 사람과 듣는 사람간의 상호작용 등도 함께 고려할 필요가 있다.

[표 533] 과학적 설명하기 활동에서 고려해야 할 요소들

범주	활동 예
설명의 구조적 측면	- 사실(결과)과 원인 간 관계 명시하기 - 관련된 과학 법칙 (또는 확률적 관계) 명시하기 - 포함된 가정과 조건 명시하기 - (복잡한 상황인 경우) 가능한 다른 원인 점검하기
듣는 사람의 이해를 돕기 위한 측면	- 다양한 예를 사용하기 - 시각적 표상이나 비유/모델을 사용하기 - 과학용어를 일상적 용어로 풀어 사용하기
듣는 사람과와의 상호작용 측면	- 듣는 사람의 이해를 확인하기 - 듣는 사람의 질문을 듣고 답하기 - 듣는 사람의 사전지식이나 경험과 연관 짓기

과학적 설명하기 수업 준비 사례

김교사는 사진과 같은 현상을 '설명하기' 위해 다음과 같은 내용들을 준비하였다.

고려할 사항	준비 내용
- 설명에 필요한 법칙 확인하기 - 듣는 사람이 사전에 알아야 할 내용 확인하기	쿨롱력(인력과 척력)에 대해서 확인한다.
- 포함된 가정과 조건 명시하기	나무막대가 충분히 건조되어 있고, 길어서 검전기로부터 충분히 멀다는 것을 강조한다.
- 이해를 돕기 위해 그림/모델 사용하기	유전분극 현상시, 전자의 궤도가 찌그러지는 것을 보여주는 에니메이션을 사용한다.
- 과학용어를 일상적 용어로 풀어 사용하기	유전체를 한자(誘電體)로 알려주고, 일상용어로 풀어서 소개해 준다.
- 듣는 사람의 사전지식이나 경험과 연관짓기	대전된 책받침에 종이조각이 달라붙는 현상과 연관짓는다.
- 듣는 사람의 질문을 듣고 답하기	예상되는 질문을 생각해 본다.

	(예) 나무가 도체라는 뜻인가요? (예) 나무가 더 길어도 되나요? (예) 다른 부도체도 벌어지나요?
– 다양한 예를 사용하기	일상생활에서 유전분극 현상의 예를 들어준다.

활동

다음 현상을 '설명하기' 위해 고려할 사항에 따라 준비할 내용을 적어보자.

1. 일자형 광원으로 원형 물체를 비추었더니, 벽에 사진과 같이 일자형 그림자가 생겼다. 이 현상을 설명하기 위해 다음 내용을 준비해 보자.

고려할 사항	준비 내용
– 듣는 사람이 사전에 알아야 할 내용 확인하기	
– 설명에 필요한 법칙 확인하기	
– 포함된 가정과 조건 명시하기	
– 이해를 돕기 위해 그림/모델 사용하기	
– 과학용어를 일상적 용어로 풀어 사용하기	
– 듣는 사람의 사전지식이나 경험과 연관짓기	
– 듣는 사람의 질문을 듣고 답하기	
– 다양한 예를 사용하기	(예) 반대로 동그란 구멍을 뚫고 일자형 광원 빛을 통과시키면 일자형으로 밝은 무늬가 생긴다 → 바늘구멍 사진기

요약

1. 과학적 '설명하기'에서는 과학적 설명의 기본구조를 고려할 뿐 아니라, 청자와의 상호작용, 청자의 이해를 돕기 위한 측면들을 함께 고려해야 한다.

CHAPTER 04

플립러닝 수업 전략과 적용

이현주 (이화여자대학교)

4.1 플립러닝의 정의와 특징

플립러닝(flipped learning)은 온라인 수업과 오프라인 수업이 결합된 블렌디드러닝(blended learning)의 유형 중 하나로, '거꾸로 학습'이라고도 불린다. 교사가 교실 수업시간에 과학교과 내용을 강의하는 대신 온라인 콘텐츠나 동영상 등을 수업 전에 제공하여 학습자가 편안한 장소에서 개별적으로 학습하도록 한 후, 교실에서는 사전학습한 내용을 바탕으로 실습, 토론, 협력 학습 등 학습 내용을 심화 및 응용할 수 있는 활동을 진행하는 수업방식을 의미한다.

플립러닝은 Bergmann과 Sams(2012)가 교사로서의 오랜 경험을 바탕으로 제안한 수업방식으로, 『교실을 뒤집어라! 매일, 모든 수업에서 모든 학생에게 다가가기(Flip Your Classroom: Reaching Every Student in Every Class Every Day)』라는 책을 통해 대중화되었다. 이들은 학생들이 교사를 가장 필요로 하는 순간이 교과내용에 대한 강의를 들을 때가 아니라, 학습과제를 수행하면서 질문이 생기거나 어려움을 겪을 때라고 생각했다. 그래서 교실에서 학생들의 질문과 어려움을 해결해주는 데 초점을 두어 플립러닝을 시험적으로 운영해 보았다. 그 결과 그 어느 때보다 학생들이 학습 내용에 대해 더 깊이 이해하는 것을 관찰하게 되었다. 이에, 이들은 플립러닝이 전통적인 교실 수업 방식을 혁신적으로 전환시킬 수 있는 방법이라고 확신하고 이를 본격적으로 확산시키기 시작했다.

그렇다면, 플립러닝에서는 무엇을 뒤집어야 할까? 플립러닝은 단순히 학습이 일어나는 장소의 변화나 온라인과 오프라인의 전환만을 의미하는 것이 아니다. 플립러닝에서는 수업목표의 전환이 일어난다. [그림 541]과 같이 전통적인 교실수업은 Bloom의 교육목표 분류 중 주로 기억과 이해에 많은 비중을 두는 반면, 플립러닝은 교실 수업에서 실제 상황에 적용하고 분석하며, 해결안에 대해 평가하고 새로운 방안을 창조해내는 보다 심화된 학습과제나 활동에 중점을 둔다. 예를 들어, 충격량과 운동량에 대한 개념을 온라인 영상으로 학습하고, 실제 교실에서는 충격량 실험이나 충격량과 관련된 사례를 찾아 과학적인 설명을 구성함으로써 충격량과 운동량의 관계에 대해 더욱 심도 있게 이해할 뿐만 아니라 실제 상황에 적용하고 결과를 분석해보는 학습을 하게 된다. 그 외에도 플립러닝에서는 학습자와 교수자의 역할도 자연스럽게 전환된다. 학생들은 강의를 듣는 수동적 학습자에서 학습과제 해결을 위해 협력하고 문제해결에 참여하는 적극적 학습자로서의 역할을 수행한다. 영상을 통해 개념을 학습하는 사전학습 뿐만 아니라, 교실수업, 그리고 사후학습까지 학습자는 자기주도적으로 학습과정에 참여하게 된다. 또한 교사의 역할도 강의내용의 전달보다 학생들의 학습을 지원하고 촉진하는 역할로의 전환이 필요하다.

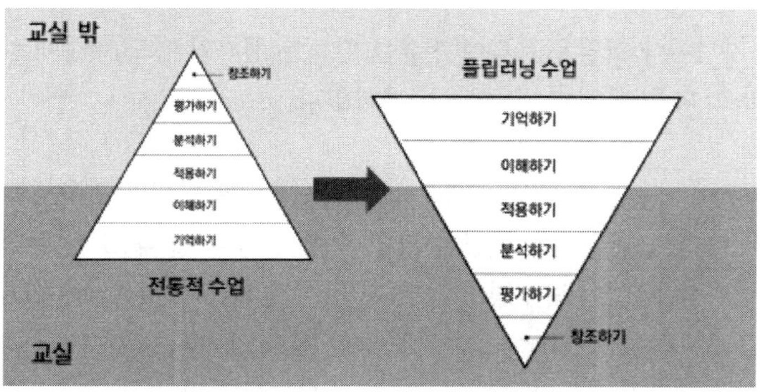

[그림 541] Bloom의 교육목표 분류와 플립러닝의 관계

즉, 플립러닝의 초점은 온라인과 오프라인을 결합하는데 있는 것이 아니라, 교실수업의 변화에 있다. 교사 중심으로 진행되어 온 교실수업을 학생들이 고차원적 학습과제를

협력적으로 수행할 수 있는 학생 중심의 참여형 수업으로 전환시키는 것이 가장 중요한 초점이다. 플립러닝 기반의 수업과 기존 일반적인 수업의 차이점은 [표 541]과 같다.

[표 541] 플립러닝과 일반 수업의 비교

	플립러닝	일반 수업
학습 과정	사전학습(가정에서 개념 학습) + 교실에서 응용 활동	교실에서 개념 학습 + 가정에서 복습 과제 수행
교실 내 활동	토론, 문제 해결, 프로젝트, 협력 학습 등 고차원적 활동에 초점	교사의 강의 중심, 질문과 응답이 제한적으로 이루어짐
학습자 역할	자기주도적 학습자로서 사전학습을 기반으로 적극적으로 수업에 참여	수동적으로 강의를 듣고 정보를 습득하는 역할
교수자 역할	학습의 안내자 또는 촉진자로서 개별 피드백 제공 및 상호작용	정보 전달자로서 주로 강의 진행
학습자료 활용	동영상, 온라인 자료, 디지털 플랫폼을 적극 활용	교과서와 교실 중심 자료에 의존
수업 설계	학습자가 중심이 되어 능동적으로 참여하고 협력할 수 있는 활동 설계	교사 중심의 강의 전달 위주 설계

플립러닝 수업 사례

김교사는 자석이나 코일을 움직여 전류를 만드는 전자기 유도 현상에 대해 플립러닝을 적용하여 다음과 같이 수업을 설계하였다.

1. 다음의 내용이 포함된 동영상을 제작하여, 학생들에게 미리 학습하도록 안내한다.
   - 자석을 움직여 검류계를 연결한 코일 속에 넣거나 뺄 때 또는 반대로 코일을 움직여 자석을 코일 속에 넣거나 뺄 때 전류가 발생하는 현상을 실험으로 보여준다.
   - 이 현상을 전자기 유도라고 하고, 이 때 흐르는 전류가 유도 전류임을 설명한다.
   - 전자기 유도 현상을 이용하여 발전기를 만듦을 안내한다.

2. 교실 수업에서 전자기 유도 현상을 이용하여 손발전기를 만들어본다. 이를 응용하여, 수력 발전소와 풍력 발전소에서 전기가 만들어지는 원리를 조사한 후, 전자기

유도 개념을 적용하여 발표한다. 학생들은 사전학습에서 학습한 전자기 유도와 유도 전류의 개념을 실험·실습을 수행하면서 명확히 이해할 수 있게 될 뿐만 아니라, 실생활에 적용해보는 심화학습의 기회를 갖게 된다.

4.2 플립러닝 수업과 자기주도학습

플립러닝 수업에서 학습자는 온라인 학습환경에서 스스로 학습을 계획하고 수행하면서 학습의 주도권을 갖게 된다. 교실수업에서도 교사의 안내와 함께 주어진 과제를 동료들과 협업하여 수행함으로써 학습을 주도한다. 또한 사후학습에서도 본인의 학습과정을 스스로 성찰하는 시간을 갖는다. 이처럼, 플립러닝은 자기주도학습(self-directed learning)을 기초로 한다. Knowles(1975)는 자기주도학습을 학습자가 스스로 학습 필요성을 진단하고 목표를 설정하며, 학습 자원을 식별하고 적절한 학습 전략을 선택해 학습 효과를 평가하는 과정으로 정의했다. 플립러닝은 학습자가 자기주도학습을 할 수 있는 환경을 마련해주며, 학습자는 이를 통해 자기주도적 학습 태도를 점진적으로 발달시킬 수 있다. 동시에, 자기주도학습 능력이 높은 학습자는 플립러닝 환경에서 더 큰 성공을 경험할 가능성이 높다.

자기주도학습은 학습자가 능동적이고 자율적인 학습자라는 가정을 전제로 하며, 학습자가 스스로 학습과정에 주체적으로 참여할 때 학습효과가 극대화될 수 있다. 이 때, 학습자의 내재적 동기는 학습을 지속적으로 수행하도록 하는 매우 중요한 요소이며, 이를 설명해주는 이론이 자기결정이론(self-determination theory)이다. 자기결정이론에 따르면, 학습자의 유능감(competence), 자율성(autonomy), 관계성(relatedness)이 학습 동기의 핵심 요소이다(Ryan & Deci, 2000). 즉, 학습자가 학습 과정에서 자신의 능력을 발휘하고 성과를 확인할 수 있을 때 유능감을 느끼게 되며, 스스로 학습 목표를 설정하고 학습 자료를 선택할 때 자율성에 대한 욕구가 충족된다. 그리고 학습자가 교사나 동료 학습자와 협력하고 긍정적 피드백을 주고받으며, 학습 과정에서 정서적 지지를 경험할 때 관계성에 대한 욕구가 충족될 수 있다. 이러한 요소들이 충족되면 학습의 지속성과 성과를 높이는 동기로 작용하게 된다.

따라서 플립러닝 수업을 설계할 때에는 학습자가 자기주도적으로 학습할 수 있도록 여러 전략을 활용해야 한다. 첫째, 학습목표를 명확하게 제시해야 한다. 학습 목표가 명확할수록 학습자가 목표를 달성하기 위해 필요한 전략과 노력을 구체적으로 스스로 계획할 수 있기 때문이다. 둘째, 적절한 난이도의 학습과제를 제시해야 한다. 과제가 너무 쉬우면 흥미를 잃고, 너무 어려우면 좌절감을 느낄 수 있다. 적절한 수준의 과제를 제공함으로써 학습자가 과제에 대한 성공을 경험하고 유능감을 느끼게 하면 자기주도학습을 유도할 수 있다. 셋째, 학습 자원의 접근성을 높여주어야 한다. 자기주도학습은 학습자가 다양한 자원을 탐색하고 활용할 수 있는 환경에서 촉진된다. 동영상을 비롯해 온라인 상의 다양한 자료나 플랫폼 등을 자유롭게 활용할 수 있도록 안내하는 것이 효과적이다. 넷째, 적절한 스캐폴딩과 피드백이 제공되어야 한다. 특히 학습의 초기 단계에서는 교사의 적절한 지원이 자기주도학습 능력을 키우는 데 필수적이다. 학습자는 자신이 독립적으로 해결할 수 없는 과제를 교사나 동료의 지원을 통해 해결하며 점진적으로 자율성을 키울 수 있다. 또한 피드백은 학습자가 자신의 학습 진행 상황을 점검하고 개선할 수 있도록 돕는다. 다섯째, 정서적으로 편안한 분위기를 조성하는 것이 좋다. 자율성과 책임감을 강조하면서도, 스트레스가 낮고 도전과 지원이 적절히 조화를 이루는 환경에서 자기주도적으로 학습할 가능성이 높아지기 때문이다.

자기주도적 학습능력은 학생들의 학업성취나 학업동기와 만족도를 높이는 데 영향을 미치는 주된 요인이기 때문에(남창우, 전훈, 2012; 양애경, 조호제, 2009), 플립러닝에서도 긍정적인 교육효과를 기대할 수 있다. 실제로 플립러닝은 학생들의 학업성취, 학습동기, 수업 참여나 흥미 등에 긍정적인 효과를 나타낸다(이정민 외, 2016; 정진아 외, 2015). 학생들은 개별적으로 자신의 학습 속도에 맞게 동영상으로 제공된 개념학습을 반복적으로 학습할 수 있어, 학습 내용에 대한 이해가 높아진다. 교실수업에서는 교사가 학생들에게 학습내용을 전달하는 역할에서 벗어나 학생들의 학습 과정을 개별적으로 안내하고 촉진할 수 있기 때문에 교사의 개별 학생에 대한 이해가 높아질 뿐만 아니라, 학생들의 수업 만족도도 높아진다. 또한 교실수업의 많은 시간을 동료들과 상호작용하면서 협력적으로 문제를 해결하기 때문에 학생들의 수업에 대한 참여나 흥미를 높이는 데도 도움이 된다.

요약
1. 플립러닝은 학습이 일어나는 장소의 변화만을 의미하는 것이 아니다. 지식의 기억이나 이해에 초점을 두어왔던 교실 수업에서 학습자가 주도적으로 학습내용을 적용, 분석, 평가, 창조하는 학습으로 전환하는데 목적이 있다. 2. 플립러닝은 온라인 환경 뿐만 아니라 교실 수업에서도 학습자가 자기주도적으로 학습하도록 안내할 수 있는 효과적인 수업방식이다. 3. 자기주도학습을 촉진하기 위해서는 교사가 학습목표를 명확하게 제시하고 적절한 난이도의 학습과제를 제시해주는 것이 중요하다. 또한 교사는 학생이 활용할 수 있는 학습자원의 접근성을 높여줄 뿐만 아니라 적절한 스캐폴딩과 피드백을 제공하여 정서적으로 편안하게 학습할 수 있도록 지원해야 한다.

4.3 플립러닝 수업의 전개 및 설계 방법

(1) 플립러닝 수업의 전개

플립러닝 수업은 일반적으로 [그림 542]와 같이 사전학습-교실수업-사후학습의 순서로 전개된다.

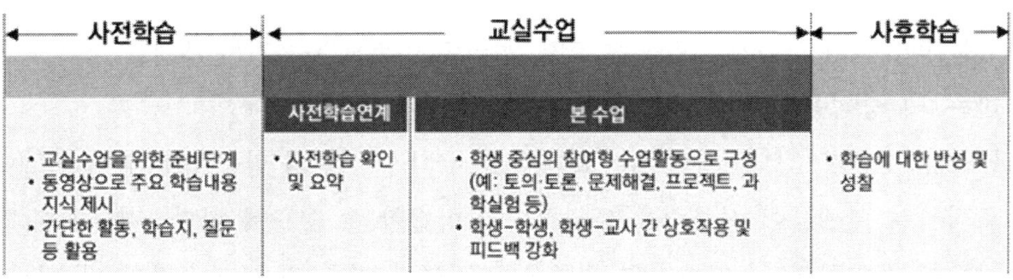

[그림 542] 플립러닝 운영 과정

가. 사전학습

플립러닝에서 사전학습(Pre-class Learning)은 학습자가 교실수업 전에 동영상 등의 학습자료를 활용하여 핵심 개념과 기본 내용지식을 학습하는 것을 의미한다. 이 단계는 학습자가 수업에 필요한 기본적인 지식과 맥락을 이해하도록 하는 데 초점을 맞추며, 수업 시간에 진행될 심화 학습이나 활동에 적극적으로 참여할 수 있는 준비가 되도록 돕는다.

예를 들어, 수업목표를 "충격량과 운동량 변화의 관계를 설명할 수 있다"로 설정했다고 하자. 교사는 사전수업에서 충격량의 정의와 운동량 변화와의 관계, 그리고 1-2개의 실생활 사례 등을 동영상으로 제공하여, 교실수업에서 학생들이 충격량과 힘-시간과의 관계를 확인하는 탐구실험을 하는데 필요한 기초지식을 학습하도록 할 수 있다. 학생들이 준비된 상태에서 교실수업에 참여하게 되면, 본인의 학습 수준에 따라 변인을 조절해가면서 보다 심화된 실험을 수행해볼 수도 있다. 다른 예로, "전자기 유도의 실생활 사례를 찾아 과학적으로 설명할 수 있다"와 같이 수업목표를 설정했다고 하자. 교사는 사전학습으로 전자기 유도 현상의 정의와 유도전류의 크기와 방향에 영향을 미치는 요인을 설명하는 동영상을 제공한 후에, 전자기 유도가 실생활에 적용된 사례를 각자 1개씩 찾아오도록 간단한 과제를 제시해 줄 수 있다. 교실수업에서는 이러한 사례들을 모아, 모둠별로 적용 사례를 과학적으로 설명해보도록 과제를 부여하고, 발표를 통해 공유할 수 있다. 사전학습을 구성할 때 주의할 점은 다음과 같다.

- 사전학습은 수업목표와 관련되며, 교실수업의 학습활동을 위해 필요한 핵심 기초 내용을 중심으로 구성하는 것이 효과적이다.
- 사전학습은 동영상 강의, 문서자료, 관련 웹사이트 등을 활용할 수 있다. 단, 학습자료는 학습자의 수준에 적합해야 하며, 복잡한 이론보다는 기본 개념을 명확히 전달하는 데 중점을 두는 것이 좋다.
- 동영상은 보통 10분 내외의 길이로 제작하나, 대상 학년과 학습 내용에 따라 길이를 조절하여 학생들이 집중력을 유지하면서 학습할 수 있도록 한다. 지나치게 많은 자료를 제공하거나, 학습자의 수준을 고려하지 않은 경우 학습자가 학습동기를 잃을 수 있다.
- 학습자가 학습한 내용을 확인하고 교실수업을 준비할 수 있도록 간단한 퀴즈나 과제 등을 포함할 수 있다.

활동

1. 소단원(1차시 분량)을 선정하고 사전학습내용을 정리해 보자.
2. 이때 다음 주의사항을 고려하였는지 점검해 본다.
   - 수업목표와 관련이 있는가?
   - 학습동기(관심사, 흥미 등)를 고려하였는가?
   - 핵심적인 기초내용이 포함되어 있고, 학습자 수준에 맞추어 기본개념을 명확하게 설명하였는가?
   - 동영상은 10분 정도인가?
   - 간단한 퀴즈나 과제가 포함되어 있는가?

나. 교실수업

플립러닝에서 교실수업(In-class Learning)은 학생들이 사전학습에서 습득한 내용 지식을 바탕으로 협력적으로 학습을 심화해 나가는 과정이다. 따라서 플립수업의 교실수업은 전통적인 강의 전달 방식에서 벗어나 활동을 중심으로 구성하여, 학생들의 참여를 독려하고 학생-학생, 학생-교사 간의 상호작용을 촉진하는 것이 중요하다.

교실수업은 크게 두 단계로 나눠진다. 수업 초반에는 사전학습에 대한 확인이나 기억을 되살리기 위해 간단한 퀴즈를 풀거나 사전학습에서 제시한 과제나 질문 등에 대해 공유하는 시간을 갖는다. 이는 사전학습과 본 수업을 연결시키기 위한 목적이다. 예를 들어, "선생님이 영상에서 설명한 충격량의 정의를 말해볼래요?", "야구 경기에서 포수가 사용하는 글러브 두께가 두꺼운 이유를 충격량 개념을 사용해서 설명해볼래요?", "전자기 유도 현상을 적용한 사례로 무엇을 찾아왔는지 소개해볼래요?"와 같이 질문을 통해서 학생들이 사전학습에서 진행한 내용을 상기하도록 돕거나, 동영상의 내용을 간단하게 요약해줄 수 있다.

본 수업에서는 학생들이 사전학습에서 익힌 개념을 기반으로 실제 사례나 문제에 적용해보거나 탐구실험이나 프로젝트, 토의·토론 등의 활동에 참여하게 된다. 교사는 이 과정에서 학생 간 의견 교환과 협력이 원활하게 진행될 수 있도록 지원하고, 학생들의 과제 수행 과정에 대한 피드백을 제공해 주어야 한다. 교실수업을 구성할 때 주의할 점은 다음과 같다.

- 교실수업에서 진행되는 학습활동은 사전학습에서 학습한 내용을 확장하고 응용하는 데 초점을 맞춰야 한다.
- 학습활동 설계 시 Bloom의 교육목표 분류에서 높은 수준의 사고(예: 분석, 평가, 창의적 응용)를 요구하는 과제를 포함한다.
- 학습활동은 시뮬레이션, 토의·토론, 실험, 과제, 프로젝트 수행 등 학생들이 학습의 주체가 되어 능동적으로 참여할 수 있도록 설계되어야 한다.
- 교사는 학습 촉진자로서 학습자들이 수업 활동 중 겪는 어려움에 대해 즉각적인 도움을 제공해야 한다.
- 플립러닝의 학습효과를 극대화할 수 있도록 활동시간을 적절하게 배분하고, 명확한 평가기준을 제공하며, 모둠활동이나 실험 또는 테크놀로지를 활용할 수 있는 교실환경을 조성하는 것이 중요하다.

활동

1. 위에서 계획한 사전학습내용과 관련된 교실수업 내용을 계획해 보자.
2. 이때 다음 사항을 고려하였는지 점검해 본다.
   - 사전학습내용을 탐구하거나 확장하고 응용하는 내용인가?
   - 높은 수준의 사고활동이 포함되어 있는가?
   - 실험, 토론, 프로젝트 활동 등 학생 중심 활동으로 구성되어 있는가?
   - 예상되는 학생의 어려움에 대한 대응방안을 고려했는가?
   - 활동시간이 적절한가?
   - 필요한 자료나 테크놀로지 등이 적절하게 활용되었는가?

다. 사후학습

사후학습(Post-class Learning)은 학생들이 교실수업 후에 본인의 학습과정을 되돌아보며 성찰하는 단계이다. 학습목표 달성의 확인을 위해 스스로 학습 내용에 대한 이해를 점검하고, 학습 과정에서 발생한 결핍을 보완하며, 장기적인 학습 효과로 전이되는 과정이 되어야 한다. 예를 들어, 본 수업에서 충격량에 대한 실험을 수행한 후, 가정에서 충격량과 운동량 변화를 보여주는 시뮬레이션을 스스로 해보거나 실생활 사례에 적용하는 과제를 안내할 수 있다. 사후학습을 구성할 때 주의할 점은 다음과 같다.

- 사후학습 활동은 플립러닝 전체 과정(사전학습, 교실수업)과의 연속성을 유지해야 한다. 학습자가 필요에 따라 학습 자료를 다시 검토하거나 학습을 확장시킬 수 있는 선택권을 부여하여 자기주도 학습의 기회를 제공해야 한다.
- 사후학습의 학습량은 학습자들의 평균 학습 시간을 고려하여 학습자에게 부담이 되지 않는 범위로 설계해야 한다.

(2) 플립러닝 수업 설계 시 고려해야 할 요소

사전학습-교실수업-사후학습으로 진행되는 플립러닝 수업을 설계할 때, 단계적으로 고려해야 하는 요소들이 있다. 이동엽(2013)은 [그림 543]과 같이 ADDIE 모형을 적용하여 플립러닝 수업을 설계하는 과정을 수업요소 분석(A), 수업 설계(D), 수업개발(D), 수업실행(I), 수업평가 및 성찰(E)의 다섯 단계로 제안하였다.

첫째, 수업요소 분석(Analysis) 단계는 플립러닝 수업과 관련된 요소를 분석하는 단계이다. 특히, 플립러닝 수업을 운영하는 교사와 학생의 특성, 수업목표 및 내용의 특성, 수업환경의 특성 등을 분석할 필요가 있다. 예를 들어, 교사는 동영상 제작 등 테크놀로지 활용능력을 갖추고 있는지, 교수 스타일은 어떤 유형인지, 그리고 학생들은 온라인 수업에서 동영상을 시청하고 관련된 자료를 스스로 찾아 학습할 수 있는 디지털 리터러시를 갖추고 있는지, 어떠한 학습 스타일을 선호하는지 등을 고려해야 한다. 또한 일반 수업에서와 같이 본 과학수업의 목표는 어떻게 설정할 것인지, 본 수업의 내용은 플립러닝에 적합한지, 본 수업에서 다루고자 하는 과학내용 지식의 수준과 범위 등에 대해서도 분석해야 한다. 그 외에도 교실환경의 정보화 정도, 교실 내 책상배치와 같은 여러 가지 환경이 플립러닝에 적합한지 고려해볼 필요가 있다.

활동

플립러닝 수업을 위해서는 동영상을 제작할 수 있는 기본적인 디지털 리터러시가 필요하다. 따라서 소단원을 선정하고, 주요 주제에 대해서 2~3분짜리 동영상을 직접 만들어 보자. 간단한 개념설명도 좋고, 간단한 시범을 찍고 설명하는 내용도 좋다. 글이나 그림, 동영상을 넣고, 자막과 함께 설명내용이 포함되도록 하자.

둘째, 수업 설계(Design) 단계는 수업목표에 따라 수업 내용을 선정하여 조직하고, 학습자의 수준을 고려하여 온라인 학습이 진행될 사전학습과 교실수업에서 다룰 교수학습활동이나 자료를 계획하는 단계이다. 또한 효과적인 플립러닝을 위한 다양한 전략, 예를 들어, 학습자가 사전학습에 참여할 수 있도록 이끄는 전략, 보충자료 제공 방법, 교실수업 진행 및 상호작용 방법 등)을 고려해보는 단계이다. 즉, 충격량과 운동량의 변화에 대한 수업을 플립러닝으로 구성하고자 한다면, 교사는 사전학습에서 어떠한 학습내용을 선정할 것이며, 교실수업에서는 어떠한 활동을 구성하고, 어떠한 자료들을 제공할지, 사후학습에서는 어떠한 과제를 제공할지 등에 대해 계획을 세워보는 단계라 할 수 있다.

셋째, 수업개발(Development) 단계는 수업 설계 단계에서 계획한 내용을 바탕으로 직접 자료를 개발하고 수업 단계별 구체적인 활동과 전략을 수립하는 단계이다. 즉, 학생들에게 사전학습을 위해 제공할 충격량에 대한 동영상 자료와 관련 학습자료를 직접 제작하고, 사전학습과 교실수업을 연계시키기 위해 동영상 후 퀴즈 문제나 교실수업 활동을 위한 준비과제를 개발할 수 있다. 또한 교실수업에서 진행할 수업의 활동(예: 충격으로부터 물체를 보호해주는 장치 설계하기, 충격량과 운동량 변화 탐구실험, 충력량과 관련된 일상생활 사례를 조사하여 과학적으로 설명하기 등)과 활동을 수행하는데 필요한 학습자료나 활동지도 함께 개발해야 한다. 학생들의 학습과정을 지원할 수 있는 구체적인 전략도 고려해야 한다.

넷째, 수업실행(Implementation) 단계는 수업실행을 위한 준비단계와 실제로 수업을 실행하는 단계로 구분된다. 준비단계에서는 수업에서 활용할 자료를 준비하고 테크놀로지 환경이 잘 구현되는지 확인하는 과정이 필요하다. 그리고 학생들이 사전학습을 수행했는지의 여부도 확인해야 한다. 그런 다음 실제 수업운영을 위해 개발한 활동과 다양한 전략을 실행하면서 학생들의 학습에 대해 개별적으로 피드백을 제공해야 한다.

마지막 다섯째는 수업평가 및 성찰(Evaluation and Reflection) 단계이다. 플립러닝이 교사가 계획한 바대로 잘 실행되었는지, 준비한 학습자료가 적절하게 활용되었는지, 수업을 통해 달성하고자 하는 수업 목표가 제대로 달성되었는지, 설계한 플립러닝 교수설계 모형이 수정할 부분은 없는지 등을 반성적으로 성찰하면서 개선점을 찾아보는 과정이 필요하다.

단계	단계별 요소
수업요소 분석	· 교사 및 학생 특성(디지털 리터러시, 교수 스타일, 학습 스타일) · 수업목표 및 내용 특성(수업목표 분석, 수업내용 분석) · 수업환경 특성(학생들의 정보화(ICT) 환경, 교실의 정보화(ICT) 환경, 교실 유형)
▼	
수업설계	· 수업내용 선정 및 재구성 · 사전학습을 위한 교수·학습 활동 선정 · 교실수업을 위한 교수·학습 활동 선정 · 효율적인 플립러닝을 위한 전략 수립
▼	
수업개발	· 사전학습을 위한 수업자료 및 도구 개발 · 교실수업을 위한 교수·학습 방법 및 자료 개발 · 교실수업 단계별 활동 전략 수립
▼	
수업실행	· 수업자료 준비 및 교수·학습환경 설정 · 수업운영을 위한 전략 실행 · 개별학습에 대한 피드백 제공
▼	
수업평가 및 성찰	· 수업실행 과정에 대한 평가 및 성찰 · 수업결과에 대한 평가 및 성찰 · 플립러닝의 교수설계 모형에 대한 평가 및 성찰

[그림 543] 플립러닝 교수학습 설계 모형의 요소(이동엽, 2013, p. 90)

4.4 플립러닝 수업의 사례

플립러닝 수업에 적합한 과학수업 주제는 사전학습과 교실수업 활동을 연계함으로써 학습자의 능동적 참여를 촉진하고 교육효과를 높일 수 있는 내용이어야 한다. 일반적으로 플립러닝에 적합한 주제의 특성은 다음과 같다.

- **기본 지식과 심화 학습의 구분이 가능한 주제**: 플립러닝의 사전학습은 학생들이 스스로 학습하더라도 충분히 이해할 수 있는 기본적인 수준의 지식을 포함하는 것이 좋다. 교사의 도움을 필요로 하는 복잡하고 추상적인 과학개념은 교실수업에서 진행하는 것이 더 효과적이다. 따라서 학생들이 어려운 과학개념을 이해하기 전에 필요로 하는 개념을 중심으로 사전학습을 구성하고, 심화된 내용은 교실수업으로 구성할 수 있다.
- **탐구실험이나 실습, 토의·토론 등 창의적 문제해결이 필요한 주제**: 단순 암기보다는 학생들이 협력적으로 문제 해결을 요구하는 주제가 플립러닝 수업에 적합하다. 학생들이 사전학습에서 충격량에 대해 공부하고, 교실수업에서는 낙하 시 물체가 상하지 않게 하는 보호구를 설계한다든가, 교통사고 시 안전을 위해 에어백이나 안전벨트를 개선하는 방안을 제안하는 등 기본 지식을 바탕으로 아이디어를 산출하여 협력적으로 수행하는 활동에 효과적이다. 수업 중에 토의·토론 등을 진행한다면, 학생들에게 사전학습을 통해 문제 상황을 제시하고 개별적으로 준비할 수 있는 시간을 제공할 수 있다. 특히, 과학기술관련 사회쟁점(SSI)과 같이 다양한 관점을 드러내는 주제는 학생들에게 필요한 관련정보를 찾고, 스스로 생각하고 가치판단할 수 있는 독립적인 시공간을 제공하는 것이 중요하다. 이와 같은 사전학습은 교실수업에서 진행되는 토의·토론의 질과 학생들의 참여도를 높이는 데에도 효과적이다.
- **다양한 자료 활용이 가능한 주제**: 학습내용과 관련한 다양한 형태의 자료가 있는 경우, 플립러닝을 활용할 수 있다. 학생들이 개별적으로 시청할 수 있는 동영상 자료나 읽기 자료 등이 있다면, 사전학습에서 소개하고, 교실수업에서는 심화된 학습 내용을 다룰 수 있다.

플립러닝에 적합한 학습 주제 선정 예시

1. 김교사는 전자기 유도 주제의 물리수업이 플립러닝에 적절한지 판단하기 위해 다음과 같이 정리해 보았다.

   (1) 주제: 전자기 유도
   (2) 기본내용과 심화내용으로의 구분: ① 기본내용: 코일에서 자석 운동에 따른 유도기전력 발생에 대한 간단한 설명과 관련 에니메이션/시뮬레이션. ② 심화내용: 발생되는 유도기전력에 미치는 요인 탐구하기

(3) 탐구실험/토의토론/창의적 문제해결 활동 가능성: ① 유도기전력의 세기에 미치는 요인 제안하기, ② 제안을 확인하기 위한 실험 설계하기, ③ 설계한 실험을 수행하면서 확인하기
(4) 다양한 자료 활용 가능성: 전자기 유도 관련 시뮬레이션/에니메이션, 시범장치 등이 가능

활동

1. 충격량 주제로 떨어지는 달걀이 깨지지 않는 장치 고안하기 활동주제가 플립러닝 수업에 적절한지 평가해 보시오.
2. 기본학습 후에 교실수업에서 창의적 사고를 계발하는 활동을 플립러닝 수업으로 할 수 있는 주제를 선정하고, 플립러닝 수업에 적절한지 스스로 평가해 보시오.

다음 [사례 1]과 [사례 2]는 물리학 수업에서 진행하는 플립러닝 수업의 예시이다. [사례 1]은 자유낙하운동에서 역학적 에너지 보존 법칙을 확인하는 일반적인 탐구실험 수업이다. 플립러닝의 사전학습에서는 역학적 에너지의 정의에 대해 학습하고, 교실수업에서는 역학적 에너지 보존 실험을 통해 역학적 에너지 보존의 의미를 더 잘 이해할 수 있다. 사후학습에서는 역학적 에너지 보존과 관련된 연습문제를 개별적으로 풀어보며 학습을 마무리 한다.

[사례 2]는 전기자동차와 내연기관 자동차의 물리적 원리와 에너지 효율성을 비교해보는 수업이다. 사전수업에서는 전기자동차와 내연기관 자동차의 에너지 전환 과정, 효율성, 이산화탄소 배출량 등을 비교한 동영상으로 학습한다. 교실수업에서는 에너지 효율과 환경을 고려한 자동차 설계 활동을 모둠별로 진행한다. 사후학습에서는 설계한 자동차에 대해 스스로 평가하고, 동료의 피드백을 바탕으로 개선안을 작성해본다.

[사례 1] 역학적 에너지 보존

(1) 수업 목표
① 역학적 에너지 보존 법칙을 이해하고 이를 실험적으로 검증할 수 있다.
② 역학적 에너지 보존 법칙을 일상생활 및 다양한 현상에 적용할 수 있다.

(2) 수업 방법: 플립러닝을 적용한 탐구실험

(3) 수업 진행

<table>
<tr><td colspan="2">사전학습</td><td>□ 학습 자료 제공
① 교사가 제작한 동영상 강의(10분)
· 역학적 에너지와 역학적 에너지 보존의 개념
· 역학적 에너지가 보존되기 위한 조건
· 예시: 자유 낙하, 진자 운동

□ 본 수업 활동을 위한 과제 제시
· 동영상 시청 후 온라인 퀴즈 풀기: 기본 개념 확인을 위한 간단한 퀴즈(2문항)</td></tr>
<tr><td colspan="3">↓</td></tr>
<tr><td rowspan="2">교실 수업</td><td>사전 학습 연계</td><td>□ 사전학습 복습
① 사전학습 동영상 내 주요 개념만 간단히 복습
② 학생들과 퀴즈 정답 확인</td></tr>
<tr><td>본 수업</td><td>□ 탐구실험
① 역학적 에너지 보존 실험
· 준비물: 공, 스마트기기, 줄자, 운동분석 프로그램(Tracker)
· 실험 내용: 일정한 높이에서 공을 낙하시키는 장면을 스마트기기를 활용하여 촬영한다. 운동분석 프로그램을 활용하여 물체의 운동과 위치, 속력에 대한 데이터를 수집한다. Excel 프로그램을 활용하여 운동에너지와 위치에너지를 계산한다.
② 실험 결과에 대한 토의
· 실험 결과를 그래프로 옮겨 운동 에너지와 위치 에너지의 변화를 시각적으로 나타내고, 역학적 에너지 합이 일정한지 확인한다.
· 공기저항이나 마찰이 추가될 때, 역학적 에너지는 어떻게 변화할 것인지 토의해본다.
③ 시뮬레이션을 활용한 추가 실험
· 시뮬레이션을 활용하여 다양한 조건에서(예: 공기 저항이나 마찰이 추가될 때) 역학적 에너지의 변화를 확인한다.</td></tr>
<tr><td colspan="3">↓</td></tr>
<tr><td colspan="2">사후학습</td><td>□ 학습에 대한 성찰
· 자유낙하하는 물체의 역학적 에너지 보존과 관련된 연습문제를 개인적으로 학습한다.</td></tr>
</table>

[사례 2] 전기자동차와 내연기관 자동차

(1) 수업 목표

① 전기자동차와 내연기관 자동차의 에너지 효율성과 에너지 전환 과정을 비교할 수 있다.

② 미래 교통수단의 방향성에 대해 과학적 근거를 바탕으로 토론할 수 있다.

(2) 수업 방법: 플립러닝을 적용한 창의적 설계 수업

(3) 수업 진행

단계		내용
사전학습		□ **문제 상황에 대한 동영상 제시** ① 동영상 강의(5분) · 기후위기에 따른 미래 교통수단의 필요성 · 전기자동차의 에너지 전환(배터리 → 전기 → 운동 에너지) · 내연기관 자동차의 에너지 전환(화석 연료 → 열 → 운동 에너지) ② 읽기 자료 · 전기자동차와 내연기관 자동차의 효율성(열효율, 전력 손실 등) · CO_2 배출량과 환경적 영향 비교 □ **본 수업 활동을 위한 과제 제시** · 동영상과 읽기 자료를 바탕으로 전기자동차와 내연기관 자동차의 특징 요약하기
↓		
교실 수업	사전 학습 연계	□ **사전학습 내용 기반 활동 준비** ① 학생들과 동영상 및 읽기 자료에 제시된 문제 상황 요약 ② 전기자동차와 내연기관 자동차의 특징 간단히 발표 · "전기자동차의 장점과 단점은 무엇인가요?" · "내연기관 자동차의 장점과 단점은 무엇인가요?"
	본 수업	□ **문제 상황 제시** · [예시] "여러분은 자동차 설계사입니다. 고객에게 가장 효율적이고 환경적 영향을 최소화하는 자동차를 설계해야 합니다. 하지만 자원과 예산이 제한되어 있으며, 설계안은 과학적 근거를 기반으로 해야 합니다." · [고려 사항] 구동 방식(전기 배터리, 내연기관, 하이브리드), 차량 재료(가벼운 합금, 복합재료, 재활용 플라스틱 등), 추진력(고출력 모터 vs 저출력 모터), 기타(공기역학적 디자인, 타이어 종류 등)

	□ **창의적 설계 활동 수행** ① 4-5명씩 모둠 구성 ② 교사의 자료 제공 · 전기 배터리 데이터(예: 에너지 밀도(Wh/kg), 충전 시간, 비용 등), 내연기관 데이터(열효율(%), 연료 소비량(L/km), CO_2 배출량 등), 하이브리드 자동차의 장단점, 차량 중량이 에너지 소비에 미치는 영향 등에 관한 자료를 제공하여 학생들이 활용하도록 안내한다. ③ 모둠별 설계 · 학생들이 자동차 설계를 위해 구동방식, 차량재료 등을 선택할 때 과학적 원리를 생각하면서 진행할 수 있도록 안내한다. · 모둠별로 설계안을 표 또는 그림으로 작성한다. □ **설계안 발표** ① 모둠별로 설계안 발표 · 설계한 자동차의 장점을 과학적 근거를 바탕으로 소개한다. ② 다른 모둠의 질문을 통해 설계의 한계나 장점을 논의하며 피드백 제공
↓	
사후학습	□ **문제 해결 방안에 대한 평가와 성찰** · 본인이 속한 모둠이 설계한 자동차에 대해 스스로 평가하고, 동료들의 피드백을 바탕으로 개선안을 작성해본다.

활동

물리학 주제를 1개 선정하여, 수업목표를 설정한 후 다음의 순서와 안내에 따라 플립러닝 수업을 구성하시오.

1) 사전학습

- 동영상 강의를 10분 내외로 제작할 때, 포함할 내용의 범위와 수준을 정한다.
- 본 수업 활동을 위한 과제를 제시한다.

2) 교실수업

- 학습자 중심 참여형 수업을 위한 학습활동의 내용과 방식을 개괄적으로 작성한다.
- 교사와 학생의 역할을 고려하여 수업 계획을 세운다.

3) 사후활동

- 교실수업 이후에 학습과정에 대한 평가와 성찰을 할 수 있는 간단한 활동을 제시한다.

요약

1. 플립러닝은 사전학습-교실수업-사후학습으로 진행된다.
2. 사전학습은 수업에 필요한 기본적인 지식과 맥락을 이해하는데 초점을 두어 내용을 선정하고, 10분 내외의 길이로 동영상을 제작하여 집중력을 유지하면서 학습하도록 한다.
3. 교실수업은 사전학습의 내용을 확장하고 응용하는데 초점을 두어 학습과제를 설계하고, 교사는 학습자의 참여를 독려하며 필요시 즉각적인 피드백을 제공할 수 있어야 한다.
4. 사후학습에서는 학습자가 자기주도적으로 학습 내용에 대한 이해를 점검하고 성찰할 수 있는 기회를 제공해야 한다.

CHAPTER 05

토의·토론 수업 전략과 적용

이현주 (이화여자대학교)

5.1 토의·토론에서 언어적 상호작용의 중요성

물리교과에서 토의·토론 전략은 학생들의 과학적 사고력, 비판적 사고력, 논증능력, 문제 해결력 등을 함양하는 데 중요한 교수법 중 하나이다. 토의·토론 수업에서 학생들은 과학지식을 전달받는 수동적인 학습자가 아니라, 적극적으로 지식을 구성하고 생산하는 주체로서 학습에 참여하게 된다. 학생들은 토의·토론을 통해 과학적 문제와 개념에 대해 다각적으로 탐구하며, 보다 깊이 있는 학습 경험을 누릴 수 있다.

토의·토론은 언어적 상호작용을 기반으로 하는 활동이다. 언어의 사용은 학생들의 인지발달과 연관이 있다. 이를 설명한 대표적인 학자가 비고츠키(Vygotsky)이다. 비고츠키는 인간의 언어와 사고발달의 관계에 대해 피아제(Piaget)와 다른 관점을 제시하였다. 피아제는 개인의 인지발달을 동화, 조절, 평형화로 설명하면서, 인간의 인지구조가 발달하게 되면 그에 맞는 언어를 사용하게 된다고 보았다. 즉, 언어는 사고를 가능하게 하는 인지구조 발달의 결과이며, 사고의 표현도구라 할 수 있다. 이에 반해 비고츠키는 언어와 사고의 관계를 유기적이고 상호작용적인 것으로 보았다. 그는 언어가 단순히 사고를 표현하는 도구를 넘어, 인간의 사고발달을 주도하는 중심적 역할을 한다고 설명하였다.

비고츠키에 따르면, 태어나서부터 영아기 시절에는 언어와 사고가 독립적으로 발달한다. 즉, 언어는 단순한 의사소통 수단으로 사용되고(예: 옹알이) 사고와는 무관하다. 그러나 만 2세가 되면 언어가 상징적 기능을 지님을 인식하게 되면서, 의사소통을 위한 외적 언어(external speech)를 사용하기 시작한다. 즉, 아동은 환경과 상호작용하며 스스로 활발하게 대상과 행동을 언어와 연결시키면서 정보를 습득해나간다. 아동기에는 자기중심적 언어(egocentric speech)를 사용하면서 언어 사용의 경험을 누적해나간다. 비고츠키는 이 시기에 아동이 타인과 의사소통하는 것처럼 자신과 스스로 대화하면서 사고하기 때문에, 독백형태의 언어도 사고 발달의 도구로 기능한다고 설명하였다. 그러나 아동이 성장함에 따라, 언어는 내면화되어 내적 사고과정(inner speech)의 일부가 된다. 즉, 언어적 사고는 언어의 내면화의 결과물이라고 할 수 있으며, 인간의 사고발달과 언어발달이 하나로 통합됨을 의미한다. 이는 논리적 추론이나 문제 해결 등 고등정신기능(higher mental functions)을 가능하게 하며, 사고의 질적 변화를 이끌어 낸다(배상식, 2015). 두 학자의 언어에 대한 관점을 비교하면 [표 551]과 같다.

[표 551] 피아제와 비고츠키의 언어에 대한 관점 비교

	피아제	비고츠키
언어와 사고의 관계	사고가 언어에 선행하며, 언어는 사고의 발달에 영향을 받음	언어와 사고는 초기에는 독립적으로 발달하지만, 이후 상호작용함
인지 발달의 도구	인지 발달의 도구	사고의 발달을 매개하는 사회적 도구
언어 발달의 기제	아동의 자기중심적 언어에서 사회적 언어로의 전환	사회적 상호작용을 통해 언어가 내면화됨
자기중심적 언어	아동의 자기중심적 언어는 점차 감소하고 사회적 언어로 대체됨	자기중심적 언어는 내적 사고로 전환되어 발달에 기여함

비고츠키의 관점에서 토의·토론은 학습자들 간의 언어적 상호작용을 통해 사고를 촉진하고 지식을 구성할 수 있는 효과적인 교수전략이다. 그는 이 과정을 근접발달영역(Zone of Proximal Development, ZPD)의 개념으로 설명하였다. 근접발달영역은 현재의 발달 수준과 잠재적 발달 수준의 차이를 의미하는 것이다. 즉, 학습자가 혼자서는 해결할 수 없지만, 보다 능숙한 타인(교사, 동료)과의 협력이나 상호작용이 있다면 해결

할 수 있는 과제의 범위를 의미한다. 토의·토론은 학습자가 동료 학습자와의 협력을 통해 문제를 해결하고, 서로의 지식과 관점을 공유하는 사회적 상호작용을 기반으로 한다. 이러한 상호작용은 학생들이 자신의 현재 수준을 넘어서 새로운 이해와 사고를 할 수 있도록 돕는다. 언어를 통해 자신의 사고를 명료화하고, 타인의 관점을 이해하며, 논리적 사고와 비판적 사고를 발전시키는 기회를 제공할 수 있다.

활동

다음은 낙하산을 메고 헬기에서 뛰어내린 사람이 일정 시간이 지난 후 그림과 같이 수직방향으로 일정한 속력으로 내려오고 있는 상황에 대해 두 명의 학생이 나누고 있는 대화이다. 이 대화에서 학생A와 학생B가 주고받는 질문들을 보면서 비고츠키의 관점에서 과학개념을 형성해나가는 과정을 설명해보자.

학생A: 와! 낙하산 타고 내려오는 모습 진짜 멋지다! 그런데 이 사람한테 작용하는 힘은 어떤 방향일까?

학생B: 당연히 아래 방향이지! 지구가 사람을 당기는 힘(중력)이 작용하니까 계속 아래로 떨어지는 거야.

학생A: 맞아, 중력이 아래 방향으로 작용하는 건 알겠어. 하지만 낙하산이 공기 저항을 받잖아. 그러면 위쪽 방향으로도 힘이 있지 않을까?

학생B: 음… 공기 저항이 위쪽 방향으로 작용하는 건 맞아. 하지만 그래도 중력이 있으니까 결국 아래 방향으로 힘이 더 크게 작용해서 내려오는 거 아닐까?

학생A: 그렇긴 하지. 그런데, 만약 아래 방향의 힘이 더 크다면 속력이 점점 커지지 않을까? 이 사람은 속력이 일정하게 내려오고 있잖아.

학생B: 그러네. 그렇다면 위쪽 힘과 아래쪽 방향으로 작용하는 힘의 크기가 같다고? 그래도 아래쪽으로 작용하는 힘이 더 클 것 같은데. 내려오잖아.

학생A: 내려오고 있다고 해서, 아래 방향으로 힘이 작용한다고는 볼 수 없어. 힘이 작용하면 가속도가 생기잖아. 이 경우는 속력이 일정하게 내려오는 것이니까 가속도가 0이지. 즉, 힘이 작용하지 않는 거야.

학생B: 그러니까 처음에는 중력이 더 커서 떨어지는 속도가 점점 빨라지지만, 낙하산이 펼쳐지면 공기 저항도 커지고 결국 중력과 평형을 이루는 거네! 그래서 일정한 속력으로 내려오는 거구나!

5.2 토의·토론 활동과 과학적 논증

물리수업에서 토의·토론 활동은 다양한 형태로 진행될 수 있다. 예를 들어, 신재생에너지와 관련된 문제를 주제로 한 토론에서는 학생들이 에너지 자원, 기후 변화, 탄소 배출과 같은 다차원적 문제를 통합적으로 분석하고 논의하도록 할 수 있다. 또한, 학생들에게 과학과 윤리의 관계를 깊이 이해하고, 과학기술의 사회적 영향과 책임에 대해 논의할 기회도 제공한다. 물리 실험 결과 해석에 대한 토의·토론도 가능하다. 실험 결과가 서로 다를 때, 이를 분석하고 원인을 파악하기 위한 논의는 학생들에게 과학적 탐구의 본질을 체험하게 한다. 이러한 과정은 단순히 결과를 암기하는 데 그치는 학습 방식과 달리, 과학적 사고와 탐구의 과정을 심화하는 데 기여한다. 토의·토론은 학생들로 하여금 과학적 개념과 논리를 체계적으로 구성하고 표현하도록 도우며, 이 과정에서 과학적 의사소통 능력도 향상시킬 수 있다. 즉, 물리수업에서 토의·토론은 단순히 보조적인 학습 활동으로 간주되어서는 안 된다. 교실을 학생 중심의 학습 환경으로 바꾸어나가는 핵심적인 전략이 될 수 있다.

(1) 과학적 논증의 구성

토의·토론에서는 학생들 간에 논증활동(argumentation)(또는 논변활동이라고도 칭함)이 일어난다. 논증활동이란 동료와의 대화를 통해 과학적 주장과 그 근거를 논리적으로 구성하고 정당화하며, 증거를 활용하여 다른 관점을 비판적으로 평가하거나 반박하는 활동을 의미한다. 즉, 학생들은 수집한 증거를 바탕으로 주장을 형성하고, 이를 뒷받침하기 위한 근거를 논리적으로 제시한다. 이 과정에서 증거와 주장을 연결하는 추론이 포함되며, 이를 통해 주장의 타당성을 강화한다. 또한 논의의 핵심 단계인 비판적 평가와 반박이 이루어진다. 학생들은 동료의 주장에 대해 비판적으로 접근하며, 증거의 신뢰성, 논리적 정합성, 주장의 한계 등을 검토한다. 이 단계에서 학생들 간 협력적 대화가 활발히 이루어지며, 서로의 관점을 경청하고 반박하면서 논리적 사고를 발전시킨다. 마지막으로, 논의 결과를 종합하여 최종 결론을 도출하고, 이를 구두로 발표하거나 글로 작성하며 논증활동을 마무리한다. 이와 같은 과정을 통해 학생들은 과학지식이

고정된 결과물이 아니라 논의를 통해 형성되고 발전된다는 과학지식의 본질과 과학의 탐구과정을 이해하게 된다.

논증활동의 질을 분석하는 방법은 여러 학자들에 의해 제안되어 왔다. 일반적으로 가장 많이 사용하는 틀은 Toulmin(1958)이 제시한 논증요소 분석 방법(Toulmin's Argument Pattern, 이하 TAP)이다. 이 방법은 논증의 주요 요소인 주장(claim), 근거(자료)(data), 보장(warrant), 보강(backing), 반박(rebuttal), 한정(qualifier)이 얼마나 잘 포함되어 있는지를 알려준다. 논증요소 중 주장과 근거, 보장은 논증의 가장 기본적인 요소이다. 여기에 보강, 반박, 한정이 보조적 요소로 포함된다. 주장은 논증을 통해 입증하고자 하는 핵심 주장이나 명제를 의미한다. 근거(자료)는 주장을 뒷받침하기 위해 제시하는 사실, 데이터, 혹은 증거이다. 보장은 근거와 주장을 연결해주는 논리적 고리로서, 왜 근거가 주장을 지지하는지를 설명해준다. 보강은 보장을 강화하기 위해 제공하는 추가적인 자료나 이유를 의미한다. 반론은 주장이 적용되지 않을 수 있는 예외 상황이나 반박을 인정하는 부분이다. 한정은 주장에 대한 확신의 정도나 한계를 표현하며, 주장에 대한 조건부 요소를 제시하기도 한다.

TAP은 논증의 구성 요소를 명확히 구분하여, 개인이 어떤 주제에 대해 논증을 해나갈 때 논리의 구조를 체계적으로 분석할 수 있도록 돕는다. 복잡한 논증상황에서도 논리적 비약이나 약점이 없는지 식별할 수 있다. [표 552]는 각 요소의 정의와 예시를 보여준다.

[표 552] Toulmin이 제시한 논증 요소와 예시

	정의	예시	
주장 (claim)	논증의 결론으로, 논증자가 제안하고 청중에게 받아들일 것을 요청하는 중심 진술	지구 표면 근처에서 물체의 중력 가속도는 약 9.8m/s² 이다.	원자력 발전은 환경친화적이다.
근거(자료) (data)	주장을 뒷받침하기 위해 제시되는 사실, 데이터, 관찰, 또는 증거	지구 표면 근처에서 자유낙하하는 물체의 가속도를 수많은 실험에서 측정해본 결과 약 9.8 m/s²로 확인되었다.	한 해 원자력 발전소에서 배출되는 이산화탄소는 석탄 발전소에 비해 90% 이상 적다.

보장 (warrant)	근거와 주장을 연결하는 논리적 다리로, 근거가 왜 주장에 신뢰를 부여하는지 설명하는 추론 또는 일반적 원칙	물리학에서 반복 실험으로 측정된 데이터는 자연 법칙을 설명하는 기초로 사용될 수 있다.	기후 변화의 주요 원인인 이산화탄소 배출량이 적은 발전 방식은 환경적으로 유익하다.
보강 (backing)	보장을 뒷받침하거나 보장을 정당화하는 추가적 증거나 이론적 설명	뉴턴의 운동 법칙과 만유인력 법칙을 활용하여 이론적으로 계산된 중력 가속도 값도 실험 결과값과 일치한다.	IAEA(국제원자력기구)는 원자력 발전이 가장 낮은 단위 전력당 이산화탄소 배출량을 가진다고 보고했다.
반박 (rebuttal)	주장에 반대될 수 있는 잠재적 반론을 예상하고, 이에 대한 방어 논리를 제공	지구의 표면이 아닌 높은 고도나 다른 천체에서는 중력 가속도 값이 달라질 수 있다.	방사성 폐기물 처리가 안전하게 이루어지지 않으면 장기적으로 환경을 오염시킬 수 있다.
한정 (qualifier)	주장의 일반화 정도를 제한하거나 조건을 명시하는 요소	대부분의 경우, 지구 표면 근처에서 중력 가속도는 약 9.8 m/s^2로 측정된다.	온실가스 배출을 고려하면 원자력 발전은 환경적으로 이점이 크지만, 방사성 폐기물 관리와 사고 방지 대책이 적절히 이루어진다는 조건에서 그렇다.

그러나, TAP은 논리 구조에 주로 초점을 두고 있어, 논증이 일어나는 맥락이 달라짐에 따라 변화하는 논증의 특성을 반영하기가 어렵다. 특히, 토의·토론과 같이 동시다발적으로 일어나는 대화 상황(담화)에서는 TAP의 각 논증요소를 구분하기 쉽지 않다. 또한 실제 일어나는 학생들의 담화를 살펴보면, 수많은 변인들이 개입하여 논증의 양상이 매우 복잡하게 전개되는 경우가 많다. 이러한 한계 때문에, 토의·토론 상황에서는 TAP을 단순화하거나 변형한 분석틀을 사용하기도 한다.

활동

다음 그래프는 옴의 법칙을 알아보는 실험으로, 꼬마전구에 걸린 전압을 올리면서 전류를 측정한 결과이다. 실험결과, 예상과 달리 전압-전류 그래프가 직선으로 나오지 않았다. 이 현상에 대해서 학생들이 제시할 수 있는 논증요소를 예상하여 적어보자.

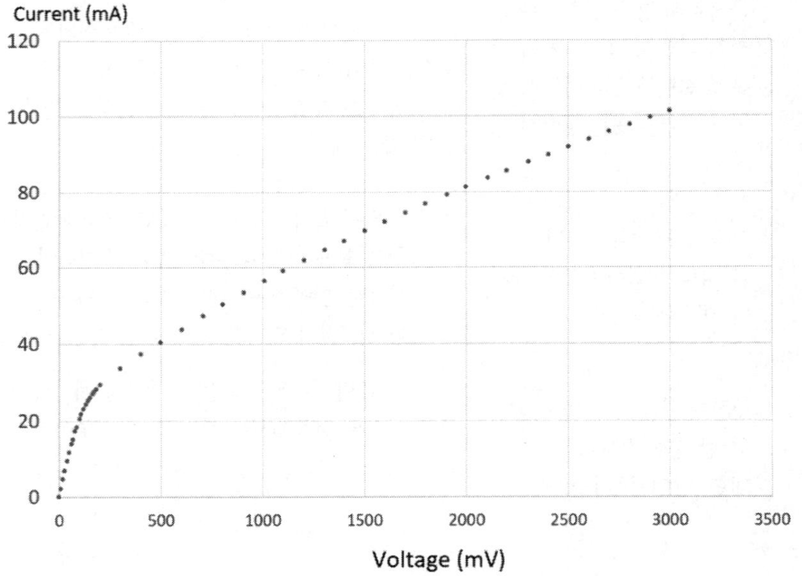

요소	내용
자료	
주장	
보장	
보강	
반박	
한정	

(2) 물리탐구활동에서의 논증

물리탐구활동에서 진행되는 토의·토론은 TAP으로 분석하기 어려운 경우가 많다. 여러 명이 동시에 대화에 참여하며, 대화의 주제가 시시각각 변할 수 있기 때문이다. 따라서, TAP의 논증 요소가 충분히 구성되지 못하거나, 명시적으로 잘 드러나지 않는다. 이 경우, 학생들이 제기하는 발화(utterance)의 기능을 탐색해볼 수 있다.

다음 사례는 스넬법칙을 귀납적으로 도출하기 위한 수업의 한 장면이다. 학생들이 데이터를 해석하는 과정에서 나타난 토의 내용을 발화의 기능에 초점을 맞추어 살펴보자.

우선 민수는 동료들과 입사각과 반사각의 관계를 알아보고자 질문을 던져 대화를 시작했다. 현우는 그 질문에 대해 자신의 생각을 표현했다. 뒤를 이어 소연은 현우의 생각에 동의하면서 그래프로 나타내볼 것을 제안했다. 지혜는 현우의 생각이 틀릴 수 있다는 주장을 했다. 그러면서 민수와 현우는 다른 아이디어를 제시하였다. 이와 같이 토의에서 제시되는 각 발화를 분석해보면, 학생들이 어떠한 과정을 통해 규칙성을 찾아내는지, 어떠한 어려움이나 문제 상황에 직면하는지, 무엇을 잘못 이해하고 있는지, 모든 학생들이 토의에 참여하고 있는지 등 다양한 정보를 얻어낼 수 있다.

물리탐구활동에서 진행되는 언어적 상호작용의 사례

다음은 학생들이 공기에서 물로 빛을 입사시키면서 입사각의 변화에 따른 굴절각을 측정하는 실험에서 나타난 대화의 일부이다.

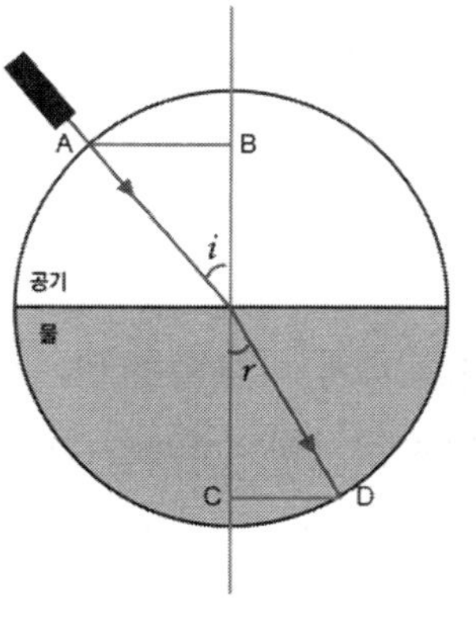

민수: (공기에서 물로 빛이 입사할 때, 입사각을 변화시키면서 굴절각을 측정한 후) 자, 그러면 빛이 들어오는 입사각과 물에서 휘어지는 굴절각 사이에 어떤 규칙이 있을까?

현우: 입사각이 커지면, 굴절각도 커지는 것 같은데? 비례관계인 것 같아.

소연: 그러네. 그래프를 그려서 확인해 보자. x축에는 입사각, y축에는 굴절각을 표시해서.

지혜: (그래프를 보고) 어? 그래프가 완전 비례하는 것 같지는 않아.

민수: 거의 비례하는데? 실험 오차가 아닐까?

현우: 그럼 일단 입사각과 굴절각 나눠보면 비율이 일정한지 알 수 있을 것 같아. 계산해 보자.

소연: 좋아! 내가 계산해볼게. (계산 후) 음… 그런데 비율이 조금씩 다르게 나오네? 완전히 일정하지가 않아.

지혜: 혹시 단순히 각도 값이 아니라, 삼각함수 같은 거를 사용해야 하는 것 아닐까?

소연: 삼각함수라… 빛이 들어오고 휘어지는 경로를 보면, 입사선과 법선이 이루는 각도의 변화를 따지는 거잖아. 이걸로 sin 값을 구해볼까?

현우: sin 값? 왜?

지혜: sin은 각도에 따라 직각삼각형의 높이와 빗변의 비율을 나타내잖아. 빛의 경로를 삼각형으로 보면, 이런 비율이랑 관련이 있을 것 같아.

민수: 그럼 실험 데이터를 다시 살펴보자. 각 입사각과 굴절각의 sin 값을 계산해서 비교해 보는 거야.

소연: (sin 값을 계산한 후) 와! 거의 일정한 값이 나온다.

현우: 정말이네. 입사각과 굴절각의 단순한 비율은 일정하지 않았지만, sin 값을 사용하니까 규칙성이 명확하게 보인다.

(3) 과학기술관련 사회쟁점(SSI) 토의·토론에서의 논증

과학기술관련 사회쟁점에 대한 논증활동은 과학실험실에서 일어나는 논증활동과는 다소 차이가 있다. SSI는 일반적으로 다양한 관점과 가치를 포함하고 있는 주제로, 과학, 사회, 환경, 경제 등의 다양한 영역과 연관되어 있다. 따라서 SSI에 대한 논증활동에서는 주제를 둘러싼 다양한 관점을 탐색해보고, 각각의 입장에 대해 공감적으로 수용하고, 필요하다면 반박이나 이의제기를 해볼 수 있다. 그리고 그 의견들을 조율하여 합리적인 해결책을 마련하거나 의사결정을 내려보게 된다.

다음 사례는 "원자력 발전을 지속해야 하는가?"에 대한 토의 내용 중 일부이다. 토의내용을 살펴보면, 학생들이 원자력 발전과 신재생에너지의 장단점을 다양한 각도에서 비교하고 있음을 알 수 있다. 학생A는 에너지 효율이나 비용 등에 관련된 자료를 증거로 사용하면서 신재생에너지로의 전환을 주장하고 있다. 또한 학생C는 경제적인 효율성 등을 들면서 원자력 발전소에 지지하는 입장을 취하면서, 동시에 다른 학생들을 설득하거나 그들의 의견에 반박하는 모습을 보인다. 토의에 참여하는 학생들은 자료 간에도 일치하지 않는 것을 보면서 의문을 제기하기도 하고, 필요한 자료를 적극적으로 검토하여 자신의 입장을 조심스레 제시하는 모습도 나타났다.

과학기술관련 사회쟁점에 대한 토의·토론에서 진행되는 언어적 상호작용의 사례

다음은 학생들이 원자력 발전과 신재생 에너지를 비교하면서, 원자력 발전을 지속해야 하는지에 대한 토의 내용 중 일부이다.

학생A: 너네 멜트 다운 봤어? 그거 보면은 일본에서 제일 핵 연구 잘하는 아저씨가 '절대로 터지지 않습니다' 하고 총리한테 보고하는데, 그거 끝나고 TV 켰더니 터져 있잖아. 그러니까 전문가도 잘 모르는데 우리가 어떻게 판단하겠어.

학생B: 원자력 안정성에 대한 논란이잖아.

학생C: 대책이 없어, 대책이.

학생A: 경제적이란 건 인정을 하자. 조금 해도 경제적일 수 있어. 그런데 여기서 문제는 폐쇄 그거도 따지잖아. 폐기물이 어떠한 영향을 끼칠지 그게 안나와 있어.

학생B: 폐기물은?

학생A: 그게 있었는데.. 나이아가라 폭포 주위에서 만들다가 그거 다하고 어떤 회사가 인근 조그마한 호수 사가지고 다 붓고 그 흙을 덮은 다음에 1달러에 팔아버렸대. 그런데 그게 학교랑 주거시설로 썼는데 거기서 기형아 엄청 발생하고 병이 엄청 나와 가지고, 폐기물에 다 있어가지고, 발암물질이 11개에다가.

학생C: 그래서 콘크리트 사용하잖아. 폐기물 차단할 때.

학생A: 아무튼 다들 신재생 에너지로 갈아타는 게 맞아.

학생B: 근데 그만큼 효율이 높아?

학생A: 태양광은 찾아봤어. 풍력은 못 찾아봤어. 풍력은 워낙 비판되는 게 많아서. 태양광은 찾아봤더니

학생B: 태양광보다 난 솔직히 풍력이 낫다고 생각하는데.

학생C: 태양광 너무 비싸잖아.

학생A: 태양광 산업협회는 2030년 발전량의 10%를 태양광발전으로 가능하대.

학생B: 근데 태양광은 효율이 떨어지고 있고 현재. 게다가 비용도 비싸고 한번 고장나면.

학생A: 오히려 효율이 높아졌는데? 2005년의 모든 효율이 10%였는데 2012년에는 16%래.

학생B: 근데 풍력도 솔직히.

학생A: 비용도 2001년에는 3.2달러 와트당. 여기는 0.75 지금은 2012년은. 10년 사이에 이렇게 되었다는데. 그런데 이거는.

학생C: 이 사람들이 얘기하는 건, 가장 중요한 거는 경제적인 에너지 절약이 필요하다는 거지. 이렇게 하더라도 그러니까 효율이 원자력 효율이 100%가 나올 수가 없지.

(중략)

학생B: 그리고 또 경제적인 논란도 있지 않아?
학생A: 그런데 애매하다. 여기는 경제적이지 않다, 여기는 경제적이다.
학생C: 그게 다 합해서 전력량부터 시작해서 설치 비용, 폐기 비용, 발전소 처리 비용.
학생D: 경제적인 비용을 폐쇄비용 그런 거 다 합치면.
학생C: 여기서는 그거까지 다 해도 효율적이다.
학생B: 어떤 거? 뭐가 기준인데?
학생C: 유연탄, 석유, LNG 등. 대체 에너지는 없어. 태양광 같은 건 비교가 안 된다 이건가?

(중략)

(고연주, 최윤희, 이현주, 2015, p. 516 발췌)

SSI에 대한 논증활동을 분석할 때에는 SSI 추론이 갖는 특징이 잘 나타나는지를 살펴볼 필요가 있다. Sadler 등(2007)은 SSI에 대한 추론이 다양한 관점의 고려, 지속적인 탐구와 회의적(비판적) 사고, 증거에 기반한 추론, 도덕·윤리적 민감성 등의 특징을 갖는다고 설명하였다. 즉, SSI는 서로 다른 이해관계자가 복잡하게 얽혀 있기 때문에, SSI 담화에서는 다양한 관점을 제시하고 탐색하는 질문들을 주고받는 과정이 중요하다. 또한 각 입장에 대한 주장을 내세울 때에는 합리적인 근거가 있어야 하며, 상대방의 의견에 반박을 할 때에도 근거에 기반하여 반박하는 것이 바람직하다. SSI 맥락에서는 같은 증거도 다르게 해석되고 사용될 수 있기 때문에, 주장이나 근거에 대해 비판적으로 사고하고 지속적으로 질문하는 것도 중요하다. 제시하는 정보가 과학적으로 타당한지, 믿을만한 정보인지, 정보의 양이 충분한지, 주장과 근거의 관계가 타당한지 등에 대해 서로 의문을 제기하고 확장된 탐구를 수행해나가는 과정이 드러나야 한다. 마지막으로, SSI는 도덕·윤리적인 측면을 내포하고 있기 때문에, 과학적 측면 이외에 윤리적인 측면에 대해 고찰해보는 과정도 필요하다. 개인의 가치나 신념, 경험 등에 기반한 주장들도 자주 제시되는데, 이 경우 상대방의 감정이나 신념 등을 존중하면서도 의견을 제시하는 자세가 필요하다. 이와 같은 SSI 추론의 특성을 고려하여 고연주 등(2015)은 [표 553]과 같이 SSI 맥락에서의 담화를 분석할 수 있는 분석틀을 제시하였다.

[표 553] SSI 맥락에서의 담화 분석틀(고연주 등, 2015 참조)

추론의 특성	SSI 담화의 질을 분석하기 위한 질문(예시)
다양한 관점의 고려	· 주제와 관련된 새로운 정보 또는 자료, 관점을 제시하는가? · 특정 입장에 대해 공감하고 본인의 입장으로 내면화하여 관점을 제시하는가? · 상대방의 주장을 존중하고 인정하는가? · 서로 다른 의견을 조율하고 합의하는가?
증거에 기반한 추론	· 합리적인 근거를 제시하여 주장을 정당화하는가? · 주장이나 근거에 대하여 반박하는가? · 근거 사이의 상호 연관성을 탐색하여 근거를 종합하고 있는가? · 근거를 지지함으로써 주장을 구체화하고 정교화하고 있는가? · 근거에 기반하여 일어날 결과를 예상하고 있는가?
지속적인 탐구와 회의적 사고	· 상대방 주장의 타당성에 대해 의문을 제기하는가? · 근거의 타당성(정보의 정확성, 진실성, 주장과의 논리적 연결)에 대해 의문을 제기하는가? · 주장에 대한 추가설명을 통해 명료화할 것을 요구하는가? · 주장을 뒷받침할 추가적인 근거를 요구하는가? · 하나의 관점에 대해 생각을 확장할 것을 요구하는가?
도덕·윤리적 민감성	· 쟁점의 윤리적 측면을 고려하여 주장을 제시하는가? · 윤리적 측면에 대해 의문을 제기하는가? · 도덕적 원리를 적용하는가? · 해당 입장에 놓인 사람들의 감정을 헤아리고 공감하는가? · 쟁점이 야기하는 문제에 책임감을 느끼고, 문제 해결에의 의지를 보이는가?

토의·토론 활동에서 논증활동이 활발하게 진행되기 위해서는 여러 가지 조건을 만족해야 한다(김희경, 송진웅, 2004). 첫째, 학생들의 논증활동을 유발하기 위해서는 하나 이상의 다양한 주장과 해석이 가능한 상황을 제시해야 한다. 답이 명확한 문제의 경우, 학생들이 결과를 의심하거나 다른 해석을 내놓을 여지가 없기 때문에 논증활동이 활발히 일어나지 못한다. 둘째, 학생이 주장하고자 하는 바가 교사의 의해 주어지는 것이 아니라, 학생들 스스로 문제를 인식하고 구성할 수 있도록 지원해야 한다. 교사나 권위를 갖고 있는 사람이 일방적으로 주장을 제시하면, 이에 대해 학생들이 비판하거나 자신의 논증을 구성하기 쉽지 않다. 셋째, 학생들에게 쓰기와 말하기 등 다양한 형태의 논증활동 기회를 제공할 필요가 있다. 자신의 생각에 대해 반성적으로 사고하고 자신의 입장을 명료하게 표현할 수 있도록 연습할 수 있어야 한다. 넷째, 논증활동에 참여하는 사람들의 대화에서

의 지위가 동등하게 주어지는 것이 중요하다. 교사는 자신의 입장을 내세우기보다 학생들이 동료와의 상호작용을 통해 동등한 위치에서 논증활동을 수행할 수 있도록 분위기를 형성해야 한다. 다섯째, 학생 간의 협력관계가 유지되도록 도와야 한다. 더 좋은 주장과 근거를 마련하기 위해 협력하도록 동기를 부여할 필요가 있다.

토론을 통한 논증활동 준비 예시

김교사는 기체의 부피와 압력에 대한 논증활동이 활발하게 진행되도록 다음과 같이 준비하였다.

점검 사항	준비내용
다양한 주장이 가능한가?	- 높이 올라간 풍선은 기압이 낮아져서 부피가 팽창하여 터진다. - 높이 올라가면 온도가 낮아져서 오히려 풍선이 수축할 수 있다. - 온도가 낮아지면 풍선 고무의 탄성이 변할 수 있다.
학생이 스스로 주장할 수 있는가?	- 보일 법칙, 샤를 법칙, 온도에 따른 고무탄성의 변화 등에 관련된 정보를 사용하도록 안내한다.
다양한 활동이 가능한가?	- 말하기 활동뿐 아니라, 그림, 그래프, 동영상, 시뮬레이션 등을 활용하도록 안내한다.
논증 참여자들의 지위가 동등한가?	- 팀별로 고르게 발표하도록 한다. - 자신과 다른 주장도 이해해 보도록 격려하고, 설득 활동을 강조한다.
협력관계가 유지되는가?	- 자료를 찾는 사람, 주장을 하는 사람, 반박하는 사람, 반박에 대한 대응자료를 만드는 사람 등의 역할을 분담하여 협력한다.

활동

물리학과 관련된 토의·토론 주제를 선정한 후 다음 과정을 수행해보자.

1. 3-4명의 동료들과 주제에 대한 토의·토론을 진행한다.
2. 토의·토론을 녹음하자. 녹음된 내용을 들으면서, 동료들과의 토의·토론에서 드러나는 논증의 특징을 분석하여 설명해보자.
3. 분석한 특징을 바탕으로, 토의·토론에서 논증의 질을 높이기 위한 교수전략을 제안해보자.

5.3 물리수업에서 활용할 수 있는 토의·토론 방법

물리 수업에서 활용할 수 있는 토의·토론 방법은 매우 다양하기 때문에, 교사는 토의·토론 수업을 통해 달성하고자 하는 목표에 맞게 적절한 방법을 선택하여 활용할 수 있어야 한다. 토의·토론 방법을 분류하는 기준은 다양하겠지만, 토의·토론의 목적에 따라 분류해보면 다음과 같다.

(1) 창의적 아이디어 생산을 위한 토의·토론 방법

주제에 대해 창의적이고 다양한 아이디어를 생산하고자 할 때 사용하는 토의·토론 방법은 [표 554]와 같이 브레인스토밍, 브레인라이팅, 마인드맵, 사모아기법, 월드카페 등이 있다. 예를 들어, "5층에서 떨어뜨려도 깨지지 않고 달걀을 보호할 수 있는 구조물을 설계하려면 어떻게 해야 좋을까?", "우리 학교의 에너지 소비를 줄이기 위해 우리가 할 수 있는 것에는 무엇이 있을까?"와 같이 정답이 없는 문제에 대해 다양한 방안이나 대안을 생각하고자 할 때 적합하다.

[표 554] 아이디어 생산을 위한 토의·토론 방법 예시

방법	정의 및 특징
브레인스토밍	· 자유로운 분위기에서 구두로 아이디어를 제시하는 집단 활동 · 참여자들이 비판 없이 자신의 생각을 자유롭게 표현할 수 있으며, 가능한 많은 아이디어를 제안하도록 권장함. 이를 통해 기존 아이디어의 결합 및 개선이 이루어지며, 독창적 해결책이 도출될 가능성이 높아짐. · (예) 가정에서 전기 에너지를 효율적으로 이용할 수 있는 방법에는 무엇이 있을지에 대해 자유롭게 아이디어 내기 
브레인라이팅	· 아이디어를 개별적으로 글로 작성하여 공유하는 방식 · 참여자가 자신의 생각을 조용히 정리하고 기록하는 데 초점을 두며, 익명성이 보장되면 보다 솔직하고 창의적인 아이디어가 도출될 수 있음. 작성된 아이디어를 순환하거나 공유하여 추가적인 발전 가능성을 모색함. 

	· (예) 달걀이 깨지지 않는 구조물을 만들기 위한 아이디어를 각자 생각하여 적어본 후, 서로 공유하면서 최선의 아이디어를 찾아나가기	
마인드맵	· 비선형적, 시각적인 방식으로 정보를 정리하고 아이디어를 생성하는 방법 · 중심 주제를 표현하는 키워드나 이미지를 중심에 배치한 뒤, 관련 아이디어를 가지 형태로 확장하여 배치함으로써, 아이디어 간의 연관성과 계층적 관계를 명확히 시각화할 수 있도록 도움. · (예) 기후변화에 대응하기 위해 우리가 실천할 수 있는 방법 생각해보기	
사모아 토의·토론	· 서로 다른 생각을 가진 5-6명의 학생이 중앙에 원형(안쪽 원, inner circle)으로 앉아서 전체집단(바깥 원, outer circle) 앞에서 토의·토론하는 방식 · 안쪽 원에서 진행되는 토의·토론을 듣다가 바깥 원에 있는 사람이 안쪽 원에 앉아 있는 사람의 등을 두드리면 안쪽 원의 학생이 나가고 새로운 학생이 참여하여 토의·토론을 계속함. 참여자들은 교차 논의를 통해 다양한 시각과 새로운 통찰을 얻을 수 있음. 또한, 모든 참여자가 균등한 발언 기회를 갖도록 설계됨으로써 토론 과정에서 특정 인물이나 의견이 지나치게 지배적인 영향을 미치는 것을 방지함. · (예) "양자 기술이 우리의 삶을 어떻게 바꿀까?"라는 주제로 토의하면서, 주변 청중이 필요할 때 개입하기	
월드카페	· 비공식적이고 창의적인 대화 환경에서 특정 주제에 대해 자유롭게 의견을 교환하고, 아이디어를 발전시키는 협력적 토론 기법 · 학생들을 소규모 테이블에 그룹(4-5명)으로 배치함. 테이블 위에 대화를 기록할 수 있는 도구(예: 큰 종이, 마커)를 제공하여, 아이디어를 시각적으로 표현하고 발전시키기도록 함. 각 테이블은 주어진 시간 동안(약 20분) 주제에 대해 논의하고, 사회자가 안내하면 다른 테이블로 이동하여 새로운 그룹과 대화를 이어감(3회 정도 반복). 각 테이블에는 호스트가 있으며, 이들은 이동하지 않고 토의를 이끌어 감. 창의적인 아이디어를 생산해야 하는 문제 상황에 대해 집단지성을 경험할 수 있음. · (예) "우리 마을을 에너지 제로 마을로 전환한다면, 어떠한 방향으로 나가야 할까?"에 대해 자유롭게 토의하기	

(2) 주제 탐색 및 분석을 위한 토의·토론 방법

주제를 다양한 각도에서 탐색 및 분석하여 주제에 대한 이해를 높이고자 할 때 활용할 수 있는 토의·토론 방법은 [표 555]와 같이 이슈분석맵, 피시본, 만다라트, 패널토의, 육색모자토의 등이 있다. 예를 들어, "10년 후에도 원자력 발전소를 계속 건설해야만 하는가?"라는 주제에 대해 토의·토론 수업을 한다면, 이 주제와 관련해서 고려해야할 사항(예: 안전성, 지속가능성, 효율성, 경제성 등)을 각각 자세히 조사하는 과정이 필요하다. 또는 원자력 발전소 건설과 관련된 이해관계자들을 찾아, 그들의 입장을 조사하고 분석해보는 과정도 진행할 수 있다. 또는 좀 더 구체적으로, 원인과 결과, 대응방안을 나누어 생각해볼 수도 있다.

[표 555] 주제 탐색 및 분석을 위한 토의·토론 방법 예시

방법	정의 및 특징
이슈분석 맵	· 주어진 이슈에 대해 원인(cause), 결과(effect), 대응방안(countermeasure)을 개인, 사회, 글로벌 관점으로 생각하면서 원안에 함께 적어나가는 방법(Kim, Mun, & Lee, 2020) · 이슈의 원인과 결과, 대응방안을 다양하게 생각해볼 수 있을 뿐만 아니라, 원인-결과-대응방안을 함께 연결지어 생각해 보도록 도와줌. · (예) 태양광 발전은 친환경 에너지원으로 각광받고 있지만, 태양광 패널의 수명이 다한 후 폐기 문제가 새로운 환경적, 경제적 문제로 떠오르고 있음. 이 이슈의 원인과 결과, 대응방안에 대해 토의하기 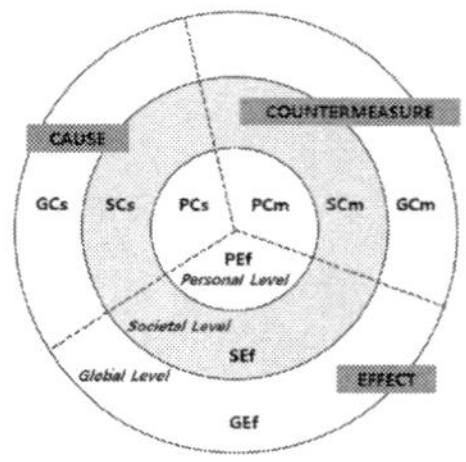
피시본	· 물고기 뼈 모양의 다이어그램을 활용하는 방법 · 주제와 관련된 중요한 이해관계자 또는 그들의 입장이나 가치를 주된 생선뼈 위에 적고, 그 생선뼈에 곁가지를 달면서 관련된 근거를 적어나감. 주제에 따라 중심뼈의 위아래를 나누어 찬반의 다양한 입장을 적을 수도 있음. · (예) "원자력 발전, 지속해도 좋은가?"라는 주제에 대해 발전소 관계자, 과학자, 정치집단, 환경운동가, 지역사회 주민, 경제 주체 등 여러 입장을 선정하여 입장을 지지하는 근거 찾아 적어보기 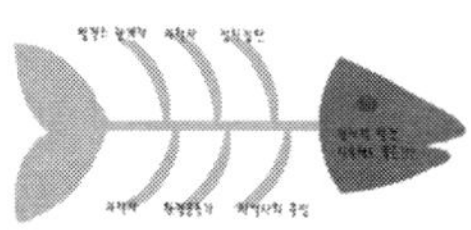

만다라트	· 중앙에 핵심 주제를 적고, 주변에 관련 아이디어를 적으면서 생각을 확장해나가는 방법 · 정사각형 가운데에 주제를 적고, 그 주변 칸에 하위 주제들을 적음. 하위 주제들을 다시 각각의 정사각형 가운데에 적고, 관련된 내용을 조사하면서 적어나감. 단계적으로 생각이나 정보를 확장해가는 구조로, 다각적인 관점에서 아이디어를 탐구하도록 도움. · (예) "최고의 운동선수는 물리를 어떻게 활용할까?"라는 주제에 대해 다양한 측면을 고려하여 탐구하기 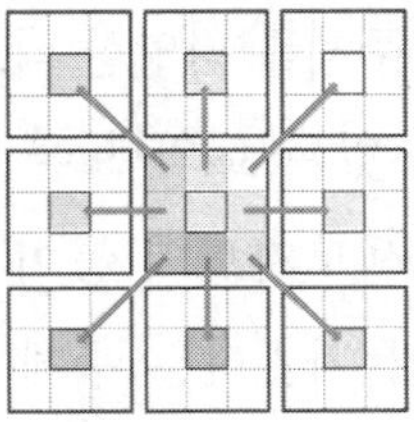
패널토의	· 특정 주제에 대해 다양한 관점을 제시하고 심층적으로 논의하기 위해 주로 전문가나 이해관계자로 구성된 소규모 패널과 사회자를 중심으로 진행하는 토의 방법 · 사회자가 주제를 소개하고 패널 구성원을 소개하는 것으로 시작하여, 패널 구성원이 주어진 주제에 대해 자신의 견해를 발표함. 청중은 질문을 통해 논의에 기여하거나, 토의에서 제기된 내용을 바탕으로 추가적인 논의를 제안할 수 있음. · (예) "고압 상온 초전도체의 발견과 그 의미"에 대한 주제로, 초전도체의 원리와 기존 한계, 고압 상온 초전도체의 발견 과정과 그 특성, 이 발견이 기술 및 산업에 미치는 영향 등에 대한 전문가의 의견을 수렴하고 질의응답함. 
육색모자 토의	· 특정 문제나 주제를 다룰 때 여섯 가지 색상의 모자를 활용하여 각기 다른 사고 방식에 집중하도록 함으로써, 사고 과정을 구조화하고 다양한 관점을 균형 있게 탐구하기 위한 창의적 사고 기법 · 흰색 모자는 객관적 사실과 데이터를 기반으로 한 분석적 사고를 대표하고, 빨간색 모자는 감정, 직관, 느낌과 같은 주관적 요소에 집중하며, 검은색 모자는 비판적 사고를 상징하여 아이디어나 대안의 약점, 위험 요소, 잠재적 문제를 분석하여 신중한 결정을 유도함. 노란색 모자는 낙관적이고 긍정적인 사고를 대변하며, 녹색 모자는 창의적이고 혁신적인 사고를 촉진하며, 새로운 아이디어, 대안, 창의적 접근 방식을 모색하는 역할을 함. 파란색 모자는 사고 과정을 관리하고 통제하는 메타적 사고를 상징하며, 논의의 구조화, 진행 상황 점검, 최종 결론 도출을 담당함. 

	· (예) "인공지능(AI)이 물리학 연구를 주도하는 것이 바람직한가?"라는 주제에 대해, 흰색(AI의 현재 과학 연구 활용 사례, 데이터 분석 능력 등), 빨간색(인간 과학자의 역할이 사라질지도 모른다는 불안감 등), 검은색(AI가 창의적인 발견을 할 수 있는가에 대한 위험요소 등), 노란색(AI가 연구 속도를 높이고, 실험의 오류를 줄일 가능성 등), 녹색(AI와 인간이 협력할 수 있는 새로운 연구 방식 등), 파란색(AI 발전을 위한 규제 및 방향 설정 등) 입장에서 토의함.

(3) 찬반 논증이나 의사결정을 강조하는 토의·토론 방법

주제에 대해 근거기반의 찬반 논증이나 의사결정을 강조할 때 활용할 수 있는 토의·토론 방법은 [표 556]과 같이 CEDA 토론, Pro-Con 토론, 가치수직선, 피라미드 토의 등을 들 수 있다. 예를 들어, "우리 학교 에너지원을 태양광 패널로 변경하고자 한다면 찬성하겠는가, 반대하겠는가?"와 같이 찬성과 반대가 명확하게 대립되는 논제일 경우, 찬성과 반대의 입장을 정하게 하고 이에 대해 근거를 마련해서 논증활동을 해보도록 기회를 제공할 수 있다. 또는 주제에 대한 탐색 후 찬반 논쟁을 통해 자신의 입장을 결정해보거나, 우리 학급 학생들의 의견을 수렴해서 최선의 합의안을 도출해보고자 할 때에도 이와 같은 토의·토론 방법을 선택할 수 있다. 또는 학생들이 생산한 아이디어 중에서 가장 합리적이고 타당한 아이디어를 선별하고 정교화해가는 수렴적 사고를 할 때에도 활용해 볼 수 있다.

[표 556] 논증이나 의사결정을 강조하는 토의·토론 방법 예시

방법	정의 및 특징
CEDA 토론	· 찬반 양측이 주어진 논제를 중심으로 논증을 펼치는 대회 형식의 토론 방법 · 구조화된 논리 전개와 교차 질문을 통해 입장의 타당성을 검토하며, 비판적 사고와 설득력을 배양하는 데 중점을 둠. 먼저, 찬성과 반대 측이 각각 논제에 대한 입장을 제시하고 논거를 명확히 한 후, 이후 교차 질문 단계에서 

	는 각 측이 상대방의 주장을 정밀하게 검토하며, 논리적 결함이나 모순을 지적하거나 추가적인 설명을 요구함. 반론 단계에서는 상대방의 주장을 비판적으로 분석하고, 자신의 입장을 재확인하며 이를 뒷받침할 새로운 논거를 제시함. 최종 요약에서는 각 측이 논의를 정리하고, 논제에 대한 최종 입장을 명확히 함. · (예) "원자력발전과 신재생에너지, 무엇이 더 현실적인가?" 라는 주제로 토의하기
Pro-Con 토론	· 특정 주제나 논제에 대해 찬성과 반대의 입장을 체계적으로 논의하는 토론 기법 · 2명 또는 4명이 짝을 이루어, 찬성과 반대의 입장을 정해 그 입장에서 자신의 주장과 근거를 제시함. 그 후, 입장을 바꾸어 그 입장에서 다시 자신의 주장과 근거를 제시함. 학생들은 찬성과 반대의 입장을 모두 경험해보면서 각 입장에 대한 이해를 높임. · (예) "만약에 여러분의 가족이 자동차를 새로 구입한다면, 전기자동차를 선택하겠는가? 찬반입장과 그 근거를 제시해보시오"라는 주제로 토론 진행하기 
가치수직선	· 참여자들이 특정 주제나 이슈에 대한 가치관이나 태도를 명확히 표현하고, 이를 바탕으로 다양한 관점을 논의하기 위해 설계된 협력적 토의 기법 · 일반적으로 "매우 동의함"에서 "매우 동의하지 않음"에 이르는 연속적인 스펙트럼을 선형적으로 구성한 후, 참여자들이 해당 스펙트럼 상에서 자신의 위치를 선택함. 이를 통해 각 참여자가 주제에 대해 가진 생각의 강도와 방향을 시각적으로 확인할 수 있으며, 그룹 내 다양한 의견 분포를 한눈에 파악할 수 있음. 이후 각자의 선택에 대한 이유를 설명하거나, 비슷한 위치에 서 있는 사람들 간의 소그룹 토의를 통해 더 깊이 있는 논의를 진행할 수 있음. · (예) "스마트폰에서 발생하는 전자파가 인체에 해롭다는 여러 결과들을 고려할 때 당신은 스마트폰 사용량을 줄이겠는가?"와 같은 문제를 제시하고, 친구들과 이야기하면서 자신의 동의정도에 대한 위치 정해보기 
	· 다양한 의견을 수렴하고 최종적으로 집단 합의를 도출하기 위해, 참여자들이 점진적으로 소규모 그룹에서 대그룹으로 확장하며 논의를 진행하는 단계적 토의 기법

피라미드 토의	· 먼저 각 참여자가 주어진 문제나 질문에 대해 개별적으로 생각한 후, 아이디어를 4-5장의 포스트잇에 각각 적음. 소규모 그룹을 형성하여 각자의 의견을 공유하고, 그 중에 좋은 아이디어를 선정해나감. 각 그룹에서 도출된 의견을 비교하고 조율하여 보다 구체적이고 통합된 합의를 형성함. 마지막으로, 모든 참여자가 대그룹으로 모여 최종적인 논의를 진행하며, 전체 집단의 공감대를 바탕으로 결론을 도출함. · (예) “로봇과 자동화 기술이 발전하면서 많은 산업에서 인간 노동이 기계로 대체되는 현상이 가속화되고 있는 상황에서, 우리는 어떻게 이 기술을 활용해나가야 할까?”에 대해 소규모에서 대그룹으로 확대해나가면서 토의하기 

활동

물리학과 관련된 토의·토론 주제를 1개 작성해보자. 이 주제에 가장 적절하다고 생각되는 토의·토론 방법을 선택하여 다음의 순서대로 토의·토론 수업을 구성해보자.

1) 토의·토론 주제의 선택
- 물리학 수업에서 물리학 지식을 바탕으로 진행할 수 있는 토의·토론 주제를 선택한다.
- 인터넷 검색 등을 활용하여 선택한 주제의 특성을 탐색한다. 예를 들어, 논쟁적인지, 해결하기 위해 아이디어 산출이 필요한 것인지, 주제가 복잡하여 충분한 탐색이 필요한 지 등을 고려한다.
- 토의·토론 주제가 학생의 관심사 및 수준에 맞도록 문제상황을 구성한다.

2) 토의·토론 수업을 위한 준비
- 주제의 특성과 문제 상황을 드러내기에 가장 적합한 토의·토론 방법을 선택한다.
- 학생들을 선택한 토의·토론 주제로 초대하기 위한 전략을 계획한다. 동영상이나 신문기사 등을 활용할 수 있다.
- 학생들에게 안내할 자료를 준비한다.

3) 토의·토론 방법 수업 구성

- 수업 단계별 활동을 개괄적으로 작성한다.
- 모둠 구성 방식을 결정한다.
- 학생들의 생각과 참여를 이끌 수 있는 발문을 생각한다.
- 토의·토론의 마무리 방법에 대해 구상한다. 모둠별 토의내용을 발표하거나, 전체 토의로 확장하여 의견을 정리하거나 또는 합의과정을 진행할 수 있다.

CHAPTER 06

하브루타 전략과 적용

조광희 (조선대학교)

‘하브루타(havruta)’는 유대인의 전통적인 학습법으로 경전을 읽은 후 짝을 지어 서로 묻고 답하는 토론식 교육을 뜻한다(정선영, 최현정, 2015; Kent, 2010). 이 용어는 원래 우정, 동료애 등을 의미하는데, 두 사람이 짝을 지어 서로 가르치고 학습하는 방식으로, 일종의 짝 토론 학습 활동으로 볼 수 있다. 유대인이 인구 대비 노벨상 수상자가 많고 창의성이 필요한 분야에서 두각을 나타내고 있어, 그들의 교육 방식인 하브루타에 대한 관심이 증가하고 있다. 우리나라에는 특히 2014년 EBS 교육대기획 “왜 우리는 대학에 가는가”를 계기로 하브루타가 널리 알려지면서, 교육과 연구 분야 등에서 주목을 받았다(전성수, 고현승, 2015).

6.1 하브루타 전략의 특징

(1) 강의식 수업과 하브루타 전략의 차이점

일반적으로 하브루타는 2인 1조로 짝을 지어 대화하는 방식으로 진행한다(전성수, 2014; 정선영, 최현정, 2015; Kent, & Allison, 2012). 어떤 주제에 대해 자신의 지식이나 의견을 제시하고 이에 관해 서로 자유롭게 질의 응답하는 과정을 포함한다. 예를 들어, 관성 개념에 대하여 한 사람이 설명하면 다른 사람이 경청하다가 자신의 언어로 요약하거나 궁금한 점을 자연스럽게 질문하는 방식으로 소통을 지속한다. 그런 후 다음에는 방금 전까지 주로 듣던 사람이 설명을 주도하면서 화자와 청자의 역할을 바꾼다. 구체적인 실행 방법은 교육 목표와 환경에 맞춰 변형이 가능하다.

이렇게 학습자가 수업 중에 짝과 대화한다는 점에서, 하브루타는 기존 강의식 수업과 다른 특징을 지닌다([표 561]). 첫째, 하브루타에서는 모든 학습자가 교육 활동에 참여한다. 하브루타가 성공적으로 이루어지면, 각자 자신의 짝과 함께 학습 주제에 관해 대화하기 때문에 전체 학습자가 수업에 참여하게 된다. 일반적인 강의식 수업에서는 교수자가 주로 말을 하고 학습자는 수동적으로 강의를 듣는다. 이때 학습자가 말을 많이 하면 자칫 강의를 방해할 수도 있다. 그러나 하브루타에서는 자신의 생각을 말로 표현하는 과정이 중요하고 주변에서 모두 떠들기 때문에 모든 학습자가 자연스럽게 교수-학습 과정에 관여하게 된다.

둘째, 가르치는 사람과 배우는 사람이 명확히 구분되지 않고 서로 가르치고 배우는 관계를 형성한다. 강의식 수업에서는 교수자가 학습자에게 가르치는 일방향 의사전달이 주를 이룬다. 반면에 하브루타에서는 학습자들끼리 가르치고 배우기 때문에, 수평적인 쌍방향 의사소통 구조를 가진다.

셋째, 교수자의 역할이 지식 전달자에서 학습 촉진자로 바뀐다. 강의식 수업에서는 교수자가 학습자에게 주로 지식을 전달하는 역할을 한다. 반면에 하브루타 수업에서 교수자는 학습자들끼리 활발하게 대화하고 소통할 수 있도록 하는 학습 촉진자, 학습 안내자, 학습 기획자, 동기 유발자 등으로 활동한다. 이렇게 교수자는 학습자의 의사소통이 원활하게 이루어질 수 있도록 수업을 계획하고 학습자를 도와주는 활동에 더 주력하게 된다.

[표 561] 강의식 수업과 하브루타 전략의 차이점

강의식 수업	하브루타 전략
교수자는 발언하고 학습자는 청취	모든 학습자가 발언
교수자와 학습자가 명확히 구분	모두가 교수자이자 학습자
교수자는 지식 전달자	교수자는 학습 촉진자

하브루타 수업을 효과적으로 진행하기 위해, 다음과 같은 몇 가지 조건에 유의할 필요가 있다(전성수, 2014; 한재영 등, 2017). 첫째, 짝과 대화하는 과정에서 학습자가 적극적으로 수업에 참여해야 한다. 내성적인 학생, 성취도가 낮은 학생 등은 말을 잘 하지 않을 수 있다. 짝을 지어 대화하는 과정에서 한 학생이 말을 하지 않으면, 다른 학생이 일방적으로 대화를 점유할 수 있는데 이는 상호 대화를 격려하는 하브루타의 취지와는 거리가 있다. 그러므로 성취도가 비슷한 학습자끼리 짝을 이루거나 성격과 친밀도 등을 고려하여 짝을 구성할 필요가 있다.

둘째, 본인의 생각을 거리낌 없이 표현하도록 하기 위하여 허용적인 분위기가 필요하다. 대화를 기본으로 하는 하브루타에서는 자신의 생각을 편하게 말할 수 있어야 한다. 예를 들어 교과 내용 학습을 위해 하브루타를 한다면, 자신이 가진 개념을 표현하고 논의하는 과정에서 개념 변화의 가능성이 높아진다. 이를 위해 다른 사람의 시선을 의식하지 않고 자신의 의견을 자유롭게 표현할 수 있는 환경이 조성되어야 한다. 특히 이슈에 대해 논쟁을 하는 하브루타를 한다면, 자신의 생각을 편안하게 말할 수 있는 분위기가 필수적이다.

셋째, 짝과 대화하는 과정에서 상대방의 의견에 경청하고 주의 집중하는 능력이 요구된다. 상대방이 말하는 동안에는 상대의 의견을 경청하여야 한다. 하브루타는 일방적 의사 전달이 아니기 때문에, 상대방의 의견을 주의 깊게 듣고 그에 맞춰 대응할 필요가 있다. 그래야 두 사람 사이에 원활한 의사소통이 이루어지기 때문이다.

효과적인 하브루타 운영을 위한 안내

1. 한 학습자만 일방적으로 말을 하고 있다면, 교수자가 참여하여 다른 학습자에게 의견을 묻거나 질문을 하여 자연스럽게 발언 기회를 만든다. 그럼에도 불구하고 특정 학습자만 계속 말하는 현상이 지속되면 짝 구성을 다시 할 필요가 있는데, 이때 그 학습자로 인해 바꾼다는 언급을 하지 말아야 한다. 자칫 교수자가 알지 못 하는 다른 이유가 있을 수 있고, 적극적으로 참여하던 학습자의 학습 동기가 낮아질 수 있기 때문이다.
2. 자신의 생각을 편안하게 표현하는 분위기가 아니라면, 교수자는 하브루타 전략의 특징을 다시 설명하고 짝과 소리내어 말해도 됨을 안내한다. 너무 조용하면 말을 꺼내기 어려울 수 있으므로, 타인의 소리를 덜 의식하도록 잔잔한 음악을 배경음으로 틀어줄 수 있다. 그리고 학습자가 자신의 생각을 정리하는 시간이 필요하기

에, 초반에 인내심을 갖고 기다려주어야 한다. 또 수업과 관련된 가벼운 질문하기, 더 쉬운 주제로 바꾸기, 정답이 정해져 있지 않은 개방형 질문(open ended question)으로 시작하기, 질문을 세분화하거나 질문의 개수를 줄이기 등과 같은 시도도 추천한다.

3. 상대방의 말을 경청하지 않는다면, 교수자는 경청하는 자세와 방법 등에 대하여 소개하도록 한다. 예를 들어, 얼굴과 상체를 말하는 사람 쪽으로 향한 상태에서 고개를 끄떡이는 모습 등을 제시하고 모범적인 경청 자세를 보여준다. 또 타인의 말을 끊지 않기, 상대의 말이 끝나면 자신의 말로 환언하거나 요약하기 등도 경청의 방법임을 알려준다.

(2) 하브루타 장단점

하브루타는 '가르침으로써 배움'(learning by teaching)에 해당하는 학습 기법의 하나로서, 여러 장점을 지닌다(강지나, 이형철, 2016; 문영주, 2020; 전성수, 고현승, 2015; Kent & Allison, 2012). 첫째, 학업 성취도 향상에 효과적이다. 타인을 가르치면서 본인이 학습하는 방법이 가르치는 본인의 학업 성취에 긍정적인 영향을 준다는 여러 연구 결과에서 보듯이(최효선, 2021; Cohen, Kulik, & Kulik, 1982), 또래 학습자에게 가르치기 위하여 내용을 준비하고, 설명하면서 타인의 반응에 대응하는 과정에서 종합적인 학습이 이루어질 수 있다. 또 남을 가르치는 과정에서 가지는 책무성, 기대감, 가치 부여 등이 학업 성취에도 기여할 수 있다(Fiorella & Mayer, 2013).

둘째, 논리적, 비판적, 창의적 사고 등 다양한 고등 정신 능력 개발에 기여한다. 예를 들어, 논쟁적 주제로 토의토론을 하면, 논리적 사고와 비판적 사고가 필요하므로 이런 능력을 향상시키는 데 도움이 된다. 하브루타 주제에 따라 창의적, 발산적 사고가 요구되기도 하고, 반대로 내용을 요약하고 정리하면서 귀납적, 수렴적 사고가 필요하기도 하다. 또 하브루타에서는 자신의 생각을 언어를 통해 외부로 표현하기 때문에 지속적으로 자신의 생각을 되돌아보고 정리해야 한다. 이는 초인지 학습과도 밀접하게 연결되고 자기 성찰 역량을 기르는 데도 기여한다. 이렇게 여러 사고력을 기를 수 있는 기회를 제공한다는 점이 하브루타의 장점이라고 할 수 있다.

셋째, 의사소통 역량 증진에 도움이 된다. 하브루타는 의사 표현과 경청을 중심으로 진행된다. 수업에서 다루는 주제에 대한 지식과 정보, 그에 관한 의견 등을 자신의 언어로 표현하는 과정이 반드시 필요하기 때문에, 자신의 생각을 명확하게 전달하는 연습이 된다. 또 상대방의 이야기를 듣고 이에 대해 질문하는 과정에서 자연스럽게 경청하는 습관을 익힐 수 있다. 이는 의사소통이나 협력과 같은 역량의 함양과도 밀접한 관련이 있다.

넷째, 전체 학습자가 수업에 참여할 수 있고 학습자에게 동기를 부여할 수 있다. 하브루타 방식에서는 일대일로 짝을 이루어 대화를 해야 하므로, 모든 학습자가 수업 활동에 참여하도록 초대된다. 하브루타는 자기 주도적 학습과 밀접한 관련이 있으며, 대화 과정에서 다양한 형태의 지적 자극과 함께 학습 동기가 유발될 수 있다. 또 하브루타를 적절하게 운영하면, 수업 중에 졸거나 딴 짓하는 학습자가 거의 없기에 전반적인 학습 분위기 형성에도 도움이 된다.

반면, 하브루타를 제대로 실행하지 않았을 때 발생할 수 있는 단점이나 유의점이 있다. 첫째, 성취도나 성격 차이 등에 따라 일방적인 교육이 될 수 있다. 예를 들어 성취도 차이가 많이 나는 경우에는 높은 성취를 보이는 학습자가 대화를 주도하면서 일방적으로 하위 성취자에게 정보를 전달하거나 의견을 강요할 수 있다. 이로 인해 주로 말하면서 가르치는 역할을 하는 학습자는 하브루타가 자신에게 도움이 되지 않으며 일종의 시간 낭비라고 여길 수 있다. 반면에 다른 학생은 수업 활동에서 심리적으로 위축될 수 있다. 외향적인 학습자와 내성적인 학습자 간의 대화에서도 유사한 상황이 발생할 수 있으므로 주의가 필요하다.

둘째, 학습과 무관한, 무의미한 대화로 끝날 수 있다. 하브루타는 모든 학습자가 짝과 상호 대화하는 방식이기 때문에, 교수자가 개별 대화 내용을 모두 파악하기는 어렵다. 예를 들어, 두 사람이 서로 대화하지 않거나 주제와 무관한 대화를 하는 경우, 시간만 허비할 수 있다. 따라서 하브루타를 진행하는 중에 교수자는 학습자들의 활동에 관심을 가지고 적극적으로 관찰하면서, 대화 내용과 참여 정도를 점검하고 적절히 개입할 필요가 있다.

셋째, 소외되는 학습자가 생기지 않도록 유의해야 한다. 예를 들어, 구성원이 홀수가 되면 1명이 혼자 남을 수 있다. 이런 경우는 3인 1조를 구성하거나, 교수자가 남은 1명과 함께 짝을 이룰 수 있다. 그런데 교수자는 전체 구성원의 활동을 관찰하고 독려해야 하므로, 되도록 동료 학습자와 3인 1조를 구성하는 것이 적절하다. 또 지나치게 소극적이거나 학습에 대한 이해도가 낮은 학습자는 그들이 편안하게 대화할 수 있는 짝을 찾아주는 것이 필요하다. 단, 이 경우 상대방에게 양해와 동의를 먼저 구해야 한다.

(3) 하브루타와 다른 수업 전략의 관계

하브루타는 수업 전체에 걸쳐 적용할 수 있지만, 수업 도중에 짧게 수업 전략처럼 활용할 수 있다. 또 하브루타를 다양한 방식으로 운영할 수 있기에, 다른 수업 전략과 함께 사용할 수 있다. 예를 들어, 다음과 같은 수업 전략을 하브루타와 연계할 수 있다.

첫째, 플립러닝(거꾸로 학습, Flipped learning)을 활용하여 사전 학습을 유도하고 대면 수업에서 하브루타를 활용할 수 있다. 예를 들어 학생들이 사전에 동영상을 보고 교실 수업에 참여하면, 수업 시간에 하브루타를 진행할 수 있는 시간이 늘어난다. 또 학습 주제에 관한 동기 유발, 사전 지식 안내 등으로 인해 대면 수업에서 더 적극적으로 하브루타에 참여할 가능성이 있다(이애리, 2018).

플립러닝과 연계한 하브루타 활용 사례
1. 학습 내용(예: 전기력과 자기력, 운동량과 충격량 등)에 대한 동영상을 미리 시청한다. 2. 성취도가 비슷한 학습자끼리 2인 1조로 하브루타 짝을 정한다. 3. 1인이 동영상의 전반부 내용을 다른 1인에게 설명하고 가르친다. 4. 이번에는 다른 1인이 짝에게 동영상의 후반부 내용을 설명하고 가르친다. 이때 서로 이해하지 못한 내용에 대해 자유롭게 질문할 수 있다. 5. 교수자가 전체적인 학습 내용을 정리한다.

둘째, 동료교수법(peer instruction)의 하나로 하브루타를 활용할 수 있다. 동료교수법은 1990년대에 하버드 대학의 마주르(Mazur) 교수가 대학 일반물리학 강좌에서 활용하기 위해 구조화한 전략이다. 이 전략에서는 먼저 교수자가 사전에 준비한 물리학 개념 문항을 제시하고 학습자가 이에 응답한 다음, 교수자가 전체적으로 응답결과를 공지한다. 그런 후 학습자는 동료와 함께 응답 결과에 대하여 논의하고 다시 같은 문항에 대하여 응답한다. 교수자는 이 결과를 검토하면서 추가 설명을 제공한다(Mazur, 1997).

이처럼 동료교수법은 교수자가 아닌, 동료와 논의한다는 점에서 하브루타와 유사한 점이 많다. 하브루타는 짝을 이루어 1대1로 대화하기 때문에 의견을 더욱 자연스럽게 교환할 수 있다. 다만 하브루타에서는 활발한 소통을 위해 성취 수준이 비슷한 학습자끼리 짝을 이루도록 권장하는데, 하위 성취자끼리 모일 경우 오개념이 과학적 개념으로 바뀌지 않을 수 있으므로 유의해야 한다.

동료교수법과 연계한 하브루타 활용 사례

1. 성취도가 비슷한 학습자끼리 2인 1조로 하브루타 짝을 정한다..
2. 교수자가 사전에 준비한 물리학 개념 문항(예: 연직 상방 운동하는 물체에 작용하는 힘의 방향, 질량이 다른 물체 사이에 작용하는 장력의 크기 비교 등)을 제시한다.
3. 학습자는 클릭커(clicker: 리모콘 형태의 응답 시스템)나 스마트폰 앱(application software) 등을 이용하여 응답한다.
4. 교수자는 전체에 응답 결과를 공개한다.
5. 짝과 함께 결과에 대하여 논의한다.
6. 교수자는 같은 문항을 다시 제시한다.
7. 학습자는 클릭커나 앱 등을 이용해 다시 응답한다.
8. 교수자는 재응답 결과를 공개하고 추가 설명 등을 진행한다.

요약

1. 하브루타는 짝을 지어 서로 묻고 답하면서 논의하는 토론식 교육 방법이다.
2. 하브루타는 모든 학습자가 교육 활동에 참여하여, 서로 가르치면서 배우는 특징이 있다.
3. 효과적인 하브루타 수업을 위해, 학습자가 적극적으로 수업에 참여해야 하고, 허용적인 분위기와 경청하는 자세가 요구된다.
4. 하브루타는 학업 성취도 향상, 고등 정신 능력 개발, 의사소통 역량 증진, 수업 참여 동기 부여 등의 장점을 지닌다.
5. 하브루타 과정에서 상위 학습자의 일방적 주도, 무의미한 대화, 일부 학습자의 소외 등이 발생할 수 있으니 유의해야 한다.
6. 하브루타는 거꾸로 학습, 동료교수법 등과도 밀접한 관련이 있으며 서로 연계하여 활용할 수 있다.

6.2 하브루타 수업 모형과 적용 사례

Kent(2010)는 유대교 문헌을 학습하는 하브루타 사례를 분석하여, [그림 561]과 같이 하브루타의 진행 과정을 6가지 핵심 실행으로 나누고 이를 두개씩 묶어 3단계로 구조화하였다(a set of six core practices in three dynamic pairs). 그는 하브루타가 단순히 두 사람이 독백하는 형태로 흐르지 않도록 하기 위해서는, 이 6가지 핵심 실행이 적절하게 균형을 이루어야 한다고 주장하였다. 구체적인 내용은 다음과 같다.

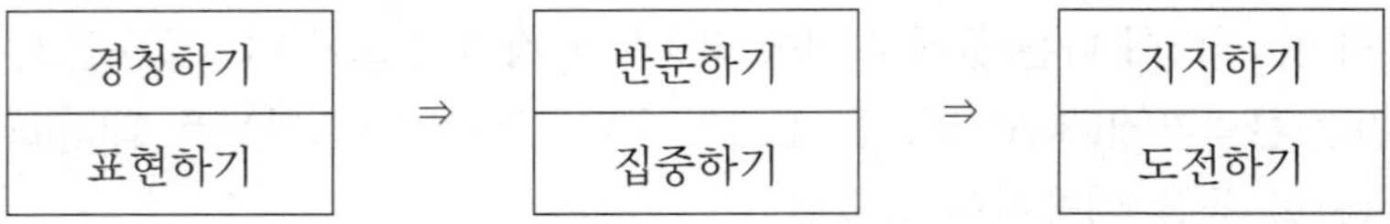

[그림 561] 하브루타의 진행 과정

(1) 경청하기(listening)와 표현하기(articulating)

'경청하기'는 관심을 갖고 이해하려고 노력하면서 대화를 따라가는 활동을 포괄한다. '표현하기'는 자신의 생각을 명확하게 말로 표현하고 확인하는 과정이다. 경청하기와 표현하기는 하브루타의 시작이자 하브루타를 계속 할 수 있게 하는 핵심이다. 하브루타는 짝과 함께 진행되므로 경청하기와 표현하기는 교대로 이루어진다.

(2) 반문하기(wondering)와 집중하기(focusing)

'반문하기'는 짝의 생각 또는 교재의 의미를 질문하거나, 짝의 의견에 동의하지 않는 부분에 대해 질문하는 활동이다. 이 과정에서 창의적인 아이디어가 나올 수 있다. '집중하기'는 주의를 기울여 심층적인 이해와 해석을 도모하고, 결론을 도출하거나 대안을 탐색하는 활동이다. Kent는 이 두 가지 활동이 대화의 방향을 설정하기 때문에 중요하다고 강조했다.

(3) 지지하기(supporting)와 도전하기(challenging)

'지지하기'는 격려를 통해 아이디어를 명확히 하고, 강화하며, 확장하는 활동이다. '도전하기'는 아이디어에 의문을 제기하고 부족한 점이나, 모순 또는 대립되는 질문을 제시하여 아이디어를 정교화할 수 있도록 도와준다. 지지하기만 있을 경우 비판이 없는 긍정으로 이어질 수 있고, 도전하기만 있을 경우 끝없는 논쟁으로 변질될 수 있으므로 주의가 필요하다.

실제 수업에서는 교육 상황에 따라 다르게 구현될 수 있다. 예를 들어, 우리나라 대학생을 대상으로 교직 과목 수업에 적용한 사례 연구(김수동, 서금택, 2018)에서는 '집중하기'가 잘 드러나지 않았고 일부 단계가 생략되었는데, 이를 바탕으로 5가지 핵심 실행만으로 이루어진 순환적 모형을 제시하였다.

전성수(2014)는 우리나라의 학교 수업 상황을 고려하여, 하브루타를 포함하는 5가지 수업 모형을 제시하였다. 학교 현장에서는 여건에 맞춰 전체 활동 시간이나 구체적인 세부 사항 등을 유연하게 바꿀 수 있다. 모든 수업 모형에 짝지어 함께 하는 학습 활동(짝 토론 등)과 '쉬우르'가 공통으로 들어 있다. 앞서 제시한 Kent(2010)의 6가지 핵심 실행은 짝지어 함께 하는 학습 활동의 구체적인 진행 과정으로 볼 수 있다. 그리고 '쉬우르(shiur)'는 원래 강의를 의미하지만, 실제 수업에서는 교수자가 학습자의 질문과 토론을 종합하고 의견을 나누거나 일종의 집단 토론 활동 등으로 구현할 수 있다.

(1) 질문 중심 하브루타

'질문 중심 하브루타'는 질문 만들기를 강조하는 수업 모형이다([그림 562]). 먼저 학습자는 교재를 읽거나 현상을 관찰한 후, 각자 질문을 작성한다. 이후 짝과 협의하여 좋은 질문을 선정한다. 짝 토론 과정은 [그림 561]을 참고하여 진행한다. 이렇게 선정한 질문을 가지고 4~6명으로 이루어진 모둠에서 토론을 통해 가장 좋은 질문을 뽑는다. 이 질문을 가지고 모둠에서 집중 토론하고 내용을 정리하여 모둠별로 발표한다. 질문 자체에 대한 평가나 정교화, 질문에 대한 답 찾기 등도 가능하다. 마지막으로 쉬우르로 수업을 마무리한다. 질문 만들기의 특성 때문에, 창의력 향상을 위한 활동 등에서 활용할 수 있다.

질문 만들기	짝 토론	모둠 토론	발표	쉬우르 (집단 토론)

[그림 562] 질문 중심 하브루타 수업 모형

질문 중심 하브루타 수업 모형의 적용 사례
1. 성취도가 비슷한 학습자끼리 2인 1조로 하브루타 짝을 정한다. 2. 현대물리학 중 하나의 주제를 정하여 교재 내용을 읽고 이에 관한 질문을 각자 만든다. 3. 짝과 논의하여 모둠에 제시할 질문을 선정한다. 4. 이 질문을 4~6인으로 이루어진 모둠에 소개하고, 모둠원이 함께 협의한다. 5. 여러 질문 중에 모둠의 대표 질문을 선정한다. 6. 교수자는 모둠별 대표 질문을 활용하여 수업을 진행한다(질문에 대한 모둠 집중 토론과 내용 정리, 또는 질문 자체에 대한 평가 등 여러 활동이 가능함).

(2) 논쟁 중심 하브루타

'논쟁 중심 하브루타'는 특정 논제에 대하여 찬성과 반대 입장에서 토론하는 방식이다([그림 563]). 먼저 논제를 정한 후, 학습자는 찬성 혹은 반대 입장을 각자 정하고, 근거 자료를 조사한다. 조사 내용을 바탕으로 자신의 짝과 일대일로 토론하면서, 모둠에서 발표할 입장을 정한다. 이때 [그림 561]과 같이 경청하기와 표현하기, 반문하기와 집중하기, 지지하기와 도전하기 등을 수행한다. 짝끼리 논쟁한 결과를 모둠에 소개하고, 모둠 논쟁을 통해 모둠의 입장을 정리한다. 이후 모둠이 정한 의견과 그 근거를 전체에 발표한다. 논쟁 수업의 특성을 고려하여, 처음에 정한 찬반 입장으로 논쟁한 후, 입장을 서로 바꾸어 2차 논쟁을 할 수도 있다. 마지막에 교수자가 정리하는 방식으로 수업을 마무리한다. 이 방식은 과학 관련 사회적 쟁점(SSI)을 다룰 때 특히 유용하다.

논제 조사하기	짝 논쟁	모둠 논쟁	발표	쉬우르 (집단 토론)

[그림 563] 논쟁 중심 하브루타 수업 모형

논쟁 중심 하브루타 수업 모형의 적용 사례
1. 성취도가 비슷한 학습자끼리 2인 1조로 하브루타 짝을 정한다. 2. 논쟁이 될 만한 이슈를 정하고(예를 들어, 우리 지역에 발전소를 짓고자 한다면 찬성할지 반대할지에 대한 의견 등), 1명은 찬성을, 1명은 반대를 하는 입장에서 자료를 준비한다. 3. 조사 내용을 토대로 짝과 논쟁한다. 4. 짝과 논쟁한 내용을 4~6인으로 이루어진 모둠에 소개하고, 모둠원이 함께 논의한다. 5. 모둠의 의견을 전체에 발표한다. 6. 교수자는 찬반 의견을 요약하여 정리한다.

(3) 비교 중심 하브루타

'비교 중심 하브루타'는 질문을 만든다는 점에서 질문 중심 하브루타와 유사하나, 비교 대상이 있다는 점에서 다르다([그림 564]). 교재에서 비교할 대상을 정한 후 그에 대해 조사하고 질문을 만든다. 유사점, 차이점, 장단점 등에 대해 짝과 함께 토론하면서 좋은 질문을 고르고, 다시 모둠에서 토론한다. 예를 들어, 빛의 입자성과 파동성을 비교하거나, 천동설과 지동설을 비교하는 활동 등이 가능하다.

비교 대상 정하기	조사하고 질문 만들기	짝 토론	모둠 토론	발표	쉬우르 (집단 토론)

[그림 564] 비교 중심 하브루타 수업 모형

비교 중심 하브루타 수업 모형의 적용 사례
1. 성취도가 비슷한 학습자끼리 2인 1조로 하브루타 짝을 정한다. 2. 고전물리학 수준에서 1인은 빛의 입자성을, 다른 1인은 빛의 파동성을 미리 조사하고 토론에서 사용할 질문을 만든다. 3. 짝 토론을 통해 빛의 입자성과 파동성을 비교하고 토론한다. 4. 4~6인으로 모둠을 이루어 토론한다.

5. 오늘 학습한 내용에 대하여 발표한다.
6. 교수자는 입자성과 파동성의 특징을 정리하고 현대 물리학과의 관련성을 제시한다.

(4) 친구 가르치기 하브루타

'친구 가르치기 하브루타'는 2인 1조로 진행하는 과제 분담형 협동학습(Jigsaw)과 유사한 방식이다([그림 565]). 두 학생이 짝을 이루어 학습할 범위를 정한 다음, 각자 맡은 부분을 미리 학습한다. 이후 둘이 만나 각자 맡은 부분을 짝에게 가르치고, 설명을 듣는 학생은 배우면서 질문한다. 한 사람이 교수자의 역할을 하고 다른 사람이 학습자의 역할을 하되, 자기가 준비한 부분에 대한 설명이 끝나면 역할을 바꾼다. 각자 책임지고 미리 학습해야 하는 범위가 있다는 점에서 개별 책무성이 요구된다. 일방적인 전달이 아닌 상호 토론이 되기 위해, 학업 성취도가 비슷한 학습자끼리 짝을 짓도록 할 필요가 있다. 교사와 학생에게 큰 부담을 주지 않고 쉽게 기존 수업에 적용할 수 있는 방법이기도 하다(전성수, 고현승, 2015). 실제 학교 현장에서는 30분 가량 평소처럼 교사가 수업하고 나머지 시간에 친구에게 가르치는 방식을 택할 수도 있다. 또 내용 학습에 집중할 수 있는 방식이기에, 학교에서 정기 지필 평가를 앞두고 활용하기에도 적합하다.

내용 공부하기	친구 가르치기	배우면서 질문하기	입장 바꾸기	이해 못한 내용 질문	쉬우르 (집단 토론)

[그림 565] 친구 가르치기 하브루타 수업 모형

친구 가르치기 하브루타 수업 모형의 적용 사례

1. 성취도가 비슷한 학습자끼리 2인 1조로 하브루타 짝을 정한다.
2. 1인은 탄성력을, 다른 1인은 마찰력을 각자 먼저 학습한다.
3. 예를 들어 탄성력을 맡은 1인이 다른 1인에게 탄성력에 대하여 설명하고 가르친다.
4. 이번에는 다른 1인이 마찰력에 대하여 짝에게 설명하고 가르친다. 이때 서로 이해하지 못한 내용에 대해 자유롭게 질문할 수 있다.
5. 교수자는 탄성력과 마찰력 대한 학습 내용을 정리한다.

(5) 문제 만들기 하브루타

'문제 만들기 하브루타'는 주어진 내용을 미리 학습하고 이에 대한 문제를 만들어 짝과 함께 다듬고, 다시 모둠끼리 토론하고 정교화하여 발표하는 방식이다([그림 566]). 이렇게 만든 문제는 교수자가 수업에 활용 수 있으며, 학습자가 답을 찾아 직접 해결하는 활동으로도 이어질 수 있다. 문제의 내용이나 수준 등에 따라 다양한 활동으로 변형이 가능하다. 시험 범위가 정해져 있고 정답 판별이 비교적 명확한 지필 평가를 준비할 때 문제뿐 아니라 정답과 풀이과정까지 만드는 방식으로 확장할 수 있다.

문제 만들기	짝과 문제 다듬기	모둠에서 문제 다듬기	문제 발표	쉬우르 (집단 토론)

[그림 566] 문제 만들기 하브루타 수업 모형

문제 만들기 하브루타 수업 모형의 적용 사례

1. 성취도가 비슷한 학습자끼리 2인 1조로 하브루타 짝을 정한다.
2. 전기 회로에 관한 문제를 각자 만든다(처음부터 짝과 협의하여 하나의 문제를 만드는 방식도 가능).
3. 짝과 논의하여 모둠에 제시할 문제를 정하고 다듬어, 문제의 완성도를 높인다.
4. 짝과 함께 검토한 문제를 4~6인으로 이루어진 모둠에 소개하고, 모둠원이 함께 논의한다.
5. 모둠의 대표 문제를 선정하고 모둠원이 모여 문제, 풀이과정, 정답 등을 종합적으로 검토하고 정교화한다.
6. 모둠의 대표 문제를 전체에 공개한다.
7. 교수자는 모둠의 대표 문제를 활용하여 수업을 진행한다(대표 문제를 함께 풀기, 서로 다른 모둠의 문제를 풀기 등 다양한 운영이 가능).

요약

1. 하브루타에서 짝과 함께 하는 학습 활동은 6가지 핵심 실행을 3단계(경청하기와 표현하기, 반문하기와 집중하기, 지지하기와 도전하기)로 묶어 운영하는 방식이 대표적이며, 교육적 상황에 따라 변형이 가능하다.

2. 학교에서는 질문 만들기, 논쟁하기, 비교하기, 친구 가르치기, 문제 만들기 등을 위해 하브루타를 활용하는 방식으로 다양한 수업 모형을 실제 수업에 적용할 수 있다.

CHAPTER 07

질문 활용 전략과 적용

강남화 (한국교원대학교)

교실 수업에서 질문하기는 강의와 함께 가장 많이 사용되는 교수법이다. 질문을 포함한 수업이 질문 없이 진행되는 수업보다 더 효과적이라는 것은 많은 연구에서 밝혀졌다. 교사는 학생들에게 제시할 질문을 수업 전에 미리 계획하기도 하고, 수업 중 필요한 상황에서 즉흥적으로 만들기도 한다. 하지만 수업의 진행을 매끄럽게 하고, 학생의 탐구를 지원하고, 계획된 학습 목표 달성을 효과적으로 하기 위해서는 수업 전에 수업 자료 구성 중 일련의 질문들을 계획하여 수업에 임하는 것이 현명한 방법이다.

교실에서 사용하는 질문은 어떤 유형이 있고, 어떤 질문이 학생들의 과학 학습을 지원하는데 효과적일까? 교사들은 학생들에게 더 좋은 질문을 어떻게 할 수 있을까?

7.1 질문의 목적

교사들은 다양한 목적을 위해 질문을 한다. 그 예로 [표 571]과 같은 질문 목적을 들 수 있다.

[표 571] 학생들에게 제시하는 질문의 목적

질문의 목적	예시 질문
· 학생들을 수업에 적극적으로 참여시키기 위해	– 어떻게 해야 소리를 더 잘 전달할 수 있을까요?
· 학생들의 학습 동기나 흥미를 높이기 위해	– 진공 상태에서는 깃털과 쇠구슬이 동시에 떨어진다는 사실을 알고 있나요? 실제로 실험해 본다면 어떤 결과가 나올까요? 그 이유는 무엇일까요?
· 학생들의 학습 준비 상황을 평가하기 위해	– 오늘은 자석이 없는 곳에서 자기장이 생길 수 있는지 알아보려고 합니다. 자기장이 무엇이죠?
· 학생들의 비판적 사고력을 키우기 위해	– 실제 기체에서는 이상 기체와 달리 엔트로피 변화가 어떻게 나타날까요?
· 이전 수업을 복습하기 위해	– 어제 수업 시간에 밀도를 어떻게 정의했죠?
· 학생들의 통찰력을 키우기 위해	– 만약 직선 도선이 다른 각도로 움직인다면 유도 전압에 어떤 변화가 있을까요?
· 학습 목표 달성 여부를 평가하기 위해	– 오늘 직선 도선이 강한 자기장 내에서 움직일 때, 도선에 유도전류가 생긴다는 것을 배웠죠? 다음 그림에서 전류의 방향이 어떻게 될까요?
· 학생들의 주도적 학습을 자극하기 위해	– 지금까지 소리의 전달 과정을 알아 봤습니다. 소리가 서로 다른 매질(예: 공기, 물, 고체)에서 속도가 어떻게 다를까요? 모둠별로 두 개의 매질에서의 속력을 매질의 입자모형을 활용해서 비교해 보세요.
· 학생들의 과제 완료 여부를 확인하기 위해	– 실험 결과를 보고서에 기록했나요?

교사가 던지는 질문 하나가 한 개의 목적을 가질 수도 있지만 하나의 질문으로 교사는 여러 목적을 달성할 수도 있다. 이러한 다양한 질문의 목적 중에서 학생들의 주의를 수업의 중요한 요소에 집중시키는 질문(예, 그림자의 모양은 나중에 생각하고, 우선 빛과 물체, 그림자의 위치를 그려볼까요?)이, 흥미롭거나 이례적인 요소에 집중시키는 질문보다 학생의 내용 이해에 더 도움이 된다.

7.2 질문의 유형

질문의 유형을 질문이 학생들에게 어떤 사고를 유발하는가에 따라 나눌 수도 있다. 전통적으로 질문을 블룸(Bloom)의 인지적 사고의 복잡성 수준에 따른 6가지 분류법에 따라 분류해 왔다. 이는 점점 더 복잡해지는 인지수준을 나타내는 계층구조에 따른 분류이다.

[표 572] 블룸의 분류 체계표에 따른 질문의 유형

유형	정의	질문 예시
지식	데이터나 정보를 기억해내기	열전달 방식에는 무엇이 있나요?
이해	의미를 이해하기	전자기 유도는 어떤 방식으로 발생하나요?
적용	새로운 상황에서 개념을 사용하기	컵 안의 물이 보온이나 보냉이 잘 되게 어떻게 할 수 있나요?
분석	복잡한 정보를 분해하여 구조나 관계 등을 이해 또는 설명하기	자유낙하와 경사면에서 물체의 운동이 어떻게 유사한가요?
종합	다양한 요소를 합하여 일관된 새로운 전체를 창의적으로 구성하기	수집한 자료를 이용하여 무엇을 설명하고 예측할 수 있을까요?
평가	정보, 아이디어, 제품 등의 가치를 일정한 기준에 의거하여 판단하기	실험을 다시 한다면 무엇을 개선해야 할까요?

활동

물리학 교과서의 소단원을 선정하고, 소단원 내에서 [표 572]의 질문 유형에 해당하는 질문들을 만들어 보자.

블룸(Bloom)의 인지 수준에 따른 분류는 학습 목표 중 인지적 측면에 집중한다. 학습 목표가 인지적 목표 이외에도 탐구 기능, 정의적 영역의 목표도 있으므로 이에 따른 유형의 질문도 사용해야 한다. 따라서 과학적 태도를 포함한 다양한 정의적 영역에 관한 [표 573]과 같은 질문 유형에 따른 분류도 가능하다.

[표 573] 정의적 영역에 따른 질문의 유형

유형	정의	질문 예시
흥미와 호기심	과학 학습에 대한 관심갖기	집에서 일어나는 어떤 열전달 현상에 관해 탐구해 보고 싶은가요?
가치	과학 학습 관련 중요성 이해하기	전류와 저항에 대해 이해하는 것이 왜 중요할까요?
개방성	자신과 다른 새로운 아이디어나 관점에 대해 기꺼이 고려하기	여러분은 지구상에서의 물체의 운동에 대해서만 경험했는데 만약 달에서 물체를 낙하시키면 어떻게 될까요?
객관성	개인의 느낌이나 의견을 배제하고 사실에만 집중하려는 태도	재생에너지에 대한 연구개발을 계속해야 할까요? 여러분의 개인적 의견을 생각하지 말고 주어진 자료에 근거하여 논의해 보세요.
창의성	문제에 대한 새로운 해결책이나 접근법을 위해 틀에 벗어나 사고하기	정지해 있을 때 공을 던진 경우만 이야기했는데 움직이는 기차 안에서 공을 위로 던진 경우를 생각해 보면, 기차 밖에서 바라볼 때 관찰되는 운동은 어떻게 다를까요?
윤리성	실험이나 연구 수행 시 정직하고 생명윤리, 환경 영향 등을 고려하기	자료가 직선 그래프에서 많이 벗어나면 어떻게 할까요? 실험에서 사용한 약품 처리에 왜 주의를 기울어야 할까요?
인내와 끈기	탐구 과정에서 해답과 해결책을 얻을 때까지 계속 적극적으로 참여하기	의미 있는 실험 결과가 잘 나오지 않을 때 어떻게 해야 할까요?
협동과 공감	동료와 효과적으로 소통하고, 지식을 공유하며 함께 작업하기	모둠원이 각자 가지고 있는 능력을 효과적으로 활용할 수 있도록 역할 분담을 어떻게 하면 좋을까요?

활동

물리학 교과서의 소단원을 선정하고, 소단원 내에서 [표 573]의 질문 유형에 해당하는 질문들을 만들어 보자.

이 외에도 교실에서 사용하는 다양한 질문을 간단하게 2가지로 정해진 답이 있는 질문(close-ended question)과 정해진 답이 없는 질문(open-ended question)으로 분류할 수 있다. 이는 마치 탐구 문제를 잘 정의되어 결론이 알려진 문제(well-defined problem)와 잘 정의되지 않은 문제(ill-defined problem)로 분류하는 것과 유사하다. 이 두 유형은 학생들의 인지적 부담(cognitive load)의 정도를 스펙트럼으로 나타낼 때 각각 양극에 해당한다.

적은 인지적 부담의 질문은 사실에 관한 질문(아침에 해가 뜨는 방향은?), 회상적 질문(롤러코스터를 타본 적이 있나요? 지난 시간에 무엇을 배웠죠?), 지식 질문(뉴턴의 제1 법칙은 무엇인가요?) 등이 포함된다.

많은 인지적 부담 질문은 개방형 질문(마찰이 없는 지표면에서 등속으로 움직이는 자동차에 브레이크를 작동한다면 차는 어떻게 될까? 이와 유사한 일상적 상황이 무엇이 있을까?), 해석적 질문(거친 바닥 위에 질량이 다른 두 물체가 같은 크기의 힘을 받아 일직선상에서 각각 움직일 때 이 두 물체의 가속도는 서로 어떻게 다를까?), 평가적 질문(단진자 운동과 경사면을 구르는 공의 운동 중 어느 것이 역학적 에너지 보존 법칙을 더 잘 보여줄 수 있을까?), 탐구형 질문(코일과 막대자석의 상대적 운동으로 유도전류가 발생할 때 전류의 세기에 변화를 주는 변인은 무엇이고 어떤 영향을 미칠까?), 추론적 질문(뜨거운 물을 방안에 오래두면 온도는 어떻게 될까? 왜 그럴까?), 종합적 질문(수평으로 던진 공의 낙하 운동과 자유낙하 운동의 공통점과 차이점은? 그 이유는 무엇인가?) 등이 포함된다.

활동

물리 주제에 관해 인지적 부담이 적은 질문과 많은 질문의 예를 제시해 보자.

인지적 부담	질문 유형	질문 예
적은 경우	사실에 관한 질문	
	회상적 질문	
	지식 질문	
많은 경우	개방형 질문	
	해석적 질문	
	평가적 질문	
	탐구형 질문	
	추론적 질문	
	종합적 질문	

인지적 부담이 많은 질문은 문제에서 주어진 정보와 기초 지식을 바탕으로 추론, 통합, 비교, 분석 등의 복잡한 인지적을 조작을 통해 답을 찾아야 하므로 답을 찾는 데 시간이 걸리고, 혼자서 해결하기 보다는 모둠을 구성하여 함께 답을 찾는 과정이 필요할 수 있다. 또한, 답을 찾는 과정에 대한 구체적인 안내가 필요할 수 있다. 그 과정에서 많은 인지적 부담을 갖는 질문을 여러 개의 적은 인지적 부담의 질문으로 나누고, 각각에 대해 단계적으로 답을 찾아 나가는 과정으로 안내할 필요가 있을 수 있다. 그렇지만 단순히 적은 인지적 부담을 갖는 질문을 모아놓은 것이 많은 인지적 부담의 질문이 되지는 않는다. 마찬가지로 적은 인지적 부담의 질문에 답을 하는 경험이 아무리 많이 쌓였다 하더라도 많은 인지적 부담을 갖는 질문을 경험해 보지 않는다면 쉽게 답을 할 수 없다.

한편, 학습 동기 이론에 따르면 너무 수준이 낮은 질문은 학습에 흥미를 잃게 할 수 있고, 학습자의 인지적 수준에 적절한 도전적인 질문은 학습 동기를 유발한다고 한다. 그러나 성공적으로 문제의 답을 찾는 경험을 쌓아 학습에 자신감을 얻는 것은 학습 동기 유발에 중요한 요인으로 작용한다. 따라서 학생들의 수준에 맞추어 다양한 수준의 인지적 부담을 갖는 질문을 적절히 혼합하여 사용하는 것이 필요하다.

활동

물리학 교과서의 소단원을 선정하고, 5~10개의 질문을 써보고, 각 질문을 인지적 부담이 적은 질문과 많은 질문으로 구분해 보자. 만일 인지적 부담이 적은 질문과 많은 질문이 균형적이지 않다면, 균형을 위해 질문들을 바꾸어 보자.

요약

1. 교사들은 다양한 목적을 위해 질문을 한다. 교사가 수업 시간에 질문을 하는 목적으로는 적극적 참여 유도, 흥미 유발, 전차시 복습 등이 있다.
2. 전통적으로 질문은 블룸(Bloom)의 인지적 사고의 복잡성 수준에 따른 6가지 분류법에 따라 분류해 왔다. 단순 지식을 요구하는 질문부터 주어진 내용을 평가하는 질문에 이르기까지 질문에 답하는 데 필요한 지적 기술의 복잡성의 정도에 따른 구분이다.

3. 단순지식을 요구하는 질문도 그 지식의 수준에 따라 인지적 부담이 다를 수 있다. 따라서 질문의 유형은 인지적 부담의 크기를 기준으로도 구분이 가능하다. 인지적 부담을 고루 배분하여 다양한 수준의 학생이 질문에 응답할 수 있도록 수업을 운영하는 기술이 필요하다.

7.3 응답 대기 시간(Wait-Time)

학생의 다양한 사고 과정을 이끌고 수업을 진행하기 위해 질문법을 사용할 때 학생의 답을 기다리는 시간은 중요한 요소이다. 응답 대기 시간은 교사가 질문을 한 후 경과 시간을 의미한다. 엄밀하게 조작적으로 정의하면 교사가 질문을 던지고 학생이 응답하기까지 허용된 시간이다. 응답 대기 시간이 길어서 수업의 진행이 느려지면 학생들의 집중력을 유지하기 힘들 수 있다. 하지만 응답 대기 시간이 짧아 학생들에게 충분히 답을 생각할 시간을 주지 않는다면 질문의 효과는 거의 없고, 그러한 일이 반복된다면 학생은 교사의 질문을 자문자답으로 인식하고 교사의 질문에 답을 할 필요성을 느끼지 못하게 된다.

연구에 따르면, 낮은 인지적 수준의 질문의 경우 3초의 응답 대기 시간이 효과적이라고 한다. 하지만 높은 인지적 수준의 질문의 경우 특별히 효과적인 임계시간은 밝혀지지 않았다. 질문에 답을 하기 위해 여러 단계의 인지적 사고를 거쳐야 한다면 충분한 응답 대기 시간이 필요할 것이다. 교사가 적절한 범위에서 더 오래 기다릴수록 학생들이 더 참여하고 성공적으로 응답할 가능성이 높다. 그 과정에서 교사는 추가적인 비계가 필요한지 학생들의 반응을 계속 확인하고 기다리는 시간을 조정해야 할 것이다.

7.4 피드백: 재조정, 탐색, 응답

교수학습 전략으로서 학생들의 답변에 대한 교사의 응답은 질문만큼 중요하다. 학생들의 올바른 응답에 대해 교사는 긍정적 강화와 세심한 재조정을 할 수 있다. 긍정적 강화는 학생이 제시한 답을 인정하고 진실성 있고 신뢰할 수 있는 칭찬으로 응답하는 전략으로 학생의 긍정적 학습 태도와 학업 성취에 효과적이다. 인정과 긍정적 강화의 예로 "잘했어. 훌륭해!", "정확히 답했어요!", "그런 식으로 계속 생각하면 되요." 등의 응답이 있다. 긍정적 강화는 질문과 응답을 마무리 짓고 수업의 다음 단계로 넘어가게 하지만, 그 외 다음과 같은 반응으로 수업을 지속하고 확장하는 응답 방식도 가능하다.

- **학생 응답의 정교화 요구**: 학생이 정답을 제시할 때 더 자세히 설명해 보게 하거나 (예, 답을 좀 더 자세히 설명해 주세요.), 추론 과정을 설명해 보게 하거나 (예, 어떻게 그런 답이 나온거죠?), 추상적 응답을 실생활에 적용해 보게 하는 (예, 답이 어떻게 우리 일상에 관련되는 지 설명해 보세요.) 등의 응답의 정교화 또는 확장
- **추가적인 도전**: 상위 수준의 질문을 제시하거나 자신의 응답을 분석하여 평가하게 함으로써 메타인지(metacongnition)를 장려하거나 자신의 응답을 비판하게 하여 비판적 사고를 유도 (예, 왜 그렇게 예측했죠?)

응답의 정교화 요구와 추가적인 도전을 위한 질문의 예

김교사는 수직으로 세운 구리관에서 왜 자석이 천천히 떨어지는지 질문하는 활동을 다음과 같이 하였다.

교사: 왜 자석이 천천히 떨어질까요?
학생: 전자기 유도 때문에 그런 것 같아요.
교사: 어떻게 그런 생각을 하게 된 거지요? (**추론과정을 요구**)
학생: 자석이 움직이면 자기장이 변하니까 전자기 유도 현상이 생길 것 같아요.
교사: 그러면 전자기 유도가 어떻게 자석이 천천히 떨어지게 하나요? (**좀 더 자세한 설명을 요구**)
학생: 전자기 유도로 구리관에 전류가 생기면 구리관이 자석이 되서 자석을 끌어당겨요.
교사: 그래요. 자신의 설명 중에 빠진 부분이나 덜 설명된 부분이 없는지 생각해 보세요. (**메타인지를 위한 질문**)
학생: 구리관이 자석이 되면 자석을 밀 수도 있는데 끌어 당긴다고만 해서, 왜 당기는지에 대한 설명이 필요한 것 같아요.

활동

2명이 짝을 지어, 서로 질문하고 응답을 듣고 응답의 정교화를 요구하고, 추가적인 도전을 위한 질문을 해 보자.

학생의 정답에 대한 대응보다는 잘못된 답변에 대한 대응에 더 세심한 전략과 전문적 지식이 필요하다. 학생의 잘못된 답변은 질문을 오해한 경우와 내용을 이해하지 못한 경우로 구분할 수 있다. 질문을 오해한 경우는 질문을 재조정하여 학생들이 질문을 명확히 파악하게 한 후 다시 응답하게 한다. 그런데 학생이 내용을 제대로 이해하지 못해 오답을 제시한 경우는 우선 교사가 일반적인 오답이나 오개념에 관한 지식을 갖추고 있어야 학생의 잘못된 답변에 대한 이해가 수월할 수 있다. 이러한 지식은 학생의 오답에 대한 공감을 갖는데 필요하다. 또한 오답의 경우는 긍정적인 분위기를 유지하면서 학생의 오류를 지적하기 위한 건설적인 다양한 대응 전략이 필요하다.

- **명확하게 오류를 지적하고 정답을 설명**: 그림이나 예시 등을 통해 오류를 지적하고 올바른 답에 관한 설명을 제시
- **반성적 사고 또는 메타인지 유도**: 학생이 자신의 생각을 스스로 평가하고 오류를 분석하여 어떻게 오답이 도출이 되었는지 이해하도록 촉진
- **학생의 논리적 추론 유도**: 만약 그 상황을 이런 방식으로 생각한다면 어떻게 될까요? 다른 방식으로 생각해 볼 수 있을까요? 등의 질문으로 학생 스스로 오류를 수정하도록 촉진
- **질문의 조정이나 힌트 제공**: 질문이나 문제를 학생이 다룰 수 있는 수준의 간단한 질문으로 나누어 다시 질문하거나 정답으로 이끌 수 있는 힌트를 제공
- **토론이나 동료 교수(peer teaching) 촉진**: 다른 학생들의 의견을 묻고 서로 다른 답을 설명하고 올바른 답에 도달할 수 있도록 토론이나 동료 교수를 지원

학생의 잘못된 응답에 대한 다양한 질문 예시

김교사는 학생의 잘못된 응답에 대해서 곧바로 옳은 설명을 제시하기 보다, 다음과 같은 다양한 유형의 질문으로 학생의 사고를 자극하도록 하였다.

(1) 교사: 수직 위로 던진 물체가 위로 올라가는 중 어떤 방향으로 힘이 작용할까요?
학생: 윗 방향이요.
교사: 왜 위라고 생각해요?
학생: 위로 움직여서요.
교사: 자동차가 속력을 줄이려면 어떤 방향으로 힘이 작용해야 할까요?
학생: 운동 방향과 반대 방향으로요.
교사: 수직으로 올라가는 물체도 올라가면서 속력이 점점 줄어드는데, 그렇다면 이 물체에 어느 방향으로 힘이 작용하고 있어야 할까요? (**논리적 추론을 요구하는 질문**)

(2) 교사: 전지에 모터를 연결하고 모터가 회전할 때 흐르는 전류가 2A입니다. 만일 회전하는 모터를 손으로 잡아 회전하지 못하게 하면 이때 흐르는 전류는 얼마일까요?
학생: 그냥 2A요.
교사: 모터의 구조를 생각해 봅시다. 코일에서 자석이 움직일 때 발생하는 현상에 관해 배운 내용을 생각해 보고, 여러분의 응답과 비교해보세요. (**반성적 사고를 위한 질문**)

(3) 교사: 시속 30 km로 달리는 차에서 창밖으로 구슬을 가만히 떨어뜨렸다면, 이 구슬이 떨어진 위치는 어디가 될까요?
학생: 구슬을 놓았던 그 자리요.
교사: 왜 그렇게 생각하죠?
학생: 가만히 서있다가 구슬을 놓으면 발 아래로 떨어지니까요.
교사: 차 밖으로 떨어지는 순간 관성의 법칙을 적용해서 다시 한 번 생각해보세요. (**힌트 제공**)

활동

2명이 짝을 지어, 다양한 오개념을 학생의 응답으로 간주하여 학생 스스로 오류를 찾도록 사고를 유도하는 질문을 만들어보자.

7.5 학생 응답의 재진술

학생의 응답을 재진술하는 전략은 학생의 수업 참여와 내용 이해에 효과적인 방법이다. 교사는 학생의 생각을 명료화하거나 논의되고 있는 내용의 핵심 사항을 강조하기 위해 학생의 응답을 재진술할 필요가 있다. 교사는 다음과 같은 목표로 학생의 응답을 재진술한다.

- **학생 응답의 공유**: 학생의 응답을 학급 내 모든 구성원이 이해하고 있는지 확인하기 위해 응답을 명료화하여 재진술
- **성찰과 이해도 평가**: 학생이 제시한 응답을 성찰하도록 하고 그 내용을 이해하게 하기 위한 재진술

학생 응답의 재진술은 다음과 같은 유형이 있다.

- 응답을 다시 표현하기: "그러니까 네 생각은...?"
- 응답을 반복하기: "내가 정확히 들은 것이 맞는지 확인해 주세요. 철수의 답은 ~라는 거죠?"
- 수업의 내용과 연계하기: "방금 그 답은 ~과 관련이 있는 것 같아요."

학생 응답의 재진술은 학생의 말에 교사와 그 외 학생들이 귀를 기울인다는 인상을 주기 때문에 학생의 응답을 촉진하고 수업에 적극적인 참여를 유도할 수 있다. 마찬가지로 학생의 응답을 다른 학생들이 이해하도록 하는 것은 학생 간 대화를 유도하고 협력적 학습 분위기를 조장할 수 있다. 또한 교사가 학생의 응답을 과학적인 내용으로 재진술하는 경우 학생의 내용 이해를 보조할 수 있고 관련 내용을 여러 가지 관점에서 바라볼 수 있게 할 수 있다.

학생 응답의 재진술 예시

김교사는 학생의 잘못된 응답의 재진술을 통해 과학적 사고를 유도하였다.

(1) 교사: 수직 위로 던진 물체가 위로 올라가는 중 어떤 방향으로 힘이 작용할까요?
철수: 윗 방향이요.
교사: 왜 위라고 생각해요?
철수: 위로 움직여서요.
교사: 철수의 말은 '공이 위로 움직이니까 위로 힘이 작용한다'는 겁니다. 맞나요?
철수: 네.
교사: 모두 철수의 답을 이해했나요? **(학생 응답 공유)**
학생: 네.
교사: 움직이는 방향으로 힘이 작용한다는 말이군요. **(학생의 응답 재진술)** 공이 위로 움직이는 동안 속력은 어떻게 되죠?
학생: 줄어들어요.
교사: 속력이 줄어들 때 힘은 어느 방향으로 작용해야 할까요?
학생: 반대 방향으로요.
교사: 그럼, 위로 올라가지만 속력이 줄어들고 있다면, 힘의 방향은?

〈중략〉

교사: 움직이는 방향으로 힘이 작용하는 게 아니라 속력이 변하는 방향으로 힘이 작용한다는 것을 알 수 있어요. **(학생의 응답 재진술)** 가속도의 방향이 힘의 방향이라는 말이죠? 공이 방향을 틀어 아래로 떨어질때는 속력이 증가하죠? 그럼 힘의 방향은? **(성찰과 이해도 평가)**

활동

소단원 지도를 위한 수업 지도안을 작성하고, 지도안에 다양한 질문을 포함시켜 보자. 이때 위에서 제시한 다양한 유형의 질문들이 적절하게 포함되어 있는지 살펴보고, 다양한 유형의 질문들이 포함되도록 질문을 수정해 보자.

(1) 질문이 목적에 따른 다양한 질문이 포함되어 있는가?
(2) 다양한 인지적 질문과 정의적 질문이 포함되어 있는가?
(3) 인지적 부담이 적은 질문과 많은 질문이 균형있게 포함되어 있는가?
(4) 학생의 잘못된 응답에 대한 대응 질문들이 포함되어 있는가?
(5) 학생 응답을 재진술하는 내용도 포함되어 있는가?

요약

1. 질문법을 효과적으로 사용하기 위해서는 학생의 응답을 기다리는 시간을 적절히 조절해야 한다. 낮은 인지적 수준의 질문의 경우 3초의 응답 대기 시간이 효과적이지만 질문에 답을 하기 위해 여러 단계의 인지적 사고를 거쳐야 한다면 충분한 응답 대기 시간이 필요할 것이다.
2. 학생이 질문에 대해 정답을 제시할 때는 더 자세히 설명해 보게 하거나 추상적 응답을 실생활에 적용해 보게 하는 등 정교화를 통해 깊은 사고를 유도할 수 있다.
3. 학생이 질문에 대해 오답을 제시할 때는 학생이 자신의 생각을 스스로 평가하고 오류를 분석하여 어떻게 오답이 도출이 되었는 지 이해하도록 유도하는 추가 질문을 제시하거나, 최초의 질문을 학생이 다룰 수 있는 수준의 간단한 질문으로 나누어 다시 질문하거나, 정답으로 이끌 수 있는 힌트를 제공하는 등의 전략이 필요하다.

CHAPTER 08 비유와 은유 활용 전략과 적용

김영민(부산대학교)

우리나라의 '과학교육'에서는 '비유'라고 하는 용어를 쓰지만 '과학'에서는 일반적으로 '유비'라는 용어를 주로 사용한다. 영어 표현으로는 'analogy'로 동일하다. 비유든 유비든 이들은 설명력을 가졌을 뿐만 아니라 발견법(heuristics)으로서도 가치가 있다. 그리고 비유와 유비는 과학적 사고와도 깊이 관련되어 있다.

8.1 물리학과 물리 교육에서의 비유(유비)

이해하기 어려운 물리학 개념을 쉽게 이해시키기 위해 물리학 및 물리 교육에서 비유(유비)가 많이 사용된다. 그리고 물리학 및 물리 교육에서의 비유(유비)는 문학에서의 비유와 크게 다르다. 문학에서의 비유는 정확성과 사실성을 최상의 기준으로 보지 않지만, 물리학 및 물리 교육에서는 정확성과 사실성에 바탕을 두어야 한다. 비유물과 목표물 모두 사실적이어야 하고 정확해야 한다. 또한 문학에서의 비유는 논리에 근거한 설명이 아니라 감성에 근거한 설득이 목적이지만 물리학과 물리 교육에서의 비유는 논리적이어야 한다. 그리고 문학에서 비유가 사용되는 것은 주로 그 의미를 강조하려고 하거나 다른 방식으로 표현하려고 할 때 사용하지만 물리학이나 물리 교육에서 비유를 사용할 때에는 물리학의 개념 중에 매우 추상적이거나 어려워서 그 개념을 이해하는 데 도움을 줄 수 있는 경우에 사용한다.

(1) 과학적 비유 모형

물리학 및 물리 교육에서의 비유는 설명하고자 하는 영역과 설명을 위해 비교하고자 하는 영역 이렇게 두 영역 사이의 유사성을 찾아냄으로써 이루어진다. 즉, 어떤 물리학 개념을 비교를 통해 설명하고자 한다면 비교를 위한 대상물이 있게 된다. 여기서 설명하고자 하는 어떤 개념은 설명되거나 학습되는 영역이고, 비교를 위해 가져오는 영역은 기저나 근원에 해당된다. 일반적으로는 친숙한 영역에서 친숙하지 않은 영역으로 생각이 전이될 수 있다. 이 경우에 친숙한 영역을 비유물(analogue, analog), 친숙하지 않은 영역을 목표물(target)이라고 부른다. 비유물은 기저(base), 근원(source)이라는 용어를 사용하기도 한다. 비유물과 목표물은 둘 다 각각의 속성을 가진다. 비유물과 목표물이 공통의 또는 유사한 속성을 공유한다면, 이 둘 사이에서 비유가 이끌어질 수 있다.

듀잇(Duit, 1991)은 비유물과 목표물의 관계를 [그림 581]과 같이 나타내었다. [그림 581]에서 모든 상자는 표상을 의미하며, R1과 R2의 구조에는 유사한 관계 또는 속성이 있을 수 있다.

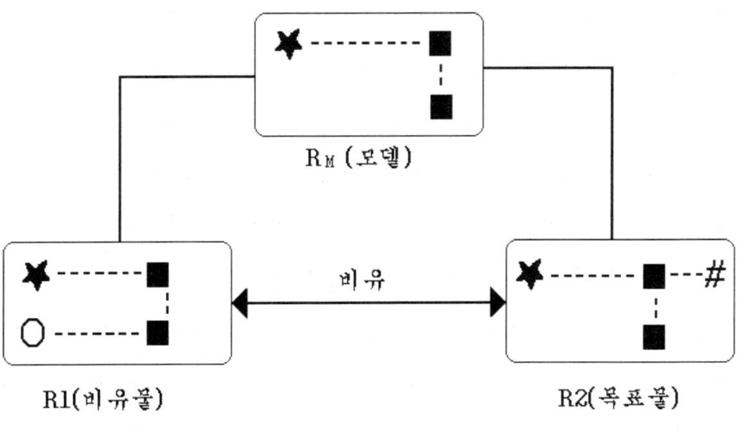

[그림 581] 비유의 의미

[그림 581]에서 상자 안의 별, 네모, 동그라미, 샵 기호 등은 속성을 나타내며, 점선으로 연결한 것은 관계 또는 구조를 나타낸다. [그림 581]에서 보는 바와 같이 비유물과 목표물은 완전히 일치할 수는 없다. 그러므로 비유에 있어서는 비유물을 가지고 목표물을 설명할 수 있는 모형(R_M)을 설정하고 비유물과 목표물 중에서 설명 요소들을 일대일 대응 관계를 만들어 비유 추론적으로 설명하게 된다. [그림 581]에 표시되어 있는 것처럼 R1과 R2의 구조들의 일부에 유사체들이 있으며, R_M은 이러한 구조적 관계의 유사성을 나타내는 모형이 된다.

활동

현행 고등학교 물리학 교과서에서 제시하고 있는 비유들을 찾아 비유물과 목표물의 관계를 [그림 581]과 같이 구조적으로 나타내 보자.

(2) 물리 교육에서 설명적 비유와 발견적 비유

물리 교육에서의 비유에는 설명적 비유와 발견적 비유가 있다. 일반적으로 초등학교와 중등학교에서 사용되는 비유는 대부분 설명적 비유이다. 설명적 비유는 주로 어떤 추상적이거나 난해한 물리학 개념을 이해하기 쉽게 설명하기 위해 사용한다. 설명적 비유의 예를 들면, Hewitt(1997)은 원자 내부가 거의 빈 공간임을 설명하기 위해, "태양계와 같이 원자는 거의 대부분이 빈 공간이다."라고 비유적으로 설명하였으며, Serway (1998)는 내부에너지를 설명하기 위해, "계의 내부에너지와 중력의 영향 아래 마찰 없이 움직이는 물체의 위치에너지는 서로 유사하다. 물체의 위치에너지는 그 경로에 무관하고 오직 그 변화만이 관심사이다. 마찬가지로 열역학계의 내부에너지의 변화는 그 차이만이 정의된다. 절대값이 정의되지 않으므로 어떤 기준 상태가 내부에너지의 기준으로 정의될 수 있다."라고 좀 더 상세하게 비유적으로 설명하였다.

발견적 비유는 주로 과학적 발견이나 새로운 과학적 발견을 정교화하기 위해 사용된다. 과학사적으로도 새로운 과학 개념이나 원리의 발견 또는 발견된 새로운 과학 개념이나 원리를 정교화하기 위해 비유(analogy)가 많이 사용되어 왔기 때문에 이에 관련한 사례가 많이 제시되어 있으며, 과학사에서는 이를 '유비'라고 주로 쓰고 있다. 과학자들은 발견의 도구로서의 비유의 가치를 나타내는 많은 진술을 해왔다. 그들 중에서 유명한 것으로는 Maxwell(1890)이 자신의 논문인 "On the Faraday's Lines of Force"에서 언급한 물리적 유비(physical analogy)가 있다. 그는 다음과 같이 언급하였다: "물리적 이론을 취하지 않고 물리적인 아이디어를 얻기 위해서는 우리는 물리적 유비의 존재에 친숙해져야 한다. 물리적 유비란 한 가지 과학 법칙과 그 법칙이 다른 것을 표현해 줄 수 있는 어떤 것 사이의 유사성을 의미한다. 모든 수리적인 과학들은 물리적 법칙들과 수의 법칙들 사이의 관계에 기초한다."(Simpson, 1998). 또한 Nagel(1979)은 호이겐스의 파동이론의 발달과 열에 관련된 블랙의 실험적 발견, 그리고 푸리에의 열전도 이론들은 모두 그 전에 개발된 다른 이론들과의 유비(발견적 비유)를 통해 이룩되었다는 것을 지적하였다.

요약

1. 어떤 어려운 물리학 개념을 비유를 통해 설명하고자 할 때, 목표 개념 설명을 위해 이용하고자 하는 영역을 비유물(analogue, analog), 설명하고자 하는 영역을 목표물(target)이라고 한다.
2. 물리학 또는 물리 교육에서 사용되는 비유는 설명적 비유와 발견적 비유가 있다.

8.2 물리학에서의 유비(발견적 비유)와 유비추리

설명적 비유와 구분하기 위해 과학사적으로 발견적 비유에 해당하는 것을 유비라 한다. 유비는 과거의 경험으로부터 미래의 일을 추리하는 대부분의 일상적 추리의 기초가 된다. 그러므로 두 개의 사례가 여러 점에서 유사한 것으로부터 미루어 추측하여 한쪽의 사례에서만 경험된 것이 또 다른 사례에서도 그 경험과 유사할 것이라고 추리하는 것이 유비(analogy)이다. 대부분의 경우 유비 자체가 사고의 과정을 내포하고 있지만, 특별히 사고의 과정을 강조하여 표현하면 유비추리(유추: analogical reasoning)가 된다. 둘 또는 그 이상의 현상들이 어떤 속성이나 관계 또는 구조나 기능에서 일치하거나 유사하다는 것으로부터 그것들이 다른 속성, 관계, 구조 또는 기능에서도 일치하거나 유사하다고 추리하는 유비추리는 대상에 대한 설명, 가설의 제안, 논증의 수행 등에 사용된다. 유비추리의 형식은 다음과 같다.

> X는 성질 a, b, c를 가진다.
> Y는 성질 a', b', c'를 가진다.
> X는 d를 가진다.
> ∴ Y는 d'를 가진다.

여기서 X와 Y는 서로 다른 두 대상을 나타내며, a, b, c, d와 a', b', c', d'는 그 대상들이 가지는 속성을 나타낸다. 대응되는 각 요소는 같거나 유사한 속성을 의미한다. 첫 번째 전제와 두 번째 전제에서 X와 Y는 a, b, c와 a', b', c'라는 공통되면서 유사한 속성을 지닌다. 세 번째 전제는 X가 공통된 성질 이외에 다른 성질 d를 가진다는 것을 말한다. 그러므로 다른 대상 Y도 그 다른 성질 d 또는 유사한 성질 d'를 공유할 것이라고 추론한다. 예를 들면, 우리는 지구가 태양으로부터 빛과 열을 받고 대기와 물을 가지고 있으며 유기적 생명체를 가지고 있다는 것으로부터 우주 속에는 지구와 비슷한 행성, 즉 자기의 태양으로부터 빛과 열을 받고 대기와 물을 가지고 있는 행성에는 유기적 생명체가 있을 것이라는 가설을 세우는 것이다.

유비추리(유비추론 또는 유추)는 추론이면서 지식을 동반한 인지 작용일 뿐만 아니라 유사한 상황에 비유하여 자기주장을 정당화하는 일종의 논증이다. 과학에서 예를 들면, 어떤 의학 연구자가 어떤 화학물질이 인체에 미치는 영향을 알아보기 위해 쥐를 가지고 실험한 결과 그 화학물질이 투여된 쥐가 암을 일으키는 것을 발견했다고 하자. 그렇다면 그는 유비에 의해 만일 인간이 해당 화학물질을 섭취하게 되면, 인간 역시 암을 일으킬 수 있다는 추론을 할 수 있다. 유추를 할 때에는 비유물과 목표물의 관계가 어떻게 유사한가를 추론하는 관계 유사성(relational similarity)이 중요하다. 유비추리에서 비교하고 있는 대상들은 동일한 것뿐만 아니고 어떤 상이한 성질을 갖고 있는 경우도 많다. 이에 따라 유비추리에서 그 결론이 반드시 참이어야 한다고 단정 지을 수 있는 아무런 논리적 필연성은 없다. 단지 다른 대상의 비교를 통해서 어느 정도의 개연성이나 확률로써만 결론을 내릴 수 있을 뿐이다.

유비추리는 거의 모든 학문 분야에서 사용되고 있고 일상생활에서도 자주 쓰이는 중요한 인지능력이다. 물리학에서 한 가지 예를 들면, 1924년 프랑스의 귀족이었던 드브로이는, 파동으로 알려져 있는 빛이 아인슈타인의 주장대로 입자가 될 수 있다면, 입자로 알려져 있는 전자는 파동일 수 있겠다는 생각에서 출발한 물질파 이론으로 박사학위 논문을 제출했다. 드브로이의 박사학위 심사위원이었던 한 과학자는 실험적으로 아무 근거도 없는 이 황당한 논문으로 학위를 주기에 난감하여, 아인슈타인의 도움을 받기로 했다. 일설에 의하면, 드브로이가 귀족이라서 학위 심사 불합격을 통보하기가 곤란했지만, 아인슈타인에게서 부정적인 의견을 들으면 논문 주제를 다른 것으로 바꾸게 되지 않을까를 기대했다고 한다. 그런데 예상 외로, 아인슈타인은 드브로이의 논문을 적극 추천하면서, '최악의 상황에 처해 있는 물리 수수께끼에 한 줄기 서광이 비치는 것 같다.'라고 했다. 드브로이의 물질파 이론은 1927년 데이비슨(Davisson), 저머(Germer), 톰슨(Thomson)에 의해 실험적으로 확인되었으며, 드브로이는 1929년에, 데이비슨과 톰슨은 1937년에 물질파 연구로 노벨상을 수상하였다(김재완, 2004).

요약

1. 설명적 비유와 구분하기 위해 과학사적으로 발견적 비유에 해당하는 것을 유비라 한다.
2. 유비추리(유비추론 또는 유추)는 추론이면서 지식을 동반한 인지 작용일 뿐만 아니라 유사한 상황에 비유하여 자기주장을 정당화하는 일종의 논증이다.

8.3 물리학에서 비유(유비)의 역할: 설명적 역할과 발견적 역할

물리학에서의 비유/유비(analogy)는 설명적 역할도 하지만 발견적 역할을 하는 경우가 많다. 먼저 설명적 비유의 예를 들어보자. 다음은 파인만(Feynman, 1965)이 확률과 불확실성에 대한 양자역학적 관점을 비유를 써서 설명한 것이다.

파인만(Feynman)이 청중에게 물리학 개념 설명을 위해 사용한 비유

전자들과 광자들이 전형적인 양자역학적 방식으로 행동하는 것을 설명해 보자. 나는 이것을 비유(analogy)와 대조(contrast)를 혼합해 설명하고자 한다. 먼저 총알을 이용해 입자의 행동을, 그 다음은 물결을 이용해 파동의 행동을 알아보자.

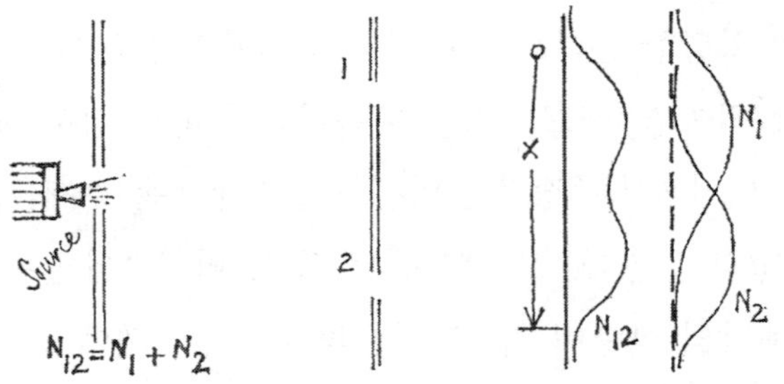

[그림 582] 두 개의 구멍을 통과한 총알 실험의 결과

먼저 두 개의 구멍을 이용한 실험을 총알을 가지고 시작해 보자([그림 582]). 총알의 발사가 가능한 총을 놓고, 그 앞에 총알이 지나갈 수 있도록 구멍이 하나 있는 강판을 준비한다. 또 이것으로부터 멀리 떨어진 위치에 두 개의 구멍이 있는 두 번째 강판을 준비한다. 이것이 바로 그 유명한 두 개의 구멍 실험이며, 이 실험 결과인 N_{12}곡선을 분석해 보면 그것이 결국 두 곡선(N_1과 N_2)의 합이라는 것을 알 수 있다. 그 중 하나는 2번 구멍을 닫았을 때 1번 구멍을 통과하는 총알의 수를 나타내는 곡선이며(N_1), 다른 하나는 1번 구멍을 닫았을 때 2번 구멍을 통과하는 총알의 수를 나타내는 것(N_2)이다. 우리는 여기에서 두 개의 구멍이 열렸을 때 도달하는 총알의 수는 1번 구멍을 통과하는 총알의 수 N_1과 2번 구멍을 통과한 총알의 수 N_2의 합이라는 중요한 법칙을 얻게 된다. 이 상황을 나는 '무간섭' 상황이라 부르고자 한다.

$$N_{12} = N_1 + N_2 \text{ (간섭이 없을 때)}$$

이제는 물의 파동을 이용하여 실험해 보자([그림 583]). 총알 실험의 경우에 쓴 강판의 역할을 대신하는 것으로 틈이 하나 있는 방파제와 같은 것을 준비한다. 내가 손가락을 물에 담갔다가 빼는 동작을 반복하면 잔물결이 발생될 것이며, 이 물결은 방파제의 틈을 통과할 것이다. 그 뒤에 두 개의 틈이 있는 방파제를 세운다. 그리고 끝에 검출기를 놓는다. 이 실험에서 측정하는 것은 물결에 의해 발생되는 어떤 점에서의 에너지이다.

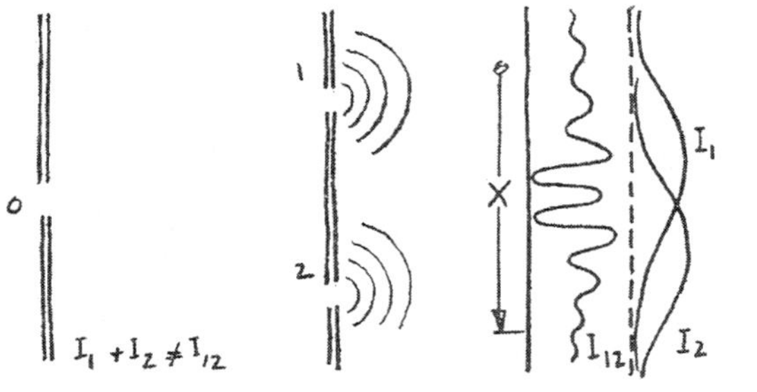

[그림 583] 두 개의 틈을 통과한 물결 파동 실험의 결과

두 틈이 모두 열린 경우인 I_{12}가 그림에 표시되어 있다([그림 583]). 흥미롭고 복잡해 보이는 곡선이다. 물결은 1번 틈에서부터 마루와 골을 이루고 퍼져 나가며, 또 2번 틈에서부터 마루와 골을 이루며 퍼져 나간다. 틈에서 같은 거리의 지점에는 두 물결이 동시에 도달하게 되므로, 마루가 서로의 최고점에서 만나게 되어 무척 큰 진동이 있을 것이다. 반면에 1번 틈에서보다 2번 틈으로부터 약간 더 먼 거리의 지점에 검출기를 둔다면, 2번 틈을 통한 물결은 1번 틈을 통한 것보다 도달시간이 더 걸리게 된다. 그래서 1번 틈을 통한 마루가 도착할 때 2번 틈을 통한 마루는 아직 도착하지 못하고, 대신에 그 앞의 골이 도착할 것이며, 그러면 이 두 틈으로부터 발생한 물결들이 서로 상쇄될 것이며 결과적으로는 움직임이 전혀 없거나 거의 없게 되는 것이다. 따라서 이런 지점에는 요동이 적을 것이다. 또 좀 더 이동하면 비록 한 파장 뒤의 것이기는 하지만 마루가 서로 일치되도록 시간이 지연되어 다시 큰 마루를 발생시키고, 마루와 골이 어떻게 간섭하는가에 따라 그 다음은 작은 것, 큰 것, 작은 것 등으로 나타나게 될 것이다. 이 간섭이란 용어는 과학에서 꽤 재미있는 방식으로 사용되고 있다. 파동이 서로 간섭할 때 그 강도가 서로 증가하는 경우를 우리는 보강간섭이라 부른다. 중요한 점은 I_{12}가 단순히 I_1과 I_2합이 아니라는 것이며 보강간섭과 소멸간섭 모두를 포함한다는 사실이다. 우리는 I_1과 I_2가 어떤 것인지를, 1번 틈을 닫음으로써 I_2를, 2번 틈을 닫음으로써 I_1을 각각 알아낼 수 있다. 한 틈이 닫혔을 때의 강도는 다른 틈으로 나오는 간섭 없는 파동의 강도이며 [그림 583]에 각각 그 곡선이 표시되어 있다. I_1은 N_1과 I_2는 N_2와 비슷하게 보이나 I_{12}는 N_{12}와 전혀 다르다.

$$I_{12} \neq I_1 + I_2 \text{ (간섭 때문에)}$$

이제 [그림 584]와 같은 실험 결과를 통해 전자에 관해서 알아보자.

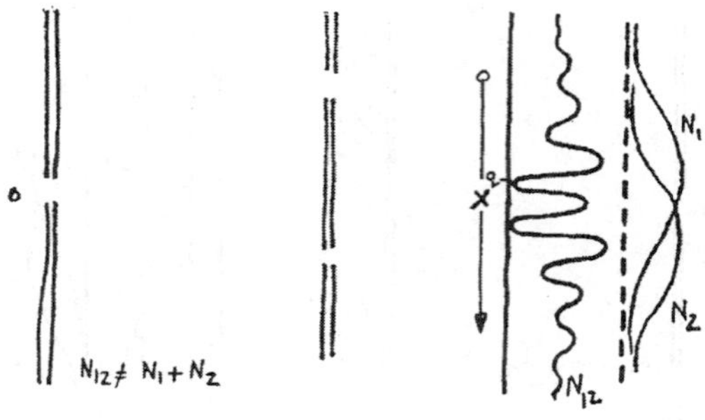

[그림 584] 두 개의 구멍을 통과한 전자들이 도달한 모습

[그림 584]에서 볼 수 있듯이 우리가 볼 수 있는 N_{12}는 물결의 파동 실험에서 간섭현상의 결과에 의한 곡선과 같은 모양이다. 이것이 실제로 일어나고 있는 자연현상이다. 요약하면, '전자는 다른 입자들처럼 덩어리로 행동한다. 그렇지만 이 각각의 덩어리들이 도달할 확률은 파동에서의 강도와 같다.' 이러한 점에서 전자들은 입자의 성질과 파동의 성질을 모두 가지고 있다고 보는 것이다.

위의 내용은 파인만이 청중에게 전자와 광자의 간섭 현상을 설명하기 위해 총알과 물결의 경우를 이용하여 비유적으로 설명한 것이다. 그러므로 이 경우는 물리학자가 어떤 이론을 쉽게 설명하기 위해 비유를 쓴 것이므로 설명적 비유에 해당한다.

활동

고등학교 물리학 교과서에서 설명적 비유를 찾아 목표물과 비유물 사이의 관계를 비유 모델로 설명해 보자.

다음의 비유는 어떠한가? 카르노(Carnot)는 증기기관 속에서 열은 고온 부분인 보일러에서 저온 부분인 응결기로 흘러가는데, 그 과정 중에 기계적인 작업이 실린더와 피스톤을 통해 이루어진다는 사실에 주목했다. 이러한 관점에서 카르노는 증기기관을 다른 동력기관인 수차와 비슷한 것으로 생각하였다. 카르노의 유일한 논문인 '불의 동력에 관한 고찰'에는 열기관을 수력기계에 비유하는 중요한 내용이 들어 있다. 이 수력기계에 관한 것은 그의 아버지 라자르 카르노(Lazare Carnot)의 핵심적 연구였으며, 그의 아버지가 쓴 '기계 일반에 대한 논문'과 '평형과 운동의 일반 원리'는 카르노가 '카르노 기관'을 구상하는 데 결정적인 영향을 미친 것으로 평가되고 있다(김학수, 1998). 이렇게 카르노는 수력 기계를 열기관의 원리에 도입하는 비유(유비)를 통하여 열기관 이론을 수립했다. 그가 언급한 수력기계와 열기관의 비유 관계를 보면 [표 581]과 같다(Carnot, 1824).

카르노는 열기관의 필수적인 동작 요소를 첫째, 기관에 열을 공급하는 높은 온도의 열원과 유용한 일을 하고 난 뒤 남은 열이 배출될 수 있는 낮은 열원이 있어야 한다는 것, 둘째, 기관이라고 하면 피스톤이 움직이면서 동력을 생산하고 난 뒤에 반드시 처음 상태로 돌아오는 순환 과정을 갖추어야 한다는 것 등 두 가지로 보았다. 이것은 수력기계의 동작 원리를 빌어 와 열기관의 원리를 고안하고 설명한 발견적 비유에 속한다.

[표 581] 열의 동력과 폭포의 동력 비유(Analogy)

폭포의 동력		열의 동력	
폭포의 높이	높은 수위 낮은 수위	온도 차	높은 온도 낮은 온도
물의 흐름		열소의 흐름*	

* 열의 흐름이지만 당시에는 열소의 흐름으로 설명하였음.

카르노가 이용한 비유에서와 같이 비유가 발견적 또는 문제해결적 역할을 하는 경우에는 과학철학이나 과학사에서는 이를 유비 또는 유비 추론이라고 말한다. 유비 추론은 이론 발달에 있어 창의적 통찰력의 원천이 되며 과학적 사고의 중요한 과정으로 생각된다. 유비 추론은 과학적인 발견에 쓰일 뿐만 아니라 과학의 보편적인 도구로서의 기능도 담당한다(Clement, 1987; Gentner & Gentner, 1983).

이렇듯 물리학에서의 비유 또는 유비는 대개 개념을 쉽게 설명하는 설명의 도구 또는 이론을 정교화 하거나 발달을 위한 발견의 도구로 사용된다. 또한 많은 과학자들은 비유 또는 유비를 과학의 경계를 확장시키는 수단으로 받아들이고 있다. 한 이론이 개발되고 일반화되고 확장될 때, 혹은 가설을 설명하고자 할 때, 그리고 탐구되어야 할 방향이 확실한 것이 아닐 때 비유적 표현이 많이 사용된다.

활동

뉴턴은 천상계의 행성과 지상계 투사체의 '잠재적 유사성'을 인식하여 새로운 모형화에 성공함으로써 과학 혁명을 이룩했다고 한다. 이 내용이 무엇인지 찾아서 설명해 보라.

김영민(2012)은 '과학교육에서 비유와 은유 그리고 창의성'이라는 책에서 물리학에서의 창의적 유비 사례들을 분석하여 소개하였다. 그 내용 중에는 갈릴레오의 유비(망원경으로 관측한 달 표면 모양을 지구 표면에 비유하여 울퉁불퉁한 것으로 설명), 영의 유비(물결파 간섭 현상에 비유하여 빛의 간섭 현상 설명), 카르노의 유비(물레방아와 같은 수력기계에서의 물의 흐름에 의한 동력에 비유하여 열[26]의 흐름에 의한 열의 동력 설명), 패러데이의 유비(막대자석 주위에 뿌려진 철가루가 만드는 곡선들에 비유하여 자기력선을 설명), 아인슈타인의 유비(빈의 복사함수를 유비하여 낮은 에너지 밀도에서의 단색광 복사의 엔트로피를 계산함) 등이 소개되어 있다.

8.4 물리학과 물리 교육에서의 은유

은유는 문학적으로 보면 비유법(직유, 은유, 풍유 등)의 한 종류이지만, 과학에서는 비유(유비, analogy)와 은유(metaphor)를 구분하고 있다. 그리고 비유(유비)와 마찬가지로 은유는 물리학과 물리 교육에서 많이 쓰이는 용법이기 때문에 별도로 설명하고자 한다. 일상 언어에서 은유를 피할 수 없듯이, 물리학과 물리 교육에서도 은유를 피할 수 없다. 사실 많은 언어학자와 과학자들이 과학의 사상과 실행에서 은유가 중심적이라고 보는 경향이 늘고 있다.

26) 당시에 카르노는 '열'의 흐름이 아니라 '열소'의 흐름으로 표현하였음.

(1) 과학적 은유를 통한 과학적 용어들의 창출

과학자 브라운은 과학과 은유에 관한 책에서 이렇게 말했다(Brown, 2003): "은유는 우리가 '창조적인 과학'이라고 여기는 것의 핵심에 있다. 즉, 모형, 이론, 관측 사이에서 상호작용하는 이음새로서, 그 가설과 이론을 형식화하고 검증하는 일이 어떤 성격인지 드러내어 준다. 새로운 실험을 위한 과학자의 반짝이는 생각도, 관측 자료에 대한 멋진 발상의 해석도, 그런 생각과 결과물을 다른 사람들과 소통하는 일도, 은유의 사용 없이는 일어나지 않는다." 그리고 많은 물리학 용어들은 친숙한 용어들의 은유적 암시 때문에 채택되었다고 볼 수 있다. 예를 들면, 전기장(electric field), 고삐 풀린 전자(runaway electron), 퍼텐셜 우물(potential well) 등은 실제 현상을 이용한 은유적 표현이라고 볼 수 있으며, 힘이라는 용어도 그것이 일상적인 사태에서 친숙한 것을, 즉 일상생활에서 밀고 당기고 근육을 이완시키는 것을 암시하기 때문에 그 지시 개념에 대한 명칭으로 선택되었을 것으로 본다.

은유는 '~은 ~이다.'와 같은 형식으로 표현한 것이다. 예를 들면, '전류는 흐르는 물과 같다.'라고 표현하면 전류를 흐르는 물에 비유한 직유적 표현이지만 '전류는 흐르는 물이다.'라고 표현하면 은유적 표현이 된다. 원자핵을 둘러싸고 있는 전자들을 '전자구름', 또는 '전자 입자'라고 표현하면 핵 속의 전자들의 거동을, 핵을 구름처럼 덮고 있다든지 핵 속에서 입자처럼 행동하는 것을 표현한 은유에 속한다. 과학 개념이나 용어를 사회 과학에서 은유적으로 도입하여 개념을 설명하기도 한다. 과학 개념의 기원뿐만 아니라 과학의 진행 중인 연구들은 은유에 크게 의존한다. '토성 고리', '파동', '구름' 등은 모두 성공적이든 성공적이지 않든 '전자'라고 하는 물질을 은유적으로 표현한 것들이다. 은유는 또한 과학적 아이디어들의 소통에서도 중심에 있다. 물리학의 전문 용어는 활동적인 과정을 명사화한 것을 유용하게 사용한다. 'moving(움직이는)', 'refracting(굴절하는)', 'gravitating(끌리는)' 같은 관찰 가능한 과정들을 묘사하는 동사들을 어떤 독립체들을 창조함으로써 'motion(운동)', 'refraction(굴절)', 'gravity(중력)' 같은 명사로 바꾸어 사용하는 것이 그 예이다(Halliday & Martin, 1993).

과학에서의 은유는 어떤 새로운 현상이 발견되거나, 비슷한 현상이지만 구분되어야 할 필요가 있을 때 활용된다. 패러데이가 갖가지 실험을 통해 전기와 자기의 관계를 밝히고 있을 당시에 전기들은 그 소스에 따라 이름이 붙여졌었다. 마찰에 의해 만들어진 정전기는 '마찰 전기' 또는 '일반(common) 전기', 화학 전지에 의해 만들어진 전기는 '볼타 전기', 갈바니의 실험에서 개구리 다리의 경련을 관찰한 데서 비롯된 '갈바니 전기' 또는 '동물 전기', 금속의 가열을 통해 만들어지는 전기를 '열전기', 그리고 패러데이의 전자기 유도에 의해 만들어진 전기는 '자기 전기'라고 이름 붙여진 것이 이들이다 (Cantor, et. al, 1996). 현대적으로는 이들을 구분할 필요가 없지만 그 당시에는 이들을 통일적으로 설명할 수 있는 이론이 세워지기 이전이었기 때문에 이들 명칭들이 모두 사용되었다. 이들 현상에 대한 명칭을 붙이는 과정에서 은유가 크게 활용되었음을 알 수 있다. 발견한 사람의 이름을 붙인다든지, 실험 대상의 이름이나 종류를 붙인다든지 하는 것이 그것이다.

패러데이는 자신의 연구 과정에서 몇 가지 용어를 발명해 냈다. 그 한 가지 예를 제시함으로써 은유가 어떻게 과학에 사용되는지를 설명하고자 한다. 패러데이는 물질과 전기 사이의 명료한 관계를 찾는 과정에서, 전기와 화학 변화 사이의 정량적 관계를 탐구하였다. 그 결과 1833년에 (1) 전류에 의한 화학 작용의 양이 통과한 전류의 양과 바로 연결된다는 것, (2) 생성되거나, 침전되거나, 용해된 산물의 질량이 그 화학 당량에 비례한다는 것을 보였다. 이 과정에서 여러 문제를 해결해야 했고, 그 과정에서 가장 중요한 성취는 새로운 전기화학 용어를 만들어낸 것이다. 그가 만든 용어 중에서 이온(ion), 음이온(anion), 양이온(cation), 전극(electrode), 음극(cathode), 양극(anode), 그리고 전해질(electrolyte)은 현재까지도 사용되고 있다. 은유에 대해 설명하기 위해 이 용어들을 어떻게 창안했는지 한 가지 사례를 가지고 알아보자. 화학 산물들은 전지의 금속 극(metal poles)에서 침전되거나 기체로 생성된다. 이들이 극(pole)으로 불리는 이유는, 많은 사람들이 그것이 반응물의 입자들을 잡아당기거나 밀어낸다고 믿었기 때문이라고 한다. 물의 전기분해시에는, 수소 극, 산소 극이라는 이름도 붙여졌다고 한다. 그러나 극이 입자에 작용한다는 생각에 의심이 들기 시작했고 그렇다고 극이 단지 화학적 산물이 나타나는 장소도 아니었다. 그는 그곳을 통로(gateway), 즉 회로를 완성하도록 전류가 용액에 들어갔다 나올 수 있는 장소로 생각했다. 패러데이가 과학적 명칭을 창안할 당시에 캠브리지 대학의 윌리엄 휴얼의 도움을 주로 받았다고 한다. 패러데이가 새로운 명칭이 묘사해야 할 존재와 상황을 얘기하면, 휴얼이 그리스 어원을 가지고 명칭을 제안했다고 한다. 패러데이는 휴얼에게 동-서 전류에 기초한 예를 제공했더니, 휴얼은 'pole' 대신, 'eisode'와 'exode'('a way in'과 'a way out' 의미) 또는

'anode'와 'cathode'('동쪽', '서쪽' 의미)의 사용을 제안했다고 한다(Cantor, et. al, 1996). 이렇게 만들어진 은유적 표현들은 그리스어를 어원으로 하는 언어 사용자들에게는 그 의미가 어느 정도 잘 전달될 수도 있다. 그러나 그리스 어원과 상관 없이 외국어를 번역하여 음극, 양극이라고 사용하는 우리에게는 이중의 은유적 의미를 극복해야 하는 경우가 많이 생길 수 있다. 이것은 과학 교육에서 은유적 표현에 대한 교육적 방법을 연구하고 실천해야 할 필요성이 있음을 시사해 준다.

칸토르 등(Cantor, et al, 1996)은 패러데이가 왜 새로운 명칭을 필요로 했는지에 대해 다음과 같이 설명하고 있다. 그 당시에는 사실상 원자, 힘, 양성 유체(positive fluid)와 음성 유체(negative fluid), 극(pole)이란 용어가 있었고, 이는 새로운 용어보다 독자들에게 이해하기 쉬웠을 수도 있다. 그러나 그는 언어의 양면성에 직면해 있었다. 즉, 용어는 경험 이면의 가능성을 묘사해 주기도 하지만, 익숙하고 확립된 용어는 우리가 생각하는 방식을 제약하기도 한다는 것이다. 패러데이는 익숙한 현상에 대해 새로운 무언가를 말하고 싶었던 것이다. 즉, 전통적인 전기화학 언어에 의해 함축되는 이론으로부터 자유로워지고 싶었다. 이를 위해, 현상에 대한 습관적인 사고방식에서 벗어나 현상을 재 기술한 것이다. 1834년 4월 휴얼에게 말했듯이, 그는 전류에 대한 당시 관점은 곧 바뀔 것이라고 확신했다. 레먼(Lemen)에게 보낸 편지에서도 비슷한 생각을 표현하였는데, "양과 음", 그리고 전류라는 말에 붙은 통상적인 관념이 모조리 틀렸다고 '생각하지만', 나에겐 그 자리에 무엇이 대체되어야 할지에 대한 분명한 관점이 없다.' 그래서 그는 '전기의 본성에 관한 어떤 이론에도 구애받지 않고 대상을 지칭할 수 있는 이름'을 원했다(Cantor, et. al, 1996). 이렇듯 새로운 발견이나 기존 현상에 대한 새로운 표현을 위해 과학적 용어가 새로 도입되며, 이때 많은 경우 은유적 표현을 선택하게 된다는 것이다.

(2) 과학적 은유의 발견적 기능

인간 사회의 언어의 다른 영역들에서 그런 것처럼, 과학에서도 은유는 다음과 같은 몇 가지 차원의 기능을 한다. 첫째, 은유는 과학자들이 눈으로 볼 수 없는 과정이나 대상물의 모형으로서 기능한다. 둘째, 은유는 과정과 대상물의 거동이나 작용을 설명하고 예측하는 이론이 될 수 있다. 셋째, 은유는 비유의 하나이기 때문에 과학자들이

비 과학자나 과학도에게 복잡한 개념을 설명하고 전달하는 데 도움을 줄 수 있다.

우리에게 세계에 대한 언어적 서술을 찾기 위한 수단을 제공하기 때문에 은유는 과학적인 독창성의 본질적인 일부이다. 실제 과학 연구의 분석에서 볼 때, 은유가 포함된 과학 시나리오는 과학적 진보의 발생을 야기시킨다. Miller(1996)는 그의 은유에 대한 연구에서 드러난 몇 가지의 요점을 다음과 같이 제시하였다. 첫째, 은유는 과학적 독창성의 본질적인 부분이다. 왜냐하면 은유는 세계에 대한 언어적 표현을 찾기 위한 한 가지 수단을 제공하기 때문인데 이러한 언어적 표현이 곧 과학 개념 또는 이론들이 된다는 것이고, 둘째, 은유는 그 존재가 확고해짐과 동시에 이론이 계속적으로 변화하고 있음을 분명히 나타내고 이것이 과학에서의 현실이라는 것이다.

요약

1. 과학에서의 은유는 어떤 새로운 현상이 발견되거나, 비슷한 현상이지만 구분되어야 할 필요가 있을 때 활용된다. 은유를 통해 많은 과학적 용어들이 창안되었다.
2. 은유는 과학적 독창성의 본질적인 부분이다.

8.5 물리 교육에서의 비유와 은유의 역할 및 사용 전략

(1) 물리 교수 학습에서 비유의 역할

물리 교수 학습에서의 비유의 역할은 다음과 같다.

첫째, 비유는 친숙한 것을 이용하여 친숙하지 않은 것을 이해하도록 도와준다는 것이다. 예를 들면, 물을 퍼 올릴 때 쓰는 양수기는 우리 생활에 흔히 볼 수 있는 친숙한 것이다. 그리고 그 역할에 대해 대부분 익숙하게 알고 있다. 그러나 건전지는 흔히 볼 수 있는 물건이기는 하지만 그 역할을 이해하기는 힘들다. 그 역할이 눈에 보이지 않기 때문이다. 이러한 경우에 건전지의 역할을 펌프가 물을 퍼 올리는 일에 비유한다면 건전지가 회로에서 하는 역할을 이해하는 데 도움을 줄 수 있을 것이다.

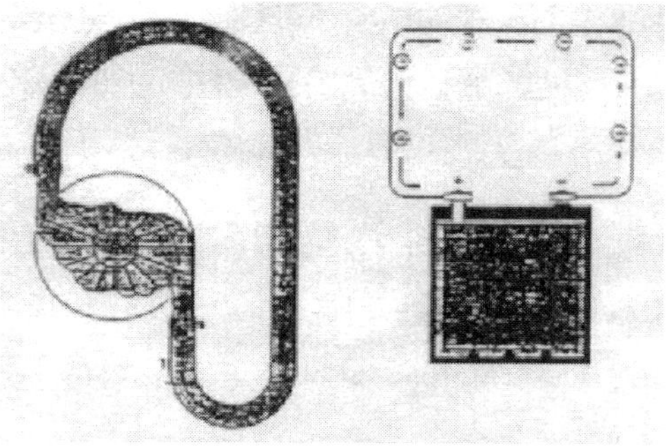

[그림 585] 건전지를 펌프에 비유(출처: Tracy, et. al(1983))

그러므로 적절한 비유를 개발한다면 물리학을 학습하는 학습자들에게 새롭고 추상적인 물리학 개념을 이해시키는 데 도움을 줄 수 있다. 그 결과, 그들에게 낯설거나 복잡했던 개념을 친숙해지거나 단순해지도록 유도할 수 있다.

둘째, 비유는 새로운 개념 구조의 생성을 돕는다. 새로운 개념은 비유에 의해 비유물 영역으로부터 목표물 영역으로 구조를 전이시킴으로써 생성될 수 있다. 학생들에게 있어서는 그들이 학교에서 배우는 물리학 개념들은 거의 모두 생소한 것들이기 때문에 물리학자 사회에 새롭게 소개되는 새로운 이론이나 마찬가지일 것이다. 비유는 새로운 시각들을 열리게 할 것이며, 친숙한 것을 전반적으로 새로운 방식들로 보는 것에 도움을 줄 것이다. 개념 변화 학습에서 비유들을 잠재적으로 가치 있는 도구로 만드는 것은 비유의 이러한 '생성력(generative power)'이다.

셋째, 비유는 개념의 재구조화를 돕는다. 새로운 것을 이미 알고 있는 지식에 능동적으로 접목시키는 구성주의적 학습의 과정과 친숙하지 않은 것을 친숙한 것으로 비교하여 설명하는 비유는 그 성격에 있어 매우 유사하다. 이것은 다음과 같이 설명할 수 있다. 건전지와 전구가 도선으로 연결된 회로에서 많은 학생들이 전류에 대한 오개념을 가지고 있는 데 그 중 몇 가지를 제시하면 다음과 같다. '건전지는 전류를 공급한다.', '전류는 전구에서 소모된다.', '전구를 지나기 전의 전류는 전구를 지난 후의 전류보다 세다.' 등이 학생들이 가지고 있는 대표적인 오개념에 속한다. 이 중에서 '건전지는 전류를 공급한다.'라는 개념을 바꾸어 주기 위해서 건전지를 물을 퍼 올리는 펌프로 비유한다고 하자. 그리고 이때 전류는 펌프가 퍼 올리는 물에 비유할 수 있다. 이 설명에서는 펌프는 스스로 물을 만들어 공급하는 것이 아니라 물을 이동시키는 역할만 한다는 것이 포함된다. 그리고 이 역할과 마찬가지로 건전지는 전류를 만들어 공급하는 것이 아니라 전류가 회로에서 이동할 수 있도록 하는 역할을 한다는 것을 설명한다. 이러한 비유적 설명을 통해 학생들이 '건전지는 전류를 공급한다.'는 개념을 재구조화하여 '건전지는 회로에 전류를 흐르게 하는 펌프 역할을 한다.'는 개념으로 변화시킬 수 있다. 이것은 바로 학생들이 친숙하게 여겨왔던 '건전지는 전류를 공급한다.'라는 것에서 친숙하지 않은 개념인 '건전지는 전류가 흐를 수 있는 기전력을 제공한다.'로 개념이 재구조화되는 것이므로 바로 비유의 과정과 유사하다는 것이다. 그러므로 비유의 적절한 사용은 학습의 효율을 높일 수 있다.

넷째, 비유는 개념을 가시화할 수 있다. 개념을 가시화할 수 있다는 것은 비유가 새로운 정보를 상상하기 쉽고 좀 더 구체적인 것으로 만들어 줄 수 있다는 것이다. 먹이가 사슬처럼 얽혀 있는 것을 먹이 사슬로 표현한 것은 은유적 가시화라고 볼 수 있으며, 별자리를 이야기할 때 마차자리, 큰개자리 등으로 표현하는 것도 은유적 가시화 표현의 예들이다.

다섯째, 비유는 과학적 발견에 대한 이해의 도구로 사용될 수 있다. 예를 들면 카르노가 수력기계를 열기관 이론을 설명하기 위해 사용한 비유를 학생들을 지도하는 과정에서 열기관에 대한 이해를 증진시키는 것이 주된 목표이지만 열효율로 연결되는 과정을 포함함으로써 비유 추론이 어떻게 과학적 발견에 적용되는지를 지도할 수 있다.

(2) 물리 교수 학습에서 비유와 은유 사용 전략

아래의 전략들은 비유와 은유를 수업에서 어떻게 활용할 때 의미있게 활용할 수 있는지를 설명하였다.

① 구조 대응의 원리 활용

젠트너(Gentner, 1983)는 비유의 의미를 설명하기 위하여 구조 대응 이론을 제안하였다. 젠트너의 구조-대응 이론(Gentner's structure-mapping theory)의 기본적 아이디어는 비유란 비유물 영역(analogue or base domain)으로부터 목표물 영역(target domain)으로 지식을 매핑하는 것을 의미한다는 것이다(Gentner, 1983). 즉 비유란 비유물과 목표물이 함께 가지고 있는 관계적 시스템을 비유물 영역으로부터 목표물 영역으로 전이하는 것을 말한다. 이 이론은 친숙한 비유물 영역의 지식이 덜 친숙한 목표(target) 영역을 설명하기 위해 사용되는 상황을 다룬다.

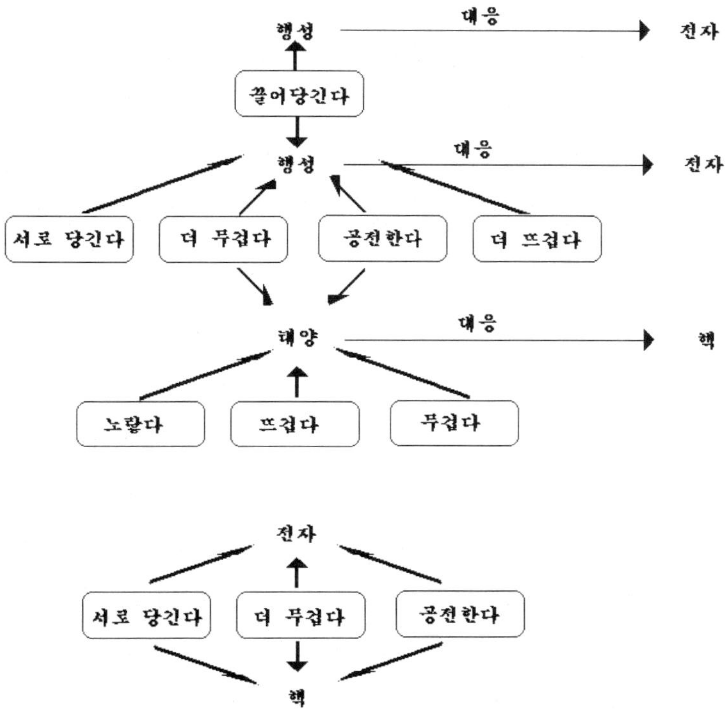

[그림 586] 태양계와 원자 모형의 구조 대응

그는 원자의 속성을 이해하기 위하여 태양계의 친숙한 속성을 사용하는 상황을 상정하였다. 구조 대응 이론은 비유의 질이 비유물 영역에서 목표 영역으로 대응될 수 있는 관계의 수에 의존하고, 영역 속성의 중복된 수나 유사성과는 관계없다고 가정한다. 예를 들어, 태양계와 원자 사이에는 속성을 거의 공유하지 않는다. 그러나 '거리', '인력', '공전', '더 무겁다'를 포함한 여러 가지 관계들이 두 영역 사이에 대응된다([그림 586]).

다른 관계들은 대응되지 않는데, 예를 들면, '더 뜨겁다'라는 속성은 태양계에는 적용되지만 원자에는 적용되지 않는다. 좋은 비유는 대응되지 않는 관계에 비하여 대응되는 관계의 비가 높은 것이고, 좋지 않은 비유는 이 비가 낮은 것이다.

이러한 구조 대응 관계를 이용하여 수소 원자를 설명하고자 하는 경우, 첫째, 두 영역 사이의 대응 관계를 세운다. 즉, 다음과 같은 관계를 설명한다.

태양-핵
행성-전자

둘째, 태양이 노란색이라는 등의 물체의 속성은 버린다. 셋째, 비유물 영역에서 다른 것보다 질량이 큰 것(태양, 행성)을 목표물 영역의 대상 물체에 대응시킨다. 넷째, 체계성을 관찰한다. 즉, 내부적으로 연결되는 관계의 체계를 세운다. 그리고 인과관계 등의 좀 더 높은 차원의 구속성 관계로 연결되도록 한다. 그렇게 함으로써 전체 체계가 비유물 영역으로부터 목표물 영역에 적용될 수 있도록 하는 것이다.

② 체계성의 원리 활용

비유를 이해하는 데 있어 중심이 되는 것은 연결된 지식들의 체계를 전달하는 것이다. 그러므로 비유물과 목표물은 각기 체계성을 갖출 필요가 있다. 이 체계성 원리는 비유에서의 일치성(coherence)과 연역 능력(deductive power)을 위한 형식화가 필요함을 내포한다. 체계성 원리는 비유에는 관계의 공통적 체계를 찾기 위한 선택 규칙(selection rule)이 내재되어 있음을 말해주고 있다. 즉, 비유물 영역과 목표물 영역 사이의 가능한 공통성 중에서 높은 수준으로 서로 관련된 구조를 찾도록 요구하며, 체계에 속하는 한 속성은 고립된 속성보다는 비유에 포함되기가 더 쉽다.

매핑 과정에서 중심적인 것은 체계성의 원리(the principle of systematicity)이다. 체계성의 원리는 사람들은 높은 수준의 관계를 가지고 있는 속성들(predicates)의 체계를 대응시키기를 선호한다는 것이다. 이 체계성 원리는 비유를 해석하는 데 있어서 정합성과 연역 능력을 잠재적으로 선호한다는 구조적 표현이다. 이 틀에서는 비유 외에도 다른 종류의 유사성들이 구분되어 대응될 수 있다. 이 이론에서의 비유는 대상에 대한 서술(object descriptions)은 버리고 관계적 구조(relational structure)만 대응시킨다. 반면에 표면적 유사성 대응은 대상에 대한 서술은 대응시키고 관계적 구조는 고려하지 않는다.

③ 구속성의 원리 활용

여기서는 현대 과학자들이 유비 추론에서 사용하는 다섯 가지의 내면적 규칙을 설명하고자 한다. 처음 3개의 규칙은 직접적으로 구조 대응 이론에 기초한 것으로, 내적인 구속성을 기술하고 있고, 나머지 두 규칙은 외적인 구속성을 기술한다.

첫째는 대상물들은 일관성 있게 일 대 일 대응 관계를 가져야 한다는 것이다. 즉, 한 영역에 주어진 목표물이 비유 영역의 대상물과 일 대 이 이상의 대응을 가지는 요소는 없어야 한다는 것이다. 일 대 이 이상의 대응을 가지는 것은 대응의 명확성을 감소시킨다.

둘째, 관계는 유지되는 반면, 가능한 한 속성들은 버려져야 한다는 것이다. 비유의 초점은 비유물과 목표물의 표면적인 속성들에 있는 것이 아니라, 관계들 사이의 대응 체계에 있다. 예를 들면 원자를 태양계에 유비할 때, 한 물체로서 닮은 점에 관심이 있는 것이 아니라 관계의 체계가 같다는 점에 관심을 두어야 한다.

셋째, 체계성 원리를 통해 가장 높은 수준의 공통의 관계망을 선택해야 한다. 그 망 안에 포함되지 않는 낮은 차원의 관계들은 버려진다. 그러므로 [그림 586]과 같은 비유에서는 낮은 차원의 관계에 속하는, "~보다 뜨거운"[태양, 행성] 속성은 비유의 요소가 되지 못한다. 왜냐하면 비유물 영역에서는 그것도 하나의 체계적 관계 구조 안에 있지만 그 계는 목표물 영역과는 공유되는 관계가 아니기 때문이다.

넷째, 영역 사이 관계들은 비유를 강화시키지 못하고, 단지 공통성들만이 대응을 증진시킨다는 것이다. 두 영역 사이의 낮은 수준의 관계들은 깨끗한 대응관계를 유지하는 데 부적절하다. 예를 들면, 태양계와 원자의 비유에서, 태양계가 원자들로 구성되어 있다고 하는 것이 그 비유를 더 좋은 비유로 만들어주지는 않는다는 것이다.

다섯째, 혼합 비유는 피해야 한다는 것이다. 두세 가지의 비유물 영역으로부터 고립된 관계들을 선택하여 목표물 영역의 관계망을 형성하는 비유는 좋은 것으로 생각되지 않는다. 대응되는 관계망은 전적으로 한 가지의 비유물 영역 안에 포함되도록 하는 것이 좋다.

끝으로, 비유는 한 영역 안에서의 인과관계가 존재하는 것을 추론하는 데에는 사용되지만, 비유물 영역과 목표물 영역 사이의 인과관계를 추론하는 데 사용될 수는 없다.

요약

1. 비유에서 구조-대응 이론(Gentner's structure-mapping theory)의 기본적 아이디어는 비유란 비유물 영역(analogue or base domain)으로부터 목표물 영역(target domain)으로 지식을 매핑하는 것을 의미한다.
2. 비유물 영역과 목표물 영역 사이의 가능한 공통성 중에서 높은 수준으로 서로 관련된 구조를 찾도록 요구하며, 체계에 속하는 한 속성은 고립된 속성보다는 비유에 포함되기가 더 쉽다.
3. 과학적 비유의 경우 구조 대응 이론에 기초하여 내적인 구속성과 외적인 구속성이 있다.

CHAPTER 09

물리 시범 활용 전략과 적용

박종원 (전남대학교)

9.1 물리 시범의 기능

물리(학습)의 기본적인 본성 중의 하나는 추상적인 물리 세계와 실제 자연 세계를 연결짓는 것이다([그림 591]).

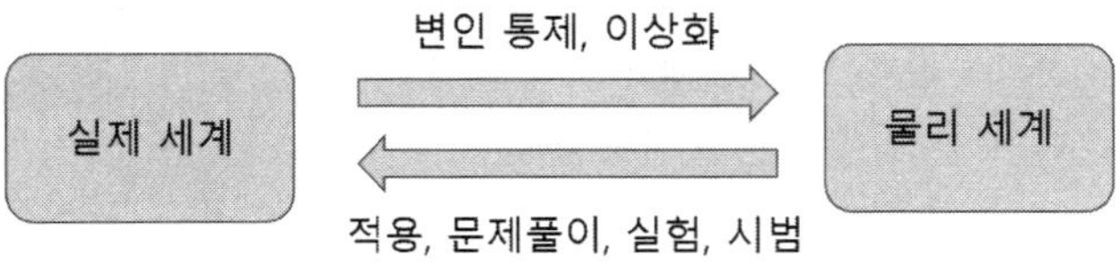

[그림 591] 실제 세계와 물리 세계의 연결

즉 물리학에서는 실제 자연 세계에서 핵심 변인을 추출하여 나머지 변인들을 통제하고 이상화시켜 추상적인 물리 세계를 구축한다. 이렇게 구축된 물리 세계를 이용하여 다시 자연 세계를 설명하고, 예측하며, 이해하는 활동을 하게 된다. 이러한 후자의 대표적인 활동이 실제 세계로의 적용과 문제 풀이, 그리고 실험과 시범이다. 예를 들어, 패러데이 법칙을 적용하여 발전기를 만들거나, 추상적인 뉴튼의 운동법칙을 이용하여 실제 세계에서 날아가는 공이 어디에 떨어질지 예측하는 문제를 풀게 된다. 실험에는 엄밀하게 계획된 실험과정과 여러 가지 가정과 조건, 데이터의 분석 과정 등이 포함되지만, 시범에는 이러한 과정이 생략되어 있다. 따라서 물리학습 과정에서 물리 시범은 추상적인 물리세계를 실제 자연세계와 연결짓는데 직관적으로 쉽게 활용될 수 있다.

9.2 물리 시범 장치의 제작

(1) 물리 시범 장치 제작 체험

물리 시범 장치를 실제 물리학습지도에 활용하기에 앞서, 먼저 [표 591]과 같이 몇 가지 물리 시범 장치를 직접 만들어 보자.

[표 591] 물리 시범 장치 개발 안내

시범	제작 방법
중력렌즈	1. 그림과 같이 큰 프레넬 볼록렌즈를 세우고, 그 뒤에 꼬마전구를 켜 놓는다. 2. 볼록렌즈 앞에서 보면, 꼬마전구가 여러 개로 보인다. 꼬마전구가 볼록렌즈의 중앙에 위치하도록 하면, 꼬마전구가 원형으로 보일 수 있다. 3. 중력렌즈 현상임을 나타내기 위해, 볼록렌즈 중앙에 은하 모양의 종이를 붙여도 좋다. 
용량 리액턴스	1. 스피커가 내장된 라디오를 열고, 스피커로 연결된 선을 외부로 끌어낸다. 2. 외부로 끌어낸 선에 다시 스피커를 연결하여 소리가 나는지 확인한다. 3. 스피커와 라디오 사이에 콘덴서를 연결하고, 높은 소리가 안 들리는 현상을 관찰한다. 4. 이번에는 콘덴서 대신에 코일을 스피커와 라디오 사이에 연결하면, 낮은 소리가 안들리는 현상을 관찰할 수 있다. 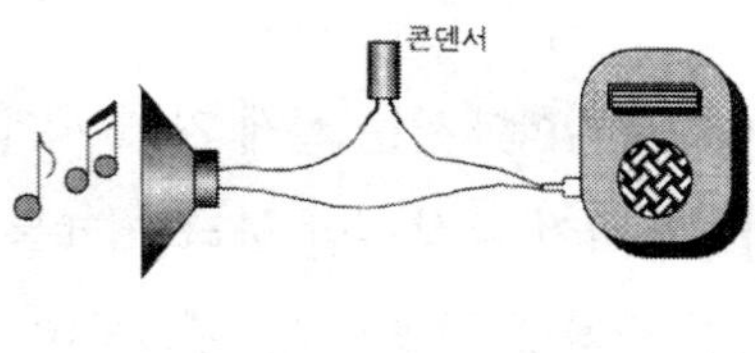
	1. 일반적으로 사용하는 3V용 모터에 3V 전지와 전류계를 직렬로 연결한다. 2. 모터가 회전할 때 흐르는 전류의 세기를 측정한다.

회전모터	3. 회전하는 모터를 손으로 잡아 회전을 못하게 한다. 이때 전류는 계속 흐르도록 한다. 4. 회전하던 모터가 회전을 못할 때, 모터에 흐르는 전류의 세기를 측정한다.  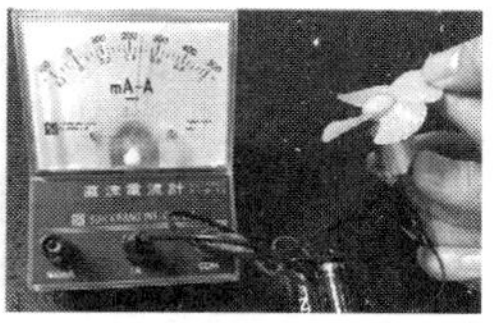
소금전지	1. 가로 세로 15~20cm 정도의 구리판을 얇은 휴지로 싸고, 그 위를 알루미늄 호일로 감는다. 이때 구리와 알루미늄 호일이 서로 접촉되지 않도록 한다. 2. 진한 소금물을 타서, 구리와 알루미늄 호일 사이에 넣어, 휴지가 충분히 적도록 한다. 3. 구리판과 알루미늄 호일에 소전류 모터를 연결하면 모터가 회전한다(소전류 모터가 없을 경우에는 전압계로 전압을 측정해도 좋다). 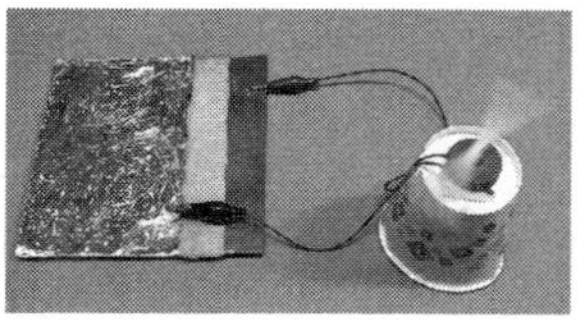
공기 볼록렌즈	1. 그림과 같이 얇은 투명 아크릴판으로 볼록렌즈를 만든다. 2. 볼록렌즈 안은 그대로 두고, 렌즈 바깥쪽에 물을 넣는다. 이때 아주 약간의 우유를 넣어준다. 3. 레이저를 비추어 공기 볼록렌즈를 지난 레이저 빛이 발산하는 것을 관찰한다. 4. 공기 오목렌즈로는 빛이 수렴하는 현상을 관찰할 수 있다. 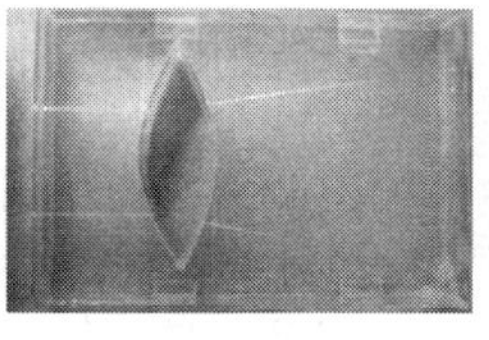 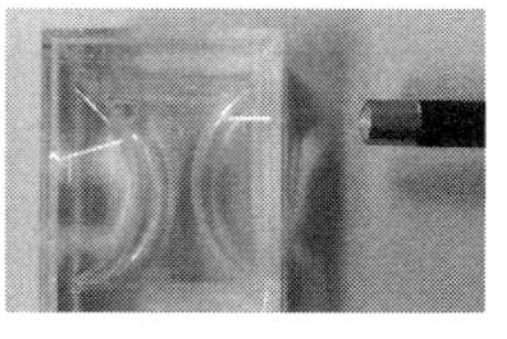
휘는 레이저	1. 진한 설탕물을 수조에 넣는다. 2. 그 위에 맹물을 천천히 부어, 설탕물과 잘 섞이지 않도록 한다. 3. 레이저 빛을 비추면 레이저 빛이 휘는 것을 관찰할 수 있다. 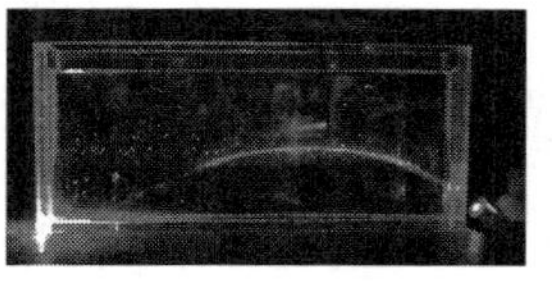
	1. 두꺼운 종이판에 알루미늄 호일로 그림과 같이 나무와 사람, 자동차와 사람, 피뢰침을 만든다. 2. 나무를 만들 때, 나무기둥은 종이로 만든다. 그리고 자동차 안의 사람은 자동차와 접촉이 되지 않도록 한다. 3. 구름과 바닥을 알루미늄 호일로 만든다. 

<table>
<tr><td>번개</td><td>4. 구름과 나무 사이, 구름과 자동차 사이, 구름과 피뢰침 사이는 2~3mm 정도 간격이 되도록 한다.
5. 구름과 바닥에 멀티 스파커(multi-sparker)를 연결하여 전기방전이 일어나도록 한다(멀티 스파커에 감전되지 않도록 절연장갑을 껴고, 연결을 모두 한 후에 손을 떼고 스위치를 켜도록 한다).
6. 나무에 번개가 치고 사람에게도 번개가 치는 현상, 자동차에 번개가 치지만 자동차 안의 사람에게는 번개가 치지 않는 현상, 피뢰침의 뾰족한 끝에 번개가 치는 현상을 관찰한다.</td></tr>
<tr><td>큰 검전기</td><td>1. 1000cc 정도의 큰 비커를 준비한다.
2. 알루미늄 호일 두장을 겹치고, 그림과 같이 오려서 알루미늄으로 만든 뚜껑 안에 붙인다.
3. 알루미늄 호일 두 장이 잘 겹쳐있도록 한다.
4. 털가죽으로 문질러 대전된 PVC 파이프를 검전기에 가까이 가져간다.
 </td></tr>
<tr><td>전기적 척력</td><td>1. 반데그라프 위에 얇은 알루미늄 컵을 5개 정도 올려놓는다. 이때 컵들이 꽉 끼지 않도록 한다.
2. 반데그라프를 작동시켜 알루미늄 컵이 차례대로 날아가는 것을 관찰한다.</td></tr>
<tr><td>콘덴서
충전/방전</td><td>1. 1F 이상의 고용량 콘덴서를 준비한다.
2. 정격전압을 확인하고, 3~9V를 연결하여 충전시킨다.
3. 1분 정도 충전 후, 전지를 제거하고 콘덴서에 LED를 연결하여 불이 켜지는 것을 관찰한다.
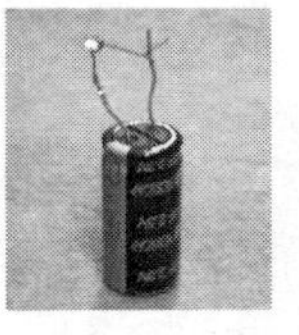</td></tr>
<tr><td>전자기 유도</td><td>1. 10겹 정도 감은 코일을 준비한다.
2. 코일에 색이 다른 LED 두 개를 (+)와 (-)를 서로 바꾸어 서로 병렬로 연결한다.
3. 코일 안으로 네오디뮴 자석을 넣었다 뺐다가 하면, 자석이 들어갈 때와 나갈 때 각각 다른 색의 LED가 켜지는 것을 관찰할 수 있다.
</td></tr>
<tr><td>헤르츠 실험</td><td>1. 고전압에 의해 전기 방전이 일어나는 유도코일을 준비한다.
2. 두꺼운 종이 위에 굵은 구리선 사이에 네온관을 연결한다.
3. 유도코일을 켜고 전기방전이 일어날 때, 네온관 종이판을 전기방전에 10~20cm 정도 가까이 가져가면, 네온관의 불이 켜지는 것을 관찰할 수 있다.
4. 유도코일에 의한 전기방전에 손이 가까이 가지 않도록 조심한다.
 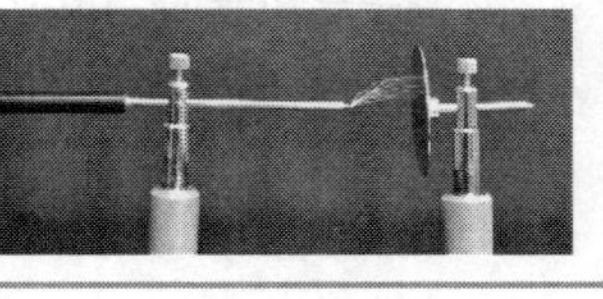</td></tr>
</table>

활동
위의 시범장치들을 직접 만들어 보자.

(2) 물리 시범 장치 제작시 유의점

물리교사가 직접 물리 시범 장치를 제작할 때 여러 가지 어려운 점들이 있다. 그 중에서 가장 큰 어려움은 이론적으로는 되어야 하는데 실제로 시범장치를 만들면 잘 작동하지 않는다는 것이다. 이러한 경우는 대부분 시범장치가 잘 작동하기 위한 조건을 만족하지 못하기 때문인 경우가 많으므로, 시범장치가 잘 작동하기 위해 필요한 조건을 찾아야 한다. [표 592]는 그러한 몇 가지 사례이다.

[표 592] 물리 시범 장치 개발시 고려해야 할 조건 예

시범	필요한 조건
전자기 유도: 코일에 연결된 LED의 불켜기	- 코일의 감은 수가 많은 것이 중요하다. - 네오디뮴 자석과 같이 강한 자석을 사용하여 빠르게 움직여야 한다. - LED는 소전류로 불이 켜지므로 가능하지만, 꼬마전구는 켜기 힘들다.
검전기: 알루미늄 호일로 검전기 만들기	- 알루미늄 호일의 가운데 목 부분은 가능하면 가늘게 하여 가볍게 한다. - 알루미늄 호일의 끝 사각형 부분을 넓게 하여 전하가 많이 모일 수 있도록 한다.
소금전지: 소금전지에 연결된 모터 회전시키기	- 구리판과 알루미늄 호일 사이에 얇은 휴지를 넣어, 두 금속판 사이의 간격이 가까울수록 좋다. - 구리판이 넓을수록 전류가 많이 흐를 수 있다. - 소전류로도 회전할 수 있는 모터를 사용해야 한다.
휘는 레이저: 설탕물과 맹물로 레이저 빛 휘기	- 설탕물이 진할수록 좋고, 맹물을 설탕물 위에 아주 천천히 넣어 서로 잘 섞이지 않도록 한다. - 설탕물과 맹물 사이에 층이 너무 분명한 경우에는 오랜 시간동안 그대로 두어 두 층이 서로 자연스럽게 섞이도록 한다. 이때 굴절율이 연속적으로 변하게 된다. - 설탕물을 더 진하게 하고자 할 때에는 녹지 않은 설탕이 바닥에 쌓이도록 넣고, 충분한 시간(반나절이나 하루)을 두어 설탕이 저절로 녹도록 한다.

볼록렌즈의 실상: 스크린 없이 공중에 뜬 입체 실상 관찰하기	- 이론적으로는 스크린이 없어도 볼록렌즈 앞에 실상이 공중에 맺혀 있다. - 이것을 실감나게 관찰하기 위해서는 가능하면 큰 볼록렌즈를 사용한다. - 물체를 형체가 있는 광원으로 하고, 검은 상자 속에 넣으면 실상을 더 입체적으로 보일 수 있다.

요약

1. 물리 시범 장치 개발 시, 이론적인 내용이 실제 현상으로 일어나기 위해서는 다양한 필요한 조건이 만족되도록 탐색하는 것이 중요하다.

9.3 물리 시범 장치의 활용

(1) 물리 시범 시연시 유의사항

물리 시범을 여러 사람들 앞에서 시연할 때 유의해야 할 점으로는, (1) 모든 학생이 쉽고 분명하게 관찰할 수 있도록 해야 하고, (2) 이를 위해, 그리고 사전 점검을 위해 전용 테이블을 활용하는 것이 도움이 되며, (3) 시범의 목적을 분명히 밝혀 관련 현상에 집중할 수 있도록 하고, (4) 생생하고 재미있게 시범할 필요가 있으며, (5) 시범에 관련된 물리적 설명을 명확하게 하고, (6) 시범과정에서 질문 등을 통해 사고활동이 일어나도록 하며, (7) 질문이나 설명을 크게 말하고, (8) 교사가 시범할 뿐 아니라, 학생이 시범에 참여할 수 있도록 할 수도 있다. 그리고 마지막으로 (9) 안전에 유의해야 한다. [표 593]은 Bybee, Powell, & Trobridge(2008, p. 237)가 제시한 시범 시 유의할 점에 기초하여 '설명과 예'를 추가한 것이다.

[표 593] 물리 시범시 유의해야 할 점

유의점	설명과 예
모든 학생이 쉽고 분명하게 관찰할 수 있도록 한다.	- 높이를 적당히 높게 하여 모든 학생이 멀리서도 잘 관찰할 수 있도록 한다. - 특별히 큰 장치로 개발할 수도 있다(예: 알루미늄 호일로 만든 큰 검전기). - 카메라로 시범과정을 찍어 빔 프로젝트로 실시간으로 보여줄 수도 있다. - 학생수가 적고 시범장치를 옮기기 쉬울 경우에는 테이블로 옮겨 다니면서 시범해 보일 수도 있다.
시범 전용 테이블/공간을 활용한다.	- 시범장치를 강의 전에 미리 준비해 놓고 사전에 작동 여부를 확인해 본다. 종종 상황이 바뀌면 시범 작동이 잘 안 되는 경우가 있기 때문이다. - 강의 중, 필요한 시점에 시범을 즉각적으로 보이기 위해 필요한 세팅을 미리 해 둔다.
시범의 목적을 분명히 밝힌다.	- 시범 중, 어떤 현상에 초점을 맞추어야 하는지를 분명하게 알린다. - POE와 같이 먼저 예상을 하고, 예상한 결과가 어떻게 나오는지 관찰하도록 할 수도 있다.
생생하고 재미있게 느낄 수 있도록 한다.	- 시범에 의한 현상이 크고 분명하게 나타나도록 한다(예: 일반 자석으로 상자성 현상은 관찰하기 어려우므로, 네오디뮴 자석을 이용한다), (예: 콘덴서의 충전과 방전현상은 1F정도의 용량을 사용한다). - 관심을 이끌기 위해, 간혹 시범이 잘 안되다가 잘 되도록 할 수도 있다. - 측정기 보다는 다양한 실제 사물이 작동하도록 하는 것도 좋다(예: 전자기 유도를 검류계로 보이는 것도 좋지만, 직접 LED의 불이 켜지도록 하는 것도 좋다)
물리적 설명을 명확하게 한다.	- 종종 학생들은 시범을 관찰한 후, 관찰한 것은 기억하지만, 시범에 관련된 물리적 개념은 기억하지 못하는 경우가 있다. 따라서 시범에 관련된 물리적 설명을 분명하고 명확하게 하는 것이 중요하다.
시범과정에서의 질문이나 설명을 크게 한다.	- 시범 과정에서 학생들이 다양한 방식으로 반응을 보이면서 소란스러울 수 있으므로, 교사는 큰 소리로 질문하고 설명하도록 한다.
질문과 함께 사고 활동을 불러 일으키도록 한다.	- 종종 학생들은 시범에 대한 흥미로운 현상에만 관심을 가지는 경우가 많다. 따라서 시범에 관련된 사고활동을 격려하기 위해, 질문, 활동지, 토의, 발표 등의 전략을 함께 활용한다.
학생이 참여할 수 있도록 한다.	- 학생이 직접 나와서 교사의 시범을 돕거나, 교사의 안내에 따라 학생이 직접 시범을 할 수도 있다.
안전에 유의한다.	- 시범과정에 어떤 안전사항이 필요한지 사전에 점검한다 (예: 콘덴서를 분해해 보일 때, 내부 오일이 인체에 해로울 수 있다), (예: 헤르츠 실험을 시연해 보일 때 사용하는 유도코일은 고전압을 사용하므로 유의한다). 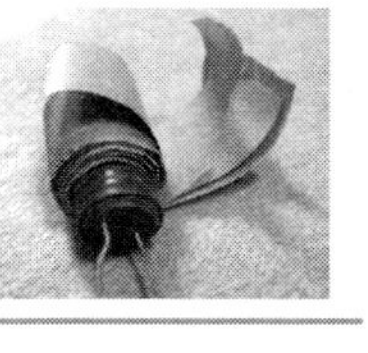

활동

위에서 제시된 시범들을 해 보이고, 나머지 학생들은 위에서 제시한 방법에 기초하여 시범 과정에서 수정할 점을 찾고, 개선 방법을 제안해 보아라.

유의점	수정 필요	개선 방법
분명한 관찰	(예) 측정기 눈금이 작아 뒤에서 잘 보이지 않는다.	(예) 학생이 대표로 나와서 눈금을 읽도록 한다. 또는 카메라로 찍어 모니터나 빔프로젝트로 눈금을 보여준다.
전용 테이블		
시범 목적		
생생/재미		
물리적 설명		
사고활동		
큰 소리		
학생 참여		
안전		

(2) 물리수업에서의 물리 시범 활용 방안

물리학습에서 물리 시범은 다음과 같은 특징을 살려 활용할 수 있다: 물리 시범은 학생들에게 (1) 추상적인 개념을 이해하고 직접 체험할 수 있도록 돕고, (2) 실제 활동을 줄이면서 사고활동에 집중할 수 있도록 하며, (3) 흥미를 불러일으킬 수 있고, (4) POE (Prediction, Observation, Explanation) 수업에 활용할 수 있으며, (5) 실제 실험에서 발생되는 오차로부터 자유로울 수 있다는 등의 특징을 가지고 있다. 이러한 물리 시범이 가지는 기능과 특징에 대한 내용과 예를 제시하면 [표 594]와 같다.

[표 594] 물리 시범의 기능과 특징

기능과 특징	설명과 예
추상적 개념을 직접 체험/관찰할 수 있다.	- 중력렌즈 효과도 큰 프레넬 렌즈와 꼬마전구를 이용해 관찰할 수 있다.  - 라디오 이어폰이나 스피커에 콘덴서를 직렬로 연결하면 용량 리액턴스의 작용(주파수가 낮을수록 저항이 커짐)에 의해 저음이 필터링 되는 효과를 관찰할 수 있다.
실제 활동을 줄여 사고 활동에 집중할 수 있도록 돕는다.	- 회전하는 모터에 흐르는 전류의 세기를 관찰한 후, 모터의 회전을 막았을 때 전류가 증가하는 시범을 관찰하고, 왜 그런지 설명하기 위해 가설을 제안하는 활동에 집중할 수 있다. - 소금전지에 의해 모터가 회전하는 시범을 관찰한 후, 회전에 미치는 변인을 추론하는 활동에 집중하거나, 이 현상에 대해 더 알아보기 위한 탐구문제를 제안하는 활동에 집중할 수 있다.
흥미를 불러일으킬 수 있다.	- 예상과 다른 현상을 관찰함으로써 학생의 관심과 흥미를 끌 수 있다(예: 공기 볼록렌즈를 이용하면 평행하게 입사한 빛이 오히려 발산한다). - 신기한 현상을 통해 흥미를 유발시키는 데 도움이 된다(예: 진한 설명물 위에 맹물을 부은 수조에서 레이저 빛이 휘는 현상).
POE로 활용할 수 있다.	- 관찰 전에 어떤 일이 벌어질지 먼저 예상(prediction)하고, 시범을 관찰(observation)한 후, 왜 그러한 현상이 일어났는지 설명(explanation)을 하는 POE 활동에 직접 적용할 수 있다. - 번개가 칠 때 자동차 안이 안전할지 예상해 보고, 관찰한 후 설명하는 활동을 할 수 있다.
실험에서의 측정과정에서 발생되는 오차로부터 자유로울 수 있다.	- 시범을 통해 정량적인 관계 분석도 가능하지만, 주로 정성적인 특징을 보이는 데 활용한다. - 양손을 뻗어 각각의 손에 스마트폰을 들고, 주파수 발생앱으로 동일한 주파수의 소리가 나도록 한 후, 좌우로 천천히 돌리면 앞에 앉아있는 학생이 소리의 간섭에 의해 소리가 커졌다 작아졌다 하는 현상을 정성적으로 관찰할 수 있다. - 길이가 다른 진자를 들고, 하나의 진자를 선택하게 하고, 그 진자의 주기에 맞추어 아주 조금씩 흔들어 주면, 선택한 진자만 흔들게 할 수 있다(공명). 

[표 595]는 시범을 통해 실제 활동을 줄이는 대신 사고활동에 좀 더 집중하도록 하는 활동의 예이다.

[표 595] 사고활동을 위한 시범의 활용 예

시범	활동 요약
회전 모터	1. 그림과 같이 3V 전지에 모터를 연결하고, 모터가 회전할 때 모터에 흐르는 전류의 세기를 측정해 보겠습니다. 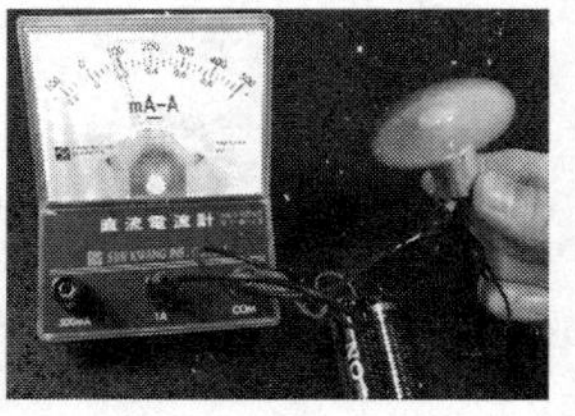 2. (시범 후) 관찰 결과를 활동지에 적어 보세요. 3. 이번에는 회로에 전류가 흐르는 상황에서 모터의 회전을 손으로 세워보겠습니다. 그러면 전류가 어떻게 될까요? 전류가 같을지 변할지 예상을 적어 보세요. 가능하면 이유도 적어 보세요. 4. 자신이 적은 예상을 조에서 다른 사람의 예상과 비교하면서 서로 토의해 보세요. 5. 토의 결과를 발표해 볼까요? 2조 발표해 보세요. 6. (발표 후) 2조와 생각이 같은 조는? 다른 조는? (다르다고 한 조를 지명하고) 예상이 2조와 어떻게 다른지 발표해 보세요. 7. 그림 관찰해 봅시다. 제가 회전하는 모터를 손으로 세워보겠습니다. 8. (시범 후) 관찰 결과를 활동지에 적어 보세요. 9. 회전을 멈추게 하자, 전류의 세기가 증가했지요? 이제 왜 그런지 조별로 토의해 보세요. 10. (약간의 시간이 지난 후) 토의하는데 도움이 되도록 선생님이 몇 가지 정보를 주겠습니다. 이 정보를 이용하여 계속 토의해 보세요. **[정보]** ① 모터는 그림과 같이 자석과 코일로 이루어져 있고, 코일에 전류가 흐르면 코일이 회전합니다. ② 코일에 자석을 넣었다가 뺐다가 하면, 전자기 유도에 의해 코일에 전류가 생깁니다. ③ 렌츠의 법칙에 의하면, 유도전류의 방향은 자기장의 변화를 방해하는 방향으로 흐릅니다. ④ 유도전류에 의해 전기를 발생시키는 발전기의 구조는 그림과 같이 자석과 코일로 이루어져 있습니다. 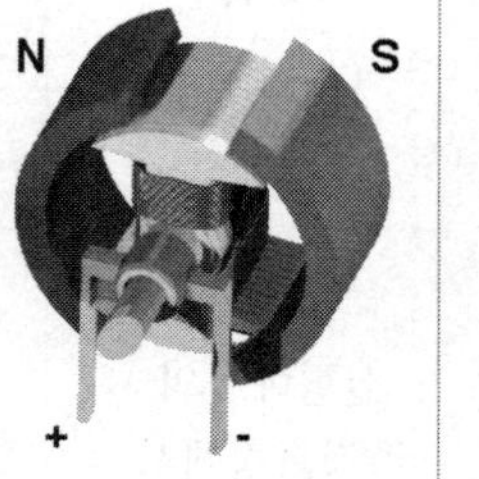 11. 이제 조별로 이유를 발표해 볼까요? (조별로 발표를 하면서 서로의 생각을 비교해 본다)

소금전지
(박종원, 이강길, 2005)

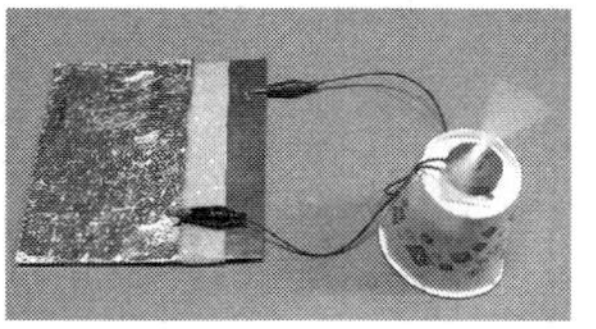

1. 선생님이 구리판과 알루미늄 호일, 그리고 소금물을 이용해 전지를 만들어 보겠습니다.
2. (전지에 연결된 모터가 회전하는 것을 시범해 보인 후), 이것을 소금전지라고 합니다.
3. 이제 소금전지의 기능을 높여보려고 합니다. 즉 소금전지의 전압을 높게 하거나, 소금전지에서 보다 많은 전류가 흐르게 하려고 합니다. 그렇게 하려면 어떤 요인이 영향을 줄 지 조에서 토의하면서 아래 표에 적어보세요.

영향을 줄 수 있는 요인	예상되는 결과	이유
소금물 농도	농도가 클수록 전류가 잘 흐른다.	농도가 클수록 소금물에서 전기가 잘 통하므로

4. 이제 각 조별로 하나씩 발표해 봅시다.
5. 1조에서 발표한 내용에 대해서 다른 의견이 있는 조가 있다면 발표해 보세요.

활동

시범을 이용하여 '새로운 탐구문제 찾기' 활동을 위한 활동지를 만들어 보아라. 이때 시범 관찰 후 학생들이 새로운 탐구문제를 찾는데 도움이 될 수 있는 안내가 포함되도록 하여라 (새 물리 교육학 총론 I 참고).

요약

1. 물리 시범은 다음 기능을 갖고 있다.
   (1) 추상적 개념을 직접 체험/관찰할 수 있다,
   (2) 실제 활동을 줄여 사고 활동에 집중할 수 있도록 돕는다,
   (3) 흥미를 불러일으킬 수 있다,
   (4) POE로 활용할 수 있다,
   (5) 실험에서의 측정과정에서 발생되는 오차로부터 자유로울 수 있다.

2. 물리 시범 시연시 다음 사항을 유의할 필요가 있다.
   (1) 모든 학생이 쉽고 분명하게 관찰할 수 있도록 한다,
   (2) 시범 전용 테이블/공간을 활용한다,
   (3) 시범의 목적을 분명히 밝힌다,
   (4) 생생하고 재미있게 느낄 수 있도록 한다,
   (5) 시범과정에서의 질문이나 설명을 크게 한다,
   (6) 질문과 함께 사고활동을 불러일으키도록 한다,
   (7) 학생이 참여할 수 있도록 한다.

9.4 물리 시범 장치의 새로운 개발

새로운 물리 시범 장치의 개발을 위해 다양한 자료를 활용할 수 있는데, [표 596]은 몇 가지 자료들의 예이다.

[표 596] 물리 시범 장치 개발을 위한 자료원(source)

제목	출처	내용 소개
보면서 생각하는 물리 시범	박종원 (1997)	총 69개의 물리 시범 제작방법과 함께 물리적인 설명을 제공하고 있다.
새로운 물리탐구의 세계	박종원, 이강길 (2005)	시범을 포함하여 75개의 다양한 물리활동을 교사용 안내자료와 함께 제공하고 있다.
원리가 보이는 과학실험 1, 2	요네무라 덴지로 (2005)	새로운 물리 시범을 재미있는 그림과 함께 설명을 제공하고 있다.
Turning the World Inside Out	Ehrlich (1990)	총 174개의 물리 시범에 대한 제작방법과 물리적 설명을 제공하고 있다.
Hands-on Physics Activities	Cunningham & Herr (1994)	많은 물리 시범에 대해 제작방법과 함께 학생 활동 안내 및 교사를 위한 안내를 제공하고 있다.

600 물리 시범	http://sales.physicsdemos.com/	역학, 중력, 파동, 열역학, 전자기, 광학, 상대론, 입자물리 분야별로 총 600개의 시범장면을 찍은 비디오 자료 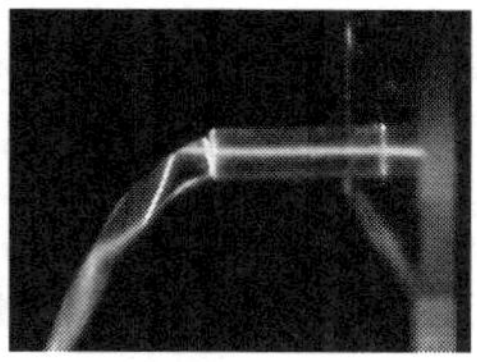
physics demonstration	Youtube	Youtube 에서 physics demonstration으로 다양한 시범 동영상을 찾을 수 있다. 
demo or demonstration	The Physics Teacher (http://aapt.org)	미국 물리교사 협회에서 발간하는 잡지(The Physics Teacher)에서 keyword로 demo, demonstration을 입력하면 수천 개의 article을 볼 수 있다. 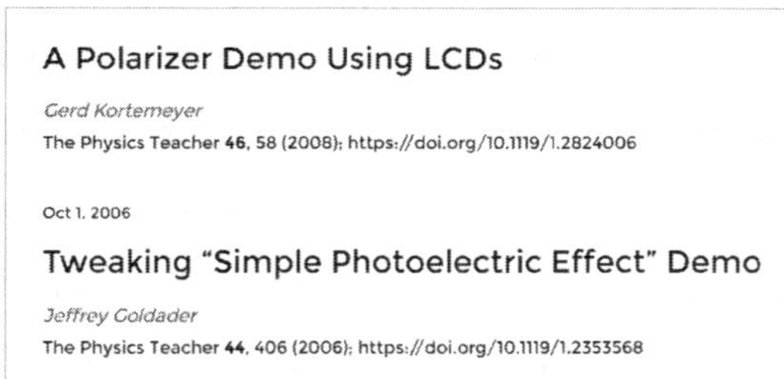 A Polarizer Demo Using LCDs Gerd Kortemeyer The Physics Teacher 46, 58 (2008); https://doi.org/10.1119/1.2824006 Oct 1, 2006 Tweaking "Simple Photoelectric Effect" Demo Jeffrey Goldader The Physics Teacher 44, 406 (2006); https://doi.org/10.1119/1.2353568
다양한 제작 방법 공유 사이트	http://instructables.com	개인들의 다양한 제작방법을 사진과 함께 공유하는 사이트로 재미있는 시범장치 제작 자료를 얻을 수 있다. 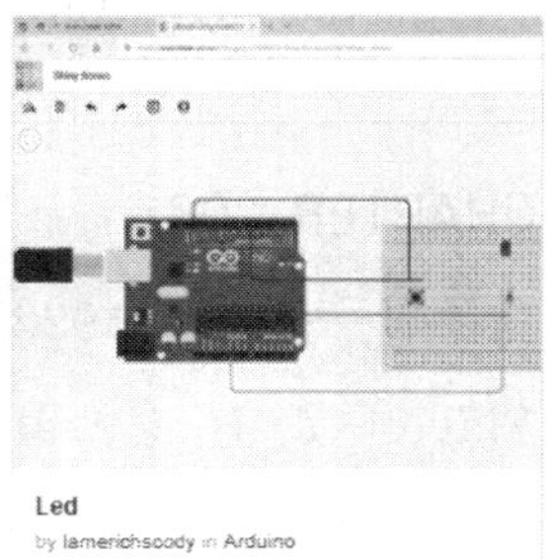

참고문헌

CHAPTER 01

김희경, 윤희숙, 이기영, 하민수, 조희형 (2020). 과학교육론과 지도법. 교육과학사.

정문성 (2006). 협동학습의 이해와 실천. 개정판. 서울: 교육과학사.

Aronson, E. (1978). The Jigsaw Classroom. CA: Sage.

Johnson, D. W., & Johnson, R. T. (1999). Making cooperative learning work. Theory into practice, 38(2), 67–73.

Joyce, B. R., & Weil, M. (1986). Models of teaching. Prentice-Hall.

Kagan, S. (1985). Co-op Co-op: A flexible cooperative learning technique. In Learning to cooperate, cooperating to learn (pp. 437–452). MA: Springer.

Sharan, Y., & Sharan, S. (1990). Group investigation expands cooperative learning. Educational leadership, 47(4), 17–21.

Slavin, R. E. (1978). Student teams and achievement divisions. Journal of research and development in education, 12(1), 39–49.

Slavin, R. E. (1986). Student team learning: An overview and practical guide. 2nd. DC: National Education Association.

Slavin, R. E. (1996). Research on cooperative learning and achievement: What we know, what we need to know. Contemporary educational psychology, 21(1), 43–69.

Watson, S. B. (1992). The essential elements of cooperative learning. The American Biology Teacher, 84–86.

CHAPTER 02

박종원, 박승재 (1992). 초인지적 물리학습 모형. 물리교육, 10(1), 1–11.

Flavell, J. H. (1979). Metacognition and Cognitive Monitoring: A New Area of Cognitive – Developmental Inquiry. American Psychologist, 34, 906–911.

CHAPTER 03

박종원, 윤혜경, 이인선 (2023). 과학학습지도를 위한 과학적 설명의 의미 명료화. 한국과학교육학회지, 43(6), 509-520.

Aspect, A., Dalibard, J., & Roger, G. (1982). Experimental test of Bell's inequalities using time-varying analyzers. Physical Review Letters, 49(25), 1804-1807.

Einstein A., Podolsky, B., & Rosen, N. (1935). Can quantum mechanical desertion of physical reality be considered? Physical Review, 47, 777-780.

Hempel, C. G., & Oppenheim, P. (1948). Studies in the logic of explanation. Philosophy of Science, XV, 135-175.

Lee, H. S., & Park, J. (2013). Deductive reasoning to teach Newton's law of motion. International Journal of Science and Mathematics Education, 11, 1391-1414.

Park, J. & Han, S. (2002). Using deductive reasoning to promote the change of students' conceptions about force and motion. International Journal of Science Education, 24(6), 593-609.

Rowlands, D. (1992). Teacher's manual problem-solving in Science and Technology. Stanley Thornes, Ltd.

Schrodinger, E. (1935). Die gegenw rtige Situation in der Quantenmechanik (The present situation in quantum mechanics). Naturwissenschaften. 23(48), 807-812.

Van Fraassen, B. (1988). The pragmatic theory of explanation. In J. Pitt (Ed.), Theories of explanation. (pp. 136-155), Oxford University Press.

CHAPTER 04

남창우, 전훈 (2012). 교사와 학생의 ICT 활용과 학생의 자기주도학습이 저성취 고등학생의 학업성취도에 미치는 영향. 한국교원교육연구, 29(1), 77-97.

양애경, 조호제 (2009). 자기주도적 학습과 학업성취도간의 관계. 교육실천연구, 8(3), 61-82.

이동엽 (2013). 플립드 러닝(Flipped Learning) 교수학습 설계모형 탐구. 디지털융복합연구, 11(12), 83-92.

이정민, 노지예, 정연화(2016). 중학교 과학수업에 적용된 플립러닝(Flipped Learning)의 효과. 정보교육학회논문지, 20(3), 263-272.

정진아, 배진호, 소금현 (2015). 거꾸로 교실을 적용한 과학수업이 초등학생의 과학학습 동기 및 학업성취도에 미치는 영향. 생물교육, 43(4), 333-343.

Bergmann, J., & Sams, A. (2012). Flip your classroom: Reach every student in every class every Day (pp. 120-190). Washington DC: International Society for Technology in Education.

Knowles, M. S. (1975). Self-directed learning: A guide for learners and teachers. Chicago, IL: Follett Publishing Company.

Ryan, R. M., & Deci, E. L. (2000). Self-determination theory and the facilitation of intrinsic motivation, social development, and well-being. American psychologist, 55(1), 68.

CHAPTER 05

고연주, 최윤희, 이현주 (2015). 과학관련 사회쟁점(SSI) 맥락에서의 소집단 논증활동 분석틀 개발: 담화클러스터와 담화요소의 분석. 한국과학교육학회지, 35(3), 509-521.

배상식 (2015). L.S.비고츠키의 언어개념: 언어와 사고의 관계 문제를 중심으로. 대한철학회논문집, 133, 119-145.

김희경, 송진웅 (2004). 학생의 논증활동을 강조한 개방적 과학탐구활동 모형의 탐색. 한국과학교육학회지, 24(6), 1216-1234.

Kim, G., Mun, K., & Lee, H. (2020). Exploration of middle school students' ideas of fine dust issues using issue concept maps. Asia-Pacific Science Education, 6(2), 564-583.

Sadler, T. D., Barab, S. A., & Scott, B. (2007). What do students gain by engaging in socioscientific inquiry? Research in Science Education, 37(4), 371-391.

CHAPTER 06

강지나, 이형철 (2016). 질문중심 하브루타 과학수업이 학생들의 논리적 사고력 및 과학 관련 태도에 미치는 영향. 대한지구과학교육학회지, 9(3), 309–322.

김수동, 서금택 (2018). 하브루타 토론학습의 교직과목 수업 적용 사례 연구. 예술인문 사회 융합 멀티미디어 논문지, 8(3), 267–277.

문영주 (2020). 토픽모델링을 이용한 하브루타 연구동향 분석. 학습자중심교과교육연구, 20 (4), 1149–1175.

이애리 (2018). 플립드러닝과 하브루타 학습법에 기반한 학습자 중심의 코딩 수업 설계 및 적용. 디지털산업정보학회논문지, 14(2), 69–78.

전성수 (2014). 최고의 공부법. 서울; 경향BP.

전성수, 고현승 (2015). 질문이 있는 교실, 중등편. 서울: 경향BP. p. 24~29.

정선영, 최현정 (2015). 이스라엘의 하브루타 방식에 기초한 온라인 토론활동이 토론 활동과 사회적 문제해결능력에 미치는 영향. 교육방법연구, 27(1), 39–66.

최효선. (2021). 미래학습에서의 Learning by Teaching 적용가능성. 의학교육논단, 23(1), 3–10.

한재영 등 (2017). 과학교사들을 위한 과학교육 강의플랜. 서울: 푸른길. pp. 128–131.

Cohen, P. A., Kulik, J. A., & Kulik, C. L. C. (1982). Educational outcomes of tutoring: A meta–analysis of findings. American educational research journal, 19(2), 237–248.

Fiorella, L., & Mayer, R. E. (2013). The relative benefits of learning by teaching and teaching expectancy. Contemporary Educational Psychology, 38(4), 281–288.

Kent, O. (2010). A theory of Havruta learning. Journal of Jewish Education, 76(3), 215–245.

Kent, O. & Allison, C. (2012). Three partners in study: two people and a text. A Journal of Jewish Ideas, 42(6), 90–105.

Mazur, E. (1997). Peer Instruction: A User's Manual. Series in Educational Innovation. Upper Saddle River, NJ: Prentice Hall.

CHAPTER 07

Anderson, L. W., & Krathwohl, D. R. (Eds.). (2001). A taxonomy for learning, teaching, and assessing: A revision of Bloom's Taxonomy of Educational Objectives. Longman.

Chin, C. (2007). Teacher questioning in science classrooms: Approaches that stimulate productive thinking. Science Education, 91(5), 820–851. http://dx.doi.org/10.1002/tea.20171

Van Es, E. A. (2011). A framework for learning to notice student thinking. In M. G. Sherin, V. R. Jacobs, & R. A. Philipp (Eds.), Mathematics teacher noticing: Seeing through teachers' eyes (pp. 134–151). Routledge. https://doi.org/10.4324/9780203832714-21

Hammer, D., Goldberg, F., & Fargason, S. (2012). Responsive teaching and the beginnings of energy in a third grade classroom. Review of Science, Math, and ICT Education, 6(1), 51–72. https://doi.org/10.26262/review.v6i1.15087

Howe, C., Hennessy, S., Mercer, N., Vrikki, M., & Wheatley, L. (2019). Teacher–student dialogue during classroom teaching: Does it really impact on student outcomes? Journal of the Learning Sciences, 28(4–5), 462–512. https://doi.org/10.1080/10508406.2019.1573730

Krathwohl, D. R. (2002). A revision of Bloom's Taxonomy: An overview. Theory into Practice, 41(4), 212–218. https://doi.org/10.1207/s15430421tip4104_2

Luna, M. J., Selmer, S. J., & Rye, J. A. (2018). Teachers' noticing of students' thinking in science through classroom artifacts: In what ways are science and engineering practices evident? Journal of Science Teacher Education, 29(2), 148–172. https://doi.org/10.1080/1046560X.2018.1427418

Osborne, J., & Dillon, J. (2010). Questioning for teaching and learning in science. In P. Peterson, E. Baker, & B. McGaw (Eds.), International Encyclopedia of Education (3rd ed., pp. 5–14). Elsevier. https://link.springer.com/referenceworkentry/10.1007/978-94-007-2150-0_205

Robertson, A. D., Scherr, R. E., & Hammer, D. (Eds.). (2016). Responsive teaching in science and mathematics. Routledge. https://doi.org/10.4324/9781315689302

CHAPTER 08

김영민 (2012). 과학교육에서 비유와 은유 그리고 창의성. 서울: ㈜도서출판북스힐

김재완 (2004). 아인슈타인과 양자역학. 물리학과 첨단기술 January/Feb 2004, p7~10.

김학수 (1998). 말로 물을 끓인 사람. 부산: 부산대학교 출판부

Brown, T. (2003). Making truth: Metaphors in science. Urbana and Chicago: University of Illinois.

Cantor, G., Gooding, D. and James, F. (1996). Michael Faraday. New Jersey: Humanities Press.

Carnot, S. (1824). Reflections on the motive power of fire, and on machines fitted to develop that power. In: Mendoza, E. (ed.). (1988). Sadi Carnot: Reflections on the motive power of fire. Dover Publications, INC.

Clement, J. (1987). Generation of spontaneous analogies by students solving science problems. In Topping, D., Crowell, D. & Kobayashi, V. (eds.). Thinking across cultures. The third international conference. Hillsdale, NJ: Lawrence Erlbaum Associate.

Duit, R. (1991). On the role of analogies and metaphors in science. Science Education, 75(6), 649-672.

Feynman, R. (1965). The character of physical law. The MIT Press. 나성호 역(1989). 물리법칙의 특성. 서울: 미래사.

Gentner, D. (1983). Structure-Mapping: A theoretical framework for analogy. Cognitive Science, 7, 155-170.

Gentner, D. & Gentner, D. R. (1983). Flowing waters or teeming crowds: Mental models of electricity. In Gentner, D. & Stevens, A. L. (eds.), Mental models. Lawrence Erlbaum Associates.

Halliday, M. A. K. & Martin, J. R. (1993). Writing science: Literacy and discursive power. London and Washington, DC: The Falmer Press.

Hewitt, P. G. (1997). Conceptual physics (3rd ed.). Addison-Wesley Publishing.

Maxwell, J. (1890). On Faraday's lines of force. In Scientific letters and Papers of James Clerk Maxwell. Cambridge: Cambridge University Press, vol. I.

Miller, A. I. (1996). Metaphors in creative scientific thought. Creativity Research Journal, 9(2 & 3), 113-130.

Nagel, E. (1979). The structure of science. London: Routledge & Kegan Paul.

Serway, R. A. (1998). Principles of physics. Fort Worth: Saunders College Publishing.

Simpson, T. K. (1998). Maxwell on the electromagnetic field. Rutgers University Press.

Tracy, G. R., Tropp, H. E., and Friedle, A. E. (1983). Modern physical science. New York: Holt, Rinehart and Winston Publishers.

CHAPTER 09

박종원, 이강길 (2005). 새로운 물리탐구의 세계. 서울: 청문각.

박종원 (1997). 보면서 생각하는 물리시범. 광주: 전남대학교 출판부.

요네무라 덴지로 (한동순 역) (2006/2005). 원리가 보이는 과학실험. 서울: 성안당.

Bybee, R., Powell J. C., & Trowbridge, L. W. (2008). Teaching Secondary School Science (9th ed.), NJ: Pearson Education Ltd.

Cunningham, J., & Herr, N. (1994). Hands-on Physics Activities with Real-Life Applications: Easy-to-Use Labs and Demonstrations for Grade 8-12. San Francisco, CA: Jossy-Bass.

Ehrlich, R. (1990). Turning the World Inside Out. Princeton, NJ: Princeton University Press.

PART 6

물리 수업 설계와 수업 분석

CHAPTER 01 물리 수업 설계의 기본 원리와 모델

지영래 (순천대학교)

1.1 수업 설계의 개념 및 필요성

수업 설계(Instructional Design)는 학습자가 효과적으로 학습할 수 있도록 수업의 조건과 방법을 준비하는 과정이다. 수업은 교수자가 학습자의 지식이나 기술에 긍정적인 또는 생산적인 변화를 가져올 수 있는 교육적 활동이다. 효과적인 학습효과를 얻기 위해서는 적합한 학습 이론에 근거하여 최적의 학습조건을 탐색하는 노력이 요구된다(Gagn & Briggs, 1979). 또한 학습자의 개별 학습 지원을 위해 학습자의 특성과 학습 스타일을 분석하여 적절한 학습이 제공되어야 한다. 수업 설계를 넓은 의미의 개념과 좁은 의미의 개념으로 구분하면 [표 611]과 같은 특징을 갖는다.

[표 611] 넓은 의미와 좁은 의미의 수업 설계

구분	좁은 의미의 수업 설계	넓은 의미의 수업 설계
정의	특정 교과내용과 학습대상자를 위해 최적의 교수방법을 결정하는 활동	교육과 관련된 문제를 분석하고 이를 해결하기 위한 설계, 개발, 실행, 평가 과정을 포함하는 활동
중점	학습자의 지식과 기능에 바람직한 변화를 가져올 교수·학습 활동을 조직하고 실행	교육 시스템 전반을 개선하고 발전시키는 거시적 관점

핵심과정	- 교과내용 분석 - 학습자 분석 - 교수방법 결정	- 문제 분석 - 해결 방안 설계 - 방안 개발 - 실행 - 평가
적용범위	특정 수업 상황	교육 체제 전체
예시	- 특정 학습 주제에 적합한 교수 전략 선택 - 학습자 특성을 고려한 수업 계획 작성	- 학교 교육 시스템의 개선 - 온라인 교육 프로그램 개발 - 대규모 교육 정책 설계 및 실행

넓은 의미의 수업 설계 예시

김교사는 중학교 물리 내용의 지도를 위한 거시적인 수업계획을 다음과 같이 세워 보았다.

중점방향	물리수업에서 기본지식과 탐구기능뿐 아니라, 과학적 소양 계발을 강조한다.
핵심과정	- 교육과정에서 추구하는 과학적 소양의 기본적인 내용과 방향, 그리고 관련 자료를 살펴본다. - 중단원별로 구체적인 과학적 소양 목표를 설정하고, 이를 위한 수업을 계획한다. - 이를 위해 기본방향에 동의하는 동료와 협업적으로 수업을 계획하고 실행하고 반추내용을 공유한다.
예시	- 과학적 소양 관련 학습목표를 중단원별로 1~2개 정도씩 세워본다. - 과학적 소양 학습목표를 위한 수업자료 및 학생 활동지를 개발한다.

수업 설계는 수업 계획 외에도 훈련 프로그램, 요원 교육, 교수 프로그램 개발 및 실행, 교과과정 개발 등 다양한 분야에 적용된다([표 612]).

[표 612] 수업 설계의 적용 분야와 주요 요소

구분	내용
수업 설계의 적용 분야	- 수업 계획 - 훈련 프로그램 설계 - 요원 교육 - 교수 프로그램 개발 및 실행 - 교과과정 개발
적용 목적	다양한 교육 상황에서 효과적이고 효율적인 교육 지원
수업 설계시 고려 요소	- 학습자: 학습자의 특성, 수준, 요구 - 학습내용: 교육 목표에 맞는 적합한 내용 - 학습환경: 물리적·심리적 환경, 자원 - 수업방법: 목표 달성을 위한 최적의 교수 전략
수업 설계의 역할	- 학습자가 최상의 학습 효과를 얻을 수 있도록 지원 - 체계적·과학적 접근을 통해 교수방법을 개발 - 교육의 질을 향상시키는 데 기여

[표 612]에서 제시한 '물리수업 설계시 고려할 요소'의 구체적인 예를 들면 다음과 같다.

물리수업 설계시 고려 요소 예시

교육목표	- 교육과정 문서의 과학(물리) 성격 및 목표, 인재상을 파악하고 교과서의 단원별 학습 목표를 확인한다.
교육목표에 부합한 학습내용	- 교육과정의 내용 체계에 제시된 핵심 아이디어, 지식·이해, 과정·기능, 가치·태도를 확인한다. - 예를 들어, 통합과학1의 핵심 아이디어(자연계에서 물체의 운동 변화는 역학적 상호작용으로 설명하며, 일상생활에서 안전하고 편리한 삶에 활용된다.), 지식·이해(중력장 내의 운동, 충격량과 운동량), 과정·기능(자연 현상에서 물체를 인식하고 가설을 설정하기 등), 가치·태도(과학 유용성, 안전·지속가능 사회에 기여 등) 관련 내용을 확인한다.
학습자에 대한 고려	- 학습자의 특성, 수준, 요구 등을 파악하고 성취하고자 하는 교육 및 학습 목표를 고려한 동기 유발, 학습 내용을 선정한다.

	- 예를 들어, 충격량 개념의 도입을 위해 학생들이 일상생활에서 자주 경험했을 것으로 예상되는 스포츠, 자전거나 차량에서 활용되는 안전 도구 등을 사례로 제시한다.
필요한 학습환경	- 교실 또는 실험실 환경에서 구축하고 있는 설비와 관련 소프트웨어를 파악하여 다양한 매체를 활용하거나 학습 내용을 전달하고 학생들의 학습 데이터를 수집할 수 있는지를 확인한다.
적절한 수업방법	- 학습 내용과 학습 내용에 포함된 관련 물리 탐구활동을 파악하여 효과적인 수업방법을 구상한다.

수업 설계에 대한 접근은 근거하고 있는 심리학에 따라 차별화되어 나타나는데, 이에 대한 특징을 비교해 보면 [표 613]과 같다. 물리학습과정에는 학습내용과 학습목표에 따라 3가지 접근이 적절하게 활용될 필요가 있다. 예를 들어, '$F=ma$를 활용한 물체 운동 분석하기'와 같은 학습목표를 위한 학습활동의 경우에는 '주어진 공식을 활용하여 문제 풀이를 반복하기'와 같이 특정 행동이 숙달될 수 있도록 행동주의 접근을 활용할 수 있다. 이 경우에 학습 성과는 객관식 풀이에 대한 정답률과 같이 분명한 기준으로 평가할 수 있다.

그에 반해 '물리 개념 이해하기' 및 '물리적 상황에 대한 과학적 설명하기'의 경우에는 인지주의 접근을 통한 수업 설계가 적절할 수 있다. 예를 들어, '중력과 탄성력의 차이 설명하기'를 위해 개념도로 개념의 차이를 정리하거나 '빛의 반사와 굴절 개념을 활용하여 거울과 렌즈에서의 상 설명하기' 등에서 인지주의 접근을 활용할 수 있다.

또한 물리 실험 및 협력 학습의 경우에는 구성주의 접근에 따른 학습활동이 적절할 수 있다. 예를 들어, '자유 낙하 운동과 수평 방향으로 던진 물체의 운동을 실험 데이터를 통해 비교하기' 또는 '간이 발전기를 통해 전자기 유도 원리를 확인하고 설명하기' 등의 활동을 동료와 함께 수행하여 협력적으로 개념을 구성할 수 있다.

[표 613] 행동주의, 인지주의, 구성주의에 따른 수업 설계

구분	행동주의	인지주의	구성주의
기본 관점	학습자는 수동적 존재이며, 외부 자극과 반응을 통해 행동 변화를 유도	학습자는 능동적 정보처리자로, 지식은 인지 과정(기억, 사고, 문제 해결)을 통해 획득	학습자는 능동적 주체로, 지식은 학습자의 경험과 맥락에 따라 개인적으로 구성됨
수업 설계 원리	- 학습 행동은 관찰 가능하고 측정 가능한 방식으로 설계 - 사전 측정, 단서 제공, 강화와 피드백 강조 - 학습 성과 부족 시 보완 필요	- 학습자의 인지적 요구에 맞춘 수업 설계 - 학습 목표 명확화와 체계적 수업 순서 - 복잡한 학습을 단계적으로 처리 가능	- 학습자 중심의 환경 설계 - 협력과 맥락적 학습 강조 - 실제 문제 해결을 통한 학습 - 유연하고 동적인 학습 환경 제공
대표 이론	- 스키너의 조작적 조건화 - 행동 강화 이론	- Merrill의 구성요소제시 이론 - Reigeluth의 정교화 이론 - Keller의 동기설계이론	- 상황학습 이론 - 협동학습, 프로젝트 기반 학습 - 문제 해결 중심 학습
학습 목표	- 특정 행동의 변화와 숙달	- 학습자의 정보처리 능력 향상 - 명확한 학습 목표 달성	- 고차원적 사고 능력(창의력, 비판적 사고, 문제 해결 능력) - 개인적·사회적 맥락 속에서 지식 구성
강점	- 관찰 가능하고 측정 가능한 학습 성과 제공 - 단순하고 명확한 학습 목표에 적합	- 복잡한 학습과제와 고차원적 학습에 적합 - 학습의 인지적 과정을 명확히 설명	- 학습자의 능동적 참여와 맥락적 학습 강조 - 유연한 설계와 개별화된 학습 경험 제공
한계	- 학습자를 수동적 존재로 간주 - 복잡한 학습과제와 고차원적 사고에 부적합	- 학습의 정서적·사회적 맥락 간과 가능	- 명확한 학습 목표 설정이 어려울 수 있음 - 구조적 설계 부족으로 비효율적일 가능성

효과적인 수업 설계는 학습자의 유의미한 학습을 유도하고 학습자에게 기대하는 수준에 도달할 수 있도록 지원한다. 수업 설계의 주요 요소는 학습 목표 설정, 학습자 분석, 교수 방법과 전략 수립, 교수 자료 준비, 평가 계획 수립, 평가에 대한 환류로 구분할

수 있다([표 614]). 그리고 [표 615]는 전자기 유도에 대한 [표 614]의 수업 설계 단계에 따른 주요내용의 예시이다.

[표 614] 수업 설계의 주요 단계와 특징

단계	주요 내용
학습 목표 설정	- 수업 설계의 첫 번째 단계 - 학습자가 습득해야 할 지식, 기능, 태도를 명확히 진술 - 수업의 방향 및 평가 기준을 제시 - 특징: 구체적이고 명확한 진술, 학습자 수준 반영, 도전적 목표 제시
학습자 분석	- 학습자의 특성과 요구를 이해하여 교수 방법 선정 - 고려 요소: 학습자의 사회적·문화적 배경, 학습 동기, 관심사, 선행지식, 학습 스타일 - 분석 결과를 토대로 교수 방법 조정 및 수업 난이도 조절 - 문화적 차이를 존중하고 포용적인 수업 설계 강조
교수 방법 및 전략 수립	- 학습자 분석 결과를 바탕으로 적합한 교수 방법과 전략 결정 - 교수 방법: 강의법, 토론법, 문제 해결법 등 - 교수 전략: 다양한 활동과 매체 활용, 학습 목표와 환경에 맞는 세부 전략 조합 - 학습자의 수준 및 동기를 반영하여 디지털 도구와 평가 계획 통합
교수 자료 준비	- 학습자가 이해하기 쉽게 교과 내용을 정리하고 자료를 준비 - 과정: 수업계획서 작성 → 학습 목표에 따른 내용 정리 → 다양한 매체 활용 (교과서, 활동지, 과제, 참고자료) → 평가 자료 준비 - 수업 일정과 교수-학습 방법, 평가 기준을 포함한 수업 계획 수립
평가 계획 수립	- 학습 성과를 측정하고 수업 개선을 위한 계획 수립 - 평가 유형: 진단평가(수업 전), 형성평가(수업 중), 총괄평가(수업 후) - 학습 목표와의 일관성을 고려하여 평가 계획 설계 - 학습자 성취도 측정 및 환류를 통해 수업 개선

[표 615] 단계별 수업 설계의 주요 내용 예시

단계	주요 내용
학습 목표 설정	- 주제: 전자기 유도 (1) 지식목표: 자기장 변화에 따른 유도기전력의 발생을 이해하고, 유도기전력이 크기에 영향을 주는 요인을 말할 수 있다.

학습 목표 설정	(2) 기능목표: 유도기전력의 크기에 영향을 주는 변인을 조작적으로 정의하여 탐구를 설계한다. (3) 태도 목표: 유도기전력이 활용되는 일상생활의 도구에 흥미를 갖고 과학의 유용성을 안다. - 수업의 방향 및 평가 기준: 유도기전력 개념을 이해하고 유도기전력의 크기에 영향을 주는 변인들의 관계를 설명할 수 있다. - 특징: 유도기전력의 크기에 영향을 주는 조작변인, 통제변인, 종속변인을 설정하여 탐구를 설계한다. 선행 학습한 전자기 유도에 대한 학습자들의 이해 수준을 파악하고 이를 수업에 반영한다.
학습자 분석	- 학습자의 특성과 요구에 기반한 교수 방법: 다양한 디지털 도구 활용 - 고려 요소 (1) 학습자의 사회적·문화적 배경: 지역사회 및 학교 환경, 언어 및 의사소통 방식, 실험 장비나 교육 환경에 대한 이해를 바탕으로 수업 설계를 고려한다. (2) 학습 동기 및 관심사: 전기, 자기에 대한 학습자의 관심사를 고려한다. (3) 선행지식: 전자기 유도, 전류가 흐르는 도선 주위의 자기장 (4) 학습스타일: 학습자의 수준 및 동기를 반영하여 디지털 도구 및 다양한 매체를 활용한다. - 수업 난이도: 학습자의 수준을 고려하여 수업 난이도를 유연하게 조정한다. - 문화적 차이와 포용적인 수업 설계: 학습자의 학습에 대한 태도, 과학과 기술에 대한 인식을 고려하여 수업을 설계한다.
교수 방법 및 전략 수립	- 교수 방법: POE 수업 모형, 순환학습 모형 등 - 교수 전략: 협력적 탐구 활동 - 디지털 도구 사용: 흥미 유발을 위한 동영상 제시, 탐구 결과를 분석하고 공유할 수 있는 소프트웨어 활용, 테블릿 등을 활용하여 수업 중 평가에 활용할 수 있는 어플리케이션 활용 - 평가 계획: 진단평가를 통한 학생들의 오개념 파악, 형성평가를 통해 성취기준에 대한 도달 여부를 확인하여 환류 실시
교수 자료 준비	- 교육과정의 주요 개념 및 상위개념 정리 - 수업계획서, 학생용 활동지, 시범, ppt, 평가자료 준비
평가 계획 수립	- 진단평가: 학습자의 수준을 파악하고 오개념 등을 확인하여 수업 전개에 활용 - 형성평가: 학습한 내용에 대한 이해 수준을 확인하고 부족한 부분에 대해 환류 - 수업개선 계획: 진단평가 및 형성평가 결과을 분석하고 교수자의 반성적 성찰을 통해 수업을 점진적으로 개선한다.

활동

1. 수업 설계의 주요 요소는 학습 목표 설정, 학습자 분석, 교수 방법과 전략 수립, 교수 자료 준비, 평가 계획 수립, 평가에 대한 환류 등입니다. 물리 수업 설계에서 가장 중요하다고 생각하는 요소를 하나 선정하고 그 이유를 동료들과 토의하자.

요약

- 수업 설계의 목적은 학습자가 효과적으로 학습할 수 있도록 최적의 조건과 방법을 마련하는 것으로, 학습자 특성, 학습 목표, 교수 방법을 고려하여 체계적으로 계획해야 한다.
- 좁은 의미의 수업 설계는 특정 교과 내용과 학습 대상을 위해 최적의 교수 방법을 결정하는 활동이다.
- 넓은 의미의 수업 설계는 교육과 관련된 문제를 분석하여 해결 방안을 설계, 개발, 실행, 평가하는 과정이다.
- 수업 설계는 훈련 프로그램, 요원 교육, 교수 프로그램 개발 및 실행, 교과 과정 개발과 같은 다양한 분야에 적용된다.
- 행동주의와 수업 설계: 학습자를 수동적인 존재로 보고, 학습 성과를 측정 가능한 방식으로 도출. 학습자에 대한 사전 측정, 학습 준비를 위한 단서 사용, 성과에 대한 강화 및 피드백 강조
- 인지주의와 수업 설계: 학습자의 인지 과정과 복잡한 학습 과정을 중시. 복잡한 학습과제와 고차원적 학습을 잘 설명
- 구성주의와 수업 설계: 학습자가 주체적으로 지식을 구성. 지식은 학습자의 경험과 인식에 의해 형성됨. 협력적이고 문제 해결 중심의 학습 방식 강조
- 수업 설계의 주요 요소: 학습 목표 설정 / 학습자 분석 / 교수 방법과 전략 수립 / 교수 자료 준비 / 평가 계획 수립

1.2 수업 설계 이론

수업 설계 이론은 학습 이론과 교육 철학에 따라 수업 방식에 대한 방향을 제시한다.

수업 설계 이론은 대단원별 수업 설계와 연간 수업 설계에 적용할 수 있지만, 일반적으로는 대단원별 수업 설계에 활용할 수 있다. 수업 설계 이론을 선택하기 위해서는 수업 목표와 학습자의 요구를 고려할 필요가 있으며 다양한 이론을 조합하여 활용하기도 한다.

(1) Merrill의 내용 요소 제시 이론(Component Display Theory)

Merrill의 내용 요소 제시 이론은 [표 616]과 같이 수업 목표를 수행 수준과 내용 유형으로 구분하여 제시하며, 이를 통해 학습자들에게 효과적인 학습이 일어날 수 있다고 설명한다(Merrill, 1983). 이 이론은 학습자들에게 실제적인 지식 전달을 효과적으로 돕는 방안을 제안한다.

[표 616] Merrill의 내용 요소 제시 이론의 특징

구분	내용
수행 수준	- 기억하기: 사실, 개념, 절차, 원리를 기억하고 재현하는 단계 - 활용하기: 사실, 개념, 절차, 원리를 일상생활이나 다양한 맥락에 적용하는 단계 - 발견하기: 새로운 사실, 개념, 절차, 원리를 탐색하여 발견하는 단계
내용 요소	- 사실: 정보의 가장 기본적인 형태, 이름, 사건, 장소 등 - 개념: 공통의 특성을 지닌 사물, 사건 등을 의미 - 절차: 특정 결과를 도출하는 데 필요한 일련의 과정 - 원리: 사건이나 현상의 해석을 위한 일반적인 규칙
Merrill 이론의 특징	1. 실제적 문제 해결 중심: 문제 해결 과정에서 새로운 지식을 학습하고 실제 문제 상황에 적용 2. 학습자의 선행지식 파악: 학습자의 기존 지식을 바탕으로 새로운 지식 습득 3. 단계적 내용 제시: 사실, 개념, 절차, 원리 등 내용 요소를 단계적으로 제시 4. 내용의 실제적 활용: 학습자는 배운 내용을 다른 상황에 적용하도록 지도됨 5. 지속적인 피드백 제공: 학습 과정에서 지속적인 피드백을 제공하여 점진적 학습을 유도

Merill의 내용요소이론에 기반한 수업 설계 예시

김교사는 전지의 단자전압을 주제로 한 수업을 위해 다음과 같이 수행수준과 내용요소, 그리고 수업의 특징을 계획해 보았다.

수행 수준	- 기억하기: 다음 관계식을 기억한다: $V=\epsilon-ir$ - 활용하기: 꼬마전구에 병렬로 연결된 저항을 크게 하면, 단자전압 변화에 따른 전구의 밝기를 설명할 수 있다. - 발견하기: 단자전압 실험을 통해 전지의 내부저항을 구할 수 있다.
내용 요소	- 사실: 단자전압, 기전력, 내부저항 - 개념: 단자전압, 전류, 내부저항, 기전력 - 절차: 전기회로의 연결(직렬, 병렬), 전구의 밝기 비교, 단자전압 변화에 따른 전력의 크기 비교 - 원리: $V=\epsilon-ir$, 전기회로의 연결에 따른 전압과 전류의 크기
수업 특징	1. 실제적 문제 해결: 전지의 기전력과 내부저항에 따른 단자접압을 고려하여 전기회로에서의 전구의 밝기를 비교하여 설명한다. 2. 학습자의 선행지식 파악: 기전력, 내부저항, 옴의 법칙, 전기회로의 연결, 전력 3. 단계적 내용 제시: 전지의 기전력과 내부저항에 따른 단자전압 설명, 전기회로에서 전압과 전류의 크기 설명, 전압과 전류의 크기에 따른 전기소자(전구)의 밝기 설명 4. 내용의 실제적 활용: 일상생활에서 활용하는 전기 도구의 전력을 기전력과 단자전압 개념을 이용하여 설명한다. 5. 지속적인 피드백 제공: 수업 내용의 이해를 위해 사용되는 선행지식에 대한 학생들의 이해 수준을 파악하고, 단자전압과 전력 사이의 관계를 확인하기 위한 변인들을 설정하고 이를 적절하게 탐구로 설계했는지를 확인하고 피드백을 제공한다.

내용 제시 형태는 1차 제시형과 2차 제시형으로 구분한다. 1차 제시형은 학습내용을 전달하는 방식으로 설명과 탐구이며, 2차 제시형은 학습을 보조하는 예제, 피드백, 암기법 등이다. 1차 제시형은 일반성(generality)과 사례(instance), 설명적(expository)와 탐구적(inquisitory)으로 구분된다. Merrill의 이론은 교수자에게 상세하고 명확한 교수설계의 준거를 제공한다. 일반성은 정의, 원리, 절차를 사례는 대상, 상징, 사건, 과정, 절차에 대한 예시를 제공한다. 설명적은 내용을 진술하거나 기술하는 것이며,

질문적은 내용에 대한 질문하거나 학습자에게 연습을 제공하는 등의 학습자 중심 탐구활동을 의미한다.

[표 617] 1차 제시형

	설명적(Expository)	탐구적(Inquisitory)
일반성(Generality)	설명적 일반성: "법칙"	탐구적 일반성: "회상"
사례(Instance)	설명적 사례: "예시"	탐구적 사례: "연습"

(2) Reigeluth의 수업 정교화 이론

Reigeluth가 제안한 수업 설계 이론은 학습자가 복잡한 개념을 점진적으로 습득할 수 있는 수업 정교화 전략을 제안한다. 수업 정교화 이론은 교수자가 기본 개념에서 복잡한 개념으로 수업을 설계하도록 안내한다(Reigeluth, 1983).

[표 618] Reigeluth의 수업 정교화 이론의 특징

구분		내용
교수변인	교수 조건	교과 내용의 특성, 교육 환경 및 맥락, 학습자 특성, 교수 목적 등 수업을 위한 기본 조건
	교수 방법	교육 내용의 구성, 전달, 관리 전략. 교수자는 다양한 전략을 사용하여 학습자의 이해 증진
	교수 결과	수업의 효과성 및 효율성에 대한 성과로, 학습자의 성과나 결과물을 평가
조직화 전략		거시적 전략: 여러 개념이나 원리를 체계화하고 요약하여 수업의 전반적인 흐름을 정리 미시적 전략: 개별 차시 수업 내에서 구체적인 내용 요소 제시
수업 정교화 과정		기초적이고 일반적인 내용에서 출발하여 점진적으로 구체적이고 복잡한 내용을 다루며 학습자의 이해를 돕는 과정
수업 정교화 원칙		학습자의 현재 수준에 맞춰 점진적으로 복잡한 개념을 제공, 반복적 연습과 피드백을 통한 이해도 증진

수업 정교화 전략의 핵심요소	단계적 복잡성 증가	수업은 기초적인 개념부터 시작하여 점차적으로 복잡한 개념을 다루는 방식으로 설계
	선행 지식 파악	학습자의 기존 지식과 능력을 바탕으로 새로운 정보를 연결하고 수업을 설계
	반복과 연습	개념을 내재화할 수 있도록 반복적 연습을 통해 학습자가 점진적으로 어려운 개념을 학습하도록 도움
	점진적 피드백	학습 과정에서 학습자의 이해도를 점검하고, 잘못된 개념을 수정하는 피드백 제공
	구체적인 예시와 모델링	학습자가 새로운 개념을 잘 이해할 수 있도록 구체적인 예시와 비유를 활용하여 학습 유도
	학생 중심 학습 설계	학습자의 특성에 맞춘 개별적인 학습 경험을 제공하고, 학생들이 주도적으로 학습할 수 있도록 지원

수업 정교화 이론에서 교수와 관련된 변인은 교수 조건, 교수 방법, 교수 결과의 세 가지로 분류된다. 교수 조건은 교과 내용의 특성, 교육 환경 및 맥락과 관련한 제한 요소, 학습자 특성, 교수 목적 등이다. 교수 방법은 교육 내용의 구성 전략, 전달 전략, 관리 전략과 같은 다양한 교육적 전략을 의미한다. 교수 결과는 수업의 효과성, 효율성 등에 대한 교수 활동에서 성취한 산출물이다. 전기회로의 직렬 연결과 병렬 연결에 대한 물리수업에 적용한 예시를 제시하면 다음과 같다.

수업 정교화를 위한 교수변인을 정리한 사례

김교사는 아래와 같은 주제의 물리수업을 계획할 때, Reigeluth의 수업 정교화 이론을 적용하기 위해 교수변인을 다음과 같이 정리해 보았다.

주제: 전기회로의 직렬 연결과 병렬 연결

교수변인	내용
교수 조건	교과 내용의 특성: 일상생활에서 접하는 전기 회로를 추상적인 개념을 활용하여 설명한다. 교육 환경 및 맥락: 교육과정 성격 및 목표, 교과서의 학습 목표, 학교 현장에서 활용할 수 있는 교수 자원을 파악한다.

	학습자 특성: 전하의 개념, 전압과 전류의 관계 등에 대한 선행지식 이해 수준 파악 교수 목적: 전기회로의 직렬 연결과 병렬 연결에 따른 물리량을 비교하여 설명한다.
교수 방법	교육 내용의 구성, 전달, 관리 전략: 전기회로의 기본 개념을 설명한 후, 직렬 연결 → 병렬 연결 → 직렬과 병렬의 혼합 연결 순으로 개념을 점진적으로 전달 학습자의 이해 증진을 위한 전략: 전류를 물의 흐름에 비유하여 설명
교수 결과	수업의 효과성 및 효율성 평가방법: 전기회로의 연결에 따른 전류와 전압의 크기를 예상하고, 이를 실험을 통해 측정하고 설명한다.

수업 정교화 이론은 교수 내용의 조직화 전략을 제안한다. 조직화 전략은 수업 내용을 제시하는 순서, 상호 연결하는 방법을 제시한다. 수업 정교화 이론에서 조직화 전략은 거시적인 전략과 미시적인 전략으로 구분한다. 거시적 전략은 여러 개념, 원리, 아이디어를 선택하고 체계화하고 요약하고 종합하는 방법을 의미한다. 미시적 전략은 한 차시 수업 내에서 내용 요소와 관련된 개념 정의 제시, 사례 제시, 개념 관련 문제 제시 등을 체계적으로 제시하는 전략을 의미한다. 거시적 전략을 위해 개념도로 물리 교과서의 파동의 성질 단원의 주요 개념, 내용을 개념도로 정리한 예는 다음과 같다.

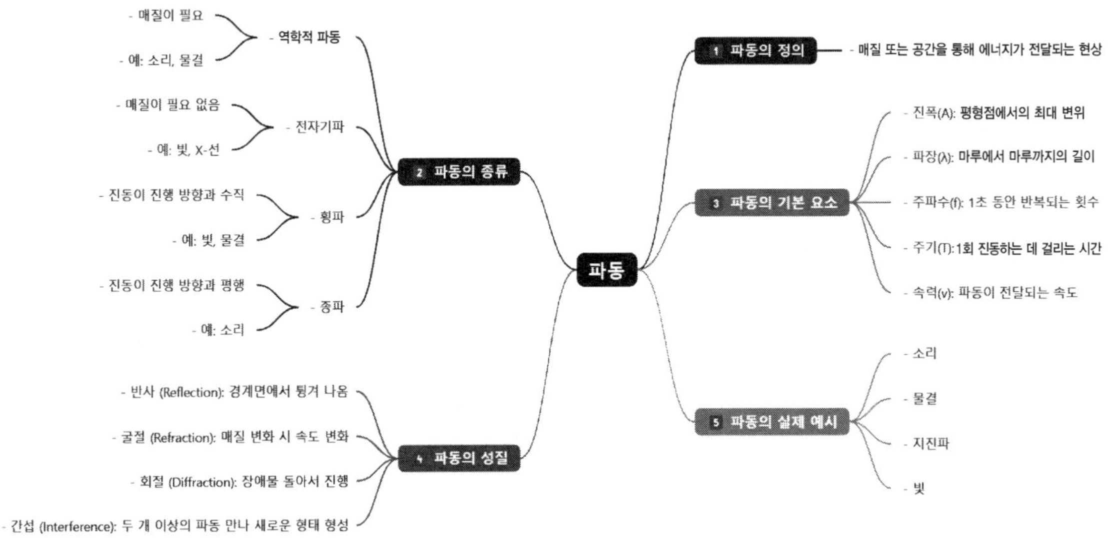

활동
물리교과서의 대단원 내용을 선택하여 개념도로 정리하고, 개념도를 차시별로 구별해 보자.

수업 정교화 과정은 거시적 전략을 통해 교과의 단원들의 흐름을 파악하여 제시하는 것에서 중단원이나 소단원의 구체적인 내용 요소를 일반적인 내용으로 정교화하는 과정을 말한다. 수업에서는 기초적이며 일반적인 내용 요소에서 구체적이며 복잡한 내용 요소를 전달하는 방식으로 구성한다. 교수자는 정교화 과정으로 수업을 설계하고 다시 기초적이며 일반적인 것으로 내용 요소를 검토하여 교과의 전체 내용을 재검토하여 수업의 방향을 수정해 나간다. 같은 맥락으로 학습자는 처음에는 단순한 개념을 학습하고, 이후 점진적으로 복잡한 개념과 내용을 학습하는 방식으로 교과 내용을 심층적으로 이해하게 된다. 전자기 유도 주제의 물리수업 정교화를 위해 요소별 내용을 정리한 예는 [표 619]와 같다.

[표 619] '전자기 유도' 주제의 물리수업 정교화 사례

정교화 요소	내용
단계적 복잡성	자기장 변화 → 자기선속의 변화로 확장, 유도 전류의 세기 → 유도 전류의 방향으로 확장, 정지한 닫힌 도선 주위에서 운동하는 자석에 의한 자기장의 변화 → 닫힌 도선과 자석의 상대적인 운동에 따른 자기선속의 변화로 확장
선행 지식	자기선속, 자기장
반복과 연습	패러데이 법칙과 렌츠 법칙 적용 문제의 반복적 풀이, 코일과 자석을 이용한 실험을 여러 번 반복하여 수행하며 관찰하기
수정을 위한 피드백	코일과 자석의 상대적인 운동에 의한 자기선속 변화를 학생에게 설명하기
예시와 비유	발전기와 변압기 예시 제시, 전자기 유도를 에너지 보존과 관련하여 설명하기
개별적/주도적 학습	학생이 주도적으로 탐구를 설계하고 전자기 유도 개념을 이해할 수 있도록 탐구 활동 구성 / 전자기 유도 시뮬레이션을 활용한 다양한 변수를 조작하는 개별 활동 제공

(3) Keller의 학습동기 설계이론

Keller의 학습동기 설계이론은 학습자의 동기를 증진하기 위한 네 가지 핵심 요소를 제시한다. 네 가지 요소는 주의집중(A: attention), 관련성(R: relevance), 자신감(C: confidence), 만족감(S: satisfaction)이다. 이 네 가지 요소를 통해 교수자는 학습자가 학습에 참여하고 지속적으로 동기를 유지하도록 한다.

주의집중은 동기의 기본 요소로 학습이라는 행위를 유발하는 요소이다. 학습자는 수업이 흥미로우며 자극적이라고 인식할 때 동기를 갖게 된다. 주의집중을 위한 전략은 학습이 시작되거나 시작되기 전 학습자의 관심을 유도하는 것이다. 학습자의 주의를 끌기 위해 다음과 같은 교수방법을 활용할 수 있다. 흥미로운 활동이나 도전적인 문제를 제시하여 학습자의 호기심을 자극한다. 다양한 매체를 활용하여 수업을 다양한 방식으로 설계한다. 돌발적인 상황을 제공하거나 학습자가 예상하기 어려운 상황을 통해 학습자의 집중을 유발한다.

관련성은 학습자가 학습에 참여해야 하는 이유를 제공하는 것이다. 학습자가 자신에게 필요하다고 생각하도록 하는 것이 중요하다. 학습 내용이 학습자에게 실제적으로 필요하며 일상생활에서의 자신의 삶과 관련짓게 하는 교수자의 노력이다. 학습자는 자신의 목표와 필요에 맞는 학습 경험을 통해 관련성을 인식하고 학습에 대한 동기를 부여받는다. 학습을 통해 현재와 미래에 학습자에게 도움이 되어야 하며 자신의 진로를 위한 성공에 도움이 된다는 것을 강조한다. 학습 그 자체에서 즐거움을 찾고 학습의 가치를 알도록 도와주는 노력도 요구된다. 나아가 학습을 통한 성취보다는 학습 과정에서 동기를 유발해야 하며, 학습자에게 제공하는 과제, 목표, 활동이 학습자의 흥미를 유인하고 유지하도록 해야 한다.

자신감은 학습 과정에서 성공적인 경험을 학습자에게 제공하는 것이다. 학습자는 학습과제를 성공적으로 수행하고 마칠 수 있다고 생각해야 한다. 학습자가 학습과제를 수행할 때 성공에 대한 기대가 실패에 대한 예상보다 더 높아질 수 있도록 교수자가 과제의 난이도를 조정할 필요가 있다. 학습 과정에서 교수자는 학습자에게 적절한 보상을 제공하여 참여를 촉진하고 지속적인 피드백을 통해 자신감이 부족한 학생들을 위해 수업을 유연하게 운영해야 한다.

만족감은 학습자가 학습을 마친 후 자신감을 얻도록 하는 것이다. 학습자는 학습을 통한 성과를 인정받고 보상을 받아 자신감을 얻을 수 있다. 학습에 의한 성취를 통해 긍정적인 감정을 갖고 학습 이후의 새로운 학습에 대한 학습 동기가 자극할 수 있다. 만족감을 높이기 위해 교수자는 충분한 보상과 긍정적인 피드백을 제공해야 한다.

학습동기를 반영한 수업 설계 예시

김교사는 Keller의 학습동기 설계이론에 따라 빛과 파동 주제 물리학습을 위해 4가지 학습동기를 다음과 같이 정리해 보았다.

동기요소	예시
주의집중	빛이 물에서 굴절되는 이유를 묻고 일상생활에서 사용하는 안경의 원리가 관련됨을 말한다. 학생들은 호기심을 갖고 물에서의 굴절에 대한 학습에 집중하게 되고 학습에 흥미를 갖게 한다.
관련성	테블릿, 스마트폰에서 사용되는 LCD, OLED 등을 예로 제시하고, 빛과 파동의 합성과 반사를 관련지어 설명한다. 학습자가 일상생활에서 자주 사용하는 기술을 연결하여 물리 학습의 중요성을 강조한다.
자신감	파동의 합성을 빛과 파동의 주기, 진폭, 진동수와 관련된 문제의 단계적 풀이를 통해 학습하도록 한다. 기본적인 특성에서 복잡한 응용의 순서로 문제를 제시하여 학습에 대한 자신감을 갖고 성취를 느끼도록 한다.
만족감	빛의 성질과 파동의 원리에 대한 간단한 퀴즈를 제공하여 점수를 얻고, 획득한 점수에 따라 많은 학생들이 보상을 제공하여 학습 성취에 대한 만족감을 얻로록 한다.

활동

1. Merrill의 내용 요소 제시 이론, Reigeluth의 수업 정교화 이론, Keller의 학습동기 설계이론의 차이점에 대해 논의해 보자.
2. 물리 교과에 대한 수업을 설계할 때 수업 이론에 대한 이해가 필요한 이유를 설명해 보자.

요약

수업 설계 이론	목표	핵심내용	핵심전략
Merrill의 내용 요소 제시 이론	학습자가 실제 문제를 해결하며 지식을 습득하고, 다양한 상황에 이를 적용하도록 유도	학습 내용을 사실, 개념, 절차, 원리로 구분하고, 수행 수준을 기억하기, 활용하기, 발견하기로 나눔	- 문제 해결 과제를 통해 새로운 지식 습득 - 학습자의 선행 지식 파악 및 활용 - 단계적이고 구체적인 내용 제시 - 피드백 제공
Reigeluth의 수업 정교화 이론	학습자가 기초 개념에서 복잡한 개념으로 점진적으로 학습하도록 돕기	학습자가 복잡한 개념을 점진적으로 습득할 수 있도록 수업을 설계하는 이론	- 거시적 전략(개념 및 원리 요약, 체계화) - 미시적 전략(구체적 개념 제시) - 학습자의 수준에 맞는 수업 설계
Keller의 학습동기 설계이론	학습자가 지속적으로 학습에 참여하고 동기를 유지하도록 유도	학습자의 동기를 증진시키기 위한 네 가지 핵심 요소 제공	- 주의집중(학습자의 관심 끌기) - 관련성(학습자의 필요와 연결) - 자신감(성공적 경험 제공) - 만족감(성과 인정 및 보상)

1.3 수업 설계 모형

수업 설계 모형이란 수업 설계를 위해 필요한 과정이나 절차 또는 과제를 수행하는 순서를 항목별로 제시한 것이다. 효과적인 학습 경험을 제공하기 위해 학습 목표를 설정하고, 설정한 학습 목표에 적절한 교수-학습 방법 및 활동을 체계적으로 계획하는 것이 중요하다. 수업 설계 모형은 다양한 방법론을 활용하여 교육 목표를 달성하기 위한 전략을 구상하고 조직하는 것을 돕는다.

(1) ADDIE 모형

ADDIE 모형은 일반적이며 널리 사용되는 수업 설계 모형으로 분석(Analysis), 설계(Design), 개발(Development), 실행(Implementation), 평가(Evaluation)의 다섯 단계로 구성된다. ADDIE 모형은 반복적인 과정으로 수업을 설계하여 점진적으로 수업을 개선하는 데 활용된다.

[표 6110] ADDIE 모형의 단계별 절차

단계	내용	주요 활동
분석 (Analysis)	학습자의 요구와 현재 성과를 분석하여 목표와의 차이를 식별하는 단계. 교육 설계의 기초	학습자 특성 분석(연령, 학습 스타일 등), 요구 분석, 학습 목표 정의, 전달 방법 평가(온라인/대면 등)
설계 (Design)	교육 경험을 위한 청사진을 만드는 단계. 학습 목표 달성을 위한 전략과 평가 방법을 계획	교수 전략 선택(협동학습, 직접 교수법 등), 미디어 및 방법 선택, 수업 계획서 및 학습 자료 개발
개발 (Development)	설계 계획을 바탕으로 실제 학습 자료와 활동을 제작하는 단계	콘텐츠 개발(동영상, 퀴즈 등), e-learning 플랫폼 설정, 프로토타입 제작 및 시험 적용
실행 (Implementation)	개발된 학습 자료를 실제 교육 현장에서 적용하는 단계. 학습 자료의 효과성과 접근 가능성 점검	교수자 교육, 학습 프로그램 전달, 과정 진행 모니터링, 초기 피드백 수집
평가 (Evaluation)	ADDIE 모델 전반에 걸쳐 평가를 통해 효과성을 분석하고 개선점을 도출하는 단계	형성평가(실시간 피드백), 총괄평가(학습 결과 평가), 피드백 수집 및 개선 사항 도출

ADDIE 모델은 교육 설계에서 널리 사용되는 체계적인 프레임워크로 학습 경험을 개발하고 평가하기 위한 명확한 구조와 단계를 제공한다.

[표 6111] ADDIE 모형의 주요 내용

구분	내용
정의	- 교육 설계를 위한 체계적 프레임워크 - 학습 경험 개발 및 평가를 위한 명확한 구조와 단계 제공 - 학습자의 요구를 충족하고 목표 설정과 결과 평가에 중점
기초 이론	- 시스템 이론 및 행동주의에 기반 - 절차적 지식 전달과 실행 가능한 기술 습득 강조
장점	- 명확하고 단순한 구조 - 디지털 및 전통적 학습 환경 모두에 유연하게 적용 가능 - 협업 중심의 팀 기반 접근 방식 지원 - 학습 결과를 실제 행동과 요구에 적합하게 설계 가능
단점	- 선형적이고 경직된 구조로 창의성 제한 - 수업 내용이 사전에 완전히 정의되어야 함 - 시간과 자원이 많이 소요됨 - 현대 교육 환경의 요구를 충분히 충족하지 못한다는 비판 존재
활용	- ADDIE 모델을 변형하거나 다른 분석틀과 결합하여 현대 교육 요구에 맞게 사용 - 여전히 체계적이고 실용적인 교육 설계를 위한 기초적 도구로 활용

ADDIE 모형을 반영한 수업 설계 예시

김교사는 역학적에너지 보존에 대한 물리학습을 ADDIE 모형에 따라 다음과 같이 정리해 보았다.

단계	예시
분석	- 학습 목표: 역학적에너지 보존 법칙을 이해하고, 이를 다양한 물리적 상황에 적용할 수 있다. - 학습자 분석: 고등학생을 대상으로 역학적에너지 보존을 가르칠 때, 학생들이 속도, 질량, 힘, 에너지 등에 대한 기초적인 개념에 대한 이해가 부족할 수 있다. 단, 관련 기초 물리 개념에 대한 학생들이 알고 있지만 에너지 보존의 개념과 적용에 대한 이해가 어려울 수 있다. - 학습환경 분석: 일반 교실 또는 실험실에서 교육을 진행할지를 결정하고, 활용 가능한 교수 자원을 고려하여 다양한 매체를 활용한다.

설계	– 이론 설명: 운동에너지와 위치에너지에 대한 개념을 설명하고 역학적 에너지 보존 법칙이 적용될 수 있는 전제를 설명하고, 해당 법칙에 대한 정의와 예시를 제시한다. – 실험 및 탐구 활동: 경사면에서 물체가 미끄러지는 실험을 통해 위치에너지와 운동에너지를 측정한다. 교사는 경사면의 기울기를 일정하게 하거나 다르게 안내할 수 있다. 학습자의 수준에 따라 자유 낙하 운동이나 수평방향으로 던진 물체의 운동을 통해 역학적에너지 보존을 확인할 수 있다.
개발	– 학습 자료: 역학적에너지 보존 법칙에 대한 파워포인트 설명 자료 또는 동영상 자료 개발, 실험을 위한 안내서 및 활동지 개발, 진단-형성-총괄 평가를 위한 문제를 개발하여 활동지에 포함
실행	– 역학적에너지 보존에 대한 이론 설명 후 탐구 활동 수행을 안내한다. – 경사면에서의 운동, 자유낙하 운동 등에서의 속도와 높이를 측정하여 운동에너지와 위치에너지의 합을 계산한다. – 퀴즈 또는 다양한 문제 풀이를 통해 학습 또는 탐구한 내용을 적용한다.
평가	– 진단 평가: 학생들이 학습 이전에 갖고 있는 개념을 확인하거나 역학적에너지 보존에 대한 예상을 확인한다. – 형성 평가: 학습 과정에 대한 학생의 이해와 참여도를 평가한다. 실험 보고서 및 퀴즈를 통해 학생의 학습 목표 이해 정도를 점검한다. – 총괄 평가: 학습을 마친 후, 학생들의 역학적에너지 보존 설명과 관련 문제에 대한 적용 정도를 확인한다.

(2) Dick & Carey의 체제적 수업 설계 모형

Dick & Carey의 체제적 수업 설계 모형은 수업을 체계적이고 효율적으로 설계하기 위한 방법론으로, 교육 목표를 달성하기 위해 각 단계를 철저하게 계획하고 평가하는 접근법을 제공한다. 이 모형은 전체적인 교육과정 설계 과정을 세부적으로 나누어 진행되며, 각 단계는 서로 유기적으로 연결된다.

[표 6112] 체제적 수업 설계 모형

단계	내용
목표 분석	- 학생들이 수업을 통해 성취할 결과물인 산출물이 구체적으로 제시 - 수업의 목표를 명확히 정의하여 학습자가 수업을 통해 배워야 할 것을 구체적으로 설정 - 목표는 구체적이며 측정 가능해야 함
학습자 특성 분석	- 학습자의 학습 이전의 기능, 기능, 태도, 경험을 분석 - 학습자의 특성에 따라 교육 내용을 관련짓기 - 학습자의 배경, 문화, 학습 스타일을 고려하여 수업 설계를 개선
학습 환경 분석	- 수업을 수행하는 환경에 대한 분석 - 교실과 같은 물리적 환경뿐만 아니라 학습자의 사회 문화적 환경도 고려 - 학습 환경 분석을 토대로 교육 방법과 교수 자료를 결정
평가 도구 설계	- 설정한 수업 목표에 따라 학습자가 수업 목표를 달성했는지를 평가할 수 있는 도구를 개발
수업 전략 개발	- 학습 목표를 달성할 수 있는 최적의 수업 전략을 개발 - 수업의 전체 구조 개발, 교수-학습 방법, 수업 활동, 과제 등을 제시
학습 자료 개발	- 수업 진행에 필요한 교수자료, 다양한 매체를 활용한 자료 등을 개발 - 수업 목표, 수업 내용, 학습자 특성을 고려하여 선정하고 개발
형성평가	- 수업 설계 단계에서 수업이 효과적인지 개선할 부분이 있는지 파악하는 과정으로 개발된 자료와 활동을 평가하여 효과성을 검토 - 형성평가를 통해 학습자의 목표 달성도를 파악하고 교수자의 수업 개선에도 활용
수업 실행	- 설계된 수업을 실제로 수행하는 단계
총괄평가	- 형성평가 결과를 토대로 수정 및 개선된 수업 설계를 평가 - 총괄평가를 통해 개발된 수업을 계속 사용할 것인지 또는 보완 사항을 추가할 것인지를 결정 - 총괄평가는 수업 설계자나 개발자가 아닌 별도의 평가자에게 의뢰하여 수업 프로그램에 대한 총체적인 평가를 실시

활동

1. ADDIE 수업 모형과 Dick & Carey 수업 모형의 차이점을 설명해 보자.
2. 물리 수업을 설계할 때 수업 모형의 각 단계 및 절차를 이해하는 것이 필요한지에 대해 동료들과 토의해 보자.

(3) 다양한 수업 접근 방식

다양한 수업 설계 이론과 모형의 수업 적용을 위해 다양한 접근 방식이 활용된다. 수업 설계 이론 및 수업 모델 선택에서 다음과 같은 기준이 활용될 수 있다(Reigeluth, 2013). 첫째, 학습과 인간 발달을 촉진하는 효과적인 수업 접근 방식은 무엇인가? 둘째, 학습자에게 유용하며 교육적 목표 달성에 적합한 수업 접근 방식은 무엇인가? 셋째, 수업 설계 과정에서 학습 도구를 잘 활용하도록 도와주는 수업 접근 방식은 무엇인가?

[표 6113] 수업에 대한 접근 방식(Olson, Dorsey, & Reigeluth, 1988)

접근방식	내용
도제 (Apprenticeship)	학습자가 지식이 활용되는 조건과 근접한 상황에서 직접 대면하며 지도를 받으며 지식과 기능을 습득 (예: 물리 실험실에서 학생이 교사와 함께 실험하며 질량과 가속도의 관계를 통해 뉴턴의 2법칙을 배운다.)
토론(Debate)	임의의 주제에 대해 상반되는 의견을 제시하는 두 집단의 형식적, 구조적 토의 (예: 빛이 파동 혹은 입자인지에 대해 서로 다른 입장을 갖는 집단을 구성하여 각각의 입장을 논의한다.)
시범수업 (Demonstration)	행위나 실행하는 것을 보여줄 수 있도록 갖추어진 시연: 구두나 시각적인 설명이나 사례가 포함된 질문을 도입할 수 있음 (예: 진공에 가까운 투명한 관에 쇠구슬과 깃털을 넣고 낙하하는 모습을 보여주고 자유낙하 운동을 설명한다.)
현장 여행 (Field trip)	직접적인 관찰이나 연구를 목적으로 흥미로운 대상이나 장소를 방문하도록 신중하게 기획된 교육 활동 (예: 과학관에 설치된 큰 규모의 진자를 관찰하고 진자의 운동에 대해 배운다.)
놀이(Game)	참가자들이 도전적인 목표를 쟁취하기 위하여 경쟁하는 등 사전에 정한 규칙에 따르도록 하는 교육활동 (예: 비행 시간을 길게 할 수 있는 종이 비행기 만들기 활동을 통해 물리적 원리를 학습한다.)
안내된 모둠 토론 (Guided group discussion)	교수자의 지도하에 참가자들의 상호 관심사를 주제로 설정하여 진행하는 목표지향성 대화와 토의 (예: 물리학을 이용한 층간소음을 줄이기 위한 방안을 주제로 토의한다.)
자유/공개 토의 (Free/open discussion)	교사가 선택한 주제에 대한 자유로운 단체 토론으로 교수자는 진행자로서의 역할을 수행 (예: '물체의 운동을 예측하는 것이 왜 중요한가?'에 대한 주제로 토의하여 물리학의 필요성과 중요성을 생각해 본다.)
면담(Interview)	사전에 정해진 주제에 대해 청중이 체계적으로 질문하고 이에 전문가가 답변함

	(예: 학생이 일상생활이나 학습을 하면서 생각한 물리학 문제를 교사 또는 전문가에게 질문한다.)
실험 (Experiemnt)	학생들이 새로운 자료를 소재로 하여 상호작용하는 학습 경험 (예: 학생이 변인들의 관계를 알아보기 위해 실험을 설계하고 수행한다.)
안내된 실험 (Guided experiement)	학생들이 새로운 자료를 소재로 하여 교수자의 지도를 받으며 수행하는 실습 (예: 교사가 제공하는 안내된 가이드를 따라 측정값을 수집하고 해석한다.)
강의/연설 (Lecture/speech)	주제에 대해 신중하게 미리 준비한 구술 활동 (예: 광전효과와 빛의 본성을 주제로 강의를 진행한다.)
강의, 안내된 탐구 (Lecture, guided discovery)	학생들에게 탐구를 지도하도록 선별된 교사가 질문하면 청중이 이에 응답하는 단체 학습 방법 (예: 교사가 광전효과 원리를 설명하고, 학생들이 광전류와 일함수 사이의 관계를 탐구하도록 안내한다.)
공개 토론 (Panel discussion)	집단이 학습자 청중 앞에서 주어진 주제에 대해 목적의식을 갖고 대화하는 것 (예: 여러 명의 전문가가 양자역학과 미래 기술이라는 주제로 학생들 앞에서 토론한다.)
프로젝트(Project)	조직화된 과업수행 또는 문제해결 활동 (예: 빛의 이중성에 대한 물리학자들의 논쟁이라는 주제에 대해 탐구하고 이를 발표한다.)
팀 프로젝트 (Team project)	과업수행 또는 문제해결에 협동하여 연구하는 학습자 소집단의 활동 (예: 문제를 해결하기 위해 여러 명의 학생들이 역할을 분담하고 산출물을 생산한다.)
세미나 (Seminar)	한 개 또는 몇 개의 집단이 주제에 대한 연구 / 기획을 실행하는 방식 및 결론에 이르는 토론에 이어 나머지 인원을 상대로 연구 결과를 발표하는 방식 (예: 인공지능과 물리학의 미래라는 주제로 여러 집단이 연구 산출물을 발표하고, 학생들은 질문과 토론에 참여하여 깊이 있는 이해를 한다.)
모의실험 (Simulation)	실제 세계, 상황, 과정 및 산출물을 추상화·단순화하는 것 (예: 다양한 행성에서의 질량과 무게 측정 모의실험 프로그램을 사용하여 질량과 무게 개념을 학습한다.)
역할 놀이 (Role play)	선택된 학습집단 구성원에 의한 극화된 사례 연구 (예: 서로 다른 질량을 지닌 물체를 구성원들이 담당하며 관성 개념을 학습한다.)
프로그램화된 개인지도 (Tutorial, programmed)	개별 교사에 의하여 도출된 의사결정을 신중하게 선택되고 입안된 교수법을 적용하여 사전에 프로그램화한 개인 대 개인 교수법 (예: 체계적으로 개발된 물리 교수자료 또는 적절한 수준의 문제를 제공하여 학습자의 수준을 효과적으로 향상한다.)
소크라테스식 대화 (Socratic dialogue)	대화 중심 개별 지도 방식으로 이 방법에서 교수자는 연속적인 질문으로 학습자가 탐구할 수 있도록 지도 (예: 질량, 에너지 등과 같은 물리학의 기본 개념 또는 물리학의 원리에 대한 이해를 위해 교사가 학생의 대답에 대해 연속적으로 질문하여, 학생이 스스로 개념을 정의하거나 이해하도록 한다.)

활동

수업에 대한 다양한 접근 방식 중 하나를 선택하고, 물리 교사가 그 접근 방식을 선택하는 기준을 '학습자 특성, 교육 내용, 교육 환경' 측면에서 설명해 보자.

요약

- ADDIE 모델은 5단계의 직선적인 구조로 반복적인 개선을 통해 점진적으로 발전하는 방식이며, Dick & Carey 모델은 각 단계를 더 세분화하여 철저한 분석과 설계를 강조하고 세부적인 과정을 강조
- ADDIE 모델은 비교적 유연하게 적용할 수 있지만, Dick & Carey 모델은 구체적인 평가 및 분석에 더 많은 시간을 투자하므로 상대적으로 경직되어 있음
- ADDIE 모델은 목표를 설정하되, 그 목표를 달성하기 위한 과정에서 반복적인 수정과 개선을 강조하고, Dick & Carey 모델은 교육 목표를 철저히 정의하고 이를 달성하기 위한 구체적인 절차를 제공

CHAPTER 02

물리 수업 시연

지영래 (순천대학교)

2.1 수업 시연의 목적

수업 시연이란 교수자가 수업을 진행하기 전에 수업을 실천하는 행위이다. 수업 시연은 목적과 형식에 따라 교수자가 가상의 학생을 상정하고 수업을 시연하는 형태의 모의수업, 동료 교사들이 서로의 수업을 시연하고 피드백을 제공하는 교사 간 상호시연 등으로 구분할 수 있다.

수업 시연의 목적은 다음과 같다. 첫째, 수업 계획을 검토하고 개선하는 것을 목적으로 한다. 둘째, 이론적으로 학습한 교수법을 미리 수업에 적용하거나 새로운 교수법을 적용하는 경험을 통해 효과적인 교수법 적용 방안을 탐색할 수 있다. 셋째, 동료 교사나 교육 전문가로부터 다양한 피드백을 받을 수 있다. 넷째, 교수자는 수업 시연 수행 경험을 통해 수업에 대한 자신감을 얻을 수 있으며 수업에 대한 불확실성을 해소할 수 있다.

[표 621] 수업 시연의 목적

목적	내용
수업 계획 검토 및 개선	- 수업 내용과 진행 방식을 점검 - 자기 평가와 동료 피드백으로 부족한 부분 파악 및 개선
교수법 적용 실험	- 이론적 교수법이나 새로운 교수법을 시연에 적용 - 수업 목표의 적절성과 명확성을 확인
피드백 활용	- 동료 교사 및 교육 전문가로부터 피드백 수집 - 예상하지 못한 문제점 및 학습 환경 요인 점검
자신감 향상 및 불확실성 해소	- 반복 시연으로 수업 진행 능력 점검 - 부족한 부분을 보완하여 자신감 증대 및 불확실성 해소

즉, 수업 시연은 교수자가 수업을 대비하며 수업의 효과성을 점검하고 학생들을 요구를 반영하여 수업을 개선할 수 있는 기회를 제공한다. 교사는 수업 시연을 통해 수업에 대한 불확실성을 줄이고 교수법의 효과적인 적용을 도우며 학습 환경을 수업에 적합하도록 개선하거나 환경 환경에 적절한 수업 실천을 탐색한다. 수업 시연은 단순히 수업을 준비하는 과정이 아니라 교사가 지속적으로 발전할 수 있는 연속적인 실천을 의미한다.

수업 시연의 필요성은 수업의 구조, 내용, 태도 측면으로 구분할 수 있으며, 각 항목에 대한 체크리스트는 [표 622]와 같다.

[표 622] 수업 시연의 필요성과 항목별 체크리스트

분류	필요성	수업 시연 항목별 체크리스트
수업 구조	- 학습 목표 설정 - 학습자의 선수학습 점검 - 학습 단계별 시간 배분	- 학습 목표가 명시적으로 진술되었고, 학습자가 학습 목표를 명시적으로 이해할 수 있는가? - 본 차시 학습 이전에 학습자의 학습 경험과 학습자의 선행 지식을 고려하여 제시하고 있는가? - 수업의 전체 과정이 학습 단계를 명확히 구분되며 전개되고 있으며 학습 목표에 일관성을 갖추며 수업이 일관되게 진행되고 있는가?
수업 내용	- 교수자의 발문 검토 - 교수자와 학습자 간 상호작용 점검	- 학생들의 지식, 기능, 태도를 개선하거나 자극하는 발산적 또는 수렴적 발문을 정확하고 적절히 제시하며, 수업에서 사용하는 교수자의 용어 사용은 적절한가?

	- 학습자의 수준 고려 - 학습자의 성취에 대한 평가 적절성 검토	- 흥미와 동기를 유발하기 위한 교수학습 전략을 사용하고 있으며, 교수자와 학습자 간 상호작용이 원활한가? - 학생들이 지닌 선행 지식 및 기능을 고려하여 활동을 개발하고 적용하고 이를 활용하여 수업을 전개하고 있는가? - 제시된 학습 목표에 부합하도록 학습자의 산출물을 유인하고, 학습 결과를 학습 내용에 적합하게 요약·정리하고 평가를 적절히 활용하였는가?
교수자 태도	- 학습자 동기 부여 적절성 검토 - 교사의 내용 전달 과정에서의 태도 점검 - 교사의 정의적(감정적·심리적) 측면의 적절성 검토	- 능동적인 학습 분위기를 조성하기 위해 학습자의 경험을 고려한 동기 부여가 적절히 제공되었는가? - 교수자가 적절한 용어를 사용하여 수업을 진행하며, 지식 전달, 언어 및 행동적 표현 방식을 적절히 구사하였는가? - 수업을 운영하는 데 적절한 융통성, 개방성, 가치관, 자신감을 교수자가 갖추고 있는가?

활동

김교사는 고등학교 여러 가지 물체의 운동 주제의 물리 수업을 다음과 같이 계획하였다.

1. 하나의 놀이 기구를 선택하여 속력과 운동 방향이 어떻게 변하는지를 설명해 보도록 한다.
2. 학생들의 선행지식을 확인하기 위해 물체의 빠르기와 운동 방향을 표현하는 방식을 설명하게 한다.
3. 속력과 속도, 변위와 이동거리를 비교하여 설명한다.
4. 평균속력과 순간속력, 평균속도와 순간속도를 비교하여 설명한다.
5. 빗면 위에 가만히 놓아 내려가는 수레의 운동을 관찰하고 학습한 개념을 통해 설명하도록 한다.

수업시연 항목별 체크리스트를 사용하여 김교사의 수업을 분석해 보아라.

수업구조	(예) 학습목표가 명시되어 있지 않아 학습 목표에 따라 수업이 구조화되어 있는지 확인하기 어렵다.
수업 내용	
교수자 태도	

요약

- 수업 시연의 목적은 수업 계획 검토 및 개선, 교수법 적용 실험, 피드백 활용, 자신감 향상 및 불확실성 해소를 목적으로 한다.
- 수업 시연 수행을 통해 교수자는 수업의 구조(학습 목표 설정, 학습 단계별 시간 배분), 수업 내용(교수자의 발문, 교수자와 학습자간 상호작용, 학습자 수준 고려), 교수자 태도(학습자 동기 부여, 교사의 내용 전달에서의 태도, 정의적 측면의 타당성)을 점검할 수 있다.

2.2 물리 수업 지도안 작성

수업 지도안 또는 교수학습 과정안은 학습자의 학습 과정에서의 활동과 교수자의 수업 과정에 대한 계획이다. 수업 지도안 작성의 가장 중요한 목적은 교수자에게 체계적으로 수업을 계획하는 경험을 제공하는 것이다(조희형, 박승재, 1999). 수업 지도안은 학습 목표에 도달하도록 수업을 구성하는 도구로서 교과의 학습 내용, 수업 과정에서 수행하는 활동, 평가 등 다양한 구성 요소들이 포함된다(성민웅, 1991). 수업 지도안은 국가 교육과정에서 제시하는 교과 목표, 내용체계, 성취기준 등에 근거하여 작성되어야 하며, 교과서와 지도서 등을 참고하여 수업의 방향과 의도를 결정할 필요가 있다.

2022 개정 교육과정은 교수·학습 원칙을 제시하고 있으며 수업 지도안 작성시 이를 고려할 필요가 있다.

[표 623] 2022 개정 교육과정의 교수·학습 원칙(교육부, 2022)

교수·학습 원칙	내용
핵심 아이디어 중심 수업	- 단편적 지식 암기를 지양하고, 핵심 아이디어를 중심으로 지식·이해, 과정·기능, 가치·태도 요소를 유기적으로 연계 - 발달단계에 적합한 내용 요소의 체계적 제공 - 내용의 폭과 깊이를 확장하는 노력 필요

교과 간 연계 지도	- 교과 내 영역 및 교과 간 내용을 연계하여 융합적 사고를 학습 - 단일 교과의 심화 학습과 전체 교과의 조화로운 연계를 고려하여 수업 설계
실생활 맥락 학습	- 친숙한 소재와 일상생활의 맥락을 학습에 도입 - 학습 후 학습자가 배운 내용을 다양한 문제 상황에 적용할 수 있도록 문제 해결 및 적용 기회를 제공
깊이 있는 탐구 지도	- 교과 지식의 깊이 있는 이해를 도모 - 학생이 스스로 교과 지식을 탐구하며 성격에 부합하는 탐구 능력을 갖추도록 지도
기초소양 및 능동적 참여 유도	- 언어·수리·디지털 기초소양을 함양할 수 있도록 수업 설계 - 탐구 질문을 활용하여 능동적 참여 유도 - 체험 및 탐구 활동과 협동학습 경험을 제공

수업 지도안은 교사가 실행하려는 수업의 청사진이며 수업 설계의 내용을 담은 세부적인 실시계획서이다. 교수자에게 수업 지도안은 다음과 같은 이유로 필요하다.

[표 624] 수업 지도안 작성의 필요성

구분	내용
학습 목표 정리	- 학습 목표와 이를 달성하기 위한 구체적인 절차와 방법을 교수자가 정리할 수 있음
지도 내용 조직 경험 제공	- 교육과정 문서 및 교과서 등 교수자료를 기반으로 지도 내용을 명확하고 체계적으로 조직하는 경험을 제공
학습 산출물 점검	- 학습 지도의 효율성을 높이고 학습 목표 달성 후 기대되는 학습 산출물을 실질적으로 예상하고 점검할 수 있음
체계적 지도안 구상	- 계획적이고 체계적인 학습 지도를 구상 - 체계적이지 않은 수업 흐름을 찾아내고 이를 개선하는 데 도움을 줌
수업 내용의 충실성	- 잘 구성된 지도안을 통해 수업 내용을 풍부하게 하며, 학습자들이 원활히 수업에 참여하도록 도움

한편, 수업 지도안 작성의 실제적 효용성에 대한 비판도 제기되고 있다. 첫째, 교수자가 수업 지도안을 작성하기 위해서는 많은 시간과 노력이 소모된다. 교수자의 시간과 노력에

비해 수업의 개선으로 이어지는 효과가 명시적이지 않다는 문제도 있다. 둘째, 수업 지도안의 작성 시기와 횟수에 대한 고민도 제기할 수 있다. 현실적으로 수업 전에 교수자가 구체적인 수업 지도안(세안)을 작성하기 어렵고 수업의 모든 차시에 대한 지도안 작성은 쉽지 않기 때문이다. 셋째, 수업 지도안의 형식과 내용이 일관되지 않다는 점이다. 교과와 단원에 따라 다양한 수업 지도안의 형태가 가능하므로, 표준 형식의 수업 지도안을 제공하기는 어렵다.

수업 지도안은 단계별 구성 요소와 학생 활동 사례는 [표 625]와 같다.

[표 625] 수업 지도안의 단계별 구성 요소와 학생 활동 사례

단계	내용	학생 활동
도입	- 수업이 시작되는 단계로 단위 시간에 따른 차이가 있지만 대략 5분 정도 소요 - 학습자가 본격적인 수업에 집중하도록 주의 집중하기, 학습목표 제시하기, 선행 학습과 연결하기 등으로 구성	- 학습 목표와 관련된 질문에 학생들이 자신의 의견을 답변하기 - 주제 관련 경험을 친구들과 공유하기 - 가벼운 퀴즈에 답하기 - 짧은 동영상이나 사진을 보고 자신의 생각을 이야기하기
전개	- 수업의 중심 활동이 수행되는 단계로 전체 수업의 대부분을 차지함 - 학습 내용과 자료를 제시하고 학습자가 학습 목표를 달성하도록 다양한 교수법이 적용	- 이론 학습 후 실습하기 - 실험 등을 통한 협력적 활동하기 - 개인 또는 모둠으로 주어진 문제를 해결하고 공유하기 - 학습 관련 주제에 대한 토론, 토의하기
정리	- 전체 학습의 마무리 단계로 학습 내용의 요약 및 정리하기, 학습 내용의 적용 및 평가 실행	- 퀴즈 풀이 - 배운 내용을 정리하여 친구들과 공유하기 - 마인드맵 작성하기 - 산출물을 공유하고 서로의 산출물을 평가하기

활동

1. 중학교와 고등학교 교육과정에서 공통적으로 제시된 물리 개념 중 한 가지를 선택하자. 동일한 물리 개념을 중학생과 고등학생에게 각각 가르치기 위한 수업 도입 단계를 구상해 보자.
2. 1에서 생각한 수업 단계를 동료에게 설명하고, 자신과 동료들이 제시한 도입 방식을 서로 평가해 보자.

수업 지도안 작성시 유의 사항을 단계별로 살펴보면 도입 단계의 주의집중, 수업목표 제시, 선행학습 상기, 전개 단계의 학습자료 제시, 학습 안내 및 지도, 연습과 피드백 제공, 정리 단계의 형성평가, 학습내용 요약이 있다. 이에 대한 세부 내용은 [표 626]과 같다.

[표 626] 수업지도안 작성을 위한 유의 사항

단계	하위단계	작성시 유의 사항
도입	주의집중	- 학습 내용 또는 학습 목표와 직접적으로 관련된 사례나 경험을 공유하여 학생들의 관심을 끌고 학습 동기를 유발 - 다양한 매체를 활용하여 학습자의 주의집중 유도
	수업목표 제시	- 수업을 통해 학습자에게 습득해야 할 지식, 기능, 태도를 구체적으로 기술 - 학습자가 학습목표를 분명히 이해하는 것이 학습동기가 높아질 수 있음
	선행학습 상기	- 과거 학습 경험과 새롭게 학습할 내용을 연결시키고 분명히 해야 함
전개	학습자료 제시	- 학습 내용의 제시 순서을 체계적이며 유기적으로 구성 - 기초적이며 단순한 내용에서 복잡한 내용의 순서로 제시 - 학습자 분석을 통해 학습자의 수준, 특성, 흥미를 고려하여 분량을 적절히 배분 - 학습 내용과 관련한 사례를 적절히 준비하여 제시 - 교수 내용에 적절한 교수학습 방법을 준비하고 그에 따른 교수자료를 준비하고 개발
	학습 안내 및 지도	- 학습자의 수준과 학생 구성을 고려하여 지도 - 학습자의 교수활동 참여 유도 방안 준비 - 학습자 간 상호작용 유도
	연습과 피드백 제공	- 학습한 내용을 다른 문제 상황에 다양하게 적용할 기회 제공 - 필요시 반복적인 연습 기회를 제공 - 학습자의 실행에 대한 피드백을 제공하여 학습 내용에 대한 이해도를 높임
정리	형성평가	- 학습한 내용에 대한 이해 및 실행을 확인할 수 있는 형성평가 실시
	학습내용 요약	- 학습자가 제시된 학습 내용의 핵심을 파악하도록 요약 자료 제시 - 학습자가 학습내용을 부분적으로 이해할 수도 있으므로 전체적인 맥락에서 이해할 수 있도록 종합 - 다음 시간에 학습할 내용을 제시하여 학습의 전체 맥락을 인식하도록 함

수업 지도안 단원 지도의 기초는 단원의 성격과 단원 전체를 개괄한 내용을 제시한다. 단원에서 가르칠 내용에 대한 필요성과 중요성을 서술하고, 해당 단원을 지도하는 이유를 서술한다. 지도에 대한 대략적인 방안을 제시하며 교재 분석의 결과와 학생 분석 내용을 서술한다. 단원 지도의 기초에 대한 작성 사례는 다음과 같다.

수업 지도안 사례 - 단원 지도의 기초

빛은 일상생활에서 익숙하게 접하는 과학적 개념 중의 하나이다. 그러나 인간이 관찰하는 빛은 빛이 물체에 반사되어 인간의 감각기관에 도달한 신호이며 진행 과정을 관찰하기 어렵고 빛의 합성과 분해 등을 이해하기 위해서는 빛의 성질에 대한 이론적인 지식도 필요하다. 즉, 눈으로 현상적인 빛을 볼 수 있지만 빛의 본질에 대한 이해는 상당한 이해 수준이 선행되어야 한다. 따라서 학생들은 빛 그 자체에 대한 이해는 물론 현상적 빛의 관찰 결과를 과학적 개념과 연결하는 데 어려움을 겪는다.

본 교육과정에서는 빛으로 인해 시각이 성립하게 되는 기본적인 과정을 익히고 인간이 다양한 색들을 어떻게 인지하는지 등에 대해 다룬 후 실생활에서 자주 사용되는 거울과 렌즈의 활용과 예시를 통해 반사의 법칙을 비롯한 빛의 성질 및 반사와 굴절의 원리에 대해 학습한다.

이 단원을 통해 학생들은 시각의 성립이 광원으로 나온 빛이 물체에 반사되어 우리 눈으로 들어옴으로써 이루어짐을 이해한다. 다음으로 빛의 삼원색과 색의 삼원색을 비교해 보며 색의 합성 및 원리에 대해 이해할 수 있다. 이후 실생활에서 흔하게 접할 수 있는 광학기구인 거울과 렌즈에 의한 상의 차이를 관찰하고, 빛의 성질 중 하나인 빛의 직진과 반사의 법칙을 통해 물체가 어떻게 반사되고, 빛의 굴절을 통해 상이 형성되는 과정을 배운다.

학생들은 빛과 관련된 일상생활의 사례를 탐색하고 관찰한 현상들을 동료들과 공유하고, 빛과 관련된 현상들을 과학적 개념을 통해 설명하는 경험을 갖는다. 학습 활동으로는 모둠간의 토의, 현상에 대한 해석 및 설명 과정 공유 등을 활용할 수 있으며, 이를 통해 의사소통 능력 및 과학적 사고능력 등을 함양할 수 있다.

활동

중학교 1학년 여러 가지 힘 주제로 단원 지도의 기초를 작성해 보자.

수업 지도안 학습 목표는 지식·이해, 과정·기능, 가치·태도 측면으로 구분하여 서술한다. 학습 목표는 교육과정 문서, 교과서, 교사용 지도서 등을 참고할 수 있으며, 학생의 수준과 특성을 반영하여 수정하여 제시하는 것이 필요하다. 단원 학습 목표의 작성 사례는 다음과 같다. 단원 학습 목표 중 본시 학습 목표를 표기하여, 이번 차시의 학습 목표를 전체 단원의 학습 목표 안에서 파악할 수 있도록 제시한다.

[표 627] 수업지도안의 단원 학습 목표 사례

단원 학습의 목표
1. 지식·이해 가. 우리가 물체를 볼 수 있다는 것이 무엇인지를 설명할 수 있다. 나. 빛의 삼원색을 바탕으로 다양한 색의 빛이 합성됨을 이해할 수 있다. 다. 일상생활 속의 영상장치들이 다양한 색들을 어떻게 만들어 내는지 설명할 수 있다. 라. 거울의 종류에 따라 생기는 상의 특징들과 평면거울에서 상의 생성되는 원리를 이해할 수 있다. (본시학습목표) 마. 렌즈에 의해 생기는 상의 특징들과 그 원리들을 설명할 수 있다. 바. 파동이 어떻게 생겨나고, 어떻게 나아가는지에 대해 종류별로 구분하여 이해할 수 있다. 아. 빛에서와 마찬가지로 파동이 각각 어떻게 반사하고 굴절하는지에 대해 이해할 수 있다. 자. 대표적인 예로써 소리가 어떻게 발생되고 반사 및 굴절되는지, 파동의 특징들(진폭, 진동수, 파형)과 결부지어 이해할 수 있다.
2. 과정·기능 가. 실생활에서 우리가 물체를 보는 현상을 타인에게 설명해 줄 수 있다. 나. 햇빛에는 빛의 삼원색이 모두 들어있으며 각 삼원색 중 일부 혹은 전체가 더해졌을 때 어떤 색이 보이게 될지를 예측할 수 있다. 다. 시각의 성립에 따라 스크린의 색에 따라 빛의 합성에 의해 어떤 색이 보이게 될지 추론 및 실험을 수행할 수 있다. 라. 텔레비전, 컴퓨터 모니터와 같은 실생활의 영상장치들이 여러 가지 색을 어떻게 만드는지 유추해보고 실제로 관련 개념들을 이해할 수 있다. 마. 각 거울들의 특징에 따라 어떤 상들이 맺히는 지 과학적 탐구활동을 수행할 수 있고 실생활 속에서 거울들의 특징에 따라 어떻게 사용될 수 있을지 논의할 수 있다.(본시학습목표) 바. 각 렌즈들의 특징에 따라 어떤 상들이 맺히는 지에 대해 탐구, 결과를 분석할 수 있고 실생활에서 어떻게 사용되고 있고 앞으로 사용될 수 있을지에 대해 적용할 수 있다. 아. 실생활의 다양한 사례들을 파동의 구분기준에 따라 분류할 수 있다. 자. 파동의 반사와 굴절을 이용 혹은 반영한 실생활 속 예를 탐구 및 분석하여 설명할 수 있다. 차. 소리의 전달과정을 설명할 수 있고 높은 음과 낮은 음, 큰 소리와 작은 소리 등을 구분하여 설명할 수 있다.

3. 가치·태도

가. 자연현상에서 관찰되는 빛의 아름다움을 느끼고 과학적인 방법으로 빛을 탐구하는 기회를 제공한다.

나. 실생활에 활용되는 다양한 광학 도구, 영상 장치, 음향 장치를 탐색하여 자연을 활용하는 과학의 유용성을 인식하게 한다.

다. 수업 시간에 다룬 평면, 볼록, 오목, 거울들을 활용하여 다양한 창의적인 산출물을 제안하고 새로운 아이디어를 모둠원과 공유한다.

라. 빛을 활용하여 제작된 다양한 예술 작품 또는 인공물을 찾아보고 공유하여 과학이 다양한 분야의 인류 문화에 미친 영향을 알고 그 문화를 향유한다.

마. 자연현상에서 관찰되는 소리와 그것을 모방하여 개발된 다양한 음향 장치, 악기를 조사하고 음향 장치와 악기에 포함된 다양한 과학 산출물에 대한 흥미를 유발한다.

바. 자연에서 일어나는 다양한 변화를 빛과 파동을 통해 정보를 수집하고 디지털로 변환하는 기술이 정보 통신에 활용하여 인류 문명에 미친 영향을 인식한다.

활동

[표 627]의 수업지도안 단원학습 목표의 좋은점과 개선점을 분석하고 수정해 보아라.

교수 학습 계획에서는 본시 수업과 관련 단원을 구체적으로 제시한다. 교수 학습 계획 작성을 위해서는 교육과정 문서를 분석하여 대단원, 중단원, 소단원, 차시 분배, 주요 학습 내용, 교수·학습 방법(학습형태와 학습 자료 및 유의점)을 서술한다. 교수 학습 계획에 대한 작성 사례는 다음과 같다.

[표 628] 수업지도안의 교수 학습 계획 사례

대단원	중단원	소단원	차시	주요 학습 내용	교수·학습 방법	
					학습형태	학습 자료 및 유의점
II. 빛과 파동	빛	1-1. 물체를 보는 원리	1	광원의 개념, 시각이 성립되는 과정, 시각세포의 종류	모둠 활동	ppt, 학습지, 시각의 성립 과정 도식
		1-2. 빛의 합성	2	빛의 삼원색, 백색광, 빛의 합성	사례 탐구 탐구 활동	ppt, 학습지, AR 실험실 이용

		1-3. 거울과 렌즈	3	빛의 직진, 광선, 상, 거울의 종류 및 특징(평면, 볼록, 오목), 반사의 법칙, 상이 만들어지는 원리	현상 및 사례 분석, 탐구 활동, 실험 활동, 모둠 활동	ppt, 학습지, 종류별 렌즈, 물체(인형), 레이저, 분무기, 사례용 카드
			4	빛의 굴절, 오목렌즈와 볼록렌즈의 특징, 굴절의 법칙, 렌즈가 상을 만드는 원리	현상 분석, 사례 탐구, 탐구 활동	ppt, 학습지, 종류별 렌즈, 물체(인형), 레이저, 사례용 카드

학습 전개 계획에서는 수업에 적용하는 교수·학습 모형과 수업의 도입, 전개, 정리 순서에 맞춘 교사와 학생의 활동을 제시한다. 본시 학습 목표와 지도상의 유의점을 제시하고 교수·학습 과정을 서술한다. 수업 과정의 각 단계에는 수업의 주요 내용, 수업의 흐름, 수업 활동, 교수자료 및 매체를 자세하게 기술한다. 실험 및 탐구 활동의 경우 자세한 탐구 과정과 안전 및 유의 사항을 제시한다. 학습 전개 계획에 대한 작성 사례는 다음과 같다.

[표 629] 수업지도안의 학습 전개 계획 사례(도입 부분)

단계	학습과정	교수·학습 활동		학습 자료 및 유의점	시간
		교사	학생		
도입	수업 환경 점검	PPT와 학습지 및 학습 준비물의 준비 상태를 확인한다.	교과서와 필기도구를 준비하여 PPT 화면에 보이는 자신의 모둠과 자리에 앉는다.	PPT 단원명 제시	5분
	인사 및 출석 점검	학생과 인사하고 출석을 확인한다. 학습지를 배부한다.	선생님과 인사하고 출석을 확인한다. 학습지를 받는다.	학습지 배부	
	전시학습 확인 및 수업 소개	이전 차시에 학습한 내용 중 오늘 수업과 관련된 부분들을 간략하게 발문한다. -(발문) 우리가 물체를 볼 수 있는 과정에 대해 설명해 볼 수 있는 학생 있을까요?	-(예상 답) 물체로부터 직접 또는 반사된 빛이 우리 눈에 들어오면, 물체를 인식할 수 있습니다.	PPT 이전 차시 내용 복습	

전시학습 확인 및 수업 소개	-지금까지 물체를 우리가 어떻게 볼 수 있는지와 색의 합성에 대해 배웠습니다. 이번 시간에는 실생활에서 사용되는 빛과 관련된 도구의 사례와 원리를 알아볼 예정입니다.	-선행학습 내용을 환기하고, 이전 차시에 배웠던 배용과 이번 차시의 학습 내용이 관련된 것임을 확인한다.	
동기유발	학습목표를 제시하기 전에, 학생들에게 실생활에서 사용되는 빛과 관련된 도구들을 이야기해보도록 한다.	-(예상 답) 거울, 안경, 망원경, 카메라 등이 있어요.	PPT 광학 도구 사진
학습 목표 제시	[학습 목표] 1. 빛이 직진과 상의 개념을 설명할 수 있다. 2. 거울의 종류에 따른 상의 특징을 설명하고 생활 속 사례들과 연결하여 설명할 수 있다. 3. 거울에 의해 상이 생기는 원리를 설명할 수 있다.		PPT 학습목표

활동

[표 629]의 수업지도안 도입 부분의 세부 항목을 분석해 보아라.

수업 환경 점검	잘된 부분	
	수정 의견	
인사 및 출석 점검	잘된 부분	
	수정 의견	
전시학습 확인 및 수업 소개	잘된 부분	
	수정 의견	
동기유발	잘된 부분	
	수정 의견	
학습 목표 제시	잘된 부분	
	수정 의견	

[표 6210] 수업지도안의 학습 전개 계획 사례(전개 부분)

단계	학습과정	교수·학습 활동		학습 자료 및 유의점	시간
		교사	학생		
전개	1. 빛의 직진	거울을 다루기 위해 빛의 기본적인 특성과 몇 가지 개념에 대해 알아야 함을 설명한다(또한 다음 차시는 렌즈에 대해 학습함을 고려한다).	빛의 기본적인 특성을 알고 있어야 실생활에서 사용하는 광학도구의 활용을 이해할 수 있음을 이해한다.	PPT 자료 판서 내용 학습지 활용 동영상 자료	5분
	1-1. 일상생활에서의 빛의 직진 사례 찾기	일상 속 빛의 직진에 대한 경험들을 자유롭게 이야기하도록 한다. 학생들이 일상에서의 사례를 잘 찾지 못한다면, 적당한 도움을 주어 다음과 같은 사례들을 이야기할 수 있도록 한다. 내리쬐는 햇살, 햇볕이 너무 뜨거울 때 얼굴이나 눈을 손으로 가리는 행위, 그림자	일상생활에서 경험을 통해 빛이 직진함을 알았던 예들을 서로 공유하고 다른 학생들이 발표한 빛이 직진하는 것과 관련된 예들을 생각해 본다		
	1-2. 광선과 상	빛이 직진하기 때문에 빛의 이동을 직선으로 나타낼 수 있음을 설명한다. 영상을 보여주면서 학생들이 '상'의 개념을 이해할 수 있도록 한다.	빛이 직진하는 성질로 인해 빛의 경로를 직선으로 나타낼 수 있음을 이해한다.		
	2. 거울의 종류와 특징	상이 거울의 모양(종류)에 따라 어떻게 달라지는 알아보는 활동을 안내한다. 거울에 비친 물체의 모습을 '상'이라고 부르는 이유를 설명한다.	거울의 종류에 따라 상이 달라질 것임을 예측하는 활동에 들어갈 준비를 한다.	모둠별 실험도구, 인형, 학습지	10분
	2-1. 활동하기	거울의 종류를 학생들이 구분할 수 있도록 지도한다. 거울의 종류에 따라 물체의 상의 변화를 학생들이 관찰하고 학습지에 기록할 수 있도록 안내한다.	학습지에 제시된 표를 참고하여 거울의 종류에 따른 상의 특징들을 관찰 결과를 토대로 기록한다.		
		모둠원 전체가 거울에 비친 상의 변화를 모두 관찰할 수 있도록 지도한다. 활동을 마친 후 빈칸의 정답을 반 전체가 같이 확인하도록 지도한다.	준비된 종이에 찍힌 점 종이를 활용하여 같은 크기와 거리의 거울에 대해 더 많은 점의 개수를 확인할 수 있는 거울의 종류를 확인한다. 거울에 비친 상이 잘 관찰되지 않은 경우 교사에게 도움을 요청한다.		

활동

수업 지도안에는 교사와 학생의 행동, 발문, 학생 답변이 포함되어 있다. 공유 문서로 수업 지도안을 만들고, 이를 공유하여 친구들의 수업 지도안에 학생과 교사의 행동, 발문, 답변을 추가해 보자.

2.3 물리 수업 시연 실천과 평가

마이크로티칭(microteaching)은 교사연수 방법으로 1960년대에 소개된 이래 교수학습 전략 개발과 적용을 위해 지속적으로 활용되고 있다. 마이크로티칭은 수업 준비, 수업 실행, 피드백, 평가 및 수정, 재수업을 통해 체계적으로 진행하는 수업 개선 전략이다(조용개 & 신제한, 2011). 마이크로티칭에 대한 주요 내용은 다음과 같다.

[표 6211] 마이크로티칭의 주요 내용

구분	내용
목적	교수학습 방법 실행 및 개선 교수자에게 요구되는 구체적인 수업 기술 개발 및 개선
특징	소규모 집단 또는 적은 수의 인원을 대상으로 짧은 시간 수업 실행 특정 지도 기술을 중심으로 수업을 실행: 질문하기, 설명하기, 피드백 수업 시연 이후 피드백을 통한 교수 활동 수정 및 개선
과정	수업 계획: 교육 목표와 기술 선정하고 수업을 준비 수업 실행: 소규모 인원을 대상으로 실제 수업보다 짧은 수업 실행 피드백과 평가: 수업의 진행과 교사의 역할 수행에 대한 개선점 파악 재수업: 피드백과 평가를 반영하여 수업 수정 및 개선
의의	실제 수업보다 축소된 수업 시연을 통해 예비교사 교육을 위한 효과적인 도구로 활용됨 피드백과 평가를 토한 재수업 과정을 통해 교사의 반성적 실천과 교수법 개발에 도움을 줌

수업 시연에 대한 평가는 수업의 목적에 따라 다양한 평가 분석틀이 활용될 수 있다. 수업의 전개 순서에 따른 일반적인 형태의 평가 분석틀 사례를 [표 6212]와 같다.

[표 6212] 수업 시연의 평가 요소와 내용

평가영역	평가요소	평가내용(평가자)
수업 도입	1. 학습동기유발, 수업안내가 적절히 이루어지고 있는가?	- 학습목표 포함 - 학습내용과 관계 있는 동기유발
수업 전개	2. 핵심개념, 주요 활동(탐구, 실험, 토의, 토론)을 학생들이 잘 이해할 수 있도록 체계적으로 제시하고 있는가?	- 수업이 핵심개념을 중심으로 진행되는가? - 핵심개념에 대한 적절한 비유나 예시
	3. 교수-학습전략의 선택과 활용이 적절한가?	- 학습내용의 적절성 - 수업전개의 숙달성 - 학습과제의 적절성
	4. 발문과 그에 따른 피드백이 적절한가?	- 적절한 발문(수업내용과 연관성 및 학생수준에 맞는지 여부)
	5. 적절하며 정확한 음성언어 및 신체언어를 사용하고 있는가?	- 음성의 고저, 속도, 장단 - 불필요한 말의 반복습관 - 비속어, 신조어 사용 여부
	6. 상황에 맞는 수업자료를 적절히 활용하고 있는가?	- 주어진 시간 동안에 자료 활용이 불가능하므로 대신 판서가 체계적이며 구조화되었는가를 평정한다.
	7. 수업을 시간에 맞추어 매끄럽게 진행하며 열과 성의를 다하고 있는가?	- 능란한 진행과 열정
수업 정리	8. 수업정리와 수업평가를 효과적으로 실시하고 있는가?	- 차시 예고 포함

수업에서의 주요 활동에 따라 평가 요소와 내용은 달라질 수 있다. 발표 중심 수업, 토의 중심 수업, 질문 중심 수업에 따른 평가 요소와 내용은 [표 6213]과 같다.

[표 6213] 수업의 주요 활동에 따른 평가 요소와 내용(조용개 & 신제한, 2011)

주요 활동	평가 내용
발표 중심 수업	발표 수업의 특징이 수업에서 잘 드러난다. 교수자로서 학생 발표 수업을 위한 준비가 철저하다. 학생들이 발표 준비를 효과적으로 할 수 있도록 지도한다. 학생에게 제시하는 발표 내용과 안내가 정확하다. 수업 주제에 대해 학생들이 잘 이해하도록 설명한다. 학생들에게 제시한 발표 주제에 대해 깊이 있게 이해하고 있다. 학생들의 주의를 집중시킨다. 발표 주제를 도입 부분에게 명확하게 설명한다. 학생 발표의 핵심 주제가 뚜렷하게 드러나도록 한다. 발표에서 제시하는 사례가 내용을 뒷받침하도록 한다. 발표 내용이 일관되며 단일한 핵심을 중심으로 구성하도록 한다.
토의 중심 수업	토의식 수업의 특징이 수업에서 잘 드러난다. 수업 주제와 토의식 수업 방식이 부합한다. 교수자로서 토의식 수업을 위한 준비가 철저하다. 토의가 진행되기 전 토의 순서, 목적, 절차 등을 충분히 안내한다. 토의 과정에서 교수자의 역할을 적절히 이해한다. 토의 과정에서 교수자는 평가자의 역할을 충실히 이행한다. 토의 과정에서 발생하는 갈등 조정이나 분위기 조성에 적절히 관여한다. 토의 결과를 효과적으로 정리할 수 있도록 지도한다. 토의 결과와 발표 내용이 수업 목표에 부합한다.
질문 중심 수업	질문 중심 수업의 특징이 수업에서 잘 드러난다. 교수자로서 질문 중심 수업에 대한 준비가 철저하다. 개방형 질문과 닫힌 질문을 맥락에 적합하게 활용한다. 질문을 간단 명료하게 제시하여 학생들이 질문의 의도를 잘 파악하도록 한다. 학생들이 충분한 시간을 갖고 답변하도록 한다. 학습 목표에 부합하는 질문을 한다. 단계적인 질문을 통해 학습 효과를 높인다. 학생들이 대답할 때 학생들에게 시선을 집중한다. 학생들의 대답에 대한 충분한 피드백을 제공한다. 학생들이 대답을 잘 하지 못했을 때 추가 정보를 제공하여 학생들의 사고를 돕는다. 질의응답 결과를 효과적으로 정리하여 학생들에게 제공한다.

활동

1. 수업 준비 과정, 수업 실행 과정, 수업을 마친 후 평가 과정에 대한 수업 시연 평가 주안점의 공통점과 차이점을 발표 중심 수업, 토의 중심 수업, 질문 중심 수업에 대해 비교하여 설명해 보자.
2. 중학교 또는 고등학교 물리학 관련 단원 한 가지를 선택하고, 해당 단원의 소단원별 적합한 수업 방식과 그렇게 생각한 이유를 발표해 보자.

요약

- 마이크로티칭은 수업 준비, 수업 실행, 피드백, 평가 및 수정, 재수업을 통해 체계적으로 진행하는 수업 개선 전략이다. 수업 계획, 수업 실행, 피드백과 평가, 재수업의 과정으로 진행되며 소규모 학생을 대상으로 실제 수업보다 단축된 시간 동안 수업 기술의 실행과 개선을 목적으로 수행된다.
- 수업 시연의 평가는 수업의 개선을 위해 수행되며 수업 목적, 수업방식, 학생의 주요 활동 등에 따라 다양한 평가 분석틀을 활용한다.

CHAPTER 03

좋은 물리 수업을 위한 수업 분석 도구(KTOP)의 활용

박종원 (전남대학교)

3.1 좋은 과학수업의 조건

좋은 과학수업은 학생의 과학학습이 효과적으로 일어나도록 하는 것이다. 그러나 구체적으로 어떻게 진행되어야 하는 것을 명확하게 정의하는 것은 쉬운 일이 아니다. 그러나 과학수업의 분석과 개선을 위해 무엇을 고려할 필요가 있는지에 대한 논의는 중요하다. [표 631]은 연구자들이 좋은 수업의 조건을 제시한 것을 요약한 예이다.

[표 631] 좋은 수업의 조건

출처	내용
Abrams (1998), imer (2007), Porter & Brophy (1988)	(1) 학생의 기존의 생각과 개념을 고려한다. (2) 새로운 상황에 새로운 개념과 기능을 적용한다. (3) 학생이 수업에 적극 참여한다. (4) 협력적인 탐구활동을 한다. (5) 연속된 평가와 피드백을 실행한다.
Burry-Stock (1995)	구성주의적 지도와 학습을 위해, (1) 구성주의적 관점에서 학습한다. (2) 학생 이해와 관련된 교육이론에 기반한다.

	(3) 학생과의 상호작용을 위한 전략을 사용한다. (4) 과목내용에 대해 교사가 충분한 지식을 갖는다.
Supovitz and Turner (2000)	(1) 추상적 개념을 도입하기 전에 구체적인 경험을 제공한다. (2) 과학을 다른 영역과 연관짓는다. (3) 컴퓨터를 사용한다. (4) 학생의 이해를 평가하기 위한 다양한 유형의 질문을 사용한다. (5) 모둠으로 탐구를 수행한다. (6) 개념이해의 발달을 강조한다.
Schraw, Crippen, and Hartley (2006)	(1) 탐구에 기반한 학습을 한다. (2) 협력 활동을 지원한다. (3) 문제해결과 비판적 사고를 계발한다. (4) 학생이 자신의 정신적 모델을 구축하도록 지원하고, 개념변화를 돕는다. (5) 공학기술을 사용한다. (6) 학생과 교사의 학습에 대한 믿음이 수업에 미치는 영향을 고려한다.

좋은 과학수업을 위한 수업계획 사례

김교사는 좋은 과학수업을 위해, 열과 온도 및 열평형 주제의 과학수업을 다음과 같이 계획하였다.

(1) 학생의 기존 생각을 고려하기 위해 다음 질문을 사용한다.

> 추운 겨울날 쇠철봉에 마른 수건이 걸려 있다. 쇠철봉과 마른 수건의 온도를 비교하면?

(2) 추상적인 개념을 도입하기 전에 다음과 같은 구체적인 경험을 활용한다.

> 오른손은 더운물에, 왼손은 찬물에 한참 담근 후에, 동시에 두 손을 미지근한 물에 넣었다. 손이 느끼는 차고 뜨거운 정도는 어떻게 다른지 설명해 보자.

(3) 협력 활동을 격려하기 위해, 질문에 대한 답이나 경험에 대한 설명을 할 때 모둠으로 토의하고, 토의 결과를 발표하고 서로 비교해 보도록 한다.

(4) 학생이 자신의 정신적 모델을 구축하도록 하기 위해, 결론이나 답을 알려주기보다, 다양한 생각을 먼저 발표하고 이유를 제시해 보도록 한다.

(5) 과학개념에 대한 명확한 이해를 위해 다음과 같이 정리해 둔다.

> 차고 뜨거운 정도는 온도를 나타내는 것이 아니라, 열의 이동에 의해 나타난 결과이다.
> 이동한 열의 양은 온도의 변화로 나타난다($Q=mc\Delta T$). (m: 질량, c: 비열, △T: 온도 변화)
> 두 물체가 열적접촉을 오랜 시간 하게 되면, 서로 온도가 같아지는 열평형 상태에 이른다.

활동

1. 위의 김교사의 수업계획에서 좋은 과학수업을 위해 어떠한 측면을 고려했는지 분석해 보자.
2. 추가로 다음 측면을 고려하여 수업계획을 수정해 보자.
   (1) 새로운/실제 상황에 적용한다.
   (2) 컴퓨터 및 공학기술을 사용한다.

요약

1. 좋은 과학수업은 학생의 과학학습이 효과적으로 일어나도록 하는 것이다.
2. 좋은 과학수업의 조건으로는, 학생의 기존 생각과 개념을 고려, 교육이론 및 명확한 물리지식의 이해, 개념이해의 발달을 지원, 적절한 경험 제공, 학생의 적극적인 수업 참여, 협력적 탐구활동, 학생과의 적절한 상호작용, 문제해결력과 비판적 사고 계발, 적용능력 계발, 적절한 평가와 피드백, 컴퓨터 및 ICT활용 등이 있다.

3.2 KTOP(Korean Teaching Observatory Protocol)

Park et al.(2014)은 과학교사의 수업을 관찰하여 분석하고, 개선을 위한 점검틀로

KTOP을 개발하였다. KTOP은 과학수업이 구성주의적 관점에서 수행되어야 하며, 과학의 본성, 개념이해, 탐구, 사고의 계발 및 동기유발과 흥미와 같은 과학수업 목표를 위해 수업이 진행되어야 한다고 제시하고 있다. 또한 과학수업에서 활용되는 다양한 지도전략이나 활동들에 대해 무엇을 중점적으로 관찰해야 하는지도 제시하고 있다. 즉 KTOP은 과학수업의 관찰과 개선을 위한 계획에서 구체적인 안내 역할을 할 수 있다.

KTOP은 실제 과학교사의 수업을 전문가와의 협업을 통해 분석하고 개선하기 위해 (Park et al., 2015), 교육실습 기간에 예비교사의 수업을 관찰하고 개선하기 위해(김수정과 박종원, 2017), 또 과학교사의 수업에서 KTOP 항목에서 반영하기 쉬운 또는 어려운 항목들이 무엇인지 조사하기 위해(김학태와 박종원, 2023) 활용되어 왔다. 그 결과 기존의 KTOP에서 하나의 영역이 추가된 KTOP으로 수정되었는데, 수정된 KTOP은 전체적 구성, 기본철학, 학습목표, 활동, 평가의 5개 대범주와 11개의 중범주로 구분되어 있다. 다음은 대범주별로 KTOP 항목의 정의와 예 및 반례들이다.

[표 632] KTOP 항목과 내용

항목		내용
전체적 구성	0. 정합성	0-1. 수업의 전체적인 구성이 교육과정 및 수업 목표와 일치한다.
		0-2. 수업의 전개가 전체적으로 논리적이고 정합적으로 잘 정리되어 진행되었다.
기본 철학	1. 구성주의	1-1. 학생들이 학습에 능동적으로 참여하였다.
		1-2. 학생들이 학습목표와 수업과정, 학습결과를 메타인지적으로 인식하도록 하였다.
		1-3. 교사는 학생 활동을 돕는 조언자 역할을 하였다.
목표	2. 과학의 본성	2. 학생들이 과학의 본성을 이해하도록 도왔다.
	3. 개념 이해	3-1. 학생들의 선행지식이 드러나도록 하고, 오개념의 경우 개념변화 모델을 활용하였다.
		3-2. 핵심적인/주요 개념을 올바르고 정확하게 설명하였다.
		3-3. 어려운 개념과 추상적 개념(기호, 그래프, 등)을 쉽게 이해할 수 있도록 하였다.
		3-4. 학생들이 능동적으로 탐색하고 추론하여 자신의 이해와 모델을 구성하였다.

		3-5. 학생들이 자신, 또는 다른 학생의 이해를 메타인지적으로 인식하도록 하였다.
		3-6. 학생들이 이해한 기본개념을 보다 복잡하고 넓은 상황으로 확장하도록 하였다.
	4. 탐구	4-1. 실험에 필요한 준비가 잘 되었고, 실험 후 정리 활동이 잘 되었다.
		4-2. 실험 시작 전과 수행 과정 중, 중요한 안전지도가 잘 이루어졌다.
		4-3. 학생들 잘못된 탐구과정을 바로 잡기 위한 지도가 이루어졌다.
		4-4. 학생들이 탐구과정을 메타인지적으로 인식하도록 하였다.
		4-5. 탐구기능(관찰, 변인통제, 가설설정, 실험설계, 표와 그래프 작성 등)을 익히기 위한 지도가 이루어졌다.
		4-6. 탐구결과를 목표/가설/예측과 비교하여 평가하거나, 탐구결과 오류의 원인을 추론하는 활동을 하였다.
		4-7. 학생들이 다양한 유형의 탐구실험(가설 검증 실험, 귀납적으로 법칙/규칙성 찾기 실험 등)을 수행하였다.
	5. 사고의 계발	5-1. 학생들이 과학적 사고(연역, 귀납, 귀추 등)를 계발하도록 격려하였다.
		5-2. 학생들이 (지지)증거를 이용한 논증과 토의를 통해 자신의 주장을 계발하도록 하였다.
		5-3. 학생들이 다양한 활동을 통해 창의적 사고를 계발하도록 격려하였다.
	6. 동기 유발/흥미	6. 적절한 방법을 활용하여 흥미와 동기를 유발시켰다.
활동	7. 연관성	7-1. 다른 수업이나 다른 과목에서 배운 내용들과 연계하여 지도하였다.
		7-2. 학생들이 수업내용을 다양한 상황(일상생활, 기술/공학, 환경적 상황 등)에 적용하고 연관시켰다.
	8. 학습전략/매체 활용	8-1. 비유, 개념도 등과 같은 다양하고 적절한 수업전략들을 활용하였다.
		8-2. 컴퓨터, 그림, 그래프, 동영상, 시범 등 다양하고 적절한 학습매체를 활용하였다.
		8-3. 학생들이 활동지, 게임, 역할극 등 다양한 학습 활동에 적극적으로 참여하였다.
	9. 협동과 의사소통	9-1. 학생들이 모둠 활동을 통해 협력적으로 학습하도록 격려하였다.
		9-2. 토론과 발표 등을 통해 학생과 교사 간, 학생 간 의사소통이 활발하게 일어났다.
		9-3. 학생들이 적극적으로 질문하고 답하며, 교사는 학생의 질문에 적절하게 답변해 주었다.
평가	10. 평가	10. 학습목표와 연관된 적절한 평가를 수행하였다.

KTOP의 0-항목 (전체적인 구성-정합성)의 하위 항목별로 정의와 반례 및 예를 제시하면 다음과 같다. 이때 '반례'는 개선을 해야 할 사례들을 의미하며, '예'는 좋은 사례로 실제 수업에서도 활용할 것을 제안하는 것을 의미한다.

(1) KTOP 0-1: 수업의 전체적인 구성이 교육과정 및 수업 목표와 일치한다.

정의: 수업내용과 수준 등이 교육과정에 부합되고, 수업목표를 위해 적절하게 구성되어 있다.

반례:
- 교육과정에서 역량을 강조하고 있지만, 지식과 탐구기능 중심으로만 수업하였다.
- 교육과정에서 정한 수준을 넘어서는 내용이 포함되어 있다.

예:
- 교육과정에서 강조하는 역량을 위해, 전반사 개념(지식)을 배우고 관찰활동(기능)을 할 때, 심미적 측면(아름다움에 대한 느낌)을 강조하고, 배운 내용을 소개하는 포스터 설계하기 활동(수행)을 하였다.
- 중학교에서 렌즈에 의한 상을 관찰하는 활동에서 굴절된 빛의 경로를 작도하는 내용은 다루지 않았다.

(2) KTOP 0-2: 수업의 전개가 전체적으로 논리적이고 정합적으로 잘 정리되어 진행되었다.

정의: 필요한 내용이 빠지지 않았고, 전체적인 수업이 논리적으로 연결되어 있으며, 추상적인 개념과 공식 등이 실제 현상이나 역사적 배경 등과 잘 연계되도록 진행되었다.

반례:
- '여러 가지 운동' 수업에서 왜 여러 가지 운동을 다루는지에 대한 소개도 없고, 여러 가지 운동 중, 필요한 운동(예: 수평으로 던진 물체의 운동)도 빠져있다.
- 시뮬레이션으로 가속도 방향은 표시하지만, 가속도 방향이 힘의 방향과 같다는 내용을 다루지 않았다.

예: · 보일과 샤를의 법칙을 먼저 배우고, 높이 올라갈 때 압력과 온도의 변화에 대한 정보를 제시한 후, 높이 올라간 풍선이 어떻게 될지 예측하고 발표하는 수업으로 구성하였다.
· 운동변화의 원인으로 힘개념을 도입할 때, 앞서 배운 모양 변화의 원인으로서의 힘개념을 함께 도입하여 개념도로 통합시키는 활동을 하였다.

정합성을 고려한 수업 계획 사례

김교사는 창의성을 강조하는 교육과정의 기본방향을 반영하기 위해 굴절 수업을 다음과 같이 계획하였다.

1. 굴절에 대한 기본적인 (탐구활동이 포함된) 학습활동을 한다.
2. 창의성(발산적 사고)을 위해 물컵에 꽂힌 막대에서 많은, 다양한, 그리고 남들이 미처 발견하지 못한 관찰을 하는 활동을 한다.
3. 관찰 활동 후, 조별로 가장 흥미롭거나 독창적인 관찰이라고 생각되는 관찰을 1개씩 발표한다.
4. 간단한 창의성 평가기준을 이용하여 조별로 창의성 점수를 매겨본다.

활동

1. 전반사 수업에서 역량(지식과 기능, 태도와 수행)을 강조하는 수업계획을 세워보자.
2. 구리봉 안에서 자석이 천천히 떨어지는 현상을 설명하기 위해 가설을 제안하는 수업계획을 세워보자.

KTOP의 1-항목(기본철학-구성주의)의 하위 항목별로 정의와 반례 및 예를 제시하면 다음과 같다.

(3) KTOP 1-1: 학생들이 학습에 능동적으로 참여하였다.

정의: 학생들이 교사의 강의를 수동적으로 듣기보다는 모둠별 활동, 발표, 토론,

게임 등의 다양한 활동을 하거나, 서로의 의견을 교환하고 발표하는 활동을 통해 수업에 적극적이고 능동적으로 참여하였다.

반례: • 강의 중심의 수업이었고, 단답식 질문에 답하는 활동과 노트 필기 활동이 주이다.

• 실험/모둠활동에서 한 두 명의 학생이 주도적으로 활동하고, 나머지 학생들은 수동적으로 참여하거나 거의 참여하지 않는다.

예: • 활동지로 조별 활동을 하고, 활동결과를 칠판에 적고 발표하면서 진행하였다.

• 관찰한 현상에 대한 원인을 교사가 일방적으로 설명하지 않고, 그 원인에 대해 모둠별로 의견교환을 한 후 교사의 질문에 답을 하는 식으로 수업이 진행되었다.

(4) KTOP 1-2: 학생들이 학습목표와 수업과정, 학습결과를 메타인지적으로 인식하도록 하였다.

정의: 학생들이 수업의 목표가 무엇인지, 수업 중 어떤 활동을 왜 하는지, 수업에서 최종적으로 배울 내용이 무엇인지 등을 교사가 일방적으로 제시하기 보다는 학생들 스스로 인식하도록 하였다.

반례: • 수업목표를 처음에 읽었을 뿐, 수업 중간이나 끝까지 배운 내용을 수업목표와 연결짓는 활동이 없었다.

• 수업이 끝난 후, 오늘 배운 내용이 무엇인지를 반추하는 활동이 없었다.

예: • 수업 초에, 괄호로 미완성된 수업목표를 제시하고, "여기 미완성된 수업목표를 이제 수업을 진행하면서 여러분이 채워볼 겁니다"라고 활동방법을 소개한다.

• 수업 중, "지금 이 활동은 어떤 수업목표와 관련된 것이지요?"하고 학생들에게 질문하고 발표하도록 하였다.

(5) KTOP 1-3: 교사는 학생 활동을 돕는 조언자 역할을 하였다.

정의: 학생들의 활동(활동지 활동, 토론, 조별활동, 실험, 질문하고 답하기 등)을 조별, 개인별로 격려하고 도와주며, 학생의 학습을 도와주는 역할을 한다.

반례: · 활동지 활동 중, 어려움이 있는 학생(조)이 있었지만, 교사는 그 학생(조)을 위한 도움을 주지 않아, 결국 학생(조)의 활동이 성공하지 못했다.

· 활동지 활동(또는 실험)에 대해 교사가 너무 자세하게 단계별로 시연까지 하면서 설명을 하여, 학생이 단계별로 교사의 지시대로 그대로 따라 하였다.

예: · 학생들의 활동지/실험 활동을 보면서 어려움이 있는 부분을 지도해 주고, 나머지 학생을 위해서도 "잠시, 이 부분 설명을 들어보세요" 하면서 추가 설명을 해 주었다.

· 학생의 실험활동이나 모둠 활동 중, "이건 어떻게 하면 되지?" "그건 무슨 의미지?" 등과 같이 활동 내용을 학생들이 잘 수행하고 이해하도록 도와주는 역할을 하였다.

활동

김교사는 정전기 유도 주제로 수업을 다음과 같이 실행하였다.

1. LED가 연결된 코일에 자석을 넣었다 뺐다 하면서 LED가 켜지는 현상을 시범해 보인다.
2. 코일과 검류계, 자석을 이용하여 조별로 전자기 유도 실험을 수행하도록 한다.
3. 실험결과를 조별로 발표하도록 하고, 발표내용을 서로 비교해 본다.
4. 전자기 유도의 주요 특징을 정리한 미완성된 개념도를 제시하고 완성하도록 한다.

위의 수업을 다음 KTOP의 3가지 항목(1-1 ~ 1-3)에 따라 분석해 보아라.

1-1	잘된 부분	(예) 학생들이 직접 실험을 수행하고, 결과도 발표하고 비교해 보도록 하여, 학생들이 활동에 잘 참여하였다.
1-2	수정 의견	학습목표에 대해서 ...
1-3	수정 의견	학생의 활동을 돕기 위해 ...

KTOP의 2-항목 (목표-과학의 본성)의 하위 항목별로 정의와 반례 및 예를 제시하면 다음과 같다.

(6) KTOP 2: 학생들이 과학의 본성을 이해하도록 도왔다.

정의: 과학적 사고(귀납, 연역, 귀추)의 본성, 과학 탐구의 본성, 과학지식의 본성에 맞추어 학습이 진행하거나, 과학자가 과학지식을 형성해 나가는 과정을 (간접적으로) 경험할 수 있도록 적절한 질문이나 활동을 수행하였다.

반례:
- 학생들이 배운 과학지식이 절대적으로 옳은 것으로 표현하고, 조건이 달라지거나 과학이 발전하면서 법칙이 달라질 수 있다는 가능성을 알려주지 않았다.
- "과학적 관찰은 이론에 의존한다"와 같은 내용을 추상적으로 소개만 해 주었다.

예:
- 실험을 통해 이론을 지지하는 결과를 얻은 후에, "그러므로, 이론이 옳다"고 결정적으로 말하기 보다는, "아직까지는 이론이 맞지만 다른 이론이 나올 가능성은 열어두어야 한다"고 설명해 주었다.
- 현재 배우고 있는 교과서의 지식이 역사적으로 어떻게 변해 온 것인지 소개해 준다.

활동
1장의 내용을 참고하여, KTOP 2항목(목표-과학의 본성)의 예와 반례에 해당되는 다른 예를 찾아보자.

KTOP의 3-항목 (목표-개념이해)의 하위 항목별로 정의와 반례 및 예를 제시하면 다음과 같다.

(7) KTOP 3-1: 학생들의 선행지식이 드러나도록 하고, 오개념의 경우 개념변화 모델을 활용하였다.

정의: 학습내용과 관련된 이전의 학습내용을 점검하거나, 학생에게 질문하고 학생의 대답을 이용해 수업을 진행하였다. 또한 학생이 가진 선개념이나 오개념을 점검하고, 오개념인 경우에 인지갈등을 통한 개념변화 수업을 진행하였다.

반례:
- 수업 내용을 이해하기 위해 필요한 사전지식을 확인하지 않고 수업을 진행하

여, 몇몇 학생들은 수업내용을 이해하지 못했다.

- 수업 내용에 대한 오개념을 조사하거나 변화시키기 위한 특별한 전략이 없다.

예:
- 선개념 조사지(문항)를 이용해 학생의 선개념을 조사하고, 활동/질문/관찰/토의/시범 등을 통해 인지갈등을 인식하게 한 다음에, 비유 등을 통해 새로운 현상의 이해를 돕기 위한 수업을 하였다.
- 본 수업을 하기 전에 전시학습을 통해 지난 수업에 배운 개념을 확인하였고, 이를 바탕으로 오늘 학습할 내용을 지도하였다.

(8) KTOP 3-2: 핵심적인/주요 개념을 올바르고 정확하게 설명하였다.

정의: 논리적이고 과학적인 근거를 가지고 과학개념을 정확하게 정의하고 설명하며, 주요 개념을 빠짐없이 설명하였다.

반례:
- 전기에너지와 전기적 위치에너지를 각각 옳게 설명하였으나, 둘이 서로 같은 것임을 분명하게 알려주지 않았다.
- 과학적으로 정확하지 않은 용어를 사용하거나, 잘못된 이해나 오해를 할 수 있는 설명을 하였다.

예:
- '일'을 설명하면서 '힘'이 일을 하는 것이라고, 일의 주어를 명확하게 도입하였다.
- 전기적 위치에너지가 전기에너지와 같은지 질문하고, 같은 이유를 설명하였다.
- 옴의 법칙에서 독립변인과 종속변인을 구별하여 설명하였다.

(9) KTOP 3-3: 어려운 개념과 추상적 개념(기호, 그래프, 등)을 쉽게 이해할 수 있도록 하였다.

정의: 직접 관찰하거나 경험하기 힘든 추상적인 개념이나 공식, 기호나 그래프, 등을 이해하기 쉽게 하기 위해, 개념을 간단 명료하게 정의하고, 구체적인 예를 들거나, 배운 내용을 정리하기 등을 통해 학생이 쉽게 이해할 수 있도록 하였다.

반례: • 추상적이고 어려운 개념을 그대로 제시할 뿐, 학생의 이해를 돕기 위한 추가 설명이나 예, 또는 활동이 없었다.

• 00 법칙을 단순하게 공식만 제시하고, 공식을 이용한 계산 활동만 하였다.

예: • 뉴턴 운동법칙 공식을 '000 게임' 활동을 이용하여 학생들에게 익숙해지도록 하였다.

• 도선 내에서 전류의 방향과 전자의 이동 방향이 반대임을 설명하기 위해 과학사 이야기를 해 주었다.

(10) KTOP 3-4: 학생들이 능동적으로 탐색하고 추론하여 자신의 이해와 모델을 구성하였다.

정의: 정해진 답이나 교과서에 제시된 설명을 그대로 전달하기 보다는 학생들이 토론이나 탐색 등의 활동을 통해 스스로 자신의 생각을 표현하고, 비교하고, 수정하면서 나름대로 이해해 나갈 수 있도록 하였다.

반례: • 학생이 자신이 이해한 것을 발표한 적이 거의 없다.

• 교사의 일방적인 설명으로 모든 내용이 제시되었고, 학생들이 자신이 스스로 이해하도록 하는 활동이 거의 없었다.

예: • 여러 가지 운동을 하는 물체들을 제시하고, 각각의 경우에서 알짜힘의 방향을 스스로 찾아 화살표로 표시해 보고, 다른 사람과 비교하면서 수정하는 활동을 하였다.

• 물체의 다양한 운동을 관찰한 후에, "운동하는 정도를 무엇이라고 이름지어 볼까요?"와 같은 활동을 통해, 학생이 자신만의 생각을 나타내 보도록 하였다.

(11) KTOP 3-5: 학생들이 자신, 또는 다른 학생의 이해를 메타인지적으로 인식하도록 하였다.

정의: 학생들이 자신이나 다른 친구들이 배운 내용을 잘 알았는지, 모르는 것이 무엇인지, 불명확한 것이 무엇인지 등을 반추해 보도록 하였다.

반례: • 수업이 진행되는 동안, 한 번도 "궁금한 것 없으세요?"라든가 "이해되지 않는 부분이 있으면 질문하세요"라는 질문이 전혀 없었다.
• 활동지 활동을 한 후에, 활동결과를 다른 학생들과 비교하지 않는 등, 활동결과가 잘 수행되었는지에 대한 점검이 없었다.

예: • "오늘 배운 내용이 뭐지요?", "오늘 배운 내용 중에서 잘 모르는 부분을 적고 옆의 사람과 비교해 보세요" 등과 같은 질문을 통해 배운 내용을 되돌아 보도록 하였다.

(12) KTOP 3-6: 학생들이 이해한 기본개념을 보다 복잡하고 넓은 상황으로 확장하도록 하였다.

정의: 주요 개념에 대해 기초적인 이해를 한 다음에 여러 가지 상황에 적용하면서 배운 내용을 확장할 수 있도록 하였다. 그러나 교육과정의 범위를 벗어나지 않도록 하였고, 주요 개념을 보다 더 잘 이해할 수 있도록 돕기 위해 도입되었다.

반례: • 기본개념만 설명하고 개념이 적용될 수 있는 다양한 사례를 다루지 않았다.

예: • 굴절 개념을 배운 후에, 물 컵에 담긴 동전과 막대, 어항 속의 물고기가 커 보이는 현상 등과 함께 관련 속담도 예를 들어 설명하였다.

활동

김교사는 중학교 3학년 전하량 보존 주제로 수업을 다음과 같이 실행하였다.

1. 전지와 1개 저항으로 연결된 회로에서 저항 전과 후에 전류계로 전류를 측정하여 비교하는 실험을 한다.
2. 실험결과를 전하량 보존으로 설명한다.
3. 동일한 저항 2개가 직렬 연결된 경우와 병렬 연결된 경우에 전하량 보존 개념을 적용하여 회로의 여러 지점에서의 전류의 세기를 예상해 보고 발표하는 활동을 한다.

위의 수업에 대해 다음 KTOP의 다음 항목을 분석해 보아라.

3-1	수정 의견	예상되는 오개념으로 ...
3-4	수정 의견	학생의 이해/모델 구축을 위해 ...
3-5	수정 의견	실험목표에 대해 ...
3-6	잘된 의견	저항이 직렬연결, 병렬연결된 상황으로 적용하는 활동이 어렵지만 적절하였다. 조금은 안내를 해 주어도 좋을 것 같다.

KTOP의 4-항목 (목표-탐구)의 하위 항목별로 정의와 반례 및 예를 제시하면 다음과 같다.

(13) KTOP 4-1: 실험에 필요한 준비가 잘 되었고, 실험 후 정리 활동이 잘 되었다.

정의: 실험을 하기 위해 필요한 장비가 모둠별로 준비되어 있거나, 교사가 조원을 통해서 배부하는 단계가 있으며, 실험 중이나 후에 필요한 뒷정리를 하도록 안내하였다.

반례: • 실험에 필요한 준비물이 없거나 적절하지 않은 실험준비물이 준비되어 있다.
• 실험 준비물의 규격을 확인하지 않았다.

예: • 00 실험을 위한 실험도구가 실험실의 모둠별 책상 위에 잘 정리되어 있었다.
• 실험 후에는 책상 위의 실험기구들을 학생들이 가지런히 정리하도록 하였다.

(14) KTOP 4-2: 실험 시작 전과 수행 과정에서 중요한 안전지도가 잘 이루어졌다.

정의: 실험이 잘 되기 위한 특별한 조건이나 방법에 대한 안내가 주어지고, 특히 필요한 안전지도를 실험 전에 설명해 주었다.

반례: • 반사의 법칙 실험을 할 때 레이저의 위험성을 인식하는 지도를 하지 않았다.

예: • 00를 잘못 사용할 때 생길 수 있는 위험을 미리 생각해 보게 한 후에 알려주었다.

(15) KTOP 4-3: 학생들이 탐구과정을 잘못 수행하는 경우, 바로 잡기 위한 지도가 이루어졌다.

정의: 특정 탐구과정에 대해서 학생들이 잘 못하거나, 특정 실험도구를 잘 사용하지 못하는 경우를 미리 파악하고 이를 안내해 주는 내용이나 활동이 포함되어 있다.

반례: ・00장치의 사용법을 사전에 잘 알려주지 않아, 학생들이 시행착오를 거치면서 시간을 낭비하였다.

예: ・전류계의 연결과 측정방법을 먼저 살펴보게 하였고, 최소눈금의 1/10까지 측정하도록 안내해 주었다.

・전자기 유도 실험을 할 때, 검류계 바늘의 움직임이 잘 나타나게 하기 위해, 코일 안에서 자석을 너무 빨리 움직이지 않도록 안내하였다.

(16) KTOP 4-4: 학생들이 탐구과정을 메타인지적으로 인식하도록 하였다.

정의: 실험과정을 요리책 식으로 그냥 따라하도록 하지 않고, 각 단계(또는 과정)의 목적이나 유의점, 또는 왜 그런 과정으로 실험하는지 등을 스스로 생각해 보거나 점검하고 토론하는 활동이 포함되어 있다.

반례: ・탐구활동지의 안내 내용을 주의깊게 읽지 않고, 주변 친구의 활동을 따라하거나 주변 친구의 지시에만 의존하여 실험을 수행한다.

・교사가 탐구과정을 하나하나 설명하면서 학생들이 그대로 따라하게 하였다.

예: ・실험목표를 제시하지 않고 실험을 한 후에, 실험목표를 학생들이 써보도록 한다.

・활동지에도 실험과정만 단순히 기술되어 있는 것이 아니라, 왜 이러한 장비를 사용하는지, 왜 그런 방법으로 실험해야 하는지 등을 정리하는 활동이 포함되어 있다.

(17) KTOP 4-5: 탐구기능(관찰, 변인통제, 가설설정, 실험설계, 표와 그래프의 작성 등)을 익히기 위한 지도가 이루어졌다.

정의: '관찰해 보자', '변인을 통제해 보아라', '가설을 제안해 보자'와 같이 단순한 안내만 주어지는 것이 아니라, 어떻게 관찰해야 하는지, 어떻게 변인을 통제해야 하는지, 어떻게 가설을 설정해야 하는지 등에 대한 필요한 안내나 지도나 설명이 주어진다.

반례: · 가설을 제안하는 방법이나 가설을 제안할 때 유의점 등에 대한 안내가 전혀 없다.
· 실험 설계하는 법을 배우는 활동이 없다.

예: · 가설을 제안할 때 다른 지식이나 경험을 활용하고, 가설은 정답이 아니고 가능성 있는 임시적인 답이며, 가설은 하나일 필요가 없다는 등의 안내를 해 주었다.
· 실험설계 능력을 키워주기 위해, '실험단계 순서대로 맞추어 보기', '실험단계 중에서 잘못된 단계 수정하기' 등의 활동을 하였다.
· 표와 그래프 작성법을 알려주고 (또는 미완성되었거나 잘못된 표나 그래프), 직접 표와 그래프 양식을 만들어 보도록 (또는 수정해 보도록) 하였다.

(18) KTOP 4-6: 탐구결과를 목표/가설/예측과 비교/평가하거나, 탐구결과 오류의 원인을 추론하는 활동을 하였다.

정의: 탐구결과의 다양한 해석을 격려하고, 탐구결과가 목표나 가설과 부합하는지 점검하며, 탐구결과에 예상치 못한 오차가 포함되거나, 예상과 다른 결과가 나온 경우에는 다양하게 그 원인을 반추하는 활동을 하였다.

반례: · 학생들이 얻은 결과나 결론이 실험목표에 해당되는 것인지 비교해 보는 활동이나 오차의 원인을 생각해 보고 발표하는 활동이 없다.

예: · 실험결과를 먼저 예측해 보게 하고, 실험결과와 비교하도록 하였다.
· 실험이 실패하거나 잘못 나온 경우, 왜 그런지에 대해서 발표하도록 하였다. 그리고 발표한 내용을 모아 실험에 미치는 주요 영향들을 정리하여

리스트화하였다.

(19) KTOP 4-7: 학생들이 다양한 유형의 탐구실험(가설 검증 실험, 귀납적으로 법칙/규칙성 찾기 실험 등)을 수행하였다.

정의: 1년 내내 동일한 유형의 실험만 하지 않고, 적절하게 귀납적으로 규칙성을 찾는 실험, 탐구문제에 따라 실험방법이나 실험단계를 설계하는 실험, 예상과 관찰결과를 비교하고 설명하는 실험, 가설을 검증하는 실험 등 다양한 유형의 실험을 수행하였다.

반례: · 대부분의 탐구실험이 '관찰하거나 측정하고, 관찰/측정결과를 표나 그래프로 나타내고, 결론을 이끌어내는 단계'로만 진행되었다.

예: · 교과서의 실험을 있는 그대로 따라하기 보다는 실험주제에 적절하다고 생각되면 그 주제에 맞는 다른 유형으로 실험을 바꾸어 수행하였다.
· 특이한 현상을 먼저 관찰하고, 왜 그런 현상이 생기는지 가설을 제안하고, 발표하고, 비교한 후에, 가설이 옳은지 확인해 보는 실험을 제안해 보는 활동을 수행하였다.

활동

김교사는 중학교 3학년 옴의 법칙 주제로 수업을 다음과 같이 실행하였다.

1. 건전지와 니크롬선, 그리고 전압계와 전류계를 연결한 회로를 이용하여, 직렬 연결된 건전지의 개수를 변화시키면서 니크롬선에 걸린 전압과 흐르는 전류를 측정한다.
2. 학생들의 회로 연결과 측정과정을 관찰하면서 어려워 하거나 잘못하는 부분을 개인별/조별로 안내해 준다.
3. 측정결과를 표에 기록하고, 표의 결과를 그래프로 그린다. 이때, 막대 그래프, 꺾은 선 그래프, 측정한 점에 근접한 직선이나 곡선 그래프 중 어느 그래프가 적절한지 토의한 후, 그리도록 한다.
4. 그래프로부터 전압과 전류와의 관계를 발표한다.

위의 수업내용에 대해 다음 KTOP의 다음 항목을 분석해 보아라.

4-3	잘된 부분	학생이 실험활동을 돕기 위해 ...
4-4	수정 의견	실험방법이나 목표를 학생이 인식하도록 돕기 위해 ...
4-5	잘된 부분	그래프 작성 방법을 돕기 위해 ...

KTOP의 5-항목 (목표-사고력의 계발)의 하위 항목별로 정의와 반례 및 예를 제시하면 다음과 같다.

(20) KTOP 5-1: 학생들이 과학적 사고(연역, 귀납, 귀추 등)를 계발하도록 격려하였다.

정의: '왜' 또는 '어떻게' 라는 질문에 답하기 위해 증거에 따라 논리적으로 설명하는 활동, 주어진 특징들을 보고 귀납적으로 일반화된 특성을 찾아보는 활동, 귀추적 사고를 통해 가설을 제안하는 활동 등 과학적 사고가 포함된 활동을 하였다.

반례:
- 어떤 설명이 과학적으로 근거가 있는지, 어떤 법칙에 근거한 것인지 등을 생각해 보도록 하는 활동이 없이, 제시하거나 받아들이기만 하였다.
- 귀납적 결론(예: 제한된 수의 관찰로부터 '항상'이라는 결론을 내린 경우)이 적절하지만, 절대적인 참일 수는 없다는 논의나 안내가 없었다.

예:
- 왜 수위가 올라오게 되는지를 실험을 통해 얻은 증거를 이용하여 논리적으로 설명하였다.
- 10여 장의 사진 자료를 보고, 자료들 간의 공통된 특징을 찾아 발표하는 활동을 하였다.
- 가설을 제안하기 위해, 관련된 유사한 현상을 활용하여 설명하도록 안내해 주었다.

(21) KTOP 5-2: 학생들이 지지증거를 이용한 논증과 토의를 통해 자신의 주장을 계발하도록 하였다.

정의: 자신의 주장을 증거를 활용하여 논리적으로 펼치고(주장), 다른 사람의 주장이나 교과서 내용 등에 대해서 근거를 가지고 논리적인 비판을 할 수 있으며(반박), 자신의 생각을 설득하도록(설득) 안내하고 격려하였다. 서로 다른 의견들이 나름대로 근거가 있다고 판단되면, 서로의 의견을 모으도록(합의) 안내한다.

반례: · 학생이 주장할 때, 주장에 대한 근거를 대도록 하는 안내나 활동이 없이 주장만 하면서 진행되었다.
· 반대 주장에 대해 타당한 근거나 이유없이 주장이 잘못되었다고만 주장하면서 진행되었다.

예: · 역할극을 통해, 관찰된 자연현상을 이용하여 각각 주장을 하고, 상대방의 주장에 대해서 반론을 제기하면서 서로의 주장을 비교하는 활동을 하였다.
· STS 수업에서 핵발전소를 건설할 것인지에 대한 근거있는 주장을 하고, 제기된 주장에 대해서 근거있는 지지를 하거나, 근거있는 반론을 제기하는 활동을 하였다. 그리고 여러 의견을 모아 하나의 합의된 의견으로 정리하였다.

(22) KTOP 5-3: 학생들이 다양한 활동을 통해 창의적 사고를 계발하도록 격려하였다.

정의: 과학적 상황에서, 또는 과학지식이나 과학적 탐구기능을 활용하여, 발산적 사고, 수렴적 사고, 또는 연관적 사고 등 창의적 사고를 계발하는 활동을 지도하였다.

반례: · 한가지로 정해진 답을 구하는 질문만 제시할 뿐, 발산적 사고를 위해서 다양한 답이 나오거나 정해지지 않은 답이 나올 수 있는 질문이 전혀 없다.
· 아이디어를 내거나 탐구활동을 할 때, 독창성을 위해 남들이 미처 생각하지 못한 아이디어(또는 관찰 등)를 발표하는 기회가 전혀 없었다.

예: · 교과서 관찰활동 중, 다양한 관찰을 해 보도록 하였고, 특히 다른 사람들이 관찰하지 못한 관찰을 찾아보도록 유도하였다.
· 속도의 정의를 '시간/이동거리'로 바꾸면 어떻게 의미가 달라질 지 다양한 의견을 발표하도록 하였다.
· '스피커를 마이크로 사용하기'와 같이 학습한 내용(개념)을 반대로 생각해 보는 활동을 하였다.
· 길이를 측정하는 활동 중, 자 이외의 다른 방법으로 길이를 측정하는 방법을 생각해 보도록 하였다.

활동

박교사는 중학교 2학년 파동 주제로 수업을 다음과 같이 실행하였다.

1. 실로폰, 물이 든 포도주잔, 기타줄에서 높은 소리와 낮은 소리가 날 때 특징을 정리하고, 어떤 공통된 특징이 있는지를 찾아보도록 한다.
2. 높은 소리와 낮은 소리가 날 때 스마트폰 앱을 이용하여 파동 모양을 관찰하고, 파동의 모습과 소리의 높낮이와의 관계를 끌어내도록 한다.
3. 진동수 개념을 도입하여 1, 2에서 소리의 높낮이와 진동수와의 관계를 끌어낸다.
4. 앞서 배운 관성 개념을 소개하고, 관성 개념을 이용하여 1에서 어떤 경우에, 왜 낮은 소리가 나는지를 설명해 보도록 한다. 이를 위해 조별로 토의하고 토의한 내용을 발표한다.

위의 수업에 대해 다음 KTOP의 다음 항목을 분석해 보아라.

5-1	잘된 부분	1~3에서, 그리고 4에서 ...
5-2	수정 의견	논증활동을 위해 ...

활동

다음 정보를 이용하여 높이 올라간 풍선이 터질지 안 터질지에 대해서 논증활동을 하려고 한다. 툴민의 논증구조를 활용하여 가능한 서로 다른 주장과 근거를 각각 써보자.

- 보일의 법칙, 샤를의 법칙, 높이에 따른 기압 변화, 높이에 따른 온도변화, 온도에 따른 고무의 탄성변화

KTOP 5-3 창의적 사고 계발을 위한 수업 사례

강교사는 중학교 2학년 굴절 주제로 수업을 다음과 같이 실행하였다.

1. 볼록렌즈 뒤에 물체를 놓고 물체의 위치를 렌즈로부터 멀리 또는 가까이 하면서 상의 모양이 어떻게 변화하는지 기록한다.
2. 볼록렌즈에 의한 상을 작도하는 법을 소개하고, (1)에서 관찰한 결과를 작도한 그림과 비교해 본다.
3. 볼록렌즈 뒤에 막대를 수평으로 들고, 막대를 위 아래로, 좌우로, 또는 제자리에서 회전하면서 상이 어떻게 변화하는지 관찰해 본다. 이때 관찰결과를 가능하면 많이 기록하도록 하고, 남들이 미처 관찰하지 못한 것을 찾도록 격려한다.
4. 유창성(서로 다른 관찰 수마다 1점)과 독창성(10명 중 1명만 관찰한 경우마다 5점) 기준을 알려주고 기준에 따라 자신의 창의성을 평가해 보도록 한다.

KTOP의 6-항목 (목표-흥미와 동기)에 대한 정의와 반례 및 예를 제시하면 다음과 같다.

(23) KTOP 6: 적절한 방법을 활용하여 흥미와 동기를 유발시켰다.

정의: 게임이나 재미있는 사례나 질문, 신기한 현상 등을 활용해, 배우고자 하는 내용에 대한 흥미와 동기를 유발시키는 활동을 활용하고, 왜 배우는지에 대해 생각해 본다.

반례: · 직접 시범(또는 에니메이션이나 시뮬레이션 등)등이 없이 설명만 제시하였다.
· 설명을 듣고 판서내용을 받아적는 활동만 하였다.

예: · 전류의 흐름과 같이 보이지 않은 현상을 학습하기 위해, 도선 내 전류의 흐름을 나타내는 에니메이션을 보여주고, 관찰한 내용을 발표해 보도록 한다.
· 물리개념의 기술·공학적 사례 외에도 학생 자신의 일상적 삶(친구, 가족, 취미, 습관 등)과 관련이 있는지를 생각해 보도록 한다.

활동

1. 학생의 관심과 흥미를 끌 수 있다고 생각되는 시범을 준비하여 시연해 보자.
2. 전자기 유도를 지도할 때, 공학적인 적용 사례 외에도 "자연은 변화를 거부하는 경향이 있다. 나도 습관을 바꾸는 것이 쉽지 않다" 와 같이 학생의 일상적 삶과 연결지어볼 수 있다. 다음 물리 개념이나 법칙들을 학생의 일상적 삶과 연관지어 보자.
   - 저항의 직렬연결과 병렬연결: (예) 상황이 어떻게 주어지는가에 따라 결과가 달라질 수 있다. 나도 원하는 결과가 있다면 어떤 상황이어야 할지 생각해 봐야겠다.
   - 옴의 법칙:
   - 반사의 법칙:

KTOP의 7-항목 (활동-연관성)에 대한 정의와 반례 및 예를 제시하면 다음과 같다.

(24) KTOP 7-1: 다른 수업이나 다른 과목에서 배운 내용들과 연계하여 지도하였다.

정의: 이전 수업이나 다음 수업, 서로 다른 단원의 개념이나 내용, 또는 과학 이외의 다른 수업 내용 등을 서로 연계하여 지도하였다.

반례: · 앞서 배운 내용과 연결짓지 않아, 학생들이 오늘 배우는 내용이 전혀 새로운 내용이라고 생각하였다.

예: · 소단원 내용을 개념도로 그려 이전에 배운 내용, 오늘 배운 내용, 앞으로 배울 내용을 전체적으로 소개해 주었다.

(25) KTOP 7-2: 학생들이 수업내용을 다양한 상황(일상생활, 기술/공학, 환경적 상황 등)에 적용하고 연관시켰다.

정의: 수업내용의 이해를 위해 추상적인 내용을 다양한 구체적인 상황에 적용하거나, 구체적인 상황에서 예를 들어 지도하였다.

반례: · 주요개념(예: 무게)을 배운 다음에 배운 개념을 주변의 실제 사물이나 현상들에 적용해 보는 활동(예: 사과 하나의 무게는 얼마일까?)이 없었다.

예: · 전력의 개념을 배운 다음에 실제 주변의 전기제품들의 소모전력을 살펴보는 활동을 하였다.

· 전기장 개념을 도입한 후, "9V 건전지 양극 사이의 전기장은 대략 얼마일까?"와 같이 실제 상황에서 실제값을 알아보는 활동을 하였다.

실제 상황에서의 학습을 고려한 물리수업 사례

김교사는 실제상황을 고려한 물리수업을 위해 다음과 같은 내용을 조사하였다.

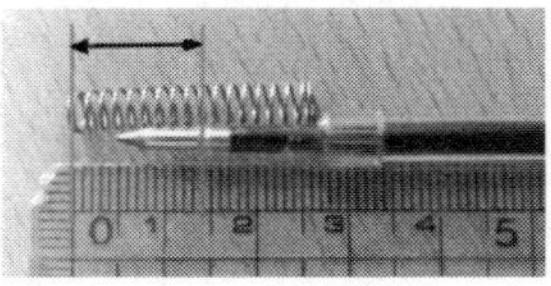

(1) 볼펜 스프링의 탄성계수:

$$k = \frac{F}{x} = \frac{0.231\,\mathrm{kg} \times 9.8/\mathrm{s}^2}{0.014\,\mathrm{m}} = 161.7\,\mathrm{N/m}$$

(2) 볼펜 스프링을 한번 누룰 때 필요한 에너지:

$$E = \frac{1}{2}kx^2 = \frac{1}{2} \times 161.7 \times (0.014)^2 = 0.016\,\mathrm{J}$$

(3) 9V 건전지 단자 사이(약 1 cm)의 전기장: $E = \frac{V}{d} = \frac{9}{0.01} = 900\,\mathrm{V/m}$

KTOP의 8-항목 (활동-학습전략/매체활용)에 대한 정의와 반례 및 예를 제시하면 다음과 같다.

(26) KTOP 8-1: 비유, 개념도 등과 같은 다양하고 적절한 수업전략들을 활용하였다.

정의: 수업내용의 이해를 위해 비유, 모형, 개념도, V도, 퍼즐, 예시 등을 적절하게 활용하였다.

반례: · 추상적인 개념을 그대로 설명만 할 뿐, 이해를 돕기 위해 필요한 적절한 전략을 전혀 사용하지 않았다.

예: · 빛의 굴절을 설명하기 위해 자동차가 모래밭에서 꺾이는 현상을 비유로 이용하였다.

· 실험과정과 결과를 V도를 이용하여 정리하였다.

(27) KTOP 8-2: 컴퓨터, 그림, 그래프, 동영상, 시범 등 다양하고 적절한 학습매체를 활용하였다.

정의: 학습내용의 이해를 위해 필요한 다양한 학습매체나 도구(컴퓨터, 그림, 그래프, 동영상, 시범 등)를 적절하게 활용하였다.

반례: · 실제 사진이 있는 데에도 불구하고, 칠판에 개략적인 그림으로만 제시하였다.

· 좋은 시범이 있지만, 그림으로만 제시하였다.

예: · 신기루 현상에서 빛이 휘는 현상을 에니메이션을 이용하여 설명하였다.

· 개념에 포함된 변인이 주는 다양한 영향을 알아보기 위해 시뮬레이션을 활용하였다.

(28) KTOP 8-3: 학생들이 활동지, 게임, 역할극 등 다양한 학습 활동에 적극적으로 참여하였다.

정의: 학생들이 참여할 수 있는 방법으로 활동지나 게임 등을 활용하여 학생들의 적극적인 참여를 유도하였다.

반례: · 활동지가 다양한 활동으로 구성되어 있지 않고, 단순히 학습내용을 정리하는 식(또는 괄호 넣기)으로만 되어 있다.

· 게임이나 역할극을 활용하여 수업을 하였지만, 학습과 연계되지 못하고 학생들이 놀이로만 생각하였다.

예: · 학생들이 가위바위보 활동을 통해 적극적으로 질문에 답할 수 있도록 유도하였다.

· 교과서에 없는 탐구활동지를 개발하여, 탐구과정에서 먼저 결과를 예상하고 기록하게 하였다.

활동

1. 교과서 실험을 하나 선택하여 V도로 실험안내서를 만들어 보자.
2. 다음 주제와 관련된 일상적 또는 공학적 적용 사례를 구체화 해보자.
   ① 역학적 에너지 보존과 높은 곳에서 떨어지는 물체의 위험성
   ② 전류와 감전
   ③ 용량 리액턴스와 스피커
3. 다음 주제의 개념도를 그려보자.
   ① 알짜힘/보존력/비보존력이 한 일
   ② 전기력이 한 일, 전기적 위치에너지, 전기에너지, 전위
4. 다음 주제의 학습에 유용한 시뮬레이션이나 에니메이션을 찾아보자.
   ① 렌즈에 의한 굴절, ② 전류에 의한 자기장, ③ p-n 반도체
5. 다음 주제의 학습에 유용한 비유를 찾아보자.
   ① 빛의 이중성, ② 열의 이동, ③ 전하량 보존

KTOP의 9-항목 (활동-협동과 의사소통)에 대한 정의와 반례 및 예를 제시하면 다음과 같다.

(29) KTOP 9-1: 학생들이 모둠 활동을 통해 협력적으로 학습하도록 격려하였다.

정의: 학생들이 함께하는 모둠활동을 수행하면서 역할분담을 하거나 서로의 학습을 도울 수 있는 활동이 포함되어 있다.

반례: · 모둠활동을 하지만, 소수의 학생만이 활동을 주도하면서 나머지 학생들은 활동에 참여하지 않았다.
· 게임이나 역할극 활동이 학습과 연계되지 못하고 놀이로만 진행되었다.

예: · 모둠별로 리더를 선출하고 모둠원들의 역할을 정하여 관찰하고 기록하는 등의 활동을 수행하게 하였다.
· 실험결과를 조별로 정리한 후, 발표를 맡은 사람이 준비하여 발표하였다.

(30) KTOP 9-2: 토론과 발표 등을 통해 학생과 교사 간, 학생과 학생 간 의사소통이 활발하게 일어났다.

정의: 학생 활동에 기초한 발표, 토론, 논쟁 등의 활동을 통해 교사와 학생, 교사와 모둠, 또는 모둠 내에서 학생들 사이에 활발한 의사교환이 이루어졌다.

반례: · 학생들이 자신의 결과나 결론을 다른 학생의 경우와 비교해 보고, 토론해 보는 활동이 활동이 없다.

예: · 모둠별 활동이나 반 전체가 참여하는 활동에서, 학생들끼리 의견교환이 활발하게 이루어졌다.
· 실험과정 수행 및 결과를 발표하고 비교하는 의사교환 활동이 활발하게 이루어졌다.

(31) KTOP 9-3: 학생들이 적극적으로 질문하고 답하며, 교사는 학생의 질문에 적절하게 답변해 주었다.

정의: 교사가 질문한 후 충분한 응답시간을 주어 답할 수 있도록 하며, 학생들의 예상치 못한 응답을 바로 잡아 주거나, 다양한 응답을 정리해 주는 등, 학생의 반응에 적절하게 대응하였다.

반례: · 교사가 질문한 후 학생의 응답이 바로 나오지 않자, 곧 교사가 설명을 해 주었다.
· 질문에 대한 학생의 예상치 못한 응답을 단순하게 틀렸다고 하거나 무시하였다.

예: · 교사의 질문 후, 충분한 시간을 주어 학생들이 의견교환을 하며 답할 수 있었다.
· 질문을 할 때, 그림 등 추가 정보를 제시하여 학생들이 생각하여 답할 수 있도록 안내해 주었다.

마지막으로 다음은 KTOP의 10-항목 (평가)에 대한 정의와 반례 및 예이다.

(32) KTOP 10: 학습목표와 연관된 적절한 평가를 수행하였다.

정의: 학생들이 학습한 내용을 학습목표와 연계하여 적절하게 평가하였다.

반례: · 형성평가 활동이 없거나, 중요하게 배운 내용에 대한 형성평가가 빠졌다.
· 형성평가 활동을 수행하였으나, 학생이 잘했는지 못했는지, 또는 어느 부분이 부적절한 지 등 평가결과에 대한 적절한 피드백을 주지 않았다.

예: · 형성평가에 학습목표와 관련된 내용이 모두 포함되어 있다.

3.3 KTOP을 이용한 물리수업 분석

수업 분석은 실제 수업을 녹화한 영상을 분석할 수도 있고, 15분 안팎의 수업 시연 발표(micro teaching)를 보고 분석할 수도 있다. 다음은 예비교사 교육과정에서 수행되는 수업을 분석하기 위한 준비 사항이다.

[표 633] 수업 시연 분석을 위한 안내

1. 발표자는 수업을 진행하고, 듣는 학생은 중고등학생으로 가정한다.
2. 수업시연 발표시간은 15분으로 한다.
3. 수업 시연을 시작하기에 앞서, 교수가 "이번 수업에서 특히 00을 강조하는 수업으로 (또는 00 주제의 수업을) 계획한 것인데, 발표를 잘 보고, 수업분석도 잘 해주길 바랍니다", "이번 수업 시연은 학생들의 문제해결을 돕기 위한 수업시연이 되겠습니다. 문제 해결과정에서는 00이 중요하다고 보는데, 이러한 부분을 잘 반영한 수업시연이 되기를 바랍니다."
4. 수업시연 발표 동안, 나머지 학생은 수업발표내용을 분석하여 분석결과를 google doc에 실시간으로 기록한다.
5. 수업발표 이후, 분석한 내용을 항목별로 학생과 교수가 함께 피드백한다. 예를 들어, "1번 항목인 '학생의 능동적 참여'에 대해서 3조는 00라고 분석하였고, 나머지 조들도 대부분 00라고 분석하였네요" 하면서 분석 내용을 요약해 주고, "그러나 00 부분에서는 00 측면이 보완된 필요도 있다고 봅니다"와 같이 보완이 필요한 측면에 대해 피드백을 해주는 식으로 진행한다.
6. 발표내용과 피드백 내용을 참고하여 발표자는 자기 성찰지를 작성하여 제출한다.

수업발표를 관찰하면서 교사와 학생들은 실시간으로 google doc에 조별로 분석결과를 KTOP의 항목별로 기록하도록 한다. [그림 631]은 실제 분석결과를 기록한 사례이다.

1조 수업 발표 분석 (발표자 :00, 00), 중학교/고등학교/00학년, 00대단원/00중단원/00소단원, 주제: 000, 00년 00월 00일 발표

항목			관찰자 분석 (잘한 점, 부족한 점, 개선의견)
기본철학	1. 구성주의	(1) 학생의 능동적 참여	(9조) 적절한 에듀테크를 활용하여 학생 참여를 잘 이끌어냈다. (4조) 에듀테크를 통해 전시학습 내용 복습을 적극적으로 참여하게 했다. 추상적 이론을 관찰하기 위해 학생이 직접 실험을 설계하도록 하였다.. (5조) 띵커벨 에듀테크를 사용하여 전시학습을 진행하여 학생들이 참여하게 만든것이 좋았다. (7조) 전시학습 뿐만아니라 학생들의 의견을 자주 물어보고 학생들이 직접 실험하게 하고 학생들간의 피드백이 이루어지며 능동적으로 참여하게 함 [교수] 전시학습을 확인하는 과정에서 재미있는 활동을 이용하여 학생이 잘 참여하도록 유도하였음 (12조) 실험을 직접 하고싶은 사람을 선별하여 앞으로 나와 같이 진행하게 하는 점이 좋았음
		(2) 교사의 조언자 역할	(4조) 시범 실험 이후 학생들이 직접 실험을 진행 할 때, 실험 결과가 나오기 위해서 학생이 스스로 생각하여 실험을 설계했으나, 제대로 된 결과가 나오지 않자 선생님이 적절하게 실험을 안내해주었다. (6조) 학생들의 관찰에 대해 선생님이 피드백을 주었음 (7조) 구글 독스를 통해서 학생들이 작성한 내용에대해 교사가 피드백을 해주었다.

[그림 631] 수업 분석을 위한 수업 분석지

수업에 대한 분석이 끝나면 분석 의견들을 참고하여, 발표자는 자신의 수업에 대한 성찰 결과를 정리하여 제출한다.

[표 634] 자기 성찰지 양식

발표자(조/이름)		0조/000, 000	교과목/학년	중학교 과학/00학년	단원명	
주제					발표 일자	
항목		성찰 내용				
		잘된 점		부족한 점		개선 방향
기본철학	1. 구성주의					
목표	2. 개념이해					
	3. 탐구					
	4. 사고의 계발					
	5. 동기유발/흥미					
활동	6. 연관성					
	7. 학습전략/매체 활용					
	8. 협동과 의사소통					
평가	9. 평가					

활동

예비교사의 물리수업 시연을 관찰하면서 KTOP을 이용한 수업분석을 해 보자.

요약

1. KTOP은 과학수업을 관찰, 분석, 개선하기 위한 것이다.
2. KTOP은 5개 대범주와 11개 중범주, 32개 항목으로 구성되어 있고, 각 항목별로 정의, 예와 반례가 있다.

참고문헌

CHAPTER 01

Gagné R. M. & Briggs, L. J.(1979) Principles of instructional design. NY: Holt,Renehart and Winstone.

Merrill, M. D. (1983). Component display theory. Instructional-design theories and models: An overview of their current status/Lawrence Erlbaum Associates.

Olson, J., Dorsey, L., & Reigeluth, C. M. (1988). Instructional theory for mid-level strategies. Unpublished manuscript.

Reigeluth, C. M.(1983). Instructional design theories and models : An overview of their current status, Hillsdale. N. J. : Lawrence Erlbaum Associates.

Reigeluth, C. M. (2013). Instructional-design theories and models: A new paradigm of instructional theory, Volume II. Routledge.

CHAPTER 02

성민웅 (1991). 한국 중등 과학과 학습 지도안의 구성 요소와 유형. 한국과학교육학회지, 11(2)

조용개, 신재한 (2011). 교실 수업 전략. 서울: 학지사.

조희형, 박승재 (1999). 과학 교수-학습. 서울: 교육과학사.

CHAPTER 03

김수정, 박종원 (2017). 교육실습에서 과학수업의 관찰과 개선을 위한 KTOP의 활용. 한국과학교육학회지, 37(6), 961-970.

김학태, 박종원 (2023). 과학수업에서 어려움과 해결방안에 대한 과학교사의 인식. -KTOP 분석을 이용하여-. 한국과학교육학회지, 43(2), 111-124.

Abrams, E. (1998). Talking and doing science: Important elements in a teaching for understanding approach. In J. J. Mintzes, J. H. Wandersee & J.

D. Novak (Eds.), Teaching Science for Understanding: A Human Constructivist View (pp. 308–322). San Diego, CA: Academic Press.

Burry–Stock, J. A. (1995). Expert science teaching educational evaluation model (ESTEEM): Science classroom observation rubric. Kalamazoo, MI: Center for Research on Educational Accountability and Teacher Evaluation (CREATE).

imer, A. (2007). Effective teaching in science: A review of literature. Journal of Turkish Science Education, 4 (1), 20–44.

Park, J., Kim, Y., Park, Y–S., Park, J., & Jeong, J–S. (2015). Development and application of the practical on–site cooperation model(POCoM) for improving science teaching in secondary schools. Journal of Baltic Science Education, 14(1), 45–63.

Park, J., Park, Y–S., Kim, Y., Park, J., & Jeong, J–S. (2014). The development of the Korean teaching observation protocol(KTOP) for improving science teaching and learning. Journal of Baltic Science Education, 13(2), 259–275.

Porter, A., & Brophy, J. (1988). Synthesis of research on good teaching: Insights from the work of the institute for research on teaching. Educational Leadership, May, 74–75.

Schraw,G., Crippen, K. J., & Hartley, K. (2006). Promoting self–regulation in science education: metacognition as part of a broader perspective on learning. Research in Science Education, 36, 111–139.

Supovitz, J. A., & Turner, H. M. (2000). The effects of professional development on science teaching practices and classroom culture. Journal of Research in Science Teaching, 37 (9), 963–980.

찾아보기

ㅇ

ㅈ

ㅊ

ㅋ

ㅌ

ㅍ

ㅎ

1

A

새 물리교육학 총론 Ⅱ

초판 1쇄 인쇄 | 2025년 8월 10일
초판 1쇄 발행 | 2025년 8월 15일

지은이 | 박종원 · 김영민 · 임성민 · 하상우 · 강남화
김지나 · 이현주 · 지영래 · 김희경 · 조광희

펴낸이 | 조승식
펴낸곳 | (주)도서출판 북스힐

등 록 | 1998년 7월 28일 제 22-457호
주 소 | 서울시 강북구 한천로 153길 17
전 화 | (02) 994-0071
팩 스 | (02) 994-0073

홈페이지 | www.bookshill.com
이메일 | bookshill@bookshill.com

정가 30,000원

ISBN 979-11-5971-696-6

Published by bookshill, Inc. Printed in Korea.